Dornbusch

Macroeconomics

(Thirteenth Edition)

“十三五”国家重点出版物出版规划项目
经济科学译丛

宏观经济学

（第十三版）

鲁迪格·多恩布什（Rudiger Dornbusch）
斯坦利·费希尔（Stanley Fischer） 著
理查德·斯塔兹（Richard Startz）

王志伟 译校

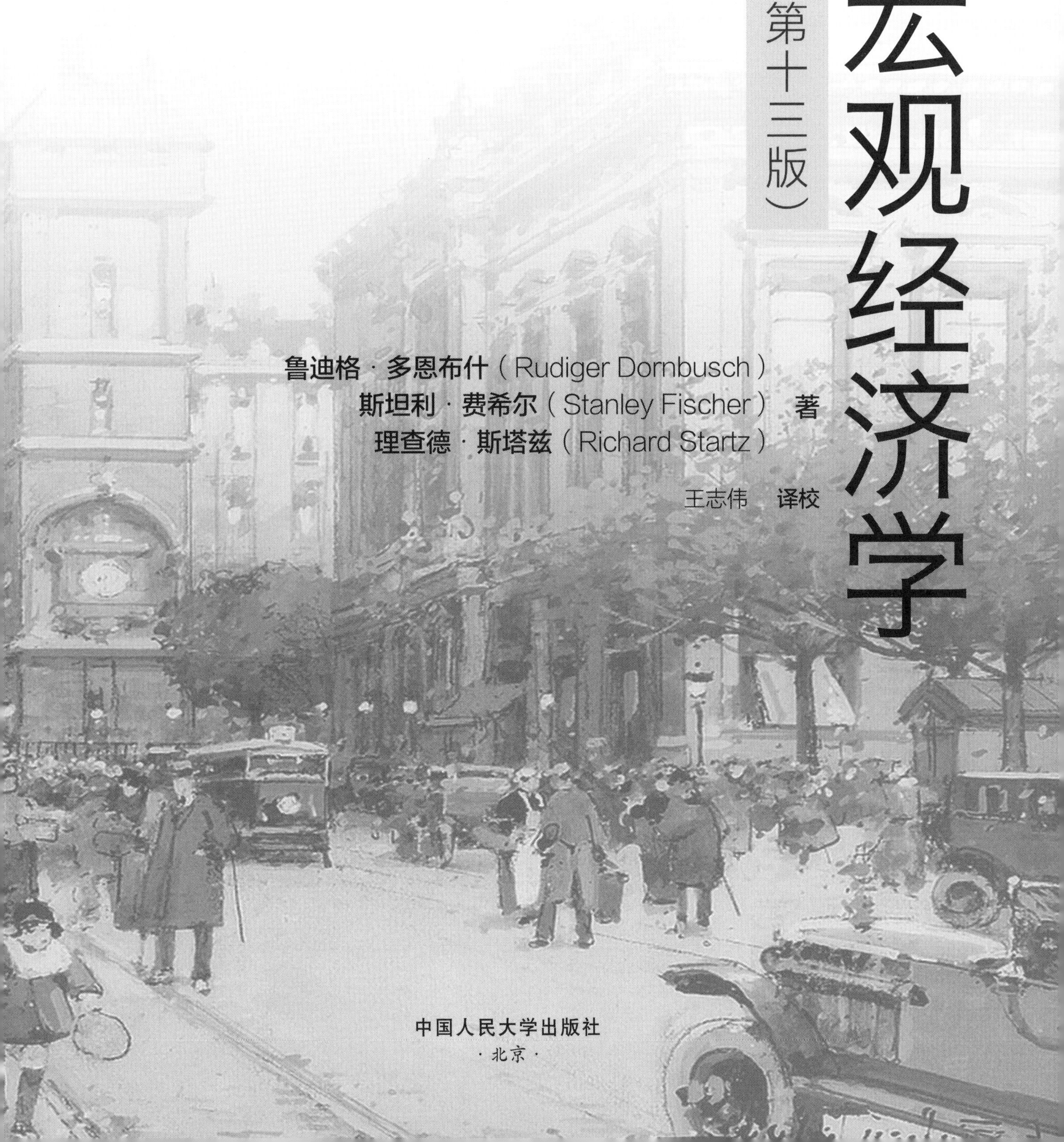

中国人民大学出版社
·北京·

《经济科学译丛》编辑委员会

《经济科学译丛》总序

中国是一个文明古国，有着几千年的辉煌历史。鸦片战争后，中国由盛而衰，一度成为世界上最贫穷、落后的国家之一。中国共产党领导的革命把中国从饥饿、贫困、被欺侮、被奴役的境地中解放出来，1949 年中华人民共和国成立，中国人民从此当家做主。1978 年以来的改革开放，使中国真正走上了通向繁荣富强的道路。

中国改革开放的目标是建立一个有效的社会主义市场经济体制，加速发展经济，提高人民生活水平。但是，要完成这一历史使命绝非易事，我们不仅需要从自己的实践中总结教训，也要从别人的实践中获取经验，还要用理论来指导我们的改革。市场经济虽然对我们这个共和国来说是全新的，但市场经济的运行在发达国家已有几百年的历史，市场经济的理论亦在不断发展完善，并形成了一个现代经济学理论体系。虽然许多经济学名著出自西方学者之手，研究的是西方国家的经济问题，但他们归纳出来的许多经济学理论反映的是人类社会的普遍行为，这些理论是全人类的共同财富。要想迅速稳定地改革和发展我国的经济，我们必须学习和借鉴世界各国包括西方国家在内的先进经济学的理论与知识。

本着这一目的，我们组织翻译了这套经济学教科书系列。这套译丛的特点是：第一，全面系统。除了经济学、宏观经济学、微观经济学等基本原理之外，这套译丛还包括了产业组织理论、国际经济学、发展经济学、货币金融学、财政学、劳动经济学、计量经济学等重要领域。第二，简明通俗。与经济学的经典名著不同，这套丛书都是国外大学通用的经济学教科书，大部分都已发行了几版或十几版。作者尽可能地用简明通俗的语言来阐述深奥的经济学原理，并附有案例与习题，对于初学者来说，更容易理解与掌握。

经济学是一门社会科学，许多基本原理的应用受各种不同的社会、政治或经济体制的影响，许多经济学理论是建立在一定的假设条件上的，假设条件不同，结论也就不一定成立。因此，正确理解掌握经济分析的方法而不是生搬硬套某些不同条件下产生的结论，才是我们学习当代经济学的正确方法。

本套译丛于 1995 年春由中国人民大学出版社发起筹备并成立了由许多经济学专家学者组成的编辑委员会。中国留美经济学会的许多学者参与了原著的推荐工作。中国人民大学出版社向所有原著的出版社购买了翻译版权。北京大学、中国人民大学、复旦大学以及中国社会科学院的许多专家教授参与了翻译工作。前任策划编辑梁晶女士为本套译丛的出版做出了重要贡献，在此表示衷心的感谢。在中国构建高水平社会主义市场经济体制的时期，我们把这套译丛献给读者，希望为中国经济的深入改革与发展做出贡献。

《经济科学译丛》编辑委员会

译者前言

我国改革开放几十年以来，经济体制和运行机制已经逐步从集中的计划体制向有中国特色的社会主义市场机制转变。由于之前长期在计划经济体制下运行，整个国家对市场体制及其运行机制相对陌生，高等院校长期讲授的基本是苏联传统的社会主义计划经济理论。在这种背景下，引入西方市场经济国家的教科书，了解市场经济运行方面的理论和规则，就成为我国经济转型中寻求参考和借鉴时顺理成章的事。时至今日，西方经济学的课程已经成为我国高等学校和有关教育培训的必修课程。四十多年来，我国引入的西方经济学教材，版本繁杂，层次多样。不过，在教学实践中一些质量相对较好的西方经济学教材也逐步被筛选出来。多恩布什等人牵头编写的《宏观经济学》教科书就是其中的一本。

该书最早是由斯坦利·费希尔和鲁迪格·多恩布什共同编写的，后来理查德·斯塔兹也加入了编写队伍。该书被世界许多国家以多种语言翻译出版，成为世界上影响最大、流传最广的宏观经济学教科书之一。鲁迪格·多恩布什去世后，该书后来的版本依然以他们三人署名。这本宏观经济学教材畅销于世界多个国家，在长期的经济学教学实践中成为被一致推崇的西方宏观经济学基本教材。该书第六版和第七版曾经由北京大学经济学院的翻译团队翻译出版。本书当前的译者曾经有幸独自翻译了该教材的第八版、第十版和第十二版。鉴于此，中国人民大学出版社再次邀请我翻译该书的第十三版。中国人民大学出版社的崔惠玲编审长期以来对此书的翻译始终十分关注。这里首先要真诚感谢她的努力、宽容和细致耐心的工作。由于工作需要，第十三版的具体工作转由王晗霞博士负责。这里也要向王晗霞博士表示诚挚的感谢。

《宏观经济学》第十三版相对于第十二版，同样是在编排上做了一定的结构调整，增加了少量内容，对一些有关数据进行了必要的更新。这样，教材就更加贴近现实，更易于学生理解和掌握。

这里需要指出的是，现代西方宏观经济学的主要内容，一部分是以 20 世纪 30 年代经济大萧条为背景所构建的理论和政策，另外的大部分内容是以第二次世界大战后美国的经济状况为依据所构建的理论和政策。美国是二战后世界上经济最发达、对别国影响最大的西方国家。很多人，包括美国人都自然而然地认为，美国模式是其他国家的最好样板，美国经济学家也认为美国经济和模式具有普世价值，因而，在他们的著作和教材中或多或少、或明或暗地宣扬其理论和政策的普遍适用性（《华盛顿共识》就是其典型表现）。所以，我们的读者在学习这本书时，就要清楚，该书是作者站在美国经济的角度撰写的，很多内容是结合美国经济的实践来论述和说明的。虽然该书也涉及市场经济中的普遍性问题，因而具有一定的启发性，但在很多方面与我国的实际情况还是存在着不小的差异。因此，我们希望在我国改革开放四十多年后的今天，本书的中国读者能够结合我国社会主义市场经济的实际情况对内容进行有鉴别地学习，既吸收和借鉴带有市场经济普遍性的内容，也注意剔除那些和我们的情况不一致的东西，更要防止错误地照搬那些不适当的东西。

我们相信，只要本着实事求是和结合实际的原则，就一定能够从该书中得到有益的知识。

王志伟

序言

《宏观经济学（第十三版）》在其第一版出版之后的第39年出版了。我们一直为我们的书在这些年中所得到的社会反响而感到惊奇和兴奋。除去在美国许多大学的课堂上使用之外，该书也被翻译成多种语言，并在从加拿大到阿根廷、澳大利亚以及整个欧洲，从印度、印度尼西亚到日本，从中国和阿尔巴尼亚到俄罗斯的许多国家使用。甚至在捷克共和国从苏联独立出来之前，一部地下译本就曾经在布拉格的查尔斯大学的宏观经济学研讨班里使用。对于教师和教科书的作者来说，没有什么比看到他们的努力成功地在全世界获得如此关注更加愉快的了。

我们相信，我们教科书的成功反映了它给广泛的本科宏观经济学带来的一些特点。这些特点可以概括如下：

“同情学生的困难”

这些年以来，我们一直认为最好的教科书就是以对学生和教师的一种持久的尊重来写的教科书。确切地说，这意味着什么呢？实际上，这意味着我们的探索比其他本科教科书更像是一种艺术性的研究。它允许学生具有与对各种课题深入探讨相背离的观点，也允许教师在更多细节上强调课题重点的灵活性。同时，我们也提供了一些直接而简明的解释，在技术上强调一些概念，并且将更难的材料放到合适的大框架中，使一般学生能够明白其相互联系。这样就相应降低了这本书的难度。我们还强调经验数据能够通过大量使用现实世界资料的图形来解释和检验宏观经济理论。

“对模型的专注”

最好的经济学家都有一个内容丰富的工具箱。他们可以使用其中的简单模型来分析各种经济现象，并且知道什么时候运用正确的模型去回答具体问题。我们一直注重在教科书中提供一系列有关具体问题的简单模型。我们注重帮助学生基于模型的方法理解宏观经济分析以及各种模型如何相互关联的重要性。我们的目标是培养学生运用有关经济结构框架——全套宏观经济学模型——分析当前经济问题的能力。

“国际视野”

对于一些生活在经济高度开放国家的学生来说，理解外国经济与其本国经济之间的联系，始终是十分重要的。这在美国也正在变得日益现实，当商品市场和金融市场变得更加紧密地交织在一起的时候更是如此。基于这种认识，我们用两章来详细讨论国际联系。首先，在第13章提供了主流的中级宏观经济学的有关讨论。其次，在第23章为学习较好的学生提供了探讨国际收支危机、汇率的决定因素和汇率制度选择方面现代理论的机会。这些章节包括从对少量国际问题的简单接触，到持续几周的讨论，给教师提供了很大的灵活性。

“对时代变动的关注”

我们的重点是修改全书的数据，展现重要的趋势，并彻底讨论怎样以传统的宏观经济模型来解释这些趋势。

更新的内容

《宏观经济学（第十三版）》通过修改反映了最新的数据和大衰退的情况。图形、数据表以及经验性的作业习题，都采用了可以得到的最新数据。除了许多小的改动和稍大些的改动（细节请见 www.mhhe.com/dornbusch13e）以外，我们增加了大量新的“历史故事”和“我们还知道什么?”的专栏。我们希望这些有助于学生将书中的材料与他们在新闻中听到的情况更好地联系起来。在一些情况下，我们只是希望新的专栏能够增加一些乐趣。这些变化反映了从先前版本教学中得到的建议。我们对这些建议表示感谢。

组织教学的选择

编写本书的主要目的是，提供一本容易理解但又有灵活性的教材，从而使教师专注于他们有特定兴趣和时间约束的课堂教学。我们个人倾向于从头开始一直贯穿全书（当然，这也是我们如此组织本书材料的原因），但也可以采用多种方法来强调不同的重点，或者直接精简一些篇幅。

- **概论性课程**

我们觉得概论性课程应该包括本教材的核心部分：介绍本书并提供国民收入账户细节的第 1 章和第 2 章；给出总供给和总需求概况的第 5 章；更详细介绍总供给曲线的第 6 章；对通货膨胀和失业问题进行概括讨论的第 7 章和第 8 章；对稳定性政策提出中级水平观点的第 9 章；介绍产品市场、资产市场及一些基本的货币政策与财政政策的第 10 章、第 11 章和第 12 章。在概论性课程中也可以考虑放入关于债务问题的第 20 章。第 20 章是新增内容，是对美国和欧洲政府债务的直接关注。在这些核心章节之外，教师也可以通过省略一些有助于宏观经济理论而对微观经济学细节比较关注的章来缩短课程，例如给出消费、投资、货币市场以及相应的更深入问题探讨的第 14～17 章、第 19 章和第 24 章。而详细讨论几个当前政策制定方面问题的第 18 章、第 21 章和第 22 章，可以被省略，或者只讲一部分。提供关于国际相互关系和增长政策方面基本内容的第 4 章、第 13 章和第 23 章，在美国也可以省略（尽管可能人人都应该了解第 13 章第一节和第二节的相关内容）。

- **传统的总需求方向的课程**

至于该课程对于凯恩斯主义短期内容的处理，概论性课程的核心章节都是重点，讨论政策性问题的第 18 章也是重点。讨论重大宏观经济事件的第 20 章、第 21 章和第 22

章，可以移到第 14 章前面讲述。讨论经济增长和促进经济增长政策的第 3 章和第 4 章，可以放到该课程的最后。对于高年级学生，可以将第 24 章关于新凯恩斯主义经济学和动态随机一般均衡模型的部分包括进来。

- **古典的“供给侧”课程**

对于古典方面的课程来说，概论性课程的核心章节可以通过去掉第 10～12 章不重要的 *IS-LM* 模型的内容来缩短。而在前面的章节中，对于论述长期经济增长的第 3 章和第 4 章要作为重点特别强调。在第 14～16 章中与宏观经济学理论有关的微观经济学，也许在第 22 章讨论恶性通货膨胀时可以被着重强调。高年级学生也许愿意学习第 24 章中对于 GDP 随机游走的探讨，以及对实际经济周期和 DSGE 模型的探讨。

- **商学院的课程**

除概论性课程的核心章节之外，叙述联邦储备系统和金融市场的第 17 章和第 19 章应该是商学院的重点课程。关于经济增长的第 3 章和第 4 章可以不作为重点，此外，第 24 章中更深入的课题也可以省略。对于那些具有国际视野的学生，第 13 章和第 23 章的部分内容，特别是讨论汇率决定的内容，可以作为重点。

在全书中，我们对于一些教学上的困难内容，标明了“选读”标记。许多可选择的内容对于那些乐于挑战教学的学生来说是一种乐趣。但是教师应该清楚阐明哪些章节是必读内容，哪些章节是真正的选读内容。

灵巧课程

灵巧课程（CourseSmart）是教师发现和概括出的一种新方式——电子教科书。对那些对其课程的数字材料感兴趣的学生而言，它也是一种很好的选择。灵巧课程提供了几千种最普遍采用的教科书，这些教科书覆盖了众多不同的高等教育出版商出版的几百种课程。对于教师来说，它是复习和比较在线教材上所有课本内容的仅有场合。在灵巧课程上，学生们可以比购买纸质书节省 50%的费用，降低纸质书对环境的影响，并且得到有力的网络工具进行充分的教学课题研究、注释，获得启发，还可以使用电子邮件来分享同学之间的笔记。电子书也包括对教师有帮助的教学案例支持。找到电子书很容易，访问 www. CourseSmart. com，再搜索书名、作者，或者 ISBN。

补充材料

《宏观经济学（第十三版）》为学习和教学提供了一些帮助。这些资源可以在 www. mhhe. com/dornbusch13e 上找到。教师补充材料在网址教材的保护密码下可以找到。

本教材为教师准备了“教师手册”和“题库”。“教师手册”包括各章提要、学习目的、章后习题答案，以及许多可用作课堂讨论的附加题（及其答案）、家庭作业安排和考试题。“题库”包括 1 000 多道多项选择题和以 Word 文档形式保存的题目。

教师还可以得到罗诺克学院（Roanoke College）的艾利斯 • 卡森斯（Alice Kassens）

准备的幻灯片。该幻灯片包含图表、图形、举例和对章节内容的讨论，并可根据会议讨论、课堂教学和读者的要求进行编辑。

卡森斯博士还为学生准备了含有每章多项选择题的“学习指南”。“学习指南”包括各章提要、关键词以及范围广泛的习题和练习。每章都从易到难，循序渐进，最好的学生可以挑战一下难题。每章都有“多项选择题”，其中又包含 10 个难度不断增加的问题。

斯坦利·费希尔
理查德·斯塔兹

目 录

1 导论

本章要点

- 本书每章都从"本章要点"开始，指导你了解各章的核心内容。在本章中，我们强调三个相互联系的共同描述宏观经济的模型。
- 经济的特长期的行为是增长理论探讨的范围，重点论述生产能力的增长——当（劳动和资本）资源被充分使用时，经济能生产的产出数量。
- 在长期内，经济的生产能力在很大程度上可以被看作固定不变。产量和价格水平由总供给和总需求的交点决定。大范围的通货膨胀几乎总是总需求变动的结果。
- 短期内，价格水平基本不变，总需求的变动会引起产量变动，因而出现繁荣与衰退。
- 从技术术语上看，"特长期"被描述为总供给曲线整体能随时间变化而移动的情形；"长期"被描述为一条垂直不动的总供给曲线的情形；"短期"被描述为一条水平的总供给曲线的情形，于是，经济的结果取决于总需求。

2013 年，美国的工作岗位很稀缺，而 2006 年，美国的工作岗位相对充足并且经济形势大好。1933 年，面包生产线需要每天订货。2013 年，打一次投币电话需要付 50 美分（如果你能幸运地找到一个投币电话），而 1933 年打一次投币电话需要付 10 美分（如果你足够幸运地拥有 10 美分）。为什么工作岗位在一些年份充足，而在另一些年份却稀缺呢？是什么推动价格随时间变化呢？宏观经济学家们通过寻求对经济状况的理解来回答这些问题，——为我们寻找改善经济的方法。

宏观经济学涉及经济整体的活动——繁荣与衰退、经济中商品与服务的总产出、产量的增长、通货膨胀率与失业率、国际收支的平衡，以及汇率等。宏观经济学既讨论长期经济增长，也讨论构成经济周期的短期波动。

宏观经济学着重论述影响消费与投资、美元与贸易平衡、工资与价格变动的决定因素、货币政策与财政政策、货币存量、联邦预算、利率和国债等方面的经济行为与经济政策。

简言之，宏观经济学讨论的是当今的重大经济争端和问题。为了理解这些争端，我们必须将经济的复杂细节简化成一些可把握的基本要素。**这些要素存在于经济中商品市场、劳动市场和资产市场之间的相互作用中，以及各国经济贸易往来的相互作用中。**

在讨论这些要素时，我们忽略了像家庭与厂商等单个经济单位的行为，或具体市场价格的确定等细节，因为这属于微观经济学的内容。在宏观经济学中，我们讨论整体商品市场，将农产品市场和医疗服务市场那样不同商品的所有市场都看作单一市场。同样，我们在讨论劳动市场整体时，排除了类似于非熟练劳动市场与医生市场之间的差别。我们讨论资产市场整体时，排除了像微软公司股票的市场与伦勃朗油画的市场之间的区别。这种抽象和排除有助于我们对商品、服务和资产各个市场间充满活力的相互作用的更多了解。而其代价在于，所省略的细节有时是至关重要的。

从研究宏观经济怎样运行到探求如何使它运行得更好，只是前进了很小的一步。根本的问题是，政府能够而且应该干预经济以使其运行得更好吗？伟大的宏观经济学家总是乐于抱着浓厚的兴趣去研究宏观经济理论在政策上的运用。约翰·梅纳德·凯恩斯（John Maynard Keynes）的情况就是如此。在该领域中的美国领袖人物，包括芝加哥大学和胡佛研究所的米尔顿·弗里德曼（Milton Friedman），麻省理工学院的弗兰克·莫迪利亚尼（Franco Modigliani）和罗伯特·索洛（Robert Solow），耶鲁大学的詹姆斯·托宾（James Tobin）等老一辈诺贝尔经济学奖获得者，也是如此。新一代领袖人物，如哈佛大学的罗伯特·巴罗（Robert Barro）、马丁·费尔德斯坦（Martin Feldstein）和N.格里高利·曼昆（N. Gregory Mankiw），芝加哥大学的诺贝尔经济学奖获得者罗伯特·卢卡斯（Robert Lucas），麻省理工学院的奥利维尔·布兰查德（Olivier Blanchard），美联储主席本·伯南克（Ben Bernanke），斯坦福大学的罗伯特·霍尔（Robert Hall）、保罗·罗默（Paul Romer）和约翰·泰勒（John Taylor），以及纽约大学的托马斯·萨金特（Thomas Sargent），尽管（都在某种程度上）更加怀疑政府积极干预政策的智慧，但是，他们也对经济政策问题抱有鲜明的观点。

由于宏观经济学与当前的经济问题密切相关，所以，它不会为那些主要对抽象理论感兴趣的人们提供最大的回报。宏观理论在其边界上有点模糊，但世界的边界也同样有些模糊。本书将利用宏观经济学阐明从20世纪30年代大萧条到21世纪时的经济事件。我们将不断以现实世界的事件，解释理论材料的意义以及两者间的关系。

确定你是否了解本书中材料的一个简单测试是，你能运用这些材料去理解当前讨论的国民经济与国际经济吗？宏观经济学是一门应用科学。很难说它有多么漂亮，但是它对国家和人民的福利却是至关重要的。

1—1　宏观经济学包含在三类模型中

宏观经济学更多的是尝试着将事实和理论放在一起加以理解。我们从少数几个大的事实开始，然后转向那些能够帮助我们解释不同经济事实的模型。

- 在几十年的时间跨度里，美国经济一直以每年2%或3%的速度增长。
- 在某几十年里，全部价格水平保持了相对稳定，但在20世纪70年代价格大约上涨了一倍。
- 失业率在最差的年份里是最好的年份里的两倍。

我们根据描述经济世界的三类基本模型来组织宏观经济学的研究。在不同的时间结构中，各类模型都得到了最充分的运用。经济的**特长期**（very long run）行为是增长理论的研究范围，它的研究重点在于经济生产商品和服务能力的增长。特长期研究的核心在于资本的历史性积累和技术进步。在**长期**（long run）模型中，我们也简单涉及特长期问题。这时，尽管我们允许有暂时的冲击出现，但资本存量和技术水平仍然可以被看作相对固定的。不变的资本和技术决定了经济的生产能力——我们把这种能力叫做“潜在产出”。在长期里，商品和服务的供给等于潜在产出。在这个水平上的价格和通货膨胀是由需求的波动决定的。在**短期**（short run），需求波动决定可以得到的生产能力被利用了多少，因而也就决定了产量水平与失业水平。和长期相比，短期内价格相对固定，而产量是可变的。在短期模型范围内，我们发现宏观经济政策可以发挥最大的作用。

几乎所有的宏观经济学家都赞成这三类模型，但对各类模型可被最充分运用的时间结构，持有不同的观点。人人都同意用增长理论模型阐述几十年间的经济行为最为合适。对于长期与短期模型的合适的时间范围，一致的意见则较少。

本章主要以粗略的线条，勾勒出这三类模型的轮廓。本教材的其余部分将描绘进一步的细节。

特长期增长

经济的特长期行为是**增长理论**（growth theory）研究的范围。图1-1（a）表明了美国一个多世纪中人均收入的增长。我们看到一条十分光滑的增长曲线，平均每年增长2%～3%。在对增长理论的研究中，我们探究投入的积累（例如对机器的投资）与技术的进步是如何导致生活水平提高的。我们省略了衰退和繁荣，以及有关使用人力和其他资源的短期波动。我们假定劳动、资本、原材料等都是被充分使用的。

一个忽略经济波动的模型怎么可能告诉我们合乎情理的情况呢？经济波动（例如失业的上升或下降）经过多年后会趋向于一个平均数。在特长期内，唯一要紧的是平均说来，经济增长得有多快。增长理论试图解释许多年或几十年的平均增长率。为什么一个国家的经济年增长2%，而另一个国家却年增长4%呢？我们能解释像战后早期日本的年增长率8%那样的增长奇迹吗？又如何解释像津巴布韦数十年中零增长那样的增长灾难呢？

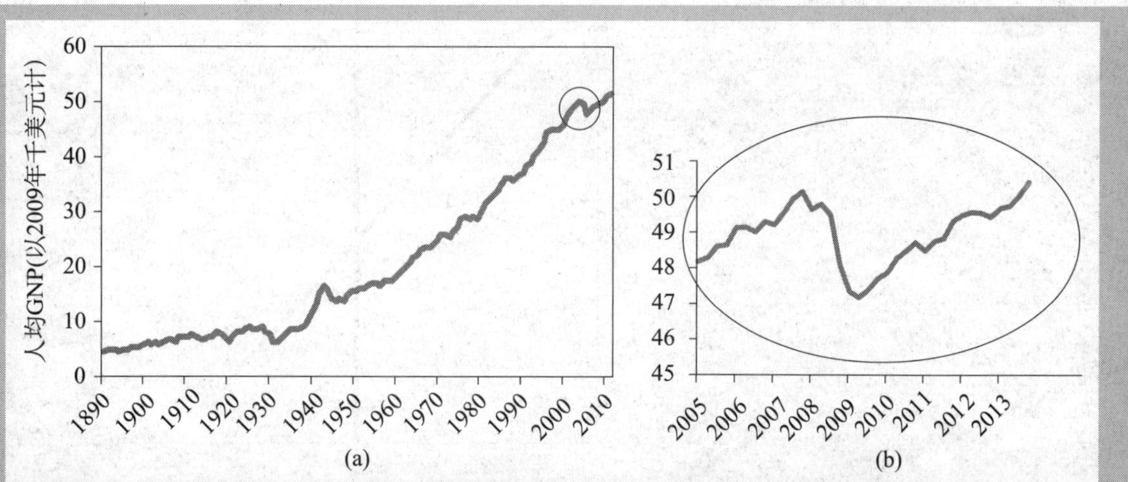

图1-1　1890—2013年间的人均GNP（以2009年千美元计）

本图解包括2005—2013年的分解图（请注意两个图的标度不同）。

资料来源：U. S. Department of Commerce，*Historical Statistics of the United States*，*Colonial Times to 1970*；Federal Reserve Economic Data［FRED］；Census Bureau；and Bureau of Economic Analysis.

第 3 章和第 4 章考察经济增长的原因与国家间增长率的差异。从广义上讲，在工业化国家，生活水平的变化主要取决于新技术的开发和资本的积累。在发展中国家，建设运转良好的基础设施比开发新技术更为重要，因为后者可以进口。在所有国家中，储蓄率都是未来福利的关键性决定因素。愿意在今天做出牺牲的国家，在将来才会有较高的生活水平。

你是否真正在意年经济增长率为 2%，而不是 4%呢？在经历一生的时光后，你将非常在意的是：以 20 年为一代，当其结束时，在增长率为 4%的情况下，你的生活水平比在增长率为 2%的情况下高 50%。经过 100 年，4%的增长率带来的生活水平比增长率为 2%的情况下高 7 倍。

生产能力不变的经济

什么决定通货膨胀率（物价总水平的变动）呢？为什么有些国家多年来物价稳定，而另外一些国家的物价却每月上涨一倍呢？在长期，产出水平只取决于供给方面的因素。产出基本上取决于经济的生产能力。相对于经济所能提供的产量，价格水平则取决于需求水平。

图 1-2 给出了具有垂直总供给曲线的**总供求**（aggregate supply-aggregate demand）图形。由于我们在第 5 章和第 6 章的大部分内容中才解释总供求，所以，让你在这里运用该图形进行分析也许有点早。你也许应该考虑一个有吸引力的预习图形。现在，我们提供关于经济中总价格水平和总产出水平关系的总供给和总需求曲线。**总供给曲线［aggregate supply（*AS*）curve］表明，对于每一个既定的价格水平，厂商所愿意提供的产量。**总供给曲线的位置取决于经济的生产能力。**总需求曲线［aggregate demand（*AD*）curve］表明，相对于每一个既定价格水平，商品市场和货币市场同时处于均衡状态时的产量水平。**总需求曲线的位置取决于货币政策和财政政策以及消费者的信心水平。总供给曲线与总需求曲线的交点决定了价格与产量。[①]

图 1-2　总需求与总供给：长期

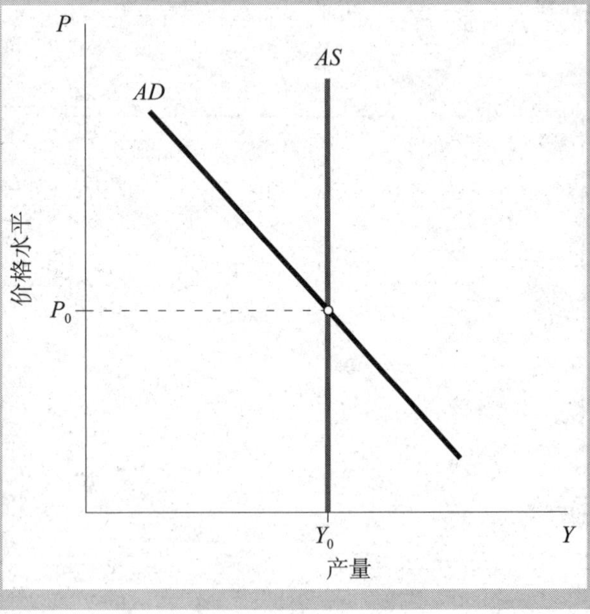

① 应该提醒一下，基于总供给曲线与总需求曲线的经济学，与我们在学习微观经济学后可能记得的、通常多种多样的供给与需求的经济学很不一样。

在长期中，总供给曲线是垂直的。（经济学家对长期究竟是指几个季度的时间，还是长达十年的时间看法不一。）产量固定在供给曲线相交于横轴的位置上。相比之下，价格水平可以取任何值。

在心里想象着向左或向右移动总需求曲线，你将看到两条曲线的交点会下移或上移（价格变动），而不是水平移动（产量不会发生改变）。**由此得出，长期中，产量只取决于总供给，而价格则由总供给与总需求共同决定。这是我们的第一个实质性发现。**

［资料 1－1］ *历史故事*

总供给与总需求

- 总供给水平是在可使用的资源与技术给定的情况下，该经济可能生产的产出量。
- 总需求水平是对消费品、新投资、政府采购以及对净出口商品需求的总和。

增长理论与长期总供给模型联系密切：如图 1－3 所示，在一个给定的年份中，垂直的供给曲线的位置等于较长时期模型在该年的产量水平。由于经过特长期，经济增长率平均为年若干个百分点，因此我们知道总供给曲线一年通常向右移动若干个百分点。①

图 1－3　总供给的确定：特长期

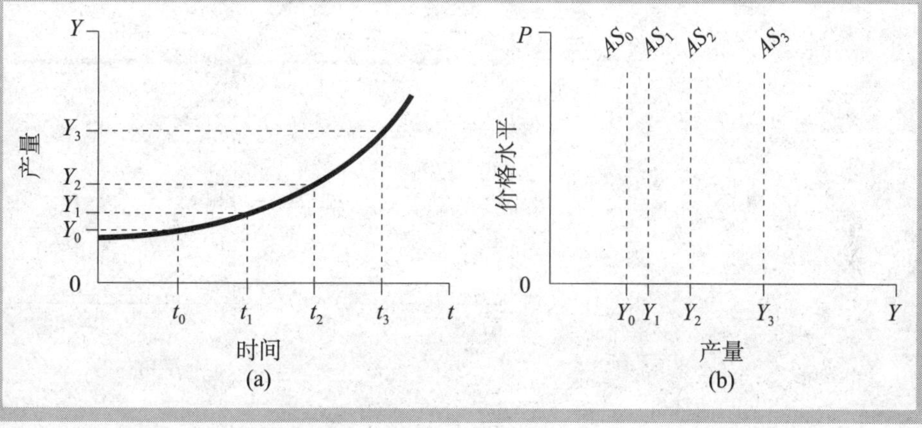

我们已准备好第二个结论：**很高的通货膨胀率（即价格总水平在一段时间里迅速上涨的情况）总是由总需求的变化引起的。**理由很简单。总供给的移动大约是几个百分点；而总需求的移动则可大可小。因此，高通货膨胀唯一可能的原因，就是总需求曲线相对于垂直总供给曲线大幅度移动。其实，正如我们最终会知道的那样，实际上高通货膨胀的唯一原因是政府批准的货币供给的增加。②

大部分宏观经济学都可被简略地认为是研究总供给曲线与总需求曲线的位置与斜率。我们现在已经知道了在长期，总供给曲线的位置决定于特长期的经济增长，并且知道总

① 有时冲击会短暂中断总供给曲线正常地向右运动。这些冲击对产量产生的影响大于几个百分点的情况很少出现。

② 物价短暂上涨 10%或 20%，可能是由供给冲击造成的（例如，在农业经济中，季风没有来到）。但是每年物价持续以两位数上涨，则是由发行太多的纸币所引起的。

供给曲线的确是垂直的。

短期

考察图 1－1（b)。将产出过程放大了观察时，我们发现它一点儿也不平滑。短期产出波动也足以产生巨大的影响。解释产量的短期波动属于总需求的研究范围。[①]

将长期与短期的总供给-总需求机械地区分开并不困难。**短期中，总供给曲线是平坦的。**短期总供给曲线将价格水平固定于供给曲线与纵轴的交点。形成对照的是产量可取任何值。基本假定是，短期内产量水平不会影响价格。图 1－4 给出了一条水平的短期总供给曲线。

图 1－4　总需求与总供给：短期

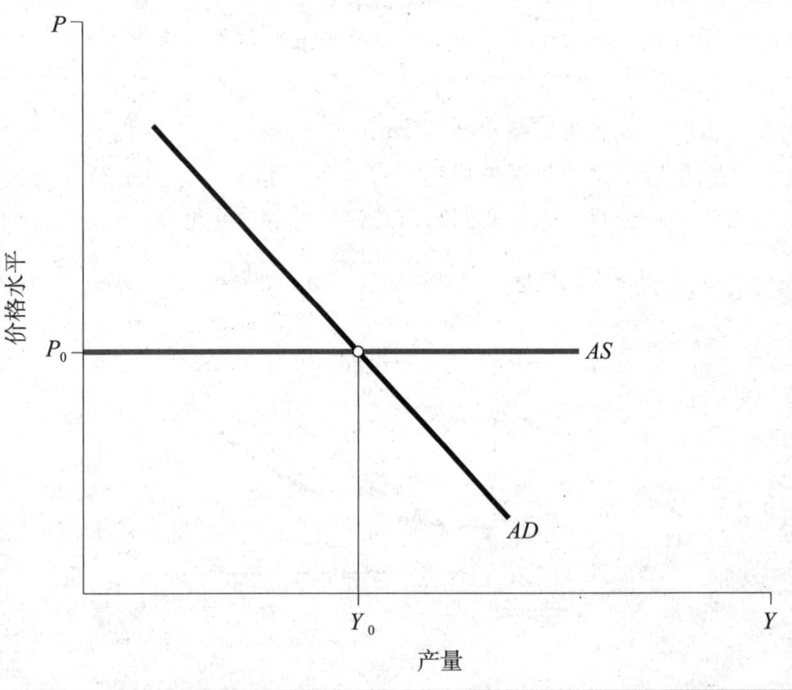

重复以上做法，并想象着向左或向右移动总需求曲线。你会看到两条曲线的交点水平地移动（产量发生变化)，而不是上下移动（价格保持不变)。由此可见，在**短期中，产量只取决于总需求，而价格不受产量水平的影响。**这是我们的第三个实质性发现。[②]

本书的大部分内容只研究总需求。我们研究总需求是因为短期总需求决定产量，也因此决定了失业。单独研究总需求时，我们并不是真的忽略总供给；相反，我们假定总供给曲线是水平的，意味着价格水平可以被看成是既定的。

---

① 大体上，供给冲击（石油输出国组织的石油禁运就是一例）有时也有重大关系。

② 如我们在本页的注释①中所说的，“大体上”。当我们说采用一个模型需要判断时，这就是我们所指的一个例子。历史上肯定有些时期，在决定产量的过程中，供给冲击的影响大于需求冲击的影响。

中期

我们需要更多的篇幅来完成对经济如何运行的概述：我们如何描述短期与长期之间的转换呢？换句话说，就是使总供给曲线从水平位置移动到垂直位置的过程是怎样的？简单的回答是，当高涨的总需求推动产量高于特长期模型可持续的水平时，厂商开始提高价格，而总供给曲线则开始向上移动。**中期**（medium run）看起来有点像图 1－5 所表示的情况；总供给曲线在水平与垂直之间倾斜。实际上，**"总供给曲线有多陡？"的问题就是宏观经济学中争论的主要问题。**

图 1－5　总需求与总供给

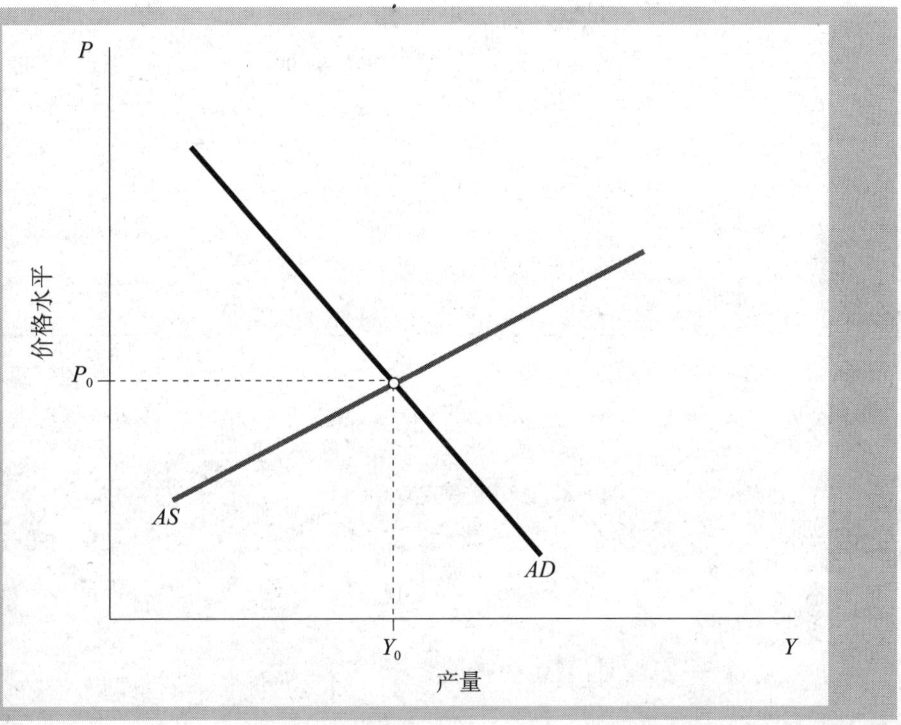

价格的调整速度是我们理解经济的关键性参数。在 15 年的观察范围内，除了特长期的增长率外，其他都没有多大影响；在 15 秒的观察范围内，除了总需求外，其他都没有多大影响。在二者之间会怎样呢？

● 结果证明，价格调整通常十分缓慢；因此，在一年的范围内，总需求的变动很好地说明了经济的活动，但肯定是不完全的。**价格调整的速度概括在菲利普斯曲线（Phillips curve）中。图 1－6 给出了菲利普斯曲线的一种形式。**

在图 1－6 中，通货膨胀率的变化对应着失业率的位置被标出。请注意横轴与纵轴上标出的数字。失业率下降两个百分点就是非常大的变化。你可以看到这样的下降，比如在一年中失业率从 6％下降到 4％，将使通货膨胀率增加一个百分点。因此，在一年的观察范围中，总供给曲线十分平缓，而总需求则提供了一个关于产量决定因素的良好模型。

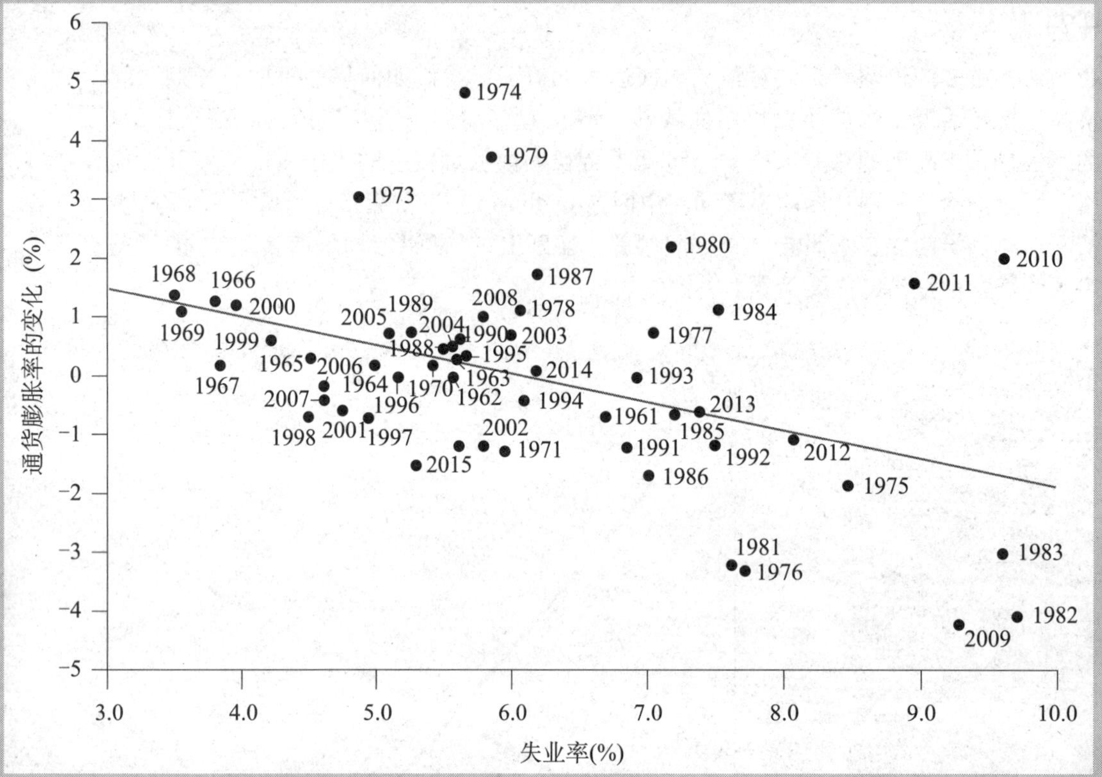

图 1-6　1961—2015 年失业率和通货膨胀率的变动

资料来源：Bureau of Labor Statistics.

1—2　重申……

（本书其余部分只是补充细节。）

更加重要的是，我们即将学到的有关宏观经济学的一切东西几乎都能适当地纳入增长理论、总供给与总需求的框架之中。这项理智的概括相当重要，值得我们花些时间以稍有不同的话语，重复上一节的部分内容。

增长与 GDP

经济的增长率就是国内生产总值（GDP）的增长率。平均说来，绝大多数经济在特长期内的每年增长率只有少数几个百分点。例如，1960—2015 年美国实际 GDP 的增长率是每年平均增长 3.1%，但是，这种增长如图 1-1（b）所证实的那样，肯定是不平稳的。

是什么引起了 GDP 随着时间而增长呢？GDP 变动的原因，首先是经济中可获得的资源数量的变动。主要的资源是资本与劳动。包括在职和求职人员在内的劳动力随时间推移而增长，从而提供了增加生产的一个源泉。包括建筑物和机器在内的资本存量，也随时间推移而增加，提供了另一个增加产出的源泉。生产要素（生产商品与服务所使用的劳动和资本）可获得性的增加，可部分地说明 GDP 的增加。

GDP 增加的第二个原因是生产要素的效率可能变动。效率改进称为**生产率的增加**(productivity increases)。随着时间的推移，同样的生产要素可能生产出更多的产品。生产率增加是知识变化的结果，是人们从更好地完成熟练工作的经验中学习到的。

表 1-1 比较了不同国家人均实际收入的增长率，研究了各国之间和历史上的增长源泉，试图说明像韩国这样的国家增长非常迅速，而像津巴布韦这样的国家增长却十分缓慢的原因。津巴布韦 2014 年的人均购买力平价（PPP）收入低于 1965 年的水平，而韩国的人均 PPP 收入却增加了 25 倍。显然，值得很好地了解什么政策能够提高一个国家的长期平均增长率。

表 1-1　1965—2014 年间人均 PPP 实际 GDP 增长率

资料来源：Penn World Table Version 9.0，以及作者的估算。参见 Feenstra, Robert C.; Inklaar, Robert; Timmer, Marcel P. "The Next Generation of the Penn World Table," *American Economic Review*, 2015, 105 (10), 3150-3182, available for download at www.ggdc.net/pwt。

国家	增长率（%）	国家	增长率（%）
阿根廷	3.6	韩国	6.8
巴西	3.6	挪威	3.6
中国	5.0	西班牙	2.9
法国	2.3	英国	2.2
印度	3.2	美国	1.9
日本	3.3	津巴布韦	0.0

［专栏 1-1］　我们还知道什么？

模型与现实世界

模型是对现实世界的简化表述。对我们来说，良好的模型准确地解释了最重要的经济行为，并省略了相对不重要的细节。地球沿椭圆形轨道绕太阳公转，以及月球同样绕地球公转这一现象，是模型的一个例证。太阳、地球和月球的真正活动非常复杂，但是，该模型使我们了解了月亮的圆缺盈亏。就这一目的来说，它就是一个良好的模型。尽管实际轨道不是简单的椭圆，但该模型却“很好地说明了问题”。

经济学中众多的个人、厂商和市场的复杂行为，是以图表、方程或计算机程序中的一个、两个、一打、几百或几千个数学关系式来表示的。建构模型中遇到的智力问题是，人类充其量只能了解为数不多的关系式间的相互作用。因此，有用的宏观理论取决于包含两三个方程式的模型工具箱。一个具体模型就是基于一组假定（例如该经济是充分就业的）的工具。这些假定在现实世界的某些情况下是合乎情理的。理解宏观经济，需要内容丰富的工具箱，而且在采用特定的模型时，需要运用正确的判断。我们不能过分强调下面这一点：理解我们生活在其中的、非常复杂的世界的唯一途径，就是掌握有若干简单模型的工具箱，而且由于模型最适合分析既定的问题，我们接下来会做出非常明确的决定。

作为一种解释要考虑三个非常简单的经济问题。(1) 你的孙辈的生活标准如何同你的生活标准相比较？(2) 是什么引起了第一次世界大战后日耳曼魏玛共和国的严重通货膨胀（那次通货膨胀帮助希特勒上台掌权）？(3) 为什么美国的失业率在 1979 年的一段时期里低于 6%，而到 1982 年底却接近 11%？你能使用本章引入的一个模型来回答这些问题吗？

1. 跨过两代人那么长的时间间隔，我们需要一个特长期增长模型。对于人均资本增长而言，没有比新技术的发展和资本积累（假定你生活在一个发达的经济体中）更为重要的了。在增长率处于 2%

到 4%之间的时候，两代人之间的收入将处在多于两倍少于五倍之间。你的孙辈将肯定比你现在生活得更好。但他们肯定不会像今天的比尔·盖茨（Bill Gates）那么富有。

2. 恶性通货膨胀有一个原因：政府印制过多的钞票引起了总需求曲线大幅度地向外移动。价格水平的少量变化也许是由许多因素造成的。但是，价格水平的大幅变化涉及长期总供给-总需求模型的领域，在该模型中，垂直的总供给曲线保持相对稳定，而总需求曲线向外移动。

3. 经济活动水平在短时间跨度内的较大变化，以及因此而产生的失业问题，是由具有水平形状的总供给曲线的短期总供求模型来解释的。在 20 世纪 80 年代初，联储限制了总需求，从而驱动经济进入深度衰退。联储干预的目的是降低通货膨胀，实际上，这恰好引发了通货膨胀。但是，按照短期模型的解释，在过短的时期内，降低总需求会减少产出，增加失业。

要知道，用于回答问题的模型存在相反的一面：你也需要知道模型所忽略的东西。在考虑两代人之间的增长时，货币政策几乎完全无关。而在考虑德国那样的严重通货膨胀时，技术的变动也不是特别重要。在学习宏观经济学时，你将会发现记住一系列问题和了解如何将模型与手头的问题匹配起来相比，更加不重要。

经济周期与产出缺口

通货膨胀、经济增长和失业通过**经济周期**（business cycle）相互联系起来。**经济周期是围绕增长趋势进程发生的具有规律性的扩张（复苏）与收缩（衰退）形式的经济活动**。在周期的**波峰**（peak），相对于趋势而言，经济活动处于高涨状态；在周期的**波谷**（trough），经济活动达到最低点。通货膨胀、经济增长和失业都具有明显的周期形式。现在，我们集中衡量产出活动，或相对于经济周期趋势的 GDP。

图 1－7 中的灰线表示**实际 GDP 的趋势路径**（trend path of real GDP）。**GDP 的趋势路径是当生产要素被充分利用时，GDP 所经历的路径**。随着时间的推移，由于我们注意到的两个原因，GDP 会发生变动。首先，可得到的资源更多了：人口规模增大，厂商获得机器设备或者修建工厂，土地得到改良以利于种植，新产品和新生产方法被发明和采

图 1－7　经济周期

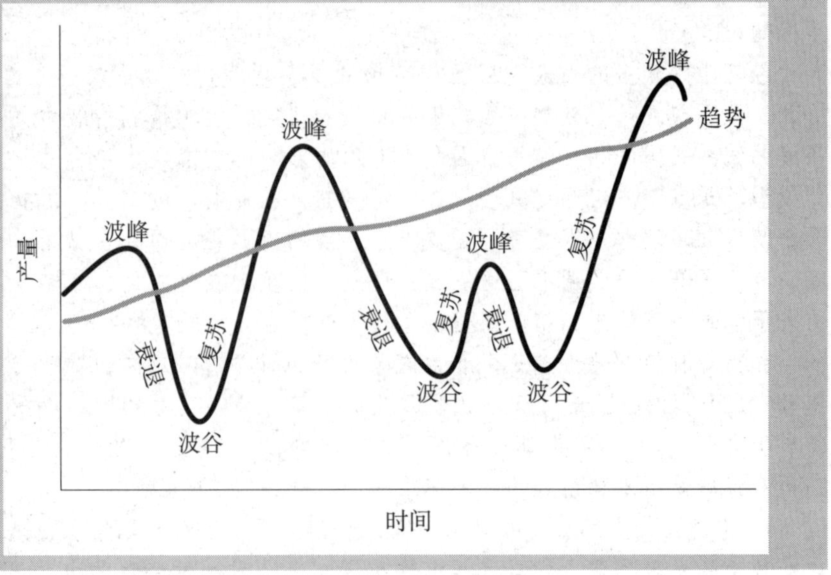

用，增加了知识存量。资源可获得性的增加也允许经济生产出更多的产品和服务，产量水平就出现了上升趋势。

其次，要素并不是始终被充分利用的。生产要素的充分利用是一个经济学概念，而不是实际概念。以实际观点来说，只有每人全年每天工作 16 小时，劳动才是充分利用的。就经济学观点而论，劳动的充分就业是指每个希望工作的人在合理时间内都找到了工作。由于经济学的定义并不精确，我们通常根据惯例将劳动的充分就业定义为，例如，当失业率为 5%时，劳动达到充分就业。从实际情况看，资本也从未得到充分利用，例如，办公楼或报告厅是资本存量的一部分，但一天中只有部分时间在使用。

［专栏 1-2］ 我们还知道什么？

谁来定义衰退？

衰退的官方定义是什么？基本上，衰退没有官方的定义。在美国，判断衰退或复苏的公断人是国民经济研究局经济周期测定委员会（NBER，www.nber.org/cycles/recessions.html）。作为一个私立的非营利机构，美国国民经济研究局委托由著名经济学家组成的委员会判断经济衰退的起始。该委员会通过考察更加广泛的经济数据来判断经济活动的总体水平，并遵循下述准则来识别经济周期的转折点。

衰退是指从波峰到波谷之间的一段时期，而扩张是指从波谷到波峰的一段时期。在衰退期，经济活动的显著下降会扩展到整个经济，并能从几个月持续到一年多。

有时候，经济总体活动下降持续两个季度以上就被称为衰退。尽管这是一个比较好的经验法则，但美国国民经济研究局经济周期测定委员会使用最好的判断标准而不是采用任何僵硬的规则进行判断。由于经济周期测定委员会更加注重正确的信号而不是新闻价值，因而官方通常会在一个衰退开始或结束后的 6～18 个月后才会对经济周期进行正式确认。

产量并不总是处于其趋势水平上，也就是说符合生产要素（经济学上）的充分利用水平。与此相反，产量围绕趋势水平波动。在**扩张**（expansion）（或**复苏**，recovery）时期，生产要素的**使用**（employment）增加，这是增加生产的源泉。由于人们加班加点工作，几台机器轮班运转，产量可能超过趋势水平。相反，**衰退**（recession）时期失业增加，产量低于现有资源与技术实际能生产的水平。图 1-7 中的波浪线显示出产量的周期性偏离趋势。产量对趋势的偏离称为**产出缺口**（output gap）。

产出缺口衡量实际产量与经济中现有资源得到充分利用时所能生产的产量之间的差额。充分就业的产出也叫做**潜在产出**（potential output）。

$$\text{产出缺口} \equiv \text{实际产出} - \text{潜在产出} \tag{1}$$

产出缺口测定产量周期性背离潜在产出或趋势产出（我们使用的这些术语可以互相替代）的量值。图 1-8 显示了美国的实际产出与潜在产出，阴影部分代表衰退。

该图显示，在 1982 年那样的衰退中，产出缺口扩大，更多的资源未被利用，实际产出低于潜在产出。相反，在扩张期，例如在 20 世纪 90 年代惊人的长期扩张中，实际产出增长超过潜在产出增长，产出缺口最后甚至成为正的。正的缺口意味着过度就业、工人超时间工作，以及机器运转超过正常的利用率。值得注意的是，缺口有时非常大。例如在 2009 年，产出缺口大约为产出的 6.4%。

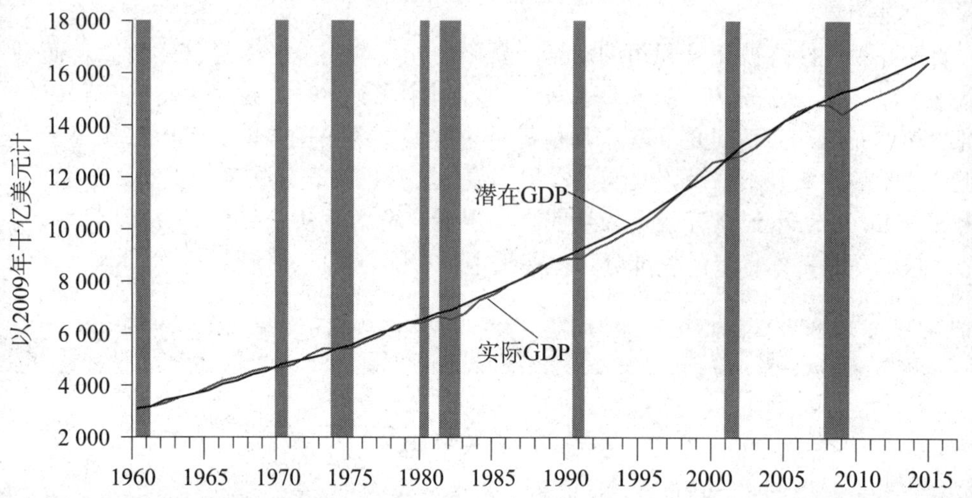

图 1-8　1960—2015 年间的实际产出和潜在产出

资料来源：Federal Reserve Economic Data [FRED].

衰退：经济学术语及通俗含义

在习惯用语中，“衰退”是指经济总体上处于糟糕形态的时期；具体而言，就是经济比正常时候运行要差。如果你仔细研究图 1-7，你将看到有些时期 GDP 是上升的（“复苏”阶段），但仍低于趋势水平。由于衰退期产出较低（并且通常失业率较高），这个时期很不愉快。这就是人们常说的我们处于衰退中的意思。但是，这并不是经济学家给出的技术性定义。经济学家将经济周期从波峰下降到波谷的阶段定义为衰退。

避开讨论“衰退”也许会好些，我们将“萧条”定义为失业率开始上升到正常水平之上（或可能是 GDP 开始下降到趋势以下）。[①]图 1-9 显示了这种差异。在图 1-9 右侧的最后一次复苏中，经济正快速增长，但还没有回到正常水平。当看到经济周期的这个阶段时，经济学家会认为“复苏”已经结束，他们很难回避这个时期，他们会使用不同于通俗含义的技术性定义。

通货膨胀与经济周期

通货膨胀（inflation）的加剧与产出缺口成正相关关系。扩张性总需求政策势必会造成通货膨胀，除非这些政策出现在经济的高失业时期。长期的低水平总需求会降低通货膨胀率。图 1-10 显示了对 1960 年以来美国经济发生的通货膨胀的一种衡量。在图中通货膨胀是以**消费价格指数**（CPI）的变化率来度量的，即以典型的城市消费者购买既定一篮子代表性商品时的费用变化率来衡量。

① Robert E. Hall, "The Long Slump," *American Economic Review*, April 2011.

图 1-9　衰退与萧条

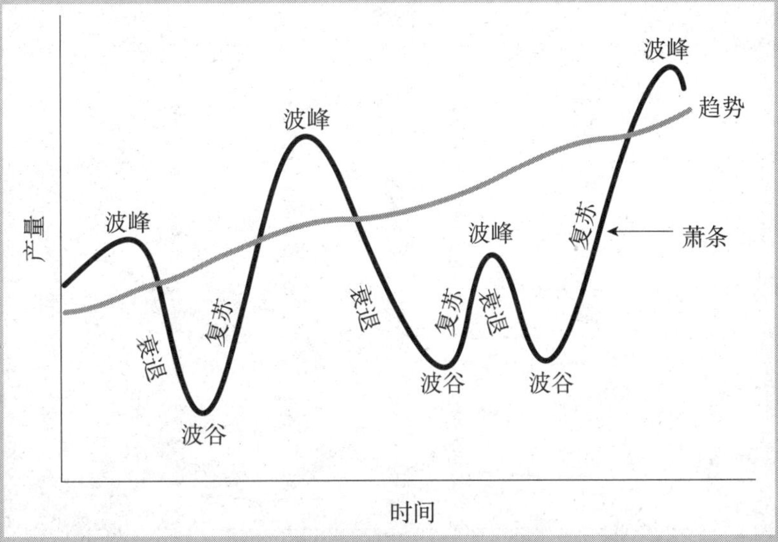

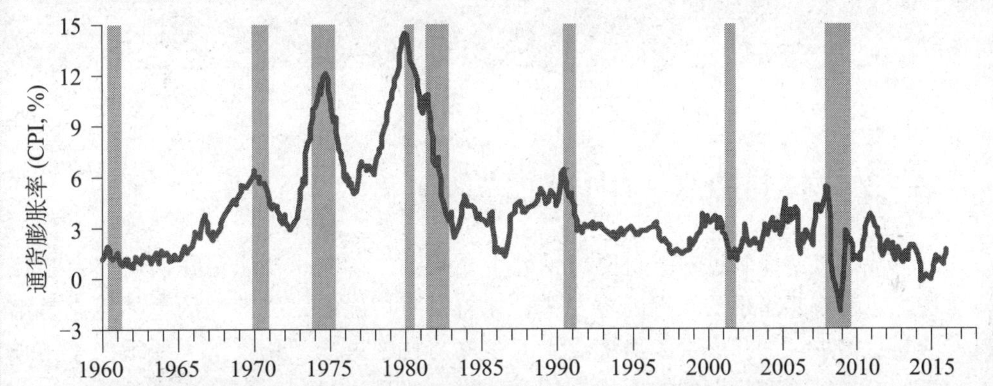

图 1-10　1960—2016 年消费者价格的通货膨胀率

资料来源：Federal Reserve Economic Data [FRED].

图 1-10 给出了通货膨胀，即价格**增长率**（rate of increase）的变化情况。我们也可以观察价格**水平**（level）（见图 1-11）。20 世纪 60 年代和 70 年代的通货膨胀导致价格水平的大幅度上涨。在 1960—2016 年间，价格水平上涨了 8 倍多。平均起来，1960 年价值 1 美元的商品，在 2016 年价值 8.11 美元。绝大多数的价格上涨发生在 20 世纪 70 年代初期以后。

通货膨胀像失业一样，是重大的宏观经济问题。但通货膨胀的代价显然比失业的代价小得多。在失业情况下，潜在产出将得不到充分利用，所以，减少失业为什么是顺乎民心之事就很清楚了。在通货膨胀情况下，没有明显的产出损失。事实证明，通货膨胀打乱了熟知的价格关系，并降低了价格系统的效率。不管出于什么理由，政策制定者都愿意通过增加失业来努力减少通货膨胀——以更多的失业换取更少的通货膨胀。[1]

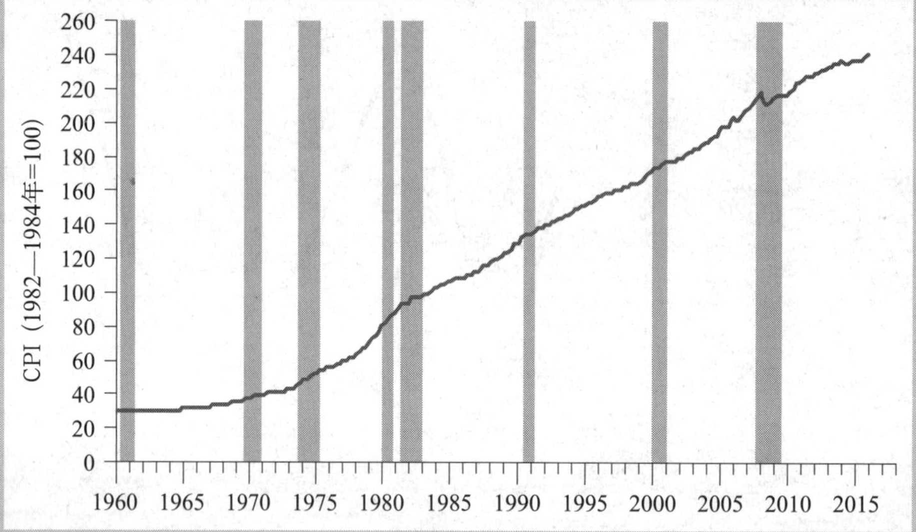

图 1-11　1960—2016 年消费价格指数

资料来源：Federal Reserve Economic Data [FRED].

1—3　本书概要与内容概览

我们概略谈到过本书将要讨论的主要问题。现在简要说明我们研究宏观经济学的方法，以及将要展示的课程内容安排。如前面所指出的，关键性的总体概念是增长、总供给与总需求。增长取决于经济投入的积累与技术进步。总供给主要取决于增长，也取决于像石油供给变化那样的干扰。货币政策主要是通过利率和预期影响总需求，财政政策也影响总需求。

全部内容开始于第 2 章国民收入核算，它强调的数据及其相互关系在本书后面会反复使用。第 3 章和第 4 章阐述非常重要的长期增长问题。第 5 章引入总供给-总需求框架，并讨论总供给与总需求的相互作用如何既决定实际 GDP，又决定价格水平。第 6 章进一步详尽地研究总供给曲线。第 7 章更深入地研究失业。第 8 章进一步研究通货膨胀的成本。第 9 章对中央银行如何实施货币政策进行一般水平的描述。第 10 章至第 12 章阐述总需求的基础——*IS-LM* 模型。第 13 章在总需求模型中加入国际贸易。第 14 章至第 17 章，以及第 19 章考察共同构成整个经济的各个领域。第 18 章讨论政策理论，即讨论从宏观经济理论到宏观经济理论应用中的困难。第 20 章更多考察世界范围内的政府债务规模的问题。第 21 章和第 22 章考察恶性通货膨胀与巨额政府赤字等相关问题。第 23 章拓展了第 13 章关于国际贸易在宏观经济学中作用的讨论。第 24 章从对宏观经济各部

---

① 对于通货膨胀最可读的说明，见 Milton Friedman，“The Causes and Cures of Inflation，” in his *Money Mischief*（New York：Harcourt Brace Jovanovich，1992）。

分的分别考察，转而考察经济研究的前沿领域（这一章大部分是选读材料，并非每个人在初次阅读时必须通读一遍）。

1—4 必备条件与学习方法

在结束导论这章时，我们简单地说明一下如何使用本书。请注意本教材要求必备的数学基础不超过高中代数水平。只有在必须使用方程式时，我们才使用它们，但是它们不是叙述中不可或缺的部分。不过，对于认真学习宏观经济学的学生而言，都能够并且应该掌握它们。

技术性较难的章节可以跳过或浏览一下。许多标明“选读”的章节，表明是较难的内容。我们或者将其作为补充材料，或者提供充分的非技术性的阐述，以帮助读者在省略它们后仍能继续学习本书。我们之所以提供更高级的内容，是要给出宏观经济学全面的和最新发展的主要思想与技术。

我们理解复杂经济的困难之处在于，试图将几个市场和许多变量之间的相互作用，理解为构成庞大系统的经济中的直接效应和反馈效应。我们怎样才能保证自己的学习轻松有效地进步呢？最重要的事就是要提出问题。每当遇到一个论点时，都要问自己，为什么这个或那个变量会影响比如说总需求呢？如果情况不是这样，又会发生什么事情？决定性的联系又是什么？

什么都不能代替积极主动地学习。有主动学习的简单规则吗？最好的学习方法就是用铅笔和纸张给每个论点画出图示，尝试作程序图表，写出论点之间的逻辑联系，完成每章末尾的习题，在关键的思想下画线。使用“学习指南”也会有助于你的学习。“学习指南”包含每章的概要和许多实用的习题。其他有价值的方法是对具体观点或立场提出不同意见，或者为关于政策问题的特定观点辩护。除此以外，如果你被难住了，就应该继续读半页；如果仍然读不下去，就返回前面重新学习。

宏观经济学是一门应用的艺术。要学会将教科书上的概念与当前的事件相联系。我们极力推荐新闻性杂志《经济学家》（*Economist*，www.economist.com）这类出版物。圣路易斯联邦储备银行在 https：//fred.stlouisfed.org 中提供了优秀的数据来源，即“FRED”。而在线资源包括比尔·高菲（Bill Goffe）的“经济学家的在线资源”（www.aeaweb.org/RFE），该网站得到了美国经济学会的资助，列出并标注了 1 000 多种数据、出版物、研究机构甚至雇主等资源。

很多章后的问题均采用来自联邦储备委员会的真实数据，联邦储备委员会是一个可以获取数据的地方，这些数据有助于你更好地理解（或者不认同）本书中的概念。作为主动学习的初步练习，你可以尝试计算从你出生以来价格水平已经上涨了多少。假定今天是 2012 年 12 月并且读者是 18 岁，请按照以下步骤计算结果。

1. 打开网页浏览器，浏览网页 http：//fred.stlouisfed.org。

2. 搜索“cpi”。

3. 点击“Consumer Price Index for All Urban Consumers：All Items”，然后打开“View Data”。

4. 向下滚动寻找 2012 年 12 月的消费价格指数，它是 230.979。（网页上的内容大多数是随时间修改的具体数据，所以，你有时看到的数据会有所不同。）回到 1994 年 12 月，你将找到消费价格指数是 150.1.

5. 快速计算表明，这一时期价格上升了 $100\times\frac{230.979-150.1}{150.1}=54\%$。

6. 点击后退按钮返回到图表页，更改时间区间为 10 年，你应该可以得出与下面相似的图：

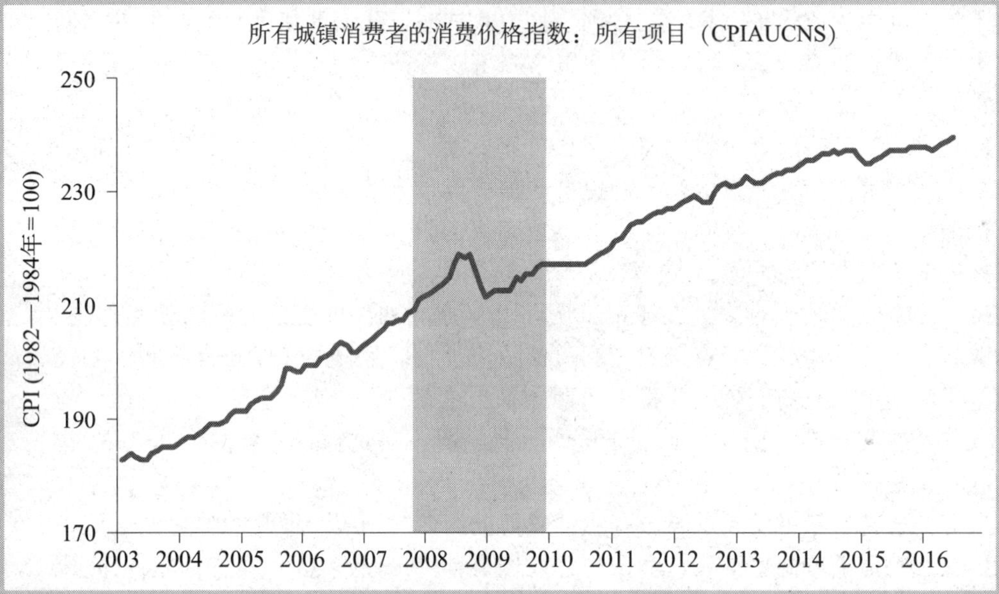

阴影区域显示了美国的衰退期。

资料来源：Federal Reserve Economic Data [FRED].

本章提要

1. 模型是简化的描述，只是致力于捕捉世界如何运转的基本要素。我们使用各种模型来集中研究各种经济问题。

2. 我们使用增长理论、总供给与总需求的概念作为讨论的中心。

3. 增长理论通过了解生产能力如何增长，以解释经济的特长期行为。

4. 在长期内，生产能力被看作既定不变的。产量取决于总供给，而价格取决于总供给与总需求。

5. 在短期中，价格水平不变，而产量取决于总需求水平。

关键术语

总需求（*AD*）曲线	总供给-总需求模型	总供给（*AS*）曲线
经济周期	消费价格指数（CPI）	扩张
增长率	增长理论	通货膨胀
长期	中期	产出缺口
波峰	菲利普斯曲线	潜在产出

衰退	复苏	短期
实际 GDP 的趋势路径	波谷	特长期

问题

概念题

1. 使用总供求模型解释产出和价格是如何决定的。在长期内，产出是变化的还是不变的？假如总需求曲线保持不变：随着时间的推移，我们能够推论出价格行为吗？

技术性问题

1. 假定实际产出是 1 200 亿美元，潜在（充分就业）产出是 1 560 亿美元。在该假设的经济中产出缺口是多少？在你估计的产出缺口基础上，你预计失业水平比正常水平高还是低？

操作题

1. 在该练习中，你计算一下从你出生那一年到今天美国的实际人均收入增加了多少。进入网站 http://fred.stlouisfed.org，找出实际 GDP 数据。在“National Accounts”下点击“Category”，选择“National Income & Product Accounts”，然后找出“GDP/GNP”，以及“GDPCA”。对于人口数据，返回到 FRED II 主页面，点击“Population，Employment，& Labor Markets”栏目下的“Category”，选择“Population”，然后查找“Employment & Population”。在“Category”下选择“Population”“POP”。利用这两个地方提供的数据信息，填写下表的列 1 和列 2。注意，你可能需要将目前的系列数据转换为年度平均数据，你可以对预期年份的月度数据进行平均来实现。你可以通过以实际 GDP 除以人口来计算人均实际 GDP。填写完列 1 和列 2 之后，你便可以发现今天的人均收入比你出生那年的人均收入高出多少了。（提示：直接以列 1 的值除以列 2 的值。）

变量	今天的年份 1	你出生的年份 2
实际 GDP		
人口		
实际人均 GDP＝实际 GDP/人口		

2 国民收入核算

本章要点

- 国内生产总值是在国内生产的商品和服务的价值。在均衡状态下生产量等于需求量。
- 产品的生产为其生产者提供收入。收入的大部分由劳动者和资本所有者获得。
- 产量取决于个人消费与投资、政府支出，以及国际贸易。
- 国内生产总值的美元价值取决于物质生产与价格水平。通货膨胀是价格水平随时间推移发生的变动。

可靠的核算将数据转化为信息。我们研究国民收入核算有两个理由。第一，国民收入账户为我们的宏观理论模型提供了一个正规的**结构**（structure）。我们以两种方式区分产出。在生产方面，产出是以工资形式与利息、股息形式分别支付给劳动与资本的。在需求方面，产出被消费掉，或者为未来进行投资。将产出区分为生产方面对要素的支付（工资等），为我们研究增长与总供给提供了一个框架。将需求方面的收入区分为消费、投资等，为我们研究总需求提供了框架。投入与产出或需求与生产的核算在均衡状态下必然是相等的。除了考察实际产出之外，国民收入账户也包含衡量价格总水平的方法。它为我们讨论通货膨胀提供了一个基础。

研究国民收入账户的第二个理由是，了解少数概略数字有助于刻画经济的特征。如果美国年产出按人口平均，每人将支配 5 000 美元、50 000 美元还是 500 000 美元？今天的 1 美元与 1947 年的 1 美分、10 美分还是 1 美元等价？收入的大部分是支付给劳动，还是支付给资本？记住精确的统计数字实属浪费时间，但知道粗略的数值对于将理论与现实世界联系起来，却是极端重要的。宏观经济学的绝大部分与我们所生活的世界有关。

我们的研究由对产出的基本衡量——**国内生产总值**（gross domestic product）或 GDP 开始。**GDP 是既定时期内，一国所生产的全部最终产品和服务的价值**。它包括生产的商品（如房子和智能手机）与服务（如飞机的运载飞行、经济学家的演讲）的价值。其中每种产出都以其市场价格计价，通过将它们的价值加总即可得出 GDP。2016 年美国经济 GDP 的价值大约是 189 000 亿美元。由于美国人口约为 3.25 亿，**人均 GDP**（per capita GDP）大致就是每年 58 150 美元（=189 000 亿美元/3.25 亿人口）。

2—1 产出的生产与对生产要素的支付

经济的生产方面将劳动与资本等方面的投入转变为产出——GDP。类似于劳动与资本等投入叫做**生产要素**（factors of production），如工资与利息等对要素的支付叫做**要素报酬**（factor payments）。设想一个由你任企业家、由学生经营的烘焙馅饼的饼屋。你雇用几位朋友揉面团，并且从另外一位朋友那里租一间厨房。你的要素投入是朋友（劳动）与厨房（资本）。产出以馅饼的数量计算。你凭经验可以预计在朋友人数和厨房数既定的情况下能生产的馅饼的数量。你可利用叫做**生产函数**（production function）的数学公式来表示这种关系。在这种情况下，生产函数可写成：

$$\text{馅饼数}=f(\text{朋友，厨房}) \tag{1}$$

我们当然会对那些与所有经济中的生产有关系的、使 GDP（Y）与投入的劳动（N）和资本（K）相联系的、较一般的生产函数感兴趣。我们将该函数写成$Y=f(N，K)$。在第 3 章与第 4 章中，生产函数是我们研究经济增长的中心点。在那两章，我们还要详细说明技术的作用以及除去劳动和资本以外的投入要素的使用。

一旦馅饼烤好，就是支付要素报酬之时。一些馅饼送给你的朋友作为其劳动报酬。这些馅饼是你朋友的工资收入。你还需要将每个馅饼切下一部分（在美国大约是馅饼的7%）送给政府作为对社会保障的捐献。这一部分也被认为是对劳动的支付，因为这是为工人所支付的。你自己也应该拿一个馅饼作为你管理才能的公平报酬。这个馅饼也是对劳动的支付。还有少数馅饼被支付给厨房房主。这些是资本的报酬。其余的馅饼才是真正的利润。

全部要素报酬，以及利润，加在一起等于所生产的馅饼的总数。我们可以用一个方程来表示：

$$\text{生产的馅饼}=\text{劳动报酬}+\text{资本报酬}+\text{利润} \tag{2}$$

更一般地说，我们也可以写作劳动报酬等于工资率（w）乘以劳动使用量，而资本报酬（厨房的租金）等于租金率（r）乘以租用的资本量，并写成$Y=(w\times N)+(r\times K)+$利润。

图 2-1（a）显示 GDP 被分解为要素报酬加上少数复杂的项目。

GDP、GNP 和 GNI

第一种复杂情况是，要素报酬包括从国外获得的本国所有的生产要素的报酬、外国在本国的生产要素的报酬，还要去掉那些美国为外国所有者生产的生产要素的报酬。将这些报酬加到 GDP 上，则得到**国民生产总值**（gross national product）或 GNP。例如，美国的 GDP 中相当于本田公司从其在美国的制造业中获得的那一部分利润。这些利润是日本的 GNP，因为它们是属于日本拥有的资本的报酬。**国民总收入**（gross national income）或 GNI 在概念上与 GNP 类似，当然，两者之间的细微差别就是涉及间接税是如何计算的。如果你看一下历史数据，你会发现经常是以 GNP 做参考的，而如果你看一下当前的国际比较数据，你可能会发现是以 GNI 做参考的。在美国，GDP、GNP 和 GNI 之间的差异大约只是 1%，对于我们的目的来说，可以忽略不计，但在其他一些国家，

图 2-1　2015 年美国的 GDP 构成

资料来源：Bureau of Economic Analysis.

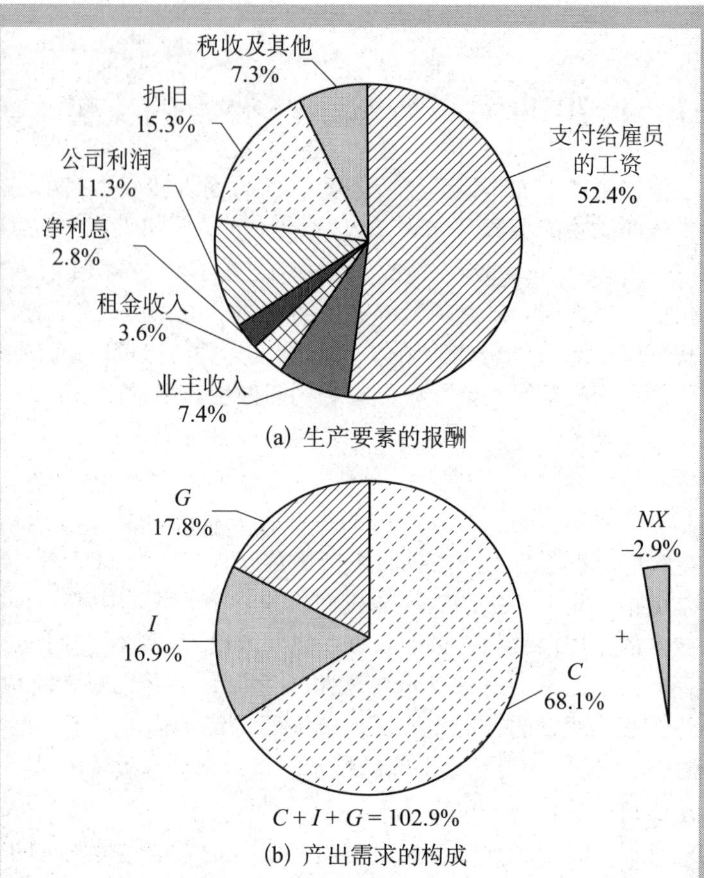

其差异可能更为重要。例如，2011 年，爱尔兰的 GDP 几乎比其 GNI 高 10%，而瑞士的 GNI 却比其 GDP 高大约 9%。

GDP 与 NDP

第二种复杂情况相当重要，但也很容易了解。资本的磨损，即用于生产产品时所发生的折旧或贬值。**国内生产净值（net domestic product，NDP）等于 GDP 减去折旧。**[①]因此，NDP 更接近于计算既定时期内一国生产商品的净数量：它是产品总价值减去在生产该部分产品的过程中所消耗掉的资本量的价值。**折旧**（depreciation）一般占 GDP 的 11%～15%。因此，NDP 通常占 GDP 的 85%～89%。

要素报酬

第三种复杂情况是，在支付要素报酬之前，必须先从 NDP 中扣除企业缴纳的间接税（例如，销售税、财产税和所得税）。这些税款数额巨大，总数将近 NDP 的 10%，因此，我们需要在这里进行说明（此后，我们将不再提及）。扣除间接税后剩下的就是要素报酬，也就是支付给生产的投入品——工人、土地所有者等——的收入。在美国，要素报

① 折旧被标识为“在官方统计上的固定资本的消费”。

酬占 GDP 的 80%。

你应该记得约 3/4 的要素报酬是支付给劳动的。其余的绝大部分被支付给资本。支付给其他生产要素的数量，即真正的利润，只占很小一部分。绝大多数工业化国家大致有相同的配置情况。（还有少数以石油、铜或肥料为基础的资源采掘经济，在那里自然资源是主要的生产要素。）

扼要重述

本节中应该记住的是：

- GDP 是既定时期内一国生产的全部最终商品和服务的价值。
- 美国年人均 GDP 大约为 60 000 美元。
- GDP 是所有要素报酬的总和。
- 劳动是主要的生产要素。

2—2 支出与需求的构成

在这一节中，我们考察对产品的需求，并且讨论总需求的**构成部分**（component）对国内生产的商品和服务的需求，即讨论对 GDP 需求的不同目的。

对国内产出的总需求是由四个组成部分构成的：(1) 家庭的消费支出（C）；(2) 企业与家庭的投资支出（I）；(3) 政府（联邦、州及地方）对商品与服务的采购（G）；以及（4）国外对我们净出口的需求（NX），即出口减去进口。根据定义，这四类账户就是全部支出。基本的**国民收入核算恒等式**（national income accounting identity）为：

$$Y \equiv C + I + G + NX \tag{3}$$

记住这个恒等式。在本课程中以及考虑宏观经济时，我们将反复使用这一恒等式。

现在让我们仔细考察四个构成部分中的每一个部分。

消费

表 2-1 按照需求的构成部分，给出了对商品和服务需求的分解。该表显示主要的需求构成部分是家庭部分的**消费支出**（consumption spending）。它包括对任何东西，从食品到高尔夫课程的花费，而且如同我们将在讨论投资时所了解到的，也包括消费者对像汽车之类的耐用消费品的花费——它可以被看成是投资而不是消费。

表 2-1 2015 年美国 GDP 与需求的构成部分

资料来源：Bureau of Economic Analysis.

	10 亿美元	百分比（%）
个人消费支出	12 284	68.1
私人国内总投资	3 057	16.9
政府对商品与服务的采购	3 218	17.8
商品与服务的净出口	−522	−2.9
国内生产总值（GDP）	18 037	100.0

图 2－2 描述了日本和美国两国的消费占 GDP 的百分比。应注意，从任何意义上来说，消费份额绝不是一成不变的。我们也看到，与美国的情况相比，日本的消费只占其 GDP 的一个很小比例。正如我们稍后将会看到的，给定政府支出的份额，较高的消费（或较低的储蓄），意味着不是较少的投资就是大量的外贸赤字。

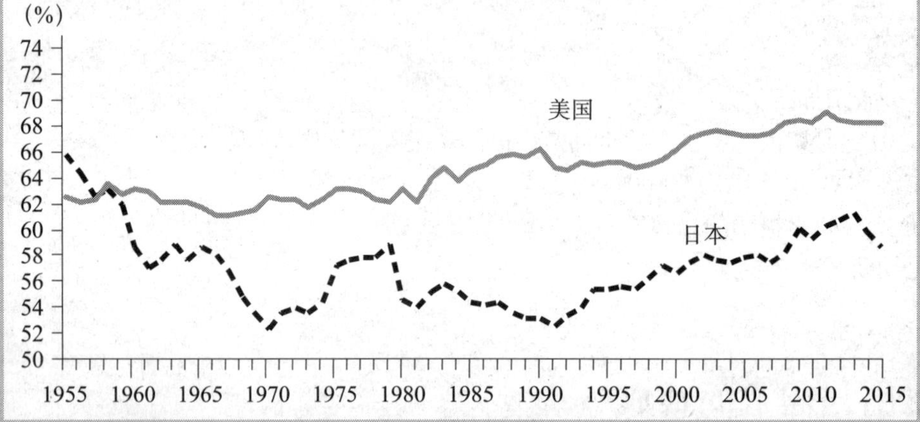

图 2－2　1955—2015 年美国与日本的消费在 GDP 中的份额

资料来源：International Financial Statistics，IMF.

政府

在规模上占第二位的是对商品和服务的**政府采购**（government purchase）。GDP 的这个构成部分包括国防支出、州和地方政府修筑道路的费用，以及政府雇员的薪水等项目。

我们要注意某些有关政府支出的用语的使用。我们将政府在商品和服务方面的支出称为对商品与服务的**采购**（purchase）。此外，政府实施**转移支付**（transfer payment）。这项支付是对人民的支付，但不需要他们提供现期服务作为交换。典型的转移支付是社会保障福利金和失业救济金。**转移支付不能算作 GDP 的一部分，因为转移的不是当期产出的一部分。**我们将转移支付加上政府采购作为政府支出。联邦政府预算安排在 2000 年大约是 19 000 亿美元，在 2008 年是 32 000 亿美元，在 2015 年达到 40 000 亿美元。在一般情况下，约三分之一的联邦政府支出是用于购买商品和服务的。

政府总支出——无论是计入 GDP 的采购，还是不计入 GDP 的转移支付——在决定经济如何在公共部门和私人部门之间划分上发挥着很大作用。从图 2－3 中可以看到，在美国，联邦、州和地方政府的支出占经济总产出的三分之一强。

投资

对**国内私人总投资**（gross private domestic investment）需要进行一些界定。首先，贯穿本书中的“投资”一词是指物质资本存量的增加。当我们使用该说法时，投资不包括购买债券或购买苹果公司的股票等，而是包括房屋建设，机器制造，修建工厂、办公楼宇与增加厂商的商品库存等。

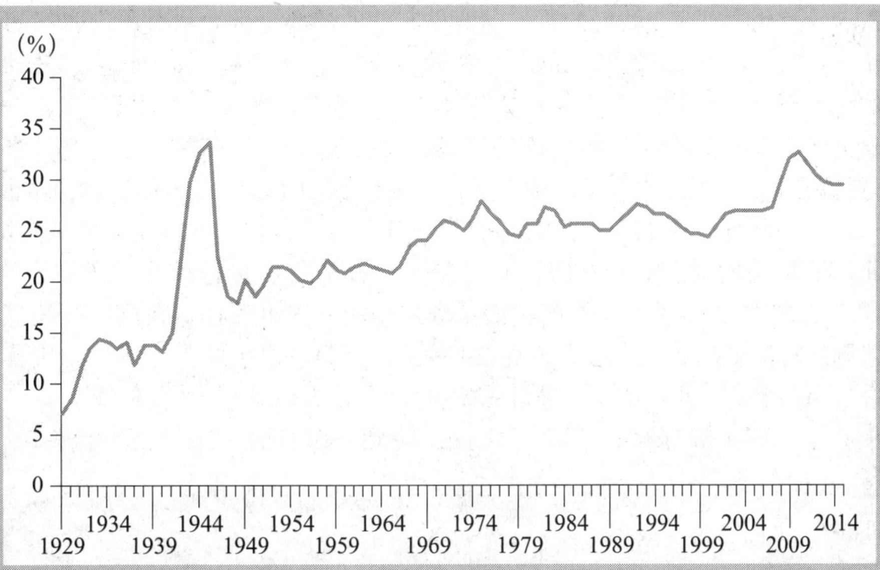

图 2-3　1929—2015 年政府采购和转移支付在 GDP 中的份额

资料来源：Bureau of Economic Analysis.

如果我们更一般地认为投资是增加经济未来生产能力的任何现期活动，那么，它不但要包括物质投资，而且要包括被称作人力资本的投资。**人力资本**（human capital）是体现于劳动力中的生产性知识和生产能力。教育投资可以认为是人力资本投资，但官方账户将个人教育支出作为消费来处理，而将公共教育支出作为政府支出处理。[①]

将支出分为消费支出和投资支出两类，在很大程度上是习惯做法。从经济学观点来看，家庭增加花生酱的存储与杂货店做同样的事情并没有什么差别。然而，在国民收入账户中，个人购买被作为个人消费支出处理，而商店的购买则被作为存货投资。虽然明显存在着难以确定的两可情况，但我们可以凭简单的经验进行估计：投资涉及企业领域增加物质资本的存量，包括增加库存。[②] 但所有的家庭支出（建设新住房除外）都被正式算作消费支出。这可能不像表面上看起来那么差！因为国民收入账户将家庭购买像轿车和冰箱等耐用品（durable goods）与购买其他商品是区分开的。

顺便说一下，我们注意到在表 2-1 中，投资是指“总”投资。在这种意义上的**总投资**（gross investment），意味着没有减去折旧。**净投资**（net investment）则指总投资减去折旧。

净出口

在表 2-1 中，“净出口”项目表明本国对外国商品的支出与外国对本国商品的支出情况。当外国人购买本国生产的商品时，他们的花费就会增加对本国国内生产的商品的

---

① 参见第 30 页的注释③，在总收入核算系统（TISA）中，投资的定义被扩大了，包括人力资本投资，这意味着在该系统中总投资超过 GDP 的 1/3。但在本书中以及正式的国民收入账户中，投资只计算物质资本存量的增加。

② GDP 账户记录的投资是企业部门增加的资本存量。某些政府支出，如用于道路或学校的支出，也增加资本存量。政府拥有的资本存量的估计数可以参见 *Fixed Reproducible Tangible Wealth in the United States*，*1925—97*（Washington D. C.：U. S. Bureau of Economic Analysis，National Income and Wealth Division，1999）。最近的统计资料可见 www. bea. gov。

需求。与此相对应，我们购买外国商品花费的那部分必须从对国内生产的商品的需求中减去。因此，出口与进口之间的差额被称为**净出口**（net export）。它是我们商品总需求的组成部分。如图 2-4 所示，从 20 世纪 70 年代后期起，美国的净出口一直是负值，反映美国存在大量的进口和少量的出口；但应注意，在一些年份，美国的净出口接近零（贸易差不多是平衡的），而在其他年份，则有很大的负值（美国已有大量国际贸易赤字）。

用一个例子即可阐明净出口在核算 GDP 时的作用。假定个人领域支出增加 20 亿美元，GDP 将增加多少呢？假定政府支出与投资支出保持不变，我们也许禁不住会说，GDP 将增加 20 亿美元。其实，如果增加的所有支出都花费在国内产品（例如，在底特律制造的汽车）上，上述观点才是正确的。但另一个极端是，增加的所有支出都花费在进口商品上［例如，从英国进口的捷豹（Jaguar）汽车］。在那种情况下，消费增加了 20 亿美元，而净出口则减少了 20 亿美元，所以，对 GDP 来说，无变化。

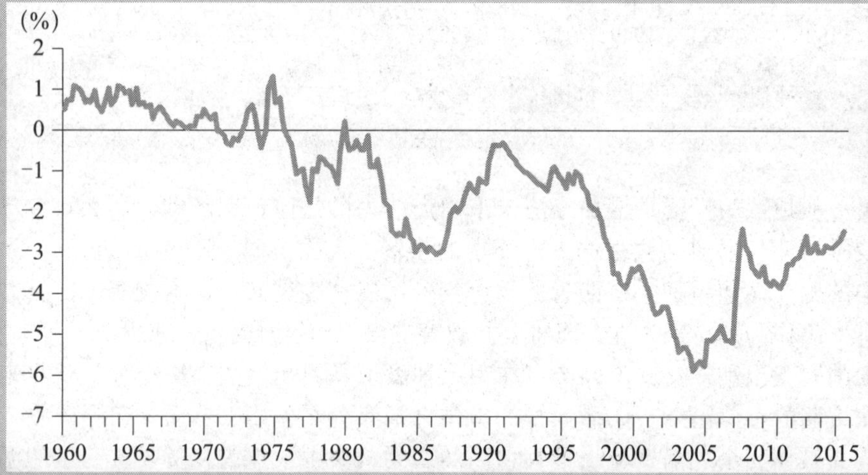

图 2-4　1960—2016 年美国净出口在 GDP 中的份额

资料来源：Bureau of Economic Analysis.

扼要重述

本节应该记住的是：

● 根据购买者的身份，将对 GDP 的需求划分为四个部分：消费、投资、政府支出与净出口。

● $Y \equiv C+I+G+NX$。

● 需求各个部分的相对规模，随不同的国家和不同的时机而有所不同，但应该记住美国的近似数字是，消费占 71%，投资占 12%，政府采购商品和服务占 20%，净出口是负数。

2—3　一些重要的恒等式

本节提出一组我们在本书的其他部分会频繁使用的国民收入关系式来概括上一节的

讨论。我们在此介绍整本教材采用的一些符号和习惯用法。

为了以后各章的分析方便，我们假定可支配收入必然等于 GDP，以简化我们的分析。对于本书的大部分内容，我们不考虑折旧，因而也就不考虑 GDP 与 NDP 以及总投资与净投资之间的区别。我们只涉及对投资支出的简化。我们也不考虑间接税与企业转移支付。记住这些习惯用法。**本书中的国民收入与 GDP 以及收入与产出都是可以互用的。** 这些简化只是为了方便，但不会产生严重的后果。最后，在下一小节，我们省略了政府与对外部门。

一种简单的经济

在一种既没有政府也没有对外贸易的简单经济里，我们以符号 Y 表示产值，以符号 C 表示消费，以符号 I 表示投资支出。第一个关键的恒等式是生产的产量等于售出的产量。但那些没有售出的产量呢？**我们可以将积累的存货量作为投资的一部分**（厂商增加存货就仿佛将商品卖给了自己）。因此，所有的产量不是被消费掉就是被作为投资了。售出的产量可以被看作消费支出与投资支出之和（作为需求的组成部分）。据此，我们可以写成：

$$Y \equiv C + I \tag{4}$$

下一步是在**储蓄**（saving）、消费与 GDP 之间建立联系。收入如何分配？部分被用于消费，部分将被储蓄起来。[①] 因此可写成：

$$Y \equiv S + C \tag{5}$$

其中 S 表示私人部门的储蓄。恒等式（5）告诉我们，全部收入不是被用于消费，就是被用于储蓄。其次，恒等式（4）与（5）可以合并为：

$$C + I \equiv Y \equiv C + S \tag{6}$$

恒等式（6）左边表示需求的各组成部分，右边表示收入的分配。该恒等式强调生产的产量等于售出的产量。生产的产值等于得到的收入，而得到的收入又被花费在商品上或储蓄起来。

恒等式（6）可以稍加变动，以反映储蓄与投资之间的关系。从恒等式（6）两边减去消费，则得到

$$I \equiv Y - C \equiv S \tag{7}$$

恒等式（7）表明，在这个简单的经济中，**投资恒等于储蓄**。

人们可用各种方式考虑这种关系背后所包含的内容。在一个非常简单的经济中，个人能够储蓄的唯一方式是从事物质的投资活动——例如存储谷物或修建灌溉渠道等。在略微复杂的经济中，人们可以认为投资者用从储蓄者个人那里得来的借款为其投资提供资金。

重新引进政府与对外贸易

现在，我们重新引进政府部门与外贸部门。[②]我们以 G 表示政府对商品和服务的采

---

① 储蓄的决定是由企业做出的，也是由消费者直接做出的。为了方便，可以忽略公司的存在，并将整个私人领域合并加总在一起。

② 这里的“政府”指联邦政府加上州和地方政府。

购，并以 TA 表示所有的税收，以 TR 表示对私人领域的转移支付（包括公债的利息），以 NX 表示净出口（出口减去进口）。

我们返回到生产的产量与售出量之间的恒等式。现在考虑需求的所有组成部分，包括 G 与 NX。于是，我们将基本恒等式重新表述为：

$$Y \equiv C + I + G + NX \tag{8}$$

观察恒等式（8）的另外一种方式是，要记住在国内商品上的全部支出 Y，可以被分成国内居民支出 $C+I+G$ 和外国人对国内商品的净需求 NX。对于有大量进出口的国家，这一区分相当重要。

其次，我们转向产量与可支配收入之间非常重要关系的背离上。现在我们必须承认，部分收入需要用于纳税，此外，在国民收入中还要加上私人领域接受的净转移（TR）。因此，可支配收入（YD）就等于收入加上转移支付，再减去税负，即

$$YD \equiv Y + TR - TA \tag{9}$$

可支配收入又被分配于消费与储蓄：

$$YD \equiv C + S \tag{10}$$

重新整理恒等式（9）并将其代入恒等式（8）中以取代 Y，则可得到

$$YD - TR + TA \equiv C + I + G + NX \tag{11}$$

将恒等式（10）代入恒等式（11）后得出

$$C + S - TR + TA \equiv C + I + G + NX \tag{12}$$

经过整理，我们得到

$$S - I \equiv (G + TR - TA) + NX \tag{13}$$

储蓄、投资、政府预算与贸易

不能过分强调恒等式（13）。恒等式（13）右边的第一项（$G+TR-TA$）是**政府预算赤字**（government budget deficit，BD）。$G+TR$ 等于政府总支出，它是由政府对商品和服务的采购（G），加上政府转移支付（TR）构成的。TA 是政府征收到的税额。（$G+TR-TA$）是政府支出超过其收入的数额，即预算赤字。[预算赤字是一项负值的预算盈余，$BS=TA-(G+TR)$。] 右边第二项是出口超过进口的数额，即**商品与服务的净出口**（net exports of goods and services），或简称为净出口。NX 也叫做**贸易盈余**（trade surplus）。当净出口为负值时，就有了**贸易赤字**（trade deficit）。

因此，恒等式（13）说明了私人储蓄超过投资的部分（$S-I$）等于政府预算赤字加贸易盈余的数值。该恒等式正确地表明了私人储蓄超过私人投资的数额（$S-I$）、政府预算（BD）以及外贸部门（NX）之间有着重要联系。例如，假设私人领域的储蓄等于投资，那么，政府预算赤字（盈余）就反映了对外部门相等数额的赤字（盈余）。

表 2-2 表明了恒等式（13）的重要性。为了牢记这些论点，假定私人部门的储蓄 S 为 10 000 亿美元。在前两行中，假定出口等于进口，因此贸易盈余为零。在第一行，假定政府预算是平衡的。于是投资必然等于 10 000 亿美元。在下一行，假定政府预算赤字为 1 500 亿美元，设定储蓄水平为 10 000 亿美元，贸易余额为零，因此投资必然降低了 1 500 亿美元。第三行表明有贸易盈余时，这种关系受到了何种影响。

表 2-2　预算赤字、贸易、储蓄与投资

（单位：10 亿美元）

储蓄（S）	投资（I）	预算赤字（BD）	净出口（NX）
1 000	1 000	0	0
1 000	850	150	0
1 000	900	0	100
1 000	950	150	−100

任何部门的支出大于其收入，都不得不借款支付其过量的支出。私人部门有三种方式处理其储蓄。它可以贷给政府，政府部门用它来偿还其支出超过税捐收入的部分。私人部门也可以贷给外国人，外国人在我们这里的购买超过了我们向他们的购买。因此，他们从我们这里赚得的低于他们从我们这里购买商品所需支付的金额，我们不得不贷款给他们以便弥补该差额。或者，私人部门也可以贷款给工商企业作为投资所需的资金。在所有这三种情况下，家庭贷出的款项除了以后得到偿还的本金外，还会得到贷款应支付的利息和股息。

20 世纪 50—60 年代，美国预算余额和贸易余额多是盈余，如图 2-5 所示。20 世纪 70 年代末到 90 年代中期，持续出现了政府预算赤字和贸易赤字。到世纪之交时，政府预算在多年来第一次转为盈余，而贸易余额仍然是赤字。但是美国的政府预算盈余并未持续多长时间，从 2001 年第三季度以来，一直都是赤字。

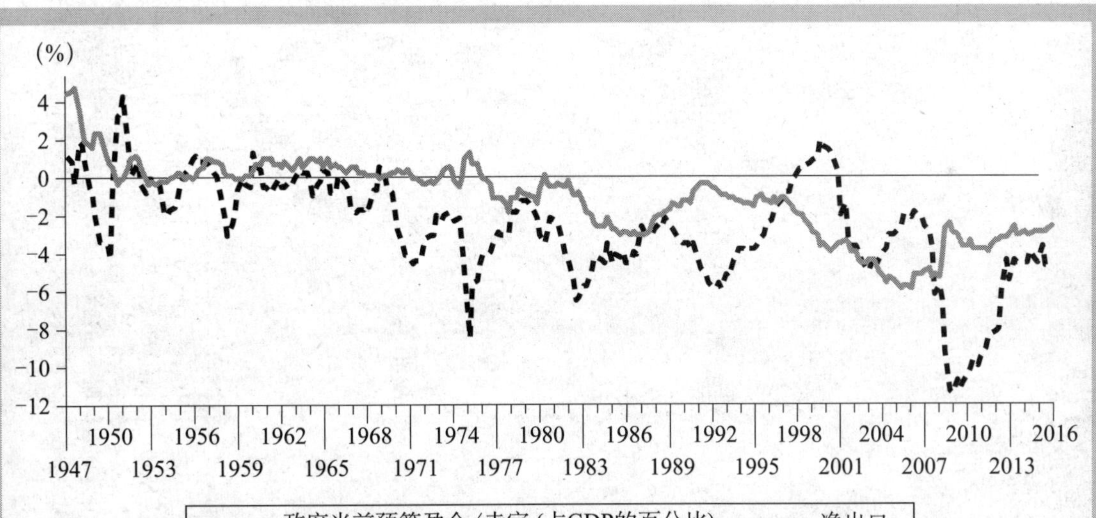

图 2-5　1947—2016 年预算盈余和贸易盈余占 GDP 的百分比

资料来源：Bureau of Economic Analysis.

图 2-6 显示了由过去的赤字积累起来的联邦债务，即联邦债务是反映过去赤字流量的一个存量。大多数联邦债务是战争造成的，但是一个明显的增加却产生于 20 世纪 80 年代，即便那是美国的和平时期。被用来应对 2007—2009 年大衰退的财政激励计划也明显增加了国家债务。

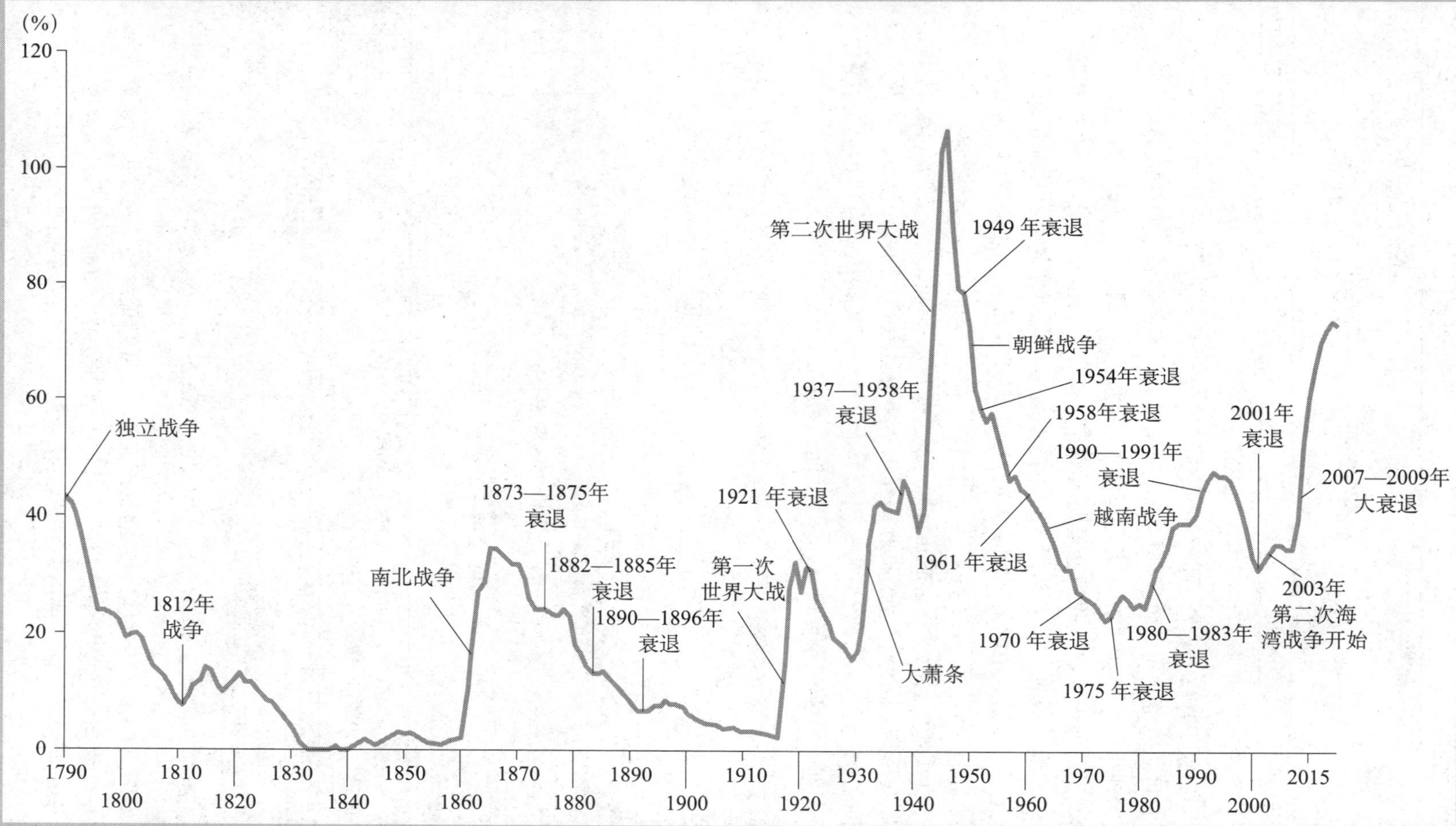

图2－6　1790—2015年GNP中公众个人拥有的联邦债务百分比

资料来源：Congressional Budget Office and Bureau of Public Debt; U.S. Department of the Treasury; Federal Reserve Economic Data [FRED].

2—4 国内生产总值的衡量

在计算 GDP 时，有许多复杂之处，也有许多并不复杂的问题。让我们从简单的地方开始。[①]

最终商品与增加值

GDP 是生产出来的**最终商品和服务**（final goods and services）的价值。坚持使用最终商品和服务只是为了确保我们没有进行重复计算。例如，我们不会在 GDP 中已经包括一辆汽车的全部价格后，又将汽车生产者外购的用于这辆汽车上的轮胎的价值作为 GDP 的一部分包括进来。生产者买来的汽车零部件被称为**中间产品**（intermediate goods），它们的价值并不包括在 GDP 中。同理，制成馅饼的小麦也是中间产品。我们只计算馅饼的价值，作为 GDP 的一部分。我们并不计算卖给面粉厂的小麦的价值以及卖给面包店的面粉的价值。

在实践中，计算**增加值**（value added）可以避免重复计算。在加工商品的每一阶段，只将该阶段添加到商品上的价值算作 GDP 的一部分。农民生产小麦的价值算作 GDP 的一部分，然后面粉厂卖出面粉的价值减去购买小麦的成本，就是面粉厂的“增加值”。如果我们按照这种程序继续下去，则每个加工阶段的增加值之和就等于出售的面包的最终价值。

当期产出

GDP 由**当期生产的**（currently produced）产出的价值构成。因此，它排除了像已故大师们的作品和已有房屋之类早先已存在的商品的价值。新房屋的建造被算作 GDP 的一部分，但原有房屋的买卖不计入 GDP。不过，出售原有房屋的房地产经纪人的手续费要算作 GDP 的一部分。房地产经纪人将买卖双方撮合在一起，提供了当期的服务，因而合乎当期产出的范围。

[专栏 2－1] 我们还知道什么?

环境与 GDP 的衡量

一些环境损害应该显示在 GDP 的计算中。如果来自电厂的酸性烟气污染了农田，那么农产品产量下降会显示在 GDP 中。污染可能同时会伤害农民及其家庭成员的健康。健康损害并没有被计入 GDP，所以这类环境影响没有在官方统计数据里显示。米德尔伯里学院（Middlebury College）的尼古拉斯·缪勒（Nicholas Muller）、耶鲁大学（Yale University）的罗伯特·门德尔松（Robert Mendelsohn）和

① 关于全世界 GDP 如何计算的可读性材料请参考："Taking the Pulse of the Economy：Measuring GDP," by J. Steven Landefeld，Eugene P. Seskin，and Barbara M. Fraumeni，*Journal of Economic Perspectives*，Spring 2008。

威廉·诺德豪斯（William Nordhaus）估算了美国空气污染导致的这些未统计的环境损失的成本。*

他们估算这些未统计的环境损失，2002年是1 840亿美元，略低于GDP的2个百分点。很多产业包括污水处理、采石场以及港口码头等给GDP带来的损害多于对GDP的贡献。*

*资料来源："Environmental Accounting for Pollution in the United States Economy," *American Economic Review*, August 2011.

计量GDP时的问题

在实践中，GDP数据不仅被用来衡量生产了多少，而且被用来衡量一国居民的福祉。经济学家与政治学家认为GDP的增加好像意味着人们更为富裕。但是GDP数据远没有完善地衡量经济产出或福利。① 它存在三个大的具体问题：

- 缺乏对一些产出的衡量，因为它们不在市场上交易。如果你在家里烘烤馅饼，你的劳动价值就没有被计入官方的GDP统计中。如果你购买一份（无疑是次优的）馅饼，那么馅饼师傅的劳动则会被计入GDP中。这意味着大量妇女加入劳动力队伍中，会增加官方GDP的数目，却并未抵消家庭生产的减少。（我们按照官方标准计算了收费日托的价值，但是照看自己孩子的价值却为零。）

也应该注意到，政府服务不是直接由市场定价。正式统计假定政府花费1美元，就价值1美元。②计量GDP的错误会达到这种程度，对于政府花费1美元所产生的产出，公众的估价却会超过或低于1美元。

- 一些被算作增加GDP的活动，实际上是动用资源避免或遏制诸如犯罪或危害国家安全的"坏事"发生。类似的是，引起环境污染和破坏的任何事情均未从账户中排除出去。这个问题在发展中国家尤为重要。例如，一项对印度尼西亚的研究认为，考虑到环境破坏问题，应在近年来计量出的经济增长率中减去3%。③

[专栏2-2] 我们还知道什么？

仅以成年人为对象的……

GDP被设定为对经济中所生产的所有商品和服务价值的衡量。但是，一些被出售的商品和"服务"……唔，我们说的是不那么公开出售的商品和"服务"。一般规则是国家统计机构计量的任何商品和服务都是合法出售的。非法出售的东西一般不会统计在内。但在美国，政府统计了内华达部分地方卖淫的美元价值，在那些地方卖淫是合法的——而在其他地方卖淫活动则不被统计在内。在大麻叶销售合法的一些州，政府也统计大麻的销售额，尽管大麻叶的销售实际上是违反联邦法律的。

---

① 参见M. J. Bosklin, B. R. Moulton, and W. D. Nordhaus, "Getting the 21st Century GDP Right," *American Economic Review* (May 2000)；以及"Beyond the GDP: The Quest for a Measure of Social Welfare," *Journal of Economic Literature* (December 2009)。

② 你可能立刻对此做出反应，政府在高等教育上支出的1美元的价值会远远大于其花费在软饮料上的1美元——我们希望如此。

③ R. Repetto, W. Magrath, M. Wells, C. Beer, and F. Rossini, *Wasting Assets: Natural Resources in the National Income Accounts* (Washington D.C.: World Resources Institute, June 1989)．一项关于解释环境和自然资源的复杂见解，可以参见William D. Nordhaus and Edward C. Kokkelenberg (eds.), *Nature's Numbers: Expanding the National Economic Accounts to Include the Environment* (Washington, D.C.: National Academy Press, 1999)。也可以在线阅读该书，见http://www.nap.edu/catalog/6374/natures-numbers-expanding-the-national-economic-accounts-to-include-the#toc。

英国和意大利自2004年开始将卖淫和至少某些麻醉品的销售，作为GDP的一部分。* 在这些行为在英国和意大利还不合法的时候，在荷兰，它们在某种程度上是合法的。欧洲国家的新增价值统计方法在整个大陆都是始终一致的。

* http：//money. cnn. com/2014/05/29/news/economy/uk-italy-prostitution-gdp/index. html? hpt=hp _ t2.

［资料2-1］ *历史故事*

照明与实际情况

为了说明质量变化究竟有多么重要，耶鲁大学的威廉·诺德豪斯根据每流明（一种光通量单位——译者注）所需能量的估计，计算出现在的室内照明比过去改善了多少。改善的程度非常大，但官方统计很少显示出来。今天的电力照明大约是1883年爱迪生首次用电力照明时效能的25倍。

未计量的质量改进并不陌生。诺德豪斯计算出5公升香油要花费巴比伦工人约1/2谢克尔（约合两个星期的工资），相当于两支蜡烛点一小时的亮度要花费巴比伦人一小时的工资。*

* 其他一些认真而有趣的比较，参见 William D. Nordhaus，“Do Real Output and Real Wage Measures Capture Reality? The History of Lighting Suggests Not，” in Robert J. Gordon and Timothy F. Bresnahan（eds.），*The Economics of New Goods*（Chicago：University of Chicago Press，1997），pp. 29－66。

● 正确核算商品质量的改进是困难的。计算机的情况尤其如此，它们的质量得到显著改进，但价格却大幅度下降。这种情况几乎涉及所有商品，如汽车，其质量随时间推移而改变。为了反映质量改进，国民收入核算人员试图进行调整，但该项任务并不容易，特别是当新产品与新款式被开发出来时，更不容易。

经过一番努力，业已建立起**经过调整的GNP**（adjusted GNP）系列，考虑到以上某些困难，更接近于对福利的计量。西北大学（Northwestern University）的罗伯特·艾斯纳（Robert Eisner）的研究是最为综合的研究，在其经过调整的GNP系列中，估算的实际GNP水平大约比官方估算的GNP水平高50％。①

2—5　通货膨胀与价格指数

如果我们消费的全是馅饼，GDP就容易计量。某年的GDP为1 000个馅饼；下一年是1 005个馅饼。不幸的是，生活就是吃喝玩乐，你无法将1品脱啤酒加到保龄球游戏中。但如果1品脱啤酒的价格是1美元，而玩1局保龄球花费50美分，你就可以说1品脱啤酒与1局保龄球为GDP增加了1.50美元。现在假定下一年所有的价格都提高一倍，那么，1品脱啤酒与1局保龄球就能为GDP增加3美元，但显然并没有发生任何实际变化。当GDP的货币价值提高一倍时，我们所重视的生产出来的物品数量并没有发生变化。

实际GDP（real GDP）计量不同时期内经济的物质产量变化，其方法就是对两个时期中生产的产量以同一价格或以不变美元（constant dollar）估价。在国民收入账户中，

① 艾斯纳在其著作 *The Total Incomes System of Accounts*（Chicago：University of Chicago Press，1989）中提出了他的数据，在附录E中，他对校正各类标准账户以便消除其重要的不足之处的努力，进行了评论。艾斯纳估算校正过的是GNP系列，而不是GDP系列，这主要是因为在他进行研究的时期，GNP是用来衡量产出的基本方法。

现在以 2005 年的价格计量实际 GDP。如果所有产品的价格都按照相同的比例提高，则可以直接测量通货膨胀。但是，当一种商品价格的提高快于另一种商品价格的提高时，消费者就会将其消费从现在相对昂贵的商品转移到相对不太昂贵的商品上。**权重连锁指数**（chain-weighted index）可以帮助校正货币篮子的变化。[①]

名义 GDP（nominal GDP）计量在既定时期内，以该时期的价格计价的，或者有时表示为以现值美元（current dollar）计价的产品的价值。[②]这样，2013 年的名义 GDP 就以 2013 年的市场通行价格衡量了 2013 年所生产的产品价值，而 1929 年的名义 GDP 则以 1929 年的市场通行价格衡量了 1929 年所生产的产品价值。名义 GDP 年复一年地变动是由于两个原因。首先，产品的物质产出量在发生变化。其次，市场价格也在变化。由价格变化所导致的名义 GDP 的变动，不能告诉我们关于生产商品和服务的经济表现的任何情况。这就是我们在比较不同年份的产出时使用实际 GDP 而不使用名义 GDP 作为基本衡量手段的原因。

如果所有价格都按固定比例变动，比如说，每种价格都提高一倍，那么任何合理的价格指数也将按该比例变动。当一些商品的价格比其他商品的价格上涨得多时，由于不同价格被赋予的权重不同，不同价格指数会有一定的差别。但这些差别对于了解宏观理论通常都是无关紧要的。

在表 2-3 中，我们举出简单的例子来说明名义 GDP 与实际 GDP 的计算。该表的前两列表示假定的 2009 年与 2016 年啤酒与保龄球游戏的产量与价格。2009 年的名义 GDP 为 1.50 美元，2016 年为 6.25 美元。但名义 GDP 的大部分增加纯粹是价格上涨的结果，并不反映物质产品的增加。当我们以 2009 年的价格为 2016 年的商品估价，以便计算 2016 年的实际 GDP 时，结果为 3.50 美元。由于啤酒消费是原来的两倍，保龄球消费是原来的三倍，我们知道实际 GDP 增加超过两倍而不到三倍。名义 GDP 是 2009 年名义 GDP 的四倍，但这不能反映实际价值。

表 2-3　实际 GDP 与名义 GDP 的例子

* 以 2009 年的价格计算。

（单位：美元）

	2009 年名义 GDP	2016 年名义 GDP	2016 年实际 GDP*
啤酒	1 瓶×1 美元/瓶=1 美元	2 瓶×2 美元/瓶=4 美元	2 瓶×1 美元/瓶=2 美元
保龄球游戏	1 局×0.5 美元/局=0.5 美元	3 局×0.75 美元/局=2.25 美元	3 局×0.5 美元/局=1.5 美元
总计	1.50 美元	6.25 美元	3.50 美元

通货膨胀与物价

通货膨胀（inflation）是物价的变化率，物价水平是以前通货膨胀的积累。如以 P_{t-1} 代表去年的物价水平，P_t 代表现在的物价水平，则去年一年的通货膨胀率就可以写成：

① 参见 *Survey of Current Business*，January-February 1996，and Miles B. Cahill，"Teaching Chain-Weight Real GDP Measures，" *Journal of Economic Education*，Summer 2003。

② 国民收入账户的数据是在 www.bea.gov 和 *Survey of Current Business*（*SCB*）上定期公布的。历史数据可见：9 月份公布的 *SCB*；商务部两年出版一次的 *Business Statistics*；以及 *Economic Report of the President*（www.whitehouse.gov/administration/eop/cea/economic-report-of-the-President）。

$$\pi \equiv \frac{P_t - P_{t-1}}{P_{t-1}} \tag{14}$$

其中 π 代表通货膨胀率。两相对应，现在的物价水平等于按通货膨胀调整的上一年物价水平：

$$P_t = P_{t-1} + (\pi \times P_{t-1}) \tag{15}$$

在 20 世纪 90 年代末期和 21 世纪初期，美国的年通货膨胀率比较低，大约为 2%或 3%，尽管物价比 30 年前高了许多。20 世纪 70 年代的高通货膨胀率抬高了价格水平。物价水平一旦提高就不会降下来，除非通货膨胀率为负数，换言之，除非发生**通货紧缩**（deflation）。

价格指数

没有任何一个价格指数是完美的。主要价格指数有 GDP 平减指数、消费价格指数、个人消费支出平减指数和生产价格指数。图 2－7 给出了 GDP 平减指数 p 以及美元购买力指数 $1/p$ 的历史表现。

GDP 平减指数

实际 GDP 的计算给予我们一个计量通货膨胀的有用手段，即 **GDP 平减指数**（GDP deflator）。**GDP 平减指数是在一个给定的年份中，名义 GDP 与该年实际 GDP 的比率。**由于 GDP 平减指数以经济中生产的全部商品为计算基础，所以，它是一个有广泛基础的价格指数，经常被用来计量通货膨胀。平减指数计量基期年度与现期年度之间所发生的价格变动。利用表 2－3 中假设的例子，通过比较以 2016 年价格和以 2009 年价格分别计算的 2016 年的 GDP，即可计量 2009 年与 2016 年间的通货膨胀。2016 年的名义 GDP 与实际 GDP 的比率为 1.79（＝ 6.25/3.50）。我们将 2009—2016 年间 GDP 中 79%的增长归因于物价上涨，即通货膨胀。（在我们生活的现实世界中，2009—2016 年，美国的物价上升了大约 11%。）

图 2－7　1947—2016 年 GDP 平减指数与美元币值

资料来源：Federal Reserve Economic Data [FRED].

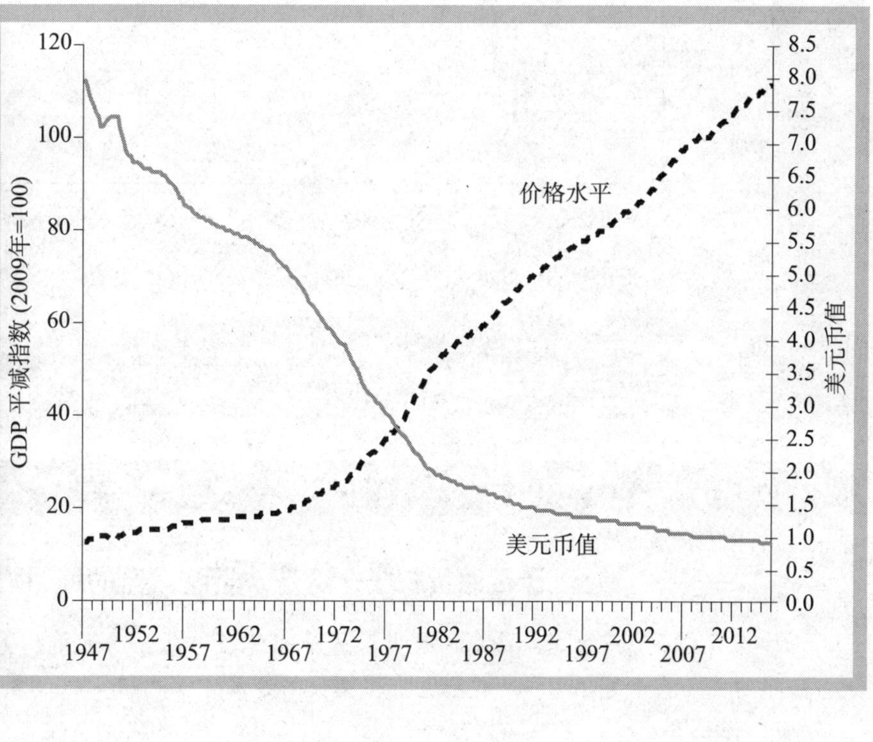

[专栏 2-3] 我们还知道什么?

十亿价格数据

尽管实际上大多数发展中国家的统计机构具有极好的诚实和准确的信誉，但也没有人相信政府的统计数字。埃尔伯托·卡瓦罗（Alberto Cavalio）和罗伯托·芮格本（Roberto Rigobon）的“十亿价格计划”独立收集了全世界十亿多线上价格数据。* 该计划的目的是进行价格动态研究。当然，没有人期望线上价格能够准确模仿各地商店的价格。

下面的图形使用官方 CPI 数据和十亿价格数据表示了通货膨胀。两者是不同的。的确，其差距对于政策制定者来说，也许很好地给出了有用的信息。不过，二者并非一切数据都不同。这些独立收集的数据大部分与官方通货膨胀统计数字相一致。

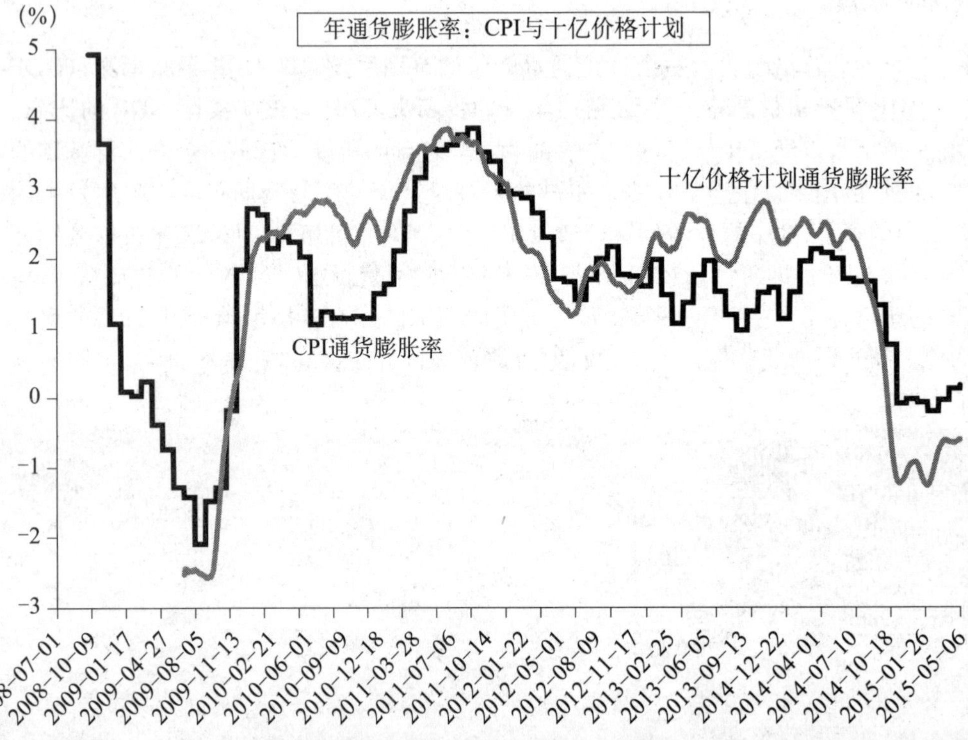

* Alberto Cavallo and Roberto Rigobon, “The Billion Prices Project: Using Online Prices for Measurement and Research,” *Journal of Economic Perspectives*, Spring 2016.

[专栏 2-4] 我们还知道什么?

计量通货膨胀：这是“学院式”的练习吗?

价格指数是不完善的，部分原因是市场篮子的变动，部分原因是质量变动难以量化。由此产生的误差一年约为 1%。这引起创造和研究价格指数的经济学家的极大兴趣。近来，“修正”价格指数成为热门的政治性话题。许多支付已实行“通货膨胀指数化”，其意义是名义支付按通货膨胀调整，以保持实际价值不变。在美国，社会保障就是以这种形式支付的。

由于美国社会保障制度会陷入长期资金短缺境地，许多政治家希望降低其费用成本。但这些政治家并不愿意降低福利金。好吧，有一个聪明的解决办法：假如我们宣布官方价格指数高估了通货膨胀，并且通过立法每年“调整”1%。然后，当第一年减少1%时，我们就可声明支付的是同样的真实福利金。第二年减少2%，如此等等。

现期价格指数有可能高估了通货膨胀。但可以想到，研究价格指数的经济学家希望发现科学的调整根据，而不是根据当前的政治倾向进行调整。马休・夏皮罗（Matthew Shapiro）与戴维・威尔科克斯（David Wilcox）的一项有关CPI偏差的详细研究，对官方CPI高估通货膨胀的程度给出了一个估计范围。该估计范围多集中于每年高估1%，但可能低至一年0.6%，高至一年1.5%。* 马克・比尔斯（Mark Bils）和彼得・克里诺（Peter Klenow）的研究认为，由于不能很好地控制产品质量改进，对1980—1996年之间通货膨胀的衡量可能每年高估达2.2%。**

有关通货膨胀计量错误的讨论，是经济学的科学著作如何直接冲击政策的一个例证。为了减少对上面暗示过的那种政治决策的批评，1996年参议院指定一个由一流经济学家组成的小组研究CPI的计量问题。† 小组报告称，当前的CPI计量方法高估了年通货膨胀约1.1%。作为CPI计量方法如何影响支出的戏剧性例证，小组估计1996—2008年因生活费用的增加每高估1%，将通过税收和实际福利支出的高估，使得国债增加1万亿美元。

如果计量误差不是年复一年地累积起来，价格水平1%的计量误差关系不是太大。但每年价格水平1%的累积性计量误差会造成非常大的差异。莱昂纳德・纳卡姆拉（Leonard Nakamura）提出有关实际工资的可靠例证。‡ 根据官方统计，1970—1995年间，经济中（以1982年美元计算）平均实际工资从每小时8美元下降到了略低于7.50美元。通货膨胀1%年偏差的修正改变了这种情况，使得实际工资由下降转变为增加，实际工资由每小时8美元增加到每小时9.50美元。

* Matthew D. Shapiro and David W. Wilcox, “Mismeasurement in the Consumer Price Index: An Evaluation,” *NBER Macroeconomics Annual 1996*, Vol. 11 (1996), pp. 93 - 154, National Bureau of Economic Research Inc. See also David E. Lebow and Jeremy B. Rudd, “Measurement Error in the Consumer Price Index: Where Do We Stand?”, *Journal of Economic Literature*, March 2003; and articles by Charles L. Schultze, Jerry Hausman, and Katherine Abraham in the *Journal of Economic Perspectives*, Winter 2003.

** Mark Bils and Peter Klenow, “Quantifying Quality Growth,” *American Economic Review*, September 2001.

† Advisory Commission to Study the Consumer Price Index, “Final Report to the Senate Finance Committee,” Dec. 5, 1996. See also “Symposia: Measuring the CPI,” *Journal of Economic Perspectives*, Winter 1998; Robert J. Gordon, “The Boskin Commission Report and Its Aftermath,” NBER working paper no. W7759, June 2000.

‡ Leonard Nakamura, “Measuring Inflation in a High-Tech Age,” Federal Reserve Bank of Philadelphia *Business Review*, November-December 1995. See also, by the same author, “Is U. S. Economic Performance Really That Bad?” Federal Reserve Bank of Philadelphia working paper, April 1996.

消费价格指数与生产价格指数

消费价格指数（consumer price index，CPI）量度代表性城市消费者购买一篮子固定商品和服务的花费。 CPI与GDP平减指数有三个主要方面的不同。首先，GDP平减指数计量的是远比CPI涉及的范围要广泛得多的商品的价格。其次，CPI计量的是一篮子年复一年没有变动的给定商品的费用。但GDP平减指数中包括的一篮子商品，年年有所不同。这取决于每年经济生产的是什么。玉米丰收时，在计算 GDP 平减指数时，玉米就得到相对大的权数。相比起来，CPI 计量的是一篮子固定不变商品的费用，这些商品不随时间推移而变动。最后，CPI 直接包括进口价格，而 GDP 平减指数只包括在美国生产的产品的价格。①

GDP 平减指数与 CPI 的作用会因时间不同而有所不同。例如，在进口原油价格飞涨的时代，CPI 很可能增加得比 GDP 平减指数快。但经过较长时间以后，两者对通货膨胀的计量结果就是十分相似的。

个人消费支出平减指数［personal consumption expenditure（PCE）deflator］，计量以国民收入账户中消费部分为基础的消费购买支出方面的通货膨胀。因为它是一种权重连锁指数，所以联储往往更关注这个指标，而不是 CPI。

生产价格指数（producer price index，PPI）是广泛使用的第四种价格指数。如同 CPI 一样，PPI 测量既定的一篮子商品的成本，但与 CPI 的差别是其覆盖范围不同。例如，PPI 包括原材料与半成品。不同之处还在于，PPI 是设计用来计量批发销售系统的早期阶段的价格。CPI 计量城市居民实际支付的价格（即处于零售水平的价格），PPI 是由最初的重要商业交易水平的价格构成的。

这使得 PPI 成为一种相对灵活的价格指数和一般物价水平中一种经常变动的指数，或者说是有时在 CPI 发生实际变动之前发生变动的指数。由于这个原因，PPI 在一些次级指数中是更为特殊的，就像是服务于政策制定者密切关注的经济周期指标的“敏感物资”指数。回到本章开头提出的问题，今天的 1 美元能买到（以 CPI 衡量）的东西比 1947 年的 10 美分能买到的东西还要略少一些。

核心通货膨胀

政策制定者感兴趣的是对持续通货膨胀趋势的衡量。某些商品的价格被认为具有非常大的挥发性，即价格变化往往是暂时性的。由于这个原因，政策制定者往往关注排除掉食品和能源价格变化的核心通货膨胀。②核心通货膨胀是对 CPI 和 PCE 平减指数情况的衡量。

2—6 失业

失业率（unemployment rate）是指失去工作、正在寻找工作或期望被重新雇用的劳动力占劳动人口的比率。图 2－8 显示了美国的失业率，其中阴影区域表示经济衰退期。我们发现 4％属于低失业率，而 9％以上的失业率则是极高的失业率。我们还能发现，高失业率时期一般和经济衰退阶段相关，虽然并不完全一致。

---

① 对于各种价格指数的详细讨论可见劳工统计局的《方法手册》（*Handbook of Methods*）和商务部的两年刊《工商统计》（*Business Statistics*）。

② 参见 Stephen G. Cecchetti，“Measuring Short-Run Inflation for Central Bankers，” Federal Reserve Bank of St. Louis，*Review*，May/June 1997。

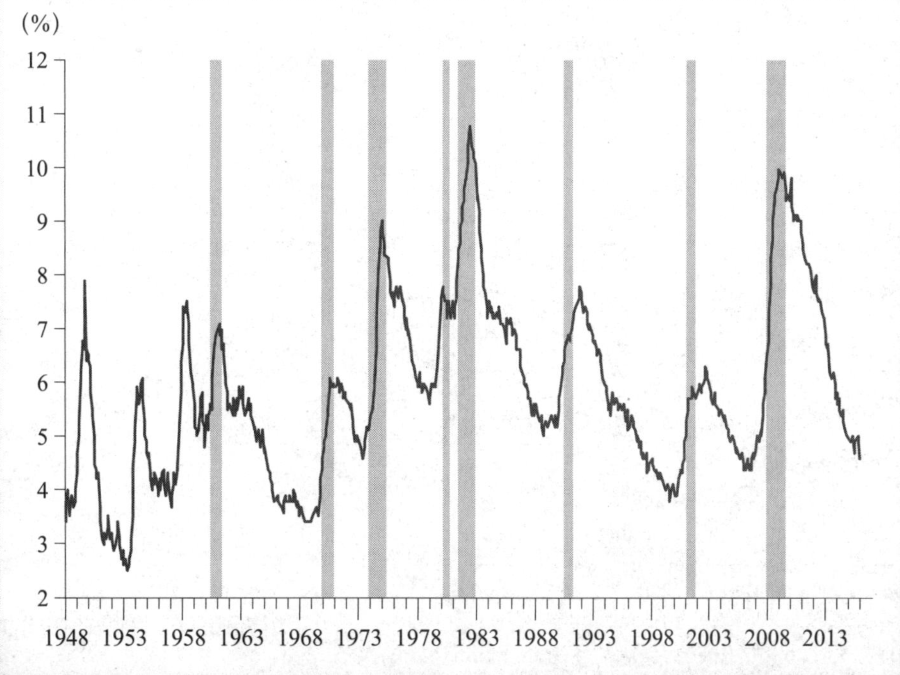

图 2-8　1948—2016 年的失业率

资料来源：Federal Reserve Economic Data [FRED].

失业问题提醒我们，经济下行的负面影响是非常不均匀的。经济衰退会损害到每一个人，但如果你是失业人员，你将受到更大的损害。

有时有言论称官方公布的失业人数低估了“实际”失业人数。这种观点正确与否依赖于你所提出的问题。官方数据只统计那些正在积极努力寻找工作的失业人员（或临时被解雇但仍期待被重新雇用的人员）。如果一个人对寻找工作变得非常消极以至不愿意积极努力地寻找工作，那他就不会被统计为官方失业人员。你可以认为他与那些从来没有寻找工作的人并没有本质的区别。（如果他并不想去找工作，那么他会真的非常想要一份工作吗?）而且你也可以认为他与官方统计的那些失业人员没有太大的差别。（如果几乎不可能找到工作，为什么要去找工作呢?）对于官方失业率，劳工统计局计算出可替代的测量方法，如图 2-9 所示，即将非积极的人员、处于劳动力队伍边缘的人员（例如，一些愿意工作但是没有交通工具的人员）以及那些因“经济原因”只能找到临时工作的人员都纳入失业人口。

研究图 2-9 中关于失业的各种测度，可以得到两个事实。第一，所有的失业率指标都同时向上和向下——所以，如果我们要利用失业作为总体经济形势的指标，采用哪一种测度方法都没有什么区别。第二，这些可选择的测度数都要明显高于官方数据。2009 年底官方失业率触及 10%，同时，最宽泛的失业率测度数高达 17%。

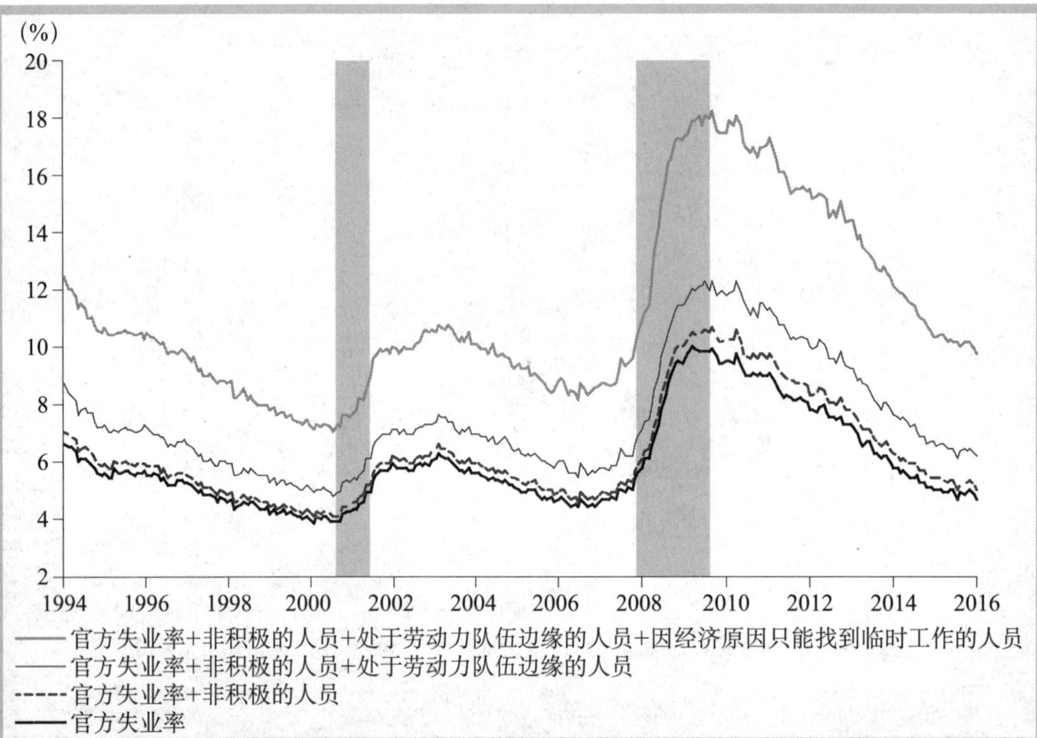

图 2-9　1994—2016 年失业率的几种测度

资料来源：Bureau of Labour Statistics.

2—7　利率和实际利率

利率表明对于一笔贷款或者其他投资所支付的比率，它是按照年率计算超过或者高于归还的本金的部分。如果你在银行里有 1 000 美元存款，而银行在每年年底支付给你 50 美元的利息，那么，年利率就是 5%。在研究宏观经济学时，我们所做的简化之一就是研究"这种"利率，当然，这是在有许多种利率的情况下。根据借款者的信用值、贷款的期限长短以及借款者和贷款者之间协议的许多其他方面的不同情况，利率也是不同的。(一些因素在第 18 章中讨论。）美国短期国债是世界上交易量最大的资产之一。图 2-10 表明了 3 个月期限的国债利率。

我们在报纸上见到的和图 2-10 所表示的利率叫做名义利率。如果你在银行账户上得到 5%的报酬，而全部价格水平也上涨了 5%时，实际上你只是持平。我们在报纸上看到的**名义利率**（nominal interest rate）表明的只是货币（美元）报酬。名义利率减去通货膨胀率后的**实际利率**（real interest rate）给出了按照美元不变价值计算的报酬。只有相对很少的金融工具能够保证实际利率报酬而不是名义利率报酬，这在某种程度上令人吃惊。1997 年，美国才开始发行保证实际报酬的债券。[①]图 2-11 表明了美国财政部两种

① 参见 Jeffrey M. Wrase，"Inflation-Indexed Bonds：How Do They Work?" Federal Reserve Bank of Philadelphia *Business Review*；July-August 1997。俄亥俄州立大学的赫斯顿·麦克罗奇（Huston McCulloch）提供了关于实际利率和名义利率的最新数据：http：//economics. sbs. ohio-state. edu/jhm/jhm. html。

长期（10 年）债券的数据，一种保证名义收益，另一种保证实际收益。（后者是“通货膨胀指数化”债券，被称为财政部通货膨胀保护债券，或者 TIPS。）

为说明实际收益和名义收益之间的差异，2016 年 2 月，10 年期名义利率债券支付 2.14%的年利率，而 10 年期实际利率债券支付 0.32%**再加上一个通货膨胀调整率**。如果年通货膨胀率高于 1.82%，实际利率债券将比名义利率债券支付的更多。因为实际利率债券保证了你的购买力，它们是比名义利率债券更安全的投资。

图 2－10　1934—2016 年二级市场上 3 个月期限的国债利率

资料来源：Federal Reserve Economic Data [FRED].

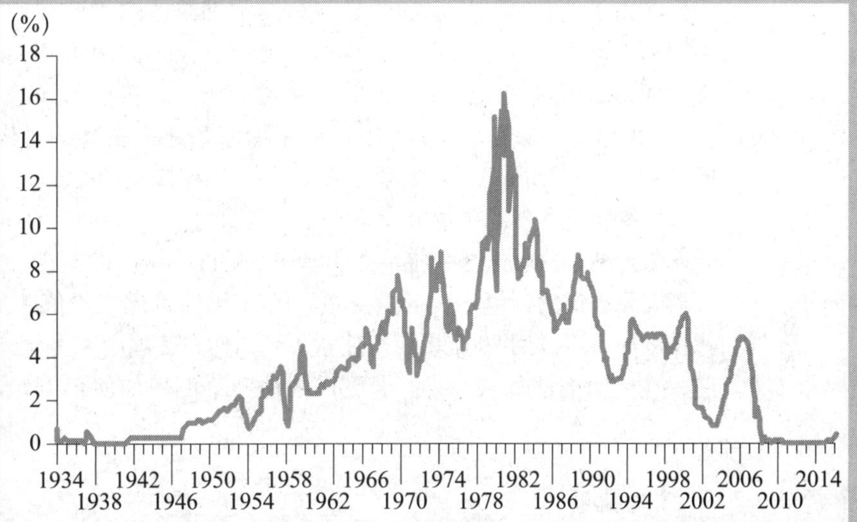

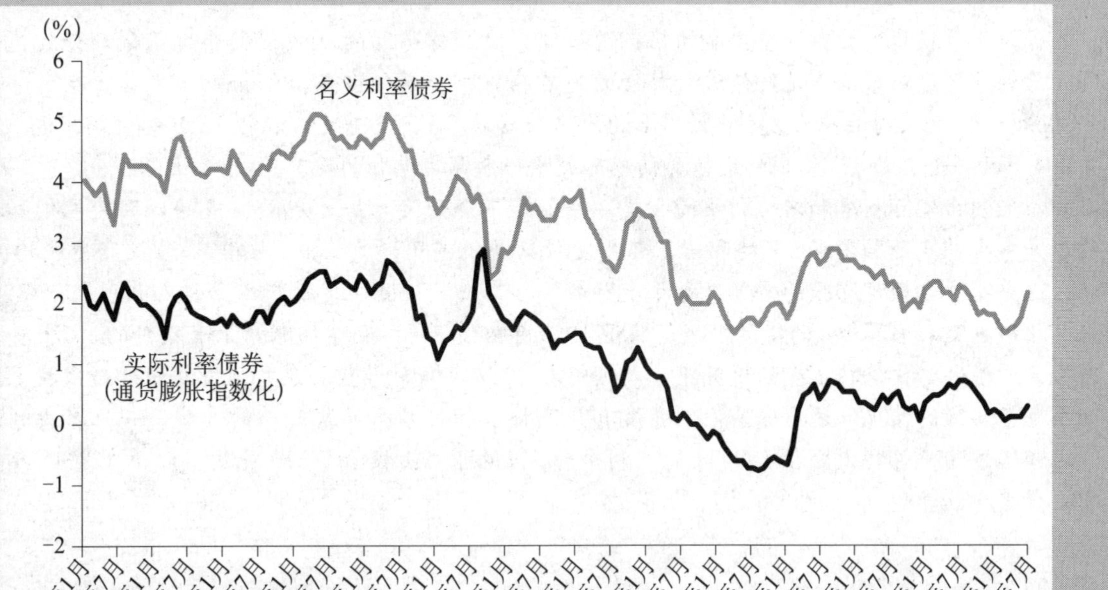

图 2－11　2003—2016 年 10 年期国债的名义利率和实际利率

资料来源：Federal Reserve Economic Data [FRED].

2—8 汇率

在美国，涉及货币的事情都是以美元计量的。加拿大使用加拿大元。欧洲的许多国家使用欧元。**汇率**（exchange rate）就是外国通货的价格。例如，日元的汇率（2016 年 11 月）略低于 1 美分。英镑大约价值 1.24 美元。有些国家和地区允许汇率浮动，意味着汇率是由供给和需求决定的。日本和英国都采取这种政策，所以，它们的汇率是因时间不同而波动的。其他一些国家和地区则通过让本国货币和美元之间按照固定的比率进行交换而固定了这些国家和地区的汇率值。例如，百慕大元总是价值 1 美元，而港元则被设定为价值 0.13 美元。实际上，许多国家和地区在某些时候会干预和控制它们的汇率，所以它们的汇率既不是纯粹固定的，也不是纯粹浮动的。

一种特定通货的价值究竟是大于 1 美元还是小于 1 美元，无法根据商品在某国的价格高低来判断，这就像每个旅游者所迅速了解的那样。即便洋葱在百慕大比在美国卖得更贵，百慕大元也仍然价值 1 美元。反之，20 个墨西哥比索价值 1 美元，但对于许多商品而言，你在墨西哥可以用 20 个墨西哥比索买到比你在美国用 1 美元能够买到的数量更多的商品。

在后面的章节中，我们会更仔细地考察汇率如何影响经济，以及经济在何种程度上有助于决定汇率。

[资料 2-2] *历史故事*

理解"现实生活"中的名义利率和实际利率

当你把货币投资到债券或者生息的银行进行储蓄时，你得到的（名义利率）报酬部分就是实际报酬（实际利率）和对未来美元贬值进行补偿的通货膨胀调整后的余额。例如，如果你出生的时候（以 1999 年为例），你父母在一个支付 5%利率的账户上储蓄了 1 676 美元，在你 18 岁的时候，这个账户就有 4 034 美元——这恰好是 1999 年加利福尼亚大学一年额定学费的花费。

当人们明白实际利率和名义利率的时候，他们是不会让父母一辈灰心丧气的，因为他们知道该账户绝不是每年"实际"支付 5%的利率，部分支付只是抵消了通货膨胀。如果通货膨胀率平均为 7%，那么，这个账户在通货膨胀的情况下每年实际损失了 2%。即便通货膨胀率平均"仅仅"是 2%，5%的名义报酬也只相当于 3%的实际报酬。假设 1999 年在支付 5%利率的账户上有额外的 1 676 美元，那么在假定学费的价格保持不变的情况下，就足够在 2017 年支付学费。忽略通货膨胀会造成投资者认为其回报高于实际的情况，这意味着他们并没有为了将来的目标而储蓄足够的金钱。一旦考虑到这个问题，深谋远虑的父母将需要在 1999 年时在利率为 5%的账户上投资 5 610 美元，以便在 2017 年时为其子女支付当年的学费（13 500 美元）。

2—9 在哪里可以立即找到可用的数据

互联网的乐趣之一就是很容易运用你能够找到的经济数据。我们重复一下我们最初的建议，开始寻找网址上的几乎一切东西，最好的网址就是“互联网上的经济学家资源”，www. aeaweb. org/RFE。关于美国宏观经济学数据的最好网址见 http：//fred. stlouisfed. org/，该网址提供 400 000 多个网站链接，并将为你提供数据搜索，而且方便下载。美国国民收入账户的官方来源是经济分析局（Bureau of Economic Analysis），见 www. bea. gov。你也可以在这个网址上找到在线的《当前商业调查》（*Survey of Current Business*）。《总统经济报告》（*Economic Report of the President*）包括数据表和往期报告，可参见下列网址：https：//www. gpo. gov/fdsys/browse/collection. action? collectiponCode=ERP。www. data. gov 为更多美国政府数据提供了门户网站。

《加拿大统计》（Statistics Canada）是寻找加拿大数据的好地方，见 http：//www. statcan. gc. ca/eng/start（法语网址为 http：//www. statcan. gc. ca/fra/debut）。欧盟统计办公室，http：//ec. europa. eu/eurostat/，是欧洲数据的很好来源。美洲（包括北美洲和南美洲）的数据由美洲开发银行提供，请参见 https：//data. iadb. org/。世界银行是关于发展中国家数据的优秀来源，请参见 http：//data. worldbank. org/。NBER 提供了一套第二次世界大战之前几个国家的数据，请参见 www. nber. org/databases/macrohistory/contents/index. html。对数据进行国际比较的最好来源是宾大世界表，请参见 www. rug. nl/research/ggdc/data/pwt/。

本章提要

1. GDP 是在给定的时期内，一国生产的所有最终商品和服务的价值。
2. 从生产方面看，产量是支付给劳动与资本的要素报酬。从需求方面看，产量由私人部门消费或投资，由政府使用或出口。
3. $Y \equiv C+I+G+NX$。
4. $C+I+G+NX \equiv Y \equiv YD+(TA-TR) \equiv C+S+(TA-TR)$。
5. 私人部门的储蓄超过投资的部分=预算赤字与净出口之和。
6. 名义 GDP 是在给定的时期内，以该时期的价格，即现期美元计量的产量的价值。
7. 通货膨胀是价格的变化率，价格水平是过去通货膨胀的积累。
8. 名义利率以当前美元给付贷款报酬。实际利率是以不变价值的美元给付报酬。
9. 失业率是失去工作和正在寻找工作的劳动力占全部劳动力的比例。
10. 汇率是以另一国的通货表示的一国通货的价格。

关键词

经过调整的 GNP	政府采购	名义 GDP
权重连锁指数	国内生产总值（GDP）	名义利率
消费价格指数（CPI）	总投资	个人消费
不变美元	国民总收入（GNI）	个人消费支出平减指数（PCE）
消费支出	国民生产总值（GNP）	核心通货膨胀
生产价格指数（PPI）	现值美元	国内私人总投资
生产函数	通货紧缩	人力资本
实际 GDP	耐用品	通货膨胀

实际利率	汇率	中间产品
储蓄	要素报酬	投资
贸易赤字	生产要素	国民收入核算恒等式
贸易盈余	最终商品和服务	转移支付
失业率	GDP 平减指数	国内生产净值（NDP）
增加值	政府预算赤字	净出口
政府支出	净投资	

问题

概念题

1. 如果政府雇用失业工人，他们曾领取 *TR* 美元的失业救济金，现在他们作为政府雇员同样领取 *TR* 美元而不从事任何工作，GDP 会发生什么变化？请解释。

2. 在国民收入账户中，以下情况之间有什么不同：

a. 厂商为某经理购买轿车，与厂商支付给经理额外收入，由她自己购买轿车有什么不同？

b. 雇用你的配偶（管理房屋），而不是无偿地要他或她担任此工作有什么不同？

c. 你决定购买一辆美国汽车，而不购买德国汽车，有什么不同？

3. GDP 与 GNP 有什么区别？在计算收入/产量方面是否一个比另一个更好？为什么？

4. NDP 是什么？在计量产量方面，它与 GDP 孰优孰劣？请解释。

5. 实际 GDP 的增加经常被解释为福利的增加，这种解释有什么问题吗？你认为什么是其最大的问题？为什么？

6. CPI 与 PPI 都计量价格水平，它们有何区别？在什么情况下你会选择其中一个，而不选择另一个？

7. GDP 平减指数是什么？它与消费价格指数和生产价格指数有何区别？在什么情况下，用它计量价格比用 CPI 和 PPI 更多？

8. 如果你在早上醒来，发现一夜之间名义 GDP 增长了一倍，在你开始庆祝之前，你需要核实的统计资料是什么？为什么？

9. 假如你有一项一年后归还的 100 美元的贷款。如果这笔贷款是按照名义利率支付的，当通货膨胀率高于该年内的预期通货膨胀率时，你是应该高兴还是伤心？如果这笔贷款是以实际利率支付的，情况又会如何？

技术题

1. 本书里，我们在表 2－3 的经济假设中，以 2005 年价格计算实际 GDP 的变动。计算 2005—2012 年实际 GDP 的变动，利用同一数据但以 2012 年的价格计算。你的回答应该证明，用来计算实际 GDP 使用的价格确实影响增长率的计算，但通常影响不太大。

2. 国民收入核算中表明：

a.（当转移支付保持不变时）增加税收必然意味着净出口、政府采购或者是储蓄-投资平衡的改变。

b. 个人可支配收入的增加必然意味着消费或储蓄的增加。

c. 消费与储蓄两者的增加必然意味着可支配收入的增加。

［在问题（b）与问题（c）中假定家庭没有利息支付，也没有对外国人的转移支付。］

3. 下表是来自一个假设国家的国民收入账户的信息：

（单位：美元）

GDP	6 000
总投资	800
净投资	200
消费	4 000
政府对商品和服务的采购	1 100
政府预算盈余	30

下列项目的值各是多少？

a. NDP。

b. 净出口。

c. 政府税收与转移支付之差。

d. 个人可支配收入。

e. 个人储蓄。

4. 假定 GDP 是 6 000 美元，个人可支配收入是 5 100 美元，政府预算赤字是 200 美元，消费是 3 800 美元，外贸赤字是 100 美元。

a. 储蓄（S）是多少？

b. 投资（I）是多少？

c. 政府支出（G）是多少？

5. 如果对一个国家劳动的支付总额是 60 亿美元，对其资本的支付是 20 亿美元，利润为零，产出水平是多少？

（提示：参见第2题。）

6. 设想一个经济体只是由面包师和为其提供原材料的人组成。假如该经济的生产情况如下：100万条面包（每条售价2美元）；120万磅面粉（每磅售价1美元）；酵母、糖和盐各10万磅（所有这些售价都是每磅1美元）。面粉、酵母、糖和盐只卖给面包师，而面包师只用它们生产面包。

a. 该经济中总产出的价值（例如，名义GDP）是多少？

b. 当面包师用这些材料做成面包时，面粉、酵母、糖和盐上面的增加值是多少？

7. 假定一个国家在一年的时间里CPI从2.1增加到2.3。利用这一情况计算当年的通货膨胀率。CPI为什么可以说明通货膨胀率？

8. 假定你买了100美元第2年到期的政府债券。如果全年的通货膨胀率是4%，而债券承诺3%的实际收益率，你将得到多少名义利息？

操作题

1. 本章2—1节讨论了国民收入和产品账户（简称NIPA）所包含的不同部分之间的关系。找到www.bea.gov，点击标题“National”，打开“Interactive Tables：GDP and the National Income and Product Account（NIPA）Historical Tables”，然后打开“Begin using the data...”，选择“Section 1—Domestic Product and Income”。打开表1.7.5，并命名为“国内生产总值、国民生产总值、国民生产净值、国民收入以及个人收入的关系（A）（Q）”。

使用那里提供的信息填写下表中的第1、2、3、5列，并在表中第2行给出的计算公式的基础上计算GNP和NNP。你可能必须首先将“First Year”调整为2010年，并将“Series”数据调整为“Data Table Options”项下的年度数据。你计算的这些值与www.bea.gov所报告的数字一致吗？

	GDP 1	来自境外的收入 2	向境外支付的收入 3	GNP 4=1+2−3	固定资产折旧（消费） 5	NNP 6=4−5
2010						
2011						
2012						

2. 2012年美国实际GDP增长了多少？美国的人口增长率是多少？首先，在网站http：//fred.stlouisfed.org上，打开“Gross Domestic Product（GDP）and Components”，点击“Category”，在“National Accounts”下选择“National Income & Product Accounts”，然后是“GDP/GNP”，搜索“GDPCA”，更名为“实际国内生产总值”，点击“Download Data”，并转换单位为“Percent Change”，然后下载这些数据。关于人口数据，请访问网站www.census.gov，然后在“People”下选择“Estimates”，点击“Current Estimates Data”，在“Nation”和“Total Population”下点击“V2012”。选择“Population Change”并打开数据，该数据不是累计估算的数据。数据显示了2011—2012年美国年度人口变化。利用这两类信息，你能够推断美国2012年人均实际GDP的变化情况吗？

3 增长与积累

本章要点

- 经济增长源于投入的增长，如劳动和资本，以及技术的进步。
- 资本通过储蓄和投资进行积累。
- 人均产出的长期水平与储蓄率正相关，与人口增长率负相关。
- 新古典增长模型指出，穷国的生活水平最终与富国的生活水平趋于一致。

比起我们的曾祖辈来，我们有了惊人的高收入。工业化国家的人民比起欠发达国家的人民会富裕得多。事实上，美国和许多欧洲国家的人民在一个世纪前的收入就比现在穷国人民的收入还要高。如何解释这些巨大的差异呢？什么决定着我们未来的生活水平呢？**增长核算**（growth accounting）与**增长理论**（growth theory）将回答这些问题。增长核算解释产出增长中的各部分归因于哪些不同生产要素（资本、劳动等）的增长。增长理论帮助我们理解经济决策如何控制生产要素的积累，例如，当前的储蓄率如何影响未来的资本存量。

图 3－1 显示了 4 个国家在一个多世纪里的人均 GDP。图 3－1 具有四个惊人的特点。第一，美国的长期增长记录是不寻常的，在 19 世纪与 20 世纪，其平均收入增长了 20 倍还多。第二，日本已从第二次世界大战之前的中度穷国变成一个生活水平稍逊于美国的富国。第三，挪威的收入在近 50 年以来突飞猛进。第四，加纳在 100 年前就极为贫穷，尽管最近几年已有相当好的增长，但仍然一直处于赤贫境地。

我们在本章和下一章的目的是解释图 3－1。为什么美国今天的收入与它一个世纪前相比有如此巨大的增长？为什么日本已大致追上了美国，而加纳却不能？我们将了解到经济增长来自生产要素的积累，特别是资本，以及生产率的提高。本章中，我们将了解到这两个因素如何解释经济增长，以及储蓄率和人口增长如何决定资本积累。在下一章，我们将转向生产率为什么会增长的问题。

3—1 增长核算

在这一节里我们使用生产函数来研究增长的两个来源。产出增长是通过要素投入的

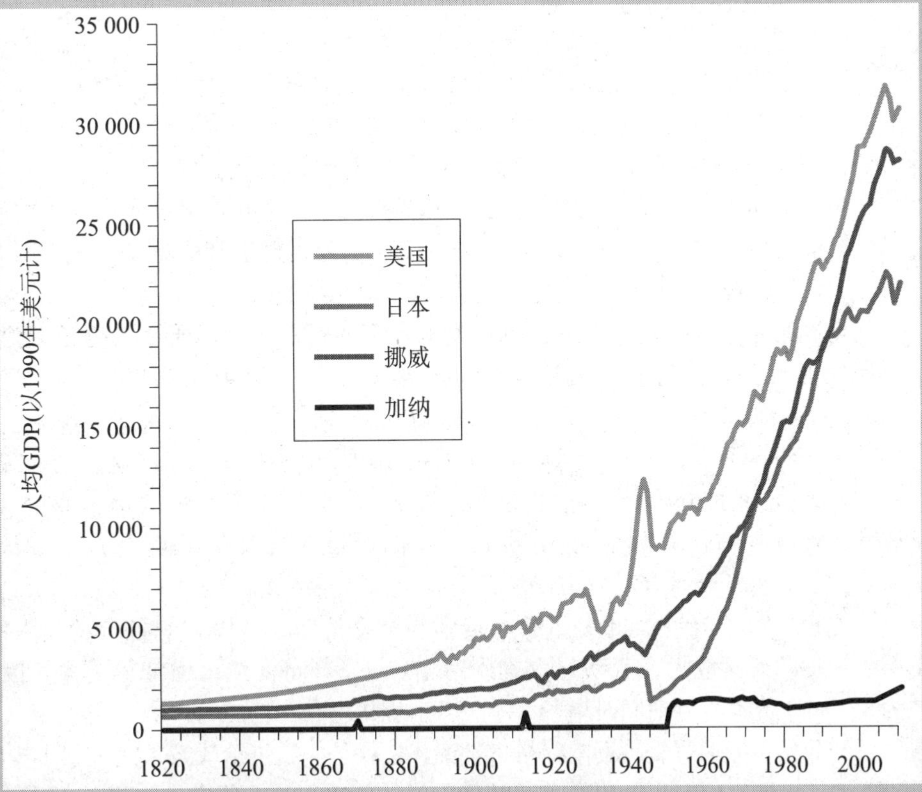

图 3-1　1820—2010 年四国的人均 GDP

资料来源：Bolt, J.；van Zanden J. L. "The First Update of the Maddison Project; Re-Estimating Growth Before 1820," *Maddison Project Working Paper 4*，2013.

增加和源于技术进步的生产率提高，以及生产能力更强的劳动大军实现的。[①] **生产函数（production function）提供了投入与产出之间的数量关系。**作为一种简化，我们首先假定劳动（N）和资本（K）是仅有的重要投入。方程（1）表明产出（Y）取决于投入和技术水平（A）。（我们说 A 代表技术水平，是因为 A 越高，则给定水平的投入所生产出的产量也就越多。有时 A 被称为"生产率"，这是一个比"技术"更加中性的术语。）

$$Y = A \times F(K, N) \tag{1}$$

更多的投入意味着更高的产出。换句话说，**劳动的边际产量**（marginal product of labor）或 MPL（由于劳动的增加所增加的产出）和**资本的边际产量**（marginal product of capital）或 MPK（由于资本的增加所增加的产出）都是正的。

方程（1）将产出水平与投入水平以及技术水平联系起来。使用增长率比使用增长水平往往使工作更容易进行。方程（1）中的生产函数可以转而用来具体说明投入增长与产出增长之间的关系。这可以概括为以下的**增长核算方程**（growth accounting equation,

① 对增长核算进行仔细考察，可参见 Robert J. Barro, "Notes on Growth Accounting," *Journal of Economic Growth*，June 1999。

它将在本章附录中进行推导）[①]：

$$\Delta Y/Y=[(1-\theta)\times\Delta N/N]+(\theta\times\Delta K/K)+\Delta A/A$$

产出增长＝劳动份额×劳动增长＋资本份额×资本增长＋技术进步　　(2)

其中，$(1-\theta)$ 和 θ 分别代表收入中劳动的份额和资本的份额。[②]

方程（2）总结了投入增长和生产率提高对产出增长的贡献：

- 劳动和资本各自的贡献量等于它们各自的增长率乘以该投入在收入中所占份额。
- 被称为**技术进步**（technical progress）或**全要素生产率增长**（growth of total factor productivity）的技术进步速度，是方程（2）中的第 3 项。

全要素生产率的增长率是在所有投入不变的情况下，由于生产方法改进所导致的产出增加的数额。换言之，用相同的生产要素得到更多的产出时，全要素生产率就增长了。[③]

例：假定资本的收入份额是 0.25，劳动的收入份额是 0.75。这些值大致符合美国经济的实际值。[④] 此外，令劳动力的增长率为 1.2%，资本存量的增长率为 3%，假定全要素生产率年增长率为 1.5%。那么产出的增长率为多少？运用方程（2）则得到增长率：$\Delta Y/Y=(0.75\times 1.2\%)+(0.25\times 3\%)+1.5\%=3.15\%$。

方程（2）里有一点十分重要，资本与劳动的增长率以它们各自的收入份额为权数。由于劳动的份额较大，劳动与资本同时增长 1%，将使产出增加得更多。因为权数之和为 1，如果资本与劳动同时增长 1%，产出也将增长 1%。

当我们追问通过提高资本存量增长率，也就是实施供给政策，能获得多少额外增长时，投入增长以要素份额为权数这一点被证明是非常重要的。假定在上面的例子中，资本的增长率是原来的 2 倍，是 6%而非 3%。使用方程（2），我们发现产出的增长率将从 3.15%增加到 3.9%，即使资本的增长率提高 3 个百分点，产出的增长率也达不到 1 个百分点。

［专栏 3－1］　我们还知道什么？

柯布-道格拉斯生产函数

生产函数的一般性公式是 $Y=A\times F(K,N)$。如果你更愿意讨论一个特定公式，可以使用**柯布-道格拉斯生产函数**（Cobb-Douglas production function），$Y=AK^{\theta}N^{1-\theta}$。至少就美国而言，$\theta\approx 0.25$ 使柯布-道格拉斯生产函数与现实经济相当接近。因此，该函数可以写成 $Y=AK^{0.25}N^{0.75}$。经济学家喜欢柯布-道格拉斯生产函数的形式，因为它对经济作了比较准确的描述，而且用代数方法很容易操作。例如，资本的边际产量是：

$$MPK=\theta AK^{\theta-1}N^{1-\theta}=\theta A(K/N)^{-(1-\theta)}=\theta Y/K$$

---

① 从方程（1）转到方程（2），要求有竞争经济与规模报酬不变这两个假定。这些假定将在本章附录中加以讨论。专栏 3－1 开始使用柯布-道格拉斯生产函数作为例子（这个例子在附录中继续讨论）。但方程（2）不要求使用这个特定的生产函数。

② “劳动份额”是指总产出中补偿劳动的百分比，即工资、薪金等除以 GDP。

③ 劳动生产率与全要素生产率之间有区别。劳动生产率就是产出对劳动投入的比率，即 Y/N。劳动生产率当然会因为技术进步而增长，但它也会因为人均资本的累积而增长。

④ 然而，一些证据表明美国的劳动份额是下降的。埃尔斯比、霍比因和萨因（Elsby，Hobijn，and Sahin）估算这个份额可能低至 58%。（“The Decline of the U.S. Labor Share,” by MICHAEL W. L. ELSBY，BART HOBIJN，and AYŞEGÜL ŞAHİN，*Brookings Papers on Economic Activity*，Fall 2014.）

人均产出增长的核算

方程（2）描述了总产量的增长。但我们实际上关心的到底是国民总收入还是人均收入，即**人均 GDP**（GDP per capita）呢？尽管印度的 GDP 比瑞士的高，但瑞士是“富”国，而印度是“穷”国。我们的“生活标准”概念指的是个人福利。

人均 GDP 是 GDP 对人口的比率。在增长研究中，习惯使用小写字母表示人均值，所以，我们定义 $y=Y/N$ 和 $k=K/N$。而 GDP 增长率＝人均 GDP 增长率加上人口增长率：

$$\frac{\Delta Y}{Y}=\frac{\Delta y}{y}+\frac{\Delta N}{N} \tag{3}$$

与此类似，资本增长率等于人均资本增长率加上人口增长率：

$$\frac{\Delta K}{K}=\frac{\Delta k}{k}+\frac{\Delta N}{N} \tag{4}$$

要将此增长核算方程转换为人均形式，可从方程（2）中减去人口增长率 $\Delta N/N$，并重新排列：

$$\Delta Y/Y-\Delta N/N=\theta\times[\Delta K/K-\Delta N/N]+\Delta A/A \tag{5}$$

将方程（5）改写成人均的形式：

$$\Delta y/y=\theta\times\Delta k/k+\Delta A/A \tag{6}$$

人均机器数量 k，也叫做资本-劳动比（capital-labor ratio），是一个劳动者能够生产出产出数量的关键性决定因素。由于 θ 大约是 0.25，方程（6）表明每个劳动者得到的资本数量每增加 1%，那么，每个劳动者增加的每单位资本产出仅仅是 0.25.

战后美日经济的趋同

一个经济追上另一个经济的过程称为**趋同**（convergence）。第二次世界大战后，日本的生活水平基本追上了美国。美日经济在战后趋同这个引人注意的现象，在多大程度上可以由方程（4）这种简单的核算关系加以解释呢？表 3－1 给出了必要的数据。

表 3－1 显示出日本追赶美国的速率在战后早期比战后晚期更快，因此，我们将分两个时期进行分析，1950—1973 年和 1973—1992 年。我们先看第二个时期，该时期日本较高的资本积累率可以解释产出增长的大部分差异。

表 3－1　战后年增长率

资料来源：Maddison，Angus. *Monitoring the World Economy 1820－1992*（Paris：Organization for Economic Cooperation and Development，1995）；以及作者的估算。

年份	人均 GDP（%）			人均非居民资本存量（%）		
	美国	日本	差异	美国	日本	差异
1950—1973	2.42	8.01	5.59	1.78	7.95	6.17
1973—1992	1.38	3.03	1.65	2.12	6.05	3.93
1950—1992	1.95	5.73	3.78	1.93	7.09	5.16

1973—1992 年间，日本的人均 GDP 增长率每年高出美国 1.65 个百分点。仅仅在不到 20 年的时间里，日本的产出增长比美国高出了 36%。如何解释这种成就呢？将表 3－1 的数据代入方程（6），表 3－1 中最后一列每年 3.93%的人均资本增长差距（$\Delta k/k$），

预示着 0.98%（$0.98\%=\Delta y/y=\theta\times\Delta k/k=0.25\times3.93\%$）的人均 GDP 增长差距。换言之，像方程（6）这样的例子几乎不能解释看到的增长率差距的大部分情况（1.65%的差距中的 0.98%）。

战后早期，日本的增长率比美国的增长率高出令人吃惊的 5.59%。我们可以证明，这种增长率差距太大，以至不能由资本积累的差异来解释。将表 3-1 中第 1 列的数据代入方程（6）只能解释该差距的 1.54%（$1.54\%=\Delta y/y=\theta\times\Delta k/k=0.25\times6.17\%$）。其余 4.05%的增长率差距则由技术进步 $\Delta A/A$ 的相对差距来解释。[①] 在战后早期阶段，日本从西方积极引进技术。从较低的技术水平基础起步，大量的增长可能通过“技术追赶”来实现。战后晚期，技术转移更是加速了日本经济的增长。今天，日美之间在 $\Delta A/A$ 方面的差异已不再像过去那样重要。

这些计算显示，虽然资本积累不是 GDP 增长的唯一决定因素，但它是一个重要因素。因而，我们想知道什么决定了资本积累率。稍后，我们在本章中介绍增长理论时，将考察储蓄率如何决定资本增长。

3—2 增长的经验估算

3—1 节中的计算显示了资本积累对增长的重要性，并且指出技术进步可能更为重要。诺贝尔经济学奖得主、麻省理工学院的罗伯特·索洛（Robert Solow）的早期著名研究，使用了比我们所用的更为复杂的形式来检验 1909—1949 年间美国的情况。[②] 索洛得出的令人吃惊的结论是，在该时期，每小时劳动的产出增长有超过 80%要归因于技术进步。

[专栏 3-2] 我们还知道什么？

索洛剩余

如何测量技术进步？按照定义，A 的变化解释了所有非源于要素投入变化的生产率变化。A 的变化有时被称作**全要素生产率**（total factor productivity）的变化，或 TFP 的变化。TFP 是一个比“技术进步”更为中性的术语。由于可以直接观察到投入与产出，而不能直接观察 A，经济学家便通过变化方程（2）来测量 $\Delta A/A$：

$$\Delta A/A=\Delta Y/Y-[(1-\theta)\times\Delta N/N]-(\theta\times\Delta K/K)$$

并将剩下的一切归因于 TFP 的变化，通过这种方法测量到的 TFP 变化被称为**索洛剩余**（Solow residual）。

特别是，索洛使用了一个与方程（2）类似的方程来估算美国的 GDP 增长。他证明，除技术进步以外，资本增长与劳动增长也是产出增长的源泉。在 1909—1949 年间，GDP 总额的年平均增长率是 2.9%。索洛的结论认为，其中 0.32 个百分点归因于资本积累，1.09 个百分点来自劳动投入的增加，其余 1.49 个百分点则归因于技术进步。人均年产

① 我们将在后面看到，人力资本的进步也对此发挥了作用。

② R. Solow, “Technical Change and the Aggregate Production Function,” *Review of Economics and Statistics*, August 1957.

出增长 1.81%，其中 1.49 个百分点来源于技术进步。

索洛发现技术进步、劳动供给的增加和资本积累（按重要性先后列出）都是 GDP 增长的重要决定因素。技术进步和资本积累是人均 GDP 增长的重要决定因素。

尽管人口增加会使 GDP 增长，但增加的人口实际上也降低了人均 GDP。这听起来似乎令人困惑，但这两种结果都直接出自方程（2）。更多的工人意味着更多的产出，但产出并非是等比例增加的。方程（2）告诉我们，劳动力每增加一个百分点，会导致产出增加（$1-\theta$）个百分点，具体而言，大约是 3/4 个百分点。由于增长低于 1 比 1，产出增长比工人数量增长缓慢，人均产出（人均 GDP）将下降。对此还有另外一种阐述方式：如果增加工人数目，但没有按比例增加机器数量，一般工人的生产率会因工作所需设备不足而下降。

资本与劳动之外的要素

生产函数与方程（2）和方程（6）忽略了除资本和劳动以外的大量投入——这部分是因为资本与劳动是最重要的投入，部分是出于简化的需要。当然，在某些特定的时间和场合，资本与劳动以外的投入可能会发挥很大的作用。自然资源与人力资本就是其他两种重要的投入。

自然资源

美国的早期繁荣在很大程度上归因于该国拥有充足而肥沃的土地。尽管在现代，美国土地的增加可以忽略不计，但在 1820—1870 年间，美国土地面积以每年 1.41%的速度增加（对增长贡献很大）。与美国的西进运动大致发生在同一时间的俄国对远东地区的加速开发，对俄国经济的增长也有相似的贡献。

最近有关自然资源发挥不同寻常的重要作用的例子，可以考虑挪威近来 GDP 的急剧增加（见图 3-1）。在 1970—1990 年间，挪威人均 GDP 从相当于美国人均 GDP 的 67%上升到相当于美国人均 GDP 的 80%。挪威突发性的增长大部分归因于其丰富的石油储量的发现与开发。①

人力资本

在工业化国家中，非熟练劳动力的重要性比工人的技巧和才能的重要性小得多。通过学校教育、在职培训与其他手段进行**人力资本**（human capital）投资，可以增加社会的这种技能存量，其方式与实物投资导致的实物资本增加是相同的。（在穷国，健康投资是对人力资本的主要贡献方式。在极端穷困的时代，这项关键的投资能为工人提供足够的热量，使他们可以有所收获。）增加人力资本 H 的生产函数可以写作：

$$Y = AF(K,H,N) \tag{7}$$

在工业化国家中，人力资本的收入份额很大。曼昆（Mankiw）、罗默（Romer）和韦尔（Weil）的一篇颇有影响的文章指出，生产函数中实物资本、非熟练劳动力和人力

① 尽管拥有丰富的自然资源应该对较高的生活标准有所贡献，但是，一些经验性证据却显示出自然资源丰富的国家的一般状况更差。有一种解释认为，这样的国家在挥霍其财富。可参见 Jeffrey D. Sachs and Andrew M. Warner，"The Big Push，Natural Resource Booms and Growth，" *Journal of Development Economics*，1999。

资本的要素份额各占 1/3。[①]这三种要素的不同增长，可以解释在一个广泛的国家样本中国与国之间人均 GDP 差异的 80%，并强调增长过程中要素积累的关键性作用。

根据前一节的分析，来自高投资比率的大量实物资本存量会导致高额 GDP。图 3-2（a）绘出了各国（或地区）横截面中，对应于（以对数表示的）人均 GDP（作为 GDP 的一部分）的投资。显然，高投资导致高收入。但是在人力资本与产出之间是否存在类似的关系呢？人力资本难以精确测度，但学校教育平均年限可作为人力资本的代表。在图 3-2（b）中，我们看到的证据有力地支持了人力资本与产出之间的正向关系。下一章我们将看到人力资本与实物资本类似，可以不断积累，从而对永久性增长做出贡献。

图 3-2 （a）投资比率与 GDP 的关系以及（b）学校教育平均年限与 GDP 的关系

资料来源：Barro R.；Lee J. "International Comparisons of Educational Attainment," *Journal of Monetary Economics*, 1993.

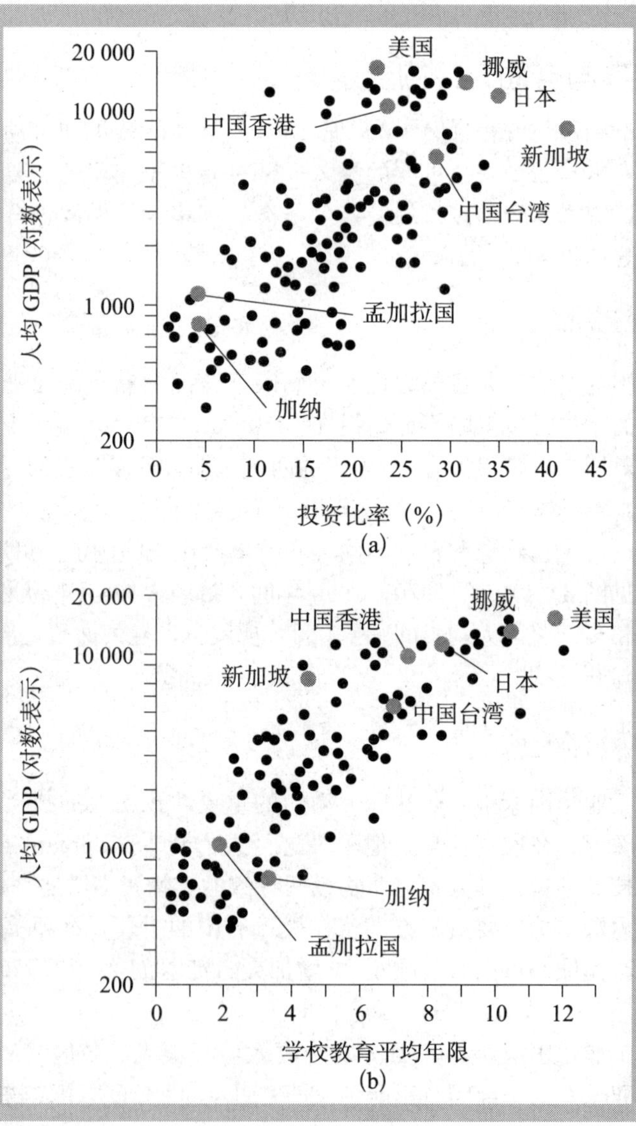

① N. G. Mankiw, D. Romer, and D. Weil, "A Contribution to the Empirics of Economic Growth," *Quarterly Journal of Economics*, May 1992.

主要生产要素的任何变动都将影响产出。一些热带国家的 GDP 非常依赖于雨季的来临。当熟练工人移居到一个国家时，这些移民将推动人均产出增加，这个事实经常使美国得益。与此相反，由战争难民组成的移民一般会在短期内降低人均产出的增长。但是，只要一种生产要素本身的供给增长，它就会为产出的增长做出贡献。要素投入的这种波动可能会持续数年，但很少会持续数十年（尽管美国西进运动和俄国加速开发远东地区会作为例外）。

投入要素的短期波动（从雨季到难民流动的任何事情）有时是相当重要的。然而，在大部分历史中，两种重要的要素当属（实物资本与人力资本）资本积累与技术进步。我们对增长理论的研究重点将集中于这两种要素上。

3—3 增长理论：新古典模型

对增长理论的集中研究有两个时期。第一个时期在 20 世纪 50 年代末期和整个 60 年代，第二个时期是在 30 年后的 20 世纪 80 年代末期与 90 年代初期。第一个时期的研究创造了**新古典增长理论**（neoclassical growth theory）。新古典增长理论将注意力集中于资本积累以及它与储蓄决策等的联系方面。这方面以罗伯特·索洛的贡献最为著名。① 下一章将研究的内生增长理论，则将注意力集中于技术进步的决定因素上。

新古典增长理论从一个简化的假定开始。我们的分析首先从假定没有技术进步开始。这意味着经济达到了一个长期的产出水平与资本水平。这被称为**稳态均衡**（steady-state equilibrium）。**经济的稳态均衡就是人均 GDP 与人均资本结合在经济保持静止状态处，也就是人均经济变量不再改变之处，即 $\Delta y=0$ 且 $\Delta k=0$。**

增长理论可从三个大的步骤进行说明。首先，我们要了解不同的经济变量是如何决定经济的稳定状态的。接下来，我们要了解经济从当前的状态向这种稳定状态的转变。最后，我们将技术进步加入模型。（这看起来也许有点绕远，但这种办法使我们能以简单的图形进行分析并且仍能得到正确的答案。）

图 3-3 表示对应于**资本-劳动比率**（capital-labor ratio）的、以人均 GDP 表示的生产函数。②以人均量表示的生产函数可写成：

$$Y=f(k) \tag{8}$$

① R. Solow, "A Contribution to the Theory of Economic Growth," *Quarterly Journal of Economics*, February 1956. Joseph Stiglitz and Hirofumi Uzawa (eds.), *Readings in The Theory of Economic Growth* (Cambridge, MA: MIT Press 1969)，包含那一时期的许多重要论文。

② 方程（1）中定义的生产函数将产出作为劳动和资本的函数。我们希望使用人均变量。将方程（1）中的生产函数两边同除以 N，即：$Y/N=AF(K,N)/N$。再根据规模报酬不变这一事实（在本章附录中加以讨论）写出 $AF(K,N)/N=AF(K/N,N/N)$。我们知道 $K/N\equiv k$(因为 $N/N\equiv 1$)，则得 $AF(K/N,N/N)=AF(k,1)$。要注意，我们是以人均概念进行分析的。按照常规，定义 $f(k)\equiv AF(k,1)$，**即人均意义上的柯布-道格拉斯生产函数**。

继续根据柯布-道格拉斯生产函数，得到：

$$Y/N=AK^{\theta}N^{1-\theta}/N=AK^{\theta}N^{-\theta}N/N=A(K/N)^{\theta}$$

或者

$$y=f(k)=AK^{\theta}$$

图 3-3　人均生产函数

生产函数 $y=f(k)$ 是人均产出与资本-劳动比率之间的关系。

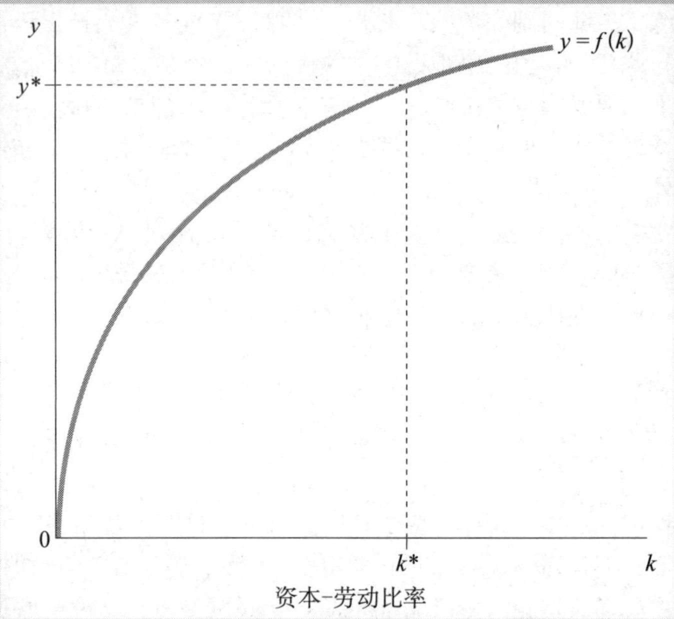

请注意图 3-3 中生产函数的形状。资本增加则产出提高（资本的边际产量为正），但在资本处于高水平时产出提高得比低水平时要少（资本的边际产量递减）。追加的每台机器都增加产量，但比先前的机器增加的产量要少。[①] 下面我们将看到，**边际产量递减**（diminishing marginal product）是解释为什么经济达到稳态而不是无限增长的关键。

稳态

当人均收入与人均资本不变时，经济就处于**稳态**（steady state）。人均收入与人均资本[②]的稳态值 y^* 和 k^* 就是向新工人提供资本和重置损耗机器所必需的投资与经济产生的储蓄相等时的值。如果储蓄大于必需的投资，工人的人均资本就会增加，从而产出也会上升。如果储蓄少于必需的投资，每个工人的资本和产出就会下降。稳态值 y^* 和 k^* 是储蓄与必需的投资平衡时的产出水平与资本水平。

一旦我们有了 y^* 和 k^* 作为参考点，就可以检验经济从任意点到稳态的转变途径。例如，如果经济开始时的资本少于 k^*，收入低于 y^*，就可检验资本积累如何在一定时间内推动经济趋向 y^* 和 k^*。

投资和储蓄

保持给定的人均资本水平 k 所必需的投资，取决于人口增长和折旧率，即机器耗损

---

① 递减曲线的弯曲程度相当于方程（2）中的 $\theta<1$。

② 为使人均收入和人均产出经历人口增长而保持不变，收入与资本增长必须与人口增长率相等。作为人口增长率符号的 n，我们定义 $n\equiv\Delta N/N$，因此在稳态中，$\Delta Y/Y=\Delta N/N=\Delta K/K=n$。

的速率。首先，假定人口增长率 n 是恒定的，$n \equiv \Delta N/N$。因此，经济需要投资 nk 来为新工人提供资本。其次，我们假定折旧是资本存量的一个不变百分比 d。具体地说，可以将折旧率假定为每年 10%。所以，每年有 10%的资本存量需要重置，以抵消损耗。这使得对新机器的需求增加了 dk。于是，保持一个不变的人均资本水平所需要的投资是 $(n+d)k$。

现在考察储蓄和资本增长之间的关系。假定没有政府部门、对外贸易和资本流动，并且假定储蓄是收入的一个固定百分比 s，因此，人均储蓄是 sy。因为收入等于产出，我们可以写成 $sy=sf(k)$。

人均资本的净变化 Δk 是储蓄超过必需投资的部分：

$$\Delta k = sy - (n+d)k \tag{9}$$

稳态被定义为 $\Delta k=0$，并且在 y^* 和 k^* 的值满足下式时才会出现：

$$sy^* = sf(k^*) = (n+d)k^* \tag{10}$$

图 3-4 给出了稳态的一个图解。当人们将其收入的一个固定百分比储蓄起来时，sy 曲线是产出的一个固定比例，表示在各个资本-劳动比率下的储蓄水平。直线 $(n+d)k$ 表示在各个资本-劳动比率下，为置换损耗设备以及配备新工人所提供的机器，是维持资本-劳动比率固定不变所必需的投资量。在两条线的交点 C，储蓄和必需的投资在稳态资本 k^* 处达到平衡。稳态收入可在生产函数上的 D 点取得。

[专栏 3-3] 我们还知道什么？

为什么某些国家的工人会比其他国家的工人生产的产品多得多？

鲍勃·霍尔（Bob Hall）和查德·琼斯（Chad Jones）在一篇很有影响的论文（我们从中窃取了本专栏的标题）中，利用增长核算帮助我们了解了各国经济增长的情况。* 表 1 的第 1 列给出了美国工人的人均产出。接下来的两列表明了在相对于美国的特定国家（或地区）里，实物资本和人力资本对产出的贡献。最后一列表示和美国相比的生产率，即我们方程（1）中的 A。例如，加拿大工人的人均产出是美国工人人均产出的 94.1%，或者说，加拿大工人的人均产出比美国工人的人均产出低 5.9%。这个差别可以由以下各项解释：和美国工人相比，加拿大工人的人均实物资本高 0.2%，人力资本低 9.2%，以及生产率高 3.4%。

表 1 中的具体数据是不能全部当真的，因为国际比较的困难是众所周知的，还因为使用的数据也是经过修正的。例如，目前中国明显优于印度。尽管数据不完善，但有三点是肯定的：

- 富国（或地区）大大优于穷国（或地区）（第 1 列）。
- 实物资本和人力资本的差别解释了绝大多数的产出差别（第 2、3 列）。
- 生产率的差别也可以解释产出差别的很大一部分（第 4 列）。

表 1　生产率的计算：各国（或地区）与美国的比值

国家（或地区）	人均产出	人均实物资本	人均人力资本	生产率
美国	1.000	1.000	1.000	1.000
加拿大	0.941	1.002	0.908	1.034

续前表

国家（或地区）	人均产出	人均实物资本	人均人力资本	生产率
澳大利亚	0.843	1.094	0.900	0.856
意大利	0.834	1.063	0.650	1.207
荷兰	0.806	1.060	0.803	0.946
英国	0.727	0.891	0.808	1.011
中国香港	0.608	0.741	0.735	1.115
新加坡	0.606	1.031	0.545	1.078
日本	0.587	1.119	0.797	0.658
爱尔兰	0.577	1.052	0.773	0.709
印度尼西亚	0.110	0.915	0.499	0.242
印度	0.086	0.709	0.454	0.267
中国	0.060	0.891	0.632	0.106
加纳	0.052	0.516	0.465	0.218

* Hall，Robert E.；Jones，Charles I. "Why Do Some Countries Produce So Much More Output per Worker than Others?" *Quarterly Journal of Economics*，February 1999，pp 83 - 116.

增长过程

在图 3-4 中，我们研究了使经济从某种初始的资本-劳动比率随着时间的推移转变到稳态的调整过程。这个转变过程中的关键因素是与折旧率、人口增长相对应的储蓄率与投资。

理解新古典模型的关键是，当储蓄 sy 超过必需的投资线时，k 会如方程（9）所示的那样出现增长。相应地，当 sy 超过 $(n+d)k$ 时，k 必定增大，随着时间的推移，在图 3-4 中，经济将逐渐右移。例如，如果经济从资本-劳动比率 k_0 起步，由于 A 点的储蓄超过了 B 点的为维持 k 固定不变所要求的投资，横向的箭头表示 k 的增加。

调整过程在 C 点停顿下来。在该点我们已达到资本-劳动比率 k^*，与该资本-劳动比率相关的储蓄，恰好与必需的投资一致。如果实际投资与必需的投资恰好一致，资本-劳动比率既不上升也不下降。我们就达到了稳态。

要注意，这个调整过程能从任意初始收入水平引导到 C 点。新古典增长模型的一个重要含义在于，有相同的储蓄率、人口增长率和技术条件（也就是说有同样的生产函数）的各国，最终将在同样的收入水平上趋于一致，尽管趋于一致的过程可能十分缓慢。

在该稳态，k 和 y 都是固定不变的。由于人均收入固定不变，总收入以相同于人口的增长率而增长，即增长率为 n。由此可见，**稳态增长率不受储蓄率的影响。**[①] 这是新古典增长理论的一个关键结论。

① 回想一下新古典增长模型，我们假定不存在技术进步。因此，在这个模型里经济增长的唯一来源就是人口增长。

图 3-4 稳态产出与投资

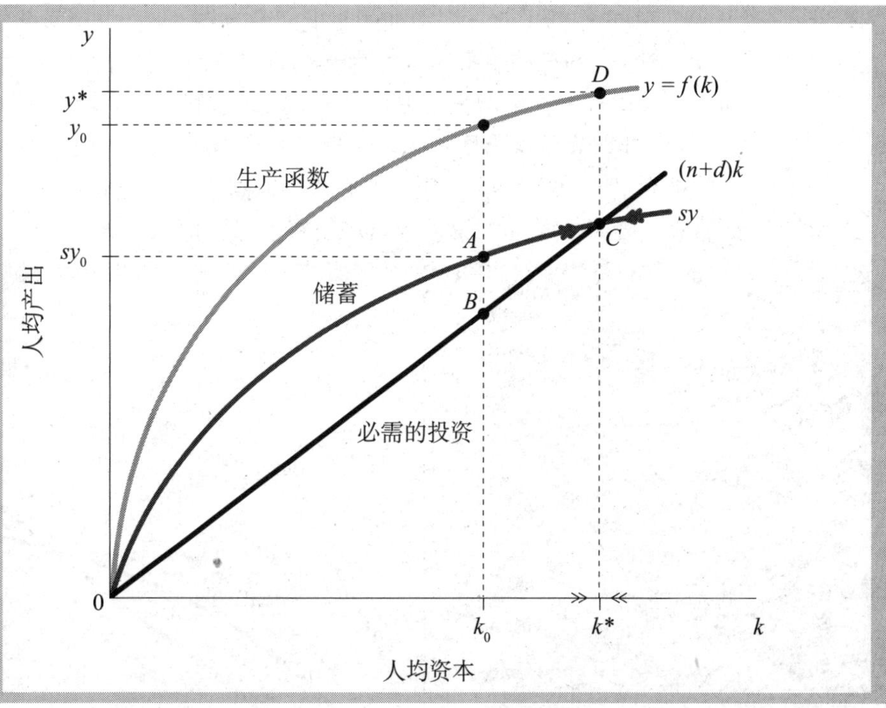

储蓄率的增加

为什么长期增长率会独立于储蓄率呢？我们不总是说美国较低的储蓄率导致了较低的增长率吗？一个将收入的 10%储蓄起来，用于增加资本存量的经济体，其资本以及产出的增长真的应该比一个只储蓄其收入 5%的经济体的产出增长得更快吗？根据新古典增长理论，储蓄率并不影响长期增长率。①

图 3-5 给出了储蓄率的增加影响增长的情况。在短期，储蓄率的增加使产出增长率上升。它不影响产出的长期增长率，但它提高了人均产出和人均资本的长期水平。

在图 3-5 中，经济由 C 点的稳态均衡起步。在 C 点，储蓄与必需的投资恰好相等。现在假定人们愿意把收入中的更大部分 s' 而不是 s 储蓄起来。这将使得储蓄曲线向上移动到虚线的位置。

在 C 点，我们最初有一个稳态均衡。现在，相对于必需的投资，储蓄增加了。其结果是储蓄额比保持人均资本不变所需要的储蓄额多。储蓄多到足以使人均资本量增加。人均资本量 k 将持续增加，直至达到 C' 点。在 C' 点，较高的储蓄量正好能够维持较高的资本存量，同时，在 C' 点，人均资本与人均产出也都有所增长。

不过，在 C' 点，经济已恢复到稳态增长率 n。因而，按照新古典增长理论，在长期，储蓄率的增加只是提高了人均产出水平和人均资本水平，而并没有提高人均产出增长率。

但在这个转变过程中，较高的储蓄率提高了产出增长率和人均产出增长率。这是根据从初始稳态均衡处的资本-劳动比率 k^* 上升到了新的稳态均衡处的 k^{**} 这一事实得出来的。提高资本-劳动比率的唯一途径，就是使资本存量的增长快于劳动力的增长。

① 我们将在第 4 章提及内生增长理论，该理论认为储蓄率对长期增长率会发挥作用。

图 3－6 概括了储蓄率增加的影响，它与图 3－5 中储蓄曲线的移动相互印证。图 3－6（a）表示人均产出水平。从 t_0 时点的初始长期均衡开始，储蓄率增加使得储蓄和投资增加，而人均资本存量增长，人均产出也随之增长。这个过程将以递减的速率持续下去。图 3－6（b）表示产出增长率，标出了图 3－6（a）中产出水平的变化率。储蓄率的提高立即提高了产出增长率，因为储蓄率的提高意味着更快的资本增长，从而带动产出更快地增长。随着资本的积累，产出增长率下降，回落到人口增长的水平。

图 3－5　储蓄率的提高使得稳态移动

如果储蓄率提高，稳态的资本-劳动比率也将提高。

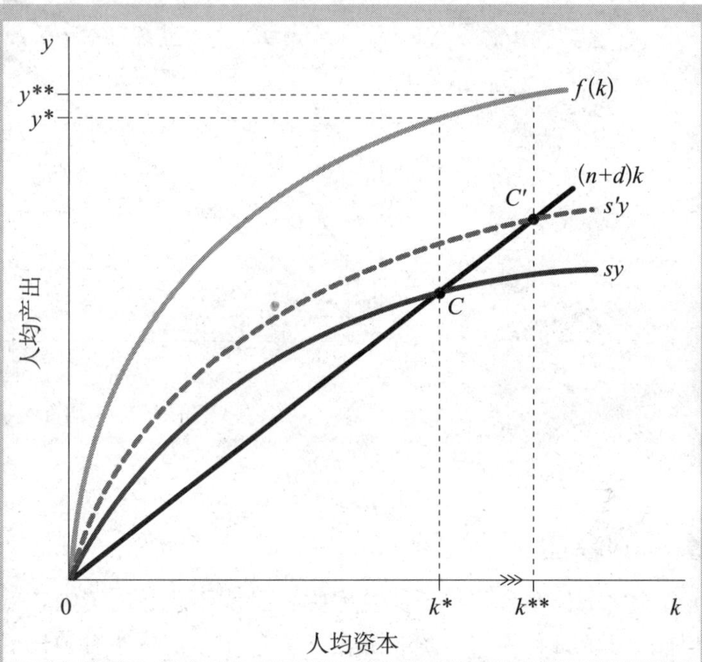

图 3－6　调整到新的稳态均衡

图（a）和图（b）表示产出与产出增长率根据图 3－5 中储蓄率的提高而进行调整。

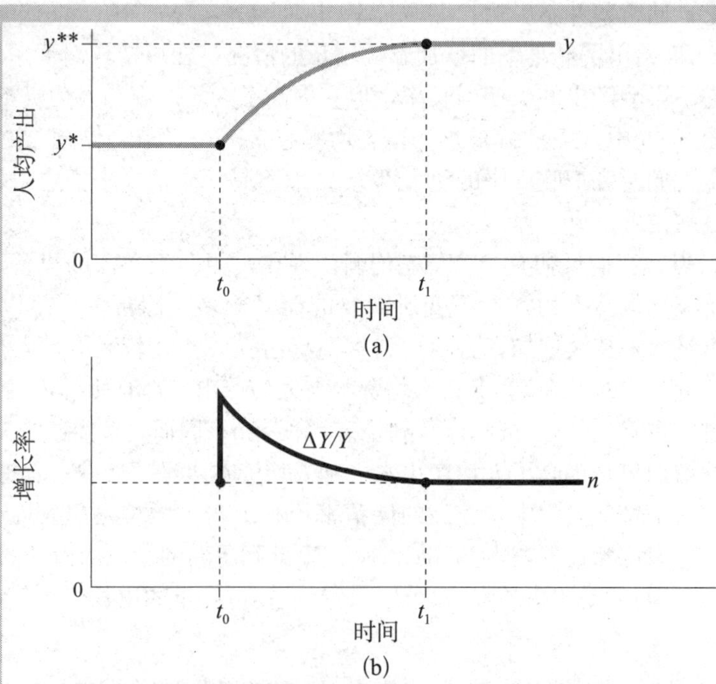

[专栏 3-4] 我们还知道什么？

高收入就一定好吗？黄金法则

这是不是一个奇怪的问题呢？记得我们一直对高收入感兴趣，因为它会导向高**消费**（consumption）。社会选择的储蓄率越高，稳态的资本和收入也越高。但是，k 越高，维持资本-劳动比率不变所需要的投资就越大，相反，被用于当前的消费就越少。所以，过高的储蓄率可能导致高收入和低消费。

稳态消费 c^*，等于稳态收入 $y^*=f(k^*)$ 减去稳态投资 $(n+d)k^*$：

$$c^*=f(k^*)-(n+d)k^*$$

在资本边际产量的增加恰好足以满足所需投资的增长时，稳态消费达到最大化，即 $MPK(k^{**})=(n+d)$。**资本存量的黄金法则**（golden-rule capital stock）是，对应于永久性消费的最高水平，资本 k^{**}，能"使我们为将来一代人所提供的消费水平像我们前一代人为我们所提供的消费水平一样"。当投资超出黄金法则水平时，我们可以缩减储蓄，让现在和将来更多地消费；而当投资低于黄金法则水平时，我们可以通过选择减少现在的消费而增加将来的消费。经验证明，我们低于黄金法则的储蓄水平。

人口增长

以上讨论的储蓄和储蓄率对稳态资本和产出的影响使得讨论有关人口增长率提高的影响变得容易起来。人口增长率的提高影响图中的 $(n+d)k$ 线，使之向左上方转动。在本章末尾的习题里，我们要求你证明以下命题：

- 人口增长率提高，会降低人均资本 k 的稳态水平和人均产出 y 的稳态水平。
- 人口增长率提高，会增加总产出的稳态增长率。

由人口增长率提高引起的人均产出下降，清楚地显示了我们将在第 4 章中讨论的许多发展中国家所面临的问题。

有外生技术变革的增长

图 3-2 及紧随其后的分析，出于简化令 $\Delta A/A=0$。这种简化有助于理解稳态行为，但它忽略了增长理论的长期增长部分。换句话说，长期增长理论告诉我们，经济一旦达到其稳定状态，人均 GDP 就不再变化了。但是，我们知道经济是增长的。现在容许在该时间内存在技术进步，即 $\Delta A/A>0$，我们以此来重述人均 GDP 的增长。

图 3-2 中的生产函数可看作 $y=Af(k)$ 在一年中的概略描述，其中 A 标准化为 1。如果技术进步为每年 1%，那么 1 年后的概略描述将是 $y=1.01f(k)$，2 年后是 $y=(1.01)^2f(k)$，依此类推。一般说来，如果增长率定义为 $g=\Delta A/A$，那么生产函数如图 3-7 所示，年增长率为 g%。储蓄函数以同样的方式增长。因此，在增长的均衡状态下，y、k 都随时间增长。

技术参数 A 可在若干位置任意进入生产函数。为了数学分析的需要，经常假定技术为**劳动增进型**（labor-augmenting），因此，生产函数可写成 $Y=F(K, AN)$。（"劳动增进型”意味着新技术提高了劳动生产率。）在这种表述中，方程（6）修正为 $\Delta y/y=\theta\times\Delta k/k+(1-\theta)\times\Delta A/A$。在增长的均衡状态下，$y$ 和 k 均以技术进步率 g 增长。（Y 和 K 均以技术进步率加上人口增长率 $g+n$ 增长。）在这个模型中，实际工资也以 g 的速率增长。

使用表 3-1 中的数据和下列公式，我们可以估算战后美国的技术进步率。

$$g\approx(\Delta y/y-\theta\times\Delta k/k)/(1-\theta) \tag{6'}$$

由表 3-1 的第一行可计算出 $g\approx(2.42-0.25\times1.78)/0.75=2.63$。由于技术增长与人均 GDP、人均资本的增长差不多都是同样的结果，该数据意味着美国已达到增长的稳态。（这些数字均应等于 g。）战后较往后的时期，当资本增长明显高于 GDP 的增长时，经济处于增长的稳态这一假定就不那么有效了。

图 3-7　外生技术变革

技术水平的外生提高引起生产函数和储蓄曲线上升。因此，在更高的人均产出与更高的资本-劳动比率上，产生一个新的稳态点。因而，随着时间的推移，技术水平提高会引起产出增长。

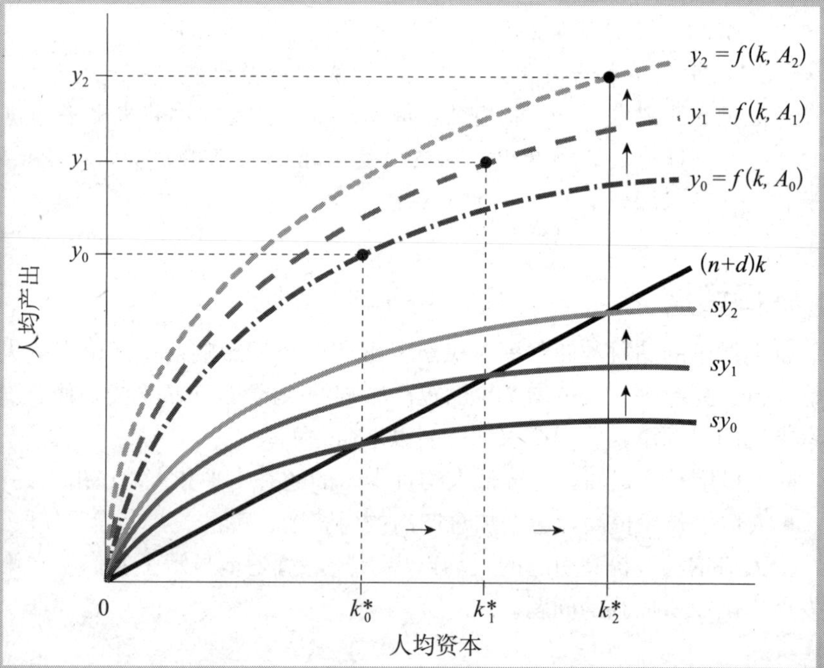

[专栏 3-5]　我们还知道什么？

具有劳动增进型技术进步的柯布-道格拉斯生产函数

将劳动增进型技术进步纳入柯布-道格拉斯生产函数，可得生产函数为：

$$Y=K^{\theta}(AN)^{1-\theta}=A^{1-\theta}K^{\theta}N^{1-\theta}$$

注意领先要素 A，现在有一个指数 $1-\theta$，而不是隐含指数 1。这相当于修改正文中的方程（6），以 $(1-\theta)\times\Delta A/A$ 替代 $\Delta A/A$。

在生产函数中插入技术的另一个常见位置是，如本章开头那样将技术放在函数之前，即 $Y=AF(K, N)$。写成这种形式时，A 称为全要素生产率，这是因为它对所有要素都起作用，而不仅仅是劳动。这里的方程（6）如按最初的规定加以运用，则 $g \approx (\Delta y/y - \theta \times \Delta k/k)$。[方程（6）与方程（$6'$）的差别实际上只不过是计量单位的差别。] 以这种方式表示的 g 称为**索洛剩余**（Solow residual），它指出全要素生产率实际上测量了不能为投入要素变化所解释的全部生产变化。

再次回到图 3-1。我们已经利用增长理论来解释美国生活水平长期向上的趋势（由于技术进步、实物资本与人力资本的积累），解释日本与美国的生活水平趋于一致（转换性资本积累和技术转让）以及挪威的经济增长急剧增加（由于石油!）。

扼要重述

新古典增长理论有四个关键性结论：

● 首先，稳态中的产出增长率是外生的，在这种情况下它等于人口增长率 n，因而独立于储蓄率 s。

● 其次，虽然储蓄率增加不影响稳态增长率，但通过提高资本-产出比率可以提高稳态收入水平。

● 再次，若允许生产率增长，并存在稳态增长率，可得出稳态产出增长率仍是外生的。稳态的人均收入增长率由技术进步率决定。总产出的稳态增长率是技术进步率和人口增长率之和。

● 趋同是新古典增长理论的最终预言。如果两国的人口增长率、储蓄率和生产函数相同，它们最终将达到相同的收入水平。在这个框架中，穷国之所以穷是因为缺乏资本，但如果它们与富国的储蓄率一样，并有机会获得同样的技术，它们最终就会赶上富国。

进而，如果国与国之间储蓄率不同，那么根据这个简单的新古典增长理论，它们在稳态均衡中将达到不同的收入水平。但如果它们的技术进步率和人口增长率相同，它们的稳态增长率也将相同（可阅读下一章）。

本章提要

1. 新古典增长理论将产出增长解释为投入增长，特别是资本与劳动增长的函数。各种投入的相对重要性取决于它们的要素份额。
2. 劳动是最重要的投入。
3. 长期增长是技术进步的结果。
4. 没有技术进步，人均产出最终将趋于一个稳态值。稳态人均产出与储蓄率正相关，与人口增长率负相关。
5. 长期增长率与储蓄率无关。

关键术语

资本-劳动比率	增长核算	劳动的边际产量（MPN）
柯布-道格拉斯生产函数	增长核算方程	新古典增长理论
消费	增长理论	生产函数
趋同	人力资本	索洛剩余
边际产量递减	劳动增进型技术	稳态均衡

人均 GDP　　资本的边际产量（MPK）　　全要素生产率（TFP）

资本存量的黄金法则

习题

概念题

1. 生产函数提供了什么信息？

2. 索洛增长模型能否有助于解释趋同现象？

3. 考虑一个忽略自然资源存量的增长模型。在什么情况下这种忽略确实会产生严重后果？

4. 在标准生产函数 $Y=F(K, N)$ 中，K 代表实物资本，N 代表非熟练劳动力，如果将索洛剩余（$\Delta A/A$）解释为"技术进步"，我们将犯错误。除了技术进步之外，对剩余还可做什么理解呢？你将如何扩展模型来解决这个问题？

5. 图 3－4 提供了对索洛增长模型的基本说明。在进行说明时，要审慎解释储蓄曲线和必需的投资曲线的含义。为什么稳态出现在它们的交汇处？

6. 决定人均产出稳态增长率的因素有哪些？还有什么其他因素会影响短期产出增长率呢？

7. 20 世纪 90 年代中期以来，美国经济在劳动生产率方面出现了一次变动浪潮，由 Y/N 给定。利用方程（2）对此次浪潮可以给出何种可能的解释？

技术题

1. 在一个仅包含两个生产要素的简单经济中，假定资本的收入份额是 0.4，劳动的份额是 0.6。资本和劳动的年增长率分别是 6%和 2%。假定没有技术进步。

a. 产出增长率是多少？

b. 产出增加一倍要多长时间？

c. 假定技术进步率为 2%。重新计算问题 a、b 的答案。

2. 假定产出每年增长 3%，资本与劳动的收入份额分别是 0.3 和 0.7。

a. 如果劳动与资本每年都增长 1%，那么全要素生产率增长率是多少？

b. 如果劳动与资本存量都固定不变，将会是什么结果？

3. 再次假定资本与劳动的收入份额分别是 0.3 和 0.7。

a. 资本存量增长 10%对产出有什么影响 ？

b. 劳动数量扩大 10%对产出有什么影响？

c. 如果劳动的增加完全归因于人口增长，由此引起的产出增长对人民福利会有影响吗？

d. 如果劳动的增长归因于妇女参与劳动力队伍，结果又将怎样？

4. 假定一次地震摧毁了 1/4 的资本存量。讨论该经济体的调整过程，并利用图 3－5 显示短期与长期增长会发生什么变化。

5. 假定人口增长率有所提高。

a. 以图形显示这将如何影响人均产出的增长率和短期以及长期的总产出增长率？（提示：使用如图 3－5 的图解。）

b. 描绘该变化后的人均收入与人均资本存量的时间路径。（提示：使用如图 3－6 的图解。）

6. 考虑一个形式为 $Y=AF(K, N, Z)$ 的生产函数，其中 Z 是对用于生产中的自然资源的量度。假定生产函数的规模报酬不变，要素边际报酬递减。

a. 如果资本与劳动均出现增长，而 Z 固定不变，人均产出有何变化？

b. 加入技术进步（A 的增长）后，再考虑问题 a。

c. 在 20 世纪 70 年代，人们害怕自然资源耗尽会限制增长，请用问题 a、b 的答案来讨论这种看法。

7. 考虑如下生产函数：$Y=K^{0.5}(AN)^{0.5}$，其中人口与劳动数量均以 $n=0.07$ 的速度增长。资本存量的折旧率是 $d=0.03$，A 标准化为 1。

a. 资本与劳动的收入份额是多少？

b. 生产函数的形式是什么？

c. 若 $s=0.20$，测定 k 和 y 的稳态值。

d. 稳态的人均产出增长率是多少？总产出增长率是多少？如果全要素生产率以每年 2%的比率增长（$g=0.02$），结果会怎样？

8. 假定技术水平固定不变，然后跃升至一个更高的新的恒定水平。

a. 如果保持资本-劳动比率不变，技术的跃升如何影响人均产出？

b. 给出新的稳态均衡。人均储蓄和资本-劳动比率有什么变化？人均产出有什么变化？

c. 画出向新的稳态调整的时间路径。在转变过程中，投资比率上升了吗？如果上升，这种影响是暂时的吗？

9*. 对于柯布-道格拉斯生产函数 $Y=AK^{\theta}N^{1-\theta}$，证明 $1-\theta$ 是劳动的收入份额。[提示：劳动的收入份额是收

* 星号表示较难的习题。

入的一部分，是劳动的收入（$MPL \times N$）除以总收入。]

10. 考虑一个经济体，具有新古典生产函数 $Y=K^{0.5}N^{0.5}$ 的特征。再一次假定储蓄率是 0.1，人口增长率是 0.02，平均折旧率是 0.03。

a. 写出人均资本形式的生产函数，找到稳定状态的 k 和 y。

b. 在稳定状态下的 k 比黄金法则水平下的 k 大还是小？

c. 计算在该模型中，储蓄率要达到多少才能得到黄金法则水平的资本 k？

d. 在新古典增长模型中，一个国家可能会有太多的储蓄吗？

操作题

1. 在 http://fred.stlouisfed.org 上下载 2002—2012 年间在教育和卫生服务部门的美国人口和总就业数据。在“Population，Employment，& Labor Markets”下打开“Category”，选择“Population”可得到人口数据（“POP”）以及从“Current Employment Statistics（Establishment Survey)”得到教育与卫生服务数据（“USEHS”）。一旦你下载了这些数据，就可以计算出 2002—2012 年美国人口、教育服务部门的就业人数的增长率。假定其他情况不变，你能推断美国工人的平均质量情况吗？这能暗示美国未来的增长前景吗？

2. 进入 http://fred.stlouisfed.org，在“Population，Employment，& Labor Markets”下打开“Category”，选择“Current Employment Statistics（Establishment Survey)”，并点击“Information”（“USINFO”）。利用已提供的图形，观察过去 20 年间信息服务业就业人数的变化情况。什么因素可以用来解释 20 世纪 90 年代信息技术工人的就业增长？如何解释 21 世纪初的就业下降？

附录

在本附录中，我们简要地介绍了基本增长方程［本章中的方程（2）］是如何得出的。我们从生产方程 $Y=AF(K, N)$ 开始，并追问如果劳动变动 ΔN，资本变动 ΔK，技术变动 ΔA，产出将变动多少。产出变动将是：

$$\Delta Y = MPL \times \Delta N + MPK \times \Delta K + F(K,N) \times \Delta A \tag{A1}$$

其中，MPL 与 MPK 分别是劳动与资本的边际产量。将方程两边同时除以 $Y=AF(K, N)$，简化后得出：

$$\frac{\Delta Y}{Y} = \frac{MPL}{Y}\Delta N + \frac{MPK}{Y}\Delta K + \frac{\Delta A}{A} \tag{A2}$$

现在将第一项同时乘以和除以 N，第二项同时乘以和除以 K，得到：

$$\frac{\Delta Y}{Y} = \left(\frac{MPL \times N}{Y}\right)\frac{\Delta N}{N} + \left(\frac{MPK \times K}{Y}\right)\frac{\Delta K}{K} + \frac{\Delta A}{A} \tag{A3}$$

这种变换是根据数学规则得出的。为完成方程（2），我们需要做一个较强的但很合理的假定：经济是竞争性的。

在一个竞争性经济中，要素按其边际产量支付报酬，因而 $MPL=w$，其中，w 是实际工资。对劳动的总支付是以工资率乘以劳动量，$w \times N$。对劳动的全部支付是全部支付中的一个百分数，即“劳动份额”，$MPL \times N/Y$。（这个论断对资本也适用。）现在以 $(1-\theta) \equiv$ 劳动份额替代 $MPL \times N/Y$，以 $\theta \equiv$ 资本份额替代 $MPK \times K/Y$，代入方程（A3）中，从而得到方程（2）：

$$\Delta Y/Y = [(1-\theta) \times \Delta N/N] + (\theta \times \Delta K/K) + \Delta A/A$$

产出增长＝劳动份额×劳动增长＋资本份额×资本增长＋技术进步

［专栏 A3－1］ 我们还知道什么？

追踪柯布-道格拉斯生产函数

“规模报酬不变”（CRTS）意味着，如果所有的投入都以相同的比例增加，则产出也以相同的比例增加。从数学上说，如果我们将投入乘以一个常数 c，则产出也将乘以 c：$AF(cK, cN)=cAF(K, N)=cY$。CRTS 是一个可信的假定，因为该观点可以重复：如果一个工厂使用 X 个工人生产出产量 Y，那么，两个工厂分别使用 X 个工人将生产 $2Y$ 的产量，三个工厂分别使用 X 个工人将生产 $3Y$ 的产量，等等。在这种有吸引力的观点上，经验性证据也表明规模报酬大体上是不变的。

要证明柯布-道格拉斯生产函数是规模报酬不变的，用 c 乘以 K 和 N，则得到：

$$A(cK)^{\theta}(cN)^{1-\theta} = A(c^{\theta}K^{\theta})(c^{1-\theta}N^{1-\theta}) = c^{\theta}c^{1-\theta}AK^{\theta}N^{1-\theta} = c^{\theta+(1-\theta)}Y = cY$$

要证明资本份额为 θ，用资本单位数乘以专栏 3-1 中资本的边际产量（这是一单位资本在竞争性市场中所得到的报酬）并除以总产出，则得：

$$MPK \times K/Y = (\theta Y/K) \times K/Y = \theta$$

当然，柯布-道格拉斯生产函数中的指数 θ 就是增长核算方程中的 θ [方程 (2)]。

4 增长与政策

本章要点

- 在不同的国家和不同的时期，经济增长率差别会很大。
- 内生增长理论试图将增长率解释为社会决策的函数，特别是储蓄率的函数。
- 新知识中人力资本和投资的作用是内生增长理论的关键。
- 穷国的收入水平正在向富国的收入水平接近，但是速度却极缓慢。

我们可以增长得更快一些吗？上一章解释了储蓄率、人口增长率和技术进步率如何决定 GDP 和 GDP 的增长。社会选择如何影响这些参数？在技术水平领先的国家，知识进步是决定增长的关键因素。新技术的发明对穷国来说并不那么重要，因为穷国可以通过“借用技术”，以及投资于实物资本与人力资本实现增长。在本章的第一节将考察社会选择如何导致技术进步，这一主题被称为**内生增长理论**（endogenous growth theory）。保罗·罗默（Paul Romer）和罗伯特·卢卡斯（Robert Lucas）对这一概念的早期发展做出过重要贡献。[①] 在本章第二节，我们将考察各种影响经济增长的社会政策。[②]

4—1 增长理论：内生增长

由于新古典增长理论较好地解释了我们在这个世界上所观察到的许多现象，而且它在数学上也是精致的[③]，因此，它得以统治经济思想界长达 30 年。然而，到了 20 世纪

---

① Robert E. Lucas, Jr. “On the Mechanics of Economic Development,” *Journal of Monetary Economics*, July 1988; Paul Romer, “Increasing Returns and Long-Run Growth,” *Journal of Political Economy*, October 1986, in Alwyn Young ed. *Readings in Endogenous Growth* (Cambridge, MA: MIT Press, 1993)，该书收录有多篇关键论文。

② 曼昆在 “The Growth of Nations,” *Brookings Papers on Economic Activity*, No. 1 (1995) 中提供了一个容易理解的有关增长问题的综合论述。罗伯特·巴罗（Robert J. Barro）与夏威尔·萨拉-伊-马丁（Xavier Sala-i-Martin）合著的供研究生使用的教科书 *Economic Growth* (New York: McGraw-Hill, 1995)，是对增长理论的最好考察。Jonathan Temple, “The New Growth Evidence,” *Journal of Economic Literature*, March 1999，对关于经济增长的经验证据提供了一个很有思想性的检验。夏威尔·萨拉-伊-马丁在一篇颇具可读性的文章 “15 Years of New Growth Economics: What Have We Learnt?,” *The Challenges of Economic Growth*, ed. Norman Loayza, Central Bank of Chile, 2002 中，将新增长理论的经验证据和理论进展联系了起来。

③ 最新的一系列联系新旧增长理论的论文请参见 *Oxford Review of Economic Policy* 23, no. 1 (2007)。

80 年代后期，人们在理论和经验两方面都对新古典增长理论产生了不满。[①]新古典增长理论将长期增长归因于技术进步，但是未能解释决定技术进步的经济因素。它关于经济增长与储蓄率在稳态时应是无关的预言出现了经验性偏差：数据明显表明，各个国家的储蓄率与增长是正相关的。[②]

[资料 4－1] **历史故事**

一位诺贝尔奖得主的话

我不明白，为何一个人会研究一些数据，而不去理解它们的可能性。印度政府能够采取行动引导其经济像印度尼西亚或埃及那样增长吗？如果能，究竟是什么？如果不能，构成其为“印度性质”的内容究竟是什么呢？这类问题所包含的对人类福利的影响是极为惊人的：一旦人们开始思考它们，就难以再关注其他事情。*

在表 1 中可以看到 1988 年公开出版和引用的数据。在 1988 年之后的 22 年里，印度的增长率戏剧性地成功增长了。今天印度似乎已经接近中国和韩国加入的那个“快速增长”俱乐部。

表 1 人均 GDP

资料来源：Penn World Table Version 9.0，based on Feenstra，Robert C.；Inklaar，Robert；Timmer，Marcel P. “The Next Generation of the Penn World Table，” *American Economic Review*，2015，105 (10)，3150－3182，available for download at www.ggdc.net/pwt；以及作者的估算。

	2011 年美元			平均年增长率（%）	
	1970	1988	2014	1970—1988	1988—2014
美国	23 373	35 290	51 959	2.3	1.5
孟加拉国	1 444	1 248	2 917	－0.8	3.3
巴西	3 328	6 032	14 811	3.4	3.5
中国	1 267	2 417	12 513	3.7	6.5
埃及	1 087	1 784	10 812	2.8	7.2
加纳	2 843	1 956	3 670	－2.1	2.4
印度	1 278	1 195	5 452	－0.4	6.0
印度尼西亚	1 226	2 646	9 798	4.4	5.2
墨西哥	7 893	9 755	15 520	1.2	1.8
韩国	2 088	10 291	34 955	9.3	4.8
中国台湾	4 465	16 812	41 523	7.6	3.5
坦桑尼亚	1 751	1.217	2 334	－2.0	2.5
泰国	2 253	4 540	13 725	4.0	4.3
津巴布韦	2 308	3 501	1 912	2.3	－2.3

* Lucas，Jr.；Robert E. “On the Mechanics of Economic Development，” *Journal of Monetary Economics*，July 1988.

---

① 特别具有可读性的两个讨论，可参见 Paul Romer，“The Origins of Endogenous Growth，” *Journal of Economic Perspectives*，Winter 1994；and Chad Jones and Paul Romer，“The New Kaldor Facts：Ideas，Institutions，Population，and Human Capital，” *American Economic Journal*：*Macroeconomics*，January 2010。另外两种优秀的参考资料是 Mancur Olson，“Big Bills on the Sidewalk：Why Are Some Nations Rich and Others Poor?”，*Journal of Economic Perspectives*，Spring 1996，and Bennett McCallum，“Neoclassical versus Endogenous Growth：An Overview，” Federal Reserve Bank of Atlanta *Economic Quarterly*，Fall 1996。经验型的增长理论一直受到被宾夕法尼亚大学的 Alan Heston 和 Robert Summers 放到一起的一套令人吃惊的数据的非常大的影响。在 http：//rug.nl/ggdc/productivity/pwt 上叫做“Penn World Tables”的索引下，可以找到这套数据。

② 最近的研究提出了一个问题，即这些观察是否真的是反对新古典增长模型的重要论点。曼昆（“Growth of Nations”）写道：“储蓄率无力影响稳态增长，…… 似乎同各国的增长与储蓄之间的强相关有矛盾。但这种相关可能反映当经济接近稳态时转变过程的动态特性。”

内生增长理论强调实物资本和知识资本之间不同的增长机会。前者存在边际报酬递减，而后者也许不存在这种情况。知识投资的增加会提高增长率的思想，是连接高储蓄率和高均衡增长率的关键。

内生增长机制

解决新古典理论在理论上与经验上的问题在于修正原先假定的生产函数形式，在一定程度上容许自我持续的（即内生的）增长。在本节，我们将用有些机械的方式来考察内生增长理论与新古典增长理论的不同。在掌握那些机械的部分后，我们将在下一节对其进行更多的充实。

图 4－1（a）复制了第 3 章中索洛的基本增长图形。你应该记得，稳态均衡出现在 C 点。储蓄线与必需的投资线在该点上相交。无论在哪里，只要储蓄线高于必需的投资线，由于资本正在增加，经济也在增长。例如，从 A 点开始，随着时间的推移，经济向右移动。我们如何才能知道这个过程最终会停顿于一点（即达到稳态）呢？由于**资本的边际产量递减**（diminishing marginal product of capital），生产函数与并行的储蓄线逐渐变得平直。因为必需的投资线具有不变的斜率，必需的投资线与储蓄线就必定会相交。

在图 4－1（b）中，我们改变了生产函数的假设形状，以说明**资本的边际产量不变**（constant marginal product of capital）。生产函数线像储蓄线一样，现在是直线。由于储蓄线不再是平直的，储蓄处处都大于必需的投资。储蓄率越高，储蓄与必需的投资之间的差距就越大，增长也就越快。

可以用一个导致内生增长的简单代数模型来说明图 4－1（b）所描述的经济。假定资本的边际产量不变，并且资本是唯一的要素。具体说来，令

$$Y = aK \tag{1}$$

也就是，产出与资本存量成比例，资本的边际产量保持不变，为常数 a。

假定储蓄率也恒定不变，为常数 s，人口没有增长，资本没有折旧。于是，所有的储蓄都被用来增加资本存量。那么，

$$\Delta K = sY = saK \tag{2}$$

或

$$\Delta K/K = sa$$

资本增长率与储蓄率成比例。进一步，由于产出与资本成比例，产出增长率为：

$$\Delta Y/Y = sa \tag{3}$$

在这个例子中，储蓄率越高，产出增长率越高。

内生增长的更深层次的经济学

如果对原来假定的生产函数的形状进行简单的改变，就能对新古典增长理论引出的问题提供尽管过于简单但令人满意的解答，那么近 30 年的情况究竟说明了什么？否认边际报酬递减是对深奥的微观经济学原理的冒犯。这个更改后的假定意味着资本的规模报酬不变；也就是说，厂商使用两倍的机器将生产两倍的产量。但是，如果两倍的机器生产两倍的产量，那么，将所有的生产要素都变为原来的两倍（也就是资本和劳动都为原来的两倍），就会生产出多于两倍的产量。如果仅仅是资本的规模报酬不变，那么，所有

要素结合在一起，就会产生**规模报酬递增**（increasing returns to scale）。这意味着厂商的规模越大就越有效率。这样，我们或许会看到单独一家厂商支配着整个经济。由于发生这种事的可能性微乎其微，我们应该排除所有要素的规模报酬递增与单个要素规模报酬不变的这种可能性，至少对单独一家厂商的情况来说是这样。

图 4-1 (a) 索洛增长模型与 (b) 内生增长模型

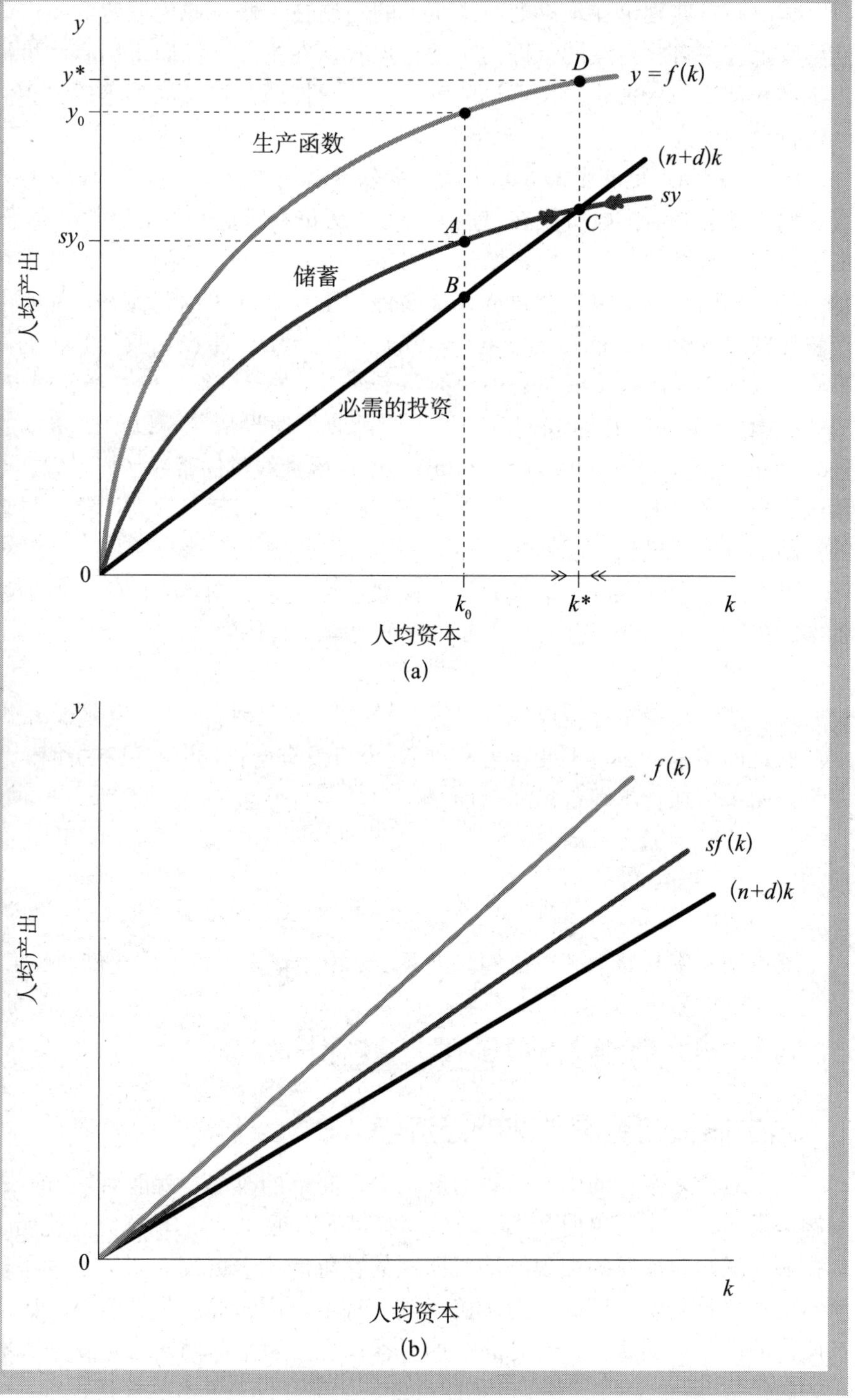

但是，假定个别厂商不能获取资本的全部收益：因为一些收益对厂商而言是外部收益。在这种情况下，当一家厂商增加资本，它的产量就提高时，其他厂商也会如此，它们的生产率也会提高。只要所有要素的私人报酬不变，就不会出现垄断趋势。

保罗·罗默的知识突破就在于，将资本的私人报酬部分地与社会报酬相分离。[①]投资不仅产生新机器，而且产生新的工作方式——这是因为有时是有意识地对研究工作进行投资，有时则是无意中所发现的副产品。尽管厂商获得了新机器的生产利益，但由于方法与思想易于复制，想要从新方法与新思想中获取好处就会困难得多。

内生增长理论以存在相当大的资本外部报酬这一概念为依据。这合理吗？如果资本是实物机器，可能不会如此。来自一台钻床的好处毕竟绝大部分为其主人所获得。反之，考虑到**人力资本**（human capital）的作用，特别是知识投资，无论发明一台钻床还是产生一个新思想，都耗资巨大。但是，钻床的复制品与第一台钻床所耗成本一样多，而思想的复制则花费很少或者完全无须费用。由于新知识（新发明和新发现）的贡献只是部分地为创造者所获取，这就可能存在相当大的外部收益。而且，各种新思想会使下一个新思想成为可能，因此，知识能够无限增长。所以，经济学家认为，一般的人力资本投资和具体的研究与开发是理解长期增长的关键。

【选读材料】

我们现在转向一个更充分发展的内生增长模型，该模型不仅包含资本，也包含劳动。其关键假定是，更优越的技术是资本投资的副产品。具体而言，假定技术与总体经济中每个工人的资本水平成正比，$A=\alpha K/N=\alpha k$，并假定技术属于劳动增进型。因此，生产函数可以写为$Y=F(K, AN)$。[②]增长方程与第3章类似，只是技术增长不是外生规定的，而是取决于资本的增长：$\Delta A/A=\Delta K/K-\Delta N/N$。

完成代数推导需要两个步骤。首先，我们得出产出与资本以同样的速率增长。这意味着 y/k 是常数。然后，我们利用这个事实，反过来计算出增长率。

由第3章得到的GDP增长方程是

$$\Delta y/y=\theta\times\Delta k/k+(1-\theta)\times\Delta A/A$$

现在，我们将技术增长公式 $\Delta A/A=\Delta K/K-\Delta N/N=\Delta k/k$ 代入GDP增长方程来显示产出与资本以相同速率增长：

$$\Delta y/y=\theta\times\Delta k/k+(1-\theta)\times\Delta k/k$$

$$\Delta y/y=\Delta k/k$$

由于 y/k 一式分子与分母的增长率相同，因此 y/k 是常数。我们将生产函数除以 K 并简化，可得出：

$$y/k=F(K,AN)/K=F(K/K,AN/K)=F(1,\alpha)\equiv a$$

在第3章，我们得知资本积累方程可写成 $\Delta k/k=sy/k-(n+d)$，替代 y/k，则得到

$$\Delta y/y=\Delta k/k=g=sy/k-(n+d)=sa-(n+d)$$

人均GDP增长率是 $sa-(n+d)$。高储蓄率产生高增长率。高人口增长率与高折旧率导致低增长率。

---

① Romer, "Increasing Returns and Long-Run Growth," *Journal of Political Economy*, October 1986.

② 要弄清楚符号，注意 a 是资本的边际产量，α 是控制资本与劳动结合以产生技术 A 的方式。

趋同

“趋同”问题的核心是，原先产出水平不同的经济最终会增长到相同的生活标准。

新古典增长理论预言，具有相同的储蓄率、相同的人口增长率并能得到相同技术的各个经济会出现**绝对趋同**（absolute convergence）。换言之，它们都会达到同样的稳态收入水平。[如果图 4-1（a）对两国而言是一样的，那么，即使一个经济起步较晚，它们最终也将达到相同的稳态。]**有条件的趋同**（conditional convergence）是对储蓄率或人口增长率不同的经济所做的预测；即根据索洛增长图形的预测，稳态收入会不同，但**增长率**（growth rate）最终将相等。

将有条件的趋同与内生增长理论关于高储蓄率导致高增长率的预言相比较，罗伯特·巴罗在其一系列论文中指出，虽然投资较多的国家趋向于增长得较快，但高投资对增长的影响看起来是暂时性的[①]：投资较高的国家最终将达到较高人均收入的稳态，而不是较高增长率的稳态。这意味着这些国家的趋同确实是有条件的。因此，尽管内生增长理论在解释技术上居领先地位的国家的增长中也许十分重要，但在解释增长率的国际差异方面却不太重要。

巴罗的证据表明，有条件的趋同以每年 2%的速度进行。例如，如果印度的收入水平现在是美国的 5%，如果影响收入水平的其他变量，如储蓄率等，在两国间是一样的，那么35 年后，印度的收入水平大约是美国的 10%。[②]这种趋同是很缓慢的；这意味着今天的印度人民不能期待仅仅依赖“自然的”新古典的趋同力量在不久的将来就能追上美国。

[资料 4-2] *历史故事*

一个想法导致下一个想法

已故的 1970 年诺贝尔经济学奖获得者保罗·萨缪尔森（Paul Samuelson）在其经典著作《经济分析的基础》（*Foundations of Economic Analysis*）* 一书中写道：“大多数学物理的大学毕业生都比伊萨克·牛顿（Isaac Newton）知道得更多：因为正如牛顿自己所说的，科学家比前人看得更远，因为他站在巨人的肩膀上。”萨缪尔森的名言源于：“如果我看得更远的话，那是因为我站在巨人的肩膀上。”[牛顿致胡克（Hooke）的信，1676 年 2 月 5 日。]

* Cambridge，MA：Harvard University Press，1947.

扼要重述

- 内生增长理论依赖于可积累要素的规模报酬不变，以产生持续增长。
- 作为内生增长理论基础的微观经济学强调，当厂商不能获得某些投资收益时，社会报酬与私人报酬之间的差异。
- 当前的经验证据指出，内生增长理论在解释增长率的国际差异方面不是很重要。

① 可参见，比如 Robert Barro，“Economic Growth in a Cross Section of Countries,” *Quarterly Journal of Economics*，May 1991，and Robert Barro，*Determinants of Economic Growth：A Cross-Country Empirical Study*（Cambridge，MA：MIT Press，1997）。

② 一个以 2%的速率增长的经济需要 35 年才能使其规模增加一倍。在这个例子里，增加一倍是相对于另一个经济而言的。

【选读材料】

增长陷阱与两部门模型

解释高增长或低增长与解释无增长不同。少量增长或毫无增长是对 1900 年以来的加纳以及绝大部分历史中绝大多数人类的最准确的写照（尽管近些年加纳的经济看起来刚刚稍有起色）。要解释一个无增长与高增长国家并存的世界，我们需要一个模型，它既能容纳无增长、低收入的均衡，也能包含正增长、高收入的均衡。换言之，需要一个结合新古典增长与内生增长原理的模型。①

假定存在两种投资机会，一种是在低收入水平上边际产量递减（如新古典增长模型）的投资机会，另一种是在高收入水平上边际产量不变（如内生增长模型）的投资机会。生产函数将从曲线部分开始［如图 4-1（a）所示］，并以向上倾斜的直线而告结束［如图 4-1（b）所示］。

图 4-2 显示的就是这个例子。这个模型在 A 点处于“新古典增长均衡”，但是在 B 点的行为则类似于内生增长模型。在低收入与低资本水平上，必需的投资线和储蓄线相交于新古典区域（A 点），导致无增长稳态。在高收入和高资本水平（越过 B 点），储蓄线位于必需的投资线上方，导致经济持续增长。

但是，图 4-2 忽略了一个遗留问题。投资如果有两个途径，即社会不仅要选择总投资，还必须对两种投资的分配做出选择，那么，将投资引向研究与开发的社会将会获得持续的发展。将投资引向实物资本的国家，则在短期内可能有较高的产出，但是要以较低的长期增长为代价。

图 4-2　稳态与持续增长之间的选择

这样的生产函数对无增长国家与高增长国家并存的世界做出了解释。

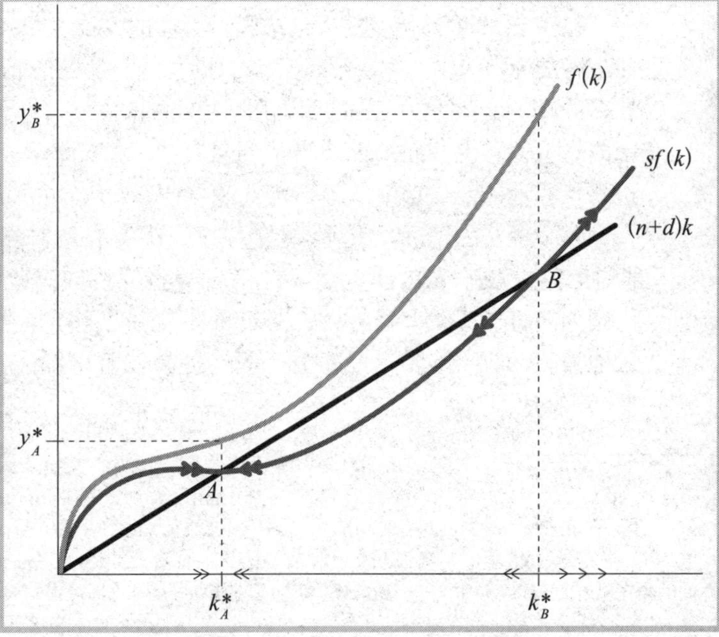

① 对增长陷阱的深入讨论，可参见“Do Poverty Traps Exist? Assessing the Evidence,” by Aart Kraay and David McKenzie, *Journal of Economics Perspectives*, Summer 2014。

4—2 增长政策

前一节集中谈论技术进步率的决定因素。这是许多技术领先的国家极感兴趣的问题。在本节，我们的论述将集中在人口增长问题，以及一些国家从欠发达状态向发达状态发展的过程方面。

人口增长与马尔萨斯

人口增长阻碍高收入的实现是经济学中最古老的一个思想。[①]索洛增长模型预言，高人口增长 n，意味着较低的稳态收入，因为每一个工人配备的用于工作的资本减少了，但是，在相当大的收入范围内，人口增长本身取决于收入水平。在当代，极端贫穷的国家出生率非常高，死亡率也非常高，结果是中等程度的高人口增长。当收入上升时，死亡率下降（尤其是通过婴儿死亡率的下降），人口增长也会上升。在收入极高时，出生率下降。世界上许多富裕国家的确接近人口的零增长（ZPG）。

【选读材料】

具有内生人口增长的索洛模型的简单形式可用图形表示出来。如果我们相对 y 画 n，它将先上升后下降，然后平直地延伸至零。必需的投资线的斜率取决于 n，但由于 n 不再固定，必需的投资线就成为曲线。以索洛图形为基础修正必需的投资线，以解释变化的 n，我们得出了图 4-3。

在图 4-3 中，可变的人口增长所必需的投资线 $[n(y)+d]k$ 缓慢上升，然后急剧上升，并最终成为直线。如图所示，必需的投资线与储蓄线相交于 A、B、C 三点。A 点是一个有着高人口增长与低收入的贫困陷阱。C 点的均衡具有低人口增长和高收入。注意：箭头表示向稳态移动的方向。A 点与 C 点被认为是**稳定均衡**（stable equilibria），因为经济是向这些点移动的。B 点则是**不稳定均衡**（unstable equilibria），因为经济趋向于离开 B 点。

一个经济如何才能逃脱低收入均衡呢？有两种可能性。如果某个国家能安排一个“大推进”，使收入越过 B 点，经济自身将完成向高收入的 C 点移动的其余路程。或者，一国如果将储蓄线上移，或将必需的投资线下移，使它们不在 A、B 点处相交，就能有效地消除低收入陷阱。提高生产率或提高储蓄率都能使储蓄线上升。人口控制政策可降低必需的投资线。

---

① 马尔萨斯（Malthus）最初的著作，可参见 Thomas R. Malthus，“An Essay on the Principle of Population; or, A View of Its Past and Present Effects on Human Happiness,” 6th ed.，first published in 1826，London，John Murray，Albermarle Street。罗伯特·卢卡斯在“The Industrial Revolution: Past and Future,” Federal Reserve Bank of Minneapolis，*The Region*，May 2004 中，对于技术进步和人口之间的相互作用提出了一种非常合理的解释。也可参见 Oded Galor and David Weil，“From Malthusian Stagnation to Modern Growth,” *American Economic Review*，May 1999。经济增长、人口增长和经济不平等可见 Michael Kremer and Daniel Chen，“Income Distribution Dynamics with Endogenous Fertility,” *American Economic Review*，May，1999。（顺便提一下，这一论文是根据 Daniel Chen 的本科毕业论文而写的！）经济增长、人口和知识产权之间的关系可见 Charles Jones，“Was an Industrial Revolution Inevitable? Economic Growth over the Very Long Run,” *Advances in Macroeconomics* 1，no. 2（2001）。高人口出生率和低经济增长率的经验性证据见 Hongbin Li and Junsen Zhang，“Do High Birth Rates Hamper Economic Growth?” *The Review of Economics and Statistics*，February 2007。

图 4-3 贫困陷阱

在这个存在两个稳态均衡的陷阱中，高人口增长率导致低人均收入水平。

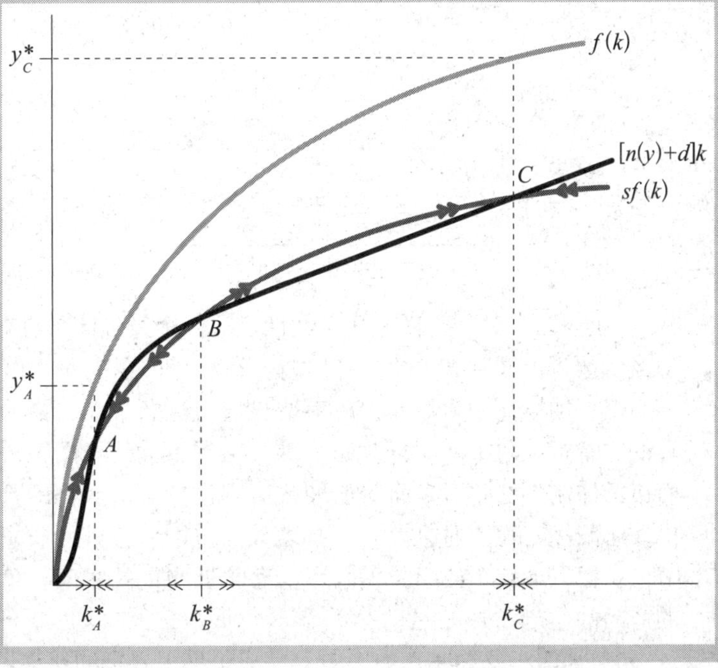

一些政府开始认识到了降低人口增长的必要性。在一些国家，政府的办法是试图说服人们使用避孕工具。在另外一些国家，政府则制定包括强制绝育在内的政策。但极度贫穷的国家往往很难降低人口增长率。在这些国家，大家庭可以作为社会保障体系，因为生养孩子就能保证父母老有所养。

来自“亚洲四小龙”的经验

中国香港、新加坡、韩国和中国台湾的增长业绩曾是那样引人瞩目，以至这四个经济体有时被称为“亚洲四小龙”。它们已作为世界其他地方有效发展的范例。曾经有人，特别是这些地方的政治领袖，以为他们拥有值得效仿的特殊诀窍。然而，最近的证据显示，首要的“特殊诀窍”无非是老生常谈的努力工作和奉献精神。换言之，这些国家和地区的全要素生产率 A 并没有显著提高；它们储蓄并投资，让更多的人工作，重视教育以便增加人力资本。通过对“亚洲四小龙”经验的考察，我们能学到什么？

表 4-1 取自阿尔文·杨（Alwyn Young）对东亚增长的一项非常严谨的研究。尽管所有这四个经济体都取得了引人瞩目的高增长，但它们的增长主要依靠增加投入，而非生产率的提高来推动。在中国香港、韩国和中国台湾，以单位投入-产出来度量的全要素生产率的增长较高，但是并不显著。而新加坡的全要素生产率增长则明显较小。所有这四个国家与地区总人口中劳动人口部分都出现了急剧增加，主要是因为妇女加入劳动力队伍的比重提高。各个国家与地区也都极大地增加了人力资本，使其教育接近于先进工业国的水平。

表 4-1 “亚洲四小龙”的增长

资料来源：Young，Alwyn. “The Tyranny of Numbers：Confronting the Statistical Realities of the East Asian Growth Experience,” *Quarterly Journal of Economics*，August 1995.

	中国香港（1966—1991）	新加坡（1966—1990）	韩国（1966—1990）	中国台湾（1966—1990）
人均 GDP 增长（%）	5.7	6.8	6.8	6.7
TFP 增长（%）	2.3	0.2	1.7	2.6
劳动力参与程度（%）	38→49	27→51	27→36	28→37
中等或高等教育（%）	27.2→71.4	15.8→66.3	26.5→75.0	25.8→67.6

“亚洲四小龙”还具有几点共性。这四个经济体都有着相对稳定的政府，都奉行外向型经济政策，鼓励其工业向外出口，在世界市场中竞争和学习，以求生存。

但新加坡几乎为零的生产率增长值得注意。在一篇颇有影响的比较新加坡与中国香港的文章中，阿尔文·杨对如下事实给予了关注：中国香港有一个基本上自由放任的自由市场体制下的政府，而新加坡政府则保持着对经济的严格控制，经济中大部分投资都由政府间接支配。①他认为，新加坡政府试图依赖外国投资引进新技术，以强制加快发展节奏，但在本地企业家与工人还没有掌握当前技术时，就非常迅速地转向了越来越复杂的产品的生产。

“亚洲四小龙”在人类历史上完成了异乎寻常的业绩，这已是不争的事实：它们的增长速度使它们从最贫穷经济体的行列转变为与富裕的工业国收入水平相当的经济体。新加坡和中国香港已经实现了这种转变，而韩国和中国台湾也很快将要实现这种转变。看到这一切都可以用古老的方式，通过储蓄、努力工作和竞争来完成，这真令人宽慰。

中国增长的奇迹

目前，中国人均经济增长率保持 7%以上的增速已达 30 多年（请见资料 4-3）。这有多重要？非常重要！中国已经从一个食不果腹的国家发展成为中等收入国家，而且由于中国经济体量非常大，经常成为拉动世界总需求的引擎。对中国增长奇迹的一些解释将在下一章详细研究。中国拥有非常高的储蓄率和投资率以及较低的人口增长率。此外，中国已推进大部分经济向市场体系转变并实施对外贸易，具体说来，中国已经成为出口导向型经济。

［资料 4-3］ *历史故事*

印度和中国

人们不能不注意到过去 30 年里印度和中国经济的高速增长，特别是，也不能不注意到中国更加快速的经济增长。图 1 显示了 1960—2014 年中国和印度的人均 GDP 增长情况。在 1960 年，印度和中国都是很贫穷的国家。尽管印度基于历史标准表现出更高的增速，但是从 20 世纪 70 年代末开始，中国经济沿着出乎意料的持续增长路径腾飞。1978—2004 年中国的人均产出几乎是印度的 3 倍。在绝对规

① A. Young，“A Tale of Two Cities：Factor Accumulation and Technical Change in Hong Kong and Singapore，” *NBER Macroeconomics Annual*，1992.

模上中国人均产出增长了6倍多。是什么造就了中国奇迹？在教育发挥重要作用的同时，一个巨大的变化是固定资产投资和全要素生产率的增长。

1978—2004 年中国和印度年增长率

资料来源：Bosworth，Barry；Collins，Susan M. "Accounting for Growth：Comparing China and India，" *Journal of Economic Perspectives*，Winter 2008.

	人均产出增长率（%）	人均产出增长源泉（%）		
		固定资本	教育	全要素生产率
中国	7.3	3.2	0.3	3.6
印度	3.3	1.3	0.4	1.6

这些数字背后隐含着中国对世界经济开放的政策变化比印度更快。尤其是，中国重点实施出口导向型和制造业导向型增长战略。对外开放使中国成为具有投资吸引力的地方，并促使中国工业以前所未有的速度变得更加高效。

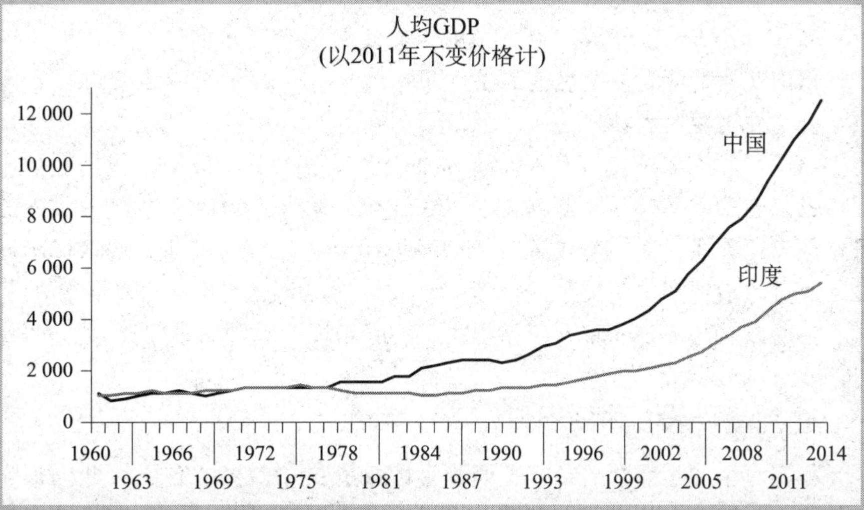

图1　印度和中国的人均GDP

资料来源：Heston，Alan；Summers，Robert；Aten，Bettina. *Penn World Table Version 7.1*，Center for International Comparisons of Production，Income and Prices at the University of Pennsylvania，July 2012.

真正的穷国

加纳的增长线（见图3-1）和该国的GDP数据（见资料4-1中的表）显示了一个惊人的问题。与世界上的其他国家相比，加纳竟然几乎没有任何经济增长！（加纳只是作为一个例子。许多其他国家的情况也是一样的。）收入如此低下，以致大多数人挣扎在死亡线上。

我们解释过加纳的情况吗？在一定程度上是的。加纳的储蓄率极低。根据CD-ROM的《世界发展指标》（*World Development Indicators*），在1960—1985年期间，加纳的国内总储蓄率平均为 GDP 的 9.3%，而日本与美国分别是 34.3%和 19.4%。[1]加纳和其他极穷国家人口的增长也比美日两国高得多。因此，储蓄和人口增长的影响正如理论所预言的那样。最穷的国家财政窘迫，不能对人力资本进行投资。许多极度贫穷的国家对外国投资持敌对态度，不是因为存在企图鼓励国内生产替代的有意识的政策，就是因为经济与法律环境的不确定性，这些国家不愿或不能保证外国投资者能将利润汇回母国。

贫穷国家是命中注定的吗？"亚洲四小龙"证明这种贫穷状态并不是毫无希望的。实际上，近年来加纳也开始显示出稳定的增长速度。

自然资源：对增长的限制？

生产要耗费自然资源，特别是能源。难道实际情况真如人们有时所说的那样，经济中的指数增长最终会耗尽既定的自然资源储存量吗？的确，当前的理论认为宇宙终将崩溃，这在有限意义上是正确的。然而，这更像是天体物理学或神学所关心的，而非经济学所关心的。在任何令人感兴趣的范围内，经济由于两个原因而免于受到资源耗尽的影响。第一，技术进步使我们得以用更少的资源生产更多的产品，例如，自新石器时代以来，室内照明的能量效率已提高了 4 500 倍。[2]第二，随着特定资源供给发生短缺，其价格上升，使得生产者转向替代品。

然而，环境保护甚为重要。甚至在这里，技术也可被用来帮助我们。例如，城市交通体系以内燃机替换马匹已解决了大部分与交通有关的污染。[3]随着收入的提高以及人们日益远离死亡线，人们与政府对环境保护斥资更多。与其他消费选择不同，环境保护往往是通过政治选择"购买"的，而不是通过市场得来。由于环境保护的利益超过了私人边界，所以，与纯粹的私人产品相比，政府对环境问题的干预具有更充分的理由。

社会基础设施和产出

我们对于增长问题的研究证明许多因素有助于解释为什么一些国家变得富有，而另一些国家却没有富起来。实物资本和人力资本的积累就是这方面的重要例证。但是仍然留有两个深刻的问题。一是为什么一些国家比其他国家有更多的资本？在某个水平上的答案是，这些国家更多的储蓄和投资使其具有了更多的资本。但是，这一答案又提示了我们下一个问题：为什么这些国家的储蓄和投资比其他国家更多？在解释了那些可证实的生产要素后，我们试图确定是否能够解释其余的生产率差异。专栏 3－3 中的表 1 表明，那些没有得到解释的生产率差异占富国和穷国之间产出差异的 20%或 25%。目前，许多宏观经济学家正在从**社会基础设施**（social infrastructure）的差异方面探究上述两个问题的可能答案。

在美国或爱尔兰，你可以做个小生意。如果成功，你就可以得到较多利润（尽管政

① *World Development Indicators 2002*，CD-ROM，The World Bank.

② 实际上，新石器时代的人可能根本就没有"房间"这种东西。用一个更近的测量标准，室内照明的能量效率自 1900 年以来已提高 20 倍，可参见 William D. Nordhaus，"Do Real Output and Real Wage Measures Capture Reality? The History of Lighting Suggests Not，" in Robert J. Gordon and Timothy F. Bresnahan（eds.），*The Economics of New Goods*（Chicago：University of Chicago Press，1997），pp. 29－66。

③ 请对这个问题思考 1 分钟。

府会以税收的形式拿走你的一些收益)。你也许不需要行贿，政府就能经常保护你免遭抢劫，法律制度也可以帮助你履行合同和解决争端。在世界上的其他地方，开设一家企业会使你成为其他私人集团的掠夺目标，或政府的没收对象。毫不奇怪，你当然更愿意在那些能够获得收益的国家开办企业、增加储蓄和投资。

一套好的法律制度、稳定的税收、对政府官僚的限制，所有这些能够影响个人和企业生产性活动的因素，都是社会基础设施的组成部分。霍尔（Hall）和琼斯（Jones）把社会基础设施定义为“决定经济环境的制度和政府的政策”[①]。尽管社会基础设施很难明确定义，甚至很难衡量，但我们将霍尔和琼斯的数据放在图 4-4 中，也表明工人的人均产出点形成了一条可衡量社会基础设施的曲线。证据支持这样的观点：社会基础设施在产出的决定中具有重要作用。[②]

图 4-4　社会基础设施的影响

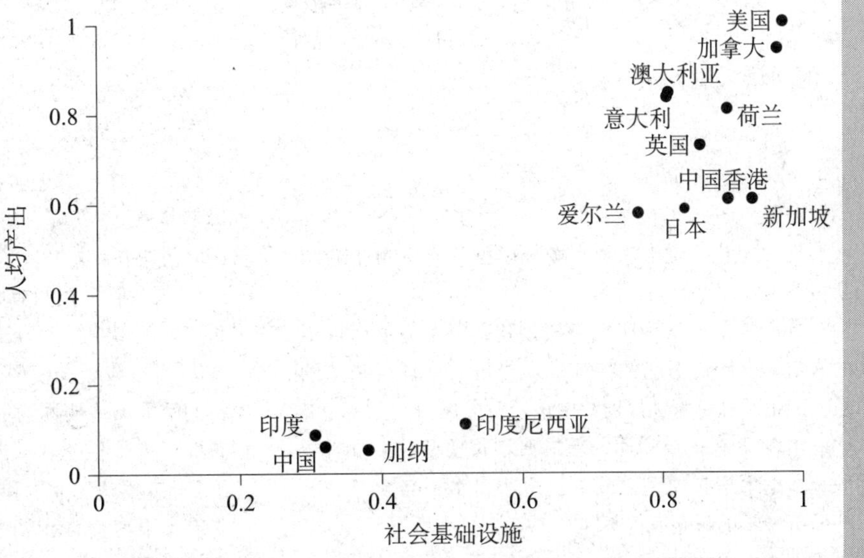

增长理论：新旧对比

新增长理论和旧增长理论，哪一个正确呢？对新增长理论的一些早期热情开始降温，因为细致的实证经验并不总是支持新增长理论的精致模型。长期增长率与储蓄率无关的观点看起来仍难以令人信服。同时，要解释两者是如何相互关联的已远超经济学家曾经预想的难度，如同机构和增长之间的关系一样。现在，我们将以诺贝尔奖得主鲍勃·索洛关于本主题的一句话结尾：“我们都相信长期增长的决定因素好像是内生的，而‘好像’并不显而易见。”[③]

---

① Hall，Robert E.；Jones，Charles I. “Why Do Some Countries Produce So Much More Output per Worker than Others?” *Quarterly Journal of Economics*，February 1999，pp. 83-116.

② 要了解这个题目，可以阅读一部容易得到且富有趣味的著作：William Easterly，*The Elusive Quest for Growth：Economists' Adventures and Misadventures in the Tropics*（Cambridge：MIT Press，2002）。也可参见 Daron Acemoglu，Simon Johnson，and James A. Robinson，“The Colonial Origins of Comparative Development：An Empirical Investigation，” *American Economic Review*，December 2001。

③ Solow，Robert M. “The Last 50 Years in Growth Theory and the Next 10，” *Oxford Review of Economic Policy* 23，no. 1（2007）.

本章提要

1. 大多数发达国家的经济增长取决于技术进步率。根据内生增长模型，技术进步取决于储蓄，特别是致力于对人力资本进行储蓄。

2. 国际比较支持有条件的趋同。调整储蓄率与人口增长率之间的差异，发展中国家将向大多数工业国的收入水平推进。

3. 不同国家的增长经历极为不同。高储蓄、低人口增长、外向型导向以及可预测的经济环境，都是有利于增长的重要因素。

关键术语

绝对趋同	规模报酬递增	稳定均衡
有条件的趋同	社会基础设施	不稳定均衡
内生增长理论		

习题

概念题

1. 什么是内生增长？内生增长模型与第 3 章中介绍的新古典增长模型有何不同？

2. 本章中的简单内生增长模型，其资本边际产量不变的假定，为什么不能像传统微观经济学推理所暗示的那样，产生单独一家大厂商统治该经济的局面？

3. 在第 3 章扼要说明的新古典增长模型与本章所概述的基本内生增长模型之间，关于产出水平与产出增长率的储蓄增长的含义有何不同？

4. （选做题）

a. 本章指出哪些类型的资本投资对解释长期均衡增长最为有用？

b. 讨论下列各种政府计划的长期增长潜力：

i. 投资税收减免；

ii. 研究与开发的补贴与资助；

iii. 旨在增加储蓄的政策；

iv. 增加对初等教育的投入。

5. 新古典增长模型预言的绝对趋同与有条件趋同之间有何差异？根据经验，目前什么情况正在发生？

6. 内生增长理论能解释增长率的国际差异吗？如果能，如何解释？如果不能，它有助于解释什么？

7. 假定一个社会能对实物资本与人力资本这两类资本进行投资。那么，对投资分配的选择如何影响其长期增长潜力？

8. a. 再一次考虑具有稳态人均产出水平的新古典增长模型。假定一个社会能选择其人口增长率。该选择如何影响其稳态人均产出？这种政策有助于该国免于落入贫困陷阱吗？

b. 现在假定我们有一个内生增长模型。较低的人口增长率如何影响社会的长期增长潜力？

9. 新古典增长模型与内生增长模型的哪些要素有助于我们解释那些被称为“亚洲四小龙”的经济体的惊人增长？

10. 在发达工业国和欠发达工业国中，人均产出增长率具有无限增长的潜力吗？请解释。

技术题

（均为选做题）

1. 考虑一个两部门增长模型，存在两种投资机会，一种是边际产量递减的投资机会，另一种是边际产量不变的投资机会。（提示：参考图 4－2。）

a. 这个问题的生产函数是什么样的？

b. 描绘这个模型的一组均衡点的特点。人均产出在任何均衡点都是非零增长的吗？

c. 这个模型能否有助于我们解释那些严格的新古典增长模型和内生增长模型所不能解释的事情？

2. 现假定我们有一个一部门模型，它具有可变的人口增长率。（提示：参考图 4－3。）

a. 这个模型的必需的投资线看起来像什么？

b. 描绘一组均衡点的特征，一定要讨论其稳定性。人均产出在任一均衡点都是非零增长的吗？

c. 假定你的国家处于“贫困陷阱”中最低人均产出水平的均衡点上。这个国家可能采取什么行动，使其向收入更高的点移动?

3**. 假定你对一个两部门增长模型添加一个可变的人口增长率（提示：结合图 4-2 和图 4-3）：

a. 生产函数、必需的投资线和储蓄线是什么样的?

b. 描绘该模型的一组均衡点的特征。人均产出在任一均衡点都是非零增长的吗?

c. 在上述模型中添加可变人口增长率有助于你解释具有固定增长率的简单二部门模型，或具有可变增长率的一部门模型所不能解释的任何事情吗?

4*. 考虑一个经济，其生产函数为 $Y=K^{\theta}(AN)^{1-\theta}$，$A=4K/N$。假定其储蓄率为 0.1，人口增长率为 0.02，平均折旧率为 0.03，$\theta=0.5$。

a. 将生产函数写为 $Y=ak$。a 为多少?

b. 模型中产出增长率与资本增长率各是多少?

c. 解释 a。当我们假定劳动增进型的技术 A 正比例于每个工人的资本水平时，我们的真正意思是什么?

d. 是什么因素使它成为一个内生增长模型?

操作题

1. 登录美国劳工统计局网站（http://bls.gov），在“Subject Areas”下面打开“International”。点击“International Labor Comparisons”，找到“More Tools”并点击“Series Report”。进入下面四个系列数据，在给定的框内一个数据一排（在每个数据系列后点击进入）：INU0002UK0，INU0025UK0，INU0024UK0，INU0005UK0。点击“Next”，选择 1950 年作为起始年，2015 年作为结束年。

a. 建立 EXCEL 文件，将你下载的英国 1950—2015 年期间的下面 4 个指标填入其中：

INU0002UK0：制造业产出指数；

INU0025UK0：制造业平均工时指数；

INU0024UK0：制造业就业指数；

INU0005UK0：制造业每小时产出指数。

这些指数给出了制造业部门的产出、工时和就业的变化情况。例如，如果制造业产出指数从 2003 年的 110.0 增加到 2004 年的 112.1，我们就可以得出结论，制造业的产出在 2004 年上升了 1.9%［=(112.1−110.0)/110.0×100%］。

b. 1950—2015 年，制造业产出、就业和每个雇员平均工时状况发生了什么变化? 在就业和平均工时显著降低的情况下，又是什么导致了制造业总体产出的增长?

* 一个星号表示较难的习题，** 两个星号表示题目难度更大。

5 总供给与总需求

本章要点

- 产量与价格取决于总供给与总需求。
- 在短期，总供给曲线是平直的。在长期，总供给曲线是垂直的。在中期，它是向右上方倾斜的。
- 总供给曲线的斜率反映该经济的价格调整机制。
- 财政政策与货币政策的改变，以及有关消费与投资的个人决策的改变，会造成总需求变动，在短期改变产量，在长期改变价格。

宏观经济学关注整体经济行为，即关注繁荣与衰退、经济中商品与服务的总产出、通货膨胀率与失业率。前一章已经探讨了长期经济增长，现在将转向构成经济周期的短期波动。

经济周期的振幅是相当大的！在 20 世纪 30 年代的大萧条时期，产量下降了将近 30%；在 1931—1940 年，失业率平均为 18.8%。大萧条被看作关乎一代人的大事。第二次世界大战后的衰退则温和得多，但是当衰退发生时，它依然占据着当时的政治舞台。2009 年 10%的失业率就不是开玩笑。

通货膨胀率变化很大。你在 1970 年塞到床垫下的 1 美元，在 2012 年只能买到不足 17 美分的商品。与此相反，在大萧条期间，美元的购买力却上升了 1/4。

总供给-总需求模型是研究产量波动以及决定价格水平与通货膨胀率的基本宏观经济工具。我们利用这个工具能够理解，随着时间的推移，为什么经济会偏离平稳的增长路径，并且探讨旨在降低失业、抹平产量波动和维持价格稳定的政府政策的后果。

在本章，我们关注对经济“大视野”的看法：为什么在某一段时间内价格迅速上升，而在另一段时间内却不是这样？为什么在一些年份里有大量的工作岗位，而在另一些年份里却并不如此？总供给曲线和总需求曲线的移动给我们提供了回答这些问题的工具。在本章，我们进行了一些使用这些工具的实践。第 3、4、6 和 7 章提供了对总供给曲线细节的支持。总需求曲线的细节出现在第 10～18 章中。现在，我们将对总供求加以简单界定，以便集中讨论这些曲线的斜率和位置至关重要的原因。每条总供给曲线和总需求曲线都描述了一种总价格水平（即消费价格指数或 GDP 平减指数）和产出（GDP）之间的关系。将总供求放在一起（如图 5-1 中所出现的情况）可以帮助我们解决经济中价格和产出的均衡水平问题。而当总供给曲线或总需求曲线移动的时候，我们就可以决定价格和产出如何变动。

总供给曲线（aggregate supply curve，*AS*）描述了，对各个给定的价格水平，厂商愿意提供的产量。因为价格越高，厂商越愿意供给越多的产量，因此 *AS* 曲线向上倾斜。总需求曲线（aggregate demand curve，*AD*）显示了商品市场与货币市场同时处于均衡状态下的价格水平与产出水平的结合。AD 曲线向下倾斜，是因为较高的价格会降低已供给的货币的价值，从而降低对产出的需求。图 5－1 中的 AD 曲线与 AS 曲线的交点 E 决定了均衡产量水平 Y_0 和均衡价格水平 P_0。其中任何一条曲线的移动都会引起价格水平与产量水平的变化。

在深入探讨作为总需求曲线与总供给曲线基础的因素之前，我们说明如何应用这两条曲线。假定联储增加货币供给。这对价格水平与产量有何影响呢？具体而言，货币供给的增加是会导致价格水平上涨从而产生通货膨胀，还是会引起产量水平上升，或者是产量与价格水平同时上升？

图 5－2 显示，货币供给增加会使总需求曲线 AD 向右移动至 AD'。在本章中的稍后部分我们将了解到为什么如此。总需求曲线的移动使经济的均衡点从 E 点移动到 E' 点。

图 5－1　总供给与总需求

它们在 E 点相交，共同决定产量水平 Y_0 和价格水平 P_0。

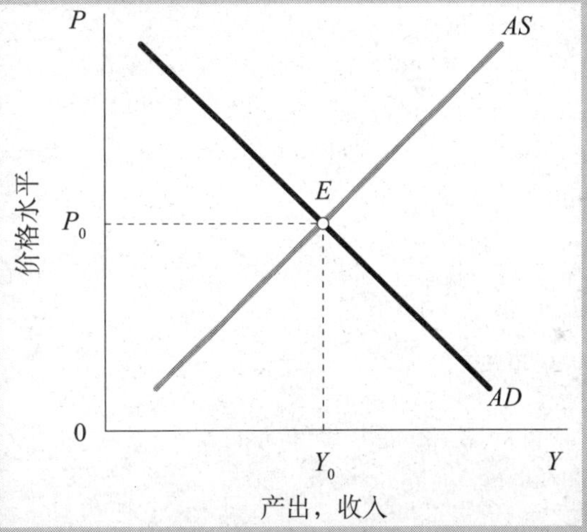

图 5－2　名义货币存量增加使总需求曲线右移

均衡点由 E 点移动到 E' 点。

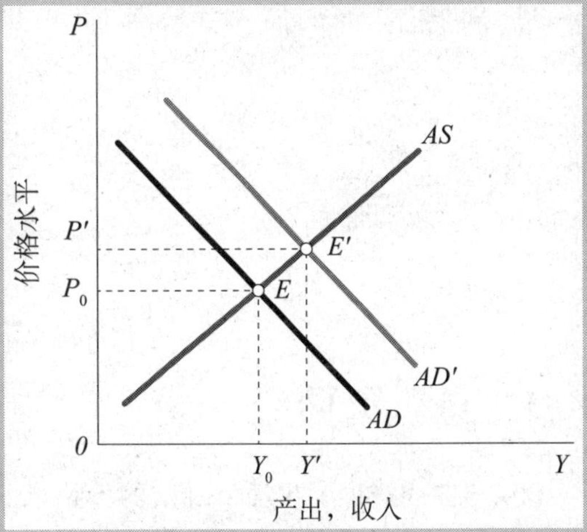

价格水平从 P_0 上升到 P'，产出水平从 Y_0 上升至 Y'。因此，货币存量的增加使产出水平与价格水平均有所提高。在图 5-2 中，显然可见，价格上涨的幅度由总供给曲线的斜率和总需求曲线的移动幅度及斜率共同决定。本书的大部分内容将致力于说明总供给曲线的斜率与总需求曲线移动的原因。

[资料 5-1] *历史故事*

"总供给"与"总需求"：名称的含义？

你在微观经济学的学习中多半会记得图 5-1 中熟悉易懂的图形。此外，模型的作用机制（需求曲线向右移动……价格与数量同时上升……）与微观经济学供求图形的运作相同。但是，构成总供求图形基础的经济学与微观经济学无关（我们并没有赋予宏观经济学其他的名称真是太糟了）。特别是，在微观经济学中，"价格"意指两种产品的交换比率：如我给你两袋糖果交换一堂经济学的讲课。相对而言，宏观经济学中的"价格"指名义价格水平，即我们购买的一篮子全部产品以货币度量的费用。

宏观经济学的一个特定名称引起了混乱。在微观经济学中，长期供给曲线相对短期供给曲线更具有弹性，这至少是粗略的经验法则。总供给的行为恰恰相反，长期总供给曲线是垂直的，而短期总供给曲线却是水平的。（我们当然要讨论为什么会出现这种情况。）

图 5-3 显示了一次不利的（向左上的）总供给冲击的后果（1973 年石油输出国组织的石油禁运是这种冲击的经典范例）。总供给曲线向左上方移动，会减少产出，提高价格。

图 5-3　总供给曲线的左移

总供给曲线由 *AS* 移动至 *AS′*，使均衡点从 *E* 点移动到 *E′* 点。

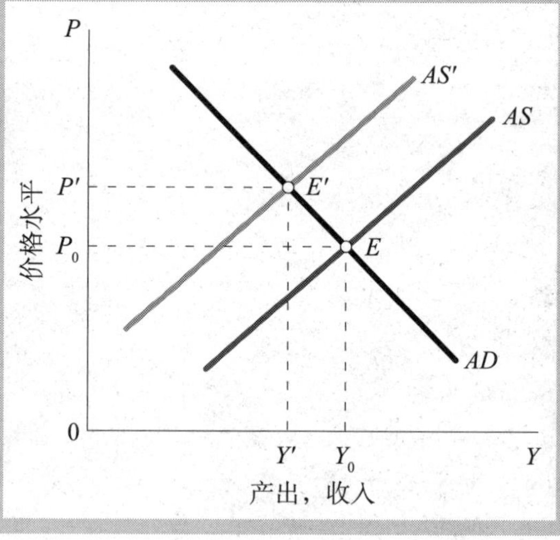

5—1　总供给曲线

总供给曲线描述了在各个既定的价格水平上，厂商愿意供给的产出数量。短期 *AS* 曲线是水平的（**凯恩斯总供给曲线**，Keynesian aggregate supply curve）；长期 *AS* 曲线是垂直的（**古典总供给曲线**，classical aggregate supply curve）。图 5－4 展示了两种极端情况。我们从考察长期情况开始。

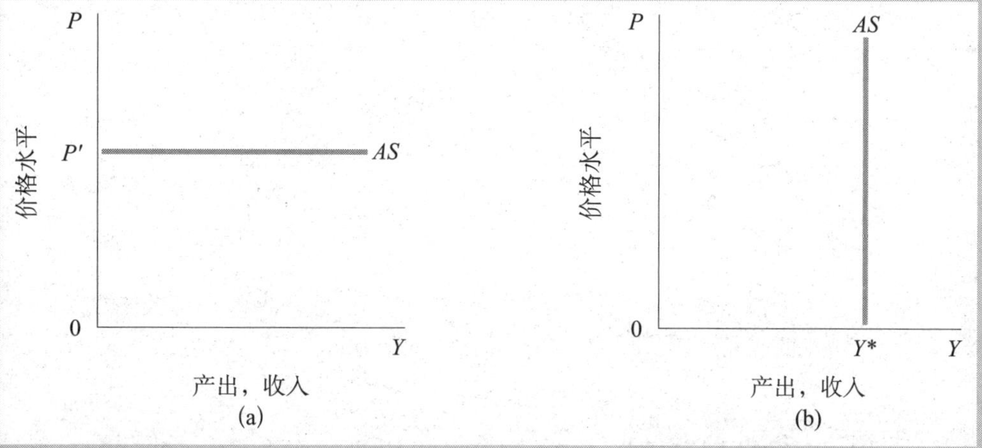

图 5－4　凯恩斯总供给函数和古典总供给函数

(a) 水平的凯恩斯总供给曲线意味着，在现有价格水平上将供给任何数量的产品。

(b) 垂直的古典总供给函数基于这样一个假定，即劳动总是处于充分就业状态，从而产量也总是处于相对应的 Y^* 水平。

古典总供给曲线

古典总供给曲线（classical aggregate supply curve）是垂直的，表明无论是什么价格水平，供应的产品数量都相同。古典总供给曲线基于这样的假定，即劳动市场处于劳动力充分就业的均衡状态。如果你不乐于接受总供给曲线在长期里是垂直的看法，就要记住这里的"价格水平"一词意味着整体的价格水平。在一个单一市场上，面对着很高需求的制造商们可以提高其产品的价格，并且购买更多的原材料、更多的劳动力等。这具有使生产要素从需求较低的部门移出并转入特定市场的副效应。但是，如果经济中普遍出现较高的需求，并且所有的生产要素都已经被很好地使用，就没有办法使整个产品的产量得到增加，而这时所发生的一切，就只能是所有价格上升（当然，也包括工资）。

我们把对应于劳动力充分就业状态的产量水平称为**潜在 GDP**（potential GDP），Y^*。当经济积聚资源并出现技术进步时，潜在 GDP 将随时间推移而增长，因而古典总供给曲线的位置将逐渐右移，如图 5－5 所示。事实上，某一特定年份的潜在 GDP 水平，主要是由我们刚刚研究过的增长理论模型决定的。①

重要的是要注意，尽管潜在 GDP 年年发生变动，但这种变动并不取决于价格水平。我们说潜在 GDP"相对于价格而言是外生的"。而且，在一个较短的时期内，潜在 GDP 的变化通常相对较小，一年只变化很小的百分比。我们可在潜在 GDP 处单独画出一条垂直线，称之为"长期总供给"，而不必过分担忧由于潜在 GDP 的增长所造成的向右移动。

---

① "Projecting Potential Growth: Issues and Measurement," the July/August 2009 issue of the Federal Reserve Bank of St. Louis *Review*，是一个关于潜在产出如何测度的很好的来源，尤其是论文"What Do We Know (And Not Know) About Potential Output?" by Susanto Basu and John G. Fernald。

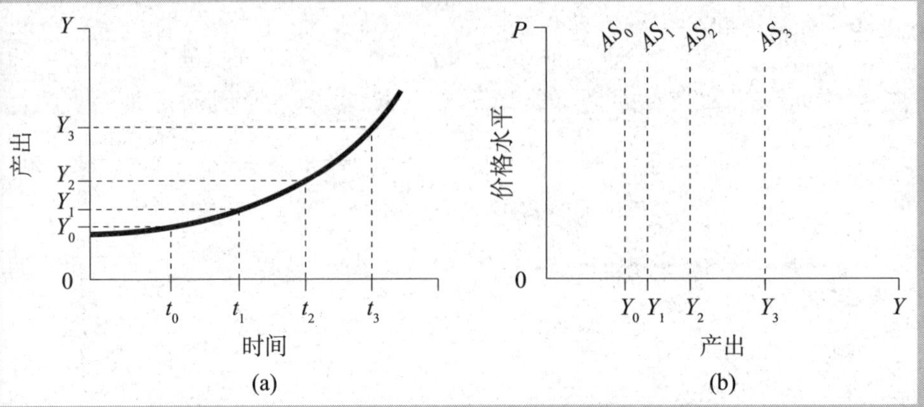

图 5-5　时间跨度上的产量增长转化为总供给的移动

凯恩斯总供给曲线

凯恩斯总供给曲线（Keynesian aggregate supply curve）是水平的，表明厂商在现有价格水平上愿意供给所需的任何数量的商品。作为凯恩斯总供给曲线基础的思想是：由于存在失业，厂商可以在现行工资水平上获得他们所需要数量的劳动。因而，他们的平均生产成本被假定为不随产出水平变化而变化。于是，他们愿意按现行价格水平，提供需求所要求的数量。凯恩斯的总供给曲线的思想发端于大萧条，当时，由于可以把大量闲置的资本和劳动投入生产中，因而，产出似乎可以在价格不上涨的情况下无限扩张。今天，我们已经把具有我们称之为"短期价格刚性"的这种观念搁到了一边。在短期内，当需求变动时，厂商不愿意改变价格（和工资）。相反，至少在非常短的时间里，他们会增加或者减少产量。因此，总供给曲线在短期内是相当平坦的。

[专栏 5-1]　我们还知道什么?

总供给曲线的倾斜——多平坦才算平坦?

如你所见，我们在几个地方说到短期总供给曲线是平坦的。你也看到我们所画的表示向上倾斜曲线的图形。但它是哪一种呢?

实际上，即便在非常短的时期内，总供给曲线也只是稍微向上倾斜。但是，在建模时，我们总是简化为大概的情况。短期总供给曲线完全平坦的说法接近于实际情况，它包含了我们的一个重要简化：它意味着，在短期内，我们可以将总需求和总供给分开处理，而不是作为一对同时需要解决的问题。

当总需求增加时，情况如何? 在我们的模型中，当总需求增加时，由于 AD 曲线上所有的数量都增加，产量立刻就会上升。此后很快，价格就会随着平坦的 AS 曲线的移动而上升。当 AS 曲线的这种向上移动满足了 AD 曲线移动所表示的需求增长时，它就降低了总需求。两个分开的步骤使整个短期过程更容易被看作几乎没有发生变化。

当然，运用简化模型的技巧取决于知道何时构建简化模型是可靠的，以及何时是不可靠的。如同专栏 6-1 将要解释的那样，当产量大大高于潜在产量时，短期总供给曲线明显向上倾斜。在这种情况下，水平的短期 *AS* 曲线假定就不再成立，而我们实际上需要使用正斜率的 *AS* 曲线，并同时使用 *AS* 曲线和 *AD* 曲线来解决均衡问题。

重要的是应该注意到，在凯恩斯的总供给曲线上，价格水平不取决于 GDP。在大多数国家中，在大多数年份里，价格在上涨；换言之，尽管那也许是小幅通货膨胀，但一直在持续。由于我们稍后加以解释的原因，这种价格上涨是与总供给曲线的向上移动——而不是沿着曲线的移动——同时发生的。目前，暂时假定我们在一个预期通胀为零的经济中。关键的论点是，在短期，价格水平不受当前 GDP 水平的影响。

摩擦性失业和自然失业率

从字面上理解，古典模型暗示着不存在失业。在均衡状态下，每个想工作的人都在工作。但总是存在一些失业。这种失业水平可用劳动市场中的摩擦力来解释。而劳动市场中的摩擦力是因为劳动市场总是处于流动状态而发生的。有些人正处于迁居和变换工作之中，另外一些人则是第一次寻找工作；一些企业进行扩张并雇用新工人，另外一些企业生意亏损以致不得不裁减其所使用的工人。由于一个人需要花费一些时间才能找到合适的新工作，当人们寻找工作机会时，总会存在**摩擦性失业**（frictional unemployment）。

在充分就业水平和相应的充分就业（或潜在）的产出水平 Y^* 上，存在与之相关的一定量的摩擦性失业。这个失业的数量被称为**自然失业率**（natural rate）。**自然失业率就是当劳动市场处于均衡时，因为正常劳动市场的摩擦而造成的失业率。**目前由国会预算办公室（Congressional Budget Office，CBO）估计的美国的自然失业率是 4.8%，但是很难给出精确的描述。①

5—2 总供给曲线和价格调整机制

总供给曲线描述了经济中的**价格调整机制**（price adjustment mechanism）。图 5-6（a）中以黑实线表示平坦的短期总供给曲线，以深灰色实线表示垂直的长期总供给曲线。它也显示了中期总供给曲线的全部系列。设想总供给曲线随时间先后从水平位置向垂直位置逆时针旋转。总供给曲线的运用，比如，一年期的总供给曲线是一条黑色的、具有中间程度斜率的虚线。如果总需求大于潜在产量 Y^*，那么这条具有中间程度斜率的曲线表明，在一年的时间内，价格将上升到一定程度，而不是充分地上升，来推动 GDP 回落到潜在水平。

图 5-6（a）给出了一幅有用的但实际上是动态过程的静态图像。我们关注的是说明价格随时间升降机制的总供给曲线。方程（1）给出了总供给曲线：

$$P_{t+1} = P_t[1+\lambda(Y-Y^*)] \quad (1)$$

① Douglas Staiger，James H. Stock，and Mark W. Watson，"How Precise are Estimates of the Natural Rate of Unemployment？" in C. D. Romer and D. H. Romer (eds.)，*Reducing Inflation*：*Motivation and Strategy* (Chicago：University of Chicago Press，1997a)；and Douglas Staiger，James H. Stock，and Mark W. Watson，"The NAIRU，Unemployment and Monetary Policy，" *The Journal of Economic Perspectives* 11 (1997b).

其中，P_{t+1}是下一时期的价格水平，P_t是今天的价格水平，Y^*是潜在产量。等式（1）表明了一个非常简单的思想：如果产量高于潜在产量，价格将上升，并且在下一时期会更高。如果产量低于潜在产量，价格将下降，并且在下一时期会更低。[①]而且，价格将继续随时间上升或下降，直至产量回到潜在产量。当且仅当产量等于潜在产量时，明天的价格水平等于今天的价格水平。[②] GDP 和潜在 GDP 之间的差距，$Y-Y^*$，就是 **GDP 缺口**（GDP gap）或**产出缺口**（output gap）。

图 5-6（b）中向上移动的水平线与等式（1）中连续移动定格的水平线相对应。我们从位于时间 $t=0$ 处的黑色水平线开始。如果产量高于潜在产量，那么价格将较高，即总供给曲线向上移动到时间 $t=1$，如黑色虚线所示。根据等式（1），如图 5-6（b）所示，价格一直向上移动直至产量不再高于潜在产量。

注意，图 5-6（a）和图 5-6（b）是对同一过程的两个可选描述：图 5-6（a）描述了价格变化的动态，而图 5-6（b）则表明了给定时间流逝中的连续定格状态。例如，黑色的虚线表示也许是一年之后价格变化的累积效应。图 5-7 是观察这一调整过程的另一种方式：描绘图 5-6 中对应流动时间的均衡点。

图 5-6　向长期总供给的动态调整

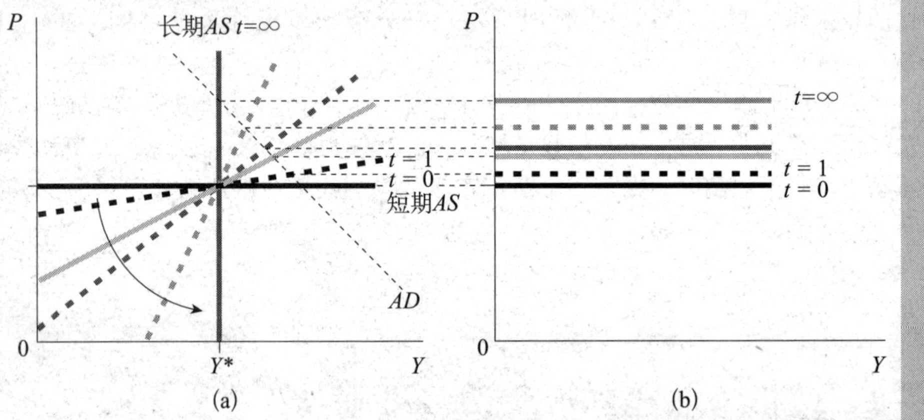

价格调整速度（speed of price adjustment）是受等式（1）中的参数 λ 控制的。如果 λ 较大，总供给曲线将迅速移动，或者，同样地，图 5-6（a）中的逆时针转动就会在较短的时间内发生。如果 λ 比较小，价格调整就非常慢。经济学家们对于宏观经济政策最好课程的核心就是 λ，有一点不同的意见。如果 λ 比较大，总供给机制将会相当快地把经济带回到潜在产量水平。如果 λ 比较小，我们也许要用总需求政策去加速这一过程。

扼要重述

下面我们总结一下总供给曲线的描述：

---

① 有时等式（1）被用来表示从 P_{t-1} 向 P_t 的调整，而不是从 P_t 向 P_{t+1} 的调整。这种选择甚至使我们模式中水平的短期 AS 曲线的斜率稍有变化，但也没有什么实质性差异。

② 目前，我们暂时将具有非常重要作用的价格预期放在一边。看看下一章的标题就会明白，当经济处在 $Y=Y^*$ 时，将价格预期包含在总供给曲线中对于解释通货膨胀是必要的。

图 5-7 价格水平与产出的调整路径

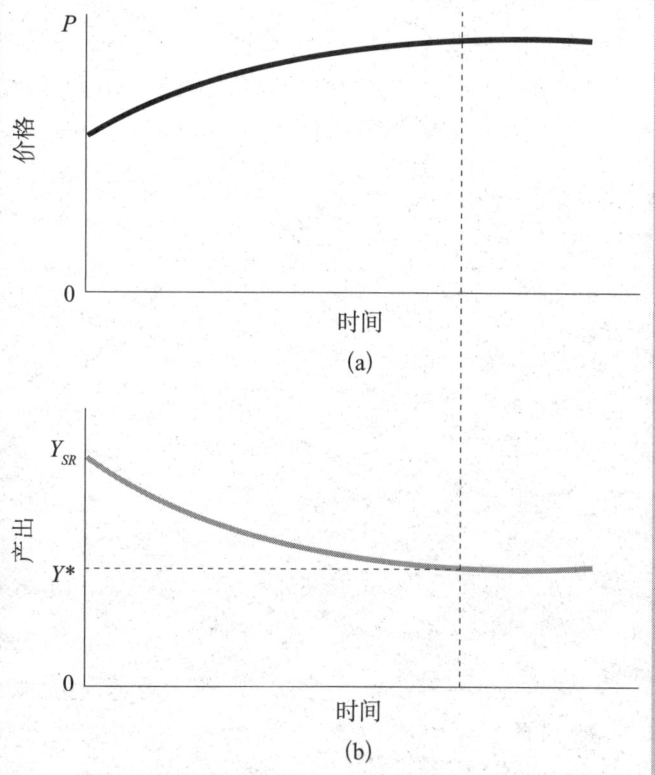

● 就像图 5-6（a）所显示的那样，一条相对平坦的总供给曲线意味着产量和就业的变化对价格没有多大影响。同样，我们也可以说，图 5-6（b）所显示的水平的短期 AS 曲线相应于产量或就业的增加，会缓慢向上移动。等式（1）中的系数 λ 说明了产量和价格之间的关系。

● 短期总供给曲线的位置取决于价格水平。该曲线在 $P_{t+1}=P_t$ 时，通过充分就业的产量水平 Y^*。在较高的产量水平上，存在过度就业，因而，下一时期的价格将高于这一时期的价格。相反，当失业率较高时，下一时期的价格将低于这一时期的价格。

● 短期总供给曲线随时间推移而移动。如果产量维持在高于充分就业的产量水平 Y^* 上，价格将随时间推移而持续上升。

［专栏 5-2］ 我们还知道什么？

垂直的还是水平的：这都是时间问题吗？

正文所描述的总供给曲线在长期中是垂直的，而在短期内则是水平的，言外之意，在中期有适中的斜率。这种图形过于简化，在某种程度上，这种图形对政策可能具有重要意义。事实上，总供给曲线即使在短期也是一条曲线而非直线。

图 1 显示，当产量处在低于潜在水平 Y^* 的低水平状态时，总供给曲线相当平坦。当产量低于潜在水平时，产品与要素价格（工资）很少有下降倾向。与此相反，当产量高于潜在水平时，总供给曲线

陡峭，价格趋向持续上升。因此，总需求变化对产出与价格的影响取决于其相对于潜在产量的实际产出水平。

在衰退中，我们处于总供给曲线的平坦部分，因此需求管理政策可以有效地推动经济而对价格水平的影响不大。然而，当经济接近充分就业水平时，政策制定者要谨防刺激过度，以免将总需求曲线推至图中所显示的总供给曲线的垂直部分。

图 1　总需求与非线性总供给

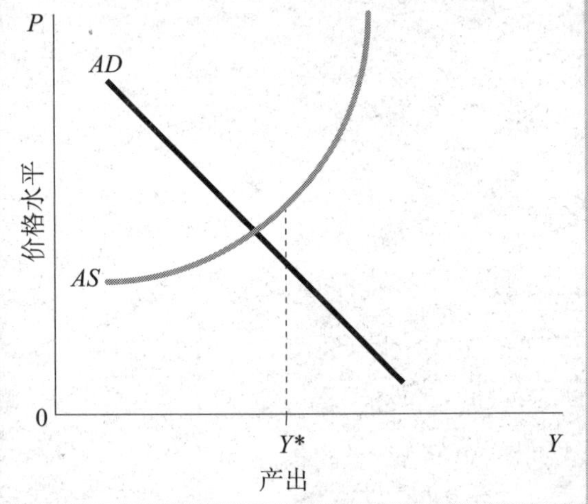

5—3　总需求曲线

总需求曲线表示商品市场与货币市场同时达到均衡时的价格水平与产出水平的组合。扩张性政策（例如增加政府支出、减税和增加货币供给）使总需求曲线向右移动。消费者与投资者的信心也影响总需求曲线。当信心增强时，*AD* 曲线向右移动。当信心削弱时，*AD* 曲线向左移动。

产出与价格之间的总需求关系相当复杂。第 10～12 章将致力于阐述作为总需求根基的 *IS-LM* 模型。这里，我们只做简要介绍。

产出与价格之间的总需求关系的关键是，总需求取决于**实际货币供给**（real money supply）。实际货币供给是中央银行（在美国是联储）和银行体系提供的货币的价值。如果将货币供给的美元数量（**名义货币供给**，nominal money supply）写作 $\overline{M}$，价格水平写作 P，我们就可以将实际货币供给写作 $\overline{M}/P$。当 $\overline{M}/P$ 上升时，利率下降，投资增加，引起总需求全面上升。类似地，降低 $\overline{M}/P$ 将使投资减少，总需求全面下降。

对于给定的名义货币供给量 $\overline{M}$ 而言，高价格意味着较低的实际货币供给 $\overline{M}/P$。显然，价格高意味着可以利用的美元数量的价值降低了。其结果是，高价格水平意味着低水平的总需求，低价格水平意味着高水平的总需求。因此，图 5－1 中的总需求曲线是向下倾斜的。[①]

① 请注意，严格说来，总需求曲线应该画成抛物线而非直线。将总需求曲线画成直线是为了方便。

总需求曲线代表商品市场和货币市场的同时均衡。商品市场的扩张（比如，由消费信贷的增加或者扩张性财政政策引起）会使总需求曲线向右上方移动。扩张性的货币政策同样也会使总需求曲线向右上方移动。图 5－8 就表示了总需求曲线的这种移动。

图 5－8　货币供给增加使总需求曲线上移

货币供给 10%的增加使 *AD* 曲线上移 10%。

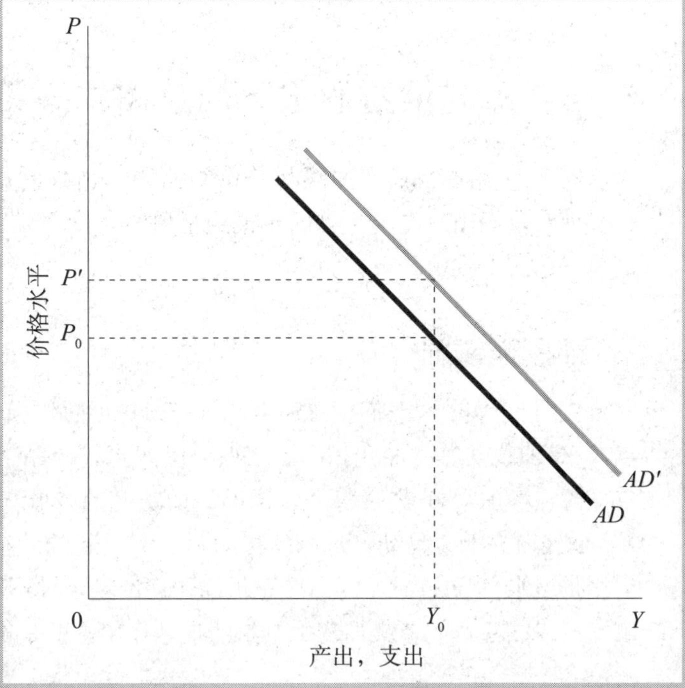

把商品市场和货币市场放在一起来推导总需求曲线，要求一些细节——我们将在第 11 章讨论它们。如果我们暂时忘记商品市场，理解总需求曲线将会十分容易。所以，我们愿意这么做！不过，你要保留反向思维，这是我们给你增加的一点麻烦。

货币数量论（quantity theory of money）提供了一种得到总需求曲线的简单方法，尽管它忽略了一些重要的因素。一年中花费美元的总数量，即**名义 GDP**（nominal GDP），就是 $P \times Y$。我们把每年 1 美元的换手次数叫做**流通速度**（velocity），V。如果中央银行供给 M 美元，那么

$$M \times V = P \times Y \qquad (2)$$

例如，货币供给 52 000 亿美元（M），一年转手 2 次（V），这将支持 104 000 亿美元（$P \times Y$）的 GDP。

如果我们做出一个额外的假定，令 V 固定不变，那么，方程（2）就可以转化为总需求曲线。由于货币供给量不变，Y 的任何增加都必定被价格的下降所抵消，反之亦然。给定 *AD* 曲线向下倾斜，产量和价格之间就是反向变动关系。货币供给的增加在任何给定的 Y 值情况下，都会向上移动 *AD* 曲线。

接下来，重要的是要知道，**名义货币存量的增加按照名义货币增加的准确比例向上移动 *AD* 曲线**。为什么？看一下图 5－8 和方程（2）。假定如图所示，$\overline{M_0}$ 导致 *AD* 曲线，

而 P_0 的值对应于产量 Y_0。现在假定 $\overline{M}$ 增加 10%达到 $\overline{M}'$（$=1.1\times\overline{M}$），这就使得总需求曲线向右上方移动到 AD'。对应于 Y_0 的 P 值必定恰好是 P'（$=1.1\times P_0$）。在 P 的这个值上，新的实际货币供给等于原来的实际货币供给 [$\overline{M}'/P'=(1.1\times\overline{M}_0)/(1.1\times P_0)=\overline{M}_0/P_0$]。

5—4 不同供给假定下的总需求政策

图 5-1 给出总需求曲线与总供给曲线如何共同决定经济中的收入和价格的均衡水平。现在我们用总需求与总供给模型来研究两个极端的供给情况——凯恩斯情况与古典情况下总需求政策的效应。

凯恩斯情况

在图 5-9 中，我们把总需求曲线与凯恩斯总供给曲线结合在一起。初始均衡位于 E 点，AS 曲线与 AD 曲线相交于该点。在 E 点，商品市场与资产市场处于均衡状态。

现在考虑总需求的增大，比如，增加政府支出、减税，或者增加货币供给，使得 AD 曲线向右上方移动，从 AD 移动到 AD'。新的均衡位于 E' 点，在该点产出增加。因为当价格水平为 P_0 时，厂商愿意供给任何产量，且不会影响价格。在图 5-9 中，增加政府支出、减税，或者增加货币供给的唯一作用，就是增加产出与就业。

图 5-9 总需求的扩张：凯恩斯情况

给定完全弹性的供给，AD 曲线右移将使产出增加，但均衡价格水平不变。

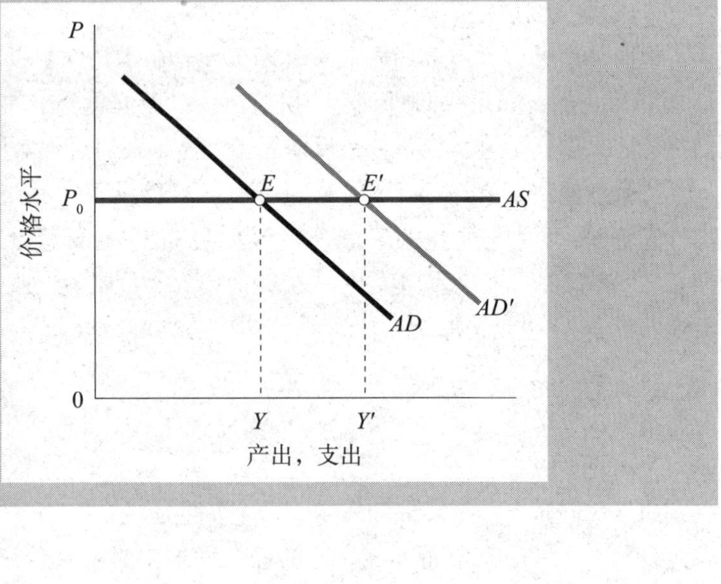

古典情况

在古典情况下，在充分就业的产出水平上，总供给曲线是垂直的。无论价格水平如何，厂商都将供给 Y^* 水平的产量。在这个供给假定下，我们得到的结论与使用凯恩斯模型时的结论完全不同。现在价格水平不再是给定的，而是取决于供求的相互作用。

我们在图 5－10 中研究古典供给假定下的总需求扩张效应。总供给曲线是 AS，其初始均衡位于 E 点。注意，在 E 点处存在充分就业，因为根据古典假定，厂商在任何价格水平都将供给充分就业的产出水平。

扩张使总需求曲线从 AD 移动到 AD'。在初始的价格水平 P_0，经济中的支出上升到 E'点。在价格水平 P_0处，对产品的需求上升，但厂商不能得到劳动力来扩大产量，产量供给无法满足需求的增加。由于厂商试图雇用更多的工人，因而会提高工资和生产成本。这样，厂商就必须为其产品索取较高的价格。因此，对产品需求的增加，只会带来较高的价格，而不是较高的产量。

价格上涨，减少实际货币存量，并导致支出减少。经济将沿 AD'曲线向上推进，直至价格上升到足够高，实际货币存量降到足够低，使支出减少到与充分就业产量一致的水平。这就是价格水平为 P'时的情况。在 E''点，总需求在更高的政府支出水平上再次与总供给相等。

图 5－10　总需求的扩张：古典情况

给定完全无弹性的供给，AD 曲线右移引起价格水平上升，但产出不发生变化。

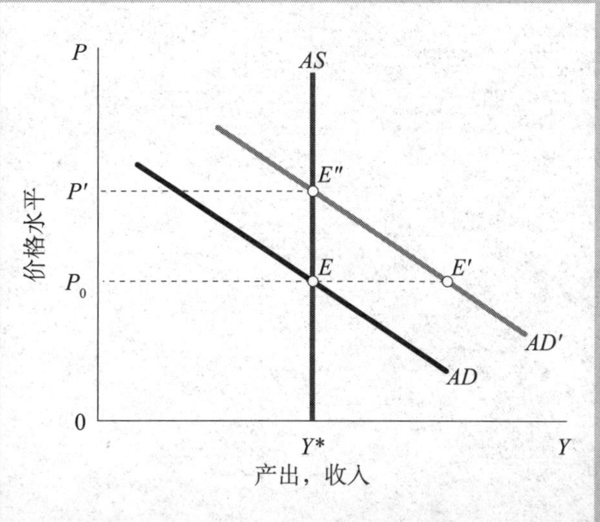

[专栏 5－3]　我们还知道什么？

凯恩斯的和古典的：短期与长期

我们常常使用“凯恩斯的”和“古典的”说法来描述水平的或垂直的总供给曲线的假定。请注意，这并不是选择出来对世界进行不同描述的模型。两个模型都是真实的：凯恩斯模型在短期中有效，而古典模型则在长期中有效。经济学家对模型适用的时间范围一直在争论不休。几乎所有经济学家都认为凯恩斯模型在几个月或更短的时间内有效，而古典模型则在 10 年或更长的时间架构中才能有效。不幸的是，对于政策有效性而言，有意义的只是几个季度到几年的时间架构。价格调整的速度，也就是总供给曲线要经过多长时间才能从水平旋转至垂直，是一个正在积极探索的领域。

5—5 供给学派经济学

所有的经济学家都支持通过增加潜在GDP使总供给曲线向右移动的政策。尽管这种供给方面的政策，例如取消不必要的监管、保持有效率的法律系统以及鼓励技术进步等，总是难以贯彻，但它们都是合乎人们意愿的。不过，一群政治家和权威学者们用“供给学派经济学”一词所指的却是一种思想，这种思想认为降低税率将使总供给获得极大的增长，而实际上，税收收入也会上升而不是下降。供给学派拥护者的政治盟友［例如出任总统之前的乔治·布什（老布什）］甚至将这个概念称为“巫术经济学”。我们用图5-11中的总供给-总需求图形来考察当税率下降时发生了什么。

图5-11 降低税率对总供求的影响

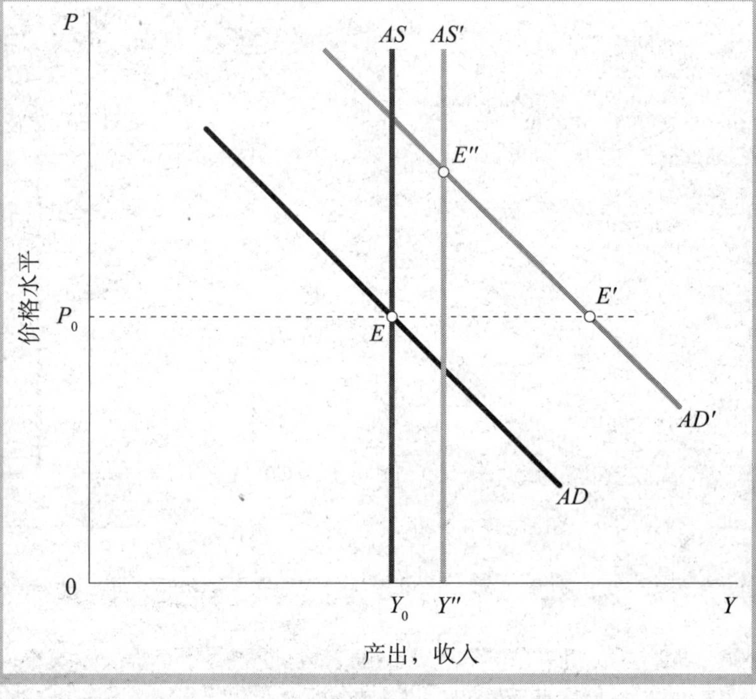

降低税率对总供给和总需求都有影响。总需求曲线从 AD 向右移至 AD'，移动幅度相对较大。总供给曲线也从 AS 右移至 AS'，因为较低的税率使人们工作的积极性更大。然而，经济学家很长时间以前就已了解到这种激励的作用是相当微小的，因此，潜在GDP向右移动的幅度很小。图5-11描绘出总需求大幅度移动和总供给小幅度移动的情况。

我们应该期望看到什么呢？在短期中，经济从 E 点移到 E' 点。GDP显著上升，结果是总税收收入的下降比例小于税率的下降比例。[①]然而，这纯粹是总需求效应。在长期中，

① 在原则上，GDP的大幅上升甚至可能导致税收上升。但在实践中，它所表现的效果并不是那么强烈。有证据表明纳税人对非常高的所得税会产生更大的反应，但这可能是导致征税活动和非征税活动之间的替换，而不是改变生产行为。有关评论可以参见：Emmanuel Saez，Joel Slemrod，and Seth H. Giertz，“The Elasticity of Taxable Income with Respect to Marginal Tax Rates：A Critical Review，” *Journal of Economic Literature*，March 2012。

经济将移动至E''点；GDP会有所提高，但提高的幅度很小。结果税收总额下降，赤字增加。此外，价格将永久性地升高。

美国在1981—1983年的减税中试验了供给学派的经济学。结果正如所料。

并非所有的供给学派政策都是愚蠢的。事实上，只有供给学派的政策才能永久性地提高产出。需求管理政策是重要的，但它们只在短期内有效。由于这个原因，许多经济学家强烈支持供给学派的政策——他们只不过不相信减税效果的魔力罢了。[①] 许多保守的经济学家也因为看中减税具有的真实激励作用而支持降低税率。但这些经济学家也认为要同时削减政府支出。税收下降了，政府支出也相应减少，所以，对赤字的效应可能是接近中性的。

[资料5-2] *历史故事*

动态的评价——或供给学派经济学的再审视

当国会考虑减税时，对于减税对预算赤字影响的估计在争论中具有关键性作用。供给学派极力主张，对于赤字的分析应当包括**动态评价**（dynamic scoring）。

动态评价的观点如下：对税率的削减将通过供给方面的刺激提高经济增长率。给予足够的时间，产量的最终增加将使税基扩大。在该较高税基上征收的额外税收将部分补偿税率削减所造成的赤字增加。依照这种情况，对由政策变化带来的一些年份内赤字的补偿额，就叫做动态评价。

动态评价的原理很难说明，但许多分析者反对动态评价的实际运用。首要的反对意见是，供给学派关于增大税基的效应很小，以至动态评价并不重要。第二个反对意见是，动态评价在客观上很难做到，特别是由于它要求分析者对于联储和未来的国会为应对当前政策变化如何改变政策，做出明确的判断。

5—6　长期内将总供给和总需求放在一起

长期总供给曲线会随时间的延伸而以十分稳定的速度向右移动。2%的年增长率是很低的，而4%的年增长率则较高。相反，长期中的总需求则大多根据货币供给的变化而可大可小。图5-12显示了20世纪70年代到2010年间的一组典型的总供求曲线。产量随曲线的右移而增加。在20世纪90年代的移动也许比以前大一些，但也不具有压倒性。相比之下，1970—1980年间，总需求存在大的垂直变动，所以，20世纪70年代相对于以后的年代，价格上涨更加迅速。

图5-12也显示无论何时总需求的变动大于总供给的变动，价格都会上涨。在特别长的时期里，产量基本上由总供给决定，而价格则由相对于总供给变动的总需求变动决定。

---

① 这方面的有力表述可参见诺贝尔经济学奖获得者罗伯特·卢卡斯（Robert Lucas）在美国经济学会上发表的演讲："Macroeconomic Priorities," *American Economic Review Papers and Proceedings*, May 2003。

图 5-12 **AD** 曲线和 **AS** 曲线在长期内的移动

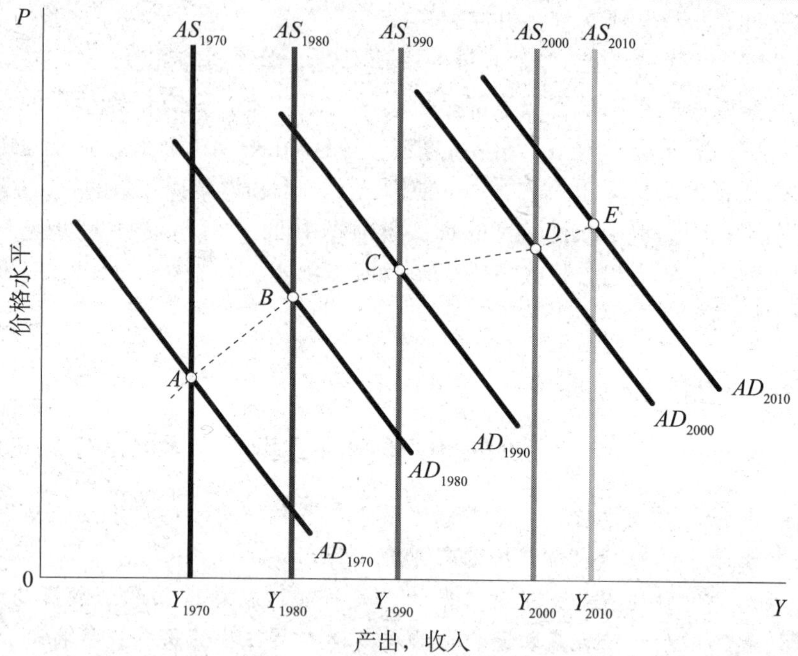

本章提要

1. 总供给模型和总需求模型被用来表明产出与价格二者均衡水平的决定。

2. 总供给曲线 AS 表明，在各个价格水平上，厂商愿意供给的实际产出数量。

3. 凯恩斯总供给曲线是水平的，意味着厂商在现有价格水平上供给所需数量的商品。古典总供给曲线是垂直的，它适用于价格与工资充分灵活的经济。在无摩擦的经济中，就业与产出总是处于充分就业水平。

4. 总供给曲线表明了经济中的动态价格调整机制。

5. 总需求曲线 AD 表示在各个价格水平上，商品市场与资产市场处于均衡时的产出水平。这是在各个价格水平上所需要的产出量。对同一条 AD 曲线，财政政策是给定的，名义货币数量也是给定的。

6. 财政扩张会将 AD 曲线向右上方移动。名义货币存量的增加会使 AD 曲线向上移动，就像货币存量增加那样使 AD 曲线移动相同的比例。

7. 供给学派经济学宣称降低税率会导致总供给大幅增加。事实上，减税导致的总供给增加量很小，减税导致的总需求增加量则相对较大。

8. 在长期，产出基本上是由总供给决定的，而价格是由相对于总供给变化的总需求变动决定的。

关键术语

总供给（AD）曲线	凯恩斯总供给曲线	价格调整机制
总需求（AS）曲线	自然失业率	货币数量论
古典总供给曲线	名义 GDP	实际货币供给
动态评价	名义货币供给	价格调整速度

摩擦性失业　　产出缺口　　流通速度

潜在 GDP

习题

概念题

1. 总供给曲线与总需求曲线分别描述了什么?

2. 为什么古典总供给曲线是垂直的?在古典情况下,保证持续的劳动充分就业的机制是什么?

3. 总供给曲线描述了什么关系?你能为此提供直观的理由吗?

4. 凯恩斯总供给曲线与古典总供给曲线有何不同?是否其中一种解释比另一种更贴切?请给出原因,注意要给出你的回答所适用的时间范围。

5. 总供给模型和总需求模型看起来、听起来都与微观经济学的标准供求模型极为相似。这些模型之间有何联系?

技术题

1. a. 如果政府要降低所得税,这在短期中将如何影响产出与价格水平?在长期呢?请说明在两种情况下,总供给曲线和总需求曲线将受到什么影响。

b. 什么是供给学派经济学?给定你对问题 a 的回答,它可能就是有效的吗?

2. 假定政府把支出从 G 增至 G',同时在初始产出水平以保持预算平衡的方式增税。

a. 说明这种变化对总需求曲线的影响。

b. 在凯恩斯情况下,这对产出和价格水平有何影响?

c. 在古典情况下,这对产出和价格水平有何影响?

操作题

1. 本教材证明了 1973 年 OPEC 的石油禁运是一个不利的供给冲击的古典经济学例子。登录 http://fred.stlouisfed.org,并在"Prices"项下点击"Category",选择"Consumer Price Indexes (CPI and PCE)"。然后找到名为"Consumer Price Index for All Urban Consumers: Energy"的"CPIENGNS"序列。网页上显示的图形应该是 1957 年至今的数据,其中阴影部分表示衰退。除本书给出的 1973 年的数据之外,你能够在图上找到其他供给冲击(石油冲击)发生时的可能数据吗?试举例说明。

2. 在 5—1 节,我们说明了潜在产出的变化不依赖于价格水平,换言之,"潜在 GDP 是外生于价格水平的"。本题的目的是给你一个机会为你自己证明上述观点。

a. 登录 http://fred.stlouisfed.org,下载 1949—2012 年期间下面两个变量的年度数据:潜在的实际 GDP(潜在的 RGDP)和包含价格平减指数的 GDP。(这列数据均位于"National Accounts"类别下,在"GDP/GNP"下可以得到 RGDP,而在"Price Indexes and Deflators"下可以得到价格平减指数。)将这些数据复制到一个 EXCEL 表格中,你可以通过平均每年的季度数据而得到年度平均值(提示:利用 Excel 的平均算法)。

b. 计算潜在 RGDP 的年增长率和以 GDP 平减指数表示的年通货膨胀率。在 Y 轴表示潜在 GDP 增长率、X 轴表示以 GDP 平减指数为代表的年度通货膨胀率的坐标内,画出表示潜在 GDP 增长率的散点图。你能直观地发现这两个变量的任何联系吗?

c*. 如果你已经学过统计学课程,请利用 EXCEL 或统计程序运行下面的回归方程:

$$\begin{matrix}\text{潜在 RGDP}\\\text{的增长}\end{matrix}=c+\beta\times\begin{matrix}\text{以 GDP 平减指数}\\\text{表示的通货膨胀}\end{matrix}+\varepsilon$$

你发现了什么?通货膨胀率的系数是统计显著的吗?解释你的结论。

---

* 星号代表较难的习题。

6 总供给和菲利普斯曲线

本章要点

- 菲利普斯曲线将通货膨胀与失业联系在一起；总供给曲线将价格与产出联系在一起。菲利普斯曲线和总供给曲线是研究同一现象的两种不同方式。
- 按照现代菲利普斯曲线的观点，通货膨胀取决于对通货膨胀的预期和失业。

在本章中，我们进一步论述经济的总供给方面。这里，我们将考察从短期到长期的动态调整过程。总供给曲线所表示的价格-产出关系是基于工资、价格、就业与产出之间的联系而确立的。失业与通货膨胀之间的联系被称为**菲利普斯曲线**（Phillips curve）。我们在失业与产出之间转换，也在通货膨胀与价格之间转换。使用这些转换可以使我们更容易地将理论和晚间新闻报道的数字联系起来。当我们听到通货膨胀（在菲利普斯曲线上运用的度量）跌到2%以下的时候，我们立即就会知道价格增长得到了非常好的控制。相反，当我们听到CPI达到168.8的时候……哦，谁知道168.8到底是高还是低呢，那可能只是一个"政策不倒翁"（policy wonk）所喜爱的数字。[①]

记住总供给曲线描述的是产出水平和价格水平之间的权衡关系。但是我们每天看到的却是失业率和通货膨胀率。菲利普斯曲线采用了这些更加方便的计算指标。失业率与实际产出和潜在产出的缺口相关（当实际产出位于潜在产出之下时，失业率将高企），而通货膨胀率是价格水平变化的百分比。你可以认为菲利普斯曲线是动态的总供给曲线。我们将从直接研究菲利普斯曲线开始，然后研究需要联系静态的总供给曲线与动态的菲利普斯曲线的技术工作。

我们从"过时"的菲利普斯曲线开始，然后介绍价格预期（进入总供给）的作用，或者，相同意义上的通货膨胀预期（在菲利普斯曲线上）的作用。对价格预期机制的理解提供了对**滞胀**（stagflation）（即高失业和高通货膨胀同时发生）的解释。将通货膨胀预期合并到模型中之后，我们再来看一下"理性预期革命"——这是20世纪最后25年宏观经济学最重要的知识进展和突破。在这些"宏大图景"主题之后，我们转向更详细地考察总供给曲线的斜率，然后考察（好的和不好的）供给冲击对经济的影响。

在我们切入正题之前，有一些告诫和鼓励需要指出：告诫的是总供给理论是宏观经济学中最有争议、很少有一致意见的领域之一。尽管我们已有许多合理的理论，但我们

① 注意，经济学家们使用"政策不倒翁"一词表示了一种赞美。

仍然不能完全理解为什么工资与价格的调整是缓慢的。在实际中，劳动市场对总需求变动的调整似乎是缓慢的，失业率显然并不总是位于自然失业率水平，当总需求发生变动时，产出也在变动。鼓励性的话语是，虽然总供给模型各式各样，但是需要解释的基本现象，即产出对需求变动的调整明显迟缓，却得到了广泛的认同。所有现代模型，不论其出发点如何不同，都倾向于得到一个类似的结论，即在短期内总供给曲线是平坦的，而在长期内则是垂直的。

6—1 通货膨胀和失业

图 6 - 1 给出了自 1959 年以来的失业率。扫一眼就可以看到，2010 年底时经济处于糟糕的状态。与此形成对照的是 2006 年和 2016 年健康的美国经济所享受的低失业率水平。我们在本节讨论给出失业和通货膨胀之间替代关系的菲利普斯曲线。在本节稍后部分，我们将给出一个更精确的推导来说明总供给曲线和菲利普斯曲线之间的转换。（GDP 与失业相联系。潜在 GDP 与自然失业率相联系。价格水平与通货膨胀相联系。）在常识基础上从菲利普斯曲线上得到失业率的数字比从总供给曲线上得到 GDP 的数字要容易得多。

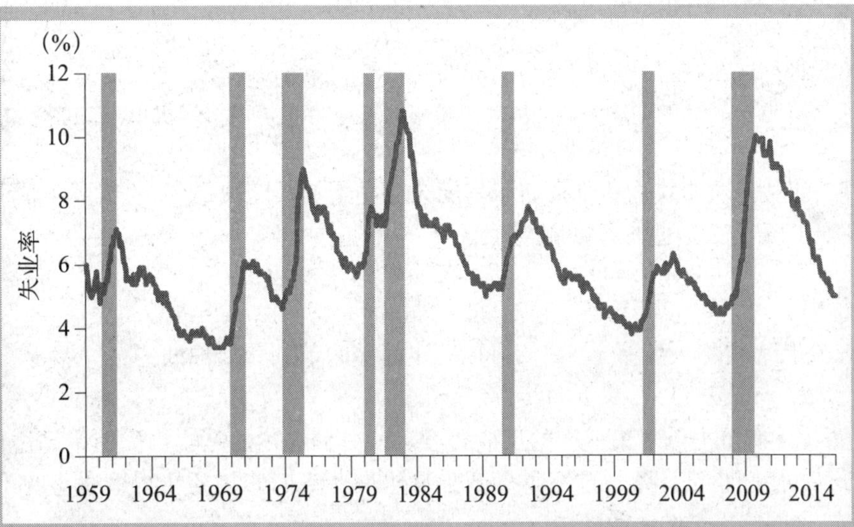

图 6 - 1 1959—2015 年美国的国民失业率

资料来源：Bureau of Labor Statistics.

菲利普斯曲线

1958 年，A. W. 菲利普斯（A. W. Phillips，他后来成为伦敦经济学院的教授）发表了一项关于英国 1861—1957 年间工资变动状况的综合性研究成果。[①]其主要成果概括在从

① A. W. Phillips, "The Relation between Unemployment and the Rate of Change of Money Wages in the United Kingdom, 1861—1957," *Economica*, November 1958.

他的论文中复制来的图 6－2 中：**菲利普斯曲线反映的是失业率和货币工资增长率之间的一种反向关系。失业率越高，工资通胀率则越低。换言之，工资通胀率与失业率之间存在着权衡取舍关系。**

图 6－2　英国的原始菲利普斯曲线

资料来源：Phillips，A. W. "The Relation between Unemployment and the Rate of Change of Money Wages in the United Kingdom, 1861—1957," *Economica*，November 1958.

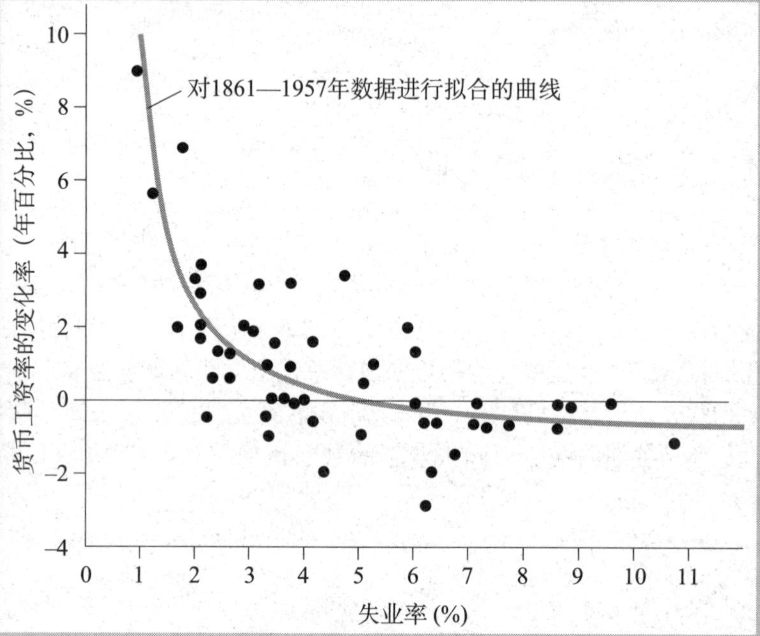

菲利普斯曲线表明工资通胀率随失业率增加而递减。令 W_t 代表本期工资，W_{t+1} 代表下期工资，工资通胀率 g_w 被定义为：

$$g_w = \frac{W_{t+1} - W_t}{W_t} \tag{1}$$

令 u^* 代表自然失业率[①]，我们可以写出简单的菲利普斯曲线为：

$$g_w = -\varepsilon(u - u^*) \tag{2}$$

其中，ε 衡量工资对失业率的反应程度。该方程描述的是：当失业率超过自然失业率，即 $u>u^*$ 时，工资下降。当失业率低于自然失业率时，工资上升。失业率和自然失业率之差，$u-u^*$，叫做**失业缺口**（unemployment gap）。

假定经济处于价格稳定和失业率等于自然失业率的均衡状态。现在比如说，货币存量增加 10%，为了使经济回复到均衡状态，价格和工资两者都必须上升 10%。但是菲利普斯曲线表明，为使工资额外上升 10%，失业率必须下降。这将导致工资增长率上升。工资开始不断上升，价格也将上涨，最后经济将回复到充分就业水平的产出和失业。这一点很容易通过重写方程（1）看出来。为了考察相对于上期水平的本期工资水平，根据工资通胀率的定义有：

① （1）下面我们将看到自然失业率 u^* 与潜在产出 Y^* 之间存在密切联系。（2）许多经济学家更喜欢用术语“失业的非加速通货膨胀率”（NAIRU，nonaccelerating inflation rate of unemployment），而不是“自然率”。还可参见 Laurence M. Ball and N. Gregory Mankiw, "The NAIRU in Theory and Practice," *Journal of Economic Perspectives*，November 2002，也可参见本书第 7 章第 134 页注释①。

$$W_{t+1} = W_t[1-\varepsilon(u-u^*)] \tag{2a}$$

为使工资上涨超过上期水平，失业率必须降至自然失业率以下。

虽然菲利普斯自己的曲线把工资增长率或工资通胀率与失业相联系，正如方程（2）所描述的那样，但是“菲利普斯曲线”一词逐渐被用来描述原始的菲利普斯曲线，或者描述一条将价格增长率（通货膨胀率）与失业率联系起来的曲线。图 6－3 显示了美国 20 世纪 60 年代通货膨胀和失业的数据，它与菲利普斯曲线完全吻合。

图 6－3　1961—1969 年美国的通货膨胀与失业关系

资料来源：DRI/McGraw-Hill.

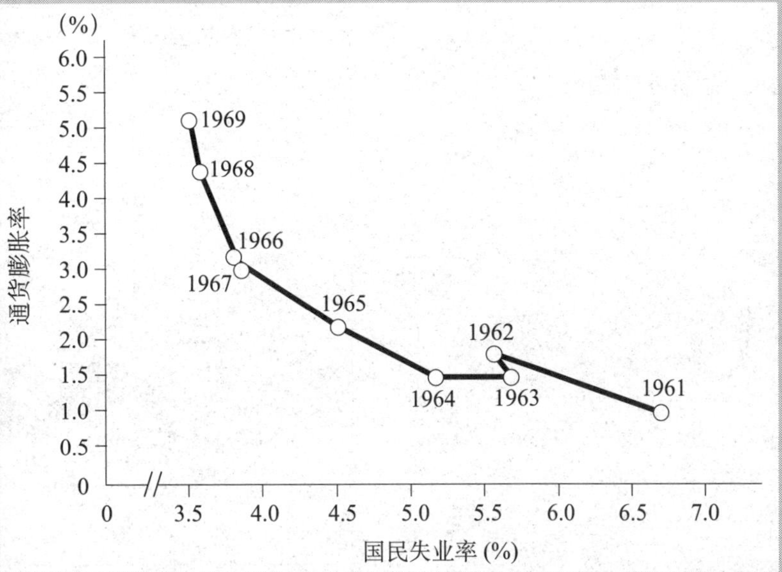

政策性替代

菲利普斯曲线迅速成为宏观经济政策分析的基石。它表明政策制定者可以选择不同的失业和通货膨胀率的组合。例如，只要他们能够容忍高通货膨胀率，比如图 6－3 中，20 世纪 60 年代后期的情形，他们就可以拥有较低的失业率。或者他们可以通过高失业来维持低通货膨胀率，正像 20 世纪 60 年代初期那样。

你已经知道，长期总供给曲线是垂直的，因此，永久性的失业-通货膨胀的权衡关系必定是错误的。简单菲利普斯曲线令人产生困惑之处在于没有看到价格预期的作用。不过，图 6－3 中的数据将给我们留下两个清晰而正确的印象：第一，失业和通货膨胀之间存在一种短期的替代关系。①第二，菲利普斯曲线（因而总供给曲线）在短期内的确是相当平坦的。运用“可观察的计量经济学”（ocular econometrics）得出图 6－3②，你将看到，在短期内，将失业率降低一个百分点（这是很大的）将会使通货膨胀率上升大约半个百分点（一个相对温和的数量）。注意，在非常低的失业率上，通货膨胀和失业率的替代关系更大。

---

① N. Gregory Mankiw, “The Inexorable and Mysterious Tradeoff between Inflation and Unemployment,” *Economic Journal* 111, May 2001.

② 换言之，运用观察到的数据。

6—2 滞胀、预期通货膨胀及附加预期的菲利普斯曲线

20 世纪 60 年代以后，简单菲利普斯曲线关系在英国和美国发生了偏离。图 6-4 表明了美国自 1960 年以来的通货膨胀和失业情况。20 世纪 70 年代和 80 年代的数据并不符合简单菲利普斯曲线以往的描述。

图 6-4 1961—2015 年美国通货膨胀和失业之间的关系

资料来源：Bureau of Labor Statistics.

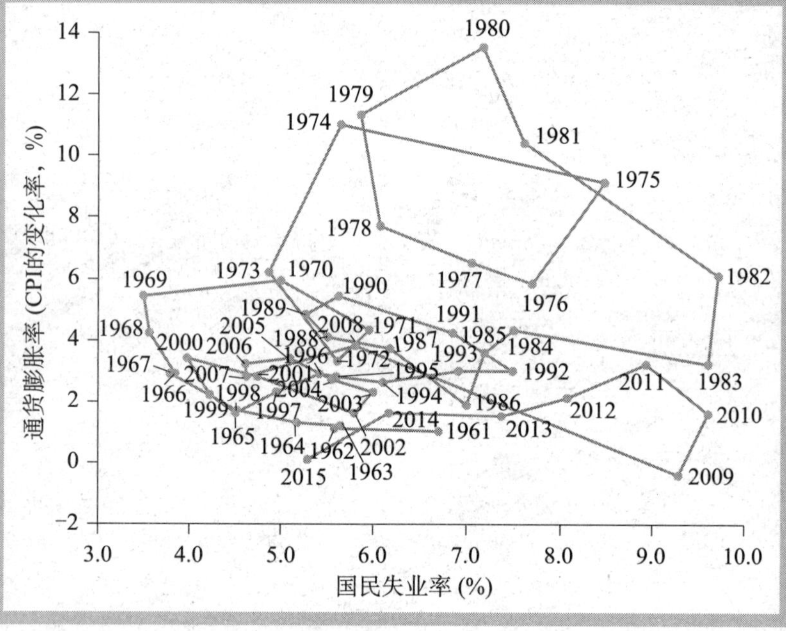

一些因素被简单菲利普斯曲线忽略了，那就是**预期通货膨胀**（expected or anticipated inflation）。当工人和厂商协商工资时，他们关心的是工资的真实价值。因此，双方都愿意在合同期内，根据预期通货膨胀或多或少地调整名义工资水平。失业并非取决于通货膨胀水平，而是取决于预期通货膨胀之上的过度通货膨胀。

有一点考虑解释了这个问题。假定年初你的雇主宣布，该年内你与你的同事等全部雇员的工资将增加 3%。尽管数目不算太大，但 3%毕竟也是一个不错的增长率。你和同事可能感到很高兴。现在，假定我们告诉你，一年的通货膨胀率是 10%，并且预期将会按照这个比率持续下去。这时，你将明白如果生活费用增加 10%，而名义工资只增长 3%，你的生活水平实际上是下降的，下降幅度约为 7%（= 10%−3%）。换言之，你关心的是超过预期通货膨胀的工资增长率。

我们改写方程（2）中原来的工资-通货膨胀菲利普斯曲线，以显示出超过预期通货膨胀的超额工资通胀率的重要性：

$$(g_w - \pi^e) = -\varepsilon(u - u^*) \tag{3}$$

其中，π^e 表示预期通货膨胀率。

维持实际工资不变的假定，实际通货膨胀率 π 将等于工资通胀率。因此，现代观点的菲利普斯曲线即**（通货膨胀）预期增大的菲利普斯曲线**［(inflation-) expectations-augmented Phillips curve］方程可以表述为：

$$\pi = \pi^e - \varepsilon(u - u^*) \tag{4}$$

请注意现代菲利普斯曲线的两个关键性质：

- 预期通货膨胀一个接着一个地成为实际通货膨胀；
- 当实际通货膨胀等于预期通货膨胀时，失业处于自然失业率水平。

现在我们增加另一个决定短期菲利普斯曲线高度（以及相应的短期供给曲线）的因素。现代菲利普斯曲线不是与自然失业率相交在零点，而是在预期通货膨胀水平上与自然失业率相交。图 6－5 显示了 20 世纪 80 年代初（通货膨胀率为 6%～8%）与 21 世纪初（通货膨胀率大约为 2%）的典型菲利普斯曲线图形。

厂商和工人根据最近的通货膨胀历史来调整他们的通货膨胀预期。[①]图 6－5 中的短期菲利普斯曲线反映了 21 世纪初的较低预期通货膨胀水平与 20 世纪 80 年代初的较高的预期通货膨胀水平。这两条曲线有两个性质应加以注意：一是它们的失业与通货膨胀的短期替代关系相同，即它们的斜率相等；二是 21 世纪初的充分就业水平与大约 2%的年通货膨胀一致，而 20 世纪 80 年代初的充分就业水平与大约 7%的年通货膨胀一致。

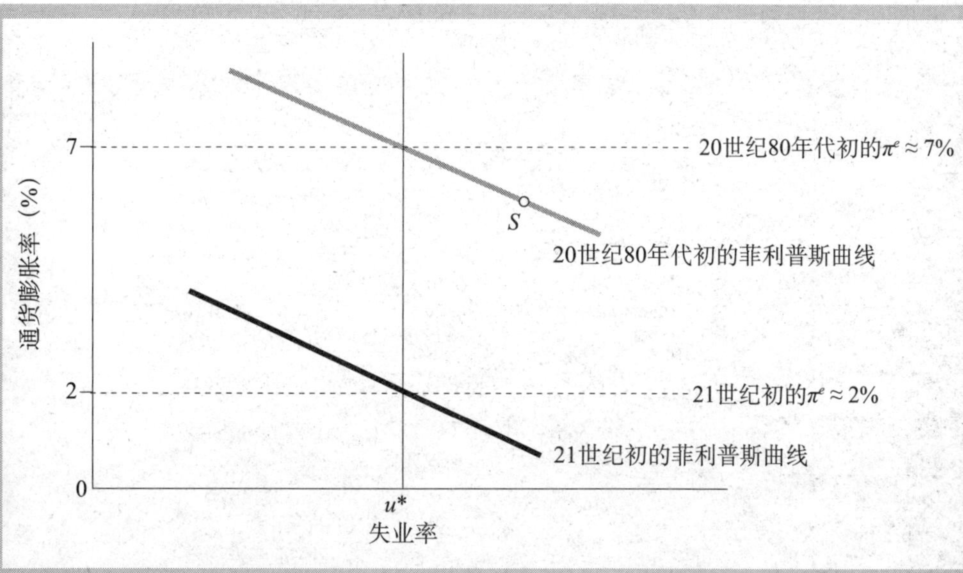

图 6－5　通货膨胀预期与短期菲利普斯曲线

短期菲利普斯曲线的高度，即预期通货膨胀水平 π^e，根据厂商和工人对通货膨胀预期的变化，随时间推移而上下移动。**预期通货膨胀移动菲利普斯曲线的作用为经济的总供给方面增加了另一个自动调节机制。**当高涨的总需求推动经济沿着短期菲利普斯曲线向左上方移动时，结果就会导致通货膨胀。如果通货膨胀持续下去，人们就开始预期未来的通货膨胀（即 π^e 上升），从而短期菲利普斯曲线上移。

滞胀

滞胀（stagflation）是新创造的一个词，其含义是高失业（“停滞”）与高通货膨胀并

① 企业和工人能够多么快地调整，以及他们能够预见未来而不是最近过去的程度，是某些争论的焦点。

存。例如，1982 年的失业率超过 9%，而通货膨胀率接近 6%。图 6-5 中的 S 点就是一个滞胀点。滞胀是如何产生的很容易明白。[1]一旦经济处于高通货膨胀预期的短期菲利普斯曲线上，衰退就会使实际通货膨胀低于预期通货膨胀（例如，在图 6-5 中，沿 20 世纪 80 年代的菲利普斯曲线向右移动），但是通货膨胀的绝对水平仍将保持在高水平上。换言之，通货膨胀将低于预期通货膨胀但仍大大高于零。

有争议的预期菲利普斯曲线与数据吻合吗？

从图 6-4 中我们看到，忽略预期通货膨胀，则通货膨胀与失业之间的经验关系一团糟。我们希望经过预期通货膨胀调整之后的一些证据，给我们带来一条可靠的菲利普斯曲线。通货膨胀率与失业由官方统计机构直接计量并按期公布，但预期通货膨胀与此不同，它是制定价格和工资的每个人头脑中的观念。尽管一些调查曾经向经济预测家询问下一年的预期通货膨胀是多少，但是没有任何官方计量的预期通货膨胀是有意义的。[2]尽管如此，我们从今年的预期通货膨胀等于去年的实际通货膨胀这种天真的假设中得到令人惊讶的满意结果。我们假定 $\pi_t^e = \pi_{t-1}$。因此，我们再次核对现代菲利普斯曲线，即在图 6-6 中，我们画出 $\pi - \pi^e \approx \pi - \pi_{t-1} = -\varepsilon(u - u^*)$ 的散点。

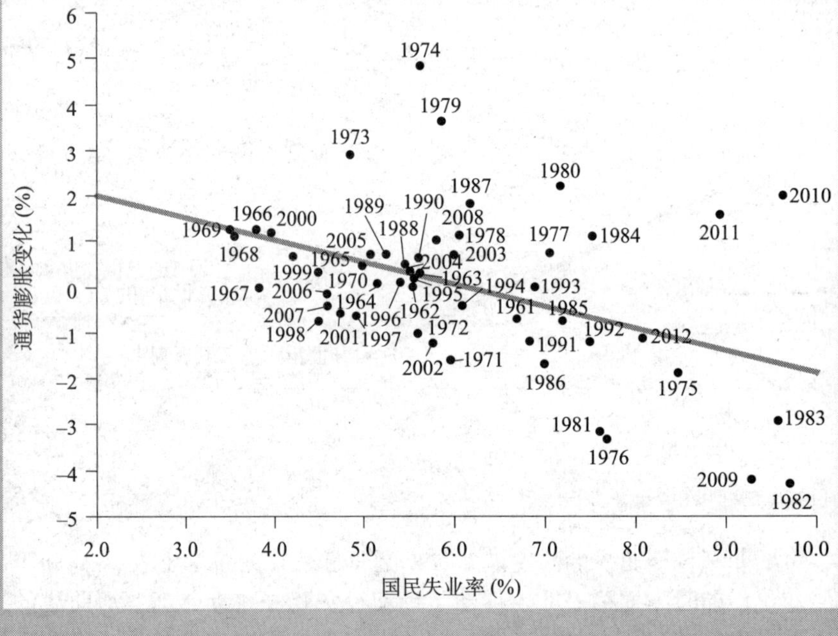

图 6-6　通货膨胀与失业率的变动关系
资料来源：Bureau of Labor Statistics.

---

① 出于某种原因，记者们很高兴报道经济学家不懂得滞胀。20 世纪 60 年代和 70 年代初期，在预期通货膨胀的作用还未被充分理解之前，这可能是真的。但是，60 年代已经过去很长时间了。要知道，滞胀现在已经不再是谜了。

② 经典的调查数据是由迪安・克鲁索（Dean Croushore）在下文中给出的："The Livingston Survey: Still Useful after All These Years," Federal Reserve Bank of Philadelphia *Business Review*, March-April 1997。你可以在 www. phil. frb. org 上找到当前的和历史的数据。

对于从名义利率和实际利率导出通货膨胀预期的方法，可以参见：Brain Sack, "Deriving Inflation Expectations from Nominal and Inflation-Indexed Treasury Yields," Board of Governors, FEDS working paper no. 2000—33, May 16, 2000。

图 6－6 表明，即使是非常简单的预期通货膨胀模型也十分有效，当然，这种模型肯定是不完善的。更有甚者，图 6－6 中给出了短期菲利普斯曲线斜率的数字。失业率每增加 1 个百分点，通货膨胀率将降低 0.5 个百分点；换言之，$\varepsilon \approx 0.5$。1 个百分点的失业是很大的，0.5 个百分点的通货膨胀相当小。因此，该图显示短期菲利普斯曲线（以及相应的短期总供给曲线）是非常平缓的，尽管我们知道长期菲利普斯曲线（以及相应的长期总供给曲线）是垂直的。

扼要重述

请记住以下要点：

● 菲利普斯曲线表明，当实际通货膨胀等于预期通货膨胀时，产量处于充分就业水平。

● 现代菲利普斯曲线表明，当实际失业率低于充分就业水平时，通货膨胀率高于预期通货膨胀率。

● 当沿着高预期通货膨胀的短期菲利普斯曲线存在衰退时，滞胀就产生了。

● 预期通货膨胀的调节，增加供给曲线进一步的自动调节机制，从而加速了从短期总供给曲线向长期总供给曲线调整的速度。

● 短期菲利普斯曲线是相当平缓的。

6—3　理性预期革命

附加预期的菲利普斯曲线理论有一个巨大的知识漏洞。当失业下降到低于自然失业率的时候，我们预测实际通货膨胀将上升到预期通货膨胀之上。那么，为什么人们不能很快地调整他们的预期以便适应这种预测呢？菲利普斯曲线关系明确地依赖于人们在完全可预测方式上对通货膨胀预期的错误。如果人们学会使用方程（4）来预测通货膨胀，那么，预期通货膨胀（方程右边）将被确定在他们对实际通货膨胀（方程左边）进行预测的任何数值上。但是，方程（4）说明，如果实际通货膨胀和预期通货膨胀相等，那么，失业必定处于自然率上！这恰好同我们描绘的经济长期均衡的方式相一致。不过，这里的争议好像是它应该在短期内运用，就像争论总需求政策（至少是货币政策）只影响通货膨胀而不影响产出或失业一样。

刚刚给出的这种争议听起来并不非常可信——它特别要求经济当事人是万能的。罗伯特·卢卡斯（Robert Lucas）在将**理性预期**（rational expectation）思想引入宏观经济学时所表现出的天才，将会改变允许错误作用的观点。[①] 也许，如果我们都知道货币当局将要把货币供给量的增长率提高到 8%，那么，我们都知道通货膨胀将上升到 8%，π 和 π^e 也都将上升到 8%，而失业将保持不变。不过，平均来说，人们可以合理地做出的最好

---

① Robert E. Lucas，“Some International Evidence on Output-Inflation Tradeoffs，” *American Economic Review*，June 1973. 理性预期的一般思想是由约翰·穆斯（John Muth）提出的。托马斯·萨金特（Thomas Sargent）、尼尔·华莱士（Neil Wallace）和罗伯特·巴罗（Robert Barro）在把该思想带入宏观经济学方面也发挥了重要作用。

猜测是，货币增长将上升 4%。我们令 π^e 只上升 4%，实际通货膨胀将上升大于 4%，而失业将下降。卢卡斯认为，良好的经济学模型将不会依赖公众做出的很容易避免的错误。只要我们在公众可得到的信息基础上进行预测，那么我们所使用的 π^e 的值，就应当和模型预测的 π 值相同。**当货币增长令人吃惊的变动将改变失业的时候，可预测的变动就不一样了。**

好的经济学模型假定经济活动当事人的行为是理智的，因此，对于理性预期的要求是完全无法拒绝的。但是，这似乎意味着，只有令人吃惊的货币政策变化才会影响产出。认为货币政策是无效的，除非它令人感到意外，对这一观点的反对意见存在于数据之中。当我们观察世界的时候，我们看到货币政策在一些重要时期内具有实际效应。为什么理性预期不能解释世界是如何运行的呢？我们知道某些答案，但绝不是全部答案。一个答案是，某些价格仅仅是不能被迅速地调节。例如，劳动合同往往提前确定 3 年的工资。另一个答案是，即使是充分理性的经济活动当事人，学习也是缓慢的。还要指出，准确制定价格的好处是，它比进行必要的价格变动的成本要小。实际上，一个非常重要的困惑依然存在。

你可以考虑理性预期的如下观点：通常的宏观模型将图 6－5 中菲利普斯曲线的高度看作由预期通货膨胀的短期运行确定，这里，预期的通货膨胀是由最近的预期决定的。相反，理性预期模型则使短期菲利普斯曲线根据可以得到的关于最近的将来的信息而上下移动。两类模型都认为如果货币增长是持续增加的，菲利普斯曲线将在长期向上移动，以致通货膨胀将随着失业的非长期变化而增加。但是理性预期模型认为这种向上的移动是立即发生的，相反，传统模型却认为，这种移动只是逐渐进行的。在本书一开头，我们对这种关于时间的争论已经介绍得够多了。

6—4 工资-失业关系：为什么工资是黏性的？

在新古典供给理论中，工资在瞬间进行调整，以确保产量持续处于充分就业水平。可是，产量并不总是处在充分就业水平，而且菲利普斯曲线表明，工资对失业变动的反应调整迟缓。总供给理论中的关键问题是，为什么名义工资对需求变动调整迟缓，或者为什么工资是黏性的？**当工资随时间缓慢变化，而不是充分和快速地调整来确保每一时刻的充分就业时，工资就是黏性的，或者工资调整迟缓。**

要搞清楚我们对**工资黏性**（wage stickiness）所作的假设，我们将方程（3）的菲利普斯曲线看作工资变动率 g_w 与就业水平之间的关系。我们用 N^* 表示充分就业下的就业水平，N 代表实际就业水平，然后定义失业率为失业人数占充分就业的劳动力数量 N^* 的比例，则未就业比例为：

$$u-u^* = \frac{N^*-N}{N^*} \tag{5}$$

将方程（5）代入方程（3），我们就得到就业水平、预期通货膨胀率与工资变动率之间的菲利普斯曲线关系：

$$g_w-\pi^e = \frac{W_{t+1}-W_t}{W_t}-\pi^e = -\varepsilon(\frac{N^*-N}{N^*}) \tag{2b}$$

方程（2b）的工资-就业关系 WN 描述在图 6－7 中。下期工资（比如下个季度）等于本期流行的工资，但必须调整就业水平和预期通货膨胀率。在充分就业状态（$N=N^*$）时，下期工资等于本期工资加上对预期通货膨胀率的调整量。如果就业高于充分就业水平，下期工资的增加将由于通货膨胀率高于预期通货膨胀率而高于本期工资。工资对就业的反应程度取决于参数 ε。如果 ε 很大，失业对工资就有较大的影响，WN 线将比较陡峭。

菲利普斯曲线关系也意味着 WN 关系将随着时间推移而移动，就像图 6－7 所表现的那样。如果本期存在过度就业，在下期 WN 线将向上移动到 WN'。如果本期存在不充分的就业，那么，在下期 WN 线将向下移动到 WN''。因此，改变本期失业率的总需求变动，将在后续几个时期内对工资产生影响。换言之，对就业变动的调整是动态的，也就是说，它随时间而变化。

图 6－7　工资-就业关系

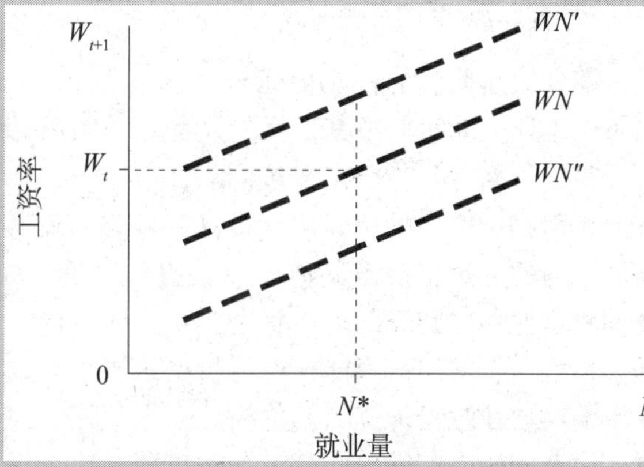

［资料 6－1］　*历史故事*

一个黏性实验

1724 年，法国政府将金币和银币的面值降低 45%。* 目的是快速降低价格水平。结果价格立刻下降了吗？如你所猜测的，价格确实下降了，但不是充分的。外汇市场迅速做出了调整，而商品市场花了 2 年的时间才实现了充分调整。价格缓慢调整意味着工业产出（特别是纺织品）的价格是由合同约定的。

这个无意的实验表明的结果与我们的总供给行为模型一致，表明那种价格根据货币政策迅速完全调整的观点一文不值。

* 该故事见 François R. Velde，“Chronicle of a Deflation Unforetold,” *Journal of Political Economy*，August 2009。

工资和价格黏性

虽然宏观经济学存在不同的研究方法，但是每一个思想流派都试图解释菲利普斯曲线存在的原因，或者等于说，工资和**价格黏性**（price stickiness）存在的原因。[①]这些解释并不相互排斥，因此，我们将简略地阐述几种主要的研究方法。

不完全信息——市场出清

一些经济学家已经尝试着在市场出清的框架下解释菲利普斯曲线，认为工资是完全弹性的，但因为预期的暂时性错误，工资调整迟缓。在 20 世纪 60 年代，米尔顿·弗里德曼（Milton Friedman）和埃德蒙·费尔普斯（Edmund Phelps）发展的一些模型，指出当名义工资因价格上涨而提高时，工人错误地相信他们的实际工资已经提高，而愿意提供更多的工作。[②]这样，在短期内，直到工人认识到更高的名义工资纯粹是更高的价格水平所导致的结果之前，名义工资的增加将伴随着更高的产出和更少的失业。在这些模型中，工资的缓慢调整来源于工人对价格变动的反应迟缓，或者是由于有关价格变动的**不完全信息**（imperfect information）。

协调问题

菲利普斯曲线的**协调分析法**（coordination approach），更侧重于厂商面对需求变动而不是工资变动时调整其价格的过程。[③]假设货币存量增加，就像从第 5 章所了解到的那样，最终价格将与货币供给按同一比例上升，而产量维持不变。但是，如果有一家厂商按照货币存量增加的相同比例提高其价格，而其他厂商并不这样做，那么，这家提高价格的厂商的生意将会被其他厂商获得。当然，如果所有的厂商都按相同比例提高价格，他们将迅速移动到新的均衡状态。可是因为经济中的厂商不可能聚在一起协调其价格的提高事宜，每家厂商只能在现行价格水平上，通过商品需求的增加感受到货币存量变动的影响时，才缓慢地提高其价格。

协调问题也有助于解释为什么工资具有向下的黏性，即为什么当总需求下降时，工资并不是立即下降。在任何厂商削减工资，而其他厂商并不效仿的情况下，都会导致其工人的不满和辞职。如果厂商相互协调，他们可以一起削减工资，但是在一般情况下，他们不可能协调一致，只是个别厂商会削减其雇员的名义工资，率先行动的可能是那些其利润受到最严重打击的厂商，因此工资下降缓慢。[④]

效率工资和价格变动成本

效率工资理论（efficiency wage theory）侧重考察作为激励劳动手段的工资。工人在职位上的努力程度与该职位支付的报酬多少有关，该项报酬又与替代性职位的报酬有关。厂商也许想向雇员支付高于市场出清情况下的工资，来确保工人为了不失去这个好职位

---

① 关于工资刚性程度的最近经验证据，可以参见 Joseph G. Altonji and Paul J. Devereux，“The Extent and Consequences of Downward Nominal Wage Rigidity，” NBER working paper no. W7236，July 1999，and Mark Bils and Peter J. Klenow，“Some Evidence on the Importance of Sticky Prices，” NBER working paper no. W9069，July 2002。

② Milton Friedman，“The Role of Monetary Policy，” *American Economic Review*，March 1968；Edmund S. Phelps，“Phillips Curves，Expectations of Inflation，and Optimal Unemployment over Time，” *Economica*，August 1967. See also Edmund Phelps，“A Review of Unemployment，” *Journal of Economic Literature*，September 1992.

③ N. Gregory Mankiw and David Romer（eds.），*New Keynesian Economics*，vol. 2（Cambridge，MA：MIT Press，1991）.

④ 凯恩斯在其《通论》中给出了一个非常类似的关于工资下降黏性的解释。某些新近的证据，可以参见 Kenneth J. McLaughlin，“Are Nominal Wage Changes Skewed Away from Wage Cuts?” Federal Reserve Bank of St. Louis *Review*，May 1999。

而努力工作。

效率工资理论对实际工资变动缓慢提供了解释，但它本身并不能解释为什么平均名义工资变化缓慢，尽管它有助于解释失业的存在。当然，与改变价格需要成本这个事实相结合，效率工资理论可以解释一定的名义工资黏性，即便重新定价的成本非常小。①通过将这种黏性与协调问题结合起来，该理论有助于解释名义工资黏性。

合同与长期关系

在探讨关于工资黏性的解释过程中，我们从前所阐述的各种理论的基础和一个核心要素就是，劳动市场涉及厂商和工人之间的长期关系这一事实。劳动力队伍中的绝大多数成员期望在一定时期内，继续他们现有的工作。包括工资在内的劳动条件定期重新进行协商，但不经常进行。这是因为频繁协商成本很高，即使在按市场条件决定工资的情况下，为获得所需的替代性工资的信息花费也很大。正常情况下，厂商和工人考虑并调整工资不会多于一年一次。②

在通货膨胀率较低的国家，工资通常按名义工资水平确定。③协议的内容是厂商在下个季度或下一年将支付给工人若干美元小时工资或月工资。某些正式的工会劳动合同有效期长达 2～3 年，在整个合同期内，名义工资可能固定下来。劳动合同通常规定单独的加班工资率，这意味着多出的工作时数，厂商支付的工资较高。这是图 6－7 中 *WN* 曲线向上倾斜的一个原因。

在任何时候，不论是以明确的还是以隐含的方式，厂商和工人都必须就支付现行雇员的工资计划达成一致意见。按每周既定的工作时数，并依据工作的类型，规定基本工资，以及大致较高的加班工资。厂商依此确定每期的就业水平。

现在考虑劳动需求发生变动与厂商增加工作时数时，工资是如何调整的。短期内，工资沿着 *WN* 曲线上涨。由于需求增加，工人在下一个劳动协议中将会强烈要求增加基本工资。但是，在所有工资重新商定之前要经过一段时间，而且并非所有的工资都能够同时加以协商。因为工资确定的日期是错开的，也就是说，它们是相互重叠在一起的。④假定有一半劳动力的工资在 1 月份确定，另一半劳动力的工资在 7 月份确定。假设 9 月份货币存量增加。开始，由于货币存量变动之后 3 个月内没有进行工资调整，价格的调整将是缓慢的。然后，到 1 月份，一半合同到期，进行重新协商，协议双方都知道其他

① 参见 George A. Akerlof and Janet L. Yellen，“A Near-Rational Model of the Business Cycle，with Wage and Price Inertia，” *Quarterly Journal of Economics*，supplement，1985，还有由同一作者主编的 *Efficiency Wages Models of the Labor Market*（New York：Cambridge University Press，1986）。也可参见“Costly Price Adjustment”，in N. Gregory Mankiw and David Romer（eds.），*New Keynesian Economics*，vol. 1（Cambridge，MA：MIT Press，1991）。一些经验性证明，也可参见 Christopher Hanes，“Nominal Wage Rigidity and Industry Characteristics in the Downturns of 1893，1929 and 1981，” *American Economic Review*，December 2000。

② 工资（和价格）重新确定的频率取决于经济中产出水平和价格的稳定性。在极端情形下，例如恶性通货膨胀时期，工资也许按日或按星期重新确定。需要频繁地重新确定价格和工资，是不稳定的高通货膨胀率的重要成本之一。

③ 在高通货膨胀经济中，工资有可能按价格水平指数化，也就是，它们随价格水平的变动而自动调整。即使在美国，一些长期劳动合同也包含着指数化条款，按照该条款，为补偿过去的价格上涨，工资可以提高。典型的指数化条款规定一季度（或一年）调整一次工资，以补偿上季度（或上年）的价格上涨。

④ 我们在这里讨论的调整过程是基于 John Taylor，“Aggregate Dynamics and Staggered Contracts，” *Journal of Political Economy*，February 1980。

劳动力的工资在以后的 6 个月里不会有变动。

工人不会将其基本工资一步到位地调整到使经济实现长期均衡的水平。因为如果这样做，他们的工资在以后的 6 个月里相对于其他工资来说就显得太高了。厂商宁愿雇用那些工资尚未上调的工人。这样的话，如果重新协议的工资太高，1 月份确定工资的工人就会面临失业的危险。因此，工资只能是逐步地向均衡趋近。

到了 7 月份，轮到另一半劳动力重新确定其工资，但其工资也不可能一下子提高到均衡水平，因为这时 1 月份确定的工资显得相对较低了。7 月份的工资会超过 1 月份的工资，但它也只是逐渐向充分就业均衡下的基本工资逼近。

这个**交错的价格调整**（staggered price adjustment）一直持续下去，当前一半工资先被重新协议，另一半工资再重新协议时，工资就像跳蛙似的互相超越，供给曲线也相应地从一期到另一期向上移动。在任何时期总供给曲线的位置都取决于它上期所在的位置，因为参加协商工资的每一方都必须考虑的工资水平涉及那些尚未重新协议的工资水平。尚未重新协议的工资水平反映了上期的工资率。

在调整过程中，厂商在工资（因而是厂商的成本）发生变动时，也将重新制定价格。工资和价格的调整过程一直要持续到经济回复到具有相同实际余额的充分就业均衡。现实世界的调整比这个 1 月与 7 月的例子还要复杂得多，因为现实中重新确定工资并不像例子所描述的那样有规律，而且因为工资和价格调整都很重要。[①] 尽管如此，1 月与 7 月的例子还是揭示了调整过程的本质。

关于工资和价格缓慢调整的说明，至少引发了两个重要问题。第一，在明确认识到扰动影响经济时，为什么厂商和工人不会更经常地调整工资呢？假如他们能够做到这一点，也许他们就能调整工资以维持充分就业。新近的研究强调，即使重新确定工资和价格的成本相对较小，也会使调整过程不能快速进行。[②]不仅如此，在一个大国经济中，许多不同力量影响着各个市场的供给和需求，调整工资与调整价格以便工资和价格迅速回复均衡的协调问题难以克服。

第二，当失业大量存在时，为什么厂商与失业工人不相互协商，削减工资为失业者创造职位呢？根据效率工资理论，其主要的理由是，这种做法对在职工人的士气以及他们的生产效率都是有害的。[③]

概括一下，在一段时期内先期确定的工资与交错的工资调整结合在一起，导致了我们在现实世界里观察到的工资和产出的渐进调整。这就解释了短期总供给曲线的逐渐垂直的运动。

内部人-外部人模型

最后，让我们关注这样一种分析法，它强调工资行为和失业之间的联系源于以下简单事实及其所引出的含义：失业者并不参与工资谈判。[④]当失业者宁愿厂商削减工资

---

① 关于（报纸）价格调整频率的一项有趣的研究，参见 Stephen G. Cecchetti，"Staggered Contracts and the Frequency of Price Adjustment," *Quarterly Journal of Economics*，Supplement，1985。

② 参见第 105 页注释③。

③ 参见 Robert M. Solow，*The Labor Market as a Social Institution*（Cambridge，England：Basil Blackwell，1990）中关于报酬与生产率关系的讨论。

④ 参见 Assar Lindbeck and Dennis J. Snower，"The Insider-Outsider Theory：A Survey," IZA discussion paper no. 534，July 2002。

并创造更多职位时，厂商却有成效地与在职工人协商，而不和失业者协商。这有显而易见的含义，对于厂商来说，解雇劳动力是耗费成本的——解雇成本、雇用成本和培训成本，其结果是内部人相对外部人来说拥有一种优势。更重要的是，对内部人来说，除非他们接受削减工资否则就会失业这种威胁不大有效了。受到威胁的人也许会让步，但他们在士气、努力和生产效率方面的反应不佳。如果与内部人达成协议，给他们支付较高的工资，即使有大量急于在更低的报酬下就业的失业工人，情况也要好得多。

内部人-外部人模型（insider-outsider model）预言工资对失业不会做出足够大的反应，这为解释经济经历衰退时为什么不会立即回到充分就业水平提供了一个理由。

价格黏性小结

关于菲利普斯曲线的大量现代著作都认为价格黏性存在的基本原因并没有得到说明。① 大学教师和教授们的薪水变化仅仅是比前一年略多。而网上机票的报价可以一分钟一变。对价格黏性的深刻理解，属于微观经济学解释和宏观经济效应之间的差距这个重大领域内的问题之一。它始终是一个积极进行大量研究的领域，同时，毋庸置疑，价格黏性对于理解菲利普斯曲线具有经验上的重要性。

6—5 从菲利普斯曲线到总供给曲线

现在我们准备从菲利普斯曲线推导出总供给曲线。这种推导需要四个步骤。首先，我们将产出转变为就业。其次，我们将厂商索取的价格与其成本联系起来。再次，我们运用工资与就业之间的菲利普斯曲线关系。最后，我们把上述三个步骤结合起来，推导出一条向上倾斜的总供给曲线。

奥肯定律

在短期内，失业与产出是非常紧密地联系在一起的。根据**奥肯定律**（Okun's law），失业率变动 1 个百分点，GDP 将会变动 2 个百分点。（在下一章里，我们再讨论这种关系。）公式（6）提供了正式的奥肯定律：

$$\frac{Y-Y^*}{Y^*}=-\omega(u-u^*) \tag{6}$$

其中，$\omega \approx 2$。

成本与价格

研究供给理论的第二步是将厂商的价格与其成本联系起来。劳动成本是总成本的主

① Guillermo A. Calvo, "Staggered Contracts in a Utility-Maximizing Framework," *Journal of Monetary Economics*, 1983，是关键文献，尽管是高技术性的参考文献。一种新方法可参见 N. Gregory Mankiw and Ricardo Reis, "Sticky Information versus Sticky Prices: A Proposal to Replace the New Keynesian Phillips Curve," *Quarterly Journal of Economics*, November 2002。

要部分。[①]这里采用的指导原则是：厂商按照至少能补偿其成本的价格供给产品。当然，厂商乐意索要高于成本的价格，但是来自现有厂商和可能进入本行业以获取某些利润的厂商的竞争，使得价格不可能高出成本太多。

我们假定厂商的价格以劳动的生产成本为基础。由于每单位劳动生产 a 单位的产品，每单位产品的劳动生产成本就是 W/a。例如，每小时工资为 15 美元，a 为 3，那么每单位产品的劳动生产成本就是 5 美元。**比率 W/a 称为单位劳动成本（unit labor cost）**。厂商在劳动成本上附加**加成比例**（markup）z 来确定价格：

$$P=\frac{(1+z)W}{a} \tag{7}$$

在劳动成本上加成，补偿了厂商利用其他生产要素的成本，例如资本和原材料，并且考虑到厂商的正常利润。如果行业内的竞争是不完全的，那么，加成部分还将包括垄断利润部分。[②]

就业、工资与总供给曲线

方程（2b）表示的菲利普斯曲线表明，工资增长是预期价格上升和失业率与自然失业率之间缺口的函数。方程（6）中的奥肯定律则将失业缺口转换成我们推导总供给曲线所需要的 GDP 缺口（实际 GDP 与潜在 GDP 之间的差距）。方程（7）中的价格-成本关系说明工资上涨率等于价格上涨率。[③]将这三个方程综合到一起（细节见本章附录），可得：

$$P_{t+1}=P_{t+1}^{e}+P_t\frac{\varepsilon}{\omega}\left(\frac{Y-Y^*}{Y^*}\right) \tag{8}$$

我们常常以方程（9）的一个近似方程来替代方程（8）。方程（9）是一种简化，但它仍然强调了总供给曲线所表明的下期价格水平会随着价格预期和 GDP 缺口的情况上涨。

$$P_{t+1}=P_{t+1}^{e}[1+\lambda(Y-Y^*)] \tag{9}$$

图 6-8 表明了方程（9）所对应的总供给曲线。该曲线是向上倾斜的。正像它所依据的 WN 曲线一样，AS 曲线随时间而变化。如果本期产出高于充分就业水平 Y^*，那么下一期的 AS 曲线将向上移动到 AS'。如果本期产出低于充分就业水平，下一期 AS 曲线将向下移动到 AS''。因此，AS 曲线的性质正是 WN 曲线所具有的那些性质。这个结论来自两个假定：加成比例被固定在 z 上；产出与就业成比例。

在工资不能充分灵活地变动的条件下，AS 曲线就是总供给曲线。价格随产出水平而增加是因为增加的产出意味着增加的就业、下降的失业以及由此增加的劳动成本。在此模型中，价格随产量而上升的事实完全是劳动市场调整过程的反映，在这个市场中，高就业增加了工资。

---

① 为了简化起见，我们假定劳动生产率是固定的，虽然在实际中它随经济周期和时间而变化。由于工人得到更好的培训和教育以及装备更多的资本，生产率将在长时期内趋于不断增长。在经济周期中，它也会发生系统性变化。生产率在衰退来临之前趋于下降，而在衰退过程中和复苏开始时趋于上升。

② 竞争性行业的价格是由市场决定而不是由厂商确定的。这与方程（7）是高度一致的，因为在行业为竞争性的情况下，z 只能补偿其他生产要素的成本以及正常利润。这样，价格就等于竞争性价格。方程（7）或许更具有一般性，因为它也允许在非完全竞争行业中，价格由厂商确定。

③ 实际上，工资上涨率和价格上涨率并不总是相等，因为 a 和 z 是随技术和市场条件变化而变动的。而且，这种变动也并不是总供给曲线变化的重要因素。

图 6-8　总供给曲线

总供给曲线 AS 由 WN 曲线推导出来，并具有附加的假设：加成比例固定；产出与就业成比例。

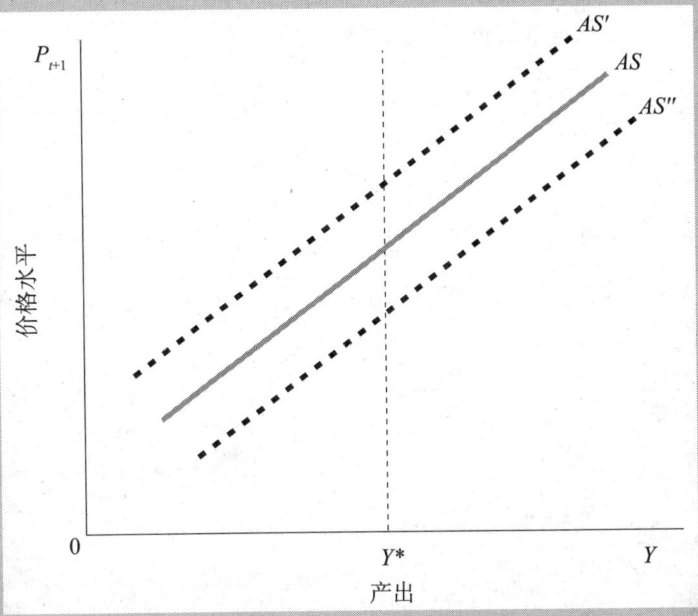

6—6　供给冲击

从 20 世纪 30 年代到 60 年代末期，人们普遍认为经济中产出和价格的变动是由总需求曲线的移动［由货币政策和财政政策（包括作为财政扩张的战争）的变动以及投资需求的变动］引起的。可是，整个 20 世纪 70 年代宏观经济的历史，在很大程度上就是负面的**供给冲击**（supply shocks）的历史。与之相对应，20 世纪末期的繁荣反映了一种有利的供给冲击，即生产效率的增长。

供给冲击是对经济的一种扰动，其首要影响是移动总供给曲线。在 20 世纪 70 年代，总供给曲线被两次重大的石油价格冲击所移动，这两次冲击增加了生产成本，因而也提高了厂商愿意供给产品的价格。换句话说，石油价格冲击使总供给曲线移动，其方式我们将很快看到。

图 6-9 表明了石油的实际价格或相对价格。①第一次 OPEC（石油输出国组织）冲击，导致了 1971—1974 年间石油的实际价格上涨两倍，迫使经济进入 1973—1975 年的衰退时期。这次衰退是第二次世界大战结束以来最严重的一次衰退。1979—1981 年，第二次 OPEC 提价使石油价格又上涨了一倍，急剧地加速了通货膨胀的发展。高通货膨胀导致 1980—1982 年采取紧缩性货币政策来抑制通货膨胀，其结果是经济进入比 1973—1975 年更为严重的衰退。1982 年以后，整个 80 年代石油的相对价格一路下跌，1985—1986 年跌幅尤其剧烈。1990 年下半年，作为伊拉克入侵科威特的后果，石油价格出现一

① 在这里，石油的实际价格是采用美国的普通原油国内初次购买价格计算的，该价格用（以 2000 年美元为基准的）GDP 隐含价格平减指数消除了通货膨胀的影响。

次短暂的冲击。这次短暂的石油价格冲击对加深 1990—1991 年的衰退起了一定的作用，尽管这次衰退早于入侵科威特，是在 7 月开始的。

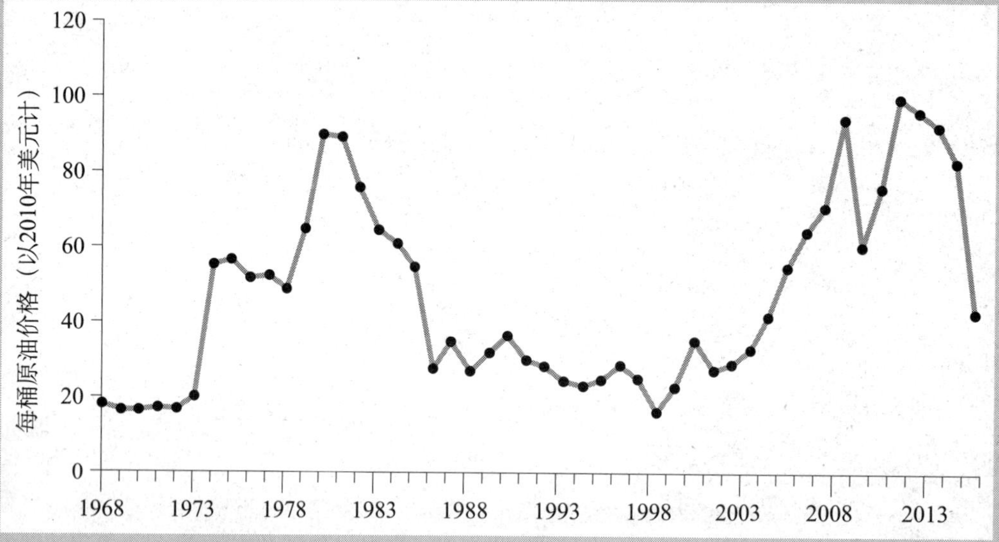

图 6-9　1968—2015 年石油的实际价格

资料来源：Energy Information Administration，www. eia. doe. gov；Federal Reserve Economic Data [FRED].

20 世纪 70 年代这两次与石油价格有关的衰退，毫无疑问与供给冲击有关。[①]

我们可以预期，在 21 世纪前几十年，经济会受到因气候变化带来的负面供给冲击的影响，但也可能会受到基于新能源获取方法降低天然气成本的有利供给冲击的影响。这些冲击如何影响经济均衡的实现，还有待观察。

不利的供给冲击

不利的供给冲击（adverse supply shock）使总供给曲线上移。图 6-10 显示了石油价格上涨这样一种冲击的影响。AS 曲线上移至 AS'，经济均衡从 E 点移动到 E' 点。因此，这种供给冲击的直接效应是提高价格水平和降低产量。一次不利的供给冲击有双重的不幸：它提高价格和降低产量。

关于供给冲击的影响，有两点需要指出。首先，由于每单位产出现在耗费厂商更多的成本，供给冲击将使 AS 曲线上移。其次，我们假定供给冲击不影响潜在产出水平，它仍是 Y^*。[②]

供给冲击发生后会出现什么情况？在图 6-10 中，经济从 E' 点回归到 E 点。在 E' 点的失业促使工资和价格水平一同下降。因为工资调整缓慢，回到最初均衡点的调整也是缓慢的。调整沿 AD 曲线进行，工资持续下降直至 E 点为止。

---

① 一种对原油价格的影响缺乏戏剧性的观点，可参见“Flaring Up?” *The Economist*，April 11，2002。

② 20 世纪 70 年代石油价格上涨，不仅使 AS 曲线上移，而且降低了潜在产出水平，因为厂商减少了石油使用量，不能像从前那样有效地使用资本。为简化起见，我们在图 6-10 中假定供给冲击不影响 Y^*。要检验你对图 6-10 的理解，应该追寻在 AS' 曲线移动和产出由 Y^* 下降到 $Y^{*\prime}$ 时，产出和价格的变动过程。

图 6-10　石油价格上涨引起的不利的供给冲击

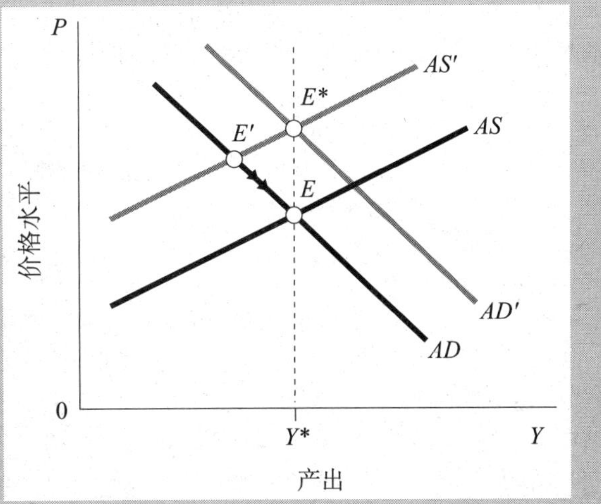

在 E 点，经济回复到充分就业，价格水平与遭受冲击前一样，但名义工资率要低于遭受冲击前，因为失业同时迫使工资下降。因此，实际工资也比遭受冲击前低：不利的供给冲击降低了实际工资。

对供给冲击的适应

1973 年底，当第一次石油价格冲击发生时，财政政策和货币政策几乎没有做出反应。原因在于，供给冲击在那时还是一种新现象，无论是经济学家还是政策制定者都不知道如何应对它们。但在 1974 年底，当失业率高达 8%以上时，1975—1976 年的货币政策和财政政策就变成刺激性的。这些政策比其他方式更迅速地促使经济从衰退走向复苏。

但是，为什么不总是用刺激性政策来应对不利的供给冲击呢？要回答这个问题，我们再次回到图 6-10。在石油价格上涨时，如果政府充分增加总需求，经济会移动到 E^* 点而不是 E' 点。价格的上升幅度将和总供给曲线上移的幅度完全一样。

在图 6-10 中使 AD 曲线移动到 AD' 曲线的货币政策和财政政策被称为**适应性政策**（accommodating policy）。扰动发生就要求实际工资下降，政策则调整到在**现行名义工资**（existing nominal wage）情况下，使实际工资的降低成为可能，或者说与其相适应。

因此，现在的问题是：为什么在 1973—1975 年没有采取适应性政策？答案是供给冲击的通货膨胀效应与它的衰退效应存在权衡关系。政策调节得越大，冲击产生的通货膨胀影响越大，失业影响就越小，实际选择的政策组合的结果处于中间地位，即一定程度的通货膨胀（相当大）和一定程度的失业。

加上对失业和通货膨胀相对成本的权衡，面对总供给冲击的政策制定者需要准确判断冲击到底是暂时性的，还是长期持续的。对于长期持续的供给冲击，总需求政策就不能避免产出的最终下降。如果试图采取对策，将只会造成永久性的高价格。实际上，总需求政策可以被用来防止伴随暂时供给冲击的产出下降，尽管掌握正确的时机非常困难。

有利的供给冲击

在 20 世纪末期，经济正处在好的光景。这个美好光景的部分原因显然要归功于新技术的爆发，特别是廉价计算机的出现。图 6-11 显示了计算机类产品价格大幅度下降。

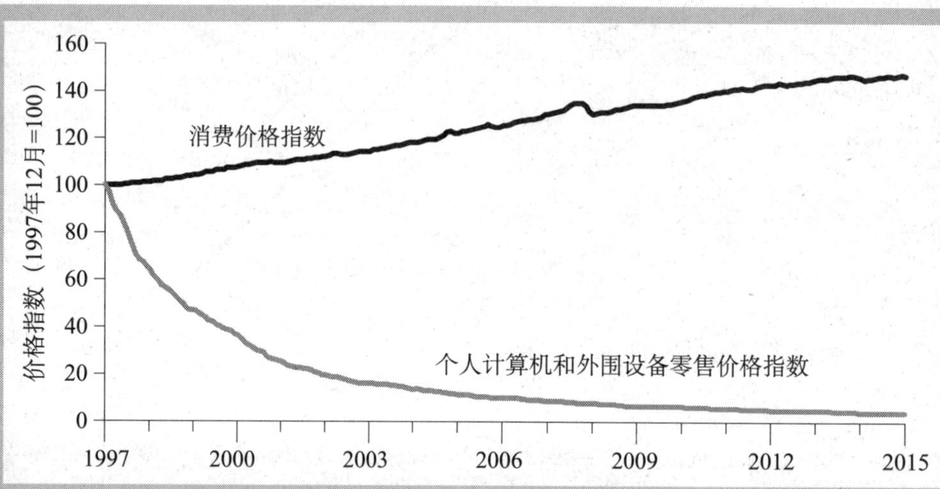

图 6-11　1997—2015 年计算机类产品的相对价格

资料来源：Federal Reserve Economic Data [FRED].

诸如技术进步引发的**有利的供给冲击**（favorable supply shock）会使短期总供给曲线向外移动。它也会通过向右移动长期总供给曲线来增加潜在 GDP。面对这些技术进步，中央银行必须保证总需求曲线迅速地向右移动足以跟得上总供给潜在增长的步伐，同时要更加谨慎地对待任何暂时性的超调。如果中央银行能够使总需求曲线向右移动，经济就会出现低通货膨胀条件下的顺利增长。

6—7　失业与通货膨胀：评估权衡

盖洛普（Gallup）公司经常进行民意调查，向人们询问：什么是这个国家面临的最主要问题？答案可能包括毒品、犯罪、污染和核战争的威胁等。1981 年，由于通货膨胀高达两位数字，接受调查的大多数美国人都认为当时通货膨胀是美国面临的最主要问题。而在 2005 年，通货膨胀与失业两者都不被认为是主要问题了。在 2010 年的调研中，失业成为最重要的问题。如表 6-1 所示，当通货膨胀或失业率（或两者都）高时，它们就被视作全国性问题，而当两者中的任何一个较低时，差不多就不列入重大事件的名单中了。

表 6-1　美国面临的最主要问题

*—表示低于 1%。

资料来源：Gallup Report and Gallup Poll Briefing, various issues; Bureau of Labor Statistics.

	通货膨胀		失业	
	比率（%）	首要问题回答率（%）	比率（%）	首要问题回答率（%）
1981	10.4	73	7.6	8
1982	6.2	49	9.7	28
1983	3.2	18	9.6	53
1984	4.3	10	7.5	28
1985	3.5	7	7.2	24

续前表

	通货膨胀		失业	
	比率（%）	首要问题回答率（%）	比率（%）	首要问题回答率（%）
1986	1.9	4	7.0	23
1987	3.7	5	6.2	13
1988	4.1	—*	5.5	9
1989	4.8	3	5.3	6
1990	5.4	—	5.6	3
1991	4.3	—	6.9	23
1992	3.0	—	7.5	25
1993	3.0	—	6.9	13
1994	2.6	2	6.1	11
1995	2.8	2	5.6	9
1996	2.9	—	5.4	5
1997	2.3	1	4.9	8
1998	1.6	1	4.5	5
1999	2.2	—	4.2	5
2000	3.4	2	4.0	2
2001	2.8	2	4.7	6
2002	1.6	1	5.8	8
2003	2.3	1	6.0	15
2004	2.7	1	5.5	12
2005	3.4	1	5.1	9
2006	3.2	1	4.6	5
2007	2.9	2	4.6	4
2008	3.9	3	5.8	6
2009	−0.4	1	9.3	16
2010	1.6	1	9.6	27
2011	3.2	2	8.9	29
2012	2.1	1	8.1	25
2013	1.5	1	7.4	17
2014	1.6	1	6.2	15
2015	0.1	1	5.3	9

[专栏 6-1]　我们还知道什么？

“牺牲率”：国际视野

短期内，政府只能以增加失业与减少产量为代价来降低通货膨胀。**牺牲率（sacrifice ratio）就是通货膨胀率每下降 1 个百分比所丧失的产出百分比。**牺牲率根据时间、地点以及降低通货膨胀的方式而有所变化。尽管如此，还是有一个大致的估计，这对进行政策选择还是有用的。表 1 提供了一些国家的估计数。但是要注意，牺牲率存在着大量的不确定因素，即便在美国也是如此。合理的估计范围是从 1%到 10%。*

表 1　平均牺牲率的估计值

资料来源：Ball，Laurence. "How Costly Is Disinflation? The Historical Evidence," *Business Review*，Federal Bank of Philadelphia，November-December 1993.

国家	比率（%）
澳大利亚	1.00
加拿大	1.50
法国	0.75
德国	2.92
意大利	1.74
日本	0.93
瑞士	1.57
英国	0.79
美国	2.39

* Cecchetti，Stephan G. Rich，Robert W. "Structural Estimates of the U. S. Sacrifice Ratio," Federal Reserve Bank of New York *staff report*，March 1999.

我们已经集中讨论了各种经济因素如何决定产量、价格、失业以及通货膨胀的问题，通货膨胀和失业本应尽可能避免多谈，但是，由于通货膨胀和失业之间存在短期的权衡关系，所以，更好地理解通货膨胀和失业的相对经济成本也是非常重要的。这些信息为政策制定者评估上述替代关系提供了条件。

在理想世界中，政策制定者将选择损失最低的失业与通货膨胀组合。但在实践中，政策制定者如何处理这一权衡关系呢？本章最后所介绍的政治性经济周期理论给出了一个答案。根据这种理论，政策制定者试图使通货膨胀和失业在选定的时间内出现。当然，在选定之后，通货膨胀（或制止它的经济衰退）将到来得晚一些。

失业

失业的唯一最大代价是产出的损失。[①]无法工作的人们无法进行生产——高失业使社会馅饼变得更小。[②]丧失产出的代价非常高：一次衰退很容易就会使 GDP 损失 3%～5%，等于以数千亿美元来计量这些损失。经济大萧条使美国付出的代价大约达一年上万亿美元的产出损失。已故的阿瑟·奥肯（Arthur Okun）曾提出经济周期中失业与产出的经验关系。**奥肯定律（Okun's law）说明，失业增加 1%，会使 GDP 减少 2%。**图 6－12 画出了实际 GDP 增长与失业变动之间的关系，显示出奥肯定律对美国失业-产出关系做出的很好说明。

政治性经济周期理论

最好的世界就是那种既无通货膨胀也无过度失业的情况。但是，这种世界是不存在的。在短期内，政策制定者往往不得不决定如何努力向通货膨胀冲击宣战，他们知道，他们承受的通货膨胀越少，承受的失业就越多。在长期内，政策制定者也不得不决定是以很低的甚至是零通货膨胀率为目标，还是愿意生活在正的通货膨胀率环境中。

---

① 参见 William Darity and Arthur Goldsmith，"Social Psychology，Unemployment and Macroeconomics," *Journal of Economic Perspectives*，Winter 1996。

② 失业者确实增加了闲暇，应将闲暇看作是一种补偿性好处。但如果失业是非自愿的，那么闲暇的价值将低于工作的价值。

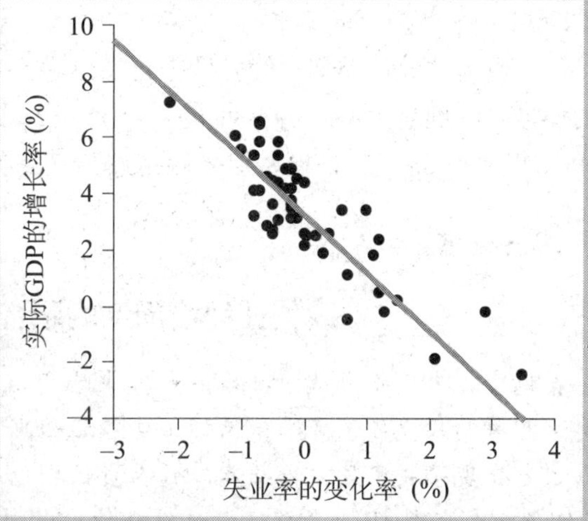

图 6-12　奥肯定律：失业与GDP 增长的关系

资料来源：Bureau of Labor Statistics; and Bureau of Economic Analysis.

政治性经济周期理论（political business cycle theory）研究经济政策决定与政治考虑之间的相互作用。该理论得出的最著名的预测是经济周期反映出了选举周期的时间表。

我们现在考察这个理论的组成部分。[①]首先，我们已经讨论过决策者可以从中选择的几种权衡关系。此外，该理论还有两个大的组成部分：选民如何评定（通货膨胀与失业）问题的严重程度，以及影响竞选结果的最优时机。

问题的排序

表 6－1 显示了盖洛普民意调查的结果。我们注意到当通货膨胀和失业都很高时，选民对此表示担忧。对民意调查更为仔细的研究揭示出一个更重要的经验：选民既担心通货膨胀和失业的水平，又担心其变化率。上升的失业率增加了公众对失业的关注，对通货膨胀的关注则取决于对上升的通货膨胀的预期和通货膨胀的水平。这些事实影响政治家对政策类型的选择。

时机

决策者希望在竞选期间，经济能确定地指向正确方向，以便获取选民最大的支持。如果可能，通货膨胀和失业率应是下降的——如果能对两者进行控制，它们不应太高。但问题是怎样利用从总统就职到选举这段时间，使经济正好处于正确的位置上。

政治性经济周期假说认为，政治家们在其执政初期采用紧缩性政策，提高失业率以降低通货膨胀。对紧缩的需要常常被归咎于上届政府。但当选举临近时，以扩张取代紧缩，以确保失业率下降，获得选民支持，尽管失业水平仍在抑制着通货膨胀。根

① 综合性文章请参见：Alberto Alesina，"Macroeconomics and Politics，" *NBER Macroeconomics Annual*，1988；and William Nordhaus，"Alternative Approaches to the Political Business Cycle，" *Brookings Papers on Economic Activity* 2（1989）。批评性文章请参见：K. Alec Chrystal and David A. Peel，"What Can Economics Learn from Political Science，and Vice Versa，" *American Economic Review*，May 1986。

据这一假说，应该存在一个有条理的失业周期，在总统任期内的前期上升，而在后期下降。

对政治性经济周期的经验证据仍然是混杂的。[1]美国数据并没有像理论引导我们预期的那样，明确显示出一种 4 年的总统选举周期的格局，尽管在 1969—1972 年、1981—1984 年和 1988 年，该模型似乎偶尔按预期完美地实现了。

［资料 6-2］ **历史故事**

政治性经济周期的录音带记录

至少在一个案例中，我们知道试图操控失业率来实现政治目的是确实存在的，因为这些事件被记录下来了——臭名昭著的尼克松录音带。伯顿·艾布拉姆斯（Burton Abrams）和詹姆斯·巴特凯威兹（James Butkiewicz）发现了关于尼克松及其工作人员试图命令联邦储备委员会主席亚瑟·伯恩斯（Arthur Burns）降低失业率直到 1972 年总统竞选结束的大量内容。这里有两句极具吸引力的摘引。

［尼克松对（伯恩斯）说：］“我们真想刺激它……今年的夏末、秋天［1971 年］和明年［1972 年］。正如你所知道的，这里存在可恶的时滞。”

［尼克松对总统助理彼得·彼得森（Peter Peterson）说：］“在美国我从来没有看到任何人攻击通货膨胀，但是我看到很多人会攻击失业问题。”

* Abrams，Burton A.；Butkiewicz，James L. “The Political Business Cycle：New Evidence from the Nixon Tapes，” *Journal of Money*，*Credit and Banking*，March-April 2012.

但是，无论如何总有一些抵制政治性经济周期的因素在起作用。一般说来，我们知道政府微调经济的能力有限，而且实施基于政治动机的人为操纵，还会碰到一些特殊的困难。其一是由于有中期国会选举，总统不能充分运作经济周期。二是总统不可能放纵自己，按照竞选进程十分公开地选择操纵衰退和复苏的时机，因为恶意地操纵宏观经济政策有被捕的危险。三是巨大的宏观冲击，诸如石油冲击和战争，不时会对选举周期投下阴影。四是行政当局并不控制所有的政策工具，特别是联储在很大程度上是独立的，从而不必迎合某种企图使经济进入竞选周期。尽管事实上联储并不总是破坏这种活动，但至少有一次，即 1972 年，联储在恰当的时间非常明显地实施了扩张政策。[2]五是如果预期是理性的，为竞选而实施的扩张性货币政策只有微小的实际效果，主要是产生通货膨胀。

因此，我们不应该对于竞选周期不完全规则的情况感到惊奇，虽然如此，这个假设不应被摒弃。毫无疑问，每一届政府都愿意在大选之年看到经济强劲扩张，通货膨胀下降。有些政府经验老到或很幸运，于是它们重新当选，其他政府则缺乏经验或不走运，所以它们竞选失败了。

---

① 参见 Ray Fair，“Econometrics and Presidential Elections，” *Journal of Economic Perspectives*，Summer 1996；and Allan Drazen，“The Political Business Cycle after 25 Years，” as well as comments by Alberto Alesina and Carl Walsh in *NBER Macroeconomics Annual 2000*。

② 对中央银行独立性的更广泛讨论，参见第 16 章。

[专栏 6-2] 我们还知道什么?

痛苦指数

公众不喜欢通货膨胀和失业。试图计量失业与通货膨胀的政治效应的一种方式，称作**痛苦指数**(misery index)。它只是通货膨胀率与失业率的总和：

痛苦指数 $=u+\pi$

政治性经济周期理论的一种观点认为，如果痛苦指数水平低或正在下降，执政党政绩卓著；如果痛苦指数高或正在上升，执政党的政绩很差。图 1 显示了美国的痛苦指数与执政党总统候选人得票百分比。

图 1 的数据显示痛苦指数变动与执政党运气之间有微弱的负向关系。但正如你从该图中所看到的，这种关系的证据很难是充分的。部分原因是那么多的其他因素也迫使选民做出决定。此外，选民不是同等地衡量通货膨胀与失业——就像痛苦指数没有讲明的情况一样。的确，布兰茨芙拉沃（Blanchflower)、拜尔（Beu)、蒙塔格诺利（Montagnoli）和莫罗斯（Moros）估算，失业率增加一个百分点比通货膨胀增加一个百分点会令人们的反感增加五倍。*

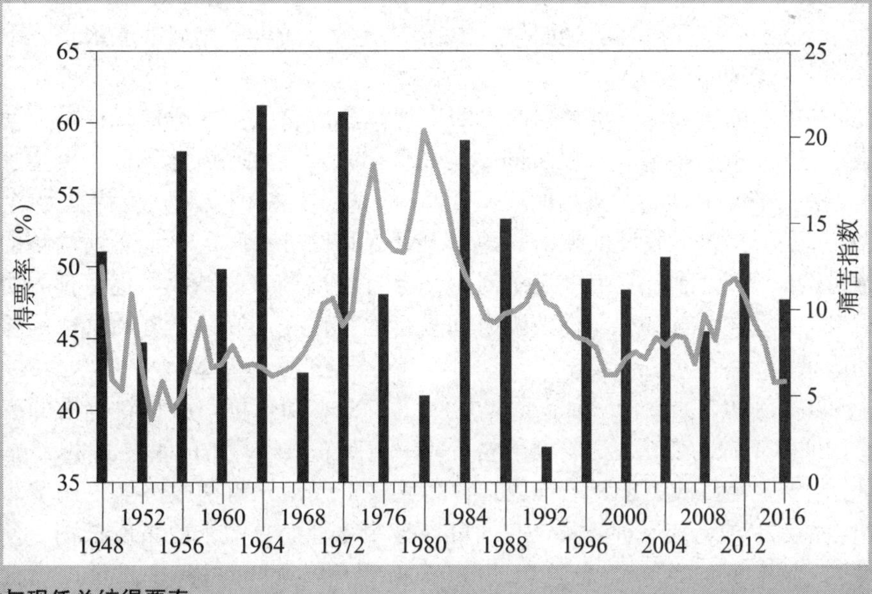

图 1 痛苦指数与现任总统得票率

资料来源：Bureau of Labor Statistics and Statistical Abstract of the United States.

* David G. Blanchflower, David N. F. Bell, Alberto Montagnoli, and Mirko Moro, "The Happiness Trade-off between Unemployment and Inflation," *Journal of Money, Credit and Banking*, September 2014.

本章提要

1. 劳动市场对干扰不会做出迅速调整，因为调整过程需要时间。菲利普斯曲线表明，名义工资随着就业水平而缓慢地变动。就业率高时工资趋于上升，就业率低时工资趋于下降。

2. 把通货膨胀预期引入菲利普斯曲线。当实际通货膨胀与预期通货膨胀相等时，经济处于自然失业率水平。通货膨胀预期随时间调整，以反映近期的通货膨胀水平。

3. 当衰退与高通货膨胀率并存时，滞胀就出现了。也就是说，当经济沿着具有高预期通货膨胀因素的菲利普斯曲线运动到其右边时出现滞胀。

4. 短期菲利普斯曲线是相当平坦的。一年内，增加一个百分点的失业只能减少半个百分点的通货膨胀。

5. 理性预期理论认为，总供给曲线应该迅速地移动，以对预期的总需求的变化做出反应，所以，产出的变化相应较少。

6. 当工人进入劳动市场，寻找工作或变换工作时，存在着摩擦。这意味着在充分就业状态下也存在一些摩擦性失业，这个摩擦性失业量就是自然失业率。

7. 总供给理论尚未取得一致看法。对于劳动市场不能迅速调整来改变总需求这个基本事实，一直存在着好几种解释：不完全信息-市场出清分析法；协调问题；效率工资和价格变动成本；合同与厂商、工人之间的长期关系等。

8. 我们在本章中推导总供给曲线时，强调厂商和工人之间的长期关系，以及工资在一定时期，比如一年内，通常是固定的事实。我们也考虑到厂商之间工资变动并非协调一致这一事实。

9. 短期总供给曲线分四个步骤从菲利普斯曲线推导出来：产出被假定与就业成比例；价格是以成本为基础加成确定的；工资是成本的主要因素并根据菲利普斯曲线调整；工资与失业之间的菲利普斯曲线关系最后转换成价格水平和产出之间的关系。

10. 短期总供给曲线随时间而移动。如果产出在本期高（低）于充分就业水平，下一期的总供给曲线就将向上（向下）移动。

11. 总需求曲线的移动导致价格水平和产出的增加。产出和就业的增加将在本期使工资增加。总需求变动对价格的充分影响只有经过一段时间才能显现出来。高水平就业导致工资增加，工资增加又转化成价格上涨。在工资调整时，总供给曲线不断移动，直至经济回复到均衡状态为止。

12. 总供给曲线是根据以下假设推导出来的：工资（和价格）假定不是连续调整的，它们也不是一起调整的。总供给曲线的正斜率是某些工资对市场条件做出调整的结果，也是预先协议的加班工资率在就业变化时发生效力的结果。供给曲线随时间进行的缓慢变动则是工资和价格的缓慢调整而且无法协调其过程的结果。

13. 原材料价格（例如，原油价格）连同工资决定了成本和价格，原材料价格的变化转化为价格的变化以及相应的实际工资的变化。原材料价格变化一直是总供给冲击的重要源泉。

14. 供给冲击给宏观经济政策设置了难题。它们通过扩张性总需求政策加以调节，这将导致价格上涨，但产出相当稳定。或者换一种方式，它们可以被紧缩性的总需求政策所抵消，使得价格维持稳定，而产出下降。

15. 有利的供给冲击看起来能够解释20世纪末期的快速经济增长。在有利的供给冲击出现时，广泛的总需求政策可能提供了低通货膨胀下的快速增长。

16. 政治性经济周期理论强调了经济变化的方向，因为在位者为了赢得竞选，应该会降低失业率，且通货膨胀不会进一步恶化。

关键术语

适应性政策	内部人-外部人模型	滞胀
不利的供给冲击	痛苦指数	交错的价格调整
协调分析法	奥肯定律	供给冲击
效率工资理论	菲利普斯曲线	失业缺口

附加预期的菲利普斯曲线	政治性经济周期理论	单位劳动成本
有利的供给冲击	价格黏性	工资黏性
不完全信息	理性预期	牺牲率

习题

概念题

1. 解释总供给曲线与菲利普斯曲线是怎样相互联系在一起的。能从其中一个推导出的信息能否从另一个推导出来？

2. 短期与长期菲利普斯曲线有何不同？（提示：在长期内，我们回到古典世界。）

3. 本章讨论了一些可以用来证明黏性工资的存在从而总需求有能力影响产量的不同模型。它们是什么模型？它们之间的相同与不同之处是什么？你认为这些模型中的哪一个更合理？

4. a. 什么是滞胀？

b. 描述能够引起滞胀的一种情况。你所描述的这种情况能够避免吗？它应该避免吗？

5. 解释通货膨胀预期使菲利普斯曲线移动的能力，以及它如何有助于经济自动地对总供给与总需求冲击做出调整。

6. 讨论 6—2 节中最初讨论的附加预期的菲利普斯曲线与 6—3 节中讨论的以理性预期为基础的菲利普斯曲线之间的主要差别。

7. 给出牺牲率的定义。在什么水平上牺牲率不是 0？请解释。

技术题

1. 当总供给曲线为正斜率，而工资随时间缓慢调整时，请分析名义货币存量减少对价格水平、产出和真实货币存量的影响。

2. 假定联储采取一种完全透明的政策，即假定联储事先宣布它将如何改变货币供给。根据理性预期理论，这种政策将如何影响联储改变实际经济（例如，失业率）的能力？

3. a. 在总供给和总需求框架中，说明原材料实际价格下降（一种有利的供给冲击）的长期与短期效应。

b. 假定产出始于其自然率水平（充分就业水平），描述调整过程。

4. 假定短期产出高出潜在产出 3 个百分点。

a. 根据奥肯定律，这对失业会有什么影响？

b. 假定通货膨胀预期不变，对工资有什么影响？

5. 如果工资从 10 美元/小时上涨到 12 美元/小时，要想保持价格不变，企业需要降低多少加成比例 z？

操作题

1. 6—2 节重点论述了（没有通货膨胀预期的）菲利普斯曲线在美国是如何失效的。你也许会问，在其他国家也是这样吗？本练习的目的就是给你提供一个用数据来解释的机会，试着找出一个菲利普斯曲线仍然成立的国家。

为此，登录 www. bls. gov，找到“Subject Areas”下的“International”，点击“Foreign Labor Statistics”。利用“One-Screen Data Search”找到“Labor force statistics，productivity and unit labor costs，consumer prices”，选择一个国家，将消费价格指数和失业率加入选择框（利用“Add To Your Selection”而不是“Get Data”按钮，将单数据系列加入选择框中）。将这两个指标的年度数据下载到一个 EXCEL 文件里。以 CPI 计算通货膨胀率并建立一个散点图，以 X 轴表示失业率，以 Y 轴表示通货膨胀率。你得到的图形形状看上去类似一条菲利普斯曲线吗？试采用同样的方法对另一个国家作图。如果你找到了一个符合这种情况的国家，请告诉我们。

2. 6—2 节讨论了附加预期的菲利普斯曲线是否会与数据拟合得更好。当时假定下一期预期的通货膨胀率是由今天观察到的通货膨胀率（$\pi_{t+1}^e=\pi_t$）得出的。在本练习中，你要研究如果使用经济预测者对通货膨胀的预期值，是否会改善数据拟合度。

a. 登录 http：//research. stlouisfed. org/fred2 网站，打开“Category”，在“Prices”下选择“Consumer Price Indexes（CPI and PCE)”，然后选择“Consumer Price Index for All Urban Consumers：All Items”。点击“Download Data”并把数据单位转化为“Percent Change from Year Ago”从而得到通货膨胀率。你还需要在 EXCEL 中平均化数据后得到年化率数据。同样，你还要在 www. bls. gov/cps 上下载同期年度失业率数据（μ_t）。在网上找到“CPS Database”，点击“Top Picks”，然后打开“Labor Force Statistics including the National Unemployment Rate”，下载“Unemployment Rate—Civilian Labor Force”数据，并在 EXCEL 中平均化数据得到年度数据。

b. 现在搜索一下“University of Michigan Inflation Expectation”。（使用“Last Month of Year”将月度数据转换成年度数据。）将年度数据拷贝进你的 EXCEL 文件。

c. 算出通货膨胀率和预期的通货膨胀率之间的差距（$\pi_t-\pi_t^e$）。计算时要仔细注意变量的日期差别。“University of Michigan Inflation Expectation”变量给出了所列年份以后的预期通货膨胀率。例如，1978 年的观察值等于 7.3。这意味着 1979 年的通货膨胀率预期等于 7.3%。

d. 作一个以 Y 轴表示通货膨胀率和预期通货膨胀率，以 X 轴表示失业率并反映二者差距的散点图。将该图与图 6-6 进行形状的观察比较。哪张图更像是菲利普斯曲线？

e*. 如果你使用 EXCEL 进行了统计分类，或对下面的公式进行回归：

$$\pi_t-\pi_t^e=c+\beta\times\mu_t+\varepsilon_t$$

该菲利普斯曲线斜率的含义是什么？其统计意义何在？解释你的结论。

附录：菲利普斯曲线动态化推导背后的数学

首先，我们要说明工资通胀率和价格通胀率是一致的。接下来我们还简单假设生产率 a 和加成比例 z 都是固定值。记住通货膨胀是价格（或工资）在一定时期的变化率，所以价格通货膨胀率 $\pi_t=(P_{t+1}-P_t)/P_t$。插入方程（7），可以得到：

$$\pi_t=\frac{P_{t+1}-P_t}{P_t}=\frac{[(1+z)W_{T+1}/a-(1+z)W_T/a]}{[(1+z)W_T/a]}=\frac{W_{t+1}-W_t}{W_t}$$

现在，用价格通胀替代工资通胀，我们可以重新改写方程（2b）为：

$$\pi-\pi^e=-\varepsilon\left(\frac{N^*-N}{N^*}\right)$$

利用方程（5），可以得到附加预期的菲利普斯曲线：

$$\pi-\pi^e=-\varepsilon(u^*-u)$$

然后利用奥肯定律，通过方程（6）将失业率替换为 GDP 与潜在产出的变化率：

$$\pi-\pi^e=\frac{\varepsilon}{w}\left(\frac{Y-Y^*}{Y^*}\right)$$

上述方程左边的一个快速代数计算显示：

$$\pi-\pi^e=\frac{P_{t+1}-P_t}{P_t}-\frac{P_{t+1}^e-P_t}{P_t}=\frac{P_{t+1}-P_{t+1}^e}{P_t}$$

利用上述方程，两边同时乘以 P_t，然后将 P_{t+1}^e 移到方程的右边就得到了方程（8）。

* 星号表示较难的习题。

7 失业

本章要点

- 失业与产出紧密关联，但是这种联系并不完备。
- 失业的成本主要是降低了产出，其成本巨大。
- 失业率，包括自然失业率与周期性失业率在内，在不同群体与不同国家之间变化很大。

失业和产出紧密关联，但是这种联系并不完备。这种不完备的关系涉及几个重要方面。首先，头条新闻经常大肆渲染失业率。在近期的衰退之后，按照GDP度量的整个国家经济开始复苏，而失业率仍会在相当长一个时期内保持较高水平。一方面，失业率的头条新闻会误导经济政策；另一方面，GDP上升很少给失业者以及他们的家庭带来慰藉。下面是这种不完备产生重要后果的另一个途径。

● 失业的主要成本是产出损失：没有工作的人不会生产商品和服务。

● 失业的成本分布非常不均匀。经济衰退会使每一个人感到不安，但如果你拥有工作，那么衰退不会导致你过分不安。失业，特别是失业较长时间，会成为改变人生的事件。换言之，衰退的成本将不成比例地由那些失去工作的人群承担。例如，不幸要在衰退期毕业的大学生将面临开启职业生涯的巨大困难。同样的学生如果在经济繁荣时期毕业，将会很快开始工作。刚加入劳动大军的工人、青少年、城市黑人区的居民最容易成为新增的失业群体。

7—1 贝弗里奇曲线

即便在最好的时代，一些人也会失业。即使一个人非常努力地去寻找工作，也需要花费时间。正因为寻找工作本身就是一件辛苦的事，有时，当潜在就业者认为并没有适合他们的岗位时，就不愿努力去寻找工作。明白多大比例失业要归于岗位和工人的不匹配以及多大比例归于没有足够的岗位，是非常有用的。判断这个问题的一个方法，就是了解在给定失业率的情况下，有多少可就业岗位。如果有很多就业岗位，那么原因就如我们所预期的那样，即岗位和工人的匹配过程运行得不是很好。[①]职位空缺和失业率之间

---

① 关于最近的评论，可参见 Michael W. Elsby，Ryan Michael，and David Ratner，“The Beverige Curve：A Survey，” *Journal of Economic Literature*，September 2015。

的关系被称为**贝弗里奇曲线**（Beveridge curve）。图 7－1 给出了一个说明。

图 7－1 显示了大衰退（圆点）和随后年份的情形（四边形）。你会发现，当失业在上述两个时期都很高时，衰退期后的职位空缺要比大衰退年份里更多。就业者拥有比以前年份更多的就业机会，但是职位和工人的匹配过程并没有像预期的那样。

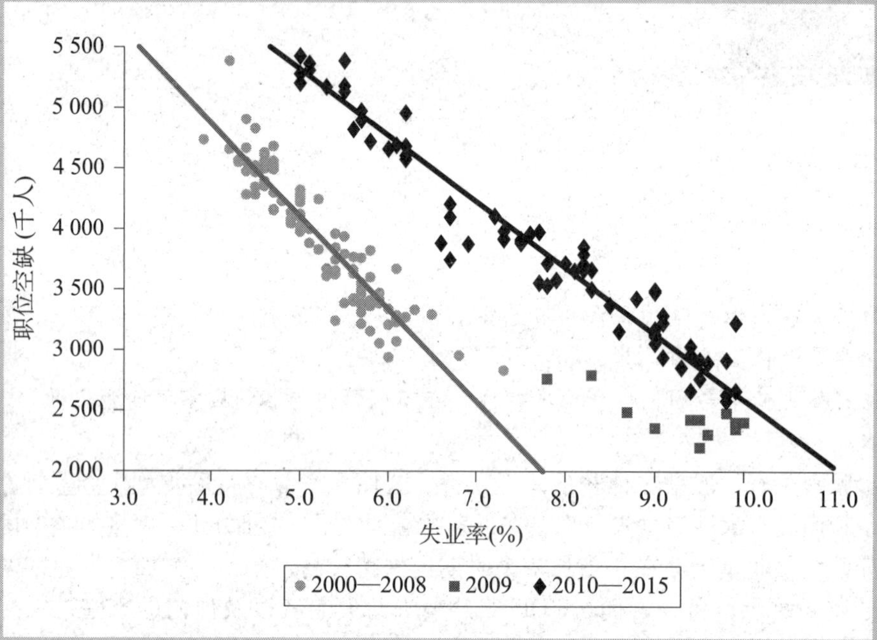

图 7－1　贝弗里奇曲线：职位空缺和失业率之间的关系

资料来源：Federal Reserve Bank of St. Louis [FRED].

7—2　失业的解析

对美国劳动市场的研究，揭示出失业的五个关键性特征：

- 在以年龄、种族或经历划定群体时，各群体之间的失业率差别很大。
- 劳动市场的流动性很高。就业和失业的流动量与就业或失业人数高度相关。
- 在这种流动中，有很大一部分是周期性的：在衰退期间解雇较多，而在繁荣期间自愿辞职较多。
- 在任一给定月份，大多数失业人员只是暂时处于失业状态。
- 美国的大部分失业人员由那些已长期失业的人口构成。

这些事实对于了解失业意味着什么，以及可以对失业做什么或者应该做些什么，是关键性的。①

① 有关评论可参见 Kevin Murphy and Robert Topel，"The Evolution of Unemployment in the United States，" *NBER Macroeconomic Annual*，1987，and Chinhui Juhn，Kevin Murphy，and Robert Topel，"Why Has the Natural Rate of Unemployment Increased over Time?" *Brookings Papers on Economic Activity* 2（1991）。

[专栏 7-1] 我们还知道什么？

奥肯定律、短期菲利普斯曲线与牺牲率

我们已经介绍了一些直接有关计量产出与通货膨胀之间短期替代关系的粗略数字。它们匹配得好吗？在第6章，我们给出了短期菲利普斯曲线斜率的值，结论是假定通货膨胀预期不变，失业每增加1个百分点，通货膨胀将降低0.5个百分点。反过来说，通货膨胀降低1个百分点使失业增加2个百分点。根据奥肯定律，2个百分点的失业会导致产出损失4个百分点。因此，意味着牺牲率是4，在一定程度上高于鲍尔（Ball）所估计的2.39。

二者的部分差别反映了这些粗略的估计的确是粗略的。但是鲍尔估计的牺牲率包含一个重要因素，当我们把菲利普斯曲线与奥肯定律结合在一起时，将它省略掉了。在抑制通货膨胀时期，通货膨胀预期下降。通货膨胀预期下降，除了导致沿着菲利普斯曲线的运动外，还引起菲利普斯曲线向下移动。额外的下降使得牺牲率降低。鲍尔估计牺牲率的方法，隐含着这种额外打击。所以，牺牲率很可能接近2.39而不是4。任何一个数字都表明抑制通货膨胀的产出损失非常高。

表7-1是讨论失业问题的起点。2015年美国适龄工作（16岁或以上）人口大约为2.5亿人，其中63%的人处于**劳动力**（labor force）的范畴中。劳动力的规模取决于调查的数据。劳动力包括那些声称自己是失业的人和声称自己是已经就业的人。**在调查中，失业者（unemployed person）被界定为失去工作的人和（1）在过去的4周里曾努力寻找工作的人，或（2）已被解聘并正等待被召回复工的人。**

在过去4周一直在寻找工作这一情况，考验此人是否对工作感兴趣。[①]

表7-1 2011年美国劳动力与失业人口

资料来源：Bureau of Labor Statistics.

（单位：16岁及以上，每百万人）

适龄工作人口	250.8
劳动力	157.1
就业人口	148.8
失业人口	8.3
非劳动力	93.7

类似地，就业者（employed person）被定义为，在调查的那周（包含该月的12日那周）内，（1）在自己的企业或职位上，或在自己的农场，从事任何一份有报酬（至少一小时）的工作，或在家庭经营的企业里作为无报酬人员工作超过15个小时的人；（2）由于度假、生病、坏天气、照看孩子问题、父母过世、劳动管理纠纷、职业培训，或其他家庭或个人原因，暂时离开其工作岗位或其工作的企业的人，不论其是否被按照时间支付了报酬，或正在寻找另一份工作。即便一个人拥有一份以上的工作，他（她）也只是被看作一个有工作的人。对他们来说，唯一有意义的是，给自己的家庭工作（刷油漆、

---

① 那些适龄工作而不在劳动力中的人口不算作失业人口。"非劳动力"包含退休人员、家务劳动者以及全日制学生。此外，还包括丧失信心的劳动力——愿意工作但放弃寻找工作的人。有一篇关于丧失信心的劳动力的论文很有趣，可参见Kerstin Johansson, "Labor Market Programs, the Discouraged-Worker Effect, and Labor Force Participation," *Institute Labor Market Policy Evaluation*, working paper, 2002。

修理，或从事家务劳动）或自愿工作不被认为是受雇。

失业后备军

在任何时点上都有一个给定数量的失业人口，或称**失业后备军**（unemployment pool）。在这一失业后备军中，有人流出，也有人流入。一个人可能由于下列四种原因之一而成为失业者：

1. 他或她可能是新加入劳动力中，即那些第一次寻找工作的人，要不就是重新加入者——在超过 4 周没有找到工作之后重新回到劳动市场的一些人。
2. 停止工作以便找寻其他就业机会的人，在求职过程中可能登记为失业者。
3. 被暂时解雇的人。暂时解雇的定义是由“对工人无偏见”的雇主提出，长达或预期长达连续 7 天以上，不付薪水的暂时停职。[①]
4. 或是由于被开除，或是因为企业倒闭而失去工作的工人。

脱离失业后备军主要有三种方式：

1. 被雇用从事新工作；
2. 一些人虽被暂时解雇，但可能被其雇主召回；
3. 失业者可能停止寻找工作，因此，按照定义他便不再被看作劳动力。

失业后备军概念是理解失业变化的好方法。当加入失业后备军的人比离开的人多时，失业就会增加。因此，在其他条件不变的情况下，随着离职和解雇人员的增加，失业就会增加，就像新加入者更多地流入劳动市场中，就业就会增加一样。失去工作的人约占新失业人数的一半。自愿离职者、新加入劳动力队伍的人与重新回到劳动力队伍的人，合起来占另一半。

体现在奥肯定律中的失业与产出之间的同期关系是较为精确的一种初步估计，但是失业与产出之间的动态关系在某种程度上要复杂得多。想想经济衰退期间，劳动力使用的典型调整方式。雇主首先调整每周工作时数——例如，削减加班时数——那时，只是削减劳动力。接下来，解雇与离职增多，流入失业后备军的人数增加。但与此同时，雇员明智地决定保住现有工作，辞职的人数减少。当衰退持续时间较长时，许多失业者就会失去信心并离开劳动力队伍，从而使得公布的失业率有所下降。所有这些作用的结果是，失业的变动滞后于产出的变动。

不同人群之间失业的差异

在任一时点上，都有一个既定的失业总水平，或者表示为劳动力的一小部分，即失业率。例如，2010 年 3 月的失业率是 9.7%。但是这个总数字掩盖了人口中各个群体失业率之间的巨大差异。图 7－2 显示了几个不同人群之间的失业率。青年人的失业率远高于年龄大一些的工人；黑人的失业率一般两倍于白人；女性的失业率直到 20 世纪 70 年代后期都高于男性，但是今天女性失业率与男性基本相同——或者，可能略低于男性的失业率。

---

① 这意味着工人并没有被开除，而是在对企业产品的需求恢复时，他们会重返原有工作岗位。在 1990—1991 年衰退之前，制造业中 75%暂时被解雇的工人最终都回到了他们原来雇主所安排的原有工作岗位上，但在 1990—1991 年的衰退中，这一比例却低得多。

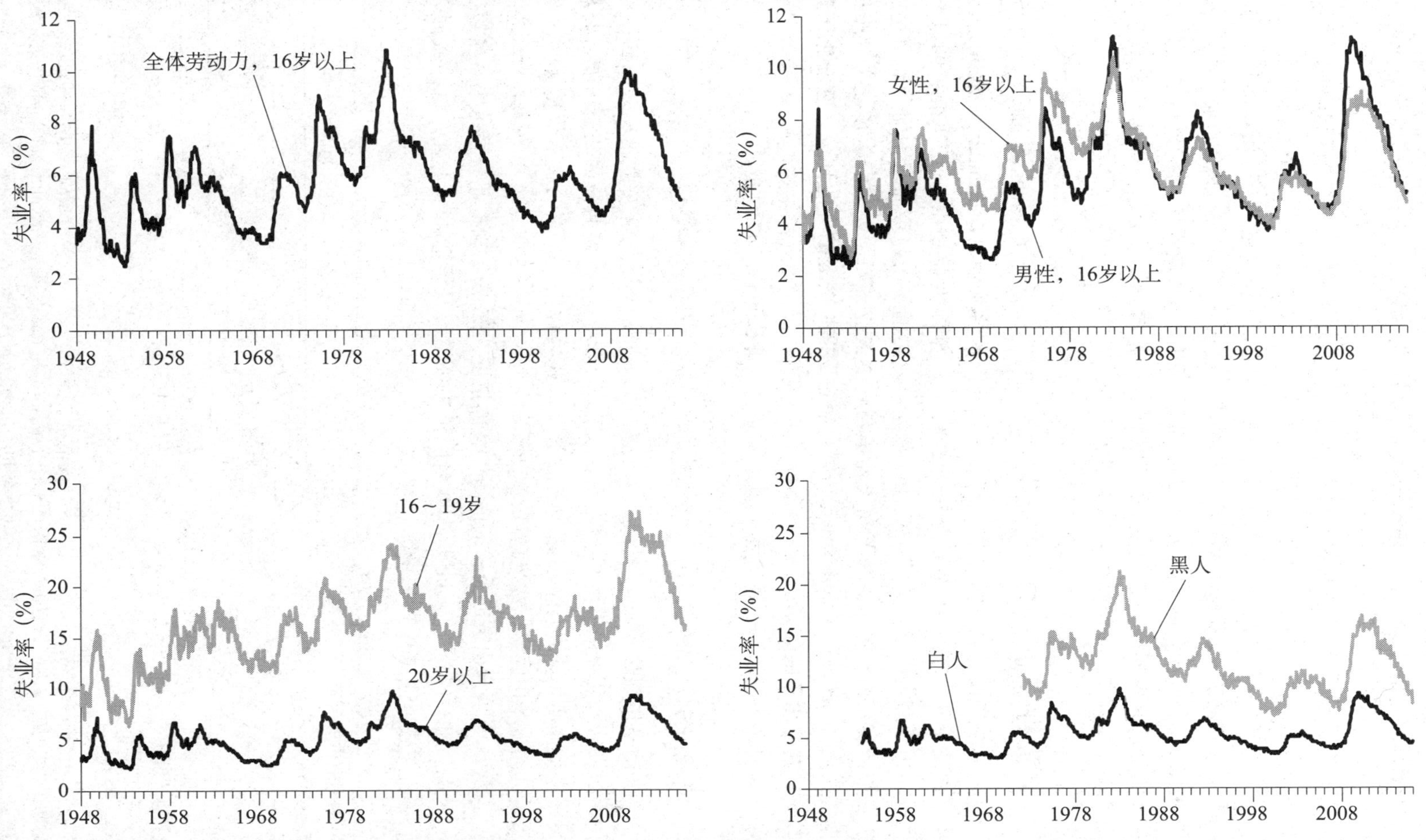

图7-2　1948—2015年美国的失业率：总失业率以及按性别、年龄和种族划分的人群失业率

资料来源：Bureau of Labor Statistics.

劳动力中不同人群之间失业率的差异，可以用总失业率 u 与劳动力中各组人群失业率 u_i 之间的关系进行分析。总失业率是不同人群组别之间失业率的加权平均：

$$u = w_1 u_1 + w_2 u_2 + \cdots + w_n u_n \tag{1}$$

其中，权数 w_i 代表特定组别人群在劳动力总数中所占的比重，譬如黑人年轻人所占的权重。

方程（1）表明总失业率可能由于以下两种原因而变化：（1）所有各组人群失业率的变动；或者（2）权数移向失业率变得高于（或低于）平均失业率的那一组人群。[①]例如，20 世纪 90 年代后半期与 21 世纪初期，青年相对于年龄较大的劳动者的人数将会提高。由于青年的失业率高于平均失业率，所以我们将看到即使是青年与年龄较大者两组的失业率都保持不变，全国的失业率仍可望升高。

周期性失业与摩擦性失业

周期性失业与摩擦性失业有重大区别。**摩擦性失业（frictional unemployment）是指当经济处于充分就业状态时存在的失业。**摩擦性失业是由于劳动市场的结构而产生的——由于经济中工作的性质和社会习惯以及影响工人与厂商行为的劳动市场制度（如失业救济金）而产生的。摩擦性失业率与自然失业率相同，我们将在下文详细讨论。**周期性失业（cyclical unemployment）则是超过摩擦性失业的失业部分，它发生于产出低于其充分就业水平的时候。**

牢记这些初步讨论后，我们现在转而对失业作更进一步的探讨。

劳动市场的流动

劳动市场周转（labor market turnover），即流入与流出于失业与就业间以及各个岗位之间，——其规模很大。[②] 表 7 - 2 显示了 2012 年平均每月流入与流出的就业数量。通过将净就业变化分成几个不同的组成部分，这些数据（遗憾的是不再搜集该项数据）显示了劳动市场中的移动或流动。

表 7 - 2 展现出劳动力移动值得注意的情况。2015 年制造业公司每 100 名雇员中每月平均要新加入 2.1 人，同时每 100 名雇员中平均每月要退出 2.1 人。这些数据表明，人们一直在获得或离开工作岗位。

表 7 - 2　2012 年制造业中的劳动力周转率

（单位：每 100 名雇员，月平均数）

入职	离职			
聘用	辞职	解雇*	其他	总计
2.1	1.1	0.8	0.2	2.1

*包含非自愿离职。

资料来源：Bureau of Labor Statistics, Job Openings and Labor Turnover Survey.

① 参见，例如，Robert Shimer, "Why Is the U. S. Unemployment Rate So Much Lower ?" *NBER Macroeconomics Annual*, 1998。

② 这一领域的重要文献包括：Robert E. Hall, "Why Is the Unemployment Rate So High at Full Employment?" *Brookings Papers on Economic Activity* 3 (1970); and George Akerlof, Andrew Rose, and Janet Yellen, "Job Switching, Job Satisfaction and the U. S. Labor Market," *Brookings Papers on Economic Activity* 2 (1988)。

失业的持续时间

观察失业流出流入的第二条途径，是考虑失业的持续时间。**失业期（spell of unemployment）是指一个人保持连续失业的时间，而失业的持续时间是指一个人保持失业的平均时间长度。**

通过观察失业的持续时间，例如人们是否很快就能获得工作，也能很快“跳槽”，我们就能够理解失业通常是不是短期的，以及长期失业是不是主要问题。表 7－3 显示了低失业率的 2000 年与高失业率的 2009 年失业持续时间的数据。从历史上看，当失业率较高时，失业的持续时间也较长。①

表 7－3　失业的持续时间

资料来源：Bureau of Labor Statistics.

失业长度	失业的百分比（%）		
	2006	2009	2015
少于 5 周	37.3	22.2	28.9
5～14 周	30.3	26.8	27.7
15～26 周	14.7	19.5	15.3
27～51 周	7.6	15.2	9.4
52 周及以上	10.0	16.3	18.6
平均周数	16.8 周	24.4 周	29.2 周
周数中位数	8.3 周	15.1 周	11.6 周
失业率	4.6	9.3	5.3

衰退、复苏和失业时间变动

经济学家通常将总量的经济波动看作所有经济部门一起波动。当衰退过去之后劳动市场的复苏到来时，“伴随失业的复苏”这个词语就成为头条新闻。因为在衰退刚刚结束的那个时期，真实的情况是失业率居高不下。所以，即便在衰退结束后的维持时间，仍然处于失业状态。

经济全部复苏之后失业呆滞的第一个原因是机制方面的。在衰退末期，经济周期到达波谷。因此，在衰退末期，商业活动仍旧处于低点，即便经济开始向上反弹。我们期望失业减少，但仍处于较高的失业水平。对于那些仍然处于失业状态的人们，晚一点找到工作并没有什么关系，他们只是并没有感觉到衰退已经结束。

抛开衰退的含义和失业周期之间的联系机制不谈，“伴随失业的复苏”在过去的 20 年间的情况似乎在恶化。（参见专栏 7－2 对这种变化的一个原因的讨论。）图 7－3 给出了 1973 年以来失业率和衰退的情况。在 1973—1975 年底、1980 年和 1981—1982 年的衰退中，失业率很高，但是它大致上是在衰退结束的相同时间开始下降。与之形成对照的

① 参见 Michael Baker，in “Unemployment Duration：Compositional Effects and Cyclical Variability”，*American Economic Review*，March 1992。该文说明当失业率上升时，劳动市场各种组别的失业持续时间都趋向于增加。要注意 2009－2015 年间，失业率从 9.3% 骤然下跌到了 5.3%；与理论相一致，许多周失业率中位数也由 15.1 周下降到 11.6 周。但是，这些周失业率的平均数在这一期间实际上却从 24.4 周上升到 29.2 周。大多数劳动力似乎回到了与大萧条时期相似的更传统的就业方式，同时，值得注意的少数群体（比以前大得多）却在失业状态中熬着年头。这扭曲了较高失业率时期的平均值，甚至降低了中位数。

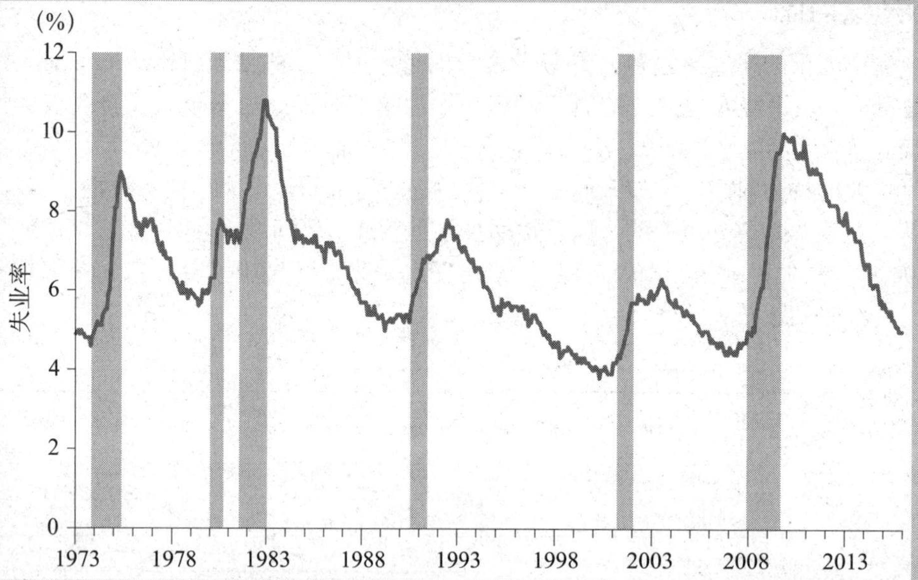

图 7-3　1973—2015 年美国国民失业率和衰退
资料来源：Bureau of Labor Statistics.

是在随后的 1990—1991 年和 2001 年的衰退中，失业率却在继续攀升。所以，以此衡量，劳动市场的情况即便是在衰退过去后还会继续恶化——这就是“伴随失业的复苏”这一术语的含义。

失业的多种度量

准确地认定谁可以被算作失业并不容易。如果女性离开其每天发出 12 份简历并走进店铺求职才找到的工作岗位，那么，即使她们被雇用，显然也是“失业的”。但如果那些实际上退休的人，恰好有机会再去打零工，会算在内吗？由于没有一个完美的答案，劳工统计局发布了六种不同的失业衡量方法。叫做 U-3 的官方数据，就是按照本章上面给出的定义计算的。

劳工统计局发布了六种不同的失业衡量方法。可以从表 7-4 看到，U-1 和 U-2 使用了较窄的失业定义（所以衡量的失业率较低），而 U-4 和 U-5，以及 U-6 使用了六种衡量方法中较宽松的衡量标准。

表 7-4　失业的几种定义
资料来源：Bureau of Labor Statistics，http：//www.bls.gov/lau/stalt.htm.

衡量方法	定义
U-1	15 周或更长时间失业的人
U-2	失去工作并结束了暂时工作的人
U-3（官方数据）	在过去 4 周内实际寻找工作或者等待从裁员中被召回的人
U-4	U-3 加上丧失信心的工人
U-5	U-4 加上其他所有在工作边缘的人
U-6	U-5 加上由于经济原因而做零星工作的人

有时，我们听到一位政治家指责另一位政治家使用官方的失业率来“掩饰事情的糟糕程度”。（当然，按照劳工统计局在互联网上公布的六种衡量方法，实际上并没有“掩饰”什么。）真相是，U-6 代表的失业率是 U-3 的两倍。但数据基本上被一起上下移动，其相关性高于 95%。在繁荣时期，官方失业率下跌到低于 5%，而 U-6 下跌到 8%～10% 的范围内。在较差时期，二者都变动到很高的数字。按照我们在经济周期中的衡量，只要坚持一种衡量方法进行一次彻底的比较，使用何种衡量方法并不特别重要。

[专栏 7-2] 我们还知道什么？

裁员、失业持续时间与衰退后的复苏

失业持续时间增加的一个可能解释是，20 世纪 90 年代初遍及美国的公司“裁员”运动。在典型的经济复苏中，失业工人重返他们原来的工作岗位或者在其他企业找到了相同的工作。1991—1992 年衰退之后，许多工作，尤其是许多管理工作被永久淘汰了。其结果是，失业工人不得不花费更长时间来寻找工作，从而失业持续的时间延长了。

图 1 表明整个 20 世纪 90 年代前半期，平均失业持续时间仍保持在高水平上。这进一步表明，失业出现了不均衡的分布结果。在 2000 年，失业工人相对减少，但失业者已经长期失去了工作。在 2007—2009 年的大衰退中，长期失业创下历史新高。

2012 年末，在美国官方公布的大衰退结束日之后，所有失业工人中有近 40% 的失业者长达半年以上没有工作。

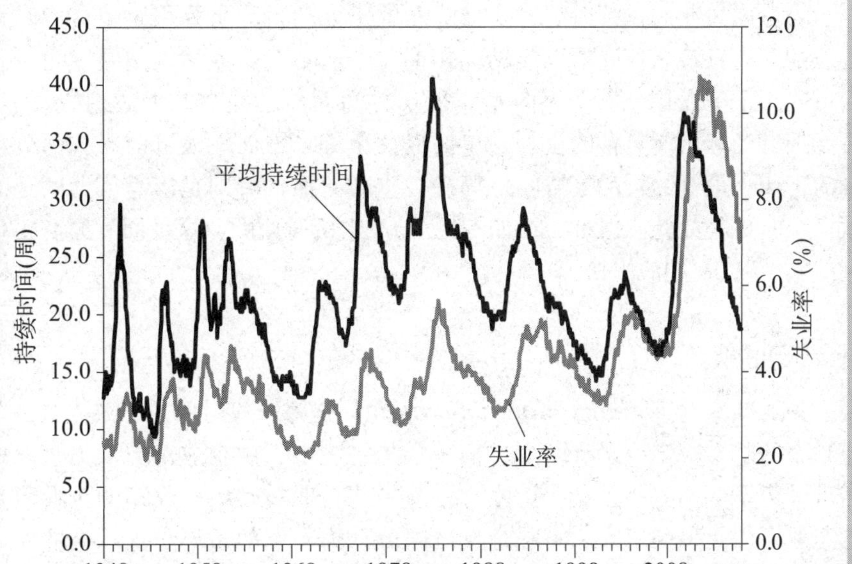

图 1　1948—2015 年失业率与失业持续时间

资料来源：Bureau of Labor Statistics.

7—3　充分就业

充分就业或自然失业率、摩擦性失业率的概念，在宏观经济学和宏观经济政策方面发挥着核心作用。我们首先讨论自然失业率的理论，随后转向探讨对自然失业率的估计。

自然失业率的决定因素

我们可以根据失业的**持续时间**（duration）或**失业频率**（frequency）来考虑自然失业率 u^* 的决定因素。失业的持续时间取决于周期性因素，还取决于下面提及的劳动市场的结构特征：

- 劳动市场的组织，包括就业中介机构、青年就业服务等类似机构存在与否。
- 劳动力的人口统计构成。
- 失业者持续寻找一份更好工作的能力和愿望，这种情况部分取决于能否获得失业救济金。

最后一点尤其值得注意。一个人可能辞职，以便有更多时间来寻找新的和更好的工作。我们把这种失业称为**搜寻性失业**（search unemployment）。如果所有工作都相同，失业者会选择提供给他的第一份工作。如果某些工作优于其他一些工作，那么，寻找并等待更好的工作就是值得的。失业救济金越高，人们越会持续寻找一份更好的工作，也越有可能辞掉他们现有的工作，试图找到一份更好的工作。于是，失业救济金的增加，将导致自然失业率的增加。

当考虑失业的持续时间时，被解雇的工人的行为也是很重要的。一般而言，已经被解雇的工人，将重新返回以前的工作岗位，而不会花太多时间寻找另一份工作。原因很简单：一个工人在一家企业内工作很长时间后，已经掌握了适用于该企业的专门技能，可能拥有老资历所具备的权利，包括退休金等，因而不太可能寻找另外一份支付更高薪酬的工作。最好的行动策略就是等待被重新召回，特别是当等待期间还有资格获得失业救济金时更是如此。但是，正如专栏 7－2 中所讨论的，这种回到原有工作的格局，在 20 世纪 90 年代初期似乎垮掉了。

失业频率

失业频率（frequency of unemployment）是每一段时间内，工人失业的平均次数。失业频率的基本决定因素有两个。第一个是经济中不同企业对劳动力需求的差异。即使总需求固定不变，一些企业在扩张，另外一些企业在收缩。收缩的企业解雇工人，而扩张的企业雇用更多的工人。不同企业之间劳动力需求的差异越大，失业率越高。第二个决定因素是新工人进入劳动力行列的速度：新工人加入劳动力行列的速度越快——劳动力增长速度越快，自然失业率越高。

影响失业持续时间的三个因素与影响失业频率的两个因素是自然失业率的基本决定因素。这些因素显然是随时间变化而变化的。劳动市场结构和劳动力的结构会改变，不同企业对劳动力需求的差异会发生变化。正如埃德蒙·费尔普斯（Edmund Phelps）所注意到的，自然失业率不是“类似于光速这种不受太阳下面任何事情影响的、在各时期之间都不变化的”[①]。

对自然失业率的估计

对自然失业率的估计一直处于变动之中。从 20 世纪 60 年代的大约 4%，到 80 年代早期的 6%，再到 90 年代末的 5.2%和 2000—2010 年的 4.8%。把处于均衡状态的劳动市场作为某些时期的基准，因此，对自然失业率的估计不免具有实用主义的观点。

估计的基础是一个非常类似于方程（1）的关于自然失业率（我们用 u^* 表示）的方程：

$$u^* = w_1 u_1{}^* + w_2 u_2{}^* + \cdots + w_n u_n{}^* \tag{2}$$

方程（2）表明自然失业率是劳动力中各个组别人群自然失业率的加权平均数。估计通常从类似于 20 世纪 50 年代中期的一个时期开始，当时的总失业率为 4%，随后，根据劳动力组成（即权数 w）的变化和各组人群自然失业率（即每一组的 u^*）的变化加以调整。

对劳动力构成变化的第一组调整考虑了劳动力中诸如青年所占份额增加等变化，因为在劳动力中，青年人的自然失业率较高。这些调整提高了自然失业率，但提高得很少。[②]第二组调整试图以不同方式考虑诸如失业救济金之类的自然失业率基本决定因素的变化。

国会预算办公室（CBO）提供了一份对于充分就业与失业比率的官方估计。图 7-4 给出了 CBO 关于自然失业率和实际失业率的估计图形。重要的是要认识到充分就业率 u^* 只不过是一个基准，应该正确地将其看成是至少具有 1%的上下波动幅度的范围。[③]许多经济学家都认为自然失业率随时间而产生的变化比图 7-4 所反映的变化还要大。

人们一致同意自然失业率会随着时间发生变化。计量自然失业率问题再度成为一个积极研究的领域。一些研究者，著名的有道格拉斯·斯泰格（Douglas Staiger）、詹姆斯·斯托克（James Stock）与马克·瓦特森（Mark Watson），认为自然失业率的可能值范围太广，以至对政策决策来说，几乎没有什么用。但另外一些研究者，尤其是罗伯特·戈登（Robert Gordon）认为，尽管自然失业率随时间而变化，但一个特定日期自然失业率的值还是能够被相当精确地加以估计的。[④]

---

① 参见 E. S. Phelps，“Economic Policy and Unemployment in the Sixties，” *Public Interest*，Winter 1974。

② 例如，人口统计上的调整可参见：Brian Motley，“Has There Been a Change in the Natural Rate of Unemployment?” Federal Reserve Bank of San Francisco *Economic Review*，Winter 1990。

③ 实际上，CBO 有另外一种估计自然失业率的重要方法，即**非加速通货膨胀的失业率**（nonaccelerating inflation rate of unemployment，NAIRU）。这一听起来可怕的术语来自使用如 $\pi = \pi_{-1} + \varepsilon(u - u^*)$ 形式的菲利普斯曲线，其中 π_{-1} 代表预期通货膨胀率。然后通过找到通货膨胀既不加速也不减速时（即 $\pi = \pi_{-1}$ 时）的失业率来估计自然失业率 u^* 或 NAIRU。这种估计方法也表明 NAIRU 随时间推移而上升。

④ 1997 年冬季号 *Journal of Economic Perspectives* 上有一篇对该争论的详细讨论。着重参见 Robert J. Gordon，“The Time-Varying NAIRU and Its Implications for Economic Policy，”还可参见 Douglas Staiger，James H. Stock，and Mark W. Watson，“Prices，Wages and the U. S. NAIRU in the 1990s，” in Alan B. Krueger and Robert M. Solow (eds.)，*The Roaring Nineties：Can Full Employment Be Sustained?*（New York：Russell Sage Foundation，2002），以及 Athanasios Orphanides and John C. Williams，“Robust Monetary Policy Rules with Unknown Natural Rates，” *Brookings Papers on Economic Activity* 2 (2002)。

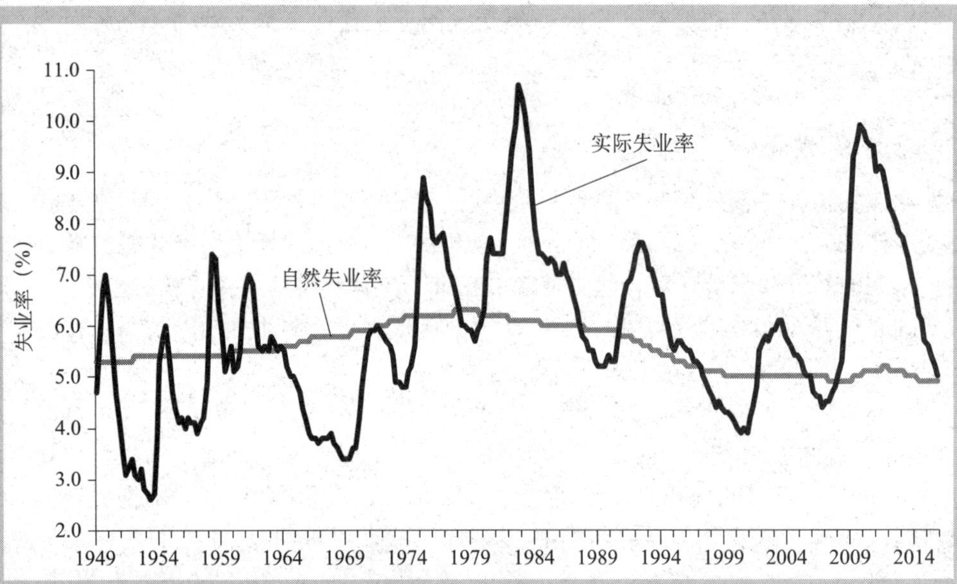

图 7-4　1949—2015 年间的自然失业率和实际失业率

资料来源：Federal Reserve Economic Data [FRED].

呆滞现象与上升的自然失业率

1973—1988 年，美国失业率远高于使用人口统计调整方法估计出来的自然失业率。更令人吃惊的是，20 世纪 70 年代欧洲的平均失业率为 4.2%，但在 80 年代，却上升为接近 10%。一些经济学家认为，长期失业率不可能偏离自然失业率太远，因而欧美的自然失业率在 20 世纪 80 年代必然有很大程度的上升。

一个可能的解释是持续的高失业率时期抬高了自然失业率，这种现象被称为**“失业呆滞”**（unemployment hysteresis）。[①]这一现象可能通过不同途径发生。失业者可能会变得习惯于不工作。他们会搞清楚失业的好处，弄明白如何争取到该好处，以及如何做零工消磨时光。或许他们会感到灰心，而不再全力以赴地搜寻工作岗位。

潜在雇主的行为也会加剧这一问题。例如，他们可能相信一个人失业得越久，就会越丧失工作的热情和工作资格。长期失业会给厂商以该工人可能不称职的信号（并不一定!），因此，厂商将这些工人拒之门外。这样，失业率越高（从而失业时期越长），失业时期越长这一恶性循环就越难以打破。

[专栏 7-3]　我们还知道什么?

失业的国际透视

战后初期（实际上，直到 20 世纪 60 年代），其他工业化国家的失业率明显远低于美国，但是这种

① 参见 James Tobin, "Stabilization Policy Ten Years After," *Brookings Papers on Economic Activity* 1 (1980); and Olivier Blanchard and Lawrence Summers, "Hysteresis in the Unemployment Rate," *NBER Macroeconomics Annual*, 1986。

情况没有再次出现，一些国家现在的失业率比美国更低，而其他一些国家的失业率则比美国更高。这是因为不同的劳动市场安排导致了结构性失业的差异化。

在大衰退期间，不同国家都经历了不同程度的失业剧烈变化。表 1 显示了许多工业化国家在大衰退前后的失业率水平。注意德国在此期间的失业率是不断下降的，而希腊的失业率则翻番。在盛产石油的挪威，依据挪威标准失业率大大提高了，但即使在最糟糕的情况下挪威的失业率依然保持在一个令其他国家艳羡的较低水平。西班牙的失业率高且持续时间较长，基本上每 4 人就有多于一人处于失业状态。

失业相对于经济问题而言更多是一个政治问题，我们必须要知道长期忍受的极端失业水平达到什么程度将会危害社会结构。

表 1　作为劳动力比例的失业率

资料来源："Labour Market Statistics: Labour Force Statistics by Sex and Age: Indicators," OECD Employment and Labour Market Statistics (database)；关于失业的定义与美国的统计略有不同。

(%)

	2007	2009	2011	2013	2015
澳大利亚	4.4	5.6	5.1	5.7	6.1
奥地利	4.9	5.3	4.6	5.3	5.7
比利时	7.5	7.9	7.1	8.4	8.5
加拿大	6.0	8.3	7.5	7.1	6.9
智利	7.1	9.7	7.1	5.9	6.2
捷克共和国	5.3	6.7	6.7	7.0	5.0
丹麦	3.8	6.0	7.6	7.0	6.2
爱沙尼亚	4.6	13.5	12.3	8.6	6.2
芬兰	6.8	8.3	7.7	8.2	9.3
法国	7.7	8.7	8.8	9.9	10.4
德国	8.6	7.7	5.8	5.2	4.6
希腊	8.4	9.6	17.9	27.5	24.9
匈牙利	7.4	10.0	11.0	10.2	6.8
冰岛	2.3	7.2	7.1	5.4	4.0
爱尔兰	4.8	12.2	14.6	13.8	9.7
以色列	9.3	9.5	7.1	6.2	5.3
意大利	6.1	7.7	8.4	12.1	11.9
日本	3.9	5.0	4.5	4.1	3.3
韩国	3.2	3.6	3.4	3.1	3.6
拉脱维亚	6.1	17.5	16.2	11.9	9.9
卢森堡	4.1	5.1	4.9	5.8	6.7
墨西哥	3.3	5.1	5.2	5.0	4.3
荷兰	3.6	3.7	4.4	6.7	6.9
新西兰	3.7	6.1	6.5	6.3	5.8
挪威	2.5	3.2	3.3	3.5	4.4
波兰	9.6	8.2	9.6	10.3	7.5
葡萄牙	8.0	9.4	12.7	16.2	12.4
斯洛伐克	11.0	12.1	13.6	14.2	11.5
斯洛文尼亚	4.8	5.9	8.2	10.1	9.0
西班牙	8.2	17.9	21.4	26.1	22.1

续前表

	2007	2009	2011	2013	2015
瑞典	6.1	8.3	7.8	8.0	7.4
瑞士	3.6	4.1	4.0	4.4	4.5
土耳其	10.3	14.0	9.8	9.7	10.3
英国	5.3	7.7	7.8	7.7	5.5
美国	4.6	9.3	8.9	7.4	5.3
OECD	5.6	8.1	8.0	7.9	6.8

降低自然失业率

讨论降低自然失业率的方法，会集中在青年人的高失业率和占总失业相当高比例的长期失业这两方面。

我们先从青年失业问题开始。青年进入或离开劳动市场，部分原因是他们担任的工作没有特别的吸引力。为了改善工作，一些欧洲国家，特别是德国，强调为青年提供技术培训，使得他们坚持从事报酬更高的工作。在欧洲的学徒制度下，青年人接受在职培训，也受到广泛的赞誉，不仅在于它为青年提供严肃的工作，而且在于使他们成为长期中颇具生产力的工人。

青年的工资（平均说来）接近于最低工资而不是接近经验丰富的工人的工资。很多青年只挣到最低工资，如果允许，一些人甚至会挣得更少。根据这种情况，降低最低工资也许是减少青年失业率的一条途径。但是，准许给予青年“最低线以下”工资的计划似乎只是缓和了最低工资法所涉及的失业负效应。①

失业救济金

接下来，我们讨论失业救济金对失业的意义。**替代率**（replacement ratio）是一个关键概念。**替代率是指失业时的税后收入与就业时的税后收入的比率。**

失业救济金从两个方面提高失业率。首先，失业救济金让人们有更长的时间去求职。替代率越高，失业者求职的紧迫感就越小。费尔德斯坦（Feldstein）和波特巴（Poterba）认为，高替代率显著影响**保留工资**（reservation wage），即为使一个接受失业救济金的人愿意到新职位再就业所需的工资水平。②

失业救济金对失业率的影响在欧洲是一个特别敏感的问题。许多观察家认为，欧洲的高失业率来源于其过高的替代率。帕特里克·明福德（Patrick Minford）认为：“从鼓励参与就业的观点来看，这样的情景令人沮丧。替代率是这样一个比率，即如果一个人

① David Neumark and William Wascher，“Employment Effects of Minimum and Subminimum Wages：Panel Data on State Minimum Wage Laws，” *Industrial and Labor Relations Review*，October 1992，46，no. 1，pp. 55－81；and Sabrina Wulff Pabilonia，“The Effects of Federal and State Minimum Wages upon Teen Employment and Earnings，” Bureau of Labor Statistics working paper，May 2002.

② Martin Feldstein and James Poterba，“Unemployment Insurance and Reservation Wages，” *Journal of Public Economics*，February-March 1984.

‘利用该制度’求职，总的说来，对于一个已成家的人，求职的激励是相当小的。”①

第二个渠道就是**就业稳定性**（employment stability）。有了失业保险后，就业和失业的后果就不如以前那么严重了。②由此认为，工人和厂商就不会尽最大努力去关心创造高度稳定的就业，厂商更愿意暂时解雇工人而不是设法保留他们的工作职位。**经验评级**（experience rating）可以减轻就业稳定性效应。向员工失业率高的企业征收较高的失业保险税，以此刺激该企业走向更稳定的就业。但是，由于经验评级并不会使企业承担失业保险的全部费用，因而它只是部分地起减轻作用。

除改变实际失业之外，失业救济金还通过**公告效应**（reporting effect）提高失业率的统计数。为了领取失业救济金，一个人必须是寻求工作的“在册劳动力”，尽管他实际上并不需要工作。因此，他是被当作失业者对待的。一项估计认为，公告效应将失业率提高了近 0.5 个百分点。

在失业救济金确实增加了自然失业率方面，看来存在较少疑问。③但这并不意味着应该取消失业救济金。通过对工人寻找工作的过程给予补助，失业保险也许会提高经济效率，从而改进工人与雇主之间的相互适应程度。而更重要的是，谁成为失业者，谁不是失业者，有相当大的随机性，而在分担失业负担方面也存在公平的问题。在失业救济的设计中，同样有一个减轻失业者遭受的痛苦和高救济金会提高自然失业率的可能性二者之间的权衡问题。④

7—4 失业的代价

对于失业者个人来说，当他失业时，既受到损失收入之苦，又受到长期失业引起的有关社会问题之苦。整个社会由于失业而遭受损失，因为总产量将低于其潜在水平。

本节对由失业导致的放弃一定产量的代价进行了估计，并澄清了有关失业成本和减少失业的潜在收益的问题。我们强调与短期偏离自然失业率有关的周期性失业的代价。

周期性失业的代价

产出损失是计量周期性失业代价的主要尺度，因为它表明经济处于非充分就业状态。我们应用奥肯定律，可以估计出损失的产量。

根据奥肯定律，失业率每超过自然失业率 1%，该经济大约丧失 2%的产量。2007—2009 年衰退的复苏是非常缓慢的，2009 年失业率达到 9.3%，是 20 世纪 80 年代早期以

① Patrick Minford, *Unemployment, Causes and Cures* (Oxford: Basil Blackwell, 1985), p. 39.

② 兰德尔·赖特（Randall Wright）认为，欧洲失业保险金补偿缺少的工作小时，而不像美国和加拿大那样补偿整个失业。他的结论是，欧洲体制导致就业的变动较少，而每个工人工作时间的变动则较大。参见其论文“The Labor Market Implications of Unemployment Insurance and Short-Time Compensation,” Federal Reserve Bank of Minneapolis *Quarterly Review*, Summer 1991。

③ 最令人信服的证据发现失业救济金停止发放（一般是失业后的 26 周或 39 周）之日，正是失业时期结束、工人回到其工作岗位之时。参见 Lawrence Katz and Bruce Meyer, “Unemployment Insurance, Recall Expectations, and Unemployment Outcomes,” *Quarterly Journal of Economics*, November 1990。

④ 这种权衡关系是最近几次经济衰退中，国会和里根与布什政府之间争论的焦点：国会通常投票赞成将失业救济金的支付期限再延长三个月以帮助失业者，而政府有时认为此举会提高失业率。

来的最高水平。根据国会预算办公室的估算，自然失业率是 4.8%，我们计算出 2009 年实际失业率与自然失业率的差距是 4.5%，导致实际 GDP 丧失 9%。损失金额是 11 680 亿美元。

这些巨额损失引发出这样的问题，即为什么决策者能容忍如此高的失业呢？

失业对收入分配的影响

尽管奥肯定律的估计提供了计量全部周期性失业代价的基本尺度，但也必须考虑失业对收入分配的影响。典型的情况是，总失业率增加 1%将伴随着黑人的失业率增加 2%（见图 7-2）。一般而言，失业对穷人的打击比对富人的打击要大，根据这一情况，应增加对该问题的关注。

奥肯定律的估计包括所有的失业者丧失的全部收入。但原则上，经济中的这种总损失会以不同的方式分配给不同的人。例如，人们可以想象，失业者会继续领取救济金，其总额接近他们就业时所得到的收入。该项救济金通过向在职个人征税提供。在这种情况下，失业者不因失业而遭受收入损失，但社会仍然因总产量的下降而遭受损失。失业补偿制度只是部分地，但绝不能全部地分担失业损失。

其他损失和收益

失业还有其他损失吗？或者就此事而言，有任何补偿性利益吗？一种可能的补偿性利益，是由于失业者不工作而产生的更多闲暇。然而，这种闲暇的价值很小。本来，大多数这种闲暇是不需要的。

其次，由于人们挣工资需要缴税，社会一般是从在职者那里以税收形式得到利益。当一个工人失去其工作时，社会在很大程度上与工人分担了丧失产出的损失，社会损失了税收，而工人失去了工作。这是一个附加理由，说明增加闲暇的利益只能对奥肯定律估计的周期性失业损失提供部分补偿。

长期失业的救济金

在美国，失业救济金一般限定在 6 个月。在一些失业率特别高的州，其提供的“延长救济金”可再支持额外的 20 周。作为衰退时期的实际做法，国会通常会将救济金延长到 6 个月标准之上。在大萧条和伴随而来的高失业时期，失业救济金将被延长到近 2 年。这就产生了一个问题：延长失业救济金较长一段时间会削弱失业者寻找工作的需求并显著增加失业吗？

这个问题的答案是：“不太会”。杰西·罗斯坦（Jess Rothstein）[①] 的研究表明，在大萧条后，失业救济金增加一倍会使失业率提高 0.2～0.5 个百分点，实证表明取消救济金会降低失业率。请记住，延长失业救济金将以两种方式影响计量的失业水平：（1）一些失业工人会停止寻找工作（或仅是看起来努力地寻找工作以得到救济金）；（2）一些失业工人决定继续寻找工作，而不是放弃并离开劳动力队伍（这些工人保持“失业”而不是“离开劳动力队伍”）。前者会对经济产生负面影响，而后者的影响是正面的。罗斯坦估算

---

① Jesse Rothstein, “Unemployment Insurance and Job Search in the Great Recession,” *Brookings Papers on Economic Activity*, 43, no. 2 (Fall 2011).

这些轻微影响中只有一半来自负面影响。

本章提要

1. 对美国失业的分析，揭示出失业的频繁性和短期性。但是长期失业已占美国失业相当大的部分。

2. 年龄组和种族组中的失业率存在显著差异。黑人青年中的失业率最高，而成年白人的失业率最低。青年人和少数族裔的失业率比中年白人高得多。

3. 自然失业率或摩擦性失业率的概念是指即使在充分就业时仍存在的那部分失业。这种失业是在人们调换工作时，由于劳动市场的自然摩擦而引起的失业。自然失业率很难衡量，但比较一致的估计约为从 20 世纪 50 年代中期的 4%提高到目前的 5.5%。官方（CBO）估计是 4.8%。

4. 减少自然失业率涉及劳动市场的结构性政策。像最低工资之类遏制就业和培训的因素，以及高失业救济金之类刺激延长寻找工作时间的因素，都会提高自然失业率。失业也会表现出滞后现象，长期的高失业会提高自然失业率。

5. 失业的代价是失业者心理上的痛苦和财务上的牺牲，以及产量的损失。另外，失业率越高，对社会上穷苦成员的打击越大。

关键术语

贝弗里奇曲线	摩擦性失业	保留工资
周期性失业	指数化	搜寻性失业
收入分配的后果	劳动力	失业期
就业者	劳动市场周转率	失业者
就业稳定性	解雇	失业
经验评级	替代率	失业呆滞
失业频率	公告效应	失业后备军

习题

概念题

1. 讨论在下列情况下，政府（联邦、州、地方）减少失业的策略：(a) 在衰退行业中；(b) 在不熟练工人中；(c) 在经济萧条地区；(d) 在青年中。并解释在这些不同组别，你期望看到的失业类型，并解释在这些组别，失业的相对持续时间。

2. 讨论下列变化如何影响自然（或摩擦性）失业率：

a. 取消工会；

b. 青年参与劳动市场的程度提高；

c. 总需求水平的较大波动；

d. 提高失业救济金；

e. 取消最低工资的规定；

f. 总需求组成部分的较大波动。

3. 讨论成年人与青年失业情况的差别。这（平均来说）对各个组别寻找的工作类型有什么意义？

4. 在夏季，削减最低工资会降低厂商的劳动成本，但也降低了最低工资获得者的工资收入。

a. 谁从这种措施中获益？

b. 谁受到损失？

c. 你支持这种方案吗？

5. 有人说，由于在长期通货膨胀会下降并且不会增加失业，因此，应该将通货膨胀降到零。其他人认为一个稳定的通货膨胀率，比如 3%，应该是我们追求的目标。这两个论点赞成与反对的各是什么？你认为降低通货膨胀与失业的长期妥善目标是什么？

技术题

1. 以下信息将用来计算失业率：假定有两个主要组别，成年人与青年，成年人分为男性与女性。青年占劳动力的 10%，成年人占 90%，女性占成年劳动力的 35%。再假定这些组别的失业率如下：青年 19%，男性 7%，女性 6%。

a. 计算总失业率。

b. 如果青年占劳动力的比例由 10%增加到 15%，那会怎样？这将如何影响总失业率？

操作题

1. 在 www.whitehouse.gov/administration/eop/cea/economic-report-of-the-President 网站上找到 *Economic Report of the President*，找出 2005 年、2010 年和 2015 年的失业数据。使用四个劳动力组：16～19 岁年龄中的男性和女性组，和 20 岁以及 20 岁以上年龄中的男性和女性组。假定这四组劳动力份额在下表中给出，如果这四组劳动力的失业率处于他们 2010 年的水平，那么 2005 年和 2015 年的失业率是多少？解释这个结果。

按人口统计分组的劳动力份额（%）

	16～19 岁		20 岁及以上	
	男	女	男	女
2005	2.1	2.1	51.2	44.7
2010	1.9	1.9	51.3	44.8
2015	1.8	1.8	51.4	45.0

2. 在 www.whitehouse.gov/administration/eop/cea/economic-report-of-the-President 网站上找到 *Economic Report of the President*，找出 2010 年和 2015 年失业持续时间的数据。依据这些年份的失业持续时间对失业的分配效应进行比较。请解释你发现的关系。

3. 奥肯定律（失业每增加 1 个百分点，GDP 将下降 2 个百分点）通过美国的失业-产出关系解释了这个概念。阅读本章后，你也许会想：其他国家的情况也是如此吗？在本练习中，我们对澳大利亚的失业-产出关系进行讨论（如果你感兴趣，也可以对其他国家重复该练习），看看奥肯定律是否适用。

a. 登录 http://bls.gov/fls 以及宾大世界表（http://rug.nl/ggdc/productivity/pwt），下载澳大利亚 1970—2012 年的失业率和 RGDP 数据，并保存为 EXCEL 文件。澳大利亚的失业数据可以在 http://bls.gov/fls 上找到，在“BROWSE ILC”下点击“ILC TABLES”；然后，在“Annual labor force statistics，1970 — 2012”，“Full series and underlying levels”下点击“By indicator”的“XLS”。通过点开“Penn World Tables”，“Excel”，找到 RGDP 并找到 EXCEL 文件中的澳大利亚的“rgdpe”系列数据。

b. 计算 RGDP（$[RGDP_t - RGDP_{t-1}] / RGDP_{t-1} \times 100\%$）的年度增长率和失业率的变动（$u_t - u_{t-1}$）。作一个散点图，以 X 轴表示失业率的变动，以 Y 轴表示 RGDP 增长率的变动。澳大利亚失业和产出之间的关系如何？形象地看，失业率增加一个百分点平均会使产出变动多少百分点？

c*. 如果你用 EXCEL 或统计程序进行统计分类，以便做下面的回归：

$$\text{RGDP 增长} = c + \beta \times \text{失业率的变动} + \varepsilon$$

其斜率意味着什么？其含义是什么？统计意义如何？你能进行检验并看看正常情况下取得 2%的数据困难吗？

8 通货膨胀

本章要点

- 预期通货膨胀的代价非常小，至少在工业化国家中，其成本是中等程度的损失。
- 非预期通货膨胀的代价可能相当大，主要是分配性损失，其中有大的受益者与大的受损者。

极高的通货膨胀的代价是显而易见的。货币是经济的润滑剂。在价格每月翻一番的国家，货币不再是有用的交换媒介，而且，有时候，产出急剧下降。但是在美国，通货膨胀通常处于较低的、一位数的水平上，因而通货膨胀的代价更难以识别。未预期到的通货膨胀很容易看出其分配性损失：债务人由于只需以较便宜的美元偿还其债务而受益，债权人因获得的是较便宜的美元而受损。经济学家很难理解为什么多少可预料的低水平通货膨胀不只是小麻烦。不过，抛开经济学家不谈，显然公众对通货膨胀极度厌恶，决策者忽视了它就会遭殃。

8—1 通货膨胀的代价

与失业不同，通货膨胀并没有直接的产量损失。在对通货膨胀代价的研究中，重要的是区分开在经济的交易活动中可以加以考虑的那种**完全预期到的通货膨胀**（perfectly anticipated inflation）与**不能完全预期到的或未预期到的通货膨胀**（imperfectly anticipated or unexpected inflation）。我们从完全预期到的通货膨胀开始讨论。

完全预期到的通货膨胀

假定某个经济长期经历着给定的通货膨胀率，比如5%，并且假定每个人都正确地预期到通货膨胀率继续为5%。在这样的经济下，所有的合同都将在5%的预期通货膨胀率基础上订立。

借贷双方都知道并一致地认为，偿还一笔贷款时的美元价值低于贷款人放出款项时所放弃的美元价值。名义利率因此要提高5%来弥补通货膨胀的影响。考虑到通货膨胀，长期劳动合同每年将工资提高5%，然后在双方同意的任何实际工资调整的基础上签订合同。长期租赁也要考虑通货膨胀。简言之，所有需要一段时间来履行的合同都要考虑到5%的通货膨胀的影响。其中包括税法，因为我们假定税收也是指数化的，税收等级每年也将相应上升5%。[①]

在这样的经济中，除了两个限定条件外，通货膨胀没有任何实际代价。（第一个限定条件来源于对货币，即纸币和铸币，不支付利息，因为很难做到这一点。）这意味着通货膨胀率上升，持有货币的成本也随之上升。

［资料8－1］ **历史故事**

非预期通货膨胀的个人体验

相对较低的非预期通货膨胀会影响你吗？假定明年物价非预期地上涨2%，你能够辨别出来吗？或者2%太小而不易察觉？对于我们大部分人而言，2%可能只是勉强触及我们个人预算的警示线。那么4%呢？我们可能会关注通货膨胀，甚至因关注而恼怒。但是除非我们个人的预算已处于承受的极限，4%可能也不算大的交易。

现在有一个稍微不同的情形。在18岁时你被承诺在65岁时将继承10万美元遗产。在此期间假如通货膨胀率平均为2%，那么10万美元只能买到大约4万美元的商品和服务。如果通货膨胀率平均为4%，那么遗产的价值仅为1.6万美元（大约）。那还不错……，但并不完美。

小规模非预期通货膨胀不是很重要。但是小规模通货膨胀如果持续很长时间将累积产生非常大的影响。

个人持有货币的成本，就是由于未持有生息资产所遭受的利息损失。[②]当通货膨胀率上升时，名义利率也上升，持有货币的利息损失增加，因此，持有货币的成本上升，对货币的需求相应地下降。个人持有的货币将不得不减少，以较少的货币应付支出，从而比以往去银行的次数增加，每次用支票取款的金额也比以前要少。这些跑银行的费用经常被称为通货膨胀的"鞋底成本"。这些成本和由于预期通货膨胀率上升所导致的货币需求减少的数量有关，据估计这些成本很小。一种估计是，美国的通货膨胀率从10%（以历史记录的标准看，是非常高的）下降到零，在长期内将等于增加1%的产量。[③]

第二个限定条件是，通货膨胀的**"菜单成本"**（menu cost）。这是由于存在通货膨胀，与价格稳定相反，人们不得不提高实际资源的价格，调整投币电话、自动售货机和收银机。这些成本确实存在，但人们不会大惊小怪。

这里需要补充说明的是，我们在这里假定的通货膨胀率是一位数的，或较低的两位数但还算温和的通货膨胀率，它低到不足以破坏整个支付系统的程度。在这样低的温和通货膨胀率下，完全预期到的通货膨胀的代价是很小的。[④]

---

① 为使税制能被合理地指数化，对利息课税应对资产的实际（扣除通货膨胀后）收益课税。

② 要注意的是，现金持有者实际上是在向政府提供无息贷款。高利率的直接影响是将收入从私人领域向公共领域转移。这有时被叫做"通货膨胀税"。

③ 参见 Robert E. Lucas, Jr.，"Inflation and Welfare，" *Econometrica*，March 2000。

④ 各国的证据清楚地显示，高通货膨胀率与持续的低增长率联系在一起。这种负面联系本质上并非由通货膨胀的成本引起。"通货膨胀率可看作是政府管理经济的总体能力的一个指标。如果没有合理的原因导致非常高的通货膨胀率，那么造成高通货膨胀的政府就是一个失去控制能力的政府"。（Stanley Fischer，"Macroeconomic Factors in Growth，" *Journal of Monetary Economics*，December 1993.）还可参见 V. V. Chari，Larry E. Jones，and Rodolfo Manuelli，"Inflation，Growth，and Financial Intermediation"；Michael Bruno and William Easterly，"Inflation and Growth：In Search of a Stable Relationship，" and Robert J. Barro，"Inflation and Growth，" all in Federal Reserve Bank of St. Louis *Review*，May-June 1996，and M. Bruno，"Does Inflation Really Lower Growth，" *Finance and Development*，September 1995。

完全预期到的通货膨胀的成本很小这一观点，与反映在决策和政治上对通货膨胀的强烈厌恶现象并不一致。引起这种厌恶现象的最重要原因，在于美国经历的是动荡的不能完全预期到的通货膨胀，其成本和本节所讨论的大相径庭。

不能完全预期到的通货膨胀

对通货膨胀进行充分调整的生动图景并不能描绘出现实世界里的经济情况。现代经济中包括不同的制度特征，它们象征着对通货膨胀的调整程度不同。如 20 世纪 70—80 年代的巴西和以色列等国的经济有着长期通货膨胀历史，通过实行指数化，对通货膨胀进行了重大的调整。而像美国之类的国家，通货膨胀只是经济中的插曲，没有进行这类调整。

未预期到的通货膨胀与有效的决策制定

大多数合同都是在名义量项目下签订的。如果你同意按照某些未来日期进行一系列款项的支付，并且通货膨胀无法预料地高，那么，你将很便宜地支付款项并会提前完成。当然，如果通货膨胀比预料的要低，你就会遭受损失。一些人会获得好处，另一些人则会遭受损失，两种情况必居其一。这意味着未预期到的通货膨胀具有带来额外风险因素的可能性。像这样的额外风险，将会减少一些本来在其他情况下在企业和消费者之间很有吸引力的相互交易。这显然是一种由未预期到的通货膨胀带来的损失和代价，尽管它很难衡量。

通过通货膨胀进行的财富再分配

通货膨胀的一个重要影响就是改变了以名义价值规定的资产的实际价值。1979—2012 年，美国的价格水平上升了 3 倍，将以货币价格规定的所有债权或资产的购买力削减到只相当于其原始价值的 1/3。[①]因此，某个人在 1979 年买进的 30 年期的政府债券，预期在 2012 年到期日收回本金 100 美元，按不变的购买力计算，最终他收到的 100 美元本金的购买力相当于 1979 年的 33 美元。类似地，一个在 1979 年退休，领取固定金额养老金的工人会发现他或她的收入仅能购买退休时的大约 1/3 的东西。价格水平上升了 3 倍（如果它是没有预期到的），将财富从债权人即债券持有人手中转移到借款人（即债务人）手中，从养老金领取者手中转移到企业手中。

这种再分配效应对所有以名义价值确定的资产都发生影响，尤其是对货币、债券、储蓄存款、保险合同以及一些养老金等。这一效应意味着资产**已实现的实际利率**（realized real interest rates）低于其名义利率，甚至可能为负数。显然，它是一种极端重要的效应，因为它能把用于养老的一辈子积蓄的购买力一扫而光。表 8-1 显示了各种资产的实际收益情况。我们注意到，当通货膨胀是正数时，货币的实际收益率为负数。

[专栏 8-1]　我们还知道什么？

预期到的通货膨胀真的没有代价吗？

预期到的通货膨胀基本上没有成本，但普通公众的观点似乎认为这差不多等于是说，“5%的通货

① 回顾第 2 章中所计量的通货膨胀可能高估了真正的通货膨胀。

膨胀使收入缩水5%”。这种误解很可能产生于以下观点：我们知道，在5%的预期通货膨胀率情况下，名义价格与名义工资都上升5%，因而实际工资不变。工人们会看到这5%的工资增长，但认为这是自己努力工作或工会谈判能力增强，或者所在企业经营成功的结果。价格上涨则被看成是侵蚀了他们“赚得”的收入。*

尽管经济学学生都懂得名义工资和价格的上涨与通货膨胀率有关，但他们很难使一般公众明白这一观点。

* 对该问题的一项很有趣的讨论，可参见 Alan Blinder，*Hard Heads*，*Soft Hearts*：*Tough Minded Economics for a Just Society*（Reading，MA：Addison-Wesley，1987）。

表8-1　资产的实际收益率

资料来源：Federal Reserve Economic Data（FRED）；以及作者的估算。

（%）

	1960—1969	1970—1979	1980—1989	1990—1999	2000—2009
货币	−2.4	−7.2	−5.5	−3.0	−2.6
3个月期国债	1.6	−0.9	3.3	1.9	0.1
10年期国债	2.3	0.3	5.1	3.7	1.9

由不能预期到的通货膨胀所产生的机构部门和个人之间财富再分配的得失，从整体经济来看，基本上相互抵消了。当政府从通货膨胀中获益时，私人部门则可减少纳税。当公司从通货膨胀中获益时，公司所有者所得利益以其他人的损失为代价。如果我们真的不关心个人之间的财富再分配，那么不能预期到的通货膨胀的代价也可忽略不计。个人之间的财富再分配还包括收入在代际的再分配，因为目前的国债债权人可能受到通货膨胀的损害——而未来的纳税人却从中得益。

谁从不能预期到的通货膨胀中受益，谁又从中受损？普遍的看法是老年人比青年人更容易受到通货膨胀的损害，因为老年人拥有更多的名义资产。但是，社会保障补助金的指数化可以抵消这种情况，因此，退休者财富的很大一部分都可得到保护，免于受到不能预期到的通货膨胀的损害。一般的政治上的花言巧语也宣称穷人特别容易受到未预期到的通货膨胀的侵害。尽管在其他国家有通货膨胀损害穷人利益的证据①，但在美国，似乎没有什么证据支持这种观点。②

通货膨胀在债权人和债务人之间再分配**财富**（wealth），也可以再分配**收入**（income）。一个曾经流行的观点总是认为，通货膨胀有利于资本家和利润收入接受者，而以工资收入者增加开支为代价。它认为，不能预期到的通货膨胀意味着价格上涨快于工资的提高，从而使得利润增加。对于第二次世界大战后的美国而言，尚无有说服力的证据来支持该结果。但有证据表明不能预期到的通货膨胀减少了普通股的实际收益，即股息和资本收益的实际价值。因此持股者受到不能预期到的通货膨胀的损害。③

通货膨胀的最后一个重要的分配效应涉及纳税义务的实际价值。税收结构指数化的失败意味着通货膨胀使公众进入更高的税收等级，从而提高其税收支付的实际价值，即

① 参见 Rebecca Blank and Alan Blinder，“Macroeconomics，Income Distrbution and Poverty，” in Sheldon Danziger and Daniel Weinberg（eds.），*Fighting Poverty*（Cambridge，MA：Harvard University Press，1986）。

② 参见 William Easterly and Stanley Fischer，“Inflation and the Poor，” *Journal of Money*，*Credit and Banking*，May 2001。

③ 参见 Charles R. Nelson，“Inflation and Rates of Return on Common Stocks，” *Journal of Finance*，May 1976。这是得出这一结论的最早的论文之一，它经受住了反复的检验。还可参见 Franco Modigliani and Richard Cohn，“Inflation，Rational Valuation and the Market，” *Financial Analysts Journal*，March-April 1979。该文对通货膨胀影响股市的原因提出了不同的意见。

减少个人的实际可支配收入。在税收等级没有指数化的情况下，通货膨胀的作用好像国会投票增加税收等级表一样。美国自 1985 年开始对税收等级实行指数化。[①]

不能预期到的通货膨胀的作用主要是再分配财富。这一事实引起了对公众关注关于通货膨胀的原因的一些探讨。通货膨胀的受益者的声音似乎不如受害者那样高，由于一些受益者（未来的纳税人）还没有出生，这几乎无可惊讶。也有一种观点认为，一般的工资收入者错误地理解了名义工资与价格水平上涨之间的联系。（参见专栏 8－1。）

［专栏 8－2］ 我们还知道什么？

在短期和长期内未预期到的通货膨胀

未预期到的通货膨胀非常重要吗？大多数国家通常都处于低水平的通货膨胀上，在短期内未预期到的通货膨胀并不是多大的问题。（在特别高的恶性通货膨胀下由于时间和地点不同，答案是有所区别的。参看本书 22—2 节关于恶性通货膨胀的论述。）假定你将通货膨胀率低估为 3%，就会发现当前的现金和以不变名义值计算的其他资产，每一美元在一年时间内将比你预计的减少 3 美分。当然，你也可以用稍微便宜一点的美元去偿还你欠下的任何名义债务。当通货膨胀率就像美国最近 10 年间的情况那样持续在 1%和 4%之间变动时，你很难想象出通货膨胀率在正在到来的年份里会超过 3%。

但是，假定你以固定的名义报酬签订一份 30 年期的合同，并且将通货膨胀率低估为在合同有效期内每年上升 3%。30 年结束时的 1 美元将仅值 41 美分。那么，这就是一个确实值得关注的不同性质的问题了。在美国，许多家庭以长期固定的名义偿付来抵押贷款购买房屋，以便房东能大体避免长期内未预期到的通货膨胀。也有些养老金计划采用固定支付方式——领取养老金的人确实可能受到未预期到的长期通货膨胀的损害。

8—2 通货膨胀与指数化：防止通货膨胀影响的经济

在本节，我们简要地考察两种特别受到通货膨胀影响的合同：长期借贷合同和工资合同。然后讨论通过**指数化**（indexation）来减少人们受到通货膨胀伤害的可能性。指数化使合同的条件与价格水平联结在一起。

通货膨胀和利率

有很多长期名义借贷合同，包括 20 年期政府债券和 25 年或 30 年期的抵押贷款。例如，一家公司可在资本市场上以 8%的年息销售 20 年期债券。但债券的实际（扣除通货膨胀后）利率是高是低，则要根据此后 20 年间通货膨胀率的情况而定。因此，通货膨胀率对长期贷款人和借款人而言，都是非常重要的，住房领域的情况尤其如此。

---

① 税收未按通货膨胀进行调整时，通货膨胀也会影响到利息和其他资产的实际税率。美国税法没有要求对资产收益的课税按通货膨胀进行调整。例如，当通货膨胀率为 5%时，利率是 6%。对于 100 美元的投资，处于 33%税级上的纳税人每得到 6 美元利息，就要缴纳 2 美元的税，只剩下 104 美元，这大约只相当于通货膨胀调整后的 99 美元。

通货膨胀与住房

美国和加拿大的家庭通常都是从银行或储蓄和贷款机构借钱购买住宅。通货膨胀和税收的相互作用，对借款的实际成本有很大影响。美国的抵押贷款（这是住房贷款的另一种说法）在传统上确定一个固定的名义利率，持续时期为 25 年或 30 年。利息支出在计算联邦所得税时扣除[1]，从而降低了贷款的有效利息成本。例如，假定边际税率为 30%，则名义利息成本为实际抵押利率的 70%。[2]

现在让我们考虑一下住宅投资的经济学。例如，某人在 1963 年购买一栋住宅，是以一笔 25 年期固定利息抵押贷款融资购置的。1963 年的抵押利率为 5.9%，随后 25 年间的平均通货膨胀率达到 5.4%，因此这笔借款的税前实际利息成本仅为 0.5%。此外，买房者还可从其税前收入中扣除因抵押贷款支付的利息。在利率为 5.9%、税率为 30%的情况下，免税额相当于每年 1.77%（5.9%的 30%），因而借款的税后实际成本为 −1.3%，确实是一笔不错的买卖！但是，通货膨胀当然可能比预期的要低，则借款人比其预期的情况要坏得多，而贷款人则赚了，而不是赔钱。

通货膨胀前景的不确定性是一种新的融资工具产生的原因之一，即**可调节利率抵押贷款**（adjustable rate mortgage，ARM）。它是**浮动利率贷款**（floating rate loan）的一个特例。这是一项长期贷款，其利率比照现行短期利率定期（譬如每年）进行调整。就名义利率基本上反映了通货膨胀的趋向而言，可调节利率抵押贷款减少了通货膨胀对购房融资的长期实际成本的影响。在美国，可调节利率抵押贷款和长期固定利率抵押贷款这两种方式目前都在采用。有趣的是，在加拿大，一种特殊的可调节利率抵押贷款（ARM）已经采用许多年了。

指数化债务

在那些通货膨胀率很高且不确定的国家中，已不可能以名义负债方式进行长期借款：贷款人对到期偿还贷款的实际价值心里太没底了。在这样的国家，政府一般实行**指数化债务**（indexed debt）。**当利息或本金或两者都根据通货膨胀进行调整时，债券就（按价格水平）指数化了。**[3]

指数化债券的持有人收到的利息等于宣布的实际利率（譬如说 3%）加上通货膨胀率。如果通货膨胀率为 18%，债券持有人接受 21%的利率。如果通货膨胀率为 50%，事后支付的名义利率为 53%。通过这种方式，债券持有人在通货膨胀中得到补偿。

许多经济学家争辩，政府应该实行指数化债务，以便公民们至少能持有一种具有安全实际收益的资产。然而通常只有那些高通货膨胀国家的政府，诸如巴西、阿根廷和以色列等国，才实行指数化债务，因为如果不这样做，这些政府就借不到钱了。

在低通货膨胀国家中，英国政府自 1979 年开始发行了指数化债券。美国财政部于 1997 年开始发行指数化债券，希望“通货膨胀保险”的价值能够降低政府支付的实际利率。当然，由于很多国家的社会保险福利支出已有效地实现指数化，这些国家的公民确

---

① 两个相似税法之间的有趣差异是，在加拿大不扣除住房抵押贷款所支付的利息。

② 第 15 章给出的一张表。

③ 按外汇价值（通常是美元价值）来指数化债务也很常见。

实拥有了一种能保护他们不受通货膨胀之苦的资产。但是这种社会保障福利的支出流量，并不是他们能够买卖的资产。

以下我们将讨论那些支持和反对指数化的观点。

工资的指数化

正式的劳动合同中有时包括自动的**生活费用调整**（cost-of-living adjustment，COLA）条款。COLA 条款将货币工资的增加与价格水平的上升联系起来。COLA 条款设计得能使工人在签订劳动合同之后全部或部分地恢复他们在价格上涨中失去的购买力。

这种形式的指数化是许多国家劳动市场的普遍特征。指数化在长期工资合同的优势与工人和企业的利益之间找到折中办法，使实际工资与名义工资不至于相差得太悬殊。

由于工资谈判比较浪费时间，并且相当困难，工资谈判不是一周或一个月举行一次，而是采取 1 年期或 3 年期合同的形式。但是由于在合同期内，价格会发生变化，必须根据通货膨胀进行某些调整。大体上有两种可能性。一种是根据 CPI 或 GDP 平减指数来指数化工资，通过定期的（比如，季度的）复查，按该段时期内价格的上升来增加工资。另一种是根据预期价格上涨率，定期安排事先宣布工资的增加。如果确实知道通货膨胀的变化，这两种方法就会殊途同归。但因为通货膨胀与预期可能不一致，这两种方法就会产生差异。

当通货膨胀不确定地处于高位时，我们宁可采用指数化的工资，而不采用事先宣布的工资增长。高通货膨胀比低通货膨胀更加变化不定，因此，工资指数化政策在高通货膨胀国家比在低通货膨胀国家更为盛行。

在 20 世纪 80 年代中期的美国经济中，主要集体协议合同所覆盖的工人中有超过 50%的人享受自动生活费用调整合同条款。1973 年以后，通货膨胀比以往更加严重，波动更为频繁时，COLA 条款也更为普遍。随着通货膨胀率下降并保持在低水平上，采用这些条款的企业也逐渐减少了。然而，尽管 COLA 条款是许多集体协议合同的主要条款，但由于工会组织的衰落，这些合同所覆盖的美国工人人数相对减少。例如，到 1995 年，在美国主要的集体谈判协议中只有 22%的工人受到 COLA 条款的保护。

供给冲击与工资指数化

假设原材料的实际价格上升，厂商将这些增加的成本转嫁到最终产品上，使其价格上涨。消费品的价格也将上升，而且在工资指数化制度下，工资也会随之上升。而这将引发价格、原材料成本和工资的进一步上涨。指数化反而助长了通货膨胀的螺旋式上升。但在事前宣布工资增加的制度下，由于原材料价格提高会导致实际工资下降，即可避免这种后果。

这个例子说明在考虑工资指数化效应时，我们必须区分两种可能性：需求冲击和供给冲击。在需求冲击的情况下，只有“纯粹”的通货膨胀扰动，企业能够支付相同的实际工资，从而能够做到 100%的指数化，因此不会对实际项目产生不利的影响。而在不利的供给冲击情况下，实际工资必然下降，而完全的指数化阻碍这种情况发生。

因此，工资指数化使一个经济受到供给冲击时所做的调整大大复杂起来。20 世纪 70 年代和 80 年代，美国经济对石油冲击进行的调节要比那些普遍实行完全指数化的欧洲国家容易得多，美国有限的工资指数化有助于进行这种调节。[1]

为什么不指数化

经济学家们总是争辩，政府应该大规模地采用指数化，指数化债券、税制和任何它们可以控制的东西。通过这种方式可以容忍通货膨胀的存在，而且未预期到的通货膨胀的绝大多数代价都会消失。然而，相比之下，政府一直不愿意实行指数化。

对此有三个充分的理由：第一，正如我们在工资指数化情况中所了解到的，每当需要改变相对价格时，指数化却使在经济受到冲击时难以进行调整。第二，指数化在实际运用中相当复杂，使绝大多数合同增加了一层计算。第三，政府害怕指数化使通货膨胀更容易接受后，会削弱政府遏制通货膨胀的政治决心，导致更高的通货膨胀，并且指数化有可能不但不能完善地处理通货膨胀的后果，反而有可能使经济状况更加恶化。[2]

8—3 轻微通货膨胀对经济有好处吗？

名义工资的削减是罕见的。40 多年以前，詹姆斯·托宾（James Tobin）曾经认为轻微的通货膨胀对经济有利（而且能够降低自然失业率），因为它提供了一种不削减名义工资，而降低实际工资的必要机制。[3]乔治·A. 阿克洛夫（George A. Akerlof）、威廉·T. 迪肯斯（William T. Dickens）和乔治·L. 佩里（George L. Perry）所写的一篇颇具影响的文章中，又重新提到了这个观点。[4]

他们的观点如下：在一个不断变化的世界里，为了实现经济效益和低失业率，需要提高某些实际工资，又需要降低另外一些实际工资。提高实际工资很容易，只要使名义工资的上涨超过通货膨胀即可。而要削减实际工资，厂商就必须使名义工资的增长低于通货膨胀率。例如，通货膨胀率为 10%，保持名义工资增长 7%，就可使实际工资削减 3%。但在零通货膨胀时，厂商不得不削减工资支票的 3%。

除去企业肯定处于严重困境时的情况外，工人们会特别反对削减名义工资。因此，削减名义工资对企业而言代价非常高。所以，提出的建议是使通货膨胀率保持在类似 3%的水平上，以便不削减名义工资就能对实际工资做出调整。

相对说来，削减名义工资是很少见的。[5]工人与厂商都宣称他们极不喜欢名义工资被削减，这肯定是真实的。[6]另一方面，有人认为在稳定的零通货膨胀的环境中，工人和厂商将会认为削减 3%的名义工资与他们以前认为在 10%的通货膨胀率下，名义工资增长

---

① 参见 Michael Bruno and Jeffrey Sachs，*The Economics of Worldwide Stagflation*（Cambridge MA：Harvard University Press，1985）。

② 由于衡量价格水平以及进行支付的时滞，指数化并不是十全十美的。

③ 参见 James Tobin，“Inflation and Unemployment”（American Economic Association presidential address），*American Economic Review*，March 1972。

④ 参见 G. A. Akerlof，W. T. Dickens，and G. L. Perry，“The Macroeconomics of Low Inflation，” *Brookings Papers on Economic Activity* 1（1996）。

⑤ 参见 David Card and Dean Hyslop，“Does Inflation ‘Grease the Wheels of the Labor Market’?” in *Reducing Inflation：Motivation and Strategy*；C. Romer and D. Romer，eds.（Chicago：University of Chicago Press，1997）。

⑥ 有趣的是，我们注意到许多大学都有规定，有效地禁止削减个别教师的名义工资，尽管有时进行全面工资削减。

7%是一样的。

正的通货膨胀有重大好处的观点引起了很大的争论。①争论的存在，是对传统观点的背离，即零通货膨胀率是最佳的通货膨胀目标。

本章提要

1. 通过转变为指数化的税收制度以及转变名义利率能反映预期通货膨胀率，经济就可以随完全预期到的通货膨胀进行调整。如果通货膨胀能完全预期到并能随它进行调整，通货膨胀的代价就只有鞋底成本与菜单成本。

2. 不能完全预期到的通货膨胀在各部门之间具有重要的再分配效应。未预期到的通货膨胀使货币债务人受益，却损害了货币债权人的利益。政府债务的实际税收收入增加，而政府债务的实际价值下降。

3. 在美国住房市场中，未预期到的通货膨胀上升和利息可以减税，使住房在1960—1980年间成为一项特别好的投资。

4. 在美国经济中，指数化既不十分普遍也不完善。但是，缺乏强硬的指数化可能使针对供给冲击所进行的调整变得更容易。

5. 尽管高通货膨胀率不是好事，但有证据表明轻微的正通货膨胀率通过降低实际工资的刚性，可以对经济运行起到润滑作用。

关键术语

可调节利率抵押贷款（ARM）	收入分配的结果	菜单成本
生活费用调整（COLA）	指数化	完全预期到的通货膨胀
指数化债务	不能完全预期到的通货膨胀	

习题

概念题

1. 完全预期到的通货膨胀的代价是什么？通货膨胀率变动时，代价也随之变动吗？

2. 未完全预期到的通货膨胀的代价是什么？详细讨论它们。当通货膨胀高于我们的预期时，谁受损，谁获益？

3. 美国应该将其工资和价格指数化吗？详细说明赞成与反对该计划的论点。如果你预期该国将面临恶性通货膨胀（比如300%），你的回答会有什么不同？

4. 根据詹姆斯·托宾的观点，为什么轻微的通货膨胀对经济是有利的？

技术题

1. 通货膨胀在时间上的累积效应同复利一样。如果t年的通货膨胀是π_t，$t+1$年的通货膨胀是π_{t+1}，那么2年期的通货膨胀就是$(1+\pi_t)(1+\pi_{t+1})$，这约等于$\pi_t+\pi_{t+1}$，但不精确。

a. 假定通货膨胀每年以2%的速度持续2年，给出近似和精确的2年期通货膨胀率。按照同样的方法计算通货膨胀率是7%时的情形。

b. 假定通货膨胀每年以2%的速度持续40年，给出近似和精确的40年期通货膨胀率。按照同样的方法计算通货膨胀率是7%的情形。

2. 假定你在2017年以5%的年利率借入学生贷款6 000美元。

a. 10年后你需要偿还的累积债务是多少？

b. 如果在此期间，通货膨胀率是每年6%，那么10

① 威廉姆·普尔（William Poole）提供了一个强有力的反驳。其文章是“Is Inflation Too Low?” Federal Reserve Bank of St. Louis *Review*，July-August 1999。

年后按照2017年的实际美元，你需要偿还的债务是多少？

c. 在上述情形下，谁是受损者，你还是银行？

3. 假定你有250美元要投资：

a. 你决定把250美元放在枕头下存储起来，如果通货膨胀率是3%，那么枕头下现金的真实价值将是多少？

b. 假定一般储蓄账户的名义利率是1%，把这笔钱存入银行你会损失多少？

操作题

1. 登录 http://fred.stlouisfred.org，点击"Category"，然后点击"National Income & Product Accounts"，再点击"Price Indexes & Deflators"。找到并下载GDP平减指数的数据。

a. 利用上述数据计算季度通货膨胀。

b. 返回"Category"页面，点击"Interest Rates"，找到并下载1年期国债的季度利率。

c. 画出通货膨胀和名义利率的图形（你可能需要两个不同的*Y*轴）。名义利率与通货膨胀率走势一致吗？

d. 在21世纪初，当通货膨胀稳定在0.5%左右时，名义利率下降为0。这意味着在此期间实际利率如何？

2. 登录 http://fred.stlouisfed.org，点击"Category"，点击"Consumer Price Indexes (CPI and PCE)"。找到并下载消费价格指数的月度数据，然后返回"Category"，点击"Interest Rates"和"Certificates of Deposit"。找到并下载1月期CD的月度利率。

a. 利用CPI来计算月度通货膨胀率。

b. 假定你在2009年1月拥有250美元，你决定放到枕头下储存起来。在2016年7月你决定取出枕头下的现金。利用上面计算的通货膨胀率，这些钱在2016年价值多少？

c. 现在假定你决定投资250美元于3个月期的CD，每个月末你取出本金和产生的利息重新投资于另一个3个月期CD直到2013年1月。采用这种策略，你的钱在2016年有多少？（记住要考虑通货膨胀。）

9 政策预览

本章要点

- 中央银行通过提高利率给经济降温或者降低利率给经济加温来制定短期宏观经济政策。
- 政策制定者关心的是产出和通货膨胀。对这些目标赋予的相对权重是由"泰勒规则"总结的。
- 宏观经济政策回答的问题是：达到一个意愿的目标需要政策做出多大的改变？

本章内容是关于经济政策的

教材的所有内容不都是解释宏观经济后果，或者是研究我们怎样运用政策去改变那些后果的吗？是的，不过我们在教材中其他地方关注的是我们对于宏观经济的认识，而在本章，我们则要了解这些认识是怎样运用到实践中的。具体说来，我们要广泛了解中央银行是怎样制定利率政策来控制总需求的。

我们从媒体水平上开始说明中央银行的政策运行。最基本的是，中央银行改变利率以适应合意水平（这是由泰勒规则概括出来的一个概念）的产出和通货膨胀。最后，我们讨论中央银行如何决定将利率改变多少。

9—1 关于政策实践的一个媒体水平的观点

在深入讨论细节之前，我们先看看在报纸和电视节目中对经济问题的大量报道。记者们通常撰写的故事都包含"谁"、"什么"、"为什么"、"何时"和"怎样"这些要素。

政策的"谁"

货币政策和财政政策可以用来影响经济。从实际的重要性来看，大多数短期变化是由货币政策推动的。[①]所以，稳定政策中的"谁"大多是指中央银行，在美国就是联储（联邦储备系统）。一般情况下，政策是由**联邦公开市场委员会**（Fed's Open Market

① 关于使用财政政策的讨论，可以参见 Alan Auerbach，"Is There a Role for Discretionary Fiscal Policy?" *Rethinking Stabilization Policy*，Federal Reserve Bank of Kansas City，2002。

Committee）投票确定的。实际上，联储主席通常可以按照他的意愿操纵投票。与此相反，在以色列和新西兰，正式的决策制定权力则单独掌握在中央银行行长手中。

政策的“什么”

联储实际上所做的事就是决定经济中的一个关键性利率——联邦基金利率。提高利率将冷却经济，降低利率将给经济加温。联储调节利率的细节和可行的选择将在第17章详细说明。通过利率对经济施加影响的几种方法在第11、12、14和15章进行说明。在一个经济体中，较低的利率会鼓励投资支出的增加，以及某些种类消费支出的增加，因而会增加总需求。在更广泛的景象中，在很少或没有影响总供给的情况下，通过改变总需求来观察货币政策的运作是重要的。

[专栏9-1] 我们还知道什么？

中央银行

在一些国家，政府对中央银行的决策具有巨大的影响（有时候是公开的，有时候是秘密的）。但发展趋势是中央银行具有更大的独立性（参见18—7节），这意味着个人的历史和个别中央银行行长的未来战略十分重要。* 正因为如此，对中央银行行长的任命往往是深思熟虑的。中央银行行长的候选人是“鹰派”还是“鸽派”？（“鹰派”更多地担心通货膨胀，“鸽派”更多地担心失业。）候选人会通过低利率来刺激经济吗？因为中央银行监管大部分的金融产业（有些国家是而有些国家不是），候选人对特定的公司有支持和反对的行动吗？

独立的中央银行行长被认为比选举出的政府有更长远的目标，因而不太可能会为了降低短期失业而导致长期的通货膨胀。

有趣的是，本书提到的美国、英国、加拿大、以色列、智利和墨西哥的中央银行，以及欧洲中央银行都是由经济学博士领导的。美国和以色列的中央银行行长每人都有合著的著名中级宏观经济学教科书，这些教科书为你提供了尽可能透明化的政策公开评论！**

*参见 Chris Adolph's *Bankers, Bureaucrats, and Central Bank Politics: The Myth of Neutrality*, Cambridge University Press，2013。

**它具有很少的鹰派色彩……联储委员会副主席斯坦利·费希尔（Stanley Fischer）是一本宏观经济学（就是你正在阅读的这本书）的合著者。联储主席这个职位十分重要，因为他的观点特别引人关注。所以，自从他到联储任职以来，费希尔教授就不再参与该教科书任何版本的修订了。

政策的“为什么”

中央银行选择短期政策有两个目标：保持活跃的经济活动和低通货膨胀。但这两个目标存在明显的冲突，当政府增加总需求来提高经济的活跃程度时，也会导致较高的通货膨胀。中央银行（和公众）的偏好与中央银行的能力之间也存在更进一步的冲突。除去高通货膨胀率之外，高涨的经济活动所带来的经济福利提高会比控制通货膨胀的代价多得多。由于这个原因，自然存在着一种强调前者较后者为甚的倾向。另一方面，联储在长期内也可以非常有效地抑制通货膨胀，而相对较少地增加GDP。因为长期总供给曲线是垂直的，使用中央银行的政策推动总需求曲线沿着总供给曲线上下移动只会改变价格而不能改变产量。在短期内，总供给曲线是相对平坦的。这意味着中央银行可以很容易地刺激经济活动，但这只是暂时的，而且具有在未来显著抬高物价的后果。

中央银行现在认识到了这些不安因素，并在两个方面缓和它们的目标。首先，中央银行致力于围绕一个可维持的目标来稳定经济活动，而不是提高经济活动程度。实际上，产出方面的目标是要将经济维持在接近潜在 GDP 或自然失业率的水平。其次，许多中央银行已经转向**通货膨胀目标制**（inflation targeting），几乎将所有的权重都赋予一个持续较低的通货膨胀目标，而将非常少的权重赋予产出目标。

美联储赋予不同目标的相对重要性可由本章后面讨论的**泰勒规则**（Taylor rule）来概括。

何时制定政策

在狭义意义上，联储公开市场委员会每 6 周召开一次会议来确定联邦基金利率。在广义上，联储坚决不让市场受到扰动，因此，它给利率未来可能出现变化的途径提前发出信号。在每次会议上，都以经过选择的适当语言来表述联储关于最近的未来的想法。当前的联储主席珍妮特·耶伦（Janet Yellen）和她的前任本·伯南克（Ben Bernanke）都强调需要增加这种**透明度**（transparency）。

怎样贯彻政策

联储通过购买或卖出国债来“设定”利率，从而使利率降低或升高。关键的因素是联储以它印制的货币（当然是电子化“印制”）购买国债。结果，降低的利率意味着增加货币供给。从经济方面考虑，增加的货币供给必然导致更高的价格。从经济模型方面考虑，增加的货币供给将使得 *LM* 曲线向外移动，就像我们在第 11 章将要讨论的那样。

9—2 作为规则的政策

当中央银行设定利率的时候，其决策是以当时的经济形势为基础的。在**货币政策规则**（monetary policy rule）的整体框架下制定政策是非常有用的。一个例子就是专栏 9-2 中描述的泰勒规则。

货币政策规则的一般形式是：

$$i_t = r^* + \pi_t + \alpha(\pi_t - \pi^*) + \beta\left(100 \times \frac{Y_t - Y_t^*}{Y_t^*}\right) \tag{1}$$

其中，r^* 是实际的“自然”利率，即如果经济处于自然失业率的均衡状态，或者等于潜在的 GDP——Y^* 时所对应的实际利率。π^* 是联储的目标通货膨胀率。如果 α 和 β 比较大，货币政策规则就会支配经济对过度的通货膨胀和经济活跃程度做出反应。如果 α 比 β 大，货币当局对通货膨胀的响应就将比对经济活跃程度的响应积极得多。$\beta=0$ 的情况是对纯粹通货膨胀目标的响应。注意，对经济活动的衡量是产出缺口。这一规则让中央银行操纵利率以稳定潜在的产出，而不仅仅是增加产量。[①]

① 虽然美国的政策规则不包括汇率目标，但有些国家的政策规则却包括汇率目标。

[专栏 9-2] 我们还知道什么?

泰勒规则

关于积极行动规则最著名的例子就是泰勒规则，这是以其发现和创造者斯坦福大学的约翰·泰勒(John B. Taylor，后来任财政部副部长）的名字命名的。泰勒规则讲述了货币当局如何根据经济活动来制定利率。具体说来，泰勒规则是：

$$i_t = 2 + \pi_t + 0.5 \times (\pi_t - \pi^*) + 0.5 \times \left(100 \times \frac{Y_t - Y_t^*}{Y_t}\right)$$

其中，π^* 是目标通货膨胀率，常数 2 近似于长期平均实际利率。例如，设定充分就业下 2%的通货膨胀目标，联储将确定 4%的名义利率。另一个例子是，如果在 2%的通货膨胀目标下，经济运行中的通货膨胀是 5%，而 GDP 高于潜在水平 1%，泰勒规则将告诉我们，联储将设定 9%的名义利率 [9=2+5+0.5×(5-2)+0.5×1]。

该规则认为，当通货膨胀上升到高于目标值 1 个百分点时，联储就应该以利率升高 1.5 个百分点来抵消这种上升。当 GDP 缺口上升 1%时，利率就要上升 0.5%。泰勒认为，这个规则既是相当好的粗略规则，也是和联储的实际运作非常接近的。*

泰勒规则说明了任何好的规则都具有的一个重要特征：**负反馈**（negative feedback)。(对正反馈的最好说明，是在一部扬声器前面放置一个工作着的麦克风。）记住名义利率 i 等于实际利率加上通货膨胀率。由于名义利率的增长要高于通货膨胀率的增长，所以，当通货膨胀率提高时，泰勒规则也会使实际利率提高——以便给经济降温。

* John B. Taylor, "Discretion versus Policy Rule in Practice," *Carnegie-Rochester Conference Series on Public Policy*, 1993. 更好的讨论，参见 John P. Judd and Glenn D. Rudebusch, "Taylor's Rule and the Fed: 1970—1997," Federal Reserve Bank of San Francisco *Review*, 1998。

货币政策规则是中央银行制定决策时非常有用的一种方法。它既不是关于中央银行实际上如何做事的准确描述，也不是在某种意义上假定银行会服从的一种授权。作为该规则如何指导思想的一个例子，在美国有数量可观的证据表明，在联储的沃尔克（Volcker）主席任职之前和任职期间，α 的值都很小，甚至是负值。α 的变化反映了联储的实际情况，即中央银行的长期目标大致上应该是控制通货膨胀。

关于货币政策规则的另一个思想优势是，它将注意力集中在通货膨胀目标的选择上。英格兰银行公开宣布它当前和近期的通货膨胀目标。虽然联储似乎有一个大约 2%的通货膨胀目标，但它并没有一个正式的通货膨胀目标。

9—3 利率和总需求

较高的利率会提高购买耐用的投资品和消费品的机会成本，因而会降低总需求。作为一个熟悉的案例，较高的抵押贷款利率会降低对新建房屋的需求。忽略其他所有因素对总需求的影响，我们可以将总需求写为：

$$Y = C(i) + I(i) + G + NX = AD(i) \tag{2}$$

因此，如果联储贯彻紧缩性货币政策而提高利率，AD 曲线就会向左移动，如图 9-

1 所示。正如你所看到的，较高的利率会降低价格，但也会降低经济活动水平。相反，较低的利率会刺激经济活跃，并导致较高的价格。

图 9 - 1　利率上升推动总需求左移

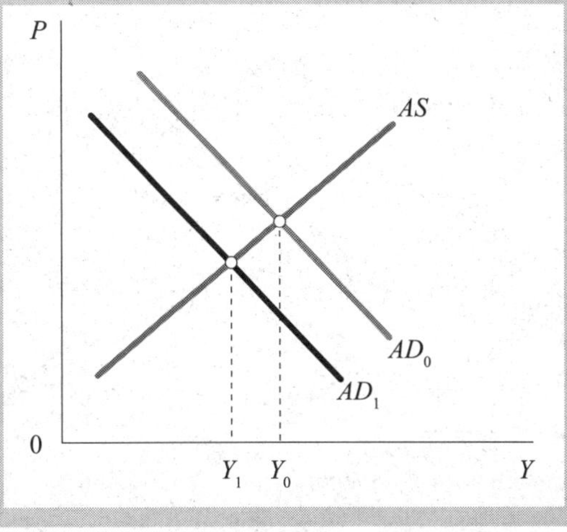

当联储需要刺激经济时，它就降低利率，但是，**降低利率的机制是通过增加货币供给实现的**。在日常运作中，联储考虑的是利率，而货币供给的必要变化至多只是一种副效应。利率与货币供给的联系十分关键，主要有两个原因：第一，货币供给的增加会部分涉及较高的价格。第二，从技术性模型的角度来看，借助于货币供给的联系，被用于推导总需求曲线。具体说来，货币供给和货币需求之间的平衡决定了价格水平 P 如何进入总需求曲线。

9—4　计算如何达到政策目标

在说明宏观经济的时候，我们从对经济冲击的观察或者提议的政策变化入手，详细了解总供求下各种关系的运作，了解总供给（*AS*）曲线和总需求（*AD*）曲线的移动，然后，解释 *AS* 曲线和 *AD* 曲线的斜率，计算产出和价格水平。尽管政策制定者们使用相同的工具，但是，他们不得不进行相反的训练。政策制定者们从了解产出和价格水平（如果愿意的话，就是失业和通货膨胀）应该是多少开始。随后，他们要了解他们需要把 *AS* 曲线和 *AD* 曲线移动多少才能达到那些目标。而最终的计算则是要知道，一项政策的变化要求将 *AS* 曲线和 *AD* 曲线移动多大的必要距离。专栏 9 - 3 给出了这类政策制定的一个例子。

［专栏 9 - 3］　我们还知道什么？

政策训练——哦，是否如此简单！

假定你正在负责经济工作，至少在本专栏结束之前如此。现在，经济中有 5.5％的失业率。你的任务是运用货币政策将经济调整到充分就业水平。

逐步考察

1. “充分就业”时的失业率为 4%。我们是怎么知道的？这是美国的法律给出的。所以，我们的目标是将失业率降低 1.5%。

2. 根据奥肯定律（参见第 6 章），降低 1.5%的失业率要求产出增加 3%。

3. 假定利率降低 1%会使总需求增加 0.5%。如果你还相信在短期内价格是固定不变的（*AS* 曲线是完全水平的），而总需求的增加也会完全转变为实际 GDP 的增长，那么，利率每降低 1%，将使实际 GDP 增长 0.5%。

4. 我们的货币政策答案是将利率降低 6%。

仔细探究

1. 利率和产出之间的联系是立即发生的吗？是 10 秒钟、10 周还是 10 个月？（政策时滞至关重要，但时间又是不确定的。）

2. 利率的变动真的会以 2∶1 的比例转变成产出的增长吗？* 换言之，产出的利率“乘数”是 0.5 吗？（存在乘数的不确定性。）**

3. 在政策空间内，价格真的是固定不变的吗？在对我们提出的政策变动进行了解的过程中，经济活动的当事人会提高他们的通货膨胀预期吗？（对我们的政策的反应是什么呢？）

4. 难道你真的相信 4%的失业率就是充分就业，就因为这是联邦法律给出的？（目标是不确定的。）

缓慢调整

面对不确定性，我们应该进行风险分析。如果假定上述计算是错误的，经济会发生什么情况？在随后的几章中，我们建立一个中央银行使用的简化版总需求模型来做出本专栏所做的那种决策。那么，在第 18 章，我们就回到了政策在面临经济冲击的不确定性时，应该如何构建模型的问题，因为即便构建得最好的经济模型也不会完美。我们将看到不确定性要求经济政策的设计能够自动消除错误。

* 当然不是。如果生活如此简单，宏观经济学教科书就变成一种非常短缺的抢手货了。

** 一般说来，“乘数”意味着一种变量对其他变量的影响和作用。例如，货币变动一单位导致产出变动一单位，乘数就是 1。

联系理论与实践

宏观经济学的目标之一是理解经济总体是如何运行的。如果你正在经商或为未来做决策，那么该目标对制订计划十分重要。宏观经济学的目标之二是计算是否以及如何在经济中进行干预。你可以通过专栏 9－3 进行练习。我们将在后面的一些章节讨论更多的细节，现在我们概括一下。

前面章节的大部分内容探讨了总供给，下面我们将更多地关注总需求。在讨论的过程中，我们会沿着这样的逻辑主线：“如果我们改变变量 X（比如增加货币供给量），结果 Y（例如失业或通货膨胀）会发生什么？”尽管这是构建经济模型的自然而然的方法，但要记住在思考政策的时候，有时需要在心里考虑其他方法，如按照专栏 9－3 的方式。

随着课程深入，你会发现有时很难准确评估一个变量如何影响另一个变量。有时我们能做的只是判断这种影响是大还是小，甚至仅仅是正面的还是负面的。我们想揭示任何事情——并不是所有的数字都是可知的。政策制定者必须适应这种情形。一个明智的选择是沿着正确的方向温和地逐步实施政策变化，然后在采取下一步措施之前观察经济的反应。

总之，我们采用非常“技术性”的方法。换言之，我们更多地关注治理经济变量之间的技术关系，而不是在政治层面上决定如何使用技术信息。如果你想知道为什么特定的政策被采用，你首先必须知道哪些政策应该被采用。这是接下来章节的任务。尽管政策抉择能促进整体经济发展，但会产生赢家和输家。尽管我们很少讲述这些方面，但是在研究这些技术性内容时要记住这一点。毕竟，财政激励不是中性的……一些特殊国会议员所在辖区内拥有大型项目。或更直接的例子，当美联储提高或降低利率以调整经济时，学生贷款的成本也会相应地上升或下降。

本章提要

1. 在实践中，短期宏观经济政策多是通过设定利率来实行的货币政策。

2. 泰勒规则概括了联储如何根据不同的通货膨胀和产量的意愿水平来设定利率。

3. 低利率会刺激总需求。

4. 从数量上看，政策工具的确定，既可以通过对经济中的乘数值进行估计来观察意愿目标的反馈（开放环路的控制）来实现，也可以通过先做微调再调整工具（封闭环路的控制）来实现。

关键术语

联邦公开市场委员会　　货币政策规则　　泰勒规则

习题

概念题

1. 假定泰勒规则中通货膨胀的系数是负值。请解释为什么这可以导致失控的通货膨胀。

操作题

1. 专栏 9-2 给出了泰勒规则，具体是：

$$i_t = 2 + \pi_t + 0.5 \times (\pi_t - \pi^*) + 0.5 \times \left(100 \times \frac{Y_t - Y_t^*}{Y_t^*}\right)$$

这个练习的目的是，了解这个简单的规则是否能够解释美国利率在最近50年的变化。我们假定目标通货膨胀率 π^* 等于 2%。

a. 选择几个年份，比如 1980 年、1990 年、2000 年和 2010 年。登录 http://fred.stlouisfed.org，点击“Category”，在“Price”下选择“Consumer Price Indexes (CPI and PCE)”，并找到潜在 RGDP、实际 RGDP、年度通货膨胀率（可以在下载数据的时候通过把所有项目的CPI的单位转变为年度百分比而得到）和联邦基金利率（由联储控制的短期利率）的数据。计算产出缺口（$gap = [RGDP_{actual} - RGDP_{potential}]/RGDP_{potential} \times 100\%$）。你一旦得到产出缺口，就通过将该数据代入上面给出的方程来计算泰勒规则含义的利率。比较一下你得到的值和观察到的给定年份的联邦基金利率。这些数值接近吗？

b. 如果你知道怎样使用 EXCEL，请登录 http://fred.stlouisfed.org，点击“Category”，在“Prices”下选择“Consumer Price Indexes (CPI and PCE)”，下载1960—2010年期间的潜在 RGDP、实际 RGDP、年度通货膨胀率和联邦基金利率的年度数据（如果缺乏年度数据，利用 EXCEL 的平均算法得到平均年度数据）。计算产出缺口和泰勒规则含义的利率。作一幅包含短期实际利率（联邦基金利率）和泰勒规则含义利率的图形。存在一个泰勒规则和数据吻合得特别好的时期吗？

10 收入与支出

本章要点

- 在最基本的总需求模型中，支出决定产出与收入，但产出与收入也决定支出。特别是消费取决于收入，但增加消费则会增加总需求，因而也会增加产出。
- 增加自主性支出所增加的产出大于1：1，换言之，存在乘数效应。
- 乘数的大小取决于边际消费倾向与税率。
- 增加政府支出会增加总需求，因而增加税收。但税收的增加比率低于政府支出的增加比率，因此，增加政府支出会增加预算赤字。

宏观经济学的中心问题之一，是产出为什么围绕其潜在水平波动。增长非常不平稳。在经济周期的繁荣与衰退中，产出相对于潜在产出趋势上下波动。在过去的40年中，出现过6次衰退。这种衰退表现为产出相对于潜在产出趋势下降（如2008年剧烈下降），然后复苏。在复苏期，产出相对于潜在产出趋势而上升。

本章提供相对于潜在产出趋势的实际产出波动的初步理论。这个模型的基础是产出与支出之间的相互作用：支出决定产出与收入；而产出与收入也决定支出。

本章提出的凯恩斯主义的收入决定模型非常简单，以后各章还将详细阐述。重要的简化是从现在开始，假定价格完全不变。在该既定的价格水平上，厂商愿意出售任何数量的产品。因此，如第5章中所示的总供给曲线被假定为是完全平坦的。本章阐述总需求曲线理论。

本章的关键结论是，由于支出与产出之间的联系，增加自主性支出（例如，增加政府采购）会进一步引起总需求的增加。其他各章引入支出与产出的动态联系，并且涉及由于价格与利率的变化而产生的抵消效应，但是，那些更为复杂的经济模型可以看成是对本章模型精心加工的结果。

10—1 总需求与均衡产出

总需求（aggregate demand）是经济中商品需求的总量。将商品需求区分为消费（C）、投资（I）、政府支出（G）与净出口（NX）等需求，则总需求（AD）由下式决定：

$$AD = C + I + G + NX \tag{1}$$

当生产量等于需求量时，经济处于均衡产出水平（equilibrium level of output）。因此，当下式成立时，经济处于均衡产出水平。

$$Y = AD = C + I + G + NX \tag{2}$$

当总需求（即人们希望的购买量）与产出不相等时，则出现非计划库存投资或负投资。可将其概括为：

$$IU = Y - AD \tag{3}$$

其中，IU 为非计划的库存增加。如果产出大于总需求，就有非计划库存投资 $IU > 0$。如果有过量库存积累，厂商会减少生产，直到产出与总需求再度均衡。反之，如果产出低于总需求，库存将减少直至均衡再度恢复。

10—2 消费函数与总需求

根据严格定义的均衡产出概念，现在集中关注总需求的决定，尤其是消费需求的决定。我们集中关注消费，部分原因是消费部门很大，部分原因是容易看到消费与收入之间的联系。为了简化，我们略去政府部门和国际贸易，因此，令 G 与 NX 为零。

在实践中，消费品的需求并不是固定不变的，而是随着收入的增加而增加的：高收入家庭比低收入家庭消费得更多，高收入国家一般具有更高的总消费水平。**消费与收入之间的关系以消费函数（consumption function）表示。**

消费函数

假定（往后都如此）消费需求随收入水平的提高而增加：

$$C = \overline{C} + cY \qquad \overline{C} > 0 \qquad 0 < c < 1 \tag{4}$$

在图 10-1 中，消费函数以灰色实线表示。变量 $\overline{C}$，即截距，代表收入为零时的消费水平。[①]收入每增加 1 美元，消费水平增加 c 美元。例如，如果 c 是 0.90，那么收入每增加 1 美元，消费增加 90 美分。该消费函数的斜率是 c 。沿着消费函数，消费水平随收入而上升。专栏 10-1 表明，在实践中存在这种关系。

系数 c 的充分重要性使它有一个特别的名称，**边际消费倾向**（marginal propensity to consume，MPC）。**边际消费倾向是收入增加一单位时所增加的消费**。在我们的例子中，边际消费倾向小于 1。这意味着，在收入增加的一美元中只有一部分被用于消费。

消费与储蓄

该美元收入的其余部分如何呢？（$1-c$）部分没有被用于消费吗？如果它没有被花出去，必定是被储蓄起来了。收入要么被消费出去，要么被储蓄起来，不可能有其他用途。于是，任何解释消费的理论都等同于解释储蓄行为。

---

① 对消费函数方程（4），我们需要指出两点。第一，个人的消费需求是相对于他们可能得到的用于花费的收入量而言，即相对于其可支配收入（YD）而言，而不只是与产出水平有关。但在本节，我们排除政府与对外贸易的作用，可支配收入等于收入水平与产量水平。第二，截距的真实作用是代表收入以外影响消费的因素，诸如股票、债券和房屋等资产的所有权。

图 10-1　消费函数与总需求

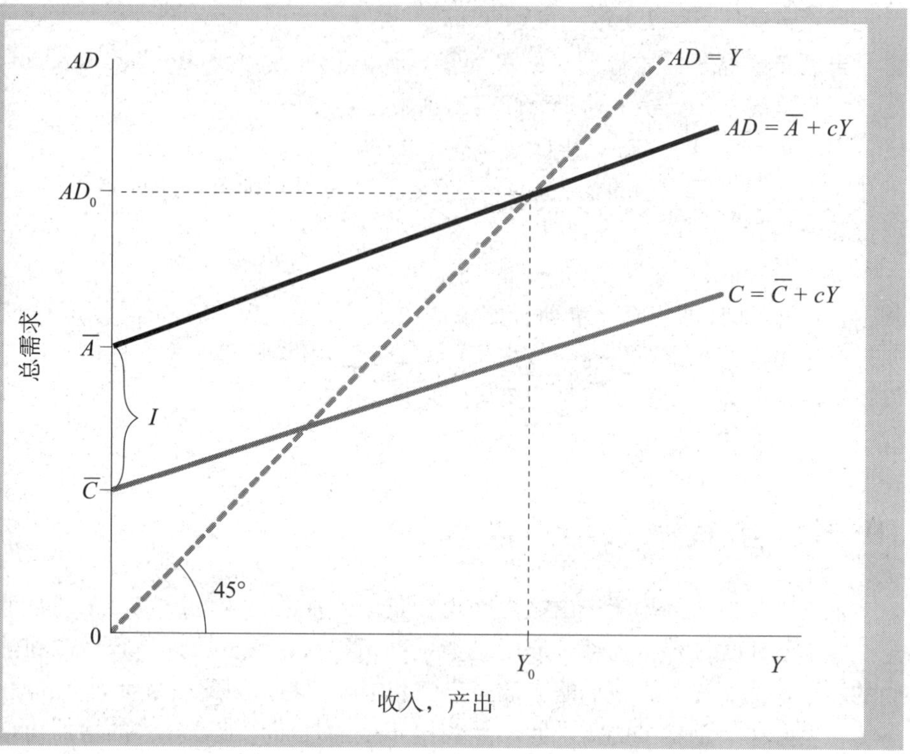

注意更为形式化的方程（5），它说明没有被用于消费的收入就是储蓄：

$$S \equiv Y - C \tag{5}$$

方程（5）说明，按照定义，**储蓄等于收入减去消费。**

方程（4）的消费函数与被称作**预算约束**（budget constraint）的方程（5）一起，可得到储蓄函数。储蓄函数使储蓄水平与收入水平联系起来。将方程（4）的消费函数代入方程（5）的预算约束中，就可以得到储蓄函数：

$$S \equiv Y - C = Y - \overline{C} - cY = -\overline{C} + (1-c)Y \tag{6}$$

从方程（6）中可以看出，储蓄是收入水平的增函数，因为**边际储蓄倾向**（marginal propensity to save，MPS），$s = 1 - c$，为正数。

换言之，当收入上升时，储蓄增加。例如，假定边际消费倾向 c 为 0.9（其含义是每额外收入 1 美元，其中的 90%被消费掉），那么边际储蓄倾向 s 为 0.10（其含义为每额外收入 1 美元，其中 10 美分被储蓄起来了）。

［专栏 10-1］　我们还知道什么？

消费-收入关系

方程（4）的消费函数 $C = \overline{C} + cY$，初步适当地描述了消费-收入关系。自 1960 年以来，美国人均年消费与可支配收入资料如图 1 所示。回忆第 2 章中的个人可支配收入是缴纳税款与接受转移支付后，家庭可用来花费或储蓄的收入数量。

该项数字显示了消费与可支配收入之间的密切关系。实际的关系是：

$$C = -1\ 510 + 0.95YD$$

其中，C 与 YD 分别以 2009 年美元计算。虽然消费与可支配收入之间的关系十分密切，但在图 1 中，并不是所有的点都正好位于线上。这意味着可支配收入以外的一些情况在任意给定的一年中影响了消费。在第 14 章中，我们将把注意力集中在影响消费的其他因素方面。与此同时，尽管方程（4）遗漏了一些重要考虑因素，它仍然十分准确地描述了现实世界中的消费-收入关系。

图 1　消费与可支配收入之间的关系

资料来源：Bureau of Economic Analysis; Federal Reserve Economic Data [FRED].

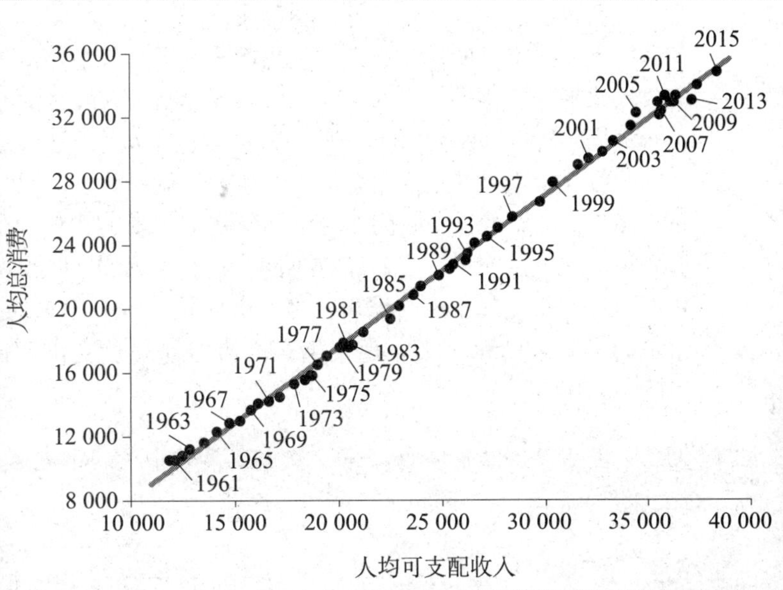

消费、总需求与自主性支出

在总需求中有一个明确规定的组成部分，即消费需求以及它与收入的联系。现在，将投资、政府支出以及税收和对外贸易加进模型中，但暂时假定每类需求都是自主的，即在模型之外决定的，而且，特别假定它们不取决于收入。以后各章还要详细考察投资、政府支出与对外贸易。这里只假定投资为 $\overline{I}$，政府支出为 $\overline{G}$，税收为 $\overline{TA}$，转移支付为 $\overline{TR}$，净出口为 $\overline{NX}$。现在消费取决于**可支配收入**（disposable income）：

$$YD = Y - \overline{TA} + \overline{TR} \tag{7}$$

$$C = \overline{C} + cYD = \overline{C} + c(Y + \overline{TR} - \overline{TA}) \tag{8}$$

总需求是消费函数、投资、政府支出与净出口之和。再次假定政府部门和对外贸易是外生的：

$$\begin{aligned} AD &= C + I + G + NX \\ &= \overline{C} + c(Y - \overline{TA} + \overline{TR}) + \overline{I} + \overline{G} + \overline{NX} \\ &= [\overline{C} - c(\overline{TA} - \overline{TR}) + \overline{I} + \overline{G} + \overline{NX}] + cY \\ &= \overline{A} + cY \end{aligned} \tag{9}$$

方程（9）的总需求函数如图 10－2 所示。部分总需求即 $\overline{A} \equiv \overline{C} - c(\overline{TA} - \overline{TR}) + \overline{I} + \overline{G} + \overline{NX}$，不取决于收入水平，是自主的。但总需求也取决于收入水平。它随着收入水平的增加而增加，因为消费需求随收入的增加而增加。总需求表由各个收入水平上的消费需求、投资、政府支出与净出口（垂直）加总而成。在图 10－2 中，收入水平为 Y_0，总需求水平为 AD_0。

均衡收入与均衡产出

下一步是根据图 10－2 与方程（9），利用总需求函数 AD 确定产出与收入的均衡水平。我们将在图 10－2 中进行该项工作。

回顾一下本章的基本观点：均衡收入水平是使总需求等于产出（它本身又等于收入）的收入水平。图 10－2 中的 45°线 $AD=Y$ 表示的点，是产出等于总需求的点。只有在图 10－2 中的 E 点以及在收入与产出 Y_0 的相应均衡水平上，总需求才恰好等于产出。[1]在该产出与收入水平，计划支出确切地与生产协调一致。

图 10－2 中的箭头表明，经济如何实现均衡。在任何低于 Y_0 的收入水平上，厂商都会发现需求超过产出，因而库存下降。厂商会因此而增加生产。反之，在产出水平高于 Y_0 时，厂商将会发现库存堆积，因而会削减生产。正如箭头所示，这一过程将导致产出水平为 Y_0，在该水平上，现期生产恰恰与计划总支出相匹配，因而非意愿库存的变化（IU）等于零。

图 10－2　均衡收入与均衡产出的决定

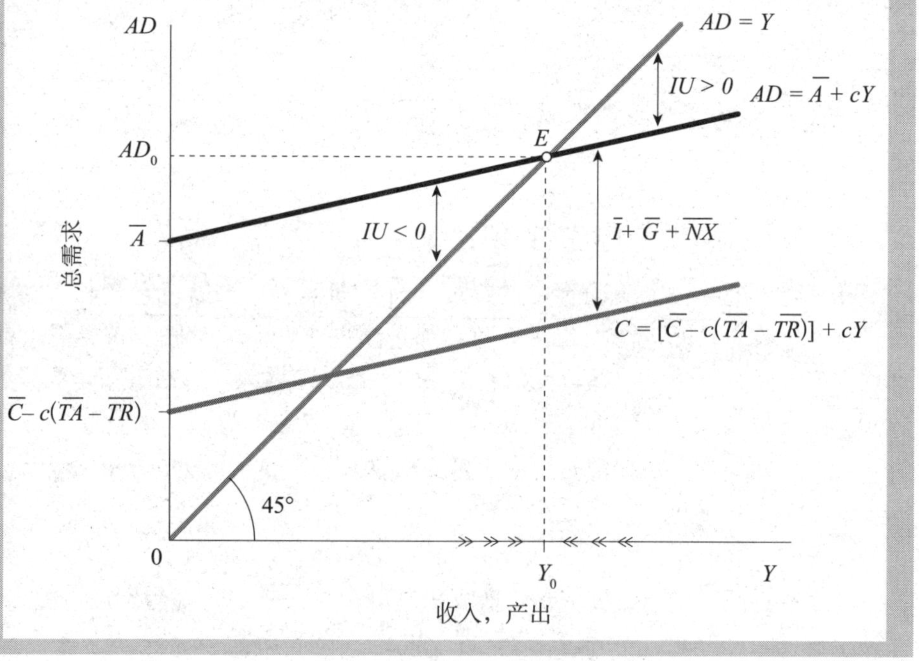

均衡产出的公式

图 10－2 中均衡产出的决定，也可用方程（9）以及商品市场均衡条件，即产出等于总需求，以代数方式表示：

① 我们往往用下标 0 表示变量的均衡水平。

$$Y = AD \tag{10}$$

在方程（9）中具体阐明了总需求水平 AD。替代方程（10）中的 AD，得到均衡条件：

$$Y = \overline{A} + cY \tag{11}$$

由于方程（11）中均衡条件两边均有 Y，我们可以移项求出以 Y_0 表示的均衡收入水平与均衡产出水平：

$$Y_0 = \frac{1}{1-c}\overline{A} \tag{12}$$

图 10－2 表示了方程（11）。总需求表的位置特点取决于其斜率 c（边际消费倾向），与截距 $\overline{A}$（自主性支出）。给定截距，较陡峭的总需求函数意味着（较大的边际消费倾向将会产生）高水平的均衡收入。同样，给定边际消费倾向，较高的自主性支出水平（在图 10－2 中表示为较大的截距）也意味着较高的均衡收入水平。图 10－2 给出的这些结果，很容易利用方程（12）的均衡收入水平公式加以证明。

因此，**边际消费倾向 c 越大，自主性支出水平 $\overline{A}$ 越高，则均衡产出水平越高。**

方程（12）表明产出水平是边际消费倾向与自主性支出的函数。我们经常对自主性支出的某个组成部分的变动如何改变产出感兴趣。从方程（12）开始，通过

$$\Delta Y = \frac{1}{1-c}\Delta\overline{A} \tag{13}$$

可以将产出变动与自主性支出变动联系起来。

例如，如果边际消费倾向为 0.9，那么 $1/(1-c)=10$，因此，政府支出增加 10 亿美元，将会使产出增加 100 亿美元。因为政府增加支出的接受者自己也增加支出，接受他们支出的人也会增加其支出，可以依此类推。[在 10—3 节，我们将更加彻底地研究方程（13）的理论基础。] 请注意：我们能够在不必说明变动前后的产出水平的情况下，计算出产出的变动。

储蓄与投资

有关总需求等于产出的均衡条件，还有另一个有用的公式。**在均衡状态下，计划投资等于储蓄。**这个条件只适用于不存在政府部门和对外贸易的经济中。

回到图 10－2 来理解这种关系。在图中没有政府部门与对外贸易，总需求与消费的垂直距离等于计划投资支出 $\overline{I}$。

均衡收入水平是在 AD 曲线与 45°线的交点 E 点出现的。所以，在均衡收入水平上，并且只有在这一水平上，这两个垂直距离才会相等。因此，在均衡收入水平上，储蓄等于（计划）投资。相比之下，收入高于均衡收入水平 Y_0 时，储蓄（45°线与消费曲线之间的距离）超过计划投资。若收入低于 Y_0，则计划投资超过储蓄。

可直接从国民收入账户中观察到储蓄与投资的相等。由于收入不是被花费出去，就是被储蓄起来，$Y=C+S$。不存在政府部门与对外贸易时，总需求等于消费加投资，$Y=C+I$。将两者合在一起，则得到 $C+S=C+I$，即 $S=I$。

如果在分析中包括政府部门与对外贸易，则可以得到投资与储蓄，以及与净出口之间相关的全貌。现在，收入既可以被花费出去，被储蓄起来，又可被用于缴纳税款，因此 $Y=C+S+TA-TR$，而完整的总需求为 $Y=C+I+G+NX$，因此，

$$C+I+G+NX=C+S+TA-TR$$

$$I=S+(TA-TR-G)-NX \qquad (14)$$

这就是投资等于私人储蓄（S）加上政府预算盈余（$TA-TR-G$），减去净出口（NX），或者加上净进口（如果你愿意的话）。

如果有人不愿意使用代数方式表达，而宁愿将方程（14）想象为一种“谷物经济”，那么，投资是留作下一年耕作之用的谷物。谷物投资的来源是个人节省并储存起来的谷物；政府征税并减掉政府支出后，留下来的谷物；以及从国外输入的任何净进口谷物。

10—3 乘数

在本节，我们将对以下问题做出回答：增加 1 美元的自主性支出，能使得均衡收入水平提高多少？有一个简单的回答。由于处在均衡状态时，收入等于总需求，增加（自主性）需求或（自主性）支出 1 美元似乎应该提高均衡收入 1 美元。回答不正确。现在我们来看看这是什么原因。

首先假定对应于自主性支出水平的增加，产出增加 1 美元。产出与收入的增加又会随着消费的提高进一步产生引致性支出，因为收入水平提高了。最初增加的 1 美元收入有多少被花费在消费上呢？在增加的 1 美元收入中，c 部分是用于消费的。于是，设想生产进一步增加以满足该项引致性支出的需要，这就是说，产出从而收入增加了 $1+c$。这仍然留给我们的是过量需求，因为生产与收入扩张 $1+c$，进一步产生引致性支出。要将该问题说清楚显然需要很长时期。那么，这个过程会结束吗？

在表 10－1 中我们较仔细地制订了一系列步骤。第一轮是以增加自主性支出 $\Delta\overline{A}$ 开始。其次，允许生产扩大到恰好满足增加的需求，由此，生产扩大 $\Delta\overline{A}$。生产的扩大引起收入的等量增加，因此，通过边际消费倾向 c，第二轮引致性支出为 $c\Delta\overline{A}$。再设想生产扩大以满足这次支出的增加。这时生产调整为 $c\Delta\overline{A}$，收入也会增加这么多。这将引起第三轮引致性支出，它等于边际消费倾向乘以收入的增加；即 $c(c\Delta\overline{A})=c^2\Delta\overline{A}$。边际消费倾向 c 小于 1，c^2 小于 c，因此，第三轮引致性支出小于第二轮引致性支出。

表 10－1　乘数

轮次	需求的增加（本轮次）	生产的增加（本轮次）	收入的总增加（所有轮次）
1	$\Delta\overline{A}$	$\Delta\overline{A}$	$\Delta\overline{A}$
2	$c\Delta\overline{A}$	$c\Delta\overline{A}$	$(1+c)\Delta\overline{A}$
3	$c^2\Delta\overline{A}$	$c^2\Delta\overline{A}$	$(1+c+c^2)\Delta\overline{A}$
4	$c^3\Delta\overline{A}$	$c^3\Delta\overline{A}$	$(1+c+c^2+c^3)\Delta\overline{A}$
……	……	……	……
……	……	……	……
……	……	……	$\frac{1}{1-c}\Delta\overline{A}$

如果我们从自主性需求的增加开始，写出连续各轮次增加的支出，则得到：

$$\begin{aligned}\Delta AD &= \Delta\overline{A} + c\Delta\overline{A} + c^2\Delta\overline{A} + c^3\Delta\overline{A} + \cdots \\ &= \Delta\overline{A}(1 + c + c^2 + c^3 + \cdots)\end{aligned} \tag{15}$$

由于 c 小于 1，在该级数中，各项逐渐变小。实际上，我们在处理一个几何级数，因此，方程简化为：

$$\Delta AD = \frac{1}{1-c}\Delta\overline{A} = \Delta Y_0 \tag{16}$$

因此，我们从方程（16）中发现，总支出的累积变动等于自主性支出增加的倍数——正如我们从方程（12）中推论出来的。倍数 $1/(1-c)$ 称为**乘数**（multiplier）。[1] **乘数是自主性总需求增加 1 个单位时，均衡产出的变动量。**

乘数概念对创造新符号具有充分的重要性。乘数的一般性定义为 $\Delta Y/\Delta\overline{A}$，即自主性需求增加 1 单位时，均衡产出的变动量。在省略政府部门与对外贸易的特殊情况下，定义乘数为 α，其中

$$\alpha \equiv \frac{1}{1-c} \tag{17}$$

考察方程（17）中的乘数，表明边际消费倾向越大，乘数也越大。边际消费倾向为 0.6，乘数为 2.5；边际消费倾向为 0.8，乘数为 5。这是因为较大的边际消费倾向意味着收入增加的 1 美元中大部分被消费掉了；因此，加到总需求中，使得引致性需求增加得更多。

为什么要关注乘数呢？因为我们正在讨论对产出波动的解释。乘数暗示自主性支出（包括投资）变动时，产出也随之变动，而产出的变动将大于自主性支出的变动。乘数是描述一个常识性概念的正规方式：如果由于某种原因，比如丧失信心导致投资支出降低，经济将受到冲击，从而降低了收入。人们的收入减少，则花费降低，因而迫使均衡收入进一步地下降。所以，乘数可能是解释产出为何波动的部分理由。[2]

乘数的图解

图 10-3 提供了一幅图形来说明自主性支出增加对均衡收入水平的效应。收入水平为 Y_0 时，初始均衡在 E 点。现在自主性支出从 $\overline{A}$ 增加到 $\overline{A}'$。这以总需求曲线 AD 平行向上移位到 AD' 表示。向上移位的意义是，现在在每一个收入水平上，总需求提高的量都是 $\Delta\overline{A} \equiv \overline{A}' - \overline{A}$。

现在总需求超过初始产出水平 Y_0。因此，库存开始下降。厂商扩大生产以满足需求的增加与库存的减少，比如，扩大到收入水平 Y_0'。生产扩张产生引致性支出，总需求增加到 A_G 水平。与此同时，生产扩大，缩小了总需求与产出缺口之间的垂直距离 FG。需求与产出之间缺口的缩小，是由于边际消费倾向小于 1。

---

① 表 10-1 与方程（16）运用几何级数的数学方法推导出乘数，如果你熟悉微积分，你就会意识到乘数不过是方程（12）中均衡收入水平 Y_0 对自主性支出的导数。对方程（12）采用微分运算，可以检验本教材中的叙述。

② 提醒：“乘数”一词在经济学中更普遍地被用来表示一个外生变量（其水平不在所考察的理论中决定）变动一单位对某个内生变量（其水平由所研究的理论加以说明）的效应。例如，人们可以谈论货币供应的变化对失业水平的乘数。但是，这个名词的经典用法就像我们在这里的用法一样，表明自主性支出变动对均衡产出的效应。

图 10-3　乘数的推导

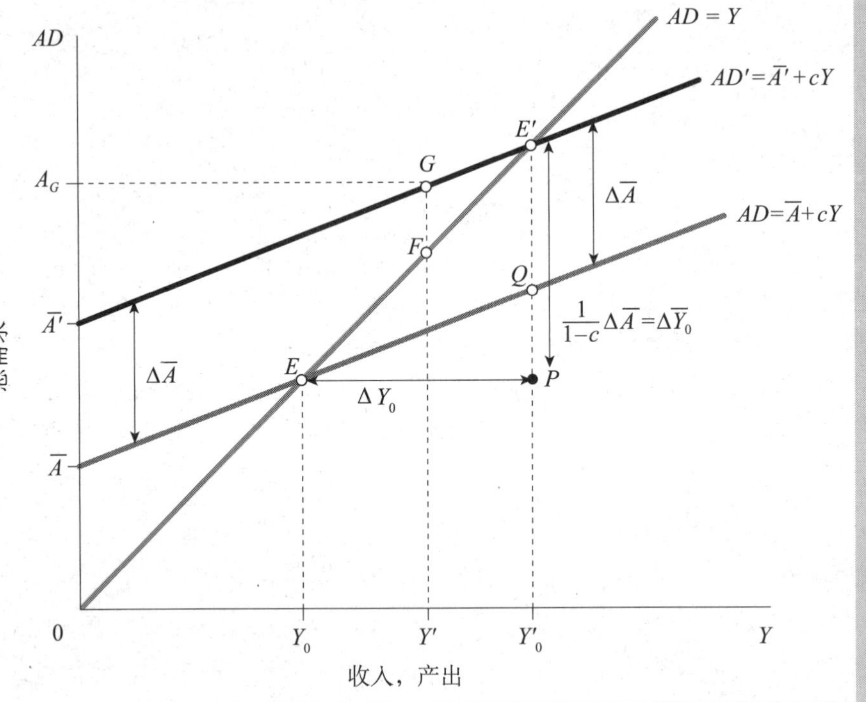

因此，由于边际消费倾向小于 1，产出的充分扩大才会恢复总需求与产出之间的平衡。在图 10-3 中，E'点代表新的均衡，相应的收入水平为 Y'_0。因而，收入所需的变动就是：$\Delta Y_0 = Y'_0 - Y_0$。

为恢复均衡，收入所需的变动幅度取决于两个因素。在图 10-3 中，总需求曲线平行移位表示的自主性支出的增加越大，收入变动也越大。进而，边际消费倾向越大（即总需求曲线越陡峭），收入变动也越大。

[资料 10-1]　历史故事

黑手党和乘数

努力算出一个乘数的数据是……困难的。为什么呢？因为经济中往往有很多情况发生，当政府改变财政政策时，很难把政策变化的效应从混乱的情况中分离出来。而你所要的是经济的普遍状况没有改变时未预期到的政府支出变动。

在 20 世纪 90 年代，意大利有一个法律，对有证据证明有重要的黑手党渗透进地方政府的地区，大量削减政府开支。据推测，地方经济并不会随着为反黑手党运动而削减政府开支发生多大其他变化。以这些变化作为一种经验，安东尼奥・阿康西亚（Antonio Acconcia）、吉安卡洛・科赛梯（Giancarlo Corsetti）和萨维里奥・西蒙内利（Saverio Simonelli）详细跟踪了这些地方财政冲击的效应。* 估计的乘数在 1.5%～1.9%范围内。

* Antonio Acconcia，Giancarlo Corsetti，and Saverio Simonelli，"Mafia and Public Spending：Evidence on the Fiscal Multiplier from a Quasi-Experiment，" *American Economic Review*，July 2014.

扼要重述

从有关乘数的讨论中应记住三点：

- 自主性支出的增加可提高均衡收入水平。
- 自主性支出的增加可成倍地增加收入。
- 边际消费倾向越大，代表消费与收入之间关系的乘数也越大。

实践中的乘数

在晚间电视广播中并不经常讨论宏观经济参数的大小，但是在奥巴马的第一届任期初期，一些新闻对财政政策乘数的大小持有不同的意见。为了应对经济危机，当局需要一个大规模的财政刺激，即一揽子计划。支持者认为财政政策将发挥显著效果，也就是乘数较大，所以增加支出是有必要的。反对者却认为乘数较小，并声称并不会产生多大的刺激效果。

我们把乘数写成 $\frac{1}{1-c}$，这是一个标准的乘数表达形式，更多重要的、复杂的表达形式将在后面给出。我们在例子中用 $c=0.9$ 表示乘数等于 10。这个例子只是给出一个大致的数字，你应该抛弃 10 是一个真实的乘数值的观念。真实的乘数值依赖于经济环境，但是 10 显然太高了。我们要探讨的其他影响因素都包括哪些？

首先，乘数同边际消费倾向一样依赖于税率。我们将在下一节展示税收会降低乘数。我们将在第 14 章深入探讨消费函数的更多细节，还将讨论为什么临时性财政政策变化和持久性财政政策变化会导致不同的边际消费倾向。在第 11 章，我们将引入利率，增加政府采购支出和消费将使利率上升，进而降低投资水平。这会使得有效乘数比仅考虑消费时的乘数要小。但是，在大萧条期间，联储维持利率不变，所以这种潜在的抵消影响在危机期间并不重要。

真正对乘数影响较大的因素是你已经知道的：总供给曲线的斜率。当我们研究乘数时，我们一般会问总需求移动多少。GDP 的变化同时依赖总需求曲线的移动和总供给曲线的斜率。（你可以回顾 5—4 节的内容。）在大衰退期间，总供给曲线可以被认为是非常平坦的，这意味着本章里的总需求乘数几乎决定了政府支出对产出的影响，但是在更多的情形下，这并不是实际情况。①

经济学家投入了大量精力来估算乘数，因为乘数对制定财政政策至关重要。这些问题将在后面的章节深入探讨。从整体来看，斯坦福大学的罗伯特·霍尔（Robert Hall）的一项实证研究表明实际中的乘数大约为 1.7。② 加利福尼亚大学圣迭戈分校的瓦莱丽·雷米（Valerie Ramey）估算的乘数更小，在 0.8 和 1.5 之间。③

---

① 关于乘数在好年景和坏年景差异不大的观点请参见：Michael T. Owyang，Valerie A. Ramey，and Sarah Zubairy，“Are Government Spending Multipliers Greater During Periods of Slack? Evidence from the 20th Century Historical Data，” Federal Reserve Bank of St. Louis Working Paper 2013－004A。

② Robert E. Hall，“On the Government Purchases Multiplier，” Brookings Papers on Economic Activity，Fall 2009.

③ Valerie A. Ramey，“Can Government Purchases Stimulate the Economy?” *Journal of Economic Literature*，September 2011. 关于乘数值很难确定的更深入研究（部分原因是我们缺乏与大萧条相同的糟糕时期的大量经验）请参见：Jonathan A. Parker，“On Measuring the Effects of Fiscal Policy in Recessions，” *Journal of Economic Literature*，September 2011。

10—4　政府部门

每当衰退发生时，人们希望并要求政府有所作为。政府能做些什么呢？政府以两种相互独立的方式直接影响均衡收入水平。第一，政府采购商品与服务 G 是总需求的一个组成部分。第二，税收与转移支付影响产出与收入 Y，以及**可支配收入**（disposable income）YD 之间的关系。可支配收入是家庭得到的、可用于消费与投资的收入。在本节，我们关注政府采购、税收与转移支付影响均衡收入水平的方式。

可支配收入 YD 是家庭从政府接受转移支付并向政府纳税后可用于支出的净收入。因此，它包括收入加上转移支付，再减去税收，$Y+TR-TA$。消费函数由方程（8）给出。

最后一步是具体说明**财政政策**（fiscal policy）。**财政政策是政府关于政府采购水平、转移支付水平与税收结构的政策。**假定政府采购量是固定不变的 $\overline{G}$；转移支付是固定不变的 $\overline{TR}$；同时征收**比例所得税**（proportional income tax），即以税收形式征收的收入的一部分 t：

$$G=\overline{G} \qquad TR=\overline{TR} \qquad TA=tY \tag{18}$$

由于征税，因此，YD、C 和 AD 取决于税率 t。我们在下面将会看到乘数取决于税率。

借助于对财政政策的具体说明，以方程（18）替代方程（8）中的 TR 与 TA 后，即可重新写出消费函数：

$$\begin{aligned} C &= \overline{C}+c(Y+\overline{TR}-tY) \\ &= \overline{C}+c\,\overline{TR}+c(1-t)Y \end{aligned} \tag{19}$$

注意，方程（19）中，转移支付的出现使自主性消费支出的增加等于来自可支配收入的边际消费倾向 c 乘以转移支付量。①与此相反，所得税则降低了各个收入水平的消费支出。出现这种降低，是由于与家庭消费相关的是可支配收入而不是收入本身，同时所得税还降低了相对于收入水平的可支配收入。

来自可支配收入的边际消费倾向仍然是 c，而来自收入的边际消费倾向现在是 $c(1-t)$，其中 $1-t$ 是税后收入部分。例如，倘若边际消费倾向 c 为 0.8，而税率为 0.25，则来自收入的边际消费倾向 $c(1-t)$ 为 0.6［$=0.8\times(1-0.25)$］。

将总需求恒等式与方程（18）和方程（19）合并，则可得到：

$$\begin{aligned} AD &= C+I+G+NX \\ &= [\overline{C}+c\,\overline{TR}+c(1-t)Y]+\overline{I}+\overline{G}+\overline{NX} \\ &= (\overline{C}+c\,\overline{TR}+\overline{I}+\overline{G}+\overline{NX})+c(1-t)Y \\ &= \overline{A}+c(1-t)Y \end{aligned} \tag{20}$$

其中，$\overline{A}=\overline{C}+c\,\overline{TR}+\overline{I}+\overline{G}+\overline{NX}$。

AD 曲线的斜率较平坦，这是因为居民现在不得不为其所收入的每一美元纳税，剩下的只是 $1-t$ 美元。因此，正如方程（20）所示，来自收入的边际消费倾向现在是 $c(1-t)$ 而

① 我们假定来自政府的转移支付是免税的。事实上，有些转移支付，如国债利息要纳税，其他转移支付，如福利救济金，则不纳税。

不是 c 。

均衡收入

我们现在着手研究包括政府在内的收入决定。我们返回到商品市场的均衡条件，$Y=AD$，并且利用方程（20）写出均衡条件如下：

$$Y=\overline{A}+c(1-t)Y$$

通过移项整理，我们可以解这个方程，求出均衡的收入水平 Y_0，

$$Y[1-c(1-t)]=\overline{A}$$

$$Y_0=\frac{1}{1-c(1-t)}(\overline{C}+c\,\overline{TR}+\overline{I}+\overline{G}+\overline{NX})$$

$$Y_0=\frac{\overline{A}}{1-c(1-t)} \tag{21}$$

将方程（21）与方程（12）相比较，我们可以看出政府部门造成了显著的不同。它提高的自主性支出等于政府采购量 $\overline{G}$，以及来自净转移支付的引致性支出量 $c\,\overline{TR}$；此外，所得税降低了乘数。

所得税与乘数

从方程（21）中可以看出所得税会降低乘数。假如边际消费倾向为 0.8，税赋为 0，则乘数为 5；边际消费倾向相同，而税率为 0.25，乘数则降低为 $1/[1-0.8\times(1-0.25)]=2.5$。所得税降低乘数是由于它们降低了由于收入变动所引致的消费。因此，包含税收以后，总需求曲线变得平坦，从而降低了乘数。

作为自动稳定器的所得税

比例所得税是**自动稳定器**（automatic stabilizer）这一重要概念的例证。**正如我们所记得的，自动稳定器是经济中的一种机制，它会自动减少为适应自主性需求变动所需要的产出变动量，而不需要政府逐项加以干预。**

有关经济周期的一种解释是，经济周期是由于自主性需求，特别是投资的改变引起的。有人认为投资者乐观时投资高涨，因此，产出也高涨。但有时投资者持悲观态度，于是，投资与产出都下降。

当自动稳定器，比如能够降低乘数的比例所得税，处于适当地位时，投资需求的变动对产出的影响变小了。这意味着自动稳定器的存在使得我们期望的产出波动幅度比没有自动稳定器时的幅度要小。

比例所得税并不是唯一的自动稳定器。[①]失业救济金使失业者甚至在没有工作时也能继续消费，因此，当 Y 下降时，TR 就会增加。这意味着人们在失业时领取救济金比没有救济金时需求降低得要少。这也会使乘数变小，使得产出更加稳定。在第二次世界大战结束后的年代里，自 1945 年以来，高失业救济金和高所得税税率是经济周期波动没有

---

① 有关自动稳定器的讨论，参见 T. Holloway，“The Economy and the Federal Budget：Guide to Automatic Stabilizers，” *Survey of Current Business*，July 1984。关于自动稳定器的最新文章，可参见 A. Auerbach and D. Feenberg，“The Significance of Federal Taxes as Automatic Stabilizers，” *Journal of Economic Perspectives*，Summer 2000。

以往那样剧烈的原因。[1]

财政政策变动的效应

我们现在考虑财政政策变动对均衡收入水平的效应或影响。我们首先考虑政府采购的变动。这种情况正如图 10-4 所示，其中 Y_0 是初始的收入水平。增加政府采购是自主性支出的变化；因此，政府采购的增加将使总需求曲线向上移动的量等于政府采购增加的量。对照初始产量与收入水平，对商品的需求将超过产量，所以，厂商将扩大生产直至达到新的均衡点 E'。

收入会扩大多少？回想一下均衡收入的变动等于总需求的变动，即

$$\Delta Y_0 = \Delta \overline{G} + c(1-t)\Delta Y_0$$

假定其余的项（$\overline{C}$，$\overline{TR}$，$\overline{I}$ 和 $\overline{NX}$）固定不变。因此，均衡收入的变动为：

$$\Delta Y_0 = \frac{1}{1-c(1-t)}\Delta \overline{G} = \alpha_G \Delta \overline{G} \tag{22}$$

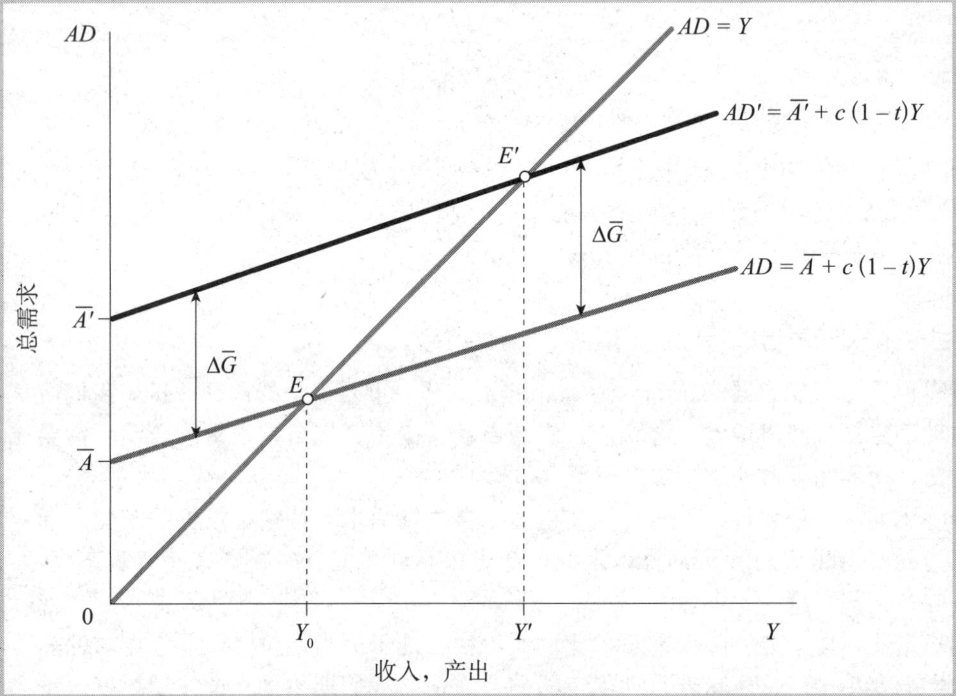

图 10-4 增加政府采购的效应

引入 α_G 表示存在所得税时的乘数：

$$\alpha_G \equiv \frac{1}{1-c(1-t)} \tag{23}$$

---

① 一种关于美国的经济周期是否更加稳定（不同意见）的讨论，参见 C. Romer，"Changes in Business Cycles: Evidence and Explanations," *Journal of Economic Perspectives*, Spring 1999。

因此，政府采购增加 1 美元使得收入的增加超过 1 美元。如果边际消费倾向 $c=0.8$，所得税税率 $t=0.25$，则乘数为 2.5：政府支出增加 1 美元，均衡收入提高 2.50 美元。

假定政府不是提高对商品和服务 $\overline{G}$ 的支出，而是增加转移支付$\overline{TR}$。自主性支出 $\overline{A}$ 将增加$c\Delta\overline{TR}$，因此，产出将提高 $\alpha_G \times c\Delta\overline{TR}$，转移支付的乘数小于政府支出乘数（只相当于系数 c），因为$\overline{TR}$的任何增加总有一部分被储蓄起来。

如果政府提高边际税率就会发生两种情况。直接效应是，由于增税会减少可支配收入和消费，因此总需求也将减少。另外，乘数也将变小，因而对总需求的冲击将只有较小的效应。

扼要重述

- 政府采购与转移支付对收入的影响就像增加自主性支出的作用一样。
- 比例所得税降低了消费者从每增加 1 美元的产量中所获得的可支配收入部分，因此，它与降低边际消费倾向一样，会对收入产生相同的效应。
- 比例所得税是自动稳定器。
- 减少转移支付降低了产出。

含义

由于我们阐述的理论意味着政府支出变动与税收变动影响收入水平，财政政策似乎能用来稳定经济。当经济处于衰退阶段或者增长缓慢时，似乎应该削减税收或者增加政府支出，使产出上升。当经济繁荣时，似乎应该增加税收，或者削减政府支出，使其回落到充分就业水平。财政政策的确是积极地用来努力稳定经济的，例如 2009 年，奥巴马政府和国会就通过削减税收和大量增加政府支出去对抗大衰退。

10—5 预算

20 世纪 60 年代以来，美国的政府预算赤字已经成为正常现象。这种情况曾经在克林顿政府第二个任期内被短暂打破，当时美国政府预算出现了盈余。图 10－5 表明，2001 年的减税加上第二次海湾战争的开支，使联邦预算重新回到严重赤字状态。2009 年，财政刺激计划创造了和平时期最高的赤字水平。在预算变动的长期历史中，联邦政府在和平时期出现盈余，在战争时期出现赤字，是一种典型情况。与美国相比，其他国家随着预算的规范化，政府财政逐渐从赤字转向盈余。加拿大是这方面的典型。[①]

① 最近预算有盈余的其他国家包括挪威（占 2009 年 GDP 的 13.9%）以及科威特（占 2009 年 GDP 的 8.1%）。但是，在 2007—2009 年的大衰退期间，平时拥有预算盈余的许多国家（包括加拿大）也出现了预算赤字。资料来源：*The CIA World Factbook*。

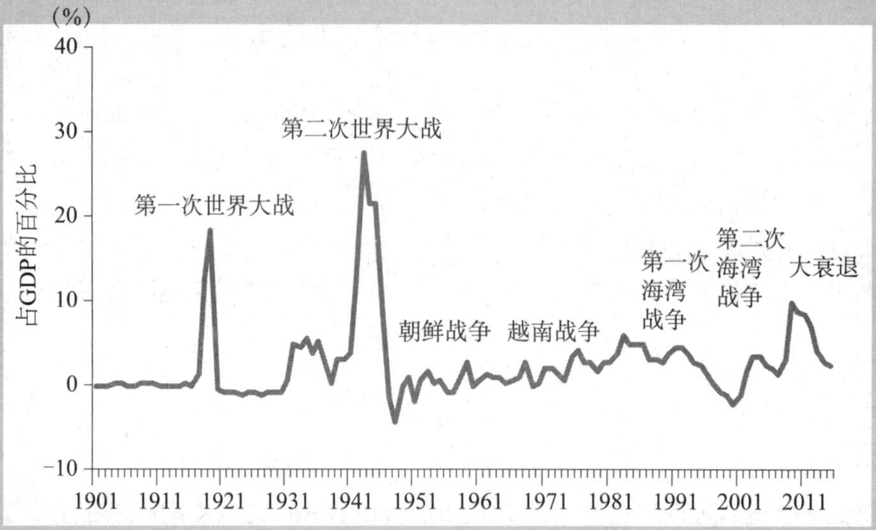

图 10－5　1900—2015 年美国政府预算赤字占 GDP 的百分比

资料来源：Office of Management and Budget，The White House；www.economagic.com.

传媒和政治家们关注的预算赤字，是联邦预算赤字，2009 年为 1.41 万亿美元，或者说大约为 GDP 的 9.9%。[①]在国民收入账户中，“政府”包括各级政府——联邦、州和地方政府。在繁荣时期，州和地方政府会有少量（小于 GDP 的 1%）盈余，在衰退时期，有少量赤字。2009 年，州与地方财政盈余达 1 968 亿美元，大约占 GDP 的 1.4%。

对预算赤字的关注是出于什么原因？是担心政府借款会使私人企业难以借到款项进行投资，从而使经济增长放慢。要充分理解这种关注只能留待以后各章加以解决。而本节只是作为导论，讨论政府预算及其对于产出的效应以及产出对预算的影响。

第一个重要的概念是以 BS 表示的**预算盈余**（budget surplus）。**预算盈余是政府岁入、税收超过其包括采购商品、服务与转移支付在内的总支出的部分：**

$$BS \equiv TA - \overline{G} - \overline{TR} \tag{24}$$

预算的负盈余是支出超过岁入的部分，也就是预算赤字（budget deficit）。

替换方程（24）中的比例所得税税收收入的假定，即令 $TA = tY$，则可得到：

$$BS = tY - \overline{G} - \overline{TR} \tag{24a}$$

图 10－6 给出了在 $\overline{G}$、$\overline{TR}$与所得税税率既定的情况下，预算盈余是收入水平的函数。在低收入水平，预算出现赤字（盈余为负数），因为$\overline{G} + \overline{TR}$超过所得税收入。与此相反，在高收入水平，预算出现盈余，因为所得税收入超过政府采购和转移支付之和。

① 美国的联邦预算被官方划分为“账内预算”和“账外预算”项目。当我们在教材中使用“预算赤字”或“预算盈余”的说法时，是与“统一的预算”，即“账内预算”和“账外预算”之和相联系的。账外预算的预算盈余更多地表现为在社会保障方面的大量当前盈余。在 21 世纪初，几乎所有的统一预算盈余都来自账外预算。关于预算的衡量说明：我们大多按照日历年份考虑预算，而美国联邦政府却以上一年 10 月份作为进行预算计算的财政年度的开始。

图 10-6　预算盈余

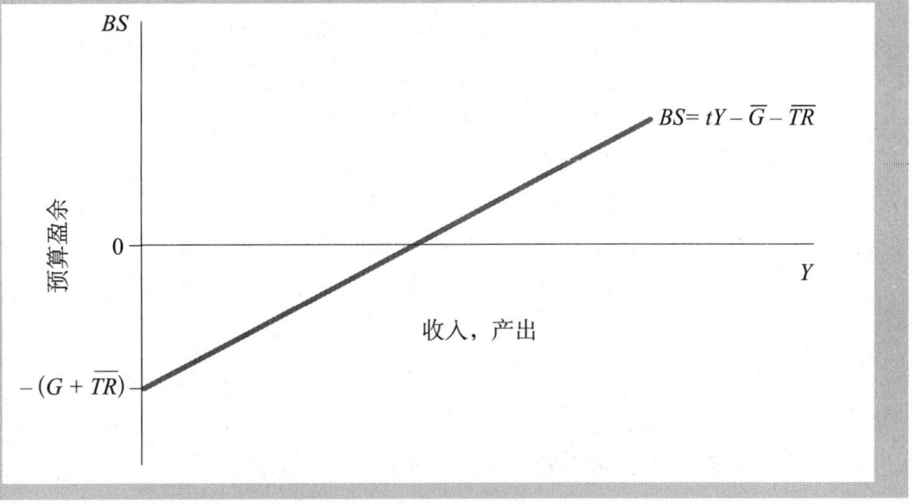

图 10-6 表明，预算盈余不仅取决于政府就税率（t）、政府采购（$\overline{G}$）与转移支付（$\overline{TR}$）进行政策选择时的考虑，也取决于能改变收入水平的任何其他事情。例如，设想投资需求增加从而提高了产出水平。于是由于税收增加，预算赤字减少或者预算盈余增加，但政府对赤字的变化丝毫没有进行干预。

衰退时期政府税收减少，因而在此期间出现预算赤字就不应感到意外。而且，尽管在模型中我们把$\overline{TR}$看作自主性项目，但实际上，通过发放失业救济金，在衰退时期转移支付也增加了。

政府采购与税收变化对预算盈余的影响

接下来，我们将说明财政政策的变动如何影响预算。实际上，需要弄清楚增加政府采购是否必然会降低预算盈余。粗略一看，这似乎是明显的，因为在方程（24）中增加政府采购表现为降低盈余或增加赤字。但是，进一步考虑，我们发现增加政府采购将引起收入的（成倍）增加，从而增加了税收收入。令人感兴趣的是，这还有可能使税收的增加幅度超过政府采购的增加。

简单的计算证明最初的猜测是正确的：增加政府采购会降低预算盈余。从方程（22）得知由于增加政府采购引起的收入变化等于 $\Delta Y_0 \equiv \alpha_G \Delta\overline{G}$ 。这项增加的收入中的一小部分被征收为税收，因此，税款收入增加为 $t\alpha_G \Delta\overline{G}$ 。用方程（23）替代 α_G，因此，预算盈余的变化为：

$$
\begin{aligned}
\Delta BS &= \Delta TA - \Delta\overline{G} \\
&= t\alpha_G \Delta\overline{G} - \Delta\overline{G} \\
&= \left[\frac{t}{1-c(1-t)} - 1\right]\Delta\overline{G} \\
&= -\frac{(1-c)(1-t)}{1-c(1-t)}\Delta\overline{G} \qquad (25)
\end{aligned}
$$

它明显为负值。

于是，我们便证明了增加政府采购会减少预算盈余，但在该模型中预算盈余的减少量明显小于采购的增加量。例如，设 $c = 0.8$，$t = 0.25$，政府采购增加 1 美元，盈余将减少 0.375 美元。

我们可以用同样的方法考虑提高税率对预算盈余的影响。我们知道提高税率会降低收入水平。因此，保持政府支出水平不变，提高税率看起来会减少预算盈余。事实上，提高税率增加了预算盈余，尽管会因此减少收入，这一点在本章末尾的习题中要求你证明。①

这里，我们提到被称为**平衡预算乘数**（balanced budget multiplier）的另一个有趣的结果。假设政府支出和税收以相同的数量增加，因此，在新的平衡状态下，预算盈余没有变动。产出提高了多少？答案是，这个特殊实验的乘数等于 1，即产出提高等于政府支出的增加，但不会再多了。

10—6 充分就业的预算盈余

这里要讨论的最后问题是充分就业预算盈余的概念。② 我们记得，增加税收会增加预算盈余，增加政府支出会减少预算盈余。增税一直被证明将会降低收入水平；增加政府采购与转移支付，将会增加收入水平。于是，预算盈余似乎是一个方便而简单的计量财政政策对经济产生全部影响的手段。例如，当预算是赤字时，我们就说财政政策是扩张性的，倾向于增加 GDP。

但是，预算盈余作为计量财政政策走向的手段，本身存在严重的缺点，如图 10－4 所示。缺点就在于，盈余会随着私人自主性支出的变动而变动。因此，预算赤字增加，并不一定意味着政府改变政策试图增加收入水平。

由于我们经常要衡量使用财政政策以影响收入水平的方式，因此我们需要一种衡量政策的手段。它不受经济周期的特殊形势（繁荣或衰退）的影响，其中也许可以发现我们自己所需要的东西。以 BS^* 表示的**充分就业预算盈余**（full-employment budget surplus）提供了一种这样的衡量手段。**充分就业预算盈余衡量在充分就业的收入水平上或潜在收入水平上的预算盈余。**以 Y^* 表示充分就业的收入水平，我们可以得到：

$$BS^* = tY^* - \bar{G} - \overline{TR} \tag{26}$$

充分就业预算盈余还有其他名称，如**周期性校正盈余**（cyclically adjusted surplus）（或赤字）、**高就业盈余**（high-employment surplus）、**标准化就业盈余**（standardized budget surplus）与**结构性盈余**（structural surplus）。这些新名称指的是同一概念，即充分就业预算盈余。但是，它们并不意味着经济还有一个未达到的、唯一的充分就业产出水平。它们合理地表明，该概念只是将一个给定就业水平固定为参照点的方便的计量尺码。

为理解实际预算与充分就业预算的差别，从方程（26）的充分就业预算盈余中减去方程（24a）的实际预算盈余，则可得到：

---

① 降低税率会增加政府收入（或提高税率会降低政府收入）的理论得到了以前任教于芝加哥大学与南加利福尼亚大学的阿瑟·拉弗（Arthur Laffer）的支持。但是，拉弗的论点不是根据减税的总需求效应，而是根据减税可能导致人们更多地工作的设想。这个供给学派经济学的要素，我们在第 5 章中已经加以考察。

② 这个概念已有很长的历史了，见 E. Cary Brown, "Fiscal Policy in the Thirties: A Reappraisal," *American Economic Review*, December 1956。

$$BS^{*} - BS = t(Y^{*} - Y) \tag{27}$$

唯一的差别是由所得税的征收引起的。①明确地说，如果实际产出低于充分就业水平，充分就业预算盈余将超过实际盈余。反之，如果实际产出超过充分就业（或潜在）产出，充分就业预算盈余将小于实际盈余。实际预算与充分就业预算之间的差别在于预算的周期性组成部分不同。在衰退时期，周期性组成部分倾向于显示赤字，而在繁荣时期，周期性组成部分甚至可能显示盈余。

我们接下来考察图10-7中的充分就业预算赤字。公众关心20世纪80年代不断扩大的赤字。许多经济学家对高失业年代的1982年与1983年的赤字情况并不感到特别忧虑。但是充分就业预算向赤字靠近，则被认为完全是另外一回事。

最后有两点要提醒大家，第一，不存在确实的真正充分就业产出水平。我们可以对相当于充分就业的失业水平做出各种设想。现在通常设想的充分就业失业率大约为5.5%，尽管实际失业率更高，有些估计高达7%。估计充分就业赤字或盈余出现的差异，取决于如何设定处于充分就业水平的经济。

第二，高的就业盈余并不是计量财政冲击的完善方法。有以下几点理由：支出的变动与等量的税收增加相匹配，将使赤字不变，但会提高收入，对未来财政政策变动的预期会影响现期收入；以及一般说来，由于财政政策涉及许多变量（税率、转移支付与政府采购）的背景，难以用单独一个数字完善地描述财政政策的冲击。但是高的就业盈余仍然是指明财政政策方向的有用指南。②

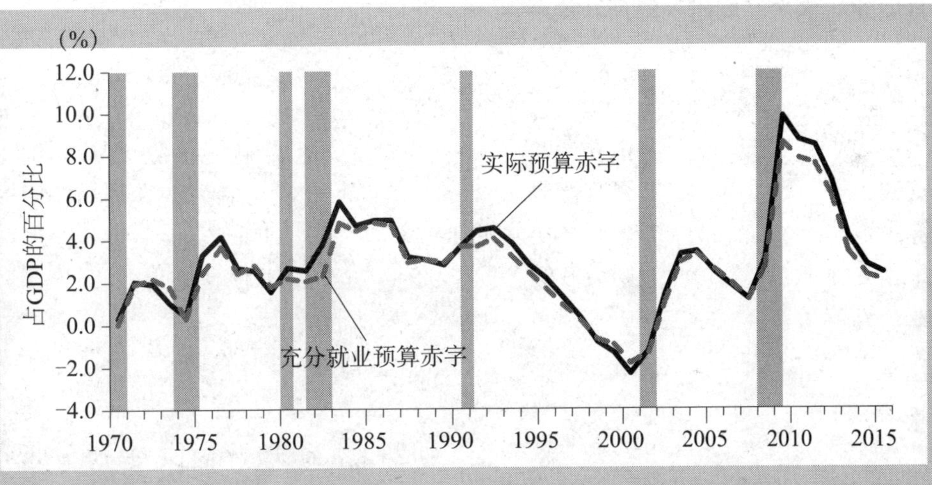

图10-7　实际预算赤字和充分就业预算赤字

资料来源：Congressional Budget Office，www.cbo.gov.

---

① 实际上，像福利金与失业救济金之类的转移支付也受经济状态的影响。因此，*TR* 也取决于收入水平。但实际盈余与充分就业预算盈余之间差异的主要原因在于税收。因收入变动引起的税收自主变动，5倍于支出自主变动的规模。（参见 T. M. Holloway and J. C. Wakefield, "Sources of Change in the Federal Government Deficit, 1970—86," *Survey of Current Business*, May 1985。）

② 对于充分就业、赤字以及财政政策的其他计算办法的进一步讨论，可以参见 Congressional Budget Office, *The Economic Outlook*, February 1984, appendix B; and Darrel Cohen, *A Comparison of Fiscal Measures Using Reduced Form Techniques*, Board of Governors of the Federal Reserve System, 1989。每年年初，国会预算办公室出版 *The Economic and Budget Outlook*，该书包含对当前财政政策的分析和对充分就业预算的估算。关于预算和预算盈余的更多信息，可以参见 www.cbo.gov。

本章提要

1. 当商品的总需求等于产出水平时，产出处于其均衡水平。

2. 总需求包括家庭的计划消费支出、厂商的投资品需求以及政府采购的商品与服务，也包括净出口。

3. 当产出处于均衡水平时，没有非意愿的库存变动，所有经济单位购买的数量恰恰是它们计划购买的数量。根据库存的积压或减少所进行的产出水平调整过程，导致经济达到均衡产出水平。

4. 由于消费需求取决于收入水平，总需求水平本身也会受产出水平（等于收入水平）的影响。

5. 消费函数将消费支出与收入联系起来；收入提高，消费增加。收入中未消费的部分就是储蓄。因此，储蓄函数可由消费函数推导出来。

6. 乘数是一个数值，它是自主性支出变动 1 美元时均衡产出水平的变动量。边际消费倾向越大，乘数也越大。

7. 政府采购与政府转移支付对均衡收入水平的影响，就像自主性支出增加的作用一样。比例所得税对均衡收入水平的影响与降低边际消费倾向的作用一样。因此，比例所得税降低了乘数。

8. 预算盈余是政府收入超过政府支出的部分。政府支出多于其收入时，预算出现赤字。预算盈余（或赤字）的规模受政府财政政策变量（政府采购、转移支付与税率）的影响。

9. 由于私人自主性支出变动引起收入水平的变化，因此导致税收与转移支付的变动，从而影响实际预算盈余。充分就业（高就业）预算盈余度量财政政策的积极运用。充分就业预算盈余度量产出处在潜在（充分就业）水平时所出现的预算盈余。

关键术语

总需求	消费函数	边际消费倾向（MPC）
自动稳定器	可支配收入	边际储蓄倾向（MPS）
平衡预算乘数	均衡产出水平	乘数
预算约束预算赤字	财政政策	预算盈余
充分就业预算盈余		

习题

概念题

1. 我们将本章详细阐述的收入决定模型称为凯恩斯模型。是什么使得凯恩斯模型对立于古典模型呢？

2. 什么是自主性变量？在本章中，我们规定总需求中哪些组成部分是自主性的？

3. 根据你对联邦政府许多部门通过并实现政策（如税收法规、福利制度）变动所需时间的了解，你能想到利用财政政策稳定经济存在的问题吗？

4. 为什么将比例所得税与福利制度等机制称作自动稳定器？选择其中一个稳定器，详细解释它如何及为何会影响产出波动。

5. 什么是充分就业预算盈余？它为什么相对于实际的或未校正的预算盈余可能成为更有用的计量方法？本书提供了该计量方法的其他名称，如周期性校正盈余与结构性盈余等。为什么我们会偏好另外的名称呢？

技术题

1. 现在研究 10—2 节与 10—3 节学习过的无政府部门模型的特例。假如消费函数为 $C = 100 + 0.8Y$，当投资为 $I = 50$ 的时候，

a. 本题中的均衡收入水平是多少？

b. 均衡状态时的储蓄水平是多少？

c. 由于某种原因，如果产出水平为 800，非意愿库存积累会是多少？

d. 如果 I 增加为 100（我们在以后各章讨论什么决定

I)，对均衡收入的影响是什么？

e. 在这里，乘数 α 是多少？

f. 画一幅表明问题 a 与问题 b 的均衡图。

2. 设想上题中的消费行为发生变动，以致 $C=100+0.9Y$，而 I 仍旧为 50。

a. 均衡收入水平比上题 a 中提高了还是降低了？计算新的均衡水平 Y' 并证明。

b. 现在设想投资与上题 d 中一样增加到 $I=100$，新的均衡收入是多少？

c. 投资支出的这种变动对 Y 的影响比习题 1 中增加了还是减少了？为什么？

d. 画一幅图表明均衡收入在这种情况下的变动。

3. 现在我们来考察税收在决定均衡收入中的作用。我们设想有一个如 10—4 节与 10—5 节中那种形式的经济，它由以下函数加以描述；

$$C=50+0.8YD$$

$$\bar{I}=70$$

$$\bar{G}=200$$

$$\overline{TR}=100$$

$$T=0.20$$

a. 计算该模型中的均衡收入水平与乘数。

b. 计算预算盈余 BS。

c. 设想 t 增加到 0.25，新的均衡收入是多少？新的乘数是多少？

d. 计算预算盈余的变动。如果 $c=0.9$ 而不是 0.8，你预期盈余的变动将会增加还是减少？

e. 当 $t=1$ 时，你能解释为什么乘数等于 1 吗？

4. 设想经济在均衡状态下运行，$Y_0=1\,000$。如果政府进行财政变动，将税率增加 0.05，政府支出增加 50，预算盈余将增加还是减少？为什么？

5. 假如国会决定减少转移支付（例如，减少福利），但等量增加政府对商品与服务的采购，即政府变更其财政政策，使 $\Delta G=-\Delta TR$。

a. 你预期该项变动的结果是使均衡收入增加还是减少？为什么？用下面的例子来核对你的回答：设想开始时，$c=0.8$，$t=0.25$，而 $Y_0=600$。现在令 $\Delta G=10$，$\Delta TR=-10$。

b. 求均衡收入 ΔY_0 的变化。

c. 预算盈余的变化 ΔBS 是多少？ΔBS 为什么会变化？

操作题

1. 10—2 节分析了消费函数，我们还知道什么？专栏 10－1 表明美国消费函数的实际情况。在本题中，你将推导澳大利亚的消费函数。

a. 登录宾大世界表（http：//rug. nl/ggdc/productivity/pwt），点击“Penn World Table”，再点击“Excel”，下载宾大世界表最近的数据。打开算出的 Excel 文件并找到澳大利亚的数据：

• 实际国内总收入（经过贸易条件变化调整得到 RGDPL）。

• 人均实际 GDP 的消费份额（RGDPL）以及人均实际 GDP（不变价格：数据链）。（提示：要得到人均总消费，你需要乘以人均实际 GDP 的份额。）

b. 作一个以人均实际国内总收入为 X 轴、以人均总消费为 Y 轴的散点图。澳大利亚的消费和收入之间的关系是怎样的？看上去，增加 100 亿澳元的收入平均来说将对消费产生多大影响？用你的答案计算澳大利亚的边际消费倾向。

c*. 如果你进行一个统计分类，使用 EXCEL 或统计程序完成下面的回归：

$$C=\bar{C}+cY+\varepsilon$$

斜率是什么？这意味着什么？其统计意义如何？

* 星号表示较难的习题。

11 货币、利息与收入

本章要点

- 本章介绍的 *IS-LM* 模型是短期宏观经济学的核心。
- *IS* 曲线描述商品市场处于均衡状态时的收入与利率的各种组合。
- *LM* 曲线描述货币市场处于均衡状态时的收入与利率的各种组合。
- *IS* 曲线与 *LM* 曲线结合在一起，得到总需求曲线。
- 增加政府支出，会提高产出与利率。
- 增加货币供给，会提高产出，但会降低利率。

货币政策在国民收入和就业的决定中具有核心作用。利率是总支出的重要决定因素，联邦储备系统控制货币增长和利率。当经济发生困难时，联储是首先遭到谴责的机构。但在第 10 章的收入决定模型中似乎没有加入货币量、利率和联邦储备系统。

本章将介绍货币与货币政策，建立明确的分析结构，在其中研究商品市场与资产市场的相互作用。这个新结构引导我们了解利率的决定，以及它在经济周期中的作用，并且提出货币政策影响产出的途径。图 11 - 1 给出了 3 个月期的国债利率。国债利率代表某人借钱给美国政府所得的报酬。5%的利率表示，某人将 100 美元借给政府一年，将获得 5%，即 5 美元的利息。图 11 - 1 表明利率经常地但并不总是正好在衰退发生之前处于高水平，在衰退期间下降，在复苏期间上涨。图 11 - 2 表明货币增长与产出增长。货币增长与产出增长之间存在稳固但并不绝对的联系。本章考察从货币到利率和产出之间的联系。

本章引入的 *IS-LM* 模型是短期宏观经济学的核心。它保留了上一章模型的特点和许多细节。不过，引进利率作为总需求的另外一个决定因素，则扩展了该模型。在第 10 章中，自主性支出与财政政策是总需求的主要决定因素。现在加进利率作为投资的决定因素，因而，它也就成为总需求的决定因素。由此，我们现在必定会问，是什么因素决定了利率？这个问题将使我们的模型延伸到包括货币市场在内的范围，并迫使我们研究商品市场与货币市场的相互作用。联邦储备系统因其具有决定货币供给的职能，也参与进来。利率与收入同时由商品市场与货币市场的均衡决定。**和上一章一样，我们仍然假定总需求变动时，价格水平不变。**

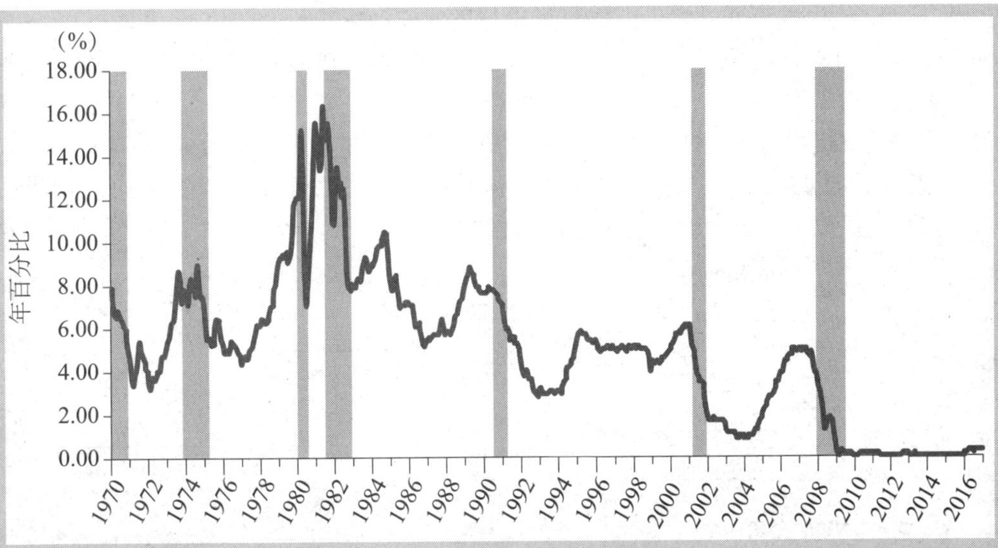

图 11-1　国债利率

资料来源：Federal Reserve Economic Data [FRED].

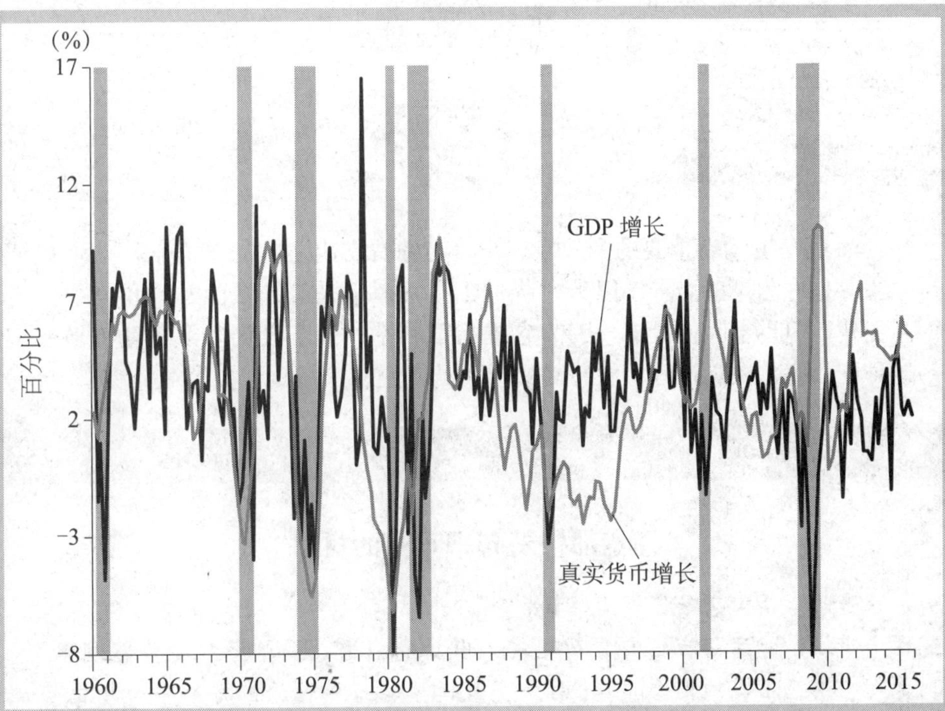

图 11-2　GDP 增长（季度）与真实货币（年度）增长

资料来源：Bureau of Economic Analysis；Federal Reserve Economic Data [FRED].

第 9 章和日复一日的实践中，联储专注于选择利率而不是确定货币供给目标。本章讨论对作为货币政策基础的货币供给的控制。第 12 章将解释为什么利率目标和货币供给目标实际上是同一个硬币的正反两面。

有三点理由可以说明货币市场与利率的重要性：

1. 货币政策通过货币市场对产出与就业施加影响。

2. 分析证明第 10 章的结论是正确的。研究图 11-3，它表明了该模型的逻辑结构。就这方面来说，我们已经在标有“商品市场”的方框中看到了。由于增加了资产市场，我们能够提出对于财政政策效应的更充分分析，并且引进货币政策。例如，我们将了解到扩张性财政政策一般会提高利率，从而抑制其扩张性冲击。在一定情况下，利率的上涨的确足以完全抵消财政政策的扩张性效应。

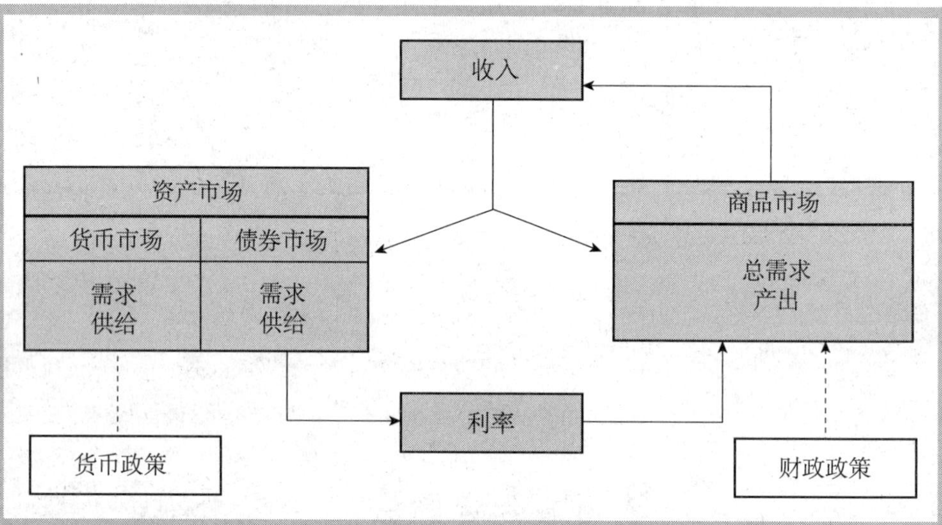

图 11-3　*IS-LM* 模型的结构

IS-LM 模型强调商品市场与资产市场之间的相互作用。支出、利率与收入由商品市场与资产市场的均衡状态共同决定。

3. 利率变动有重要的副效应。投资与消费支出之间的总需求构成取决于利率。高利率主要是抑制了总需求，因为它降低了投资。于是，扩张性财政政策往往会通过乘数提高消费，但也会降低投资，因为它提高了利率。由于投资率影响经济增长，财政扩张的这种副效应是决策过程中敏感而又重要的问题。

［专栏 11-1］　我们还知道什么？

注意那些看起来难懂的材料

说实在的，这是学生认为最难掌握的一章。

我们研究两个市场，即商品市场与货币市场，以及它们通过两个经济变量即利率与收入的联系。许多学生发现他们很难将正式的两个市场-两个变量模型与口头讨论的每一个市场的经济运行联系起来。因此，在深入学习本章实际内容之前，在这里，我们先简要地解释一下那些当我们阐述完毕时才能明白的事情，是如何联系起来的。

在上一章，我们研究了简单的商品市场模型，并且获得了均衡产出等于总需求时的 GDP 数值。我们有一个在一个变量 GDP（Y）上能够出清的市场，即商品市场。在本章中，首先要做的事情，是将利率引入商品市场（通过投资需求），留给我们一个市场与两个变量，即 GDP 与利率。我们最终把商品市场方程叫做 ***IS* 曲线**（*IS* curve）。

其次，引入货币市场。当货币需求等于货币供给时，货币市场达到均衡。货币需求取决于收入与利率。货币供给取决于中央银行（在美国是联邦储备系统）。货币市场均衡又给我们带来了一个市场和两个变量：GDP 与利率。我们最终把货币市场方程叫做 ***LM* 曲线**（*LM* curve）。

最后，将商品市场与货币市场放在一起，则得到两个市场（商品市场与货币市场）与两个变量(GDP 与利率)。利用 ***IS-LM* 模型**（*IS-LM* model）可以得到 GDP 数值与利率数值，同时商品市场与货币市场实现出清。

当我们把这一切加在一起后，我们一定要在思想上弄清楚我们讨论的只是商品市场还是货币市场，或是两者的联系（假如有帮助的话，可以使用不同颜色的荧光笔）。如果能做到这一点，你就应该最终发现本章并不是特别难。

本章纲要

我们再次利用图 11－3 来表示本章的结构。11—1 节讨论利率与总需求之间的联系。我们直接采用第 10 章的模型，增加利率作为总需求的一个决定因素。我们推导一个关键性关系——*IS* 曲线，它表示能使商品市场出清的利率与收入水平的各个组合。在 11—2 节中，我们转向资产市场，特别是其中的货币市场。我们表明货币需求取决于利率与收入，并且表示出利率与收入水平的各个组合——*LM* 曲线，在这些组合中，货币市场是出清的。[①]在 11—3 节中，我们将这两条曲线放在一起，以研究如何共同确定利率与收入。在 11—4 节，我们规范地推导总需求表。11—5 节是选读材料，我们给出全部 *IS-LM* 模型的正规代数表述方式。

80 年前提出的 *IS-LM* 模型，今天还在继续使用着，因为它提供了一个简单合适的结构，来分析货币政策和财政政策对产量的需求与利率的效应。[②]由于本章篇幅较长，我们将 *IS-LM* 模型的政策应用留到第 12 章去讨论。

11—1　商品市场与 *IS* 曲线

在本节，我们推导出**商品市场均衡曲线**（goods market equilibrium schedule），即 *IS* 曲线。*IS* 曲线（或 *IS* 表）表示能使计划支出等于收入的利率与产出水平的各个组合。推导 *IS* 曲线有两个步骤。第一，我们要解释投资为什么会取决于利率。第二，我们将投资需求函数加入总需求恒等式中（就像我们在上一章对消费函数所做的那样），并已求出保持商品市场处于均衡状态的收入与利率的各个组合。

投资需求曲线

现在，投资支出（*I*）完全被看成是外生的，如 10 000 亿美元等数目，全部是在收

---

① *IS* 与 *LM* 分别是投资（*I*）等于储蓄（*S*）（商品市场均衡）以及货币需求（*L*）等于货币供给（*M*）（货币市场均衡）等关系的简化表示法。提出该模型的经典论文是，J. R. Hicks，"Mr. Keynes and the Classics：A Suggested Interpretation，" *Econometrica*，April 1937，pp. 147－59。

② 有关 *IS-LM* 模型有效性的现代观点，参见 Bennett T. McCallum and Edward Nelson，"An Optimizing *IS-LM* Specification for Monetary Policy and Business Cycle Analysis，" *Journal of Money，Credit，and Banking*，August 1999。还可参见 Jordi Galí，"How Well Does the IS/LM Model Fit Postwar U. S. Data?" *Quarterly Journal of Economics*，May 1992。

入决定模型之外决定的。现在引入利率作为模型的一部分，使我们的宏观经济学模型更加完整。投资支出也成为内生的。利率越高，意愿的或计划的投资率就越低。

一个简单的论点说明了为什么投资支出会用在增加机器或建筑物之类的资本上。厂商往往是通过借款购买投资品。这种借款利率越高，厂商借款购买新机器或建筑物期望得到的利润就越低，因此也就越不愿意借款与投资。反之，当利率较低时，厂商愿意更多地借款，更多地投资。

投资与利率

设定投资支出函数的结构为[①]：

$$I=\bar{I}-bi \qquad b>0 \tag{1}$$

其中，i 是利率，系数 b 度量投资支出对利率的反应程度，$\bar{I}$ 现在表示自主性投资支出，即不取决于收入与利率的投资支出。[②] 方程（1）说明利率越低，计划投资越高。如果 b 较大，利率相对少量增加就会引起投资支出的大量下降。[③]

图 11－4 是方程（1）的投资曲线，表明在每一利率水平上厂商计划的投资支出量。该曲线的斜率为负，反映出的假定是，通过降低利率提高资本增量来获取利润的可能性，因而引起更大的计划投资支出率。

图 11－4 投资曲线

投资曲线表示在每一利率水平上的计划投资支出水平。

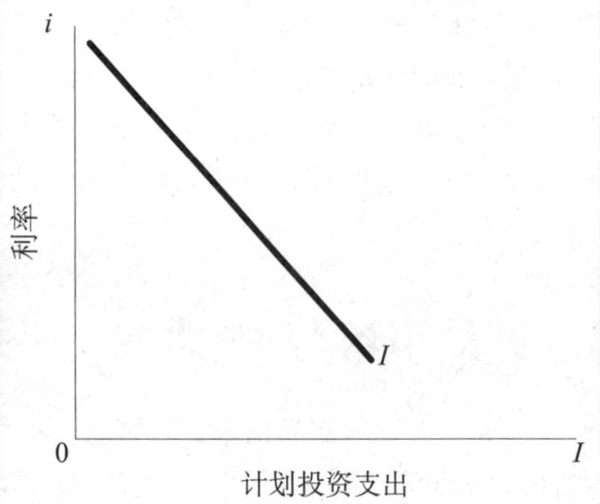

投资曲线的位置取决于斜率，即方程（1）中的系数 b，与自主性投资支出 $\bar{I}$ 的水平。如果投资对利率的反应大，利率稍微下降一些就将引起投资的大量增加，因此，投资曲线几乎是水平的。反之，如果投资对利率的反应小，投资曲线更接近于垂直的。自主性

① 在本书的此处或其他地方，行为方程均设定为线性（直线型）的。采用线性的目的是简化代数式与图解。只要限定于讨论经济的微小变化，线性的简化就不会使人误解。

② 在第 10 章中，相对于收入的投资支出被界定为自主性的。现在利率出现在模型中，必须将“自主”的定义扩大为不取决于利率与收入。为了节省符号，我们继续采用 $\bar{I}$ 表示自主性投资，但必须意识到定义业已扩大。其实，当收入增加时，投资的反应是积极的，其理由将在第 15 章讨论。在这里，为了简化起见，我们省略了投资对收入的反应。

③ b 的衡量单位取决于利率的衡量单位 i。如果投资以 10 亿单位衡量，利率写作像 5 或 10 这样的数字（因此，是以“年百分比”的形式表示），那么，b 也许就是像 10 那样的数字。如果是相同的利率，现在写为 0.05 或 0.10 这种形式，那么，b 的相同数值就是如 1 000 那样的数字。

投资支出 $\bar{I}$ 变动，使得投资曲线移动。$\bar{I}$ 增加，表明在每一个利率水平上，厂商都计划较高的投资率。这将表示为投资曲线向右移动。

利率与总需求：*IS* 曲线

我们现在修改第 10 章中的总需求函数，以便反映新的计划投资支出函数。总需求仍然包含消费需求、投资、政府在商品和服务上的支出与净出口。只不过现在的投资支出取决于利率。我们有：

$$
\begin{aligned}
AD &\equiv C+I+G+NX \\
&= [\bar{C}+c\,\overline{TR}+c(1-t)Y]+(\bar{I}-bi)+\bar{G}+\overline{NX} \\
&= \bar{A}+c(1-t)Y-bi \qquad (2)
\end{aligned}
$$

其中

$$\bar{A}\equiv\bar{C}+c\,\overline{TR}+\bar{I}+\bar{G}+\overline{NX} \qquad (3)$$

从方程（2）中，我们可以看到在既定的收入水平上，利率增加则总需求降低，因为利率提高，降低了投资支出。注意，$\bar{A}$ 是既不受收入水平影响，又不受利率影响的总需求部分，即投资支出部分 $\bar{I}$。如前面注意到的，$\bar{I}$ 是投资支出的自主性成分，不取决于利息（与收入）。

在任何既定的利率水平，我们仍然能够像在第 10 章中那样确定收入和产出水平。但当利率变动时，均衡收入水平也就变动了。我们采用图 11－5 来推导 *IS* 曲线。

对于一个既定的利率水平，比如说 i_1，方程（2）的最后一项是常数（bi_1）。我们在图 11－5（a）中，可以画出第 10 章的总需求函数，但这次截距为 $\bar{A}-bi_1$。采用通常方式，在 E_1点获得均衡收入水平 Y_1。由于均衡收入水平是从一个既定的利率水平（i_1）推导出来的，我们将该组合（i_1，Y_1）作为 E_1点。这就在 *IS* 曲线上得到一点 E_1——这就是商品市场出清的一个利率与收入组合。

考虑下一个较低的利率 i_2。当利率下降时，投资支出提高了。以图 11－5（a）表示，总需求曲线向上移动。由于截距 $\bar{A}-bi_1$ 已经增加，因而，曲线向上移动。在已知总需求增量时，与收入水平 Y_2相联系的均衡状态移动到 E_2点。在图（b）中，我们标记的 E_2点表示的情况是，利率 i_2意味着均衡的收入水平 Y_2——这个均衡的含义是商品市场处于均衡状态（即商品市场出清）。E_2点是 *IS* 曲线上的另一个点。

我们也可以把同样的过程应用于所有可得到的利率水平，从而获得所有组成 *IS* 曲线的点。它们具有的共同性质，是它们代表可使商品市场出清的利率与收入（产出）的各个组合。这就是 *IS* 曲线被称为**商品市场均衡曲线**（goods market equilibrium schedule）的缘故。

图 11－5 表明 *IS* 曲线的斜率是负的，反映总需求的增加伴随着利率的下降。我们也可以利用商品市场均衡条件，即收入等于计划支出，或

$$Y=AD=\bar{A}+c(1-t)Y-bi \qquad (4)$$

推导出 *IS* 曲线。方程（4）可以简化为：

$$Y=\alpha_G(\bar{A}-bi) \qquad \alpha_G=\frac{1}{1-c(1-t)} \qquad (5)$$

其中，α_G是第 9 章中的乘数。注意，在方程（5）中，如 $\bar{A}$ 为已知，如图 11－5 所表示的那样，高利率意味着低水平的均衡收入。

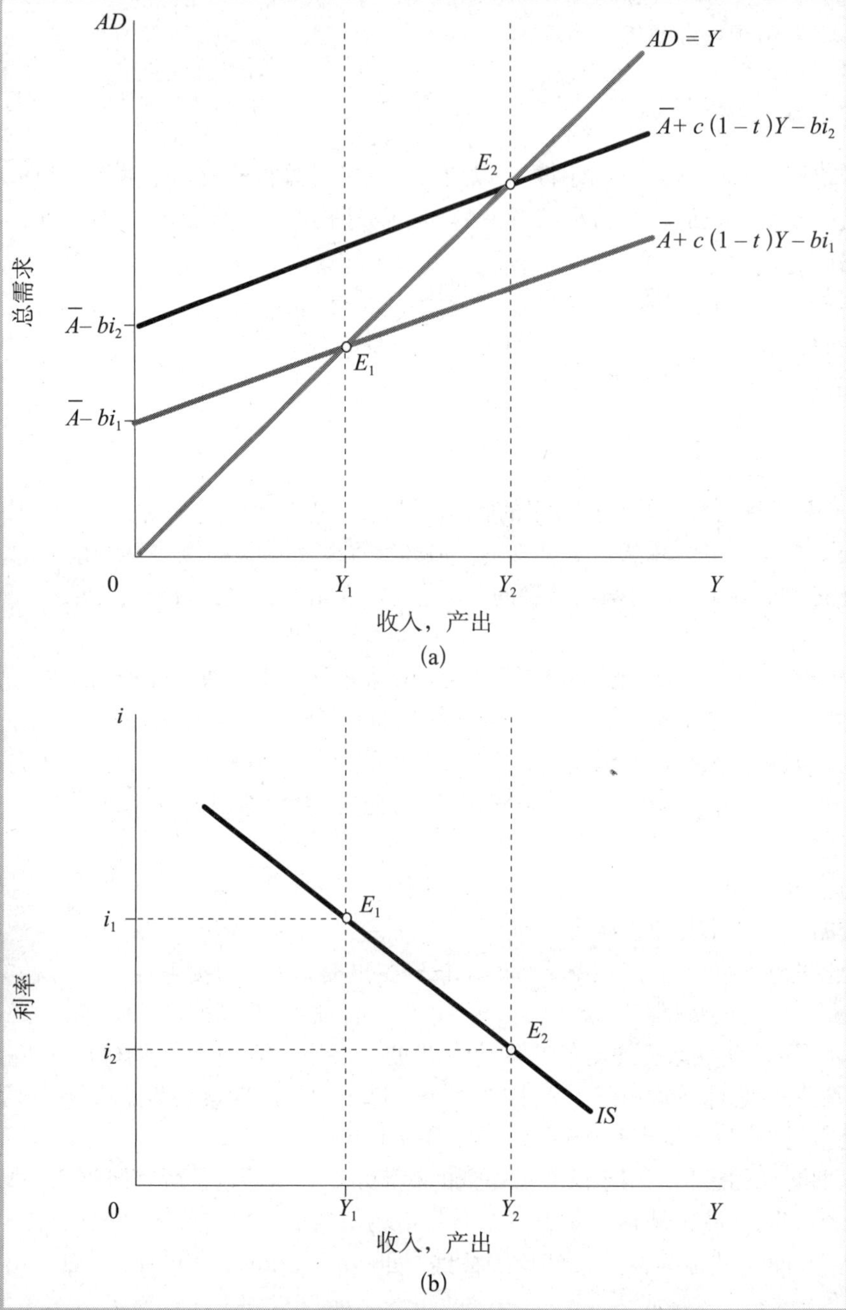

图 11-5　*IS* 曲线的推导

在一个特定的利率上，图（a）中的均衡决定了收入水平。利率下降，提高了总需求。*IS* 曲线表明最后得到的利率与收入之间的反向关系。

IS 曲线的构造十分简单易懂。通过提出并回答下面的问题，我们将能够进一步理解 *IS* 曲线的经济学知识。

- 什么决定 *IS* 曲线的斜率？
- 什么决定 *IS* 曲线的位置？什么引起该曲线的移动？

IS 曲线的斜率

我们已经注意到了 *IS* 曲线的斜率为负，因为高水平的利率降低了投资支出，从而降低了总需求与均衡收入水平。曲线的陡峭程度取决于投资支出对利率变动的敏感程度，也取决于方程（5）中的乘数 α_G。

假如投资支出对利率非常敏感，因而方程（5）中的 b 较大。那么，以图 11－5 表示，既定的利率变动引起总需求大幅度变动，因此使图 11－5（a）中的总需求曲线向上大幅度移动。总需求曲线的大幅度移动导致了均衡收入水平的相应大幅度变动。如果既定的利率变动引起收入的大幅度变动，*IS* 曲线就十分平坦。这时，投资对利率非常敏感，即 b 较大。与此相反，如果 b 较小，而投资支出对利率不太敏感，则 *IS* 曲线相对陡峭。

乘数的作用

考虑接下来的乘数 α_G 对 *IS* 曲线陡峭程度的影响。图 11－6 表示了对应于不同乘数的总需求曲线。以实线表示的总需求曲线的系数 c 小于以虚线表示的总需求曲线的相应系数 c'。于是，以虚线表示的总需求曲线的乘数较大，初始的收入水平 Y_1 和 Y_1' 与图 11－6（b）中的利率 i_1 相对应。

假如利率下降到 i_2，总需求曲线的截距提高到相同的垂直距离，如图 11－6（a）所示。然而，收入的变动暗含的意思却很不相同。以虚线表示的收入提高到 Y_2'，而以实线表示的收入却只提高到 Y_2。总需求曲线越陡峭，与假定的利率变动相对应的均衡收入的变动也越大；即乘数越大，收入增加得也越大。正如从图 11－6（b）中所了解到的；乘数越大，*IS* 曲线越平坦。这等于说，乘数越大，由假定的利率变动所产生的收入变动也越大。

因此，我们业已了解到，**投资支出对利率的敏感性越小或乘数越小，则 *IS* 曲线越陡峭**。这个结论利用方程（5）得到了确认。我们改写方程（5）以便表示利率是收入水平的函数：

$$i=\frac{\overline{A}}{b}-\frac{Y}{\alpha_G b} \tag{5a}$$

于是，给定 Y 的变动，b 越小或 α_G 越小，i 的变动就越大。

已知 *IS* 曲线的斜率取决于乘数，财政政策能够影响斜率。乘数 α_G 受税率的影响：增加税率，会降低乘数。因此，税率越高，*IS* 曲线越陡峭。[①]

IS 曲线的位置

图 11－7 表示出两条不同的 *IS* 曲线，其中灰色的 *IS* 曲线位于黑色的 *IS* 曲线的右上方。是什么情况导致 *IS* 曲线处于 *IS'* 的位置，而不是处于 *IS* 的位置呢？答案是自主性支出水平的增加。

图 11－7（a）表明了在自主性支出水平 $\overline{A}$ 与利率 i_1 给定时，画出的初始总需求曲线。对应于初始总需求曲线的是图 11－7（b）中 *IS* 曲线上的 E_1 点。现在，在相同的利率下，让自主性支出水平增加到 $\overline{A}'$。当利率为 i_1 时增加自主性支出将会提高均衡收入水平。图

① 本章最后的一组习题要求你将这个事实与第 10 章中有关自动稳定器的讨论联系起来。

11－7（b）中的 E_2 点因而是新商品市场均衡曲线 IS' 上的一点。由于 E_1 点是初始 IS 曲线上的任意一点，我们可以为所有的利率水平进行这样的操作，从而得到新的曲线 IS'。因此，自主性支出的增加，将使 IS 曲线向右移动。

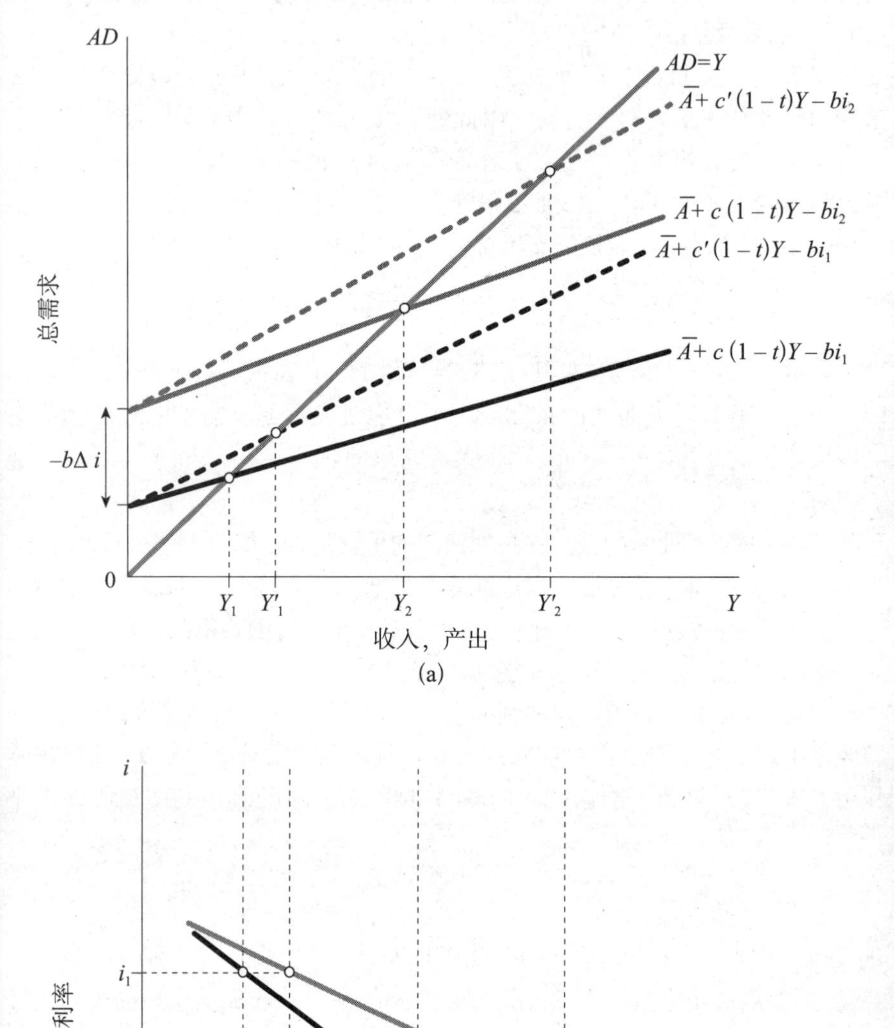

图 11－6　*IS* 曲线斜率的乘数效应

边际支出倾向越高，总需求曲线越陡峭，从而 IS 曲线越平坦。

曲线移动有多远？从图 11－7（a）中可以看出，自主性支出变动的结果，使收入的变动恰好是乘数乘以自主性支出的变动。这意味着 IS 曲线如图 11－7（b）所示，平行移动的距离等于乘数乘以自主性支出的变动。

根据方程（3）可知，自主性支出水平为：

$$\overline{A} \equiv \overline{C} + c\,\overline{TR} + \overline{I} + \overline{G} + \overline{NX}$$

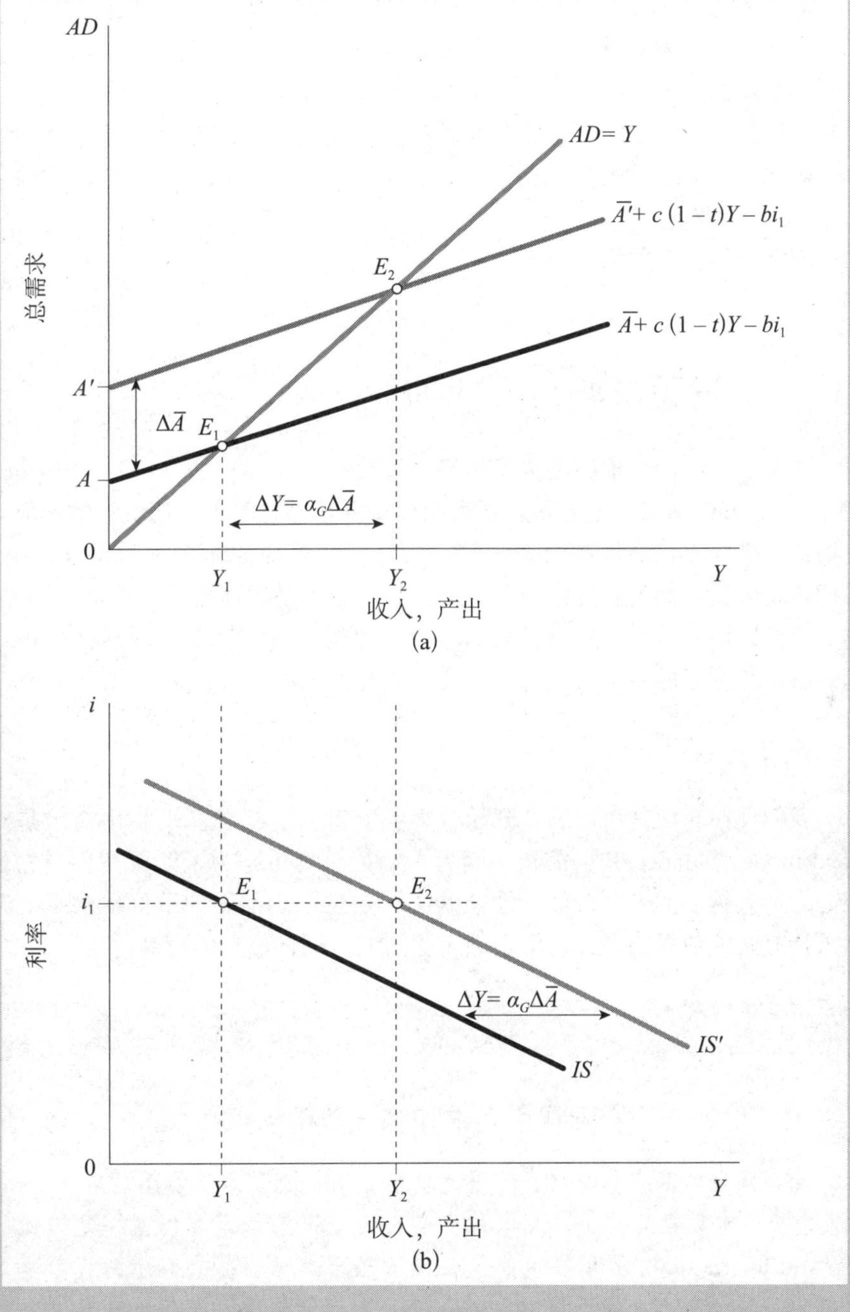

图 11－7　自主性支出变动引起 *IS* 曲线移动

自主性支出的增加提高了总需求并在既定的利率水平上增加了收入。IS 曲线向右移动表明了这一点。

因此，政府采购或转移支付增加，使 *IS* 曲线向右移动，位移的距离取决于乘数的大小。转移支付或政府采购减少，使 *IS* 曲线向左移动。

扼要重述

以下是有关 *IS* 曲线的要点：

- *IS* 曲线是使商品市场处于均衡状态的利率与收入水平组合的曲线。
- *IS* 曲线的斜率为负，由于提高利率会减少计划投资支出，从而减少总需求，因此也会减少均衡收入水平。
- 乘数越小，以及投资支出对利率变动的敏感性越小，则 *IS* 曲线越陡峭。
- *IS* 曲线因自主性支出的变动而移动。自主性支出增加，包括政府采购的增加，使 *IS* 曲线向右移动。

现在我们转向货币市场。

11—2 货币市场与 *LM* 曲线

在本节，我们将推导出**货币市场均衡曲线**（money market equilibrium schedule），即 *LM* 曲线。***LM* 曲线（或 *LM* 表）表明能使货币需求等于货币供给的利率与产出水平的各个组合。**推导 *LM* 曲线有两个步骤。第一，要解释为什么货币需求取决于利率与收入，强调这是因为人们关心货币的购买力，货币需求是实际需求理论，而不是名义需求理论。第二，使货币需求等于货币供给（它由中央银行决定）并发现能使货币市场处于均衡状态的收入与利率的各个组合。

货币需求

我们现在转向货币市场，开始时集中于实际余额需求。[①]货币需求是对**实际货币余额**（real money balances）的需求，因为人们持有货币是为了购买东西。物价水平越高，人们必须持有越多的名义余额，才能购买一定量的商品。如果价格水平上升了一倍，人们必须持有两倍数量的名义货币余额，才能购买同样数量的商品。

[专栏 11-2] 我们还知道什么？

实际货币需求和名义货币需求

在这一阶段，必须强调实际变量与名义变量之间的重大区别。名义**货币需求**（nominal demand for money）是指个人需要一定数量的美元。类似地，名义债券需求是需要价值一定美元的债券。**实际货币需求**（real demand for money）是以货币能够买到的若干单位商品来表示的货币需求。它等于名义货币需求除以价格水平。如果名义货币需求为 100 美元，而价格水平是每件商品 2 美元（其含义是商

① 第 16 章再次对货币需求进行了深入考察；这里只是简要提出货币需求的基本论点。

品的代表性篮子价格为 2 美元)，则实际货币需求为 50 件商品。如果以后价格水平上涨为每件商品 4 美元，则名义货币需求也上升为 200 美元，但实际货币需求不变，仍为 50 件商品。

实际货币余额（real money balances，简称实际余额）是名义货币量除以价格水平。实际货币需求叫做实际余额需求。

实际余额需求（demand for real balances）取决于实际收入水平与利率。它之所以取决于实际收入水平，是因为人们持有货币的目的是购物付款，这种购买又取决于收入。货币需求也取决于持有货币的成本。持有货币的成本就是由于持有货币而不持有其他资产所放弃的利息。利率越高，持有货币的成本越大，因此在各个收入水平，持有的现金越少。[①]在利率高涨时，人们通过更加仔细地使用其货币，并且每当其持有的现金数量过多时，就将它们转换为债券，以使其能够更经济地管理所持有的现金。如果利率为 1%，持有债券而不持有货币几乎没有什么好处。但当利率为 10%时，就值得设法使持有的货币不超过日常交易所需的资金数量。

根据这些简单的理由，实际余额需求随着实际收入水平的提高与利率的降低而增加。因此，以 L 表示的实际余额需求为：

$$L = kY - hi \qquad k, h > 0 \tag{6}$$

参数 k 与 h 分别反映实际余额需求对收入水平与利率的敏感程度。实际收入增加 5 美元将使实际货币需求提高 $k \times 5$ 美元。利率增加 1 个百分点则将使实际货币需求减少 h 美元。

方程（6）的实际余额需求函数的意义是，在收入水平既定时，需求量是利率的减函数。图 11-8 给出了收入水平为 Y_1 的这样一条需求曲线。收入水平越高，实际余额需求越大，因此，需求曲线越靠右。图 11-8 也给出了实际收入为较高的 Y_2 时的需求曲线。

图 11-8 作为利率与实际收入的函数的实际余额需求

给定收入水平，利率越高，实际余额需求量越低。收入的增加提高了对货币的需求，就像向右移动的货币需求曲线所显示的那样。

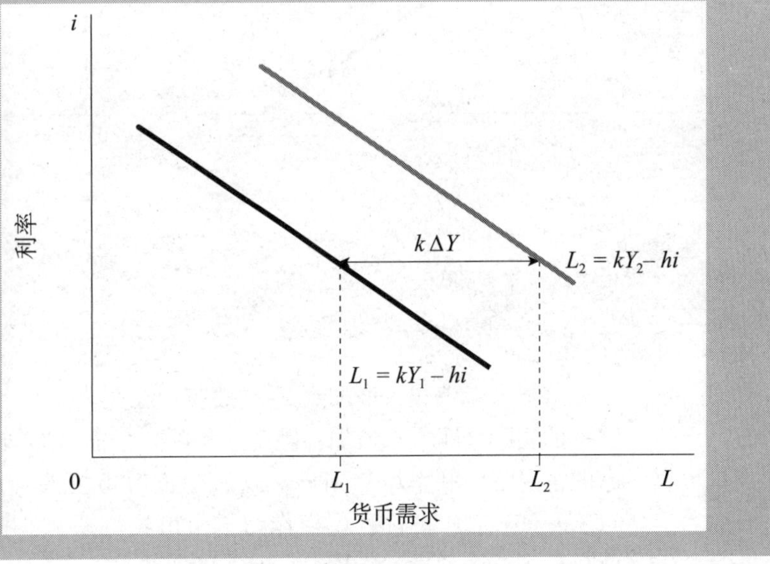

① 一些类型的货币，包括大多数银行存款在内，都能够获取利息，但其利率低于债券利率。在我们持有的货币中，有较大部分（包括通货）不获取利息；因此，总的说来，货币获得的利息小于其他资产获得的利息。因此持有货币存在利息成本。

货币供给、货币市场均衡与 *LM* 曲线

研究货币市场均衡，必须说明货币供给是如何决定的。在美国，名义货币量 M 由联邦储备系统控制。在其他国家则由具有其他名称的**中央银行**（central bank）控制。当然，在历史上的大部分时间里，名义货币量是由发现黄金或类似事件所决定的。我们将名义货币量给定在 $\overline{M}$ 水平。假定价格水平固定在 $\overline{P}$ 的水平，因而实际货币供给就处于 $\overline{M}/\overline{P}$ 的水平。①

图 11－9 给出了能使实际余额需求正好与可得的供给相适应的利率与收入水平的各个组合。从收入水平 Y_1 开始，图 11－9（a）显示与其对应的实际余额需求曲线 L_1。如图 11－8 所示，把它画成利率的递减函数。现有实际余额供给 $\overline{M}/\overline{P}$ 被表示为垂直线，因为它是既定的，因此不取决于利率。在利率为 i_1 时，实际余额需求等于其供给，因此，E_1 点是货币市场的一个均衡点。该点作为货币市场均衡曲线 *LM* 曲线上的一点，如图 11－9（b）所示。

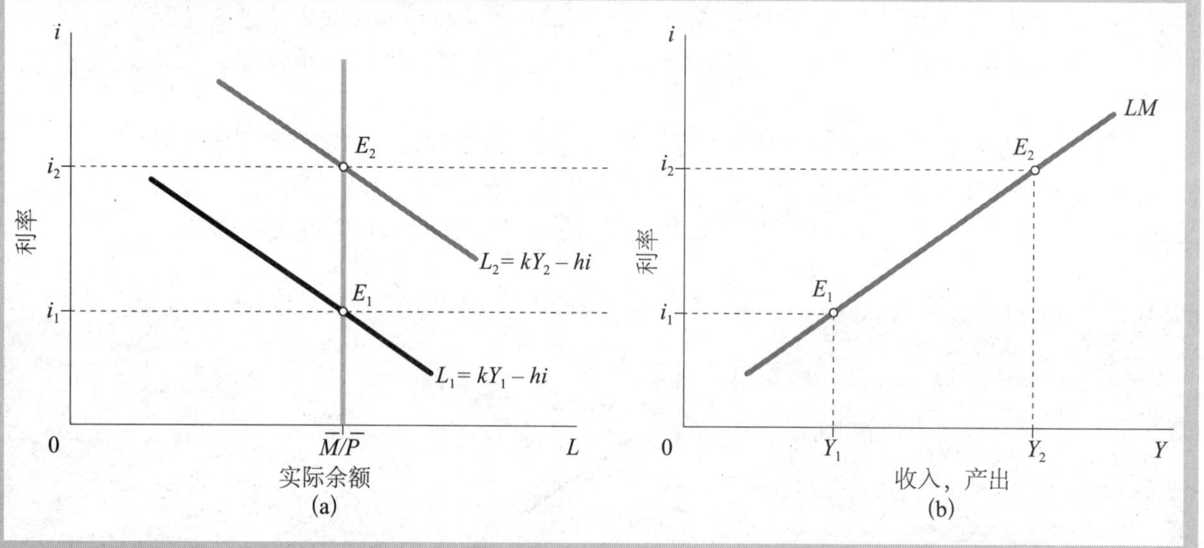

图 11－9　*LM* 曲线的推导

图（a）表示货币市场。实际余额的供给为垂线 $\overline{M}/\overline{P}$，$L_1$ 和 L_2 代表不同收入水平（Y_1 和 Y_2）上的货币需求。

接下来考虑收入增加到 Y_2 的效应。在图 11－9（a）中，收入水平提高使得各个利率水平的实际余额需求增加，因此，实际余额需求曲线向右上方移动至 L_2。在收入水平提高的情况下，利率增加到 i_2，以保持货币市场的均衡。据此，新的均衡点为 E_2。在图 11－9（b）中，我们记 E_2 点作为货币市场均衡点。针对所有收入水平完成同样的操作，就会得到一系列点，连接起来即 *LM* 曲线。

***LM* 曲线即货币市场均衡曲线（money market equilibrium schedule），它显示了能使**

① 现在，由于我们保持货币供给与价格水平不变，我们以变量上方的短横线表示这种情况。

其实际余额需求等于供给的所有利率与收入水平的组合。在 *LM* 曲线上，货币市场处于均衡状态。

LM 曲线的斜率为正。利率上升，会降低实际余额需求，为维持实际余额需求与固定的供给相等，收入水平必须提高。因此，货币市场均衡意味着利率上升，收入水平也与其同时上升。

将方程（6）的实际余额需求曲线与固定的实际余额供给相结合，可直接得到 *LM* 曲线。要使货币市场处于均衡状态，需求必须等于供给，即

$$\frac{\overline{M}}{\overline{P}} = kY - hi \tag{7}$$

求出利率，

$$I = \frac{1}{h}\left(kY - \frac{\overline{M}}{\overline{P}}\right) \tag{7a}$$

方程（7a）就是 *LM* 曲线。

然后，我们如同提出有关 *IS* 曲线的问题那样，提出有关 *LM* 曲线性质的同样问题。（例如，什么决定 *LM* 曲线的斜率和位置？）

LM 曲线的斜率

以 k 计量的货币需求对收入的反应程度越大，以及货币需求对利率的反应程度 h 越小，则 *LM* 曲线越陡峭。通过从图 11－9 中得出的经验，这个论点成立。考察方程（7a）也能得到确认，其中收入的变化 ΔY 既定，k 越大而 h 越小，则收入的一定变动对利率的影响也越大。如果货币需求对利率相对地不敏感，因而 h 接近零，*LM* 曲线几乎是垂直的。如果货币需求对利率非常敏感，因而 h 很大，*LM* 曲线接近于水平。在这种情况下，为了保持货币市场的均衡，利率发生轻微变动，收入水平必须随之进行大的变动。

LM 曲线的位置

在 *LM* 曲线上，实际货币供给保持不变。由此得出实际货币供给的变动将使 *LM* 曲线移动。图 11－10 说明了实际货币供给增加的影响。图 11－10（a）表明在收入水平为 Y_1 时的实际货币余额需求。利率为 i_1，初始实际货币供给为 $\overline{M}/\overline{P}$ 时在 E_1 点达到均衡。在 *LM* 曲线上的相应点为 E_1。

现在实际货币供给增加到 $\overline{M}'/\overline{P}$，表现为货币供给曲线向右移动。为了在收入水平 Y_1 上恢复货币市场均衡，利率必须降低至 i_2。因此，新的均衡处于 E_2 点。其意思是，在图 11－10（b）中，*LM* 曲线向右下方移动至 LM'。在每个收入水平上，均衡利率必须降低，以诱导人们持有更多的实际货币量。或者反过来说，在每个利率水平上，收入水平必须提高，以增加交易性货币需求，从而吸收更多的实际货币供给。这些论点可以在考察方程（7）的货币市场均衡条件中观察到。

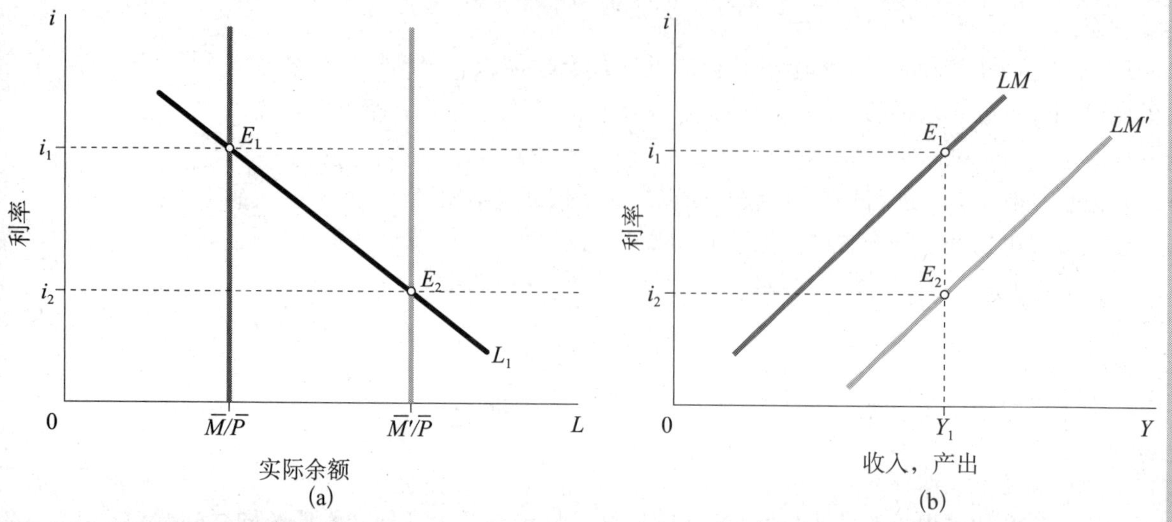

图 11－10　增加货币供给使 *LM* 曲线向右移动

扼要重述

以下是 *LM* 曲线的要点：

● *LM* 曲线是使货币市场处于均衡的利率与收入水平的各个组合点形成的曲线。

● *LM* 曲线的斜率为正。假定货币供给固定不变，收入水平增加导致货币需求量的增加，必须伴随着提高利率，这就降低了货币需求量，从而保持货币市场的均衡。

● 当货币需求对收入变化反应强烈，而对利率变化反应较弱时，*LM* 曲线更陡峭。

● 货币供给的变化会使 *LM* 曲线移动。货币供给增加会使 *LM* 曲线右移。

现在我们准备讨论商品市场与货币市场同时均衡。换言之，现在已经能够讨论产出与利率是如何确定的。

11—3　商品市场与货币市场的均衡

IS 曲线与 *LM* 曲线概括了为使商品市场与货币市场各自处于均衡状态必须满足的条件。现在的任务是要确定这些市场如何实现同时均衡。为了达到同时均衡，利率与收入水平必须使商品市场与货币市场两者均处于均衡状态。在图 11－11 中，这个条件在 *E* 点处得到了满足。给定外生变量，特别是实际货币供给与财政政策①，均衡利率就是 i_0，均衡收入水平是 Y_0。在 *E* 点，商品市场与货币市场两者均处于均衡状态。

① 一般而言，外生变量的值通常不在讨论的系统之内确定。

图 11-11　商品市场与货币市场均衡

在 E 点，利率和收入水平处于这样的状态：公众持有的现有货币存量和计划支出的货币量恰好等于产出的价值量。

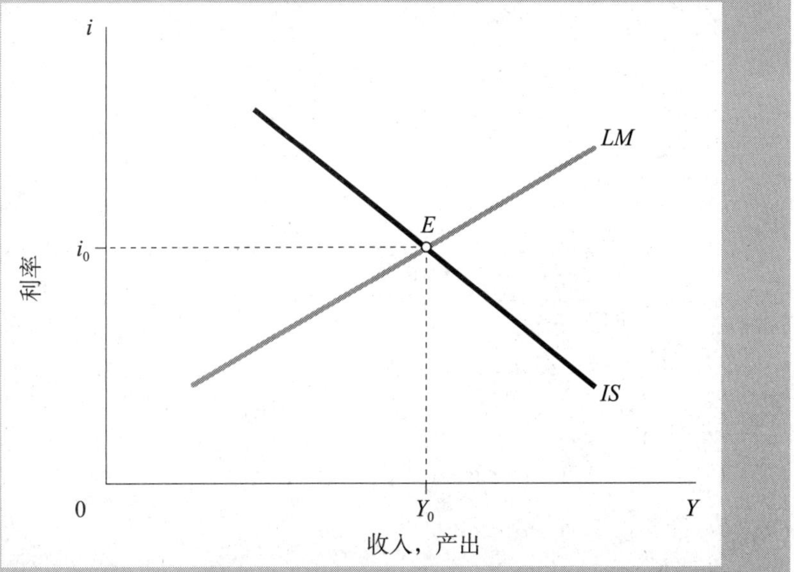

图 11-11 总结了我们的分析：货币（LM）市场与商品（IS）市场的交点决定了利率与产出水平。

现在回忆一下我们的假定与在 E 点处均衡的意义。重要的假定是价格水平固定不变，在这一价格水平，不管需求量为多少，厂商都愿意供应。因此，假定图 11-11 中的产出水平 Y_0是厂商在价格水平为 $\overline{P}$ 时愿意供给的数量。再次重复一下，这个假定是为了分析的深入而暂时需要的一个假定；它相当于假定了一条平坦的短期总供给曲线。

均衡收入水平与利率的变动

当 IS 曲线或 LM 曲线移动时，均衡收入水平与利率发生变动。例如，图 11-12 表明了自主性投资率增加对均衡收入水平与利率的影响。这种增加提高了自主性支出 $\overline{A}$，因而使 IS 曲线向右移动。其结果是在 E'点收入水平提高和利率增加。

如图 11-12 所示，重新注意自主性投资支出增加 $\Delta\overline{I}$，使 IS 曲线向右移动了 $\alpha_G\Delta\overline{I}$ 的距离。第 10 章只研究了商品市场，我们业已论述自主性支出变动 $\Delta\overline{I}$ 将使收入水平变动 $\alpha_G\Delta\overline{I}$。但是在图 11-12 中，我们可以看到收入只变动了 ΔY_0，它显然小于 IS 曲线移动的距离 $\alpha_G\Delta\overline{I}$。

怎样解释收入增加小于自主性支出 $\Delta\overline{I}$ 乘以简单乘数 α_G这一事实呢？利用图解，很明显可以看出这是由 LM 曲线的斜率造成的。如果 LM 曲线是水平的，IS 曲线水平移动的程度与收入变动的数值之间就没有差别。如果 LM 曲线是水平的，当 IS 曲线移动时，利率就不会变动。

图 11－12　自主性支出使 *IS* 曲线向右移动

均衡利率与收入水平同时提高了。

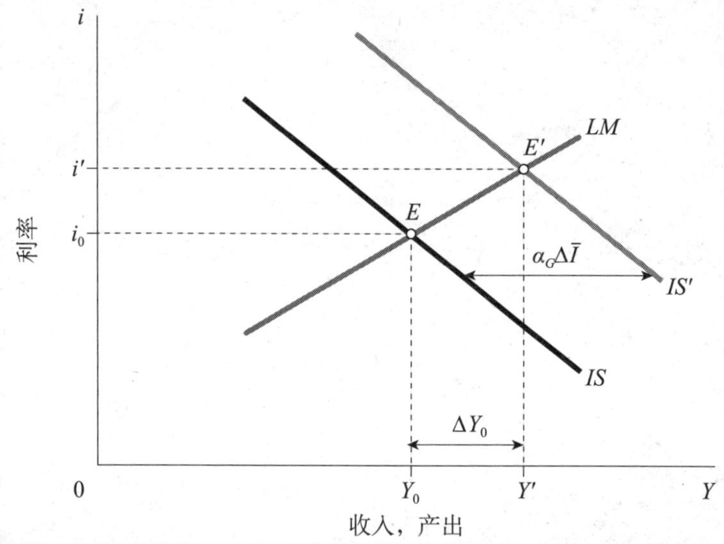

经济学对此是如何解释的呢？自主性支出的增加倾向于提高收入水平。但是提高收入则会增加货币需求。由于货币供给固定不变，利率必须上升，以保证货币需求仍旧等于供给不变时的水平。由于投资与利率是反向关系，当利率上升时，投资支出下降。因此，均衡收入的变动小于 *IS* 曲线的水平移动 $\alpha_G\Delta\bar{I}$ 。

现在，我们提供一个使用 *IS-LM* 方法的例子。这个方法对研究货币政策与财政政策对收入与利率的影响非常有帮助。我们将在第 12 章中利用它做类似的研究。为了预期会发生什么，我们需要做实验，研究当扩张性财政政策使 *IS* 曲线向右移动，或者扩张性货币政策使 *LM* 曲线向右移动时，均衡收入和利率是如何变动的。

11—4　总需求曲线的推导

在以前各章中，我们使用了总需求－总供给机制。在这里，我们推导**总需求曲线**(aggregate demand schedule)。总需求曲线在保持自主性支出与名义货币供给不变但允许价格变动的条件下表明了 *IS-LM* 的均衡。换言之，在学习运用 *IS-LM* 模型时．你已经学会推导有关总需求曲线的一切东西。简言之，高价格水平意味着低的实际货币供给，*LM* 曲线向左移动，并降低了总需求。

假定经济中价格水平为 P_1，图 11－13（a）给出了 *IS-LM* 均衡。注意：决定 LM_1 曲线位置的实际货币供给是 $\overline{M}/\overline{P_1}$ 。*IS* 曲线与 *LM* 曲线的交点得出在价格 P_1 下的总需求水平，并将其标明在图 11－13（b）中。假定价格上升为 P_2。曲线 LM_2 表示基于实际货币供给 $\overline{M}/\overline{P_2}$ 的一条 *LM* 曲线。由于 $\overline{M}/\overline{P_2}<\overline{M}/\overline{P_1}$ ，LM_2 位于 LM_1 的左边。E_2 点是总需求曲线上的对应点。对各种价格水平重复这种操作，并连接这些点，就推导出总需求曲线。

图 11-13　总需求曲线的推导

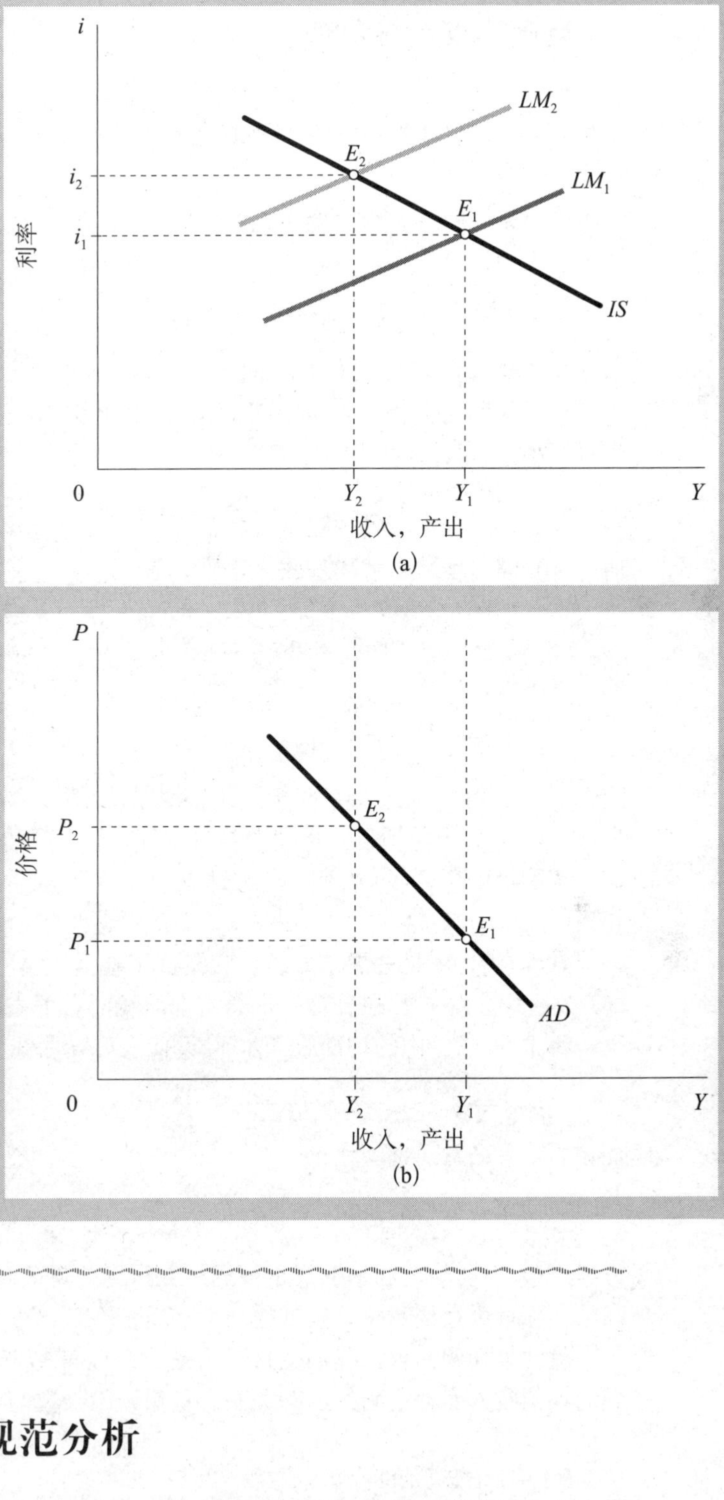

【选读材料】

11—5　*IS-LM* 模型的规范分析

我们迄今为止都是以文字与图形进行阐述。现在以更规范的代数式分析 *IS-LM* 模型，以作为本章圆满的结束。

均衡的收入与利率

IS 曲线与 LM 曲线的交点确定了均衡收入与均衡利率。现在我们利用 IS 曲线与 LM 曲线的方程式来推导这些均衡值的表达式。回顾本章前面提到的商品市场均衡方程为：

$$IS\ 曲线：Y=\alpha_G(\overline{A}-bi) \tag{5}$$

货币市场均衡方程为：

$$LM\ 曲线：I=\frac{1}{h}\left(kY-\frac{\overline{M}}{\overline{P}}\right) \tag{7a}$$

在图解中，IS 曲线与 LM 曲线的交点表明 IS 方程与 LM 方程均成立：同一利率与收入水平保证商品市场与货币市场同时处于均衡状态。以方程式表示，可将 LM 方程（7a）中的利率代入 IS 方程（5）中：

$$Y=\alpha_G\left[\overline{A}-\frac{b}{h}\left(kY-\frac{\overline{M}}{\overline{P}}\right)\right]$$

通过合并同类项并求解均衡收入水平，得：

$$Y=\frac{h\alpha_G}{h+kb\alpha_G}\overline{A}+\frac{b\alpha_G}{h+kb\alpha_G}\frac{\overline{M}}{\overline{P}} \tag{8}$$

或者表示为：

$$Y=\gamma\overline{A}+\gamma\frac{b}{h}\frac{\overline{M}}{\overline{P}} \tag{8a}$$

其中 $\gamma=\alpha_G/(1+k\alpha_G b/h)$。[①] 方程（8）表明均衡收入水平取决于两个外生变量：（1）自主性支出（$\overline{A}$），包括自主性消费与自主性投资（$\overline{C}$ 和 $\overline{I}$）以及财政政策参数（G 与 TR）；（2）实际货币存量（$\overline{M}/\overline{P}$）。自主性支出水平 $\overline{A}$ 越高，实际货币存量越大，则均衡收入越高。

方程（8）就是总需求曲线。它概括了在 $\overline{A}$ 与 $\overline{M}$ 的水平既定时，关于 Y 与 P 的 IS-LM 关系式。由于 P 在分母中，总需求曲线向右下方倾斜。

将方程（8）中的均衡收入水平 Y_0 代入 LM 曲线方程（7a）中，得到均衡利率 i：

$$I=\frac{k\alpha_G}{h+kb\alpha_G}\overline{A}-\frac{1}{h+kb\alpha_G}\frac{\overline{M}}{\overline{P}} \tag{9}$$

或相同意义的另一种表达：

$$I=\gamma\frac{k}{h}\overline{A}-\gamma\frac{1}{h\alpha_G}\frac{\overline{M}}{\overline{P}} \tag{9a}$$

方程（9）表明均衡利率取决于根据乘数得到的财政政策参数、$\overline{A}$ 以及实际货币存量。较高的实际货币存量意味着较低的均衡利率。

就政策问题而言，我们感兴趣的是财政政策的变动或实际货币存量的变动与最后得到的均衡收入变动之间的明确关系。货币政策乘数与财政政策乘数提供了有关信息。

财政政策乘数

财政政策乘数（fiscal policy multiplier）表明在实际货币供给不变的情况下，政府增

① 方程（8）和方程（8a）是同一公式的两种不同表达方式。在具体情况下，你会发现哪种方式更方便。

加支出将会使均衡收入水平发生多大的变动。分析方程（8）并考虑政府增加支出对收入的影响。政府支出的增加 $\Delta\overline{G}$ 是自主性支出的变动，因此，$\Delta\overline{A}=\Delta\overline{G}$。$\overline{G}$ 变动的效应为：

$$\frac{\Delta Y}{\Delta\overline{G}}=\gamma \qquad \gamma=\frac{h\alpha_G}{h+kb\alpha_G} \tag{10}$$

一旦将利率调整考虑在内，γ 的表达式就是财政或政府支出乘数。想想乘数 γ 与应用于不变利率情况下的简单表达式 α_G 有何不同。检验结果表明 γ 小于 α_G，因为 $1/(1+k\alpha_G b/h)$ 小于 1。这表明在 *IS-LM* 模型中，财政扩张会产生利率上涨所带来的抑制效应。

我们注意到，如果 h 非常小，则方程（10）中的表达式几乎为零；如果 h 趋于无限大，则它等于 α_G。这些情况分别符合垂直与水平的 *LM* 曲线。类似地，b 或 k 的数值较大将会降低政府支出对收入的效应。为什么？当 k 的数值大意味着收入提高时，货币需求增加得多，因此需要大幅度提高利率才能维持货币市场均衡。当 b 的值较大时，私人总需求将会大幅度下降。

货币政策乘数

货币政策乘数（monetary policy multiplier）表示，保持财政政策不变时，增加实际货币供给会使均衡收入水平增加多少。我们通过方程（8）考察增加实际货币供给对收入的效应，则得：

$$\frac{\Delta Y}{\Delta(\overline{M}/\overline{P})}=\frac{b}{h}\gamma=\frac{b\,\alpha_G}{h+kb\,\alpha_G} \tag{11}$$

h 与 k 的值越小，b 与 α_G 的值越大，增加实际余额对均衡收入水平的扩张性效应越大。b 与 α_G 的值较大，表明 *IS* 曲线是非常平坦的。

本章提要

1. 本章提出的 *IS-LM* 模型是包括货币市场与商品市场在内的总需求的基本模型。它特别强调货币政策与财政政策影响经济的渠道。

2. *IS* 曲线显示使商品市场处于均衡状态的利率与收入水平的各个组合。利率上涨会降低投资支出，从而降低了总需求。因此，利率越高，商品市场上的均衡收入水平越低：*IS* 曲线向右下方倾斜。

3. 货币需求是对实际余额的需求。对实际余额的需求随收入的增加而增加，随利率的上涨而减少。利率是持有货币而不持有其他资产的成本。在实际余额供给外生确定的情况下，*LM* 曲线表示货币市场均衡，它向右上方倾斜。

4. 利率与产出水平共同决定于商品市场与货币市场同时达于均衡之处。这种情况发生在 *IS* 曲线与 *LM* 曲线的交点。

5. 货币政策通过首先影响利率然后影响总需求来影响经济。货币供给增加，降低了利率，增加了投资支出与总需求，因而增加了均衡产出。

6. *IS* 曲线与 *LM* 曲线共同决定总需求曲线。

7. 货币政策与财政政策的变动通过货币政策乘数与财政政策乘数影响经济。

关键术语

总需求曲线	商品市场均衡曲线	货币政策乘数
中央银行	*IS* 曲线	货币市场均衡曲线
实际余额需求	*IS-LM* 模型	实际货币余额
财政政策乘数	*LM* 曲线	

习题

概念题

1. 本章的 *IS-LM* 模型是如何与第 10 章阐明的总需求模型相关的？

2. a. 用文字解释乘数 α_G 与总需求的利率敏感性如何以及为何会影响 *IS* 曲线的斜率。

b. 解释 *IS* 曲线的斜率为什么是决定货币政策作用的因素。

3. 用文字解释收入与实际余额需求的利率敏感性如何以及为何影响 *LM* 曲线的斜率。

4. a. 为什么水平的 *LM* 曲线意味着财政政策对经济的影响与第 10 章的推导相同？

b. 就图 11－3 而论，会发生什么情况？

c. 在什么情况下，*LM* 曲线是水平的？

5. 利率可能影响消费支出。在既定的收入水平上，利率上升原则上会导致储蓄的增加，因而降低消费。假定利率上升，实际上就已经降低了消费。*IS* 曲线会受到什么影响？

6*. 1991 年 1—12 月，美国经济深陷衰退之中，国债利率从 6.3%下降到 4.1%。请用 *IS-LM* 模型解释产出与利率的下降这种情况。哪条曲线必定已经移动了？你能否想出一个理由（历史上曾经发生的，或仅仅是想象的），说明这种移动也许已经发生了？

技术题

1. 以下等式描绘了一个经济（*C*、*I*、*G* 等以 10 亿美元为计量单位，*i* 以百分比计量，5%的利率意味着 $i=5$）。

$$C = 0.8(1-t)Y \tag{P1}$$
$$t = 0.25 \tag{P2}$$
$$I = 900-50i \tag{P3}$$
$$\overline{G} = 800 \tag{P4}$$
$$L = 0.25Y-62.5i \tag{P5}$$
$$\overline{M}/\overline{P} = 500 \tag{P6}$$

a. 描述 *IS* 曲线的是什么方程？

b. *IS* 曲线的一般定义是什么？

c. 描述 *LM* 曲线的是什么方程？

d. *LM* 曲线的一般定义是什么？

e. 均衡收入水平与均衡利率水平各是多少？

2. 继续利用相同的方程。

a. 对应于第 10 章的简单乘数（包括税收），α_G 的值是多少？

b. 在这个包括货币市场的模型中，增加政府支出 $\Delta\overline{G}$ 会使收入增加多少？

c. 政府支出变动 $\Delta\overline{G}$ 对均衡利率的影响有多大？

d. 解释你对问题 a 与问题 b 答案的差别。

3. a. 提高税率如何影响 *IS* 曲线？

b. 提高税率如何影响均衡收入水平？

c. 提高税率如何影响均衡利率？

4*. a. 证明货币需求的利率敏感性越小，给定的货币量的变动对产出的影响就越大。利用 11—5 节的规范分析。

b. 利率对货币存量变动的反应如何取决于货币需求的利率敏感性？

5. 利用 *IS-LM* 模型，讨论价格沿着一定的 *AD* 曲线移动，利率会发生什么变化。

6. 利用 *IS* 曲线与 *LM* 曲线，证明在古典供给情况下，货币为什么不影响产出。

7. 设想货币需求下降。在每一产出水平和利率水平，公众现在都愿意持有较少的实际余额。

a. 在凯恩斯理论中，均衡产出与价格会发生什么变化？

b. 在古典理论中，对产出与价格的影响是什么？

操作题

1. 在本章最后，我们了解到利率的上升会降低总需

* 星号表明较难的习题。

求。在实际经济中，这是真实情况吗？让我们看看利率是如何同美国经济的增长率相关的。登录 http：//fred. stlouisfed. org，下载如下变量：（a）实际 GDP、年度百分比变化（点击“Category”，在“National Accounts”下选择“National Income & Product Accounts”，然后点击“GDP/GNP”，打开“GDPCA”数据系列，点击“Download Series”，并选择“Percent change from Year Ago”）；（b）银行贷款基准利率（在“Money，Banking，and Finance”下选择“Interest Rate”，然后点击“Prime Bank Loan Rate”，点击并下载“MPRIME”数据，在 EXCEL 中利用平均函数将月度数据转换为年度数据）。利用 EXCEL 在同一幅图表上标出这两个数据系列的散点。通过检验这幅图，你能得出什么结论？平均说来，这两个系列的变量处于相反的方向吗？

12 货币政策与财政政策

本章要点

- 财政政策与货币政策都可以被用来稳定经济。
- 财政政策效果因挤出效应而减弱：增加政府支出会提高利率，降低投资，并且会抵消部分初始扩大的总需求。
- 作为说明性的极端事例：在流动性陷阱下，*LM* 曲线是水平的，财政政策具有最大效果，而货币政策无效。在古典情况下，*LM* 曲线是垂直的，财政政策对产出无影响，而货币政策具有最大效果。

美国经济在 2008 年崩溃了。图 12－1 给出了失业率和联邦基金利率（联储的基准利率）在繁荣结束时和大衰退过程中的变动情况。从图 12－1 中可以看出，在经济下行阶段，联储下调联邦基金利率到足够低的水平以刺激经济增长。利率从 2007 年 8 月的 5% 下降到 2008 年 8 月的 2%，再到 2009 年 8 月的 0.16%。此外，总统和国会在 2008 年年

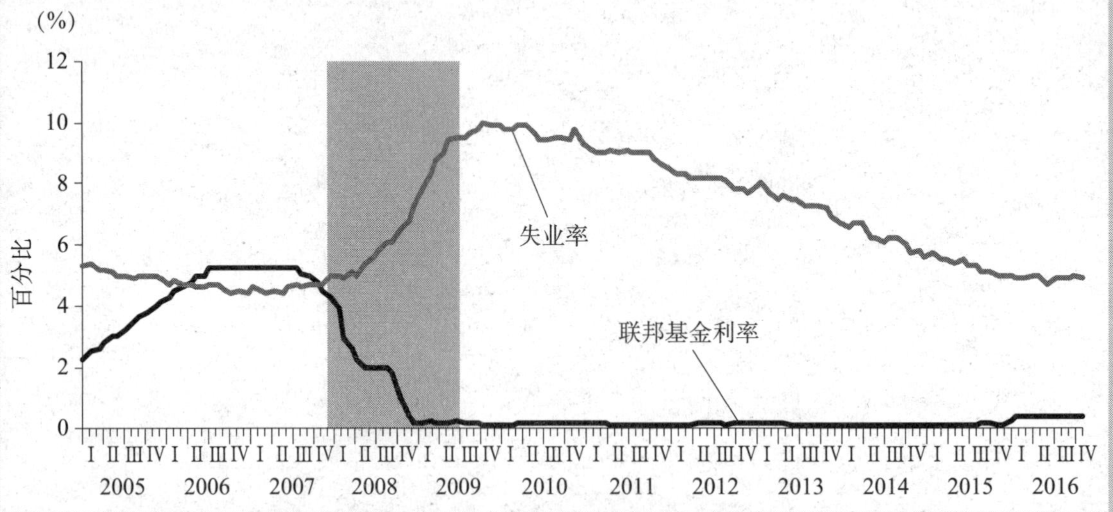

图 12－1　大衰退

衰退开始于 2007 年并结束于 2009 年。利率急剧下降的目的是限制衰退的深度和长度。

资料来源：Bureau of Labor Statistics; Federal Reserve Economic Data [FRED].

初实施了减税和大型新增支出项目。

本章利用第 11 章提出的 *IS-LM* 模型，说明货币政策与财政政策如何发生作用。这是政府用来力图保持合理的经济增长率与低通货膨胀的两个主要宏观经济政策工具。它们也是政府用来努力缩短像 1991 年、2001 年以及 2007—2009 年那样的衰退，并防止繁荣不受约束的政策工具。财政政策最初影响的是商品市场，而货币政策最初影响的主要是资产市场。但是由于商品市场与资产市场密切联系在一起，货币政策与财政政策都会影响产出与利率水平。

图 12－2 将重温对货币基本理论框架的记忆。*IS* 曲线代表商品市场均衡，*LM* 曲线代表货币市场均衡。两条曲线的交点决定了短期价格水平既定时的产出与利率。扩张性货币政策使 *LM* 曲线向右移动，提高了收入，同时降低了利率。紧缩性货币政策使 *LM* 曲线向左移动，降低了收入，同时提高了利率。扩张性财政政策使 *IS* 曲线向右移动，使收入和利率同时上升。紧缩性财政政策使 *IS* 曲线向左移动，使收入和利率同时降低。

图 12－2　*IS-LM* 均衡图

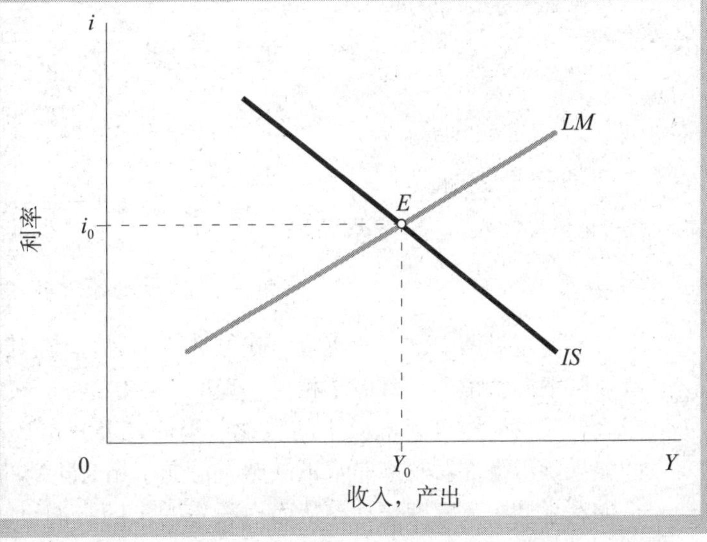

12—1　货币政策

在第 11 章中，我们阐明了增加货币量如何通过降低利率、提高产出水平来影响经济。在美国，由半独立政府机构联邦储备系统负责制定货币政策。

联储主要是通过**公开市场业务**（open market operation）实施货币政策，我们将在第 17 章中对其加以仔细研究。**在公开市场业务中，联储买进债券交换出货币，就会增加货币存量；或者卖出债券，通过债券购买者的货币支付减少货币存量。**

这里，我们采用一个公开市场购买债券的例子。联储购买债券时支付其创造的货币。人们通常认为联储"印制"购买债券的货币。正如我们将在第 17 章中了解到的，这种想法并不绝对准确。联储买入债券时，它减少了市场中现有的债券量，从而引起债券价格上涨，收益降低——只有在利率降低时，公众才打算以债券形式持有其财富的较小部分，而加大以货币持有的部分。

图 12-3 表明一次公开市场购买是如何发挥作用的。初始的均衡点 E 处在初始的 LM 曲线上，与实际货币供给 $\overline{M}/\overline{P}$ 相对应。现在研究联储的公开市场购买，它增加了名义货币量，在价格既定的情况下也就增加了实际货币量。结果推动 LM 曲线移动到 LM'。新的均衡为利率更低、收入更高的 E' 点。均衡收入提高，是由于公开市场购买降低了利率，从而导致投资支出增加的缘故。

图 12-3 货币政策

实际货币存量的增加使 LM 曲线向右移动。

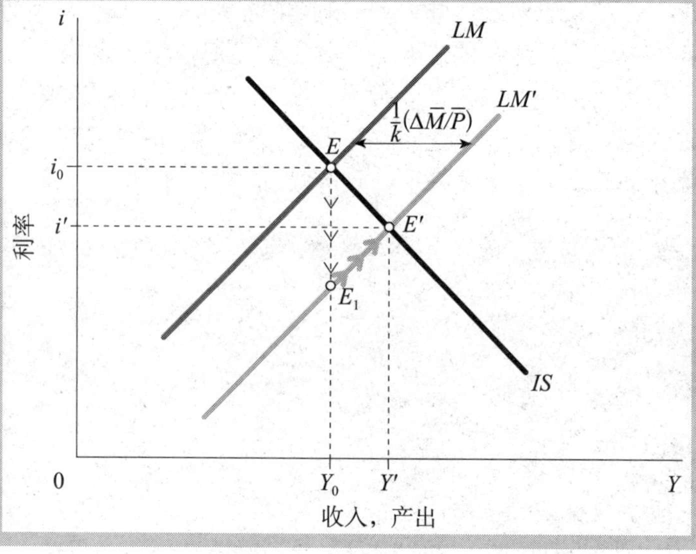

通过对图 12-3 的实验，就能证明 LM 曲线越陡峭，收入变化越大。如果货币需求对利率非常敏感（对应于相对平坦的 LM 曲线），一定的货币存量变动会被资产市场所吸收，而只会导致利率微小的变化。因此，公开市场购买对投资支出的影响很小。相反，如果货币需求对利率非常不敏感（对应于相对陡峭的 LM 曲线），货币供给的一定变动将使利率产生大幅度变动，从而对投资需求的影响也较大。同样地，如果货币需求对收入的变化非常敏感，则货币存量的既定增加可被少量的收入变动所吸收，因而货币乘数较小。[①]

[专栏 12-1] 我们还知道什么？

问：联储是确定利率，还是确定货币供给？
A：两者都是。

问：联储是确定利率，还是确定货币供给？

A：两者都是。

根据我们这里的讨论，联储通过公开市场操作确定货币供给，从而确定了 LM 曲线的位置。但是人们经常读到的新闻（在第 9 章）说，联储既能提高利率，又能降低利率。这两者如何联系起来呢？

---

① 在第 11 章方程（11）中给出了货币政策乘数的准确公式。如果你已将 11—5 节读过一遍，就可利用该方程证实本段的叙述。

回答是：只要联储知道 IS 曲线与 LM 曲线的位置，调整利率与调整货币供给的意义是相同的。*

假定联储希望将利率固定在 i_0 的水平，而 IS 曲线的位置如图 1（a）所示。你不必挑选货币供给的数值并画出对应的 LM 曲线，只要能画一条通过 E 点的 LM 曲线（保证达到利率 i_0 的目标），然后回过头来找出能使画出的 LM 曲线通过 E 点的货币供给。

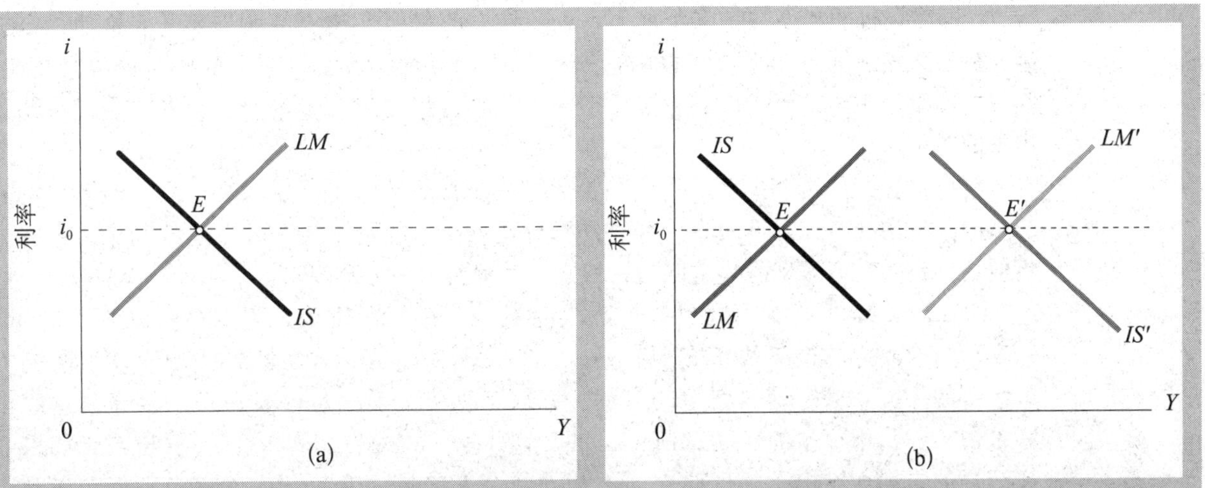

图 1　钉住利率

如图 1（b）所示，假设 IS 曲线已向右移动。为了保持利率"钉住" i_0，你会向右移动 LM 曲线到达 LM'，并重新计算所需的货币供给。因此，联储钉住利率时，其实是在调整货币供给以保持 LM 曲线与 IS 曲线相交于所希望达到的利率目标。

联储至少在短期内能非常有效地钉住利率，无须真正计算 IS-LM 曲线的均衡位置。假设联储希望将利率钉住在 5.9%至 6%之间。联储通过纽约分行的公开市场业务，以高于 6%的利率买入任何数量的债券（保证无限制的公开市场购买），并以低于 5.9%的利率出售任何数量的债券（保证无限制的公开市场出售）。如果利率开始超过 6%，联储就有效地增加了货币存量，迫使利率重新下降（反过来，如果利率低于 5.9%，情况也一样）。

应注意，联储确定利率不是根据任何类型的法律与规章制度。"钉住利率"实际上正好是在利用公开市场操作的"自动驾驶"功能。

* 实际上，我们并不会绝对准确地知道 IS 曲线与 LM 曲线的位置。在短期中，确定利率与确定货币供给之间的差别非常重要。在第 17 章，我们将对这一问题进行详细的研究。

接下来，我们考虑货币扩张的调整过程。在初始均衡点 E，货币供给的增加形成过量货币供给，公众会通过购买其他资产设法对此进行调整。在此过程中，资产价格上涨，收益下降。由于货币市场与资产市场的调整十分迅速，均衡点立即移动到 E_1 点，在 E_1 点货币市场出清，由于利率下降充分，公众愿意持有较大量的实际货币量，但在 E_1 点有过量的商品需求。在初始收入水平 Y_0 既定的情况下，利率下降会提高总需求并使得存货减少。对此的反应是扩大产出，产出开始沿 LM' 曲线上升。在这个调整过程中，为什么利率会上涨？因为产出增加导致货币需求增加，更大的货币需求必将推升利率水平。

因此，货币存量增加首先导致利率下降，因为公众要调整其资产组合（这是利率下降的结果），然后是导致总需求增加。

传导机制

传导机制（transmission mechanism，货币政策变化对总需求的影响过程）的两个步骤至关重要。第一步是实际货币余额增加，导致**资产组合失衡**（portfolio disequilibrium）；即在现行的利率与收入水平上，人们持有的货币量超出其所需要的。这使得资产组合持有人设法通过购买资产以降低所持有的货币量，从而改变了资产价格及其收益。换言之，货币供给的改变使利率发生变动。传导过程的第二步发生于利率的变动影响总需求的时候。

传导过程的这两个步骤，几乎出现于每一个有关货币供给变动对经济产生影响的分析中。分析的细节经常不同——有些分析有两种以上的资产与一种以上的利率；有些分析包括利率对其他类型需求的影响，特别是对消费与地方政府支出的影响。①

表 12－1 提供了传导机制各个阶段的概要。在实际货币余额（即实际货币存量）的变动与对收入的最终效应之间有两个关键性联系。首先，实际余额的变动引起的资产组合的失衡，必定导致利率的变动。其次，利率变动必定改变总需求。通过这两个联系，实际货币存量的变动影响经济的产出水平。但是，该结果直接意味着：如果资产组合的失衡无论由于什么原因而不能导致利率的较大变化，或者支出不能响应利率的变化，货币和产出之间的这种联系就不会存在。② 现在，我们进一步详细讨论这种联系。

表 12－1　传导机制

(1) ⟶	(2) ⟶	(3) ⟶	(4)
实际货币供给的变动	资产组合的调整导致资产价格和利率的变化	对利率变动的支出调整	对总需求变动的产量调整

流动性陷阱

在讨论货币政策对经济的影响时，两个极端例子受到更多的关注。第一个例子是**流动性陷阱**（liquidity trap），它表明一种情况，即在既定的利率情况下，货币供应多少，公众就打算持有多少。这意味着 LM 曲线是水平的，而且货币数量的变化不会使它移动。在这种情况下，通过公开市场业务实现的货币政策，既不影响利率，也不影响收入水平。在流动性陷阱中，货币政策无力影响利率。

在低利率的情况下出现流动性陷阱的可能性，是从伟大的英国经济学家约翰·梅纳德·凯恩斯的理论中发展出来的。不过凯恩斯自己表示，他没有意识到曾经出现过这样

① 有些分析也包括一个机制，通过**实际余额效应**（real balance effect），使实际余额的变动直接影响总需求。实际余额效应的论点是，财富会影响消费需求，增加实际（货币）余额就是增加财富，因而增加消费需求。实际余额效应从经验上看并不太重要，因为有关的实际余额只是财富的一小部分。关于这个专题的经典著作是唐·帕廷金（Don Patinkin）的《货币、利息和价格》（*Money, Interest and Prices*, New York: Harper & Row, 1965）。

② 我们提出总需求对利率（而不是投资支出）的反应性，是由于消费需求也可能对利率做出反应。高利率会引起在既定的收入水平下进行更多储蓄，较少消费。实际上，很难将利率对消费的这种影响分离出来（至少非耐久性和服务性消费如此）。

的情况。[1] 从历史来看，流动性陷阱是理解相对平坦的 LM 曲线后果的一个有用的解释手段。但是，一种情况是流动性陷阱可能成为一个关键的实践问题，即当利率接近零时，利率已不能更低了。我们将在下一节讨论这种情形。

银行不愿贷款吗?

在 1991 年，另外一种可能性出现了，说明有时联储的货币政策行为对经济可能只有十分有限的影响。在表 12-1 的第三阶段，随着利率的降低，投资支出应该增加。但是，在 1991 年当利率下降时，银行不愿增加其贷款。

根本的原因是，许多银行在 20 世纪 80 年代末期出现坏账，特别是为房地产交易提供融资产生的坏账。当房地产市场在 1990 年与 1991 年崩溃时，银行面临的情况是，现有的大部分借款人不可能偿还全部贷款。毫不奇怪，银行几乎没有一点儿热情去更多地贷款给新的、可能有风险的借款者。相反，它们宁愿购买例如国债之类的有价证券对政府贷款。贷款给美国政府再安全不过了，因为美国政府总是会偿付其债务的。[2]

如果银行不愿贷款给厂商，那么联储公开市场购买与总需求和产出增长之间的传导机制的重要部分会停止发生作用。仔细的研究认为，在经济周期的这个阶段，银行向私人厂商提供的贷款比通常情况下要少。[3] 但是，许多人认为进一步进行公开市场操作，会导致进一步削减利率，将使经济再度运转起来。这就是说，他们认为，如果给定联储药方的剂量对银行贷款的影响比通常时期要小，则应加重剂量。看起来他们是正确的，截至 1992 年，银行贷款就恢复了。

古典情况

与水平的 LM 曲线（它意味着货币政策不能影响收入水平）完全相反的是垂直的 LM 曲线。当货币需求对利率完全无反应时，LM 曲线是垂直的。

回忆第 11 章［方程（7）］，LM 曲线被描述为：

$$\frac{\overline{M}}{\overline{P}} = kY - hi \tag{1}$$

如果 h 为零，相对于既定的实际货币供给 $\overline{M}/\overline{P}$，存在唯一的收入水平。这意味着在该收入水平，$LM$ 曲线是垂直的（请看图 12-7）。

垂直的 LM 曲线被称为**古典情况**（classical case）。重写方程（1），使 h 等于零，P 移至等式的右方，可得：

$$\overline{M} = k(\overline{P} \times Y) \tag{2}$$

我们了解到，古典情况意味着名义 GDP，即 $P \times Y$，只取决于货币量。这就是古典的**货币数量论**（quantity theory of money）。它认为名义收入水平只取决于货币数量。货币数

---

① J. M. Keynes, *The General Theory of Employment, Interest and Money* (New York: Macmillan, 1936), p. 207. 有些经济学家，最著名的有普林斯顿大学的保罗·克鲁格曼（Paul Krugman），认为日本经济在世纪之交就处于流动性陷阱中。

② 1995 年，之后在 2011 年，当美国总统与国会就联邦预算进行“斗鸡博弈”（a game of chicken）时，几乎停止偿付其债务。但实际结果是，没有任何债务曾被停止偿付。（读者并不熟悉这个美国俚语。“斗鸡博弈”是一种游戏，在这种游戏中，两位体力胜于其智力的男青年高速相向驱动汽车。第一个转向一边的被称为“chicken out”，即表现胆怯。如果两人都没有转向，其结果就非常类似美国政府不能偿还其债务。）

③ 例如，参见 Ben Bernanke and Cara Lown, “The Credit Crunch,” *Brookings Papers on Economic Activity* 2 (1991)。

量论本来是为一种信念所推动，即不管利率如何，人们持有的货币数量与总交易量 $P\times Y$ 成比例。正如我们将在第 16 章了解到的，货币确实对利率起反应；不过货币数量论作为一种解释还是有用的——货币主义者仍然支持复杂形式的货币理论。[①]

当 LM 曲线垂直时，货币数量的既定变化对收入水平的影响最大。要核实此点，通过向右移动垂直的 LM 曲线，将由此导致的收入变动与非垂直的 LM 曲线作同样的水平移动所产生的收入变动相比较即可证明。

画一条垂直的 LM 曲线，你就能看出，当 LM 曲线垂直时，移动 IS 曲线确实不影响收入水平。**因此，当 LM 曲线是垂直的时候，货币政策对收入水平产生最大效应，而财政政策对收入无影响。**垂直的 LM 曲线意味着比较起来货币政策的效应优于财政政策的效应，该种曲线有时与决定产出的“只有货币最重要”的观点相关。由于 LM 曲线只在货币需求不取决于利率时才是垂直的，所以，货币需求的利率敏感性被证明是决定不同政策有效性的重要问题。在第 16 章中将重新审视的证据，表明利率确实影响货币需求。

12—2 零利率约束与非常规货币政策

联储不能把利率降低到零以下，因为投资者只要简单地持有现金就可以获得零收益率。利率的较低限制被称为**零利率约束**（zero lower bound）或 ZLB。零利率约束限制了货币政策能达到的效果。这个约束一般没有太多的实际意义，因为利率一般都在零值之上。这意味着，联储存在降低利率的空间而没有必要实施零利率。当然，也有些重要的意外情况。日本在 21 世纪初就面临着零利率约束情况（参见资料 12-1），美国在大衰退及其余波中也出现了零利率约束情况（参见资料 12-2）。

当下面两种情况发生时，零利率约束就变得重要了：名义利率已经很低并需要采取扩张性货币政策。当通货膨胀较低时，利率也可能较低。一个原因是中央银行并不试图将通货膨胀一直维持在零水平。将通货膨胀率钉住在 2%左右往往需要将利率维持在 3%～4%。当经济遭遇困难时，这就给降低利率留下了空间。

在零利率约束的情况下，货币政策会束手无策吗？不是这样的，联储可以转向可替代的政策工具来补充常用的短期利率调控手段。我们现在转向这些“非常规”的政策。

[资料 12-1] *历史故事*

实际流动性陷阱的案例：利率达到零时会出现什么情况？

无限制地印制货币将把名义利率推到低于零！假定你能以－5%的利率借款。你今天借到 100 美元现金，一年后只要归还 95 美元，差额就归你。那么，对货币的需求就会无限大！

一旦利率为零，中央银行在常规运用货币政策去刺激经济方面就无事可做了，因为货币政策不能进一步降低利率了。图 1 很好地表明了日本在 20 世纪 90 年代末和 21 世纪初期所发生的情况。利率从

① 在前面的章节中，我们将货币数量论写为 $M\times V=P\times Y$，其中，V 是货币流通速度。如果我们将 k 定义为 $k\equiv 1/V$，这里的表达式就具有相同的意义。

几个百分点下降到大约0.5%，随后到零。

在流动性陷阱中不能使用常规货币政策去刺激经济，长期以来一直是最重要的问题。这是教科书作者的一个解释性例子。但在日本，零利率的流动性陷阱成为一个非常现实的政策问题。

在零利率约束之下

名义利率有两个部分：实际利率和预期通货膨胀率。作为一个实际问题，经济在经历重要的通货紧缩时，会遇到一个零利率的边界。[**通货紧缩**（deflation）的意思是价格下跌，或者通货膨胀率为负值。]政策制定者避免零利率流动性陷阱的一个办法就是，提供足够多的货币来保持通货膨胀略为正值。

美国会经历零利率流动性陷阱吗？并非不可能。一旦出现流动性陷阱，联储的政策制定者已经准备使用像购买长期债券和其他资产借以减少经济中的货币那样的非常规货币政策。引用当时的联储委员会成员和后来的主席本·伯南克的话说就是：

> 当短期利率为零时，就要刺激总支出，联储必须扩大其购买资产的范围，尽可能地扩大其采购资产的清单……美国一系列通货紧缩看来在大的范围内的确有点变化，因为我们的经济是强有力的，联储和美国其他政策制定者的决策对通货紧缩压力也采取了先发制人的行动。
>
> ——在国民经济俱乐部的演讲，于华盛顿特区，2002年11月21日

图1　日本的利率

资料来源：www.economagic.com.

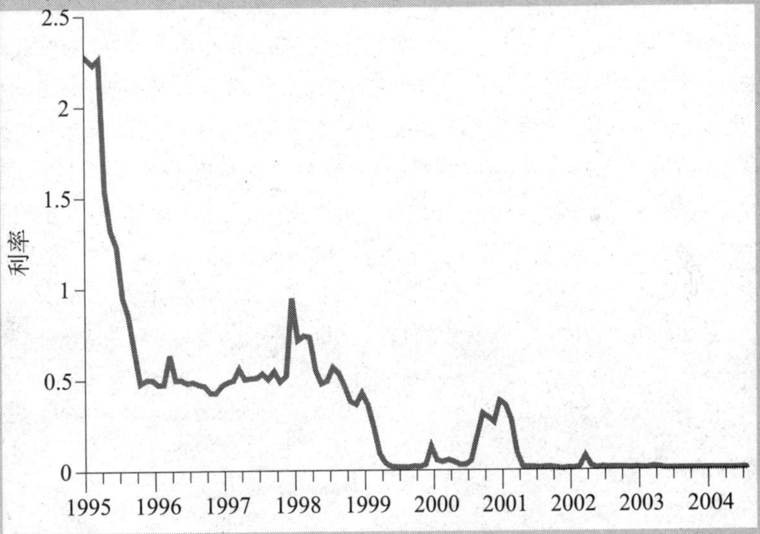

[资料12-2]　*历史故事*

当利率为零时会发生什么？

我们保留了以前版本中的资料12-1，“美国会经历零利率流动性陷阱吗？并非不可能。一旦出现流动性陷阱，联储的政策制定者已经准备使用像购买长期债券和其他资产借以减少经济中的货币那样的非常规货币政策……”图1显示了2008年4月至2013年1月的联邦基金利率。到2008年末利率实际已经为零。为什么？因为联储有意将利率降到底部以应对经济衰退（图中的阴影部分）。正如本·伯南克所承诺的，联储购买非常规资产来遏止金融危机。

图 1　联邦基金利率

资料来源：Federal Reserve Economic Data [FRED].

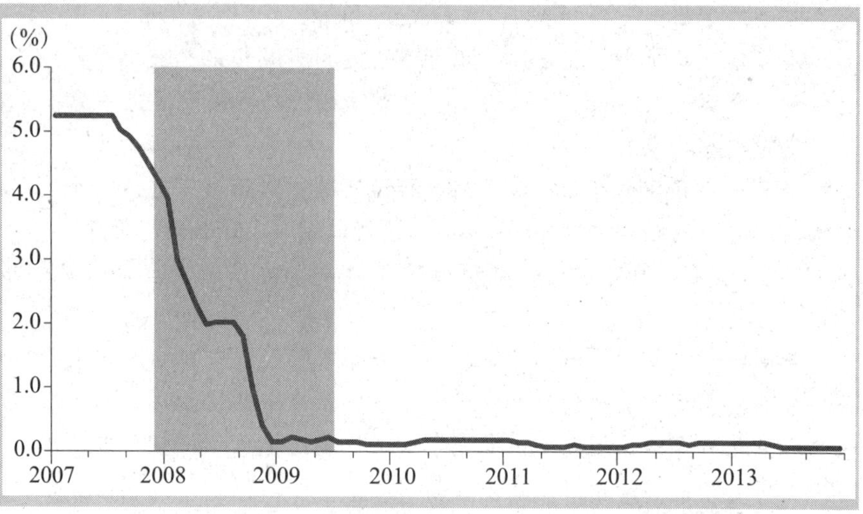

[资料 12-3]　*历史故事*

谁说利率不能为负？

利率不能在零以下，只是因为如果这么做，投资者只需持有现金就能使情况变得更好。除了这种情况外，在 2012—2013 年，丹麦的利率确实为负。图 1 显示了所发生的一切。

发生了什么呢？图 1 显示，在此期间欧洲的财政前景和欧元的前景具有非常大的不确定性。丹麦经济与欧洲其他国家密切相连，而丹麦维持独立的货币——丹麦克朗。丹麦被许多投资者奉为是存放资金非常安全的地方。当资金如洪水般涌入丹麦时，丹麦的中央银行，即丹麦国家银行（Denmarks National Bank）降低存款利率到零以下。图 1 表明伦敦丹麦克朗的隔夜拆借利率情况基本反映了中央银行的决策。

你应该理解，与其说这是零利率约束的一个重要例外，还不如说这是一个非常有趣的反例。在图 1 中利率只是略微低于零。如 2013 年 2 月 7 日，年利率是 −0.007 5%。这意味着，如果你借给某人 100 万克朗，第二天你将只能拿回 999 999 克朗 80 欧尔……考虑到最小的丹麦硬币是 50 欧尔，所以找零钱将会很困难。

图 1　丹麦隔夜拆借利率（LIBOR）（年化百分比）

资料来源：Federal Reserve Economic Data [FRED].

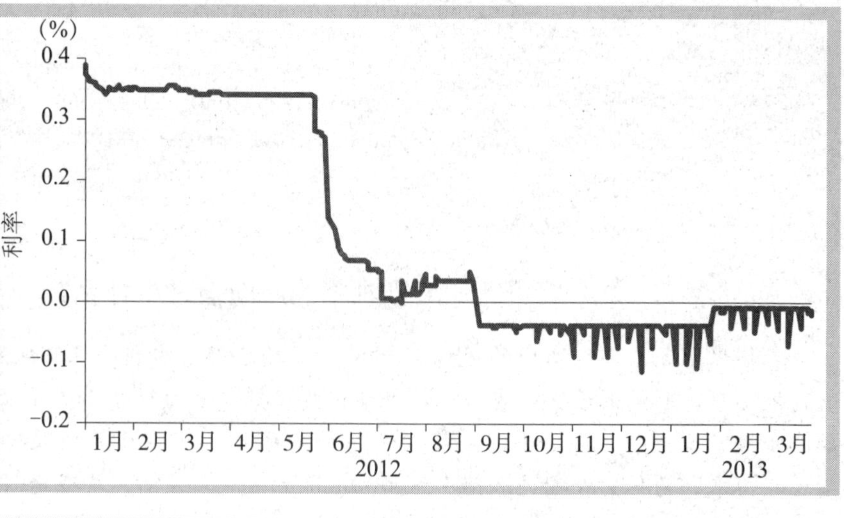

浅显易懂的非常规货币政策

在 2007—2009 年大衰退期间，美国名义利率实际上触及了零利率约束。按照惯例，我们保留了资料 12—1 以及本书以前版本的“银行惜贷”的章节内容，你可以阅读这些部分，以有助于理解下面的内容。

首先，介绍实际发生的情况。与 1991 年不同，大衰退导致联储采取了大量的非常规政策。为应对商业下滑，联储在 2007 年末开始下调关键利率——联邦基金利率。在 2008 年，联储将利率从 1 月份的 4%下调到 12 月份的 0.16%。如图 12-4 所示。在这一点上，利率已经有效触及零水平，从而导致传统的公开市场操作没有过多的空间。

在危机期间，联储下调了 40 000 个基点的利率。联储需要降低利率到什么程度才能稳定经济呢？根据旧金山联邦储备银行的约翰·威廉姆斯（John Williams）的估算，还需要将利率下调 40 000 个基点。实际上，威廉姆斯估算，无法将利率降低到零利率约束之下将延缓经济复苏，并导致 1.8 万亿美元的经济成本。[1]

2008 年年底，利率已经达到了零利率约束的极限，经济处于糟糕的情形，但是联储却没有进一步降低利率的空间。由于危机，联储采取了大规模的**量化宽松**（quantitative easing）政策，这被圣路易斯联邦储备银行的詹姆斯·布拉德（James Bullard）描述为

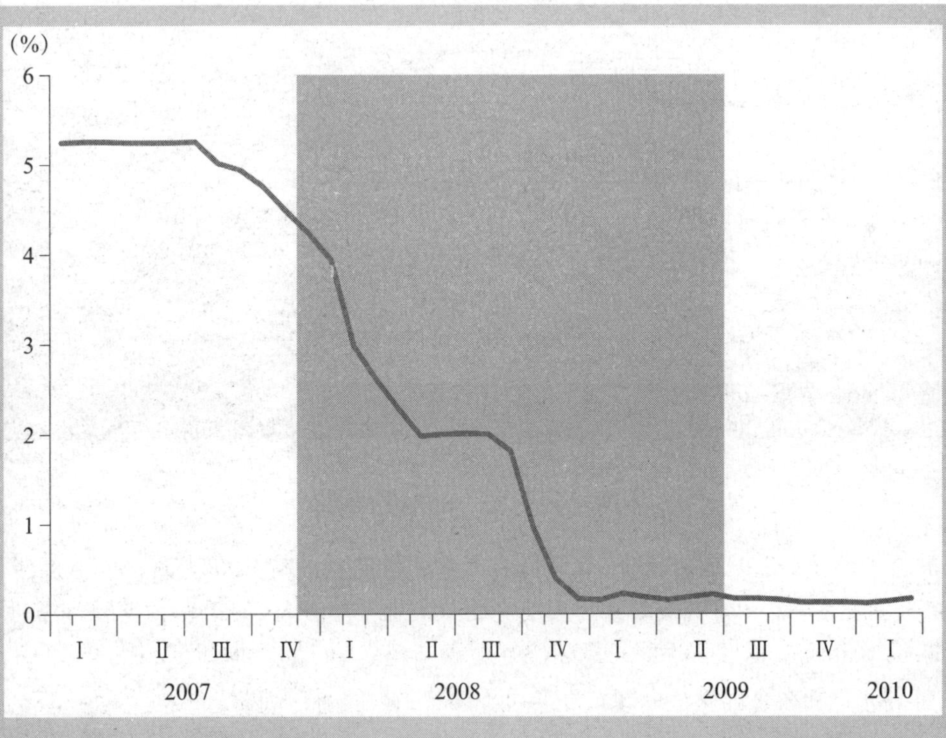

图 12-4　大萧条时期联邦基金利率接近零利率约束

资料来源：Federal Reserve Economic Data [FRED].

① John C. Williams, “On the Zero Lower Bound on Interest Rates,” *Brookings Papers on Economic Activity*, Fall 2009.

"在隔夜拆借利率为零时通过购买大规模的金融资产来降低长期利率的一种政策策略"①。联储不但购买国债，同时也购买美国政府机构的其他债券和大量私人抵押贷款支持证券。实际上，大衰退期间基础货币翻了一倍多。

图 12-5 给出了基础货币和 M2。当联储对抗经济衰退时，基础货币飙升，M2 较通常情况增长要快，但不如基础货币增长快。导致这个差别的一个原因在于联储如何印刷大规模的货币而不会导致通货膨胀。大量新增的货币趴在商业银行在联储的账户上而没有贷放出去。量化宽松政策没有导致通货膨胀的第二个原因是公众对联储在经济危机结束后将停止新的购买行为的预期是显而易见的，所以基础货币增加大部分被认为是暂时的。

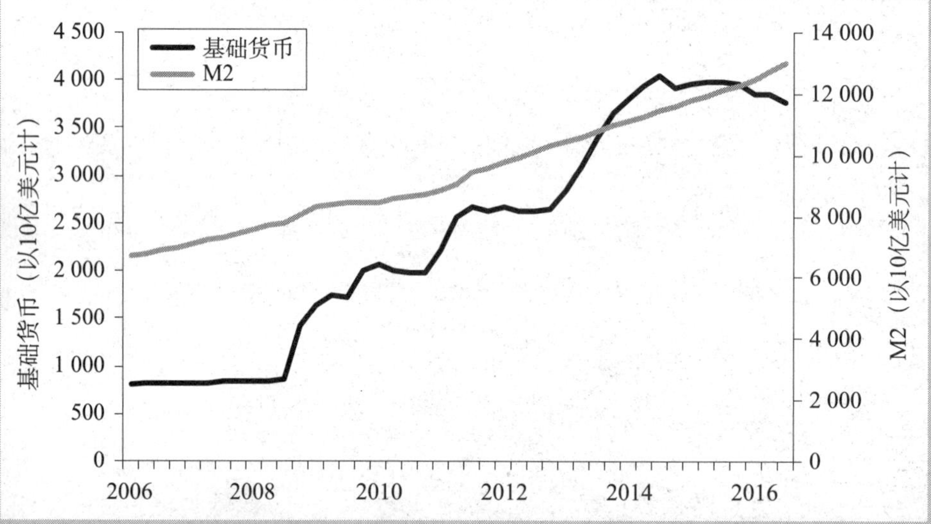

图 12-5 基础货币和 M2

资料来源：Federal Reserve Economic Data [FRED].

[专栏 12-2] 我们还知道什么？

利率与基点——术语阐释

利率一般以年化百分比为单位报价。4%的利率意味着今天投资 100 美元，一年后的今天将得到 104 美元。但是一个百分点的震荡会导致巨大的变化（大部分情况）。鉴于此，金融行业的从业者经常谈到**基点**（basis points），这里 1 个基点是 1 个百分点年利率的 1%。例如，2012 年 12 月联邦基金利率每年下降 0.16%，那么金融媒体会称之为"16 个基点"。

如果量化宽松能被用于应急，为什么不一直采用量化宽松政策呢？一种解释是要推动长期利率变化需要非常大的货币干预。这是因为长期金融资产供给非常庞大，联储增加的需求对均衡利率难以产生较大效果。詹姆斯·汉密尔顿（James Hamilton）

① James Bullard, "Quantitative Easing——Uncharted Waters for Monetary Policy," *The Regional Economist*, January 2010.

和吴菁（Jing Cynthia Wu）估算，在零利率约束情况下，要降低10年期利率一个百分点，需要联储购买3万亿美元的长期金融资产。[①] 而3万亿美元超过了联储的全部资产。

对于量化宽松，在伯南克主席管理下的联储采用了“信贷宽松”政策，在金融市场部门直接设立贷款目标，市场上的信贷可能完全消失或实际上已经消失了。例如，由于缺乏短期学生贷款，联储与财政部共同为提供学生贷款的商业机构提供货币贷款。类似地，联储还为货币市场和商业票据市场提供流动性支持。

在2007—2009年金融崩溃中，联储的非常规货币行动抑制了信贷市场可能的全面崩盘，避免坏的金融形势进一步恶化。本·伯南克作为信贷供给方面的领军学者之一绝不是偶然的。

12—3 财政政策与挤出

本节表明财政政策变化如何使描述商品市场均衡的 IS 曲线移动。记住 IS 曲线是向右下方倾斜的，因为利率下降会使投资支出增加，从而增加商品市场处于均衡状态的总需求与产出水平。也记住财政政策的变动使 IS 曲线移动。特别是财政政策的扩张，使 IS 曲线向右移动。

为方便起见，我们在第11章中推导出的 IS 曲线方程，在此再次给出：

$$Y=\alpha_G(\overline{A}-bi) \qquad \alpha_G=\frac{1}{1-c(1-t)} \tag{3}$$

应注意在方程（3）中，政府支出水平 $\overline{G}$ 是自主性支出 $\overline{A}$ 的组成部分。所得税税率 t 是乘数的一部分。因此，政府支出与税率两者都影响 IS 曲线。

政府支出的增加

图12-6显示财政扩张如何提高均衡收入与利率。假定利率不变，政府支出水平提高会增加总需求水平。为了满足增加的商品需求，产出必须提高。图12-6给出了 IS 曲线移动的效应。在每一个利率水平上，均衡收入必须通过提高 α_G 乘上政府支出的增加来实现。例如，政府支出增加100，而乘数是2，在每一个利率水平上，均衡收入必定增加200。因此，IS 曲线向右移动200。

假设该经济的初始均衡在 E 点，政府支出增加100，如果利率保持不变，则均衡点移动到 E'' 点。在 E'' 点处，商品市场处于均衡，其中计划支出等于产出。但货币市场不再处于均衡状态。收入已经增加，因而货币需求量也就上升了。由于有过量的实际余额需求，因而利率提高。在利率提高的情况下，厂商的计划投资支出下降，因此，总需求也下降。

---

① James Hamilton and Jing Cynthia Wu, “The Effectiveness of Alternative Monetary Policy Tools in a Zero Lower Bound Environment,” *Journal of Money, Credit, and Banking*, February 2013.

图 12-6　增加政府支出的效应

增加政府支出会增加总需求，使 IS 曲线向右移动。

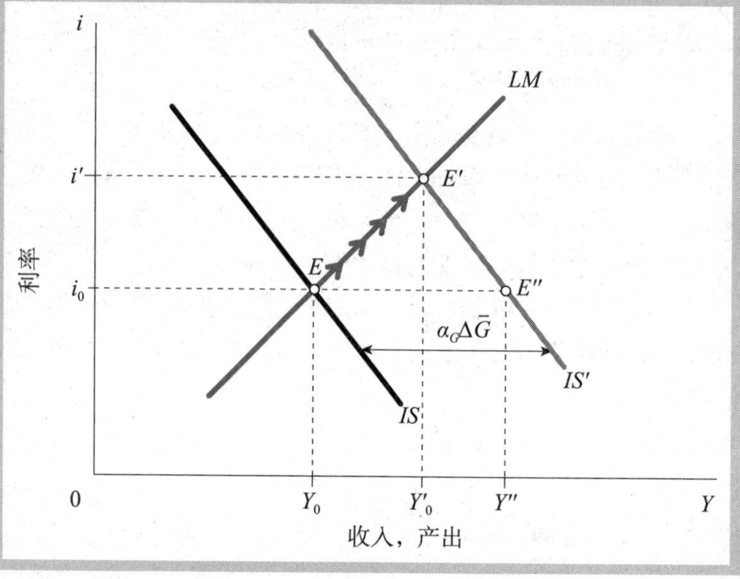

考虑到较大政府支出的扩张效应和较高利率对私人支出的降低效应，什么才是完全地调整呢？图 12-6 表明只有在 E'点，商品市场与货币市场两者才能同时出清。只有在 E'点，计划支出等于收入，与此同时，需求的实际余额量等于既定的实际货币存量。因此 E'点是新的均衡点。

挤出

将 E'点与初始均衡点 E 相比较，可以看出增加的政府支出提高了收入，也提高了利率。E'点与 E''点之间是另一个重要的比较，是利率未变动时的商品市场均衡。E''点相当于我们在第 10 章中研究的均衡，那时我们忽略了利率对经济的冲击。在对 E''点与 E'点的比较中，显然，利率的调整与它们对总需求的冲击抑制了所增加的政府支出的扩张效应。收入不是增加到 Y''，而是增加到 Y'_0。

收入只增加到 Y'_0 而不是到 Y''的理由是，利率由 i_0 上涨到 i'降低了投资支出水平。因此，我们说政府支出的增加挤出了私人投资支出。**当扩张性财政政策引起利率上涨，从而减少私人支出，特别是投资支出时，就发生了挤出（crowding out）效应。**

什么因素决定挤出效应的大小？换言之，什么决定利率调整会抑制增加政府支出所引起的产出扩张程度呢？通过画出不同的 IS 曲线与 LM 曲线，将能证明以下各点：

- 收入增加得越多，同时利率增加得越少，LM 曲线就越平坦。
- 收入增加得越少，同时利率增加得越少，IS 曲线就越平坦。
- 乘数 α_G 越大，则收入与利率提高得越多，从而 IS 曲线水平的移动也越大。

在每种情况下，当政府支出增加时，利率提高得越多，挤出效应就越大。

为说明这些结论，我们转向曾经在联系货币政策时讨论过的两个极端情况：流动性陷阱与古典情况。

流动性陷阱

如果经济处于流动性陷阱中，因而 LM 曲线为水平的，政府支出的增加对均衡收入水平产生充分的乘数效应。利率不因政府支出的变动而变动，因而投资支出不会遭受削减。增加政府支出的收入效应也不会受到抑制。

你应该画出自己的 *IS-LM* 图解来证实如果 *LM* 曲线为水平的，货币政策对经济的均衡状态并无影响，而财政政策的效应却是最大的。不那样极端的说法是，如果货币需求对利率非常敏感，因而 *LM* 曲线几乎是水平的，财政政策变动对产量有比较大的影响，而货币政策变动对均衡产出水平几乎没有什么影响。

古典情况与挤出效应

如果 *LM* 曲线为垂直的，则政府支出的增加对均衡收入水平无影响，只会提高利率。这种情况在我们讨论货币政策时业已注意到，如图 12－7（a）所示，其中政府支出的增加使 *IS* 曲线移动到 IS'，但对收入没有影响。如果像垂直的 *LM* 曲线所暗示的那样，货币需求与利率无关，则只有唯一的收入水平使货币市场处于均衡状态。

因此，当 *LM* 曲线为垂直的时候，增加政府支出不会改变均衡收入水平，只是提高了均衡利率。但是，如果政府支出提高而产出无变化，则私人支出必然有抵消性减少。在这种情况下，利率增加挤出的私人支出（特别是投资）量等于政府支出的增加量。因此，如果 *LM* 曲线为垂直的，则将发生完全的挤出现象。[①]

图 12－7（b）表明挤出现象，在其中画出了图 11－4 的投资曲线图。在图 12－7（a）中，财政扩张将均衡利率从 i_0 提高到 i'。结果，图 12－7（b）中投资支出从 I_0 减少到 I'。

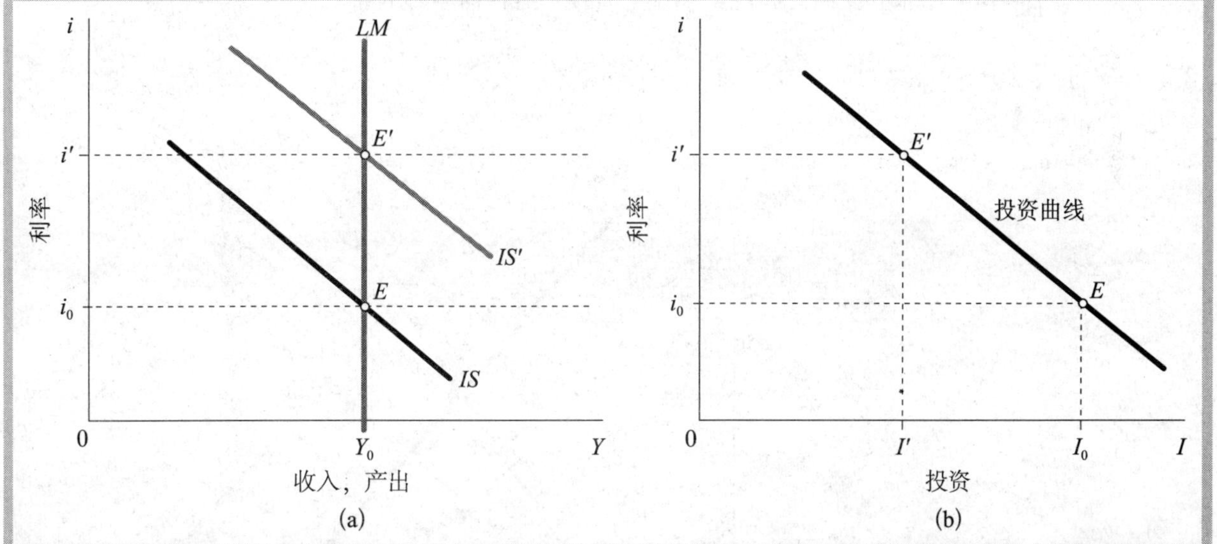

图 12－7　完全的挤出

对于垂直的 *LM* 曲线，财政扩张会向右移动 *IS* 曲线，提高利率水平，但不能提高收入水平。政府支出会 1∶1 地取代或挤出私人投资。

① 应注意，原则上利率上升会减少消费支出，因此，投资与消费两者都会被挤出。此外，我们在第 13 章中将会了解到，财政扩张也会挤出净出口。

挤出重要吗?

为什么必须认真对待挤出的可能性？在此必须提出三点。第一点也是重要的警告。在本章以及前两章中，我们假定在既定价格的经济中，产出低于充分就业水平。在这些条件下，当财政扩张提高需求时，厂商可以增雇工人提高产出水平。但在充分就业经济中，通过不同的机制产生了挤出。在这样的条件下，增加需求将引起价格水平上涨（沿着总需求曲线向上移动）。价格上涨，降低了实际余额。（价格 $\overline{P}$ 上升，则会使 $\overline{M}/\overline{P}$ 下降。）实际货币供给减少，使 LM 曲线向左移动，从而提高利率直到初始增加的总需求被完全挤出为止。

第二点，在有着未利用资源的经济中，没有完全的挤出，因为 LM 曲线实际上不是垂直的。财政扩张将提高利率，但也会增加收入。因此，挤出是程度问题。总需求的增加提高了收入，收入提高，储蓄水平也随之提高。储蓄的扩充又有可能弥补更大的预算赤字，财政扩张不会完全替代私人支出。

第三点，由于失业存在，因此有可能扩大产出，当政府支出增加时，利率似乎不一定提高，因而不一定有任何挤出。这是真实的，因为货币当局通过增加货币供给，可以调节财政扩张。**在财政扩张过程中，当货币供给增加以防止利率提高时，就发生了货币调节。货币调节（monetary accommodation）也被称为预算赤字货币化（monetizing budget deficits），其意义是联邦储备系统印制纸币购买债券，政府用该项债券收入弥补赤字。**如图 12－8 所示，联储调节财政扩张时，IS 曲线与 LM 曲线均向右移动。产量无疑会增加，但利率未必提高。因此，不一定对投资有任何不利的影响。

图 12－8　财政扩张的货币调节

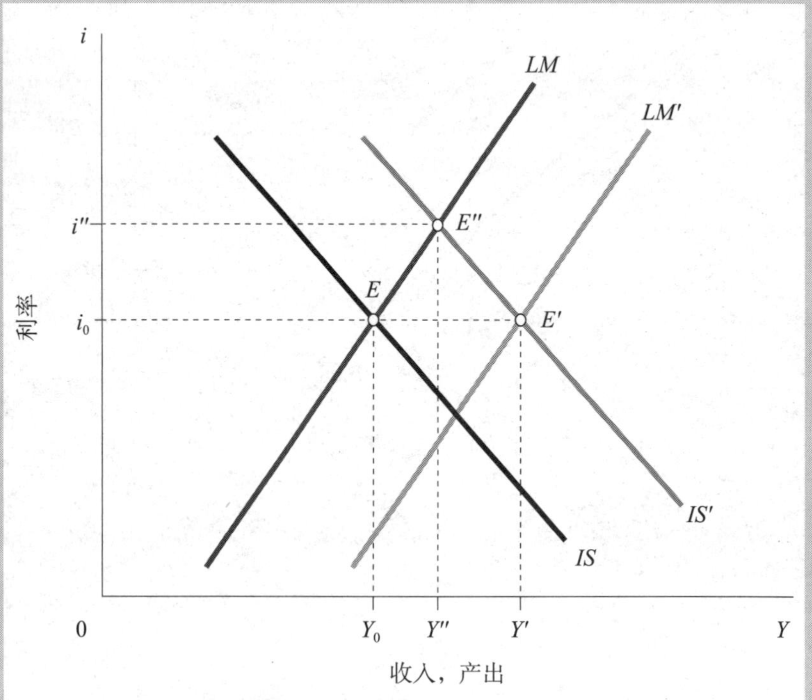

12—4 产出构成与政策组合

表 12 - 2 概括了扩张性货币政策与财政政策对产出与利率的效应分析，但以经济不处于流动性陷阱或古典情况为条件。除流动性陷阱与古典情况这些特殊情况之外，政策制定者显然在实践中利用货币政策或财政政策影响收入水平。

表 12 - 2 对收入与利率的政策效应

政策	均衡收入	均衡利率
货币扩张	+	—
财政扩张	+	+

用货币政策还是财政政策控制产出，究竟会产生什么差异？究竟选择货币政策还是财政政策作为稳定性政策工具是一个争论不休的重要论题。正如我们将在第 18 章中所讨论的那样，决策的基础是灵活性和速度，具有这些性质的政策才能实施并发挥作用。

这里我们不讨论速度与灵活性；相反，我们考察这些政策对总需求的组成部分，即分别对投资、消费与政府支出产生的影响。在这方面，货币政策与财政政策之间有明显的差异。[①] 货币政策通过刺激总需求中对利息做出反应的组成部分，主要是投资支出，发挥作用。确凿的证据表明货币政策首先影响住宅建筑。

相比之下，财政政策起作用的方式恰好取决于政府采购的是什么商品，或变动的是什么税种以及发生什么样的转移支付。这些选择包括像国防支出之类的政府采购的商品与服务，或者削减公司所得税、销售税，或者变动社会保障税。每个政策都影响总需求水平并使得产出扩大，但产出增加的构成取决于特定政策。政府支出的增加，通过政府采购，增加了消费支出。削减所得税直接影响消费支出。下面讨论的投资补贴增加了投资支出。如果货币数量不变，所有的扩张性财政政策都会提高利率。

投资补贴

削减所得税与增加政府支出都会提高利率与降低投资支出。但是如图 12 - 9 所示，政府有可能通过**投资补贴**（investment subsidy）增加投资支出。美国政府有时通过**投资税减免**（investment tax credit）补贴投资；因而，厂商增加投资支出即可少纳税。例如，克林顿总统在其 1993 年财政一揽子计划中就曾提出过投资税减免。

当政府进行投资补贴时，主要是为每一家厂商的投资支付部分成本。投资补贴使图 12 - 9 (a) 中的投资曲线移动。在每一利率水平，厂商现在计划进行更多的投资。投资支出提高，总需求因而随之增加。

在图 12 - 9 (b) 中，*IS* 曲线移动的量是乘数乘以补贴所引起的自主性投资的增加。新的均衡位于 E'点，商品市场与货币市场在 E'点重新达到平衡。但现在值得关注的是，虽然利率已经上涨，但从图 12 - 9 (a) 中看出投资增加了。投资从 I_0提高到 I'_0。利率增

---

① 我们将在第 13 章看到，这两类政策对出口的影响也不相同。

加的抑制作用并没有逆转投资补贴的影响。这是由于实施扩张性财政政策，因而较高的收入使得消费与投资两者都增加的例子。

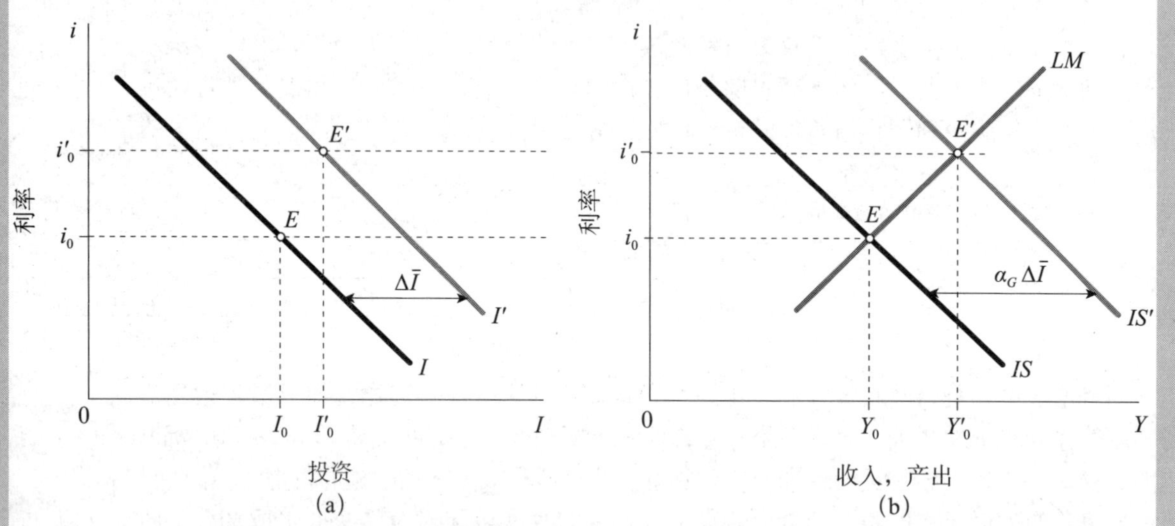

图 12-9　投资补贴使投资曲线移动

表 12-3 概括了不同类型的财政政策不仅影响产出与利率，而且影响产出的组成部分。

表 12-3　财政政策的选择

	利率	消费	投资	GDP
削减所得税	+	+	−	+
政府支出	+	+	−	+
投资补贴	+	+	+	+

政策组合

图 12-10 显示了一个初始情况在 E 点的失业经济趋向于充分就业产出 Y^* 时所产生的政策问题。我们是否应该选择财政扩张，移动到收入和利率都更高的 E_1 点呢？或者应该选择货币扩张，走向降低利率实现充分就业的 E_2 点呢？或者应该选择财政扩张配合调节性货币政策，走向中间位置？

一旦我们认识到所有政策虽然都提高产出，但对经济各个领域的影响程度不同，我们就揭开了一个政治经济学问题。做出扩张总需求的决定后，谁会获得主要好处？扩张应该通过降低利率并增加投资的方式进行，应该通过减税并增加个人支出的方式进行，还是应该通过增加政府规模的方式进行？

除政策的速度与可测性问题外，争论是以政治偏好来解决的。保守主义者在任何时候都主张减税。他们赞成在衰退时期以减税稳定经济，在繁荣时期以削减政府支出稳定经济。随着时间的推移，给定足够的周期次数，政府部门就变成保守主义者所希望的那样小。持反对观点的人认为政府大范围地支出于教育、环保、职业培训与重建等类似工作都是正确的，因而赞成增加政府支出的扩张性政策与提高税收以遏制过度繁荣。有增长意识的人们以及建筑业、游说团体，则主张通过降低利率或投资补贴实施扩张性政策。

图 12-10　扩张性政策与产出构成

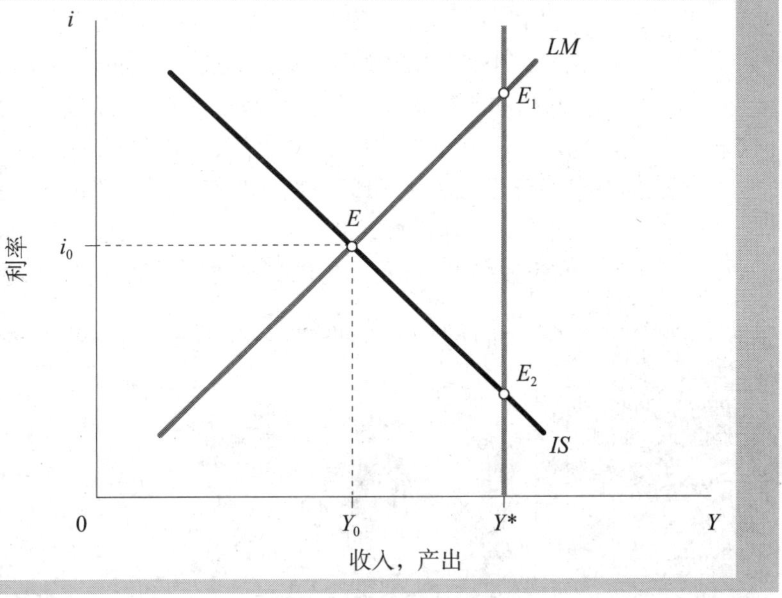

认识到货币政策与财政政策的变动对产出构成有不同影响是重要的。它意味着决策者能够选择一种**政策组合**（policy mix，货币政策与财政政策的相互结合），不但会使经济趋于充分就业，而且有助于解决其他政策问题。现在讨论实践中的政策组合。

12—5　实践中的政策组合

本节评述 20 世纪 80 年代美国的货币-财政政策组合，有关如何看待 1990 年与 1991 年美国衰退的经济辩论，90 年代末长期扩张期间的货币政策行为，2001 年的衰退及随后的复苏，2007—2009 年大衰退期间的财政政策，以及德国在 20 世纪 90 年代初期努力处理两德统一后产生的宏观经济后果所做出的决策。

当你阅读本节时要考虑如下内容。第二次世界大战以来，美国经历了两次严重的衰退：第一次是 20 世纪 80 年代初，第二次是最近的大衰退。两次衰退都伴随着痛苦的高失业，但是导致衰退的原因却非常不同，政府应对的策略也不同。你认为我们是否从历史中学到了什么？

本节不但讨论现实世界的政策组合问题，而且再度提出通货膨胀问题。价格水平固定不变这一假定，有助于简化对本章理论的解释，但现实世界当然是更加复杂的。记住：像降低货币增长率或政府支出那样的降低总需求的政策，不仅会降低产出水平，还会降低通货膨胀率。扩张性政策会提高通货膨胀率与产出水平。通货膨胀不得人心，而政府一般会努力维持低通货膨胀并防止其上涨。

20 世纪 80 年代的衰退与复苏

20 世纪 80 年代早期，美国的经济政策从根本上背离了前 20 年的政策。首先，在 1979 年末实施了紧缩性货币政策，以克服和平时期创纪录的通货膨胀率。接着，在 1981 年当里根总统的减税和增加国防开支方案启动时，扩张性财政政策也到位了。

图 12－11 显示了 1972—2012 年期间的失业率、通货膨胀率与利率情况。在 1973 年美国与世界其余部分遭受第一次石油危机，当时石油输出国将石油价格提高到原来的两倍多。石油价格的上涨提高了其他商品的价格，而在美国则助长了通货膨胀，也导致经济衰退。其间，失业率增加到第二次世界大战以后到当时创纪录的 8.9%。衰退在 1975 年结束。在卡特总统任期内（1977—1981 年）经济政策通常是扩张性的。在 1979 年以前，失业率低于 6%，从而接近充分就业水平。在此期间，通货膨胀由于扩张性政策而上升，在 1979 年遭受第二次石油危机打击时，石油价格上涨两倍，通货膨胀率迅速上升。

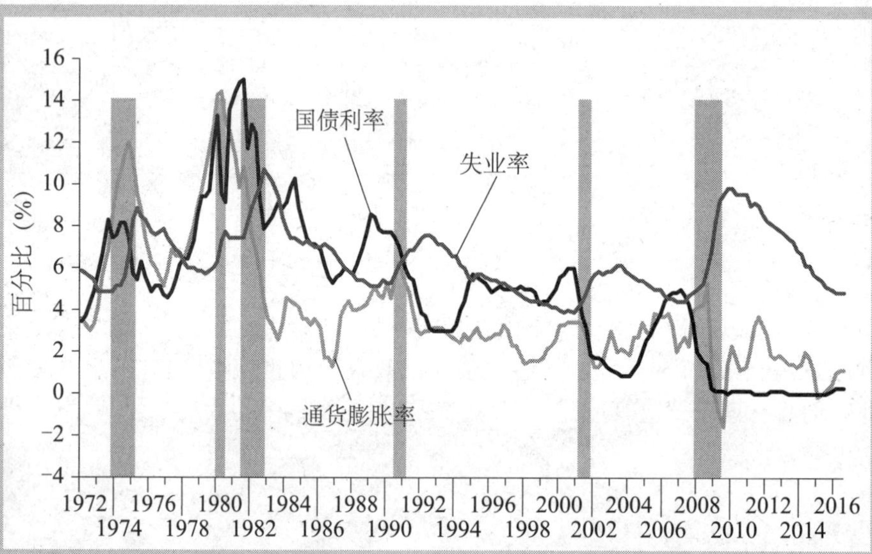

图 12－11　通货膨胀率、失业率与利率

资料来源：Bureau of Labor Statistics；Federal Reserve Economic Data [FRED].

不断上涨的通货膨胀特别不得人心，显然必须做出某种政策改变。1979 年 10 月，联储采取行动，货币政策转变为高度紧缩性的。1980 年上半年，货币紧缩进一步加剧。那时，经济陷入轻微的衰退，在短暂的复苏以后，1982 年发生大萧条以来最严重的一次衰退。

紧缩货币是经济活动剧烈下降的原因。因为 1981 年通货膨胀率仍在 10%以上，而货币存量增长率只有 5.1%，实际货币供给下降。利率则继续攀升（见表 12－4）。毫不奇怪，投资，特别是建筑业投资，完全崩溃了。经济陷入严重衰退，于 1982 年 12 月到达波谷。

表 12－4 还显示 20 世纪 80 年代早期政策组合中的第二个部分——充分就业赤字在 1981—1984 年迅速增长。1981 年的税收法案削减了个人税率，包括以后 3 年实施的减税并增加对公司的投资补贴。该时期的充分就业赤字是美国历史上和平时期最大的充分就业缺口。

由于扩张性财政政策与紧缩性货币政策的组合，图 12－10 的分析使我们预期利率会上涨。由于投资补贴增加，图 12－9 使我们预期投资可能与利率一同增长。

表 12-4　1982 年的衰退和复苏

(%)

	1980	1981	1982	1983	1984
名义利率*	11.5	14.0	10.7	8.6	9.6
实际利率†	2.0	4.0	4.5	4.5	5.2
充分就业赤字/GDP	0.4	0.0	1.1	2.1	3.0
失业率	7.0	7.5	9.5	9.5	7.4
GDP 缺口	6.4	7.1	11.6	10.4	6.2
通货膨胀‡	9.5	10.0	6.2	4.1	4.4

*3 个月期国债利率。

† 3 个月期国债利率减去 GDP 平减指数的通胀率。

‡ GDP 平减指数。

资料来源：DRI/McGraw-Hill.

第一个因素（利率的上涨）的确发生了。如果只看表 12-4 中的国债利率可能使你吃惊。但当存在通货膨胀时，考虑的正确利率不是名义利率而是实际利率。**实际利率**（real interest rate）**是名义（公开的）利率减去通货膨胀率**。1981—1984 年整个时期，甚至在名义利率下降的情况下，实际利率也在急剧增加。借款的名义成本虽然下降，但实际成本却上升了。投资支出对利率上涨与衰退的反应是，在 1981 年与 1982 年投资下降 13%；对投资补贴与复苏前景的反应是，在 1982 年与 1984 年间投资上升 49%。

在 1982 年最后一个季度，失业率到达其顶峰，超过 11%，然后在巨额财政扩张的影响下，失业率稳步下降。1984 年与 1985 年进一步的财政扩张，推动经济继续复苏。整个 20 世纪 80 年代，财政扩张持续存在。

1990—1991 年的衰退

20 世纪 80 年代早期政策组合的特征是高度扩张性财政政策与紧缩性货币政策的组合。货币紧缩成功地降低了 20 世纪 70 年代后期和 80 年代初的通货膨胀，其代价就是带来了严重的衰退。然后扩张性财政政策驱动了复苏，在此时期实际利率剧烈上涨。

复苏与扩张在整个 20 世纪 80 年代持续。在 1988 年结束前，经济接近充分就业水平，通货膨胀大约为 5%。由于担心通货膨胀继续上涨，联储的紧缩性货币政策使 1988 年全年的国债利率急剧上升，并延伸到 1989 年。除此以外，到 1989 年初，失业率接近 10 年来的最低水平，只为 5%。

联储保持了 1989 年全年的高名义利率（尽管利率正在下降）（见图 12-11），一段时间内施加的制动力似乎恰到好处。1989 年全年实际 GDP 增长缓慢，通货膨胀略微下降，失业率缓慢上升。

但到 1990 年中期，经济明显地走向衰退。后来确定衰退于 1990 年 7 月开始。① 那时，1982—1990 年的复苏结束，这一时期是和平时期有记录以来持续时间最长的一次扩张。

衰退开始于 8 月伊拉克入侵科威特之前。当伊拉克入侵时，石油价格暴涨，而且联储一度面临难以决定是通过使利率上升来继续紧缩货币以打击通货膨胀，还是实施扩张性政策以克服衰退。于是联储采取折中办法，让利率缓慢下降，但下降得不多。石油价

① 经济周期到达波峰与波谷的确切日期，是由地处坎布里奇的国民经济研究局的经济学家委员会在事后确定的。他们推迟到确信已有充分证据，从只是暂时性的信号中分辨出经济周期的真正改变时，才做出决定。参见 Robert E. Hall, "The Business Cycle Dating Process," *NBER Reporter*, Winter 1991—92; and Victor Zarnovitz, *Business Cycle: Theory, History, Indicators and Forecasting* (Chicago: University of Chicago Press, 1991)。

格上涨十分短暂，而在该年年末前，衰退一直是一个大问题。①

显然，联储应该负责克服衰退，因为财政政策不能正常运作。为什么？第一，预算赤字（见表 12-5）已经很大，预期还要扩大，但没有人热衷于扩大赤字；第二，由于上面提过的政治经济学的原因，布什政府与民主党控制的国会对应该做出何种类型的财政政策存在根本分歧。

1990 年末，联储开始积极降低利率。1991 年第二季度，经济出现了复苏迹象，但到第四季度又摇摆不定（见表 12-5）。此时政治与经济话题转向了担心发生再次衰退的可能性。联储担心国会与总统将同意采取一项财政政策转变，使得预算赤字更大，因此，在 1991 年末急剧降低利率，将其降低到自 1972 年以来从没有过的低水平。回忆起来，这足以制止一次衰退。

表 12-5　1990—1991 年衰退

（%）

	年份和季度						
	1990		1991				1992
	3	4	1	2	3	4	1
GDP 增长率	−1.6	−3.9	−3.0	1.7	1.2	0.6	2.7
通货膨胀率*	4.7	3.9	5.3	3.5	2.4	2.4	3.1
失业率	5.6	6.0	6.5	6.8	6.8	7.0	7.2
国债利率	7.5	7.0	6.0	5.6	5.4	4.5	3.9
预算赤字/GDP	2.6	3.5	2.6	3.7	3.7	4.2	4.9
充分就业赤字/GDP†	0.0	0.5	1.0	1.8	1.8	2.4	3.0

* GDP 平减指数。

† 由 DRI/McGraw-Hill 计算得出。

资料来源：DRI/McGraw-Hill.

到 1991 年春季，按过去的标准衡量，一次非常缓和的复苏已经开始。联储的积极行动可能业已阻止一次财政政策的转变。不过事后一想，联储显然早就应该在 1991 年初迅速削减利率。当然，我们评价决策者的方式存在偏见。联储在 20 世纪 80 年代，在促进并尽量维持发展方面发挥了积极作用，但我们关注的却是衰退。联储做对了很少得到称赞，但做错了肯定受到责备。当具有适度但正面增长与低通货膨胀的复苏在 20 世纪 90 年代中期继续进展时，联储开始受到来自华尔街与华盛顿的更高评价。

和平时期时间最长的扩张——20 世纪 90 年代

美国经济走出 1990—1991 年的衰退之后，便进入了它在和平时期持续时间最长的经济扩张周期。通货膨胀和失业双双下降，GDP 增长相对较快，资本市场一片繁荣。这次扩张是由两个原因导致的：技术的迅速增长（潜在 GDP 和总供给曲线向右快速移动）和联储对总需求的谨慎管理。联储［当时的联储主席艾伦·格林斯潘（Alan Greenspan）

① Stephen McNees, "The 1990—91 Recession in Historical Perspective," Federal Reserve Bank of Boston *New England Economic Review*, January-February 1992，给出了本次衰退和以前衰退的比较数据。

个人］对利率的熟练操作既使经济繁荣得以持续，又使通货膨胀始终处于掌控之中。特别是，联储使用的是我们已经了解的联储政策框架中许多相同的工具。一个例子是联储对 2000 年 2 月决定提高利率进行解释时所说的话：

> 即使在考虑到生产率增长方面的显著上升以后，［联储］仍然始终关注需求随时间的增加而继续超过潜在供给的增长。这种趋势可能预示着通货膨胀的失衡，这将破坏经济的扩张记录。
>
> 鉴于价格稳定和经济可持续增长的长期目标，以及当前可获得的信息，委员会认为，任务的重点主要是关注可能导致在可预见的未来提高通货膨胀压力的条件。①

2001 年的衰退和随后的复苏

20 世纪 90 年代经济繁荣的扩张于 2001 年 3 月结束，GDP 转为负增长。联储通过降低利率，并同时大幅度增加货币供给来对此做出反应。实际上，在经济真正进入衰退之前，联储就已经开始随经济的放缓而降低利率了。布什总统之前正式提出减税作为长期政策的一部分。衰退增加了要求在短期内采取激励措施的呼声。总统经济顾问委员会主席估计减税在短期内会使 GDP 增加约 1.2%，如图 12－12 所示。但是，由于衰退结束后减税仍要继续，联储的预算将出现较大赤字。

2001 年的衰退是相对温和的，紧接着的是“无就业的复苏”时期。在一个延长的时期内，联储一直保持低利率。但到 2004 年，联储开始提高利率，以便控制总需求的增长，提早阻止通货膨胀压力。与此相对应的是，财政政策仍然是相对扩张的。

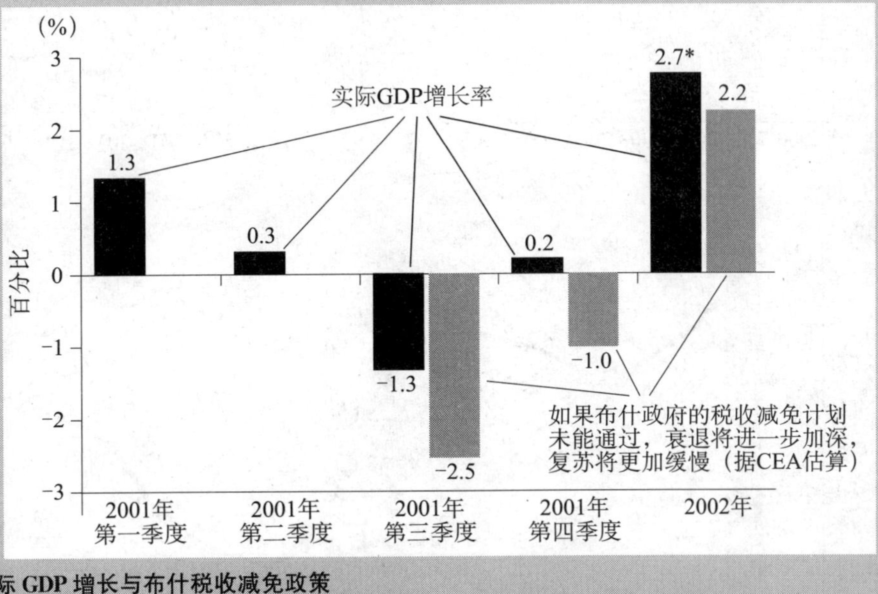

图 12－12　实际 GDP 增长与布什税收减免政策

＊增长率是从 2001 年第四季度到 2002 年第四季度的数据测算。

资料来源：Council of Economic Advisers，www.whitehouse.gov/news.

---

① 联邦公开市场委员会备忘录，2000 年 2 月 2 日。

面对危机的财政政策

面对 2007—2009 年大衰退程度的经济危机，政策制定者会同时使用财政和货币政策。我们已经讨论了货币政策，包括联储同时降低利率和采取非常规手段。奥巴马政府和国会同样制订了巨量的财政刺激计划，减税和增加支出。一个显著的差别就是时机的把握：财政政策激励不得不等到新一届政府和国会才能实施。

图 12-13 显示了联邦预算财政年度的支出和收入情况。联邦财政年度是指从 10 月到下一年 9 月，比如 2009 年的数据就是从 2008 年 10 月到 2009 年 9 月，2008 年大选之后的第一年。你可以发现伴随 2008 年经济衰退，税收收入下降而支出上升。在 2008 年和 2009 年，随着衰退从金融市场传递到商品市场，强有力的财政政策激励被采用。税收收入下降，不仅是因为减税政策，同时也是因为商业下滑。联邦支出的大幅增加更多地反映了有意增加总需求。在图 12-13 的下半部分，你能发现其净效应是导致预算赤字进一步扩大，实际上美国预算赤字已经创下第二次世界大战以来的新高。

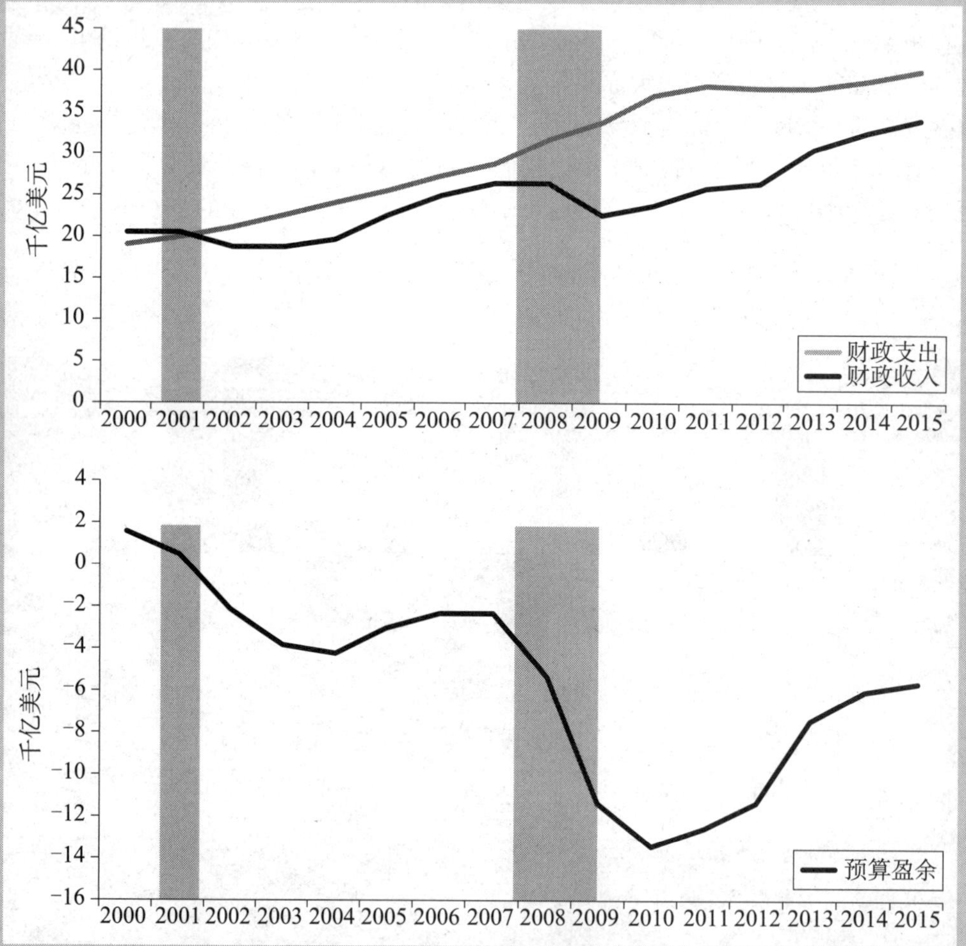

图 12-13　联邦财政支出、收入和预算盈余

资料来源：Bureau of Economic Analysis.

大衰退及其后果

从 2007 年 12 月到 2009 年 6 月的大衰退，是大萧条以来美国所遇到的最严重的经济灾难。随着金融部门和建筑部门的垮台，失业飙升、GDP 增长减速并在之后转为负增长。参看图 12－14 可见，这些变化在最初的衰退期之后又经历了一段时间，到 2008 年晚些时候，经济变得更加糟糕。也可看到通货膨胀在稍高一点儿之后便逐渐降低，然后就保持在低位。

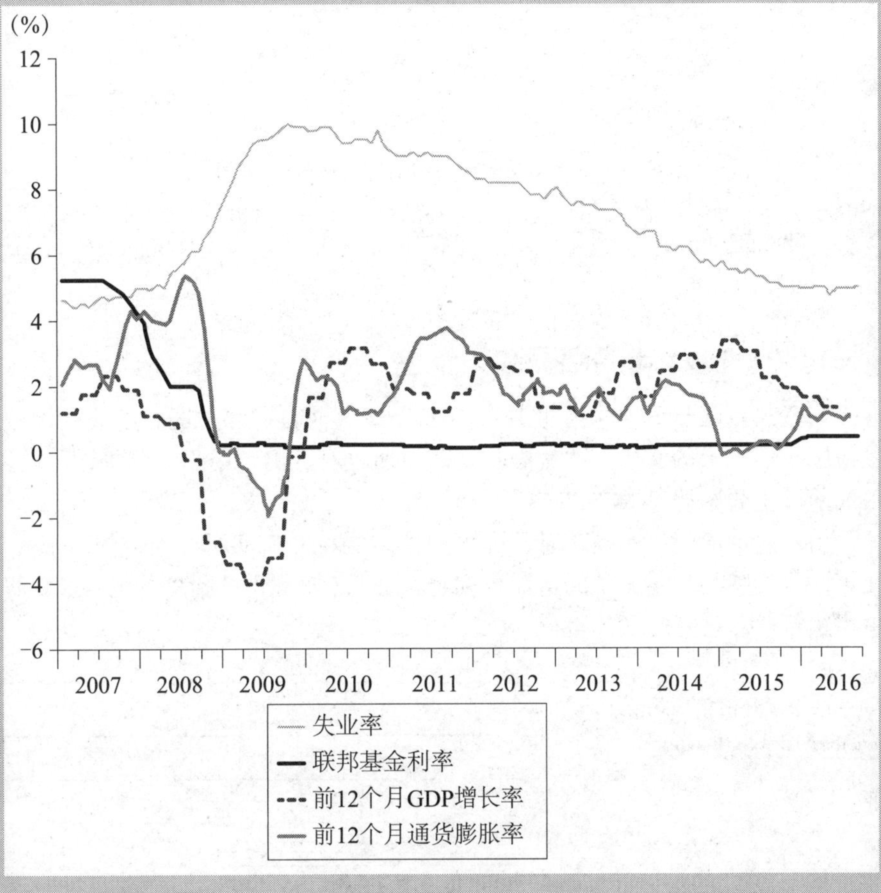

图 12－14　大衰退及其后果

图 12－14 中的联邦基金利率是对货币政策的反应。联储快速降低利率，而后利率接近于零。仅仅观察利率是看不出联储采取早些时候所讨论的那类非常规政策的。

大衰退到 2009 年年中结束了。GDP 回到了衰退前的水平，尽管增长率比人们愿意接受的要低。与此同时，失业率下降得相当缓慢。迟钝而长时间的复苏对于那些仍然处于失业状态的人们来说，只是很小的安慰而已。

这一时期的财政政策是什么情况呢？如图 12－15 所示，政府开支的增长率在衰退期迅速增加，并将这一高水平维持到衰退结束。预算盈余甚至成为负值（即赤字增加），并随着经济复苏逐渐爬坡。盈余下降反映了衰退期间政府开支的增加和税收收入的减少。没有工作的人支付不了更多的税。

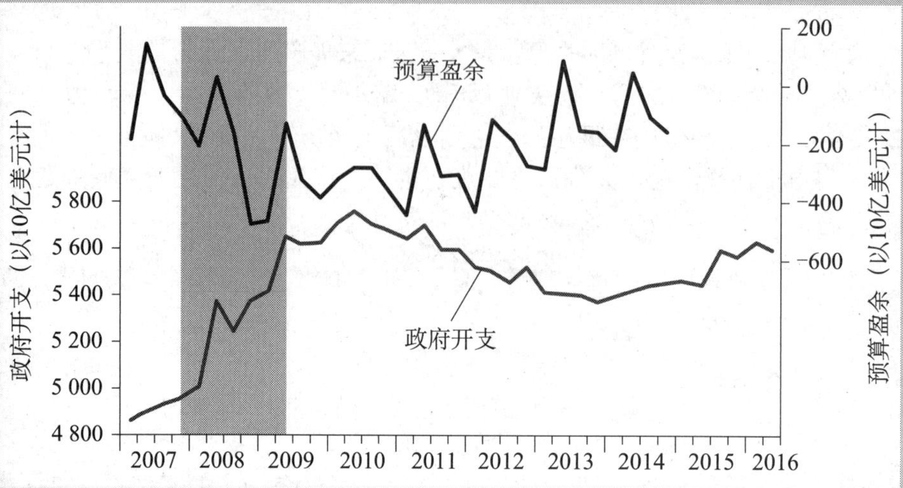

图 12-15　政府开支与预算盈余

1990—1992 年的德国政策组合

当联邦德国与民主德国在 1990 年重新统一时，联邦德国政府接受设法迅速提高前民主德国生活水平的义务。这就需要立即增加政府支出，用于前民主德国的基础设施建设，以及前民主德国居民的转移支付。

由于政治原因，德国政府不愿增加太多的税收。实际上，政府决定采用宽松的财政政策，这反映为预算赤字的增加，见表 12-6。如果要控制总需求与通货膨胀，则是德国中央银行，即德意志联邦银行（Bundesbank）的责任。

表 12-6　德国统一的宏观经济情况

资料来源：International Monetary Fund.

（%）

	1989	1990	1991	1992
GDP 增长率	3.8	4.5	0.9	1.8
通货膨胀率	2.6	3.4	5.1	5.3
预算赤字/GDP	−0.2	+1.7	+2.8	+3.2
名义利率	7.1	8.5	9.2	9.2

德意志联邦银行被普遍认为是所有中央银行中最严厉地反通货膨胀的银行[①]，它肯定不会允许政府支出增加。因此，它保持通货紧缩，让德国的利率上涨到该国从未达到的水平长达十年之久。1991 年德国 9.2%的名义利率看起来似乎并不是很高，但值得注意的是，德国 1991 年的实际利率比美国要高许多。[②]

1992 年全年，德意志联邦银行保持货币紧缩，它总是对政府的宽松财政政策和放任

① 由于 1998 年欧洲中央银行成立并为欧元区制定货币政策，德意志联邦银行不再制定货币政策方面的决策。

② 我们在本章末尾的习题中请你计算 1991 年德国和美国的实际利率，可以利用表 12-5 和表 12-6 来计算。

的通货膨胀感到不快。1991 年与 1992 年德国的通货膨胀率低于 5%，在其他许多国家中，这被认为是低通货膨胀的奇迹。但在德国，低通货膨胀是举国一致愿望的一部分，低通货膨胀率本身也是备受关注的大事。①

20 世纪 90 年代早期，德国的政策组合犹如美国 20 世纪 80 年代早期的政策组合：扩张性财政政策与紧缩性货币政策。该政策组合在这两个国家产生的后果也是相同的：高利率与国际收支经常项目赤字。

在下一章，我们在基本模型中增加国际贸易。我们将了解到，对外贸易只是改进但不会从根本上改变我们关于货币政策与财政政策对经济的影响所做的分析。我们也将了解到，紧缩性货币政策与扩张性财政政策的配合会产生国际收支赤字。

[资料 12-4] *历史故事*

预期的货币政策

1994 年 2 月，当失业率为 6.6%，年通货膨胀率低于 3%时，联储将贴现率从 4.75%提高到 5.25%。在失业率高于大多数人估计的自然率，而通货膨胀率仍然较低的情况下，许多观察者都会对联储的决策感到吃惊，并提出批评——甚至认为在经济有机会继续增长之前，这不是扼杀了经济增长吗?

然而，联储［在一个**预期性货币政策**（anticipatory monetary policy）的例子中］并不是对当前的总需求状况和通货膨胀压力做出反应，而是担心经济增长过快，对将要出现的通货膨胀做出反应。

在这件事上，联储似乎做得不错。1994 年经济增长很快，达到了 3.5%的年增长率，失业率从 1994 年 1 月的 6.7%降到了 1995 年 1 月的 5.7%。尽管经济增长迅速，但通货膨胀率仍然较低。如果联储没有提高利率，经济甚至会更快地增长，但通货膨胀率很可能上升。

批评者认为，联储应该等待，直到通货膨胀出现实际上升，而不是预先采取行动。他们一直在提建议，迫使联储在 1995 年比 1994 年更多地提高利率——因为 1995 年的通货膨胀状况也许比实际情况更高。

在 1999 年下半年，联储再次面临它自己所期望的情况。* 由于经济繁荣（但通货膨胀率很低很低），联储选择提高利率，希望对经济进行微调。联储提高了联邦基金利率，1999 年 6 月 30 日，利率被直接提高了 0.25 个百分点。1999 年 8 月 24 日、1999 年 11 月 16 日和 2000 年 2 月 2 日，随着经济的持续繁荣，联储又分别提高利率 0.25 个百分点。到 2001 年初，经济显现增长乏力，联储便开始了一系列利率下调，希望缓解经济的下降。

底线：制定货币政策时，必须具有预见性。

* 在 www.federalreserve.gov/monetarypolicy/fomc.htm 上可以找到联储会议的备忘录。

本章提要

1. 货币政策影响经济，首先是影响利率，然后是影响总需求。增加货币供给会降低利率，但会增加投资支出和总需求，因此将提高均衡产出。

2. 在货币政策操作中有两个极端情况。在古典分析中，对实际余额的需求不取决于利率。在这个

① 第一次世界大战后德国失控的通货膨胀导致希特勒上台掌权。

分析中，货币政策高度有效。另一个极端是流动性陷阱，在这种情况下，公众在现行利率水平上愿意持有任何数量的实际余额，实际余额供给的变动不影响利率，因此也就不影响总需求与产出。

3. 考虑到财政政策对利率的影响，我们修正第 10 章的乘数结论。财政扩张，除了极端情况外，会导致收入的扩张。但由于收入提高而增加的货币需求会引起利率上涨，从而会降低收入扩张的程度。

4. 财政政策引致的利率变动越小，投资对这些利率变动的反应越小，则财政政策越有效。

5. 两个极端情况，流动性陷阱与古典情况，有助于说明是什么决定货币政策乘数和财政政策乘数。在流动性陷阱中，货币政策对经济没有影响，从而财政政策对产出具有充分乘数效应，而对利率无影响。在古典情况下，货币存量的变动会改变收入，但财政政策对收入没有影响——它只影响利率。在这种情况下，政府支出完全挤出了私人支出。

6. 财政扩张会导致利率上升，从而替代或挤出一些私人投资。挤出的程度是评价财政政策作为稳定政策工具的有用性与合意性的敏感问题。

7. 货币-财政政策组合产生的问题，是因为扩张性货币政策降低利率，而扩张性财政政策提高利率。相应地，扩张性财政政策增加产出，但降低投资水平；而扩张性货币政策既增加产出，也提高投资水平。

8. 政府必须根据其经济增长目标或增加消费的目的，或者根据其有关政府合意规模的信念，选择货币-财政组合。

关键术语

预期性货币政策	投资税减免	资产组合失衡
基点	流动性陷阱	量化宽松
古典情况	货币调节	货币数量论
挤出	预算赤字货币化	实际利率
通货紧缩	公开市场业务	传导机制
投资补贴	政策组合	零利率约束（ZLB）

习题

概念题

1. 本教材描述了联储公开市场购买的效应。

a. 定义联储公开市场出售。

b. 说明公开市场出售对利率与产出的影响，说明直接影响与长期影响。

2. 讨论货币政策乘数与财政政策乘数在什么条件下分别等于零。用文字解释为什么这有可能发生，以及你认为这有多大的可能性。

3. 什么是流动性陷阱？如果经济陷入其中，你建议采用货币政策还是财政政策？

4. 什么是挤出？你估计挤出什么时候会发生？在面临大量的挤出时，财政政策和货币政策哪个更可能成功？

5. 在古典世界中，*LM* 曲线看起来像什么？如果这是我们认为最能表示经济特征的 *LM* 曲线，你倾向于利用财政政策还是货币政策？（你可以假定你的目的是影响产出。）

6. 联储货币化预算赤字时会发生什么？这是应该经常努力去做的事吗？（提示：大致谈谈随着时间的推移，这种政策的优点与成本。）

7. “在非常广泛的范围内，采用紧缩性财政政策与宽松性货币政策，或者反过来也一样，使我们能够掌握的 GDP 路径与我们想要的同样好。选择的真正基础，除了实际 GDP 与通货膨胀外，在于受财政政策与货币政策不同影响的许多次要目标。”这一段文字中所涉及的某些次要目标是什么？它们怎样受不同政策组合的影响？

技术题

1. 经济处于充分就业状态。现在政府要改变需求构成，从消费转向投资，但不允许超过充分就业水平。需要的政策组合是什么？采用 *IS-LM* 图解显示你的政策提议。

2. 设想政府削减所得税。请在 *IS-LM* 模型中给出减税在以下两种假设下的影响：(a) 政府通过调节性货币政策保持利率不变；(b) 货币存量保持不变。并解释不同的结果。

3. 考虑两种紧缩方案。一种是取消投资补贴；另一种是提高所得税税率。如图 12-9 所示，利用 *IS-LM* 模型与投资曲线讨论不同政策对收入、利率与投资的影响。

4. 在图 12-10 中，通过扩大货币或者扩大充分就业赤字，经济已达到充分就业。哪个政策导向 E_1 点，哪个政策导向 E_2 点？你希望如何选择？谁更强烈偏好达到 E_1 点？对于 E_2 点呢？什么政策相当于“平衡增长”？

操作题

1. 资料 12-1 分析了日本的流动性陷阱，表明 20 世纪 90 年代后期日本重现了利率实际为零的状况。这种低利率的管理刺激了经济增长率吗？登录 http://stat.go.jp/english，点击“Statistics”并点击“Historical Statistics of Japan”，打开“Chapter 3 National Accounts”并下载表 3-1 [“Gross Domestic Product (Expenditure Approach in Real Terms (Chain-linked Method))”]。在 EXCEL 表中，找到并将数据转换成“At Constant Prices”系列，表明与上一年的百分比变化。[如以变化率替代 1995 年 RGDP：(1995 RGDP−1994RGDP)/1994RGDP。] 画出 1995 年以来的系列数据图。将你得到的图形与资料 12-1 中的图 1 进行比较。低利率会刺激经济增长吗？

2. 图 12-1 显示了联储对美国大衰退的反应。其他国家的中央银行对衰退如何反应呢？让我们看一下欧盟近几年的增长率和欧洲中央银行 (ECB) 的反应吧。登录欧洲中央银行的统计数据库 http://sdw.ecb.europa.eu，选择“GDP in Prices of the Previous Year (Economic Growth)”并下载数据。然后打开“SDW Series Search”，进入“level deposit facility interest rate”，计算并下载数据系列的结果。(注意：欧洲中央银行仅提供利率变化时的数据，所以你需要进行数据处理以适应 GDP 数据。) 作一幅 2005—2015 年期间的图，给出 GDP 增长率和利率。欧盟在 2008 年时处于衰退之中吗？欧洲中央银行对那次大衰退做何反应？

13 国际联系

本章要点

- 各个经济通过商品交易并通过金融市场形成国际联系。汇率是以美元表示的外国通货的价格。高汇率（弱美元）降低进口而增加出口，刺激总需求。
- 在固定汇率制下，中央银行买卖外汇以固定汇率。在浮动汇率制下，市场决定以一种货币表示的另一种货币的价值。
- 如果一国在国际收支出现赤字时愿意维持固定汇率制，中央银行就必须动用其外汇储备和黄金或者从国外借入的外汇储备，买回本国货币。如果国际收支赤字长期维持并且该国用尽外汇储备，它就必须让本币贬值。
- 在特长期中，汇率会调整直到各国之间商品的实际成本相等为止。
- 在资本完全流动与固定汇率制下，财政政策的作用大。在资本完全流动与浮动汇率制下，货币政策的作用大。

在21世纪之初，各国经济联系变得日益密切，因而**全球化**（globalization）概念（即我们正向单一的全球经济移动）也越来越被接受。国外经济已经强有力地影响美国经济。而美国经济政策则更加显著地影响外国经济。

美国经济是增长还是走向衰退，对墨西哥甚至日本都有重大影响。其他工业国家是转向财政刺激还是财政紧缩，对美国经济也有重大影响。美国采取紧缩性货币政策，提高本国利率，不但影响世界范围内的利率，而且改变美元相对于其他货币的价值，从而影响美国的竞争力，以及世界贸易和GDP。

在本章，我们介绍**开放经济**（open economies，相互进行贸易的各个经济）之间的关键性联系，并介绍一些基本的分析。在第23章才详细阐述宏观经济学中有关国际方面的内容。

任何经济通过两种主要渠道与其余世界进行联系：（商品与服务的）贸易与金融。**贸易**（trade）联系指的是一国的部分商品出口到外国，而国内消费或投资的一些商品在国外生产后输入进来。在2012年，美国商品与服务出口额占GDP的14%，而进口额相当于GDP的18%。与其他国家相比，美国从事的国际贸易相对较小——是一个相对封闭的经济。新加坡则是另一极端——非常开放的经济——它的进口和出口均超过GDP总额。

对美国而言，贸易联系十分重要。用于进口的支出脱离了收入的循环流动，其意义是美国居民的部分收入没有支出于本国生产的商品；与此相反，出口表现为增加对本国商品的需求。因此，收入决定的 *IS-LM* 基本模型必须修改以便将国际效应包括在内。

此外，美国相对于其竞争者的商品价格会直接影响需求、产出与就业。相对于美国厂商出售商品的价格，竞争者出售商品的美元价格下降，需求将从美国商品转移到国外生产的商品，于是进口增加，出口下降。这正是 1980—1985 年在美国发生的事情：当美元的价值相对于外国货币的价值增加到创纪录的水平时，进口品变得价格低廉，而外国人发现美国商品非常昂贵。反之，当美元的价值相对于其他货币的价值下降时，美国制造的商品变得相对便宜，国内外的需求便转向美国商品，于是出口增加，而进口下降。

在**金融**（finance）领域中，也有密切的国际联系。一个典型的例子是 2007—2008 年美国证券市场崩盘波及了世界其他国家。2007 年 4 月外汇市场的日平均交易量是 3.2 万亿美元，这大约是年度 GDP 的 23%。美国居民不论是家庭、银行还是公司，均可持有像国债与公司债券之类的美国资产，也可持有加拿大或德国等外国的资产。绝大多数美国家庭持有的几乎全部是美国资产，但对银行与大公司而言肯定不是这样。资产组合经理在世界各地选购收益最诱人的资产，他们考虑多种情况后，可能清楚地认定德国政府债券、日本政府发行的日元债券或者巴西政府债券都会比美国债券提供更高的收益。

由于国际性投资者在世界各地转换其资产，他们将国内外资产市场联系在一起，从而改变收入、汇率以及货币政策影响利率的能力。本章说明如何对 *IS-LM* 分析作必要的修改，以便把国际贸易与国际金融考虑在内。首先讨论国际收支与汇率。

13—1 国际收支与汇率

国际收支（balance of payments）**是一国居民与世界其他地方进行交易的记录。**国际收支有两个主要账户：经常账户与资本账户，表 13-1 显示了美国最新的数据。

表 13-1 美国国际收支平衡表

（单位：10 亿美元）

	2008	2009	2010	2011	2012	2013	2014	2015
经常账户余额	−690.8	−384.0	−442.0	−460.4	−446.5	−366.4	−392.1	−463.0
商品与服务余额	−708.7	−383.8	−494.7	−548.6	−536.8	−461.9	−490.2	−500.4
资本账户余额	717.7	339.3	428.0	426.5	446.7	369.1	337.8	437.6
美国官方储备净资产*	−4.8	−52.3	−1.8	−15.9	−4.5	3.1	3.6	6.3
净私人资本流动†	722.6	391.6	429.9	442.4	451.1	366.0	334.2	431.3
国际收支赤字	−4.8	−52.3	−1.8	−15.9	−4.5	3.1	3.6	6.3

*正的净官方储备资产意味着官方储备的减少。

†包括统计误差。

资料来源：Bureau of Economic Analysis.

国际收支核算的简单原则是在任何交易中，一国居民付出的款项就是增加国际收支中的赤字项目。因此，就美国而言，进口汽车、赠送礼物给外国人、购买西班牙的土地或者在瑞士银行存款——都是赤字项目。与此相反，盈余项目的例子有美国向国外出售飞机、外国人使用美国技术支付给美国的许可证费用、美国居民收到国外支付的退休金以及外国购买美国资产等。

经常账户（current account，也称经常项目）记录商品与服务贸易以及转移支付。服务包括运输、专利支付与利息支付。服务还包括**净投资收入**（net investment income），即本国在国外资产所得到的利息与利润减去外国人在美国拥有的资产所得到的收入。转移支付包括汇款、礼物与赠款。**贸易余额**（trade balance）只记录商品贸易。贸易余额加上服务贸易和净转移支付，就得到经常账户余额。

如果出口超过进口加上对外国人的净转移支付，即如果从商品与服务贸易以及转移支付中所得收入，超过对这些项目的支出，则经常项目出现**盈余**（surplus）。

资本账户（capital account，也称资本项目）记录了资产的买卖，诸如股票、债券与土地等资产的买卖。当美国从出售股票、债券、土地、银行存款以及其他资产中所得的收入，超过美国为自己购买外国资产的支付时，则美国资本账户出现盈余（也称作净资本流入）。

对外账户必须平衡

国际收支的中心论点非常简单：个人与厂商必须为其在国外的购买进行支付。如果个人支出多于其收入，她的亏损必须以出售资产或以借款方式获得资金，进行支付。同理，如果一国的经常账户出现赤字，即对国外的支付大于它出售给世界其他地方所得收入，这项赤字必须以出售资产或以向国外借款方式获得资金加以弥补。这种出售与借款意味着该国资本账户出现盈余。因此，经常账户的任何赤字必须有一笔抵消性的资本流入，以提供资金加以弥补：

$$经常账户+资本账户=0 \tag{1}$$

方程（1）提出一个严峻的论点：如果一国无资产可以出售，如果它无外汇储备可以利用，以及如果没有任何人愿意借款给它，不论如何痛苦与困难，该国都必须实现其经常账户的平衡。

将资本账户分为两个独立部分往往是有用的：（1）该国私人部门的交易；（2）相当于中央银行活动的官方储备交易。经常账户赤字可能由居民私人出售国外资产或向国外借款进行弥补。或者，也可以由政府通过减少其外汇储备，即在外汇市场出售外币来提供资金进行弥补。[①] 反之，经常账户出现盈余时，私人部门可以利用其收到的外汇收入偿还债务或购买海外资产；另外的办法是，中央银行可购买私人部门赚得的（净）外国货币，增加中央银行储备。

官方储备的增加也被称做国际收支盈余（**balance-of-payments surplus**）。我们可将以上讨论概括为下面的陈述：

$$\begin{aligned}国际收支盈余 &= 官方外汇储备的增加\\ &= 经常账户盈余+净私人资本流入^{②}\end{aligned} \tag{2}$$

如果经常账户与私人资本账户均为赤字，那么国际收支出现赤字；这就是说中央银

---

① 所有政府均持有某种数量的外国通货和黄金类的其他资产。这就是一国的官方储备。

② “净私人资本流入”这一术语并不完全正确。这里也包括不涉及外汇市场运作的官方资本流入。例如在乌克兰的基辅购买一栋新大使馆是官方资本账户交易，它将归入“净私人资本流入”的类别。就我们的目的而言，粗略的区分就足够了。

行损失了储备。一个账户出现盈余而另一个账户出现正好相同数量的赤字，国际收支余额为零——既不是盈余，也不是赤字。[①]

如表 13-1 所示，在 2004—2009 年间，美国经常账户出现赤字（从 1982 年以来就已如此）。在所有的年份中，美国都存在资本的净流入。在一些年份，资本流入足以抵消资本账户赤字。在另一些年份，美国不得不减少其官方储备来弥补差额。

汇率

我们首先回想一下，**汇率**（exchange rate）是以另一国货币表示的一国货币的价格。例如，你在 1999 年 8 月购买 1 爱尔兰镑需要花费 1.38 美元，因此，**名义汇率**（nominal exchange rate）就是 $e=1.38$。一个 6 英寸的赛百味（Subway）三明治在都柏林价值 2.39 爱尔兰镑，就等于 1.38×2.39=3.30 美元。[②] 同样的三明治在美国西雅图则略低于 3.09 美元，所以，一位真正节俭的美国游客应该在来爱尔兰之前将三明治买好带来，那就能节省其少支付的差额。

今天，爱尔兰已经放弃了取名浪漫的货币镑，而采用欧洲的共同货币欧元。欧元和美元之间的名义汇率（2016 年 11 月）是 1.06 美元=1.00 欧元。同样一个 6 英寸的赛百味三明治在都柏林现在价值 4.40 欧元，等于 1.06×4.40=4.66 美元，而在西雅图的售价为 5.56 美元。爱尔兰的三明治现在比美国的价格便宜了 16%，而 1999 年则比美国贵 7%。在本章后面讨论**实际汇率**（real exchange rate）时，我们再回到这个比较。

我们现在关注中央银行如何通过其官方交易为国际收支盈余与赤字融资或提供支付手段。此刻，我们要区分固定汇率制与浮动汇率制。

固定汇率制

在固定汇率制（fixed exchange rate）下，外国中央银行准备随时按以美元表示的固定价格买卖它们的通货。主要国家从第二次世界大战结束到 1973 年为止，相互之间采用固定汇率。目前有些国家采用固定汇率制，其他国家则不然。

例如在 20 世纪 60 年代，联邦德国中央银行即德意志联邦银行以 1 美元兑 4 联邦德国马克（DM）的比价，无限制地买卖美元。法国中央银行即法兰西银行以 1 美元兑 4.90 法郎（FF）的比价，随时无限制地买卖美元。中央银行随时按这些固定价格即汇率无限制地买卖美元这一事实，意味着市场价格的确等于固定汇率。为什么？因为当人们能以 1 美元兑换 4.90 法郎的价格在法兰西银行购买美元时，没有人愿意支付高于此价格的法郎购买美元。反之，如果法兰西银行通过其商业银行系统，随时以此价格购买美元，则没有人愿意以低于 1 美元兑换 4.90 法郎的比价脱手美元。[③]

---

① 国际收支数据不准确。官方储备一般是准确记录的。贸易流量数据相当准确，服务流量数据不准确，而资本流量数据相当不准确。例如 2009 年第三季度，统计误差是 170 亿美元，而随后一个季度的统计误差为 710 亿美元！更戏剧性的是 2005 年第二季度，统计误差是 970 亿美元，而随后一个季度的统计误差为 −510 亿美元！

② 也许我们应该说明，赛百味是一个在美国很普遍的三明治特许经营店。我们所说的都柏林当地的赛百味，位于格拉夫顿（Grafton）街旁的拿骚（Nassau）。

③ 德意志联邦银行和法兰西银行也要确定联邦德国马克和法郎的汇率吗？实际上没有，因为如果 4.90 法郎兑换 1 美元，而 4 联邦德国马克也兑换 1 美元，那么，就必定有 1.225（=4.90/4）法郎兑换 1 联邦德国马克。

干预

外国中央银行持有**储备**（reserves，美元库存、其他通货与出售后能获得美元的黄金库存），当它们想要或必须干预外汇市场时，做出售之用。**干预（intervention）就是中央银行买卖外汇。**

在固定汇率制下，什么决定中央银行必须进行干预的幅度呢？我们已经回答了该问题。国际收支计量中央银行需要干预的幅度。例如，美国发生对日本的国际收支赤字，因此以美元兑换日元的需求超过日本人以日元兑换美元形成的日元供给。日本银行将购进该项超额美元，向卖家支付日元。[①]

因此，固定汇率的操作类似于其他价格支持方案，如同农产品市场上的支持方案一样。当市场供求一定时，当局必须弥补超额需求或吸收超额供给。为了能保证价格（汇率）固定不变，显然必须持有外币或外汇储备，用来兑换本国通货。

只要中央银行拥有必需的储备，它就能继续干预外汇市场，保持汇率不变。

一旦一国国际收支持续出现赤字，中央银行最终会用尽外汇储备，无法继续进行干预。

在出现这种情况之前，中央银行可能判定它不可能再维持固定汇率，它将对其通货贬值。例如，1967 年英国将英镑从 2.80 美元兑换 1 英镑贬值为 2.40 美元兑换 1 英镑。这意味着美国人和其他外国人购买英镑比以往便宜了。通过使外国人购买的英国商品相对便宜，贬值会影响国际收支。

弹性汇率

在固定汇率制下，中央银行必须提供所需的任何数量的外币以弥补国际收支的失衡。相反，**在弹性（浮动）汇率制［flexible（floating）exchange rate system］下，中央银行允许调整汇率以保持外币供求平衡。**如果美元兑日元的汇率是 1 日元兑 0.94 美分，日本对美国的出口增加，因而美国人需要更多的日元支付给日本的出口商，日本银行可以袖手旁观，听任汇率自行调整。在这个特定例子中，汇率可能从 1 日元兑 0.94 美分提高到诸如 1 日元兑 1 美分的水平，使得日本商品以美元计算更加昂贵了，因此减少美国人对日本商品的需求。本章稍后将研究，在浮动汇率制下，汇率变化影响国际收支的方式。**弹性汇率**（flexible rates）与**浮动汇率**（floating rates）两个词可以互换使用。

清洁浮动与肮脏浮动

在清洁浮动（clean floating）制下，中央银行完全袖手旁观，允许汇率在外汇市场上自由确定。由于在这种制度下，中央银行不干预外汇市场，因此，官方储备交易为零。这意味着在清洁浮动制下，国际收支为零，即汇率调整到使经常账户和资本账户之和为零。

实际上，从 1973 年开始实施的浮动汇率制，并不是清洁浮动汇率制，而是**管理浮动**（managed floating）汇率制或**肮脏浮动**（dirty floating）汇率制。在管理浮动汇率制下，

---

① 在固定汇率制下是哪一家中央银行实际干预外汇市场呢？如果出现超额美元供给与超额日元需求，不是由日本银行购进美元，放出日元，就是由联储出售日元，购进美元。实际上，在固定汇率制下，每一家中央银行都按美元钉住（固定住）本身的汇率，绝大多数汇率干预都是由外国中央银行进行的。但联储仍然参与调控该汇率制度，因为它经常对那些美元消耗殆尽的外国中央银行给予美元贷款。

中央银行通过干预外汇的买卖来影响汇率。相应地，在管理浮动汇率制下，官方储备交易不等于零。在第 23 章，我们将讨论浮动汇率制下中央银行进行干预的原因。

专业术语

汇率语言有时会含混不清。特别是在国际贸易与国际金融的任何讨论中，反复出现的名词是“贬值”与“升值”。因为汇率是一种以另一国通货表示的通货的价格，它能以两种方式标价，例如，可以用 1 美元兑 106 日元表示，也可用 1 日元兑 0.94 美分表示。外汇市场一般选择一种方式标出每种汇率。例如日元一般以 1 美元兑换若干日元标价，英镑一般以 1 英镑兑换若干美元标价。学院式经济学中的常见汇率是以本国通货表示的价格。例如，美元-英镑汇率的标价是以 1 英镑所值的美元数表示，比如说，1 英镑值 1.89 美元——正如一夸脱牛奶值 1.89 美元一样。**因此，如果汇率下跌，本国货币的价值上升，花费更少的美元即可购买一单位外国通货。**[①]

图 13 - 1 表明 1957 年以来的美元-日元汇率。纵轴表示汇率，以美元表示的日元价格进行量度。注意标示出的两个时间段：从 20 世纪 60 年代持续到 1972 年的固定汇率时期，以及在此之后的浮动汇率时期。

图 13 - 1　1957—2016 年美元-日元汇率

资料来源：Haver Analytics Macroeconomic Database; Federal Reserve Economic Data [FRED].

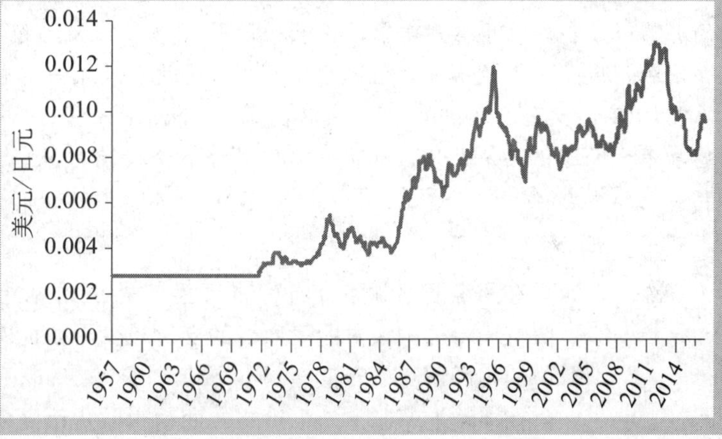

［资料 13 - 1］　*历史故事*

欧　　元

从第二次世界大战结束时不可兑换的货币、贸易配额以及关税壁垒，到国界内不受约束的自由贸易、劳动力的跨国完全自由流动、内部边界的真正废除，连同共同护照、欧洲议会和布鲁塞尔的中央经济当局一道，西欧在通向经济一体化的道路上已经走过了 50 年的历程。国家水平上的许多决策仍然保留着，但令人印象深刻的却是欧洲从独立的经济向一体化的政治和经济移动了多少。

经济和政治一体化的这个过程造就了欧盟（EU）。关于经济议事日程的最激烈争论是货币同盟，**经济和货币联盟**（Economic and Monetary Union，EMU），以及新的共同货币**欧元**（euro）的建立。

① 当然，这只是一种习惯，在包括英国在内的一些国家中，经济学理论存在其他习惯（正如靠左侧行驶那样）。

这个新货币以固定不变的汇率在1999年1月开始启用，在2002年1月以引入实际货币（硬币和钞票）完成。不再有意大利里拉、德国马克、法国法郎或比塞塔，只有以符号“€”代表的新货币欧元。

新货币引起激烈争论，有一个原因：在战后的大部分时间里，德国拥有一个很好的（低通货膨胀）货币，而众多其他欧洲经济体，特别是法国和意大利却并非如此。所以，德国担心它们的货币一点儿也不令人感到吃惊。关键问题是创造一个集中的过程，使各国能够达到具体的目标（即以达成一致意见的荷兰城市命名的“马斯特里赫特标准”）。达到这些标准的具体障碍是，通货膨胀率不高于三个通货膨胀率最低的成员国的通货膨胀率1.5个百分点，不再限制资本流动，随后两年内不实行货币贬值，预算赤字低于GDP的3%，以及负债率低于GDP的60%，或至少承诺将通货膨胀率届时降到应有水平。集中过程已经发生的证据是，尽管意大利的利率、债务和赤字仍有问题，但已经降低到了德国的水平！

即使欧洲中央银行（ECB）和欧元已经出现并已运行，问题仍然是：放弃一国的货币和汇率是否真的是一个好主意？关键问题在于：众多的欧洲经济体都能够通过工资和价格的变动来适应冲击吗？如果不能，在汇率方面应该做的事情，现在却已经被这些国家放弃了。例如，假定需求从意大利汽车（菲亚特汽车，Fiats）转向德国汽车［梅赛德斯（Mercedes）和宝马（BMW）］，意大利就会出现失业，而德国会出现经济过热的繁荣。如果德国的工资上升而意大利的工资下降，将有助于两地充分就业的恢复。如果意大利的工资不下降而只是德国的工资上升，将有利于德国的劳动市场但会造成欧元区的通货膨胀问题。这几乎不能恢复意大利的充分就业。在欧元出现之前，意大利的通货贬值将是一个正确的答案——但由于共同货币的出现，选择机会就没有了。实际上，对于这个问题的答案是两方面的。第一，在新货币启用之前的很长一段时间里，欧洲已经放弃了汇率这个政策工具。第二，无论多么困难，这是一个政治一体化的方案，这就是说，政治一体化就是全部。

2016年，欧元成为欧盟28个成员国中19个国家的官方货币。欧洲已经在创造一种与美元同等重要的货币方面迈出了一大步。欧元一体化并非完全没有缺点。请看第23章的资料23-7“历史故事：德拉克马的戏剧性”。

在固定汇率制下，当官方行为使外汇价格上升时，贬值（devaluation）就发生了。贬值意味着外国人对贬值通货的支付减少了，而本国居民对外汇要支付更多的贬值货币。贬值的相反情况是**升值**（revaluation）。

在浮动汇率制下外汇价格的变动叫做**货币贬值**（depreciation）或**货币升值**（appreciation）。**在浮动汇率制下，当货币贬值时，以外币衡量的价格就不太昂贵了。**例如，要是英国货币英镑的汇率从每英镑1.52美元变为每英镑1.45美元，英镑就贬值了。相比之下，当它以外币表示的价格更加高昂时，就是升值。

例如，从图13-1中我们看到，1995—1996年日元在贬值，意味着购买日元需要越来越少的美元。相比之下，1998—1999年日元在升值。尽管在固定汇率制和浮动汇率制下使用的**“贬值/升值”**（“devaluation/revaluation”和“depreciation/appreciation”）不相同，但是没有经济学上的差别。这些说法表明了汇率变动的方向。

扼要重述

- 国际收支账户是一个经济与其他经济的交易记录。经常账户描述商品与服务交易以及转移支付，而资本账户则描述资产交易。
- 对外国人的任何支付，都是国际收支中的赤字项目。来自外国人的任何支付，都是盈余项目。国际收支赤字（或盈余）是当期经常账户与资本账户赤字（或盈余）之和。

● 在固定汇率制下，中央银行准备以本国货币计算的固定价格，满足对外币的所有需求。它们按钉住的（固定的）汇率以减少或增加其外币储备的方式，对外币的超额需求或超额供给（即分别是国际收支赤字或国际收支盈余）提供资金。

● 在浮动汇率制下，通过汇率的变动，使外币的需求与供给相等。在清洁浮动制下，中央银行不进行干预，国际收支为零；但在浮动汇率制下，中央银行有时进行干预，实行所谓的肮脏浮动。

13—2 长期汇率

一国政府或中央银行在一段时期能够固定其货币价值，也就是固定其汇率。但在长期，两国之间的汇率决定于各自国家中货币的购买力。例如，在哥本哈根出售香肠的小车上购买一个热狗，花费 25 丹麦克朗（DKr），而在费城街头的小贩处购买，要花费 2.50 美元，于是，人们有理由期望美元-克朗的汇率为 0.10 美元/克朗。这说明了**购买力平价**（purchasing power parity）理论，即 PPP 理论。**当一单位本国货币能在本国或国外购买到同样的一篮子商品时，则两国货币处于购买力平价。实际汇率**（real exchange rate）测定两种货币的相对购买力。

实际汇率是以相同货币计量的外国价格与本国价格的比率。它衡量一国在国际贸易中的竞争力。实际汇率 R，被定义为：

$$R=\frac{eP_f}{P} \tag{3}$$

其中，P 与 P_f 分别代表本国与外国价格水平，e 为外汇的美元价格。注意 P_f 代表外国价格，例如以丹麦克朗计量的价格，而汇率是以一丹麦克朗兑换若干美元计量，分子表示以美元计量的外国价格；分母中的本国价格水平，在本例中以美元计量，因此，实际汇率表示外国价格与本国价格之比。

如果实际汇率等于 1，货币处于购买力平价。如果美国的实际汇率高于 1，其含义是外国商品比美国商品要贵。在其他情况不变的情况下，这意味着美国和外国的人们可能愿意将一些支出花费在购买美国生产的商品上。这常常解释为我们产品竞争力的加强。只要 R 大于 1，对国内生产商品的相对需求可望增加。最终结果不是迫使国内价格上升，就是迫使汇率下降，更接近于购买力平价。

市场力量防止汇率偏离 PPP 太远，或者防止无限期保持与 PPP 的距离。但是，驱使汇率移向 PPP 的压力起作用太慢。在 20 世纪 90 年代中期，美元-克朗汇率接近 18 美分，而不是 10 美分，而热狗在哥本哈根的实际费用大约是在费城的两倍。缓慢移向 PPP 有几个原因。第一个原因是国家间购物篮子中物品的不同。美国人与丹麦人消费的并不是相同的一大堆商品。[①] 向 PPP 缓慢移动的第二个原因是，商品在国家间的移动遇到了许

① 哥本哈根的热狗是放在圆卷形的面包中出售的——这就是美国人所谓的“法国面包”。费城的小熏肠是放在软和的白色小圆面包中出售的。美国人认为这是正宗的热狗，但丹麦人并不喜欢。与此同时，丹麦的热狗是洒上白色调味汁出售的，而费城的热狗则加上芥末与泡菜。

多障碍。[1] 有些是自然障碍（运输成本显然是一项附加成本），而其他障碍，例如关税是政府施加的。有时移动最终产品还不够：还须移动工人与资本。美国人一般不太可能经常往来于丹麦出售热狗。第三个原因，也可能是最重要的原因，许多商品是“非贸易商品”（土地是经典的例子），而且不能流动。

［资料 13－2］ ***历史故事***

实际汇率衡量的惯例

按照学术惯例，当国外商品相对昂贵而本国通货价值相对低的时候，实际汇率高。在购买力平价下，实际汇率 R 等于 1。实际上，我们这里计算的汇率使用了单一商品，到处都有的赛百味三明治，而不是计量全部市场篮子的价格指数。

时间	e	都柏林价格	西雅图价格	R
1999 年	1.38 美元/爱尔兰镑	2.39 爱尔兰镑	3.09 美元	$1.38\times\frac{2.39}{3.09}=1.07$
2016 年	1.06 美元/欧元	4.40 欧元	5.56 美元	$1.06\times\frac{4.40}{5.56}=0.84$

正如你所看到的，（以三明治衡量的）实际汇率在 17 年内下降了 21% $\left(\frac{0.84}{1.07}-1\approx21\%\right)$。

图 13－2 显示出在漫长的时间跨度内，英国与荷兰的大麦成本情况。大麦是相对同质的商品，运输成本也较低。在图 13－2 中可以看出大麦的实际汇率趋向于相等，但也可看出长期内基本上是与相等背离的。在当代社会，新近最好的估计表明需要 4 年才能将背离 PPP 的距离缩短一半。[2] 因此，虽然 PPP 在几个月甚至几年的长期中继续有效，但它只是决定汇率的一个因素。

由于实际汇率公式中，P_f 与 P 代表每一国家特有的一篮子商品，PPP 并不必然意味着实际汇率应该等于 1。相反，实际上 PPP 的含义是，在长期中，实际汇率将回到其平均水平（有时称为相对 PPP）。倘若实际汇率高于其长期平均水平，PPP 就意味着汇率即将下降。

13—3 商品贸易、市场均衡与贸易余额

掌握了国际贸易与国际金融的基本概念，现在就能研究商品贸易对收入水平的影响以及各种扰动对收入和贸易余额的影响——在本节中，使用贸易余额作为经常账户的简化形式，此处，不考虑资本账户。因此，目前的经常账户等同于国际收支。

① 参见 Charles Engel and John Rogers，“How Wide Is the Border?” *American Economic Review*，December 1996。

② J. Frankel and A. Rose，“A Panel Project on Purchasing Power Parity，” *Journal of International Economics*，February 1996；and Charles Engel，“Long-Run PPP May Not Hold After All，” *Journal of International Economics*，August 2000；and Alan M. Taylor，“A Century of Purchasing Power Parity，” *Review of Economics and Statistics*，February 2002.

图 13-2　1367—1985 年英国与荷兰的大麦对数相对价格比较

资料来源：Froot，Kenneth A.；Kim，Michael；Rogoff，Kenneth. "The Law of One Price over 700 Years," NBER working paper no. W5132，1996.

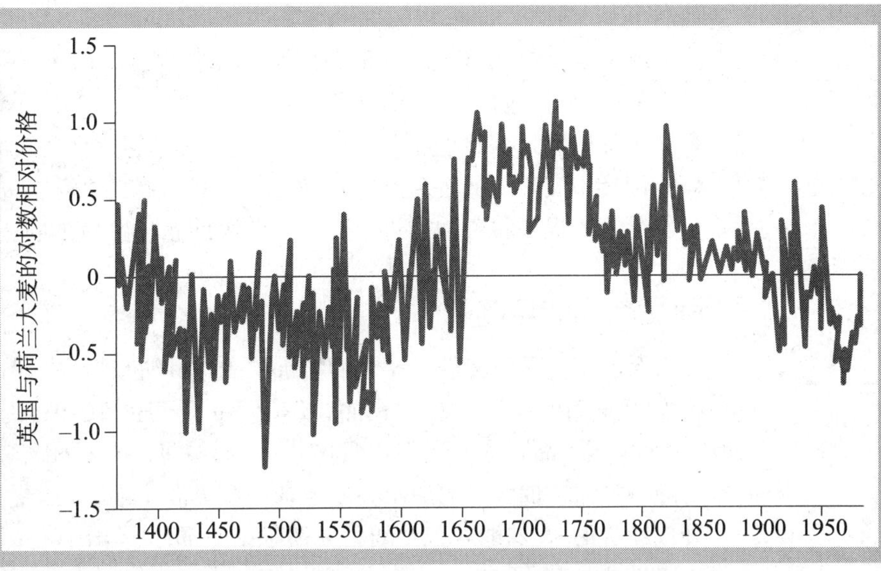

在本节，我们将对外贸易放进 *IS-LM* 框架里。假定价格水平一定，需要的产出均能供应。从概念与技术上很容易放松不变价格的假定，这将在第 23 章中加以实现。但由于理解引进贸易后将如何改进总需求的分析是十分重要的，因此，我们从业已熟悉而基本的 *IS-LM* 模型开始。

本国支出与对本国商品的支出

在开放经济中，部分国内产出被出售给外国人（出口），本国居民的部分支出被用于购买外国商品（进口）。因此，我们必须修改 *IS* 曲线。

最重要的变化是本国支出不再决定本国产出，取而代之的是对本国商品的支出决定了本国产出。本国居民的一些支出花费于进口，例如购买进口啤酒。相比之下，对本国商品的需求除了本国居民的部分支出外，还包括出口即国外需求。

外部交易对本国产品需求的影响已在第 2 章研究过。将 DS 界定为本国居民的支出，则：

$$\text{本国居民的支出} = DS = C + I + G \tag{4}$$

$$\begin{aligned}\text{对本国商品的支出} &= DS + NX = (C + I + G) + (X - Q) \\ &= (C + I + G) + NX \end{aligned} \tag{5}$$

其中，X 是出口，Q 是进口，$NX \equiv X - Q$ 是贸易（商品与服务）盈余。对本国商品的支出是本国居民总支出减去其对于进口的支出，加上国外需求即出口。由于出口减去进口是贸易盈余，即净出口（NX），对本国商品的支出就是本国居民的支出加上贸易盈余。

根据上述分析，我们回到收入决定模型。假定本国支出取决于利率与收入，因此

$$DS \equiv DS(Y, i) \tag{6}$$

净出口

净出口，即出口超过进口的数量，取决于我们的收入，本国收入影响进口支出；也取决于国外收入 Y_f，国外收入影响国外对我们出口的需求；还取决于实际汇率 R。R 提高或实际汇率贬值会改善我们的贸易余额，因为需求会从国外生产的商品转移到本国生

产的商品上[1]：

$$NX = X(Y_f, R) - Q(Y, R) = NX(Y, Y_f, R) \tag{7}$$

我们可以立刻说明三种重要结论：

- 如果其他情况不变，国外收入增加将会改善本国贸易余额，从而提高本国的总需求。
- 本国货币实际贬值将会改善贸易余额，从而提高总需求。
- 本国收入提高将会增加进口支出，并因此恶化贸易余额。

商品市场的均衡

收入增加 1 美元引起进口需求的增加称为**边际进口倾向**（marginal propensity to import）。**边际进口倾向度量收入增加的 1 美元中用于进口的部分。**部分收入会用于进口品（而不用于本国商品）这一事实，意味着 IS 曲线将比在封闭经济中要陡峭。对于既定的利率下降，只需增加较少的产出与收入即可恢复商品市场均衡。

开放经济的 IS 曲线，包括作为总需求组成部分的净出口。因此，以实际汇率 R 度量的竞争水平，影响 IS 曲线。实际贬值增加对本国商品的需求，使 IS 曲线向右上方移动。同样，随着国外收入的增加，国外对本国商品的支出也增加，这会提高净出口，即提高对本国商品的需求。所以，我们有：

$$IS\text{ 曲线}：Y = DS(Y, i) + NX(Y, Y_f, R) \tag{8}$$

由于均衡收入水平现在将取决于国外收入与实际汇率，我们必须要问国外收入的扰动与实际汇率的变动如何影响均衡收入水平。

图 13－3 表明了国外收入提高的影响。国外对本国商品的较高支出提高了需求，因此在利率不变时，需要增加产出。这表现为 IS 曲线向右上方移动。因此，国外需求增加的全面影响是提高利率与增加本国产出和就业。相反的变动很容易得出。疲软的国外经济会减少其进口，从而降低对本国的需求。本国的均衡收入和利率都会下降。

图 13－3　国外收入提高的影响

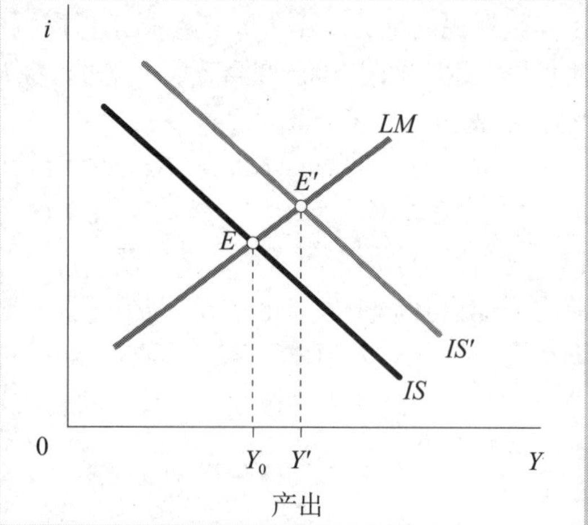

[1] 方程（7）中的净出口有两点值得注意。第一，依据本国产出测度净出口。这样做时，必须以本国货币表示的价值计量进口（Q）。第二，我们设想实际升值会恶化贸易余额，而实际贬值（R 提高）会改善贸易余额。这只是一个假定，因为数量变动与价格变动有相反的影响。在第 23 章中我们将再次回到对这一论点的研究。

图 13－3 也有助于解释实际贬值的效应。正如我们所理解的，实际贬值提高了每一个收入水平的净出口，使 *IS* 曲线向右上方移动。因此，实际贬值会引起本国均衡收入的提高。

表 13－2 概括了不同扰动对均衡收入水平与净出口的效应。每个例子都可利用与净出口表相结合的 *IS* 曲线推导出来。

表 13－2　收入和出口扰动对汇率的影响

	国内支出增加	国外收入增加	实际贬值
收入	＋	＋	＋
净出口	－	＋	＋

回响效应

在相互依存的世界中，我们的政策变化既影响其他国家，也影响我们自己，然后反作用于我们的经济。在增加政府支出时，我们的收入提高了；部分增加的收入将被用于进口品，这意味着国外收入也将增加。国外收入增加后，会提高它们对我们商品的需求，这又会增加因政府提高支出引起国内收入扩大的势头。

这些**回响效应**（repercussion effects）在实践中可能很重要。当美国经济扩展时，它会像一个火车头那样把其余的世界牵引到经济扩张之中。同样，如果其余的世界经济扩张了，美国同样也会分享其经济扩张。近些年，中国经济的迅速扩张就推动了世界需求。

回响效应也会随着汇率变化而出现。表 13－3 给出了实际汇率变动对美国实际 GDP 影响的经验估计。表中记录了美元贬值 10％对其他所有货币的影响。与此相反，美国产出水平强劲地扩大时，国外的实际 GDP 却下降了。原因是美国净出口的增加提高了国内收入但降低了外国的需求和产出。

表 13－3　美元贬值 10％的效应

资料来源：Federal Reserve，unpublished model-based simulation.

影响	第 1 年	第 2 年
实际 GDP（％）	0.5	0.6
CPI（％）	0.4	1.3
经常账户（10 亿美元）	15	38

值得注意的是，尽管扩张性财政政策既增加我们的 GDP，也增加其他国家的 GDP，但是汇率贬值只会增加我们的收入，却减少了外国的收入。

13—4　资本流动性

国际经济的一个惊人事实是各国金融市场或资本市场之间是高度一体化的或联系在一起的——在这些市场中进行债券与股票的交易。现今在绝大多数工业化国家中，并不禁止持有外国资产。不论是美国居民，还是德国居民或英国居民，均可持有其本国的或外国的财富。因此，他们在世界各地搜寻（根据风险评定的）最高收益，因而将不同国家资本市场的收益联系在一起。例如，若纽约的利率相对于加拿大的利率上涨了，投资者便向纽约放款，而借款者则转向多伦多。由于纽约的放款增加，多伦多的借款增加，收益迅速变得一致起来。

在最简单的世界里，汇率是永久固定不变的，各地的税收都一样，外国资产持有者从不会遇到政治风险（国有化、禁止转移资产以及外国政府拖欠债务等），我们预期所有资产持有者都会挑选收益最高的资产。这将迫使世界各地资本市场的资产收益绝对相等，因为没有一个国家能以较低的利率得到借款。

不过，实际上这三种情况一个也不存在。各国的税负不同；汇率可能变动，也可能是相当大的变动，因而影响外国投资的美元报酬；最后，各国有时会设置资本外流的障碍，或者只不过是它们无力支付而已。这就是国家间利率不一致的原因。

但是，事实上，主要工业化国家的利率，经汇率变动风险的校正后，实际差异非常小。考察美国与加拿大的情况，一旦利率在“抛补的”（covered）基础上衡量，就会排除汇率风险，它们就应该完全相等。① 实际上各国之间的利差非常小，平均小于0.5%，这主要是税赋差别的结果。我们以该证据支持我们后面假定的、资本在国家间是高度流动的观点。

我们的分析暂时性地假定资本是完全流动的。**资本在国家间的完全流动，是指投资者能在他选定的任何国家，以低交易成本，迅速而无限量地购买资产**。当资本完全流动（perfect capital mobility）时，资产持有人愿意并能够调动大量资金，跨国寻求最大回报或最低借贷成本。

高度一体化的资本市场意味着，任何一国的利率不能脱离现行市场水平太远，否则会引起资本流动，导致收益恢复到世界水平。回到前面的例子，如果加拿大的收益相对低于美国的收益，资本将从加拿大流出，因为贷款人会将其资金调出加拿大，而借款人则力求在加拿大筹措资金。从国际收支平衡的观点看，这意味着相对降低的利率——美国利率即相对于国外利率下降——将会恶化国际收支，因为美国居民会向国外贷款而造成资本外流。

承认利率影响资本流动与国际收支，对稳定政策有重要意义。第一，由于货币政策与财政政策影响利率，它们对资本账户，从而对国际收支会产生影响。货币政策与财政政策对国际收支的影响不限于上面讨论过的对贸易余额的影响，而且延伸到对资本账户的影响。第二，在有国际资本流动时，货币政策与财政政策影响国内经济与国际收支的方式不同。

利率平价

当资本能够跨境自由流动时，两个国家的投资收益将大致相同。如果投资收益不同，投资者会将他们的全部投资转移到收益率更高的国家（不考虑风险和税收因素）。然而，由于汇率发生变化，“更高的收益率”必须将投资收回时的汇率因素考虑在内。这里我们

① 购买期货合同可以获得预防汇率变动风险的保险或保护。该种合同承诺在规定的未来日期交付既定数量的一种货币以交换特定数量的另一种货币（当然，要支付一定费用）。在实践中，获得外汇风险保险的方式更简单，但基本机制是一样的。

首先考察一下，在第 23 章我们还会回到这个话题。

考虑在美国投资于一年期国债，及可替代的投资于一年期外国国债。假如今天的汇率（比如 2015 年）是 e_{2015}。假设 1 加元［在一元硬币上刻上水鸟之后加拿大元就被亲切地称为“加元”（loonie）］相当于 1.01 美元，即 $e_{2015}=1.01$。现在假定预期加元明年升值，比如是 1.05 美元。2016 年的预期汇率就是 $e^e_{2016}=1.05$。一个美国投资者有两个选择：在美国投资并获得利率 i，或购买加元并获得加拿大利率 i_f，然后在年末以预期汇率 e^e_{2016}转换为美元。投资在美国的 1 美元到年末的价值将是 $1+i$ 美元。投资在加拿大的 1 美元可以购买 $1/e_{2015}$加元，到投资期末的价值是 $(1/e_{2015})\times(1+i_f)$ 加元。投资者期望将这些加元价值转换成美元，最后得到 $[(1/e_{2015})\times(1+i_f)]\times e^e_{2016}$。在一个自由流动的资本市场，两种投资的最后结果应该是一样的。两种收益相等的条件被称为**无抛补利率平价**（uncovered interest rate parity），数学化的近似表达式见方程（9）：

$$i \approx i_f + \frac{e^e_{2016} - e_{2015}}{e_{2015}} \tag{9}$$

请注意，无抛补利率条件还涉及一种风险，即一年后的汇率可能并不是你所预期的汇率值。你的汇率风险是一种“无抛补”风险。大型投资者可以通过购买远期合约或期货合约锁定他们收回投资时的汇率水平来消除上述风险。**远期汇率**（forward exchange rate）记为 f_{2016}。［汇率 e 有时被称为**即期汇率**（spot exchange rate），即今天的汇率。］利用远期汇率来覆盖汇率波动风险产生的条件被称为**抛补利率平价**（covered interest rate parity）。

$$i \approx i_f + \frac{f_{2016} - e_{2015}}{e_{2015}} \tag{10}$$

国际收支与资本流动

我们在一个框架中引进资本流动的作用，在这个框架中，假定本国面临的是既定的进口价格和既定的出口需求。此外，还假定世界利率 i_f（即外国资本市场利率）也是既定的。而且，在资本完全流动的情况下，如果本国利率高于外国利率（从现在起到再次提示为止，均假定没有外汇风险），则资本无限地流入本国。[①] 与此相反，如果本国利率低于外国利率，资本就会无限地流出。

下面我们来看看国际收支。国际收支盈余 BP 等于贸易盈余 NX 加上资本账户盈余 CF：

$$BP = NX(Y, Y_f, R) + CF(i - i_f) \tag{11}$$

方程（11）显示贸易余额是本国与外国收入以及实际利率的函数，它还显示资本账户取决于**利差**（interest differential）。[②] 收入增加会恶化贸易余额，而利率上升到超过世界水平，会吸引外国资本，因而改善资本账户。于是，当收入增加时，只要利率略微增加就足以保持国际收支平衡。贸易赤字将会由资本流入来弥补。

---

① “无限地”是一个很强烈的词。与美国经济相比，资本流动金额巨大，因此，在利率变动时，联储必须密切关注。对其他国家而言，资本流动金额与它们的经济相比是如此巨大，所以“无限地”一词确实合适。

② 当资本完全流动时，国内外利率不可能不一致，因此，处于均衡状态时 $i=i_f$，但我们写出的资本流动方程具有 i 与 i_f 不相等的可能性，目的是证明（包括大量资本流动的可能性）一些导致均衡的力量所起的作用。

政策的两难处境：内部均衡与外部均衡

资本流动的潜在性对于经常账户的赤字融资来说是特别重要的。一些国家经常会面临政策上的两难处境，即所设计的一项政策在解决一个问题时也会使其他问题变得更糟。具体说来，就是有时存在着外部均衡与内部均衡之间的冲突。

外部均衡（external balance）存在于国际收支接近平衡时，否则中央银行不是损失储备（它无法持续不断地损失储备）就是增加储备（它也不愿永久这样）。[①] **内部均衡**（internal balance）位于产出处于充分就业水平之时。

图 13－4 显示了从方程（11）中推导出来的曲线 $BP=0$。沿着这条曲线，国际收支处于均衡状态。我们的关键假定——资本完全流动——使 $BP=0$ 这条曲线成为一条水平线。只有在国内利率水平等于国外利率水平时，才能实现外部均衡；如果国内利率较高，则出现大量资本账户盈余与总盈余；如果国内利率低于国外利率，则出现无限大的赤字。

图 13－4　固定汇率制下的内部均衡与外部均衡

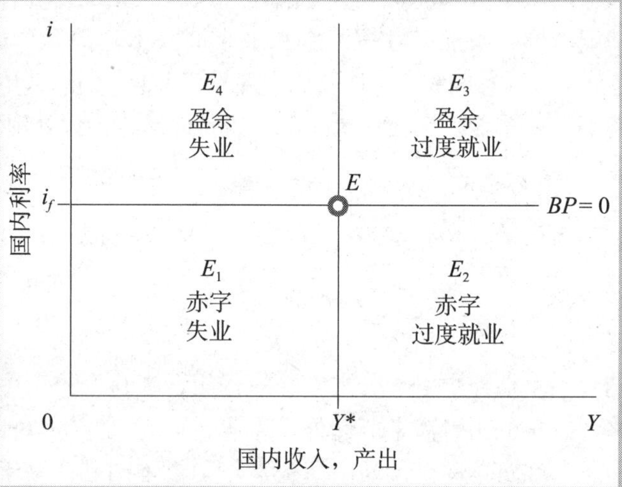

因此，处于世界利率水平的 $BP=0$ 线必然是平坦的。高于曲线 $BP=0$ 的点对应着盈余，低于曲线 $BP=0$ 的点对应着赤字。图 13－4 画出了充分就业产出水平 Y^*。E 点是同时达到内部均衡与外部均衡的唯一点。例如，E_1 点相当于失业与国际收支赤字的情况，与此相反，E_2 点相当于赤字与过度就业的情况。

我们可以研究图 13－4 中以四个象限内的点为代表的政策两难困境。例如在 E_1 点，国际收支赤字并伴有失业。扩张性货币政策能解决失业问题，但会恶化国际收支，因此，这显然给决策者带来了一个两难困境。有了对利率敏感的资本流动，就暗示难题的解决：如果该国能找到提高利率的方法，它就会得到弥补贸易赤字的资金。

这意味着必然要使用货币政策与财政政策，以便同时实现外部均衡与内部均衡。图 13－4 中的每一点都可被看成是 IS 曲线与 LM 曲线的交点，每一条曲线都必须移动，但

① 但是，有些政府似乎愿意拥有极大量的经常账户盈余，以便弥补资本账户赤字，从而使它们能购买大量外国资产。

如何移动呢？如何进行调整，严格取决于汇率制度。

现在，我们已做好准备将确定产出的分析延伸到资本完全流动的开放经济中。下一节我们将探讨固定汇率制的情况，在 13—6 节将讨论浮动汇率制下的产出决定。

［专栏 13－1］　我们还知道什么？

两种收益率——两种政策变化

在一个完美的甚至是接近完美的条件下，资本流动可以为最高收益率下的投资流量融资，并且也是使国内外收益均等化的过程。计算国内投资的收益很简单——就是简化为利率。要计算国外投资的收益，就必须考虑从我们投资开始到将货币收回国内的时间内汇率变化的可能性。

假定美元/欧元的汇率最初是 1.25 美元，而且汇率在一年内保持不变。那么，在欧洲 1 000 美元就可以兑换为 800 欧元（＝1 000/1.25）。如果欧洲的利率是 5%，而一年后这笔投资将增加到 840 欧元，兑换为美元即 1 050 美元（＝840×1.25）。所以，在固定汇率制下，国外的收益率恰好就是国外的利率。

现在假设在浮动汇率制下，而且在该年年底，每欧元可兑换 1.30 美元。当欧元在该年年底兑换时，它们将是 1 092 美元（＝840×1.3）。总的收益率是 9.2%，这大概是 5%的利率和欧元升值 4%的总和。

所以，存在两种国外收益率：利率和外币升值。在资本完全流动条件下，国内收益率和国外收益率一定相等。

如果汇率固定，则利率必定会趋于均等化，使国内利率和国外利率相等。中央银行不能改变利率。实际上，*LM* 曲线是水平的：财政政策有效，而没有运用货币政策的余地。

如果汇率浮动，则汇率使投资收益率均等化，允许国外利率和国内利率不等。不过，汇率的变化也会改变净出口，因此，也会移动 *IS* 曲线。货币政策有效，而没有运用财政政策的余地。

所以，要记住收益率会在很大程度上推动利率或汇率的均等化，告诉我们应该运用财政政策还是货币政策。

13—5　蒙代尔-弗莱明模型：固定汇率制下的资本完全流动性

将标准 *IS-LM* 模型延伸为资本完全流动情况下的开放经济分析，有个特殊名称，即**蒙代尔-弗莱明模型**（Mundell-Fleming model）。诺贝尔经济学奖获得者罗伯特·蒙代尔（Robert Mundell）现任哥伦比亚大学教授，与国际货币基金组织已故研究员马科斯·弗莱明（Marcus Fleming）早在实行浮动汇率制之前，于 20 世纪 60 年代提出了该模型。[①] 尽管以后的研究改进了他们的分析，在这里讨论的蒙代尔-弗莱明模型完整地保留了原始状态，作为理解资本高度流动情况下政策如何起作用的一种手段。

---

① 蒙代尔有关国际宏观经济学的著作特别重要，感兴趣的学生可以参阅他的两本书：《国际经济学》（*International Economics*，New York：Macmillan，1967）和《货币理论》（*Monetary Theory*，Pacific Palisades，CA：Goodyear，1971）。也可在 nobelprize. org/nobel _ prizes/economic-sciences/laureates/1999/mundell-lecture. html 上观看蒙代尔的诺贝尔奖获奖演说的视频。

在资本完全流动的情况下，细微的利差引起资本的巨大流动。在固定汇率制下，由于资本的完全流动，中央银行无法独立实施货币政策。要了解其原因，首先假定一国打算提高利率。该国采取紧缩性货币政策，利率就会上升。全世界的投资组合持有者立刻就会将其财富调拨过来，从新利率中赚取利润。结果大量资本流入，国际收支出现巨额盈余；外国人设法购买该国资产，使得汇率升值，迫使中央银行进行干预，以维持汇率固定不变。中央银行购买外币，放出本国货币。这种干预使本国货币的供给增加。因此，最初的货币紧缩被逆转了。当本国利率降低到初始水平时，这个过程才告结束。

换言之，一个小的利差引起足够多的货币进出国内外，完全淹没了可以利用的中央银行储备。避免汇率下跌的唯一途径就是让货币当局消除利差。

结论是：**在固定汇率制和资本完全流动条件下，一国无法独立运用货币政策。**[①] **利率无法背离世界市场上通行的利率水平。实施独立货币政策的任何尝试都会导致资本流动，并因此需要干预，直到利率重新回到与世界市场上的利率水平一致为止。**

表 13-4 给出了这一论点的各个步骤。对固定汇率的承诺涉及其中的步骤 5。由于外国人购买美国货币造成汇率趋向升值，中央银行必须提供本国货币（美元）。正如在公开市场业务中，中央银行为了调整货币供给而买卖债券，在外汇市场上，货币当局为调整本国货币的供给而通过买卖外币（日元、欧元或加拿大元）进行干预。由此，货币供给与国际收支得以联系起来。盈余意味着货币的自动扩张，赤字意味着货币的收缩。

表 13-4　固定汇率制和资本完全流动条件下的国际收支失衡、干预和货币供给

1. 货币紧缩
2. 利率上升
3. 资本流入，国际收支盈余
4. 货币面临升值的压力
5. 卖出本币并买入外币进行干预
6. 为降低利率而干预所导致的货币扩张
7. 回到初始利率、货币存量和国际收支均衡

货币扩张

根据开放经济的 *IS-LM* 模型研究上述论点是很有价值的。在图 13-5 中，我们给出 *IS* 曲线与 *LM* 曲线以及 $BP=0$ 的曲线，现在由于资本完全流动，该 $BP=0$ 曲线表现为一条水平线。只有在利率等于国外的利率水平，即 $i=i_f$ 时，一国才会达到国际收支平衡。在其他任何利率水平上，资本都会大量流动，以致国际收支无法实现均衡，而中央银行必须进行干预才能维持利率不变。这种干预使得 *LM* 曲线移动。

① “固定汇率制和资本完全流动”是对美国之外的许多工业化国家从 20 世纪 60 年代初期到 1973 年期间情况的一种极其漂亮的理想描述。美国经济比其他国家大得多，所以，它能够相对地但不是绝对地就货币政策采取行动。

图 13-5　固定汇率制与资本完全流动条件下的货币扩张

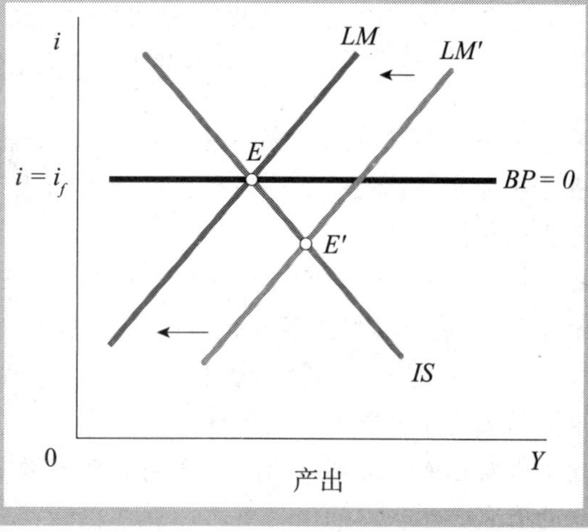

具体考虑从 E 点开始的货币扩张。LM 曲线向右下方移动，整个经济移到 E'点。在 E'点出现大量国际收支赤字，因而有货币贬值的压力。中央银行必须进行干预，售出外币，并买进本国货币。本国货币供给因而减少。因此，LM 曲线移回到左上方。这个过程继续下去，直到恢复初始均衡点 E 点。

在资本具有完全流动性时，经济确实不会达到 E'点。因为资本流动的反应如此巨大，时间如此迅速，迫使中央银行一想到要扭转货币存量的初始扩张措施，立刻就着手采取行动。与此相反，任何紧缩货币存量的企图都会立刻引起大量的储备损失，迫使货币存量重新扩张，并恢复到初始均衡状态。

财政扩张

固定汇率制下资本完全流动时，货币政策基本上不可行，与此相反，财政扩张特别有效。我们用 IS-LM 模型描述这种效应。但我们不给出图解，这留作本章结束时的一道习题。

不改变初始的货币供给，财政扩张使 IS 曲线移向右上方，使得利率和产出水平都增加。较高的利率导致资本流入，将使汇率升值。为了维持汇率不变，中央银行必须扩大货币供给，向右移动 LM 曲线，因此会进一步增加收入。当货币供给增加到足以使利率恢复到其初始水平，即 $i=i_f$ 时，经济重新恢复均衡。在这个事例中，内生货币供给有效地固定了利率，而第 10 章的简单凯恩斯乘数则被用来进行财政扩张。

内生货币存量

资本完全流动虽然是极端的假定，但它是有效的基准情况，最后的结果与许多国家的真实情况相距不远。基本论点是**维持固定汇率的承诺使货币存量内生化**，这是由于在固定汇率制下，中央银行必须提供所需的外汇或本国货币。因而，即使资本并不完全流动，中央银行也有变动货币供给的有限能力，而不必关心汇率的维持问题。

资料 13-3 描述了因德国统一而发生的财政扩张的效应，以及因德国马克维持固定汇率而使德国的邻国所受到的影响。

[资料 13-3] *历史故事*

德国统一与外部问题

1989 年秋天柏林墙倒下不久，两德统一就开始进行。联邦德国政府开始将大量资源转移到前民主德国。财政项目包括大规模投资于前民主德国的基础设施，投资于工业，以及对失业者与亏损企业工人实施广泛的收入支持方案。

大量财政扩张有助于缓和前民主德国的经济崩溃。但这以大规模的预算赤字为代价。扩张性财政政策，正如蒙代尔-弗莱明模型所预示的那样，使它的经常账户恶化、利率高企以及德国马克升值。

在世界市场上，德国一直是净贷款国，但从 1991 年开始，德国的经常账户出现赤字。德国的资源从供应世界市场转而用于前民主德国重建。

德国财政扩张对那些与其实行固定汇率制的欧洲贸易伙伴产生了令人厌烦的副作用。由于前民主德国绝大部分的需求针对联邦德国的商品，联邦德国经济出现了过热现象。对于这种过热现象，德意志联邦银行实施了紧缩性货币政策，大幅度提高利率（见表 1）。

在德国重新统一的时期，欧洲各国仍然有自己的货币。像法国、意大利等国原则上面临的选择是，要么在欧洲货币体系中实行法定贬值，要么允许其利率与德国利率一起上升。由于它们看重汇率的稳定，因而提高利率使之与德国相适应，以便保卫它们的通货。它们并没有像德国那样从财政扩张中获得好处，而是经济大幅度下滑。德国的贸易伙伴极力敦促德意志联邦银行削减利率，但德意志联邦银行却认为它必须继续打击通货膨胀。这个插曲证明，当各国政策相互对立，或者各国面临的干扰不一样时，固定汇率制就很难维持下去。

表 1　德国统一

资料来源：OECD，*Economic Outlook*，December 1995.

（占 GNP 的百分比，%）

	1989	1990	1991	1992
经常账户	4.8	3.3	−1.1	−1.1
预算赤字	−0.1	2.1	3.3	2.8
利率	7.1	8.5	9.2	9.5

13—6　资本完全流动与浮动汇率制

在本节，我们利用蒙代尔-弗莱明模型，研究在具有完全浮动汇率与资本完全流动的经济中，货币政策与财政政策如何起作用。尽管汇率是浮动的，但这里假定国内价格固定不变。在第 23 章，我们将研究国内价格可变时，浮动汇率如何起作用。[①]

在完全浮动汇率制下，中央银行并不为了外汇而干预市场。汇率必定会调整以使市场出清，外汇供求得以平衡。因此，不需要中央银行干预，国际收支余额必然等于零。

① 研究浮动汇率与国内价格固定制度下的行为不会得出错误印象的理由是，事实上绝大多数工业化国家的汇率变动比价格变动迅速得多。本节的分析无法应用于名义汇率与国内价格同比例上涨的情况，否则实际汇率也不会改变。

在完全浮动汇率制下，不存在干预意味着是一个余额为零的国际收支。任何经常账户赤字必须由私人资本流入加以弥补。经常账户盈余被资本流出所平衡。汇率的调整保证了经常账户与资本账户之和为零。

完全浮动汇率制的第二个含义是，中央银行能按照自己的意愿决定货币供给。由于没有干预任务，国际收支与货币供给之间不存在任何自动的联系。

资本完全流动意味着，国际收支只在一种利率水平上达到平衡。①

$$i = i_f \tag{12}$$

在其他任何利率水平上，资本如此大量流动，以致国际收支不会为零。通过图 13－6 中的直线 $i=i_f$ 可以证明这一点。

从方程（8）中我们知道，实际汇率是总需求的一个决定因素，因此，实际汇率的变动使 IS 曲线移动。给定价格 P 与 P_f，贬值使本国更具有竞争力，改善净出口，因而使 IS 曲线向右移动。反之，实际升值意味着本国商品变得相对更为昂贵，恶化了贸易余额而使对本国商品的需求下降，因此，IS 曲线向左移动。

图 13－6 中的箭头将总需求的移动与利率水平联系起来。如果本国利率高于 i_f，则资本流入引起通货升值。在任何高于 $i=i_f$ 曲线的点上，汇率升值，本国商品变得相对昂贵，总需求下降，因此，IS 曲线将向左移动。反之，在任何低于 $i=i_f$ 曲线的点上，汇率贬值，竞争能力提高并增加总需求。IS 曲线因而将向右移动。现在研究各种干扰如何影响产出与汇率。

图 13－6　汇率对总需求的影响

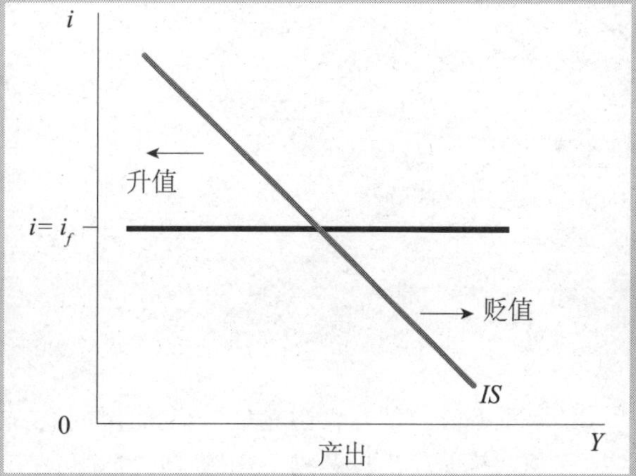

对实际干扰的调整

通过方程（8）、（11）与（12）所表示的模型，我们想知道各种变动如何影响产出水平、利率与汇率。我们研究的第一个变动是对本国产品的外生性世界需求增加，即出口增加。

从图 13－7 中 E 点的初始均衡开始，我们知道国外需求的增加意味着对本国产品的

① 方程（12）假定投资者不期望汇率变动，否则各国间名义利率的差异将反映出预期汇率的变动程度，具体细节见“利率平价”一小节以及第 23 章。

超额需求。在初始的利率、汇率与产出水平下，对本国商品的需求超过了可以得到的供给数量。就处于初始利率与汇率的商品市场均衡而言，需要更高的产出水平。因此，IS 向右上方移动到 IS'。

现在考虑一下 E'点，在这一点，商品市场与货币市场都将出清。在这里产量的增加满足了需求的增加。收入的提高会增加对货币的需求，从而提高均衡利率水平。但是 E' 点并不是均衡点，因为国际收支并未处于均衡状态。事实上，经济根本不会到达 E'点。正如我们现在证明的，经济的走向使汇率升值，它将使我们一直回到 E 点的初始均衡状态。

调整过程

设想国外需求业已增加，趋势是促使产出与收入增加。由此引起的货币需求的增加将提高利率，使得它与国际利率不一致。由此产生的资本流入立刻向汇率施压。资本流入导致本国通货升值。

图 13－7　出口需求增加的效应

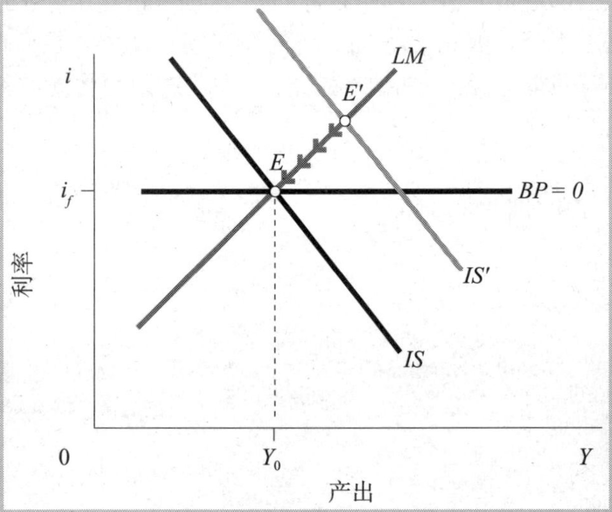

汇率升值的意义当然是进口价格下降，本国商品变得相对较贵。需求从本国商品转移开，从而净出口萎缩。用图 13－7 表示，升值意味着 IS 曲线从 IS'移回到 IS。其次，我们必须询问外汇升值究竟有多高以及它阻碍净出口增长的扩张效应有多大。

只要本国利率超过世界水平，汇率就将继续升值。这意味着汇率升值直到 IS 曲线移回到它的初始位置为止。这种调整是由沿着 LM 曲线的箭头表示的。只有当我们回到 E 点，产出与收入才达到与在世界利率下的货币均衡一致的水平。

我们现在业已表明，在资本完全流动的条件下，一次出口扩张对均衡产出没有持久的影响。在资本完全流动时，作为出口需求增加的结果，利率提高、货币升值，并因此完全抵消出口的增加。一旦回到 E 点，净出口就回到其初始水平。当然，汇率已经升值了。由于汇率升值，进口会增加，出口的初始扩张由于本国汇率升值而部分地被抵消。

财政政策

承认这种分析对扩大出口以外的干扰也是有效的，我们可以扩展其有用性。同样的分析也可被应用于财政扩张。削减税收或者增加政府支出会以出口增加的同样方式导致需求的扩张。利率再一次上升的倾向导致货币升值并因而导致出口下降，进口增加。于是，出现完全的挤出效应。这种挤出不像第 12 章中那样是由于利率提高、降低投资产生的，而是由于汇率升值、净出口减少产生的。

在这里，重要的教训是，在资本完全流动的浮动汇率制下，对需求的实际干扰不影响均衡产出。通过对浮动汇率制下的财政扩张与我们在固定汇率制下推导的结果相比较，就可充分认识这个教训。在上一节，我们证明在固定汇率制的资本流动条件下，财政扩张对提高均衡产出高度有效。与此相对，就浮动汇率制而言，财政扩张并不改变均衡产出。取而代之的是，产生抵消性的汇率升值与本国需求结构的变动，放弃对本国商品的需求而转向对国外商品的需求。

这种分析有助于理解 20 世纪 80 年代初美国经济的发展，当时的财政扩张伴随着经常账户赤字。

适应于货币存量变动的调整

现在分析货币存量的变动，并已证明在浮动汇率制下，该项变动导致收入的增加与汇率的贬值。利用图 13－8，从 E 点的初始位置开始，考虑名义货币数量 $\overline{M}$ 的增加。由于价格是给定的，我们增加实际货币存量 $\overline{M}/\overline{P}$。在 E 点将有超额的实际余额供给。要想恢复均衡，必须降低利率，否则就必须提高收入。因此，LM 曲线向右下方移动至 LM'。

图 13－8　增加货币存量的效应

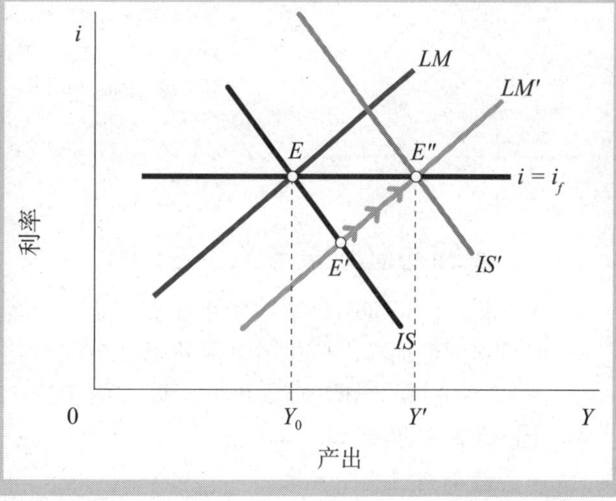

我们再度提问，在 E' 点，经济是否处于均衡状态。在 E' 点，商品市场与货币市场（在初始的汇率水平上）处于均衡状态，但利率却降低到世界水平之下。由于资本流出，汇率贬值。资本流出引起的汇率贬值使得进口价格提高，本国商品更具竞争力，因而本国产品的需求增加。IS 曲线向右上方移动，并且继续移动直到贬值的汇率使得需求与产

出提高到 E'' 点所表示的水平为止。只有在 E'' 点，商品市场与货币市场的均衡才与世界利率水平一致。因此，汇率、相对价格以及需求才没有进一步变动的趋向。[①]

我们现在业已证明，在浮动汇率制下，货币扩张导致产出增加和汇率贬值。有关这个结果的一种思考方式是，价格 $\overline{P}$ 不变时增加 $\overline{M}$ 就是增加 $\overline{M}/\overline{P}$。由第 11 章我们得知，对实际余额的需求（$L$）等于 $L(i, Y)$。由于 i 要与世界利率一致，Y 必须增加才能使货币需求等于货币供给。汇率贬值使得净出口增加，净出口增加又维持了较高水平的产出与就业。我们的分析中含有一个有趣的命题，即货币扩张引致的贬值改善了经常账户。

我们的结论如何与固定汇率制下的情况进行比较呢？**在固定汇率制下，货币当局不能控制名义货币存量，**企图扩大货币仅仅导致储备损失并逆转货币增加的局面。与此相反，在浮动汇率制下，中央银行不进行干预，因此在外汇市场上，货币存量增加不会产生逆转。在给定的固定价格下，确实发生了贬值与产出扩张。**中央银行能够控制货币存量，是浮动汇率制的一个关键方面。**

表 13－5 表明了在浮动汇率制下，美国财政扩张和货币扩张对美国与外国 GNP 的数量影响方面的估计。该表根据两个试验，报告了前两年（平均）GNP 的变动百分比。一项试验是持续增加等于 5%GNP 的政府支出。另一项试验是 10%的货币扩张。值得注意的是，正如所料，在每种情况下，美国的 GNP 都扩大了（尽管估计的财政政策乘数相对较小）。与我们的模型一致，美国的财政扩张提高国外产出水平；相反，美国的货币扩张降低国外产出水平，其原因是美元贬值使其余国家的竞争力减弱。

表 13－5　美国政策行动的效应

	财政扩张*	货币扩张†
美国	2.7	5.3
日本	0.4	−0.6
德国	0.5	−0.8

* 政府购买支出增加额占 GDP 的 5%。

† 货币供给目标增加 10%。

资料来源：Paul Masson et al.，“Multimod Mark II：A Revised and Extended Model,” *IMF occasional paper* 71，1990.

以邻为壑政策与竞争性贬值

我们已经证明，本国货币扩张引起汇率贬值，增加净出口，从而增加产出与就业。但是本国增加净出口相当于国外贸易余额恶化，本国贬值使需求从国外商品转移到本国商品。国外的产出与就业因此下降。由于这个原因，因贬值引起的贸易余额的变动被称为**以邻为壑政策**（beggar-thy-neighbor-policy）——它是一种以出口失业或损害别国就业来创造本国就业的方式。

认识到汇率贬值主要是将需求从一个国家转移到另一个国家，而不是改变世界需求水平是重要的。这意味着，当各个国家处于经济周期的不同阶段——例如一国处于繁荣阶段（过度就业），而其他国家处于衰退阶段时，汇率调整才可能是有用的政策。在这种

① 在本章末尾的习题中，我们要请你说明即使增加的收入水平增加了进口，但 E' 点与 E'' 点之间的变化却使经常账户改善了。

情况下，遭受衰退的国家进行货币贬值，则会将世界需求转移到该国，并有助于减少各国对充分就业背离的程度。

与此相反，当各国的经济周期是高度同步的，如20世纪30年代或者1973年石油冲击之后的情况那样，汇率变动对世界范围内的充分就业就起不到多大作用。如果世界总需求处于不正常水平，汇率调整并不能纠正总需求水平，基本上只是影响既定的世界需求在各国间的分配。

类似地，在经历同样冲击的一组国家中进行汇率变动，只能使需求在它们之间移动，而且具有以邻为壑效应，这就是欧洲实行货币同盟的理由之一。

尽管如此，从个别国家的观点看来，汇率贬值既可以吸引世界需求，又可以提高本国产出。如果各个国家都试图贬值以吸引世界需求，则会出现**竞争性贬值**（competitive depreciation），只是在世界各处转移需求，而不是增加全世界的支出水平。如果各国大致以相同程度贬值，结果是汇率与开始时相差不多。当世界范围内的总需求处于不正常水平时，需要协调货币政策与财政政策，而不是贬值，以提高各个国家的需求与产出。

本章提要

1. 国际收支账户记录一国经济的国际交易。经常账户记录商品与服务贸易以及转移支付。资本账户记录资产买卖。引起美国居民支付的任何交易都是美国的赤字项目。

2. 国际收支盈余是经常账户盈余与资本账户盈余之和。如果总余额出现赤字，则我们支付给外国人的多于他们支付给我们的。国际收支所需外币由中央银行提供。

3. 在固定汇率制下，中央银行保持以本国货币表示的外币价格不变，中央银行以固定汇率买卖外汇以保持汇率不变。为实现这一目的，中央银行必须保持外汇储备。

4. 在浮动或可变汇率制下，汇率可以不时地变动。在清洁浮动汇率制下，汇率取决于供求，不需要中央银行进行干预。在肮脏浮动汇率制下，中央银行买卖外汇进行干预，以设法影响汇率。

5. 引进商品贸易是因为本国产品需求的一部分来自国外，本国居民支出的一部分用于国外商品。本国商品需求取决于实际利率与国内外收入水平。实际贬值或国外收入增加使净出口增加并使 *IS* 曲线向右上方移动。当本国生产的商品需求等于这些商品的产出时，商品市场处于均衡状态。

6. 引进资本流动，表明货币政策与财政政策通过利率影响资本流动，从而影响国际收支。本国利率相对于世界利率提高，导致资本流入，可以弥补经常账户赤字。

7. 当资本完全流动时，本国利率不可能与国外利率相背离。在固定汇率制与浮动汇率制下，这对货币政策与财政政策所起效应具有重要意义。这些效应概括在表13-6中。

表13-6　资本完全流动条件下货币政策与财政政策的效应

政策	固定汇率制	浮动汇率制
货币扩张	产出不变；储备减少量等于货币增加量	产出增加；贸易余额改善；汇率贬值
财政扩张	产出增加；贸易余额恶化	产出不变；净出口减少；汇率升值

8. 在固定汇率制与资本完全流动的情况下，货币政策无力影响产出。通过增加货币存量，以求降低本国利率的任何企图，都将引起资本大量外流，促使货币贬值，于是迫使中央银行必须以外币购买本国货币，以抵消货币贬值的影响。这种减少本国货币的方式直到它恢复初始水平为止。在资本完全流动的固定汇率制下，中央银行不能独立运用货币政策。

9. 在资本具有完全流动性的固定汇率制下，财政政策高度有效。财政扩张会提高利率，从而使中央银行增加货币存量，以保持汇率的固定，从而加强了扩张性财政政策的效应。

10. 在浮动汇率制下，货币政策在变动产出方面高度有效，而财政政策无效。货币扩张引起贬值，增加出口并提高产出。但是财政扩张将使得货币升值并完全挤出净出口。

11. 如果在浮动汇率制下一国经济出现失业，中央银行进行干预，使汇率贬值，以增加净出口，从而增加总需求。这种政策被称为以邻为壑政策，因为这是通过牺牲外国产品的需求来增加本国产品的需求的。

关键术语

国际收支	汇率	蒙代尔-弗莱明模型
国际收支盈余	外部均衡	净投资收入
以邻为壑政策	金融	名义汇率
资本账户	固定汇率制	开放经济
清洁浮动	弹性（浮动）汇率制	资本完全流动
竞争性贬值	购买力平价（PPP）	抛补利率平价
远期汇率	实际汇率	货币升值
全球化	回响效应	货币贬值
利差	储备	经常账户
内部均衡	升值	贬值
干预	即期汇率	经济和货币联盟（EMU）
管理（肮脏）浮动	贸易	欧元
边际进口倾向	贸易余额	无抛补利率平价

习题

概念题

1. 有时说中央银行是国际收支赤字的必要因素。如何解释这一观点？

2*. 让我们来研究一个处于充分就业与贸易平衡的国家。汇率是固定的，而资本是不流动的。下面哪种类型的干扰，能用标准的稳定总需求的工具加以纠正？指出在每一事例中，对外部均衡与内部均衡的冲击以及合适的政策反应。

a. 出口市场的损失。

b. 储蓄减少，而对本国商品的需求相应增加。

c. 政府支出增加。

d. 对进口品的需求转移为对国内商品的需求。

e. 进口减少，储蓄相应增加。

3. 解释当资本完全流动时，货币政策如何以及为何会保持其有效性。

4. a. 如果美元-英镑汇率上升，美元是贬值还是升值？

b. 英镑发生了什么？

5. devaluation 与 depreciation 的区别是什么？

6. 以购买力平价理论解释汇率的长期行为。指出是否存在一种环境，在这种环境中 PPP 关系不成立。

7. 为什么经济学家关心 PPP 是否成立？

8. 什么时候一国出现外部均衡？什么时候出现内部均衡？其中任一个还是两者都是政策目标？

9. 根据蒙代尔-弗莱明模型，当汇率是固定汇率制，资本完全流动时，财政政策还是货币政策更成功？请解释。

10. 你的国家处于衰退中。你认为汇率贬值政策会刺

* 星号表示较难的习题。

激总需求，从而使国家脱离衰退。

a. 可以做些什么来引发贬值?

b. 其他国家会做何反应?

c. 在什么情况下，这就成为以邻为壑政策?

技术题

1. 假定资本是完全流动的，价格水平固定不变，汇率是可变的。现在增加政府采购。

首先解释为什么均衡产出水平与利率不受影响。然后证明由于政府采购商品与服务，经常账户是改善了还是恶化了。

2. 1990—1992年芬兰遭到严重困难。对苏联的出口锐减，而作为出口重要项目的纸浆与纸张的价格暴跌，导致衰退与经常账户赤字。对这种情况，你推荐什么调整政策?

3. 假定你预期来年英镑将贬值6%。假定美国利率为4%。像政府债券这样的英镑证券需要达到什么样的利率，你才愿意以你今日的美元购买它，然后在一年内卖出兑换为美元?

4. 画图说明当资本是流动的，而价格与汇率均固定时的财政扩张效应。在什么范围内固定价格假设才被认为是有效的? 试解释。

5. 当汇率固定，资本完全流动时，财政扩张对产出与利率有什么作用? 利用13—5节提出的模型进行精确的论证。

6*. 一旦我们认识到国外产出的扩张是本国扩张的结果，这个问题就关系到本国扩张的回响效应。假定本国增加的自主性支出为 $\Delta\bar{A}$，完全用于本国商品中（在整个问题中，均假定利率不变）。

a. 不考虑回响效应时，对收入的影响是什么? 对本国进口的冲击是什么? 以 ΔQ 代表增加的进口。

b. 借助增加进口的结果，研究国外发生了什么。本国进口增加意味着外国出口增加，从而对外国产品的需求增加。它们的产量也随之增加。假定外国边际储蓄倾向为 s^*，外国进口倾向为 m^*，由于其出口增加，外国收入将扩大多少?

c. 现在写出大家熟悉的国内商品市场均衡方程并将各个部分结合在一起：供给的变动为 ΔY，等于总需求的变动，$\Delta\bar{A}+\Delta X-m\Delta Y+(1-s)\Delta Y$，或者

$$\Delta Y=\frac{\Delta\bar{A}+\Delta X}{s+m}$$

请注意本国出口增加 ΔX，等于外国的进口增加 ΔX，我们可将 ΔX 替换成问题b的答案，给出具有回响效应的乘数一般公式。

d. 将你对问题b的答案代入本国出口变化量的公式 $\Delta X=m^*\Delta Y^*$。

e. 计算包括回响效应在内的本国收入的全部变动。现在将你的计算结果与省略回响效应的结果进行比较。回响效应造成了什么差别? 考虑回响效应，本国收入扩张变大了还是变小了?

f. 研究包括或不包括回响效应的国内扩张对贸易余额的影响。一旦将回响效应考虑在内，贸易赤字是变大了还是变小了?

操作题

1. 登录 http://fred.stlouisfed.org，点击“Category”，在“Money, Banking, & Finance”下选择“Exchange Rates”，然后选择“By Country”。找到最近25年中某一时期有固定汇率的两个国家。提示：选择一个发展中国家（例如，马来西亚、泰国）。

2. 本书论述了资本完全流动情况下本国利率不能脱离国外利率的情况。在本练习中，你将考察美国和欧盟的利率。

a. 登录 http://fred.stlouisfed.org，点击“Category”，在“Money, Banking, &Finance”下选择“Interest Rates”，然后选择“Treasury Bills”。选择“3-Month Treasury Bill”，得到近三年的数据（你可以选择每日、每周或月度数据）。

b. 登录 http://fred.stlouisfed.org，在“Interest Rates”下选择并下载“3-Month London Interbank Offered Rate (LIBOR)”。

c. 在EXCEL中作图，包括两个一年期政府债券利率，一个是美国的，一个是欧盟的。从直观上看，这两个变量之间有什么关系? 你能计算美国和欧盟之间资本流动的程度吗?

---

* 星号表示较难的习题。

14 消费与储蓄

本章要点

- 消费是 GDP 中一个很大而又相对稳定的部分。
- 现代消费行为理论将人一生的消费与其一生的收入联系起来。这些理论认为，来自暂时性收入的边际消费倾向较小。
- 经验证据表明，现代理论与简单的凯恩斯“经验性心理法则”模型都有助于解释消费。
- 美国的储蓄率低于许多其他国家的储蓄率。

消费大约占总需求的 70%，比总需求的其他所有部分加在一起还要多。消费的波动比 GDP 的波动要小。消费构成 GDP 的大部分以及消费的相对稳定性这两个事实是本章关注的焦点。

我们试图理解是什么原因驱动消费，也特别希望理解消费与收入之间的动态联系。在第 10 章中，我们将消费设计为现期收入的一个简单函数。这里，我们研究了几个更高深的消费理论。主要的发现是，人们一生的消费和他们一生的收入相关，但当年消费与当年收入之间的联系相当薄弱。

不同消费理论之间的争论被看成是关于边际消费倾向（*MPC*）大小的争论。早期凯恩斯主义的“经验性心理法则”模型认为边际消费倾向较高，而基于理性消费者决策的现代理论有时却指出边际消费倾向非常低。在初级宏观经济学模型中，边际消费倾向 c 直接决定“乘数”$1/(1-c)$。甚至在较复杂的模型中，也认为较高的 *MPC* 会得出一个较大的“乘数”。下面讨论的现代理论就预期，持续时间不同的收入变动会导致不同的边际消费倾向。同早期模型所反映的一样，来自持久性收入的边际消费倾向较高，而来自暂时性收入的边际消费倾向接近零。

在进入现代消费模型的理论和数据之前，让我们用一个简略的模型来解释现代消费理论的主要观点，以及通常容易犯的错误。假定你的全部未来由“现在”和“以后”两个部分组成。“现在”是正在到来的年份，而“以后”是你一生中的其余年份，比如后来的 99 年。如果你今年挣到了 Y_{now}，以后每年挣得 Y_{later}，你一生的收入所得总额将是 $Y_{now}+99\times Y_{later}$。再假定你的目标是维持一个不变的生活标准。既不会大吃大喝，也不会挨饿！如果你每年消费 C，那么，你一生的消费将是 $100\times C$。把一生的收入分配到一生的消费上，将得出一个简略的消费函数：

$$C = \frac{Y_{\text{now}} + 99 \times Y_{\text{later}}}{100}$$

如果你今年的收入（即 Y_{now}）提高 1 000 美元，那么，你就会发现每年消费只提高 10 美元。短期边际消费倾向将只是 0.01，因为额外收入的剩余部分将被储蓄起来以便支持未来的消费。相比之下，如果现在你的收入提高 1 000 美元并将永远提高（即 Y_{now} 和 Y_{later} 都提高 1 000 美元），你目前的消费将足足提高 1 000 美元，而且长期边际消费倾向将是 1。

我们用简略的模型解释了现代消费理论的主要观点。但是，你可能已经想到了不太满意这个简单故事的诸多原因。在本章，我们探讨一下现代消费理论的优点和缺点。我们首先从观察数据开始。

图 14－1 至图 14－3 说明了本章基本概念的情况。图 14－1 绘制了人均消费的变动与人均可支配收入的变动情况。[①] 持续 5 年或 10 年的收入波动大致对应于消费波动。但消费对收入峰值的反应并不大——1975 年、1993 年、2001 年以及 2008 年就是例子。长期收入波动引起消费变动，但是短期的收入峰值不会引起消费变动；换言之，长期边际消费倾向的值较高，而短期边际消费倾向的值较低。

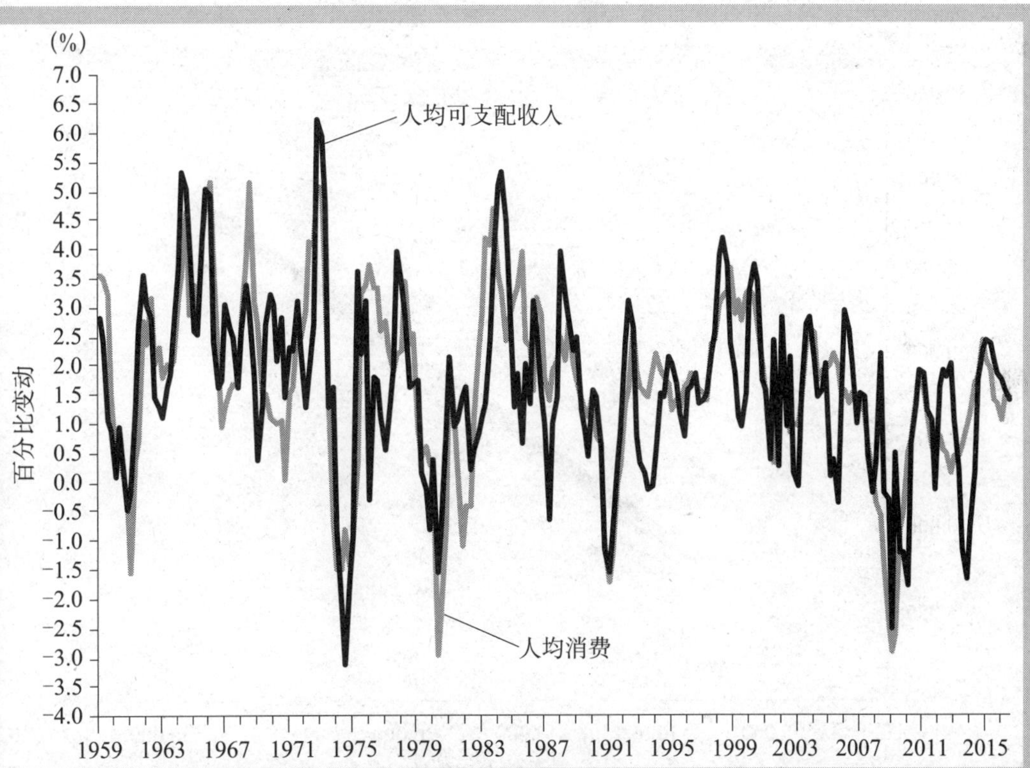

图 14－1　1959—2015 年实际人均消费和人均可支配收入的变动

人均可支配收入的变动与人均消费的变动紧密相关，而后者的不稳定性比前者要小。消费对收入的正负峰值（收入的短期波动）反应不大。

资料来源：Federal Reserve Economic Data [FRED] 以及作者的估算。

① 消费账户被分成非耐用品（如食品）、服务（如理发）和耐用品（如冰箱）。我们研究的消费理论和我们表明的数据被运用到了非耐用品和服务中。耐用品“消费”在很大程度上是家庭投资形式中的很大部分，但是，它并没有被计入国民收入账户的投资中。

图 14-2 比较了本季度的消费和上一季度的消费。通过散点图画出的直线的公式是 $C_t=85.35+1.0006C_{t-1}$。因此，根据上一季度消费加上小额的增长，几乎就能准确地预测本季度的消费。在 14—2 节，我们将看到这种关系是现期消费与预期未来收入之间相关性的结果。

现代消费理论需要解释图 14-1 与图 14-2。早期，凯恩斯主义理论着眼于图 14-3 中所显示的这类数据，使现期消费与现期收入步调一致地变动，并没有试图区分收入的暂时性变动与持久性变动。[①] 在前面的章节中，我们假定消费（C）是由可支配收入（YD）以简单线性关系式决定的，即

$$C=\overline{C}+cYD \qquad 0<c<1 \tag{1}$$

图 14-3 中直线的参数估计值为 $\overline{C}=-1\,381$ 和 $c=0.95$。换言之，传统实测的消费函数是 $C=-1\,381+0.95YD$，边际消费倾向的实测值 0.95 是相当高的。

我们从展示现代理论开始，然后转向现代经验证据。生命周期的收入理论与持久性收入理论成功地解释了图 14-1 与图 14-2，但下面考察的经验证据表明，图 14-3 描绘的传统观点仍然是有用的，并表明早期的经验性心理法则理论仍有许多优点。

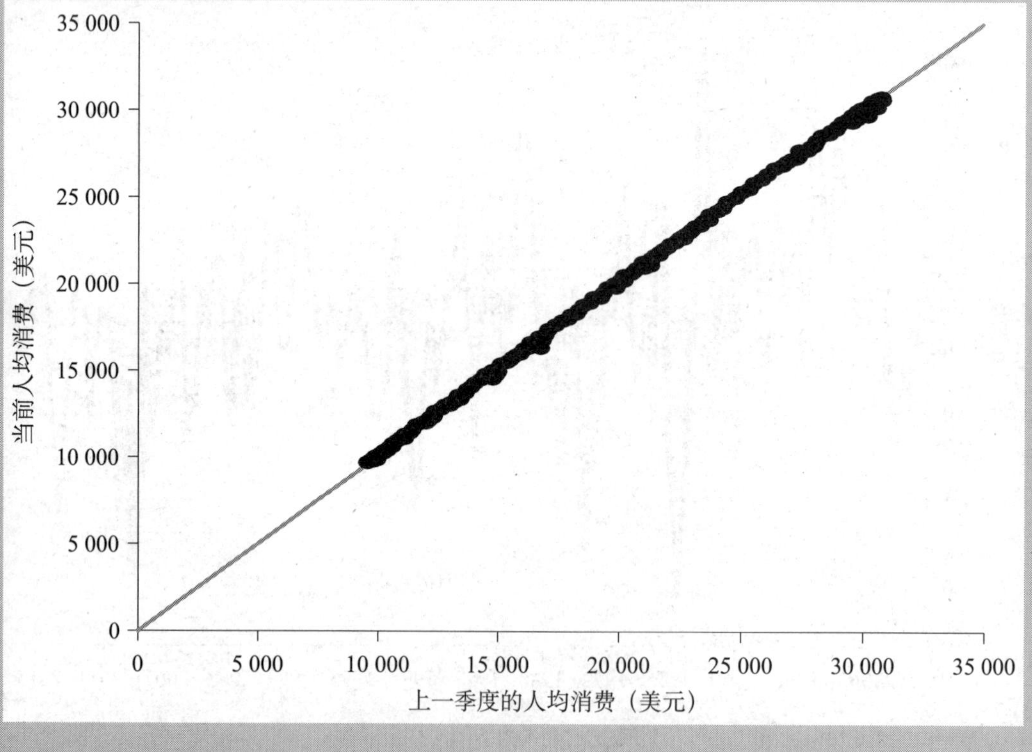

图 14-2　当前和滞后的消费

根据上期消费加上一个适当的增长，现期消费几乎可以完全预测出来。

资料来源：Federal Reserve Economic Data [FRED].

① 出于传统的原因，图 14-3 中的消费统计包括耐用品、非耐用品和服务。

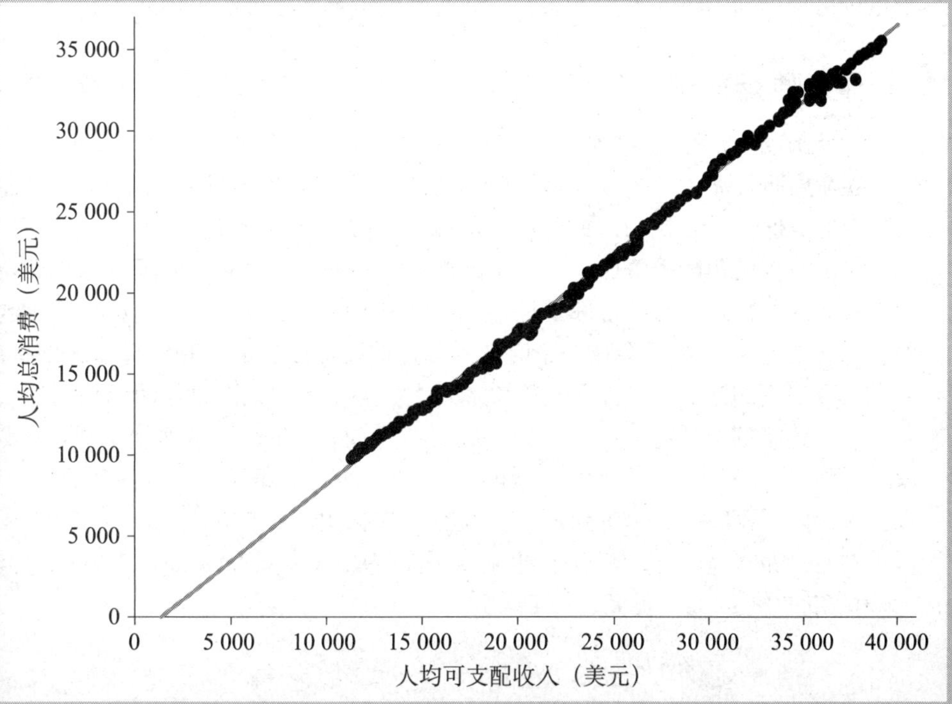

图 14－3　消费-收入关系

实际上，消费支出和可支配收入之间存在一种密切的关系。可支配收入每增加 1 美元，消费平均上升 95 美分。

资料来源：Federal Reserve Economic Data［FRED］.

［资料 14－1］ *历史故事*

税收政策下的现代消费理论

1968 年，约翰逊总统与国会通过了一项临时（一年）所得附加税。当时的目的是，冷却因为越南战争支出所产生的暂时性经济过热现象。因为暂时性经济过热而征收临时性税种，在逻辑上似乎无懈可击。但是，现代消费理论认为，临时性税收增加，可暂时减少可支配收入，但对消费很少有影响，因而对总需求也很少有影响。现代消费理论是起作用的，而减税不起作用。

2001 年，联邦政府将一次性 600 美元的退税支票寄给了美国家庭。再次地，这项意外所得被消费的部分非常小。*

* Matthew D. Shapiro and Joel Slemrod, "Did the 2001 Tax Rebate Stimulate Spending? Evidence from Taxpayer Surveys," *Tax Policy and the Economy* 17 (2003).

14—1　消费与储蓄的生命周期-持久性收入理论

现代消费理论强调人们所做出的一生的决策。最初，生命周期理论强调面对一生中的收入变动时，选择如何维持稳定的生活水平，而持久性收入理论集中关注预测消费者一生中可望得到的收入水平。如今，这两个理论基本上已经融合在一起了。

生命周期理论

消费函数［方程（1）］假定，在给定时期内，个人消费行为与该时期内个人的收入有关。**生命周期假说（life-cycle hypothesis）认为，个人是在长期中计划其消费与储蓄行为的，以便在他们整个一生中，以最好的可能方式配置其消费。**不是依靠（基于经验性心理法则的）单一数值的边际消费倾向，（基于最大化行为的）生命周期理论意味着持久性收入、暂时性收入与财富带来的边际消费倾向各不相同。关键假定是，绝大多数人会选择稳定的生活方式—— 一般不会在一个时期内大量储蓄，而在下一时期挥霍无度，而是在各个时期大致消费相同的水平。在其简单形式上，假定人们试图每年消费相同的数量。

一个数字例子说明了这个理论：假定一个人在 20 岁开始独立生活，计划工作到 65 岁，并将在 80 岁去世，每年的劳动收入 YL 为 30 000 美元。一生的资源等于每年收入乘以工作年限（$WL=65-20=45$）——在这个例子中，$30\ 000\times 45=1\ 350\ 000$ 美元。[1] 将一生财富分布于独立生活后的生命期内（$NL=80-20=60$），从而每年消费 $C=1\ 350\ 000/60=22\ 500$ 美元。一般公式为：

$$C=\frac{WL}{NL}\times YL$$

因此，边际消费倾向是 WL/NL。图 14－4 说明了消费与储蓄的方式。（注意：一旦我们掌握了消费理论，也就会得到一个储蓄理论，因为储蓄等于收入减去消费。）

图 14－4　生命周期模型中的一生收入、消费、储蓄和财富

整个一生中消费是稳定的。整个工作周期持续 WL 年，人们储蓄、积累资产。工作期限结束后，人们开始靠这些资产生活，剩余生命年限（$NL-WL$）进行负储蓄，从而生命结束时，资产恰恰为零。

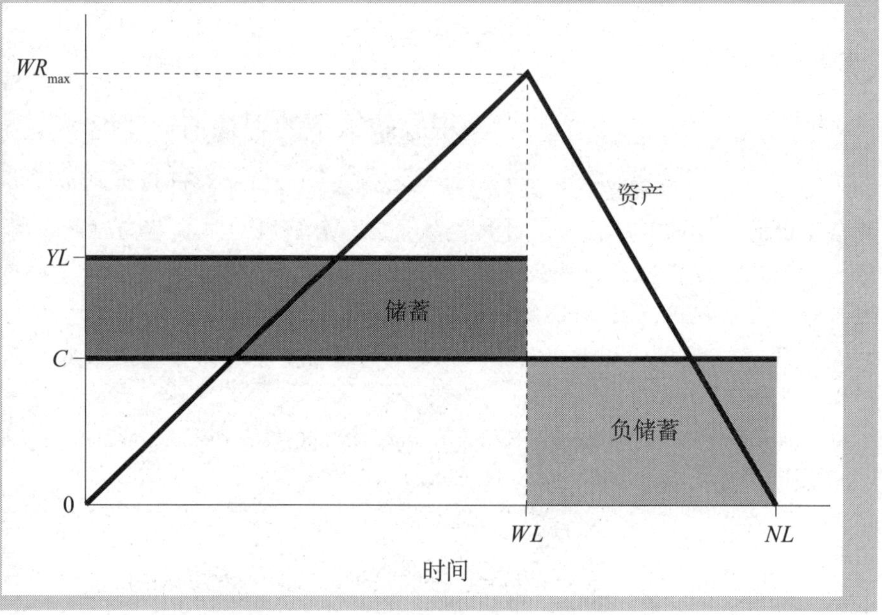

继续说明数字例子，我们可以根据收入流的变动计算边际消费倾向。假如每年收入持久性地提高 3 000 美元。这额外的 3 000 美元乘以 45 个工作年限再分配到 60 个生命持

① 注意，作为一种简化，我们忽略储蓄产生的利息的影响。

续年限，年消费将增加 3 000×(45/60)=2 250 美元。换言之，**产生于持久性收入的边际消费倾向**（marginal propensity to consume out of permanent income）将是 WL/NL=45/60=0.75。反之，假定收入增加 3 000 美元，但只持续 1 年。这额外的 3 000 美元分布于 60 年，则年消费量将增加 3 000×(1/60)=50 美元。换言之，产生于暂时性收入的边际消费倾向将是 $1/NL=1/60<0.017$。这个确切的例子有些人为之处，但其传递了清楚的信息：**产生于持久性收入的 *MPC* 很大，而产生于暂时性收入的 *MPC* 则较小，差不多接近于零。**

[专栏 14-1]　我们还知道什么？

将人口学与消费联系起来

生命周期理论有助于将消费和储蓄行为与对人口的考虑，特别是对人口的年龄分布联系起来。值得注意的是，产生于持久性收入的边际消费倾向 WL/NL，会随着年龄的变化而变化。在正文的例子中，产生于持久性收入的 20 岁时的 *MPC* 是 45/60=0.75。随着一个人逐渐上年纪，工作年限与生存年限的年数都在下降。例如，到 50 岁时，*MPC* 将会下降到 15/30=0.5。(这个精确的结论只对劳动收入有效，因为 *WL* 与投资收入无关。) 产生于暂时性收入的 *MPC*，从 20 岁时的 1/60，提高到 50 岁时的 1/30。

一国经济是由许多不同年龄、不同预期寿命的人们结合在一起构成的，因此，一国经济中的 *MPC* 就是许多相应的 *MPC* 的混合体。其结果是，由不同年龄混合在一起形成的经济体，将具有不同的总体边际储蓄倾向与总体边际消费倾向。

[资料 14-2]　*历史故事*

生命周期理论与持久性收入理论：为什么经济学家从未取得一致的意见？

现代消费理论主要归功于麻省理工学院已故的弗兰科·莫迪利亚尼（Franco Modigliani，生命周期理论）和芝加哥大学已故的米尔顿·弗里德曼（Milton Friedman，持久性收入理论）。他们两人都获得了诺贝尔奖。莫迪利亚尼是凯恩斯学派的领袖人物，而弗里德曼是“现代货币主义之父”。他们的理论十分相似（以至经济学家经常把生命周期理论和持久性收入理论合起来称为“生命周期-持久性收入理论”，简称 LC-PIH)。就像许多好的宏观经济学一样，这两个理论十分注意微观经济学基础。当许多不同的理论仍处于不同的发展阶段时，这两个理论基本上已经融合在一起。目前它们基本上已为所有的经济学家所接受。

这些理论的历史提供了一种重要的方法论经验。经济学家们似乎从彼此的意见分歧中得到了快乐。这是一件好事，因为进步来自验证和争论，而不是来自一种同声合唱。当争论被解决时，学术的前沿阵地就继续向前推进了。人们往往不了解，甚至仍旧在激烈争论该科学的前沿问题时，这个过程却在引导着经济学家们在 90%的程度上认同经济的运作方式了。

生命周期理论意味着，产生于财富的边际消费倾向应该等于产生于暂时性收入的边际消费倾向，因而也是非常小的。理由是来自财富的支出与来自暂时性收入的支出一样，都被分布到生命持续的年限中。产生于财富的 *MPC* 往往将资产的价值变动与现期消费联系起来。例如，股票市场的价值增加将使现期消费增加。有证据表明，财产多的人来

自收入的边际消费倾向在某种程度上较低。[1] 这是从收入分配回到宏观经济政策的途径之一，正像有时将收入转移到财富较少的家庭会增加消费总额并刺激经济一样。

[专栏 14-2]　我们还知道什么？

耐用品的消费

LC-PIH 解释了非耐用品与服务的消费。我们在购买这些东西的时候，从中得到了快乐。像轿车、冰箱与立体声音响器材之类的耐用消费品，在购买它们之后的很长时间内，都能不断提供效用流。LC-PIH 模型解释了效用流，而不是支出模式。耐用品购置理论实际上是应用于家庭，而不是应用于厂商的投资理论。这对耐用品支出有两种含义。第一，它们并不像购买非耐用品和服务的方式那样平稳。第二，耐用品的购置对利率十分敏感，至少在美国和加拿大这样的国家如此，在那里很容易得到为消费者提供的资金。汽车和家用电器等商品，是对 GDP 的变动做出正向反应，而对利率变动做出反向反应的例子。2001 年，美国有记录的汽车销售中没有一辆是借款购买的。

持久性收入理论

正像生命周期理论那样，消费的持久性收入理论认为，消费与现期收入无关，而与长期收入的估计，即提出这个理论的米尔顿·弗里德曼所说的"持久性收入"有关。弗里德曼提供了一个简单的例子：假定一个人每周只在周五得到一次收入。但我们不能指望那个人只在每周的周五消费，而在其他日子里不消费。人们宁愿平稳地进行消费，而不愿今天丰盛，明天或昨天短缺。

消费支出与长期收入、平均收入或持久性收入密切相关的思想是吸引人的，并且基本上和生命周期理论相同。**持久性收入（permanent income）就是以一个人的现有财富水平与现在和未来挣到的收入来维持其个人在有生之年的稳定的消费比率。**

该理论在其最简单形态上认为消费与持久性收入成比例：

$$C = cYP \tag{2}$$

其中，YP 是持久性（可支配）收入。

考虑一下持久性收入的衡量，设想某人试图描绘其持久性收入。此人知道其现期收入水平并且对有生之年所能维持的消费水平已经有些想法。现在收入增加了。此人不得不判定，这种收入的增加究竟是持久性的还是暂时性的或临时性的。在特定情况下，个人也许可以知道一项增加的收入是持久性的还是暂时性的。一位副教授提升为教授，他得到了加薪。他会认为这种收入的增加是持久性的。一位工人在给定的一年中，加班时间格外地多，他可能认为那一年所增加的工资是暂时性的。但在一般情况下，个人不可能那样肯定地了解到一笔收入变动究竟是持久性的还是暂时性的。一笔可观的圣诞节奖金可能来自你的雇主的补贴计划（持久性的），或许它可能意味着你的企业有非常好的年景（暂时性的）。这种差别是非常重要的，因为暂时性收入被假定对消费没有任何实质性影响。（请注意消费与暂时性收入的微弱联系，相当于上面计算的产生于暂时性收入的

[1] Karen E. Dynan, Jonathan S. Skinner, and Stephen P. Zeldes, "Do the Rich Save More?" *Journal of Political Economy*, April 2004.

MPC 的例子。）

［专栏 14-3］　我们还知道什么？

提防心理的误导

今晚，漂亮的经济学小仙子将令你吃惊地送你 10 张 100 美元的钞票（在你的一生中肯定不会再次发生这样的事情）！你准备如何花费这笔意外之财呢？根据 LC-PIH，你应当调整你的消费，在你的有生之年，每周多购买一听类似苏打汽水的东西。如果这不是你在这种情况下想到的第一件事，那么，与该理论相比，某些可替代的理论说明了什么？假如你是一个节俭的人，你选择归还部分助学贷款。口头上，我们称之为“支出”，但在经济学术语中，偿还债务是一种储蓄。这与该理论完全吻合。假如你是挥霍者，你决定购买一台高级电视机，那么，你实际购买的是以后几年观看节目的能力。这也与该理论相吻合。

根据 LC-PIH，消费应当比收入更稳定，因为产生于暂时性收入的开支将被分配到许多年份当中。图 14-1 表明这种预期在很大程度上是正确的。具体说来，实际上具有很大起伏的收入波峰，也只能引起消费的最温和的反应。（与此相反，传统消费函数预言，消费的波峰应该与收入的波峰一致。）

14—2　不确定情况下的消费：现代分析方法

如果能精确地知道持久性收入，那么根据 LC-PIH，消费将永远不会变动。[①] 现代版的 LC-PIH 强调收入的不确定性同消费变动之间的联系，并且采用更加形式化的方式分析消费者效用最大化行为。根据这个较新的理论分析形式，收入的意外变化会引起消费的变动。如果没有收入的意外变化，本期消费应与上期消费一样。在图 14-2 中，我们看到这个预测得到了数据的充分证明。

【选读材料】

一开始，LC-PIH 的现代方法在形式上描述了一个代表性消费者一生的效用最大化问题。在一个特定时期内，消费者享受该时期的消费效用 $u(C_t)$。他**一生的效用**（lifetime utility）是各个时期效用的总和，而**一生的预算约束**（lifetime budget constraint）是各个时期的消费总和[②]，即：

$$\text{一生的效用} = u(C_t) + u(C_{t+1}) + \cdots + u(C_{T-1}) + u(C_T)$$

---

① 如果消费者提前知道其一生的总财力，她一次就能计算出如何平均分配其消费。“消费将永不改变”的说法不大正确，因为这种说法忽略了不耐烦的影响与储蓄的金融收益。参见本页注释②。

② （选读）方程（3）省略了两个因素。人们宁愿现在消费而不是放到以后消费，因此以参数 δ 表示的较高时间偏好率使消费提前。抵消这种影响的是当利率为 r 时，推迟支出即可生息，如果人们耐心等待就能增加消费。计算每个时期的 δ 与 r，则得到方程（3）的一个更充分规定的形式，即：

$$\text{一生的效用} = u(C_t) + (1+\delta)^{-1}u(C_{t+1}) + \cdots + (1+\delta)^{t-T}u(C_T)$$

$$\text{服从于：} C_t + (1+r)^{-1}C_{t+1} + \cdots + (1+r)^{t-T}C_T$$

$$= \text{财富} + YL_t + (1+r)^{-1}YL_{t+1} + \cdots + (1+r)^{t-T}YL_T$$

服从于：$C_t + C_{t+1} + \cdots + C_{T-1} + C_T$

$$= 财富 + YL_t + YL_{t+1} + \cdots + YL_{T-1} + YL_T \tag{3}$$

消费者选择各个时期的消费，以便使其一生的效用最大化，它取决于等于其一生总财力的一生总消费。她的最优选择是，消费路径等于跨时期的**边际消费效用**（marginal utility of consumption），$MU(C_{t+1})=MU(C_t)$，等等。为什么？试考虑一下其他路径：如果第 t 期的边际效用稍高于第 $t+1$ 期的边际效用，那么，将消费从第 $t+1$ 期转移到第 t 期，一生的效用就能增加，因为在第 t 期获得的效用将超过在第 $t+1$ 期获得的效用。（按定义，边际效用是从消费稍许增加中所增加的效用。）

现在再增加对不确定性的考虑。实际上消费者无法实施边际效用相等的原则，因为未来的边际效用 $MU(C_{t+1})$ 在第 t 期内无法确定。消费者只能将今天的边际效用等同于她对第 $t+1$ 期的边际效用的最好猜测，因此修改过的原则是将今天的边际效用等同于明天边际效用的期望值，$E[MU(C_{t+1})] = MU(C_t)$。①

边际效用函数是看不到的，但在这个简单的例子中，只有函数的自变量相等，函数才会相等，因此该原则可重写为 $E(C_{t+1})=C_t$。期望值也看不见，但在 20 世纪 70 年代末，罗伯特·霍尔（Robert Hall）意识到理性预期理论可以应用于该问题——这样做时，他就将宏观计量经济学革命化了。② 观察到的消费可重写为预期消费加上意外，即 $C_{t+1}=E(C_{t+1})+$意外。根据理性预期理论，意外确实是无规则的，即随机的，而且是不可预测的。将这种理性预期公式与预期消费相等原则结合在一起，$E(C_{t+1})=C_t$，得出霍尔著名的**随机游走模型**（random-walk model）③：

$$C_{t+1} = C_t + \varepsilon$$

它说明明天的消费应该等于今天的消费加上合理的随机误差，$\varepsilon=C_{t+1}-C_t$。在现实世界中，LC-PIH 的这种稳妥的含义能成立吗？再看一下图 14－2，它画出了一个时期对上一时期的消费图。这个模型看起来近乎完美地奏效。④ 该随机游走模型预言，使 C_{t+1} 与 C_t 联系起来的线，其截距为零，斜率为 1。实际方程的截距为 78.22 美元（可与平均消费 22 111 美元相比较），斜率为 1.001，从而随机游走模型的这些预言只在小数的第三位才不相符合。

LC-PIH——传统模型的回击

建立在消费者理性行为基础上的 LC-PIH 十分吸引经济学家。但是，经验证据认为，传统经验法则的消费函数与 LC-PIH 都有助于解释消费行为。⑤ 实际消费行为既显示**过度**

① （选读）要充分说明时间偏好率与利率，期望边际效用相等原则需要修正如下：

$$E[MU(C_{t+1})] = \left(\frac{1+\delta}{1+r}\right)MU(C_t)$$

② Robert E. Hall, "Stochastic Implications of the Life Cycle-Permanent Income Hypothesis: Theory and Evidence," *Journal of Political Economy*, December 1978.

③ 在霍尔发现该模型时，每个人都"知道"消费调整的较长时滞。霍尔的初衷是证明 LC-PIH 的错误。随机游走模型是如此古怪，以致霍尔成为他的同事与学生善意嘲笑的对象——直到每个人都意识到他已发现对问题的正确研究方法时为止。

④ 对于那些对正式统计测量感兴趣的人而言，图 14－2 中 C_{t+1} 的 99.96%的方差是由 C_t 所解释的。（统计语言是 $R^2=0.999\,6$。）

⑤ LC-PIH 墙上的第一条裂缝被霍尔的一个学生马乔里·弗拉文（Marjorie Flavin）所发现。她现在是加利福尼亚大学圣迭戈分校的教授。参见 Marjorie Flavin, "The Adjustment of Consumption to Changing Expectations about Future Income," *Journal of Political Economy*, October 1981。

敏感性（excess sensitivity），又显示**过度平稳性**（excess smoothness）。前者意味着消费的反应过于强烈，以至无法对收入变动做出预期；而后者则意味着消费的反应太弱，以至意外的收入变动也不会产生什么反应。[①] 约翰·坎贝尔（John Campbell）与格里高利·曼昆（Gregory Mankiw）发展出将 LC-PIH 与传统消费函数结合起来的方式，以检验过度敏感性。[②] 根据 LC-PIH，消费变动等于意外因素 ε，因此，$\Delta C_{\text{LC-PIH}}=\varepsilon$。根据传统理论，$C=\overline{C}+cYD$，因此，$\Delta C_{\text{trad}}=c\Delta YD$。如果人口的 $\lambda\%$ 按传统模型行事，其余的 $(1-\lambda)\%$ 的人口根据 LC-PIH 行事，那么，消费的总变动就是：

$$\Delta C=\lambda\Delta C_{\text{trad}}+(1-\lambda)\Delta C_{\text{LC-PIH}}=\lambda c\Delta YD+(1-\lambda)\varepsilon$$

该方程的经验估计得出：

$$\Delta C=0.523\Delta YD$$

这意味着消费行为的一半是由现期收入而不是由永久性收入解释的。[③]

流动性约束与缺乏远见

为什么像 LC-PIH 这样精致的理论会失去对这样多消费行为的解释力呢？**流动性约束**（liquidity constraints）与**缺乏远见**（myopia）是对其原因的两种解释。第一种解释认为，当永久性收入高于当前收入时，LC-PIH 预言消费者不能借款以提高消费水平。第二种解释认为，消费者完全不能像 LC-PIH 假定的那样有远见。

当消费者在预期有较高的未来收入情况下无法借款支持现期消费时，就存在流动性约束。特别是学生应该理解可能存在的流动性约束。绝大多数学生可以期待未来会有比作为学生时所获得的高得多的收入。生命周期理论认为，他们应该在其一生收入的基础上进行消费，意思是他们的支出应该比他们现在获得的多得多。要这样做，他们就必须借款。通过助学贷款计划，他们可以借到一定资金。但是，他们完全有可能借不到足以支持其按照持久性收入水平所进行的消费。

这样的学生就受到了流动性的约束。当他们大学毕业参加工作时，他们的收入会提高，消费也会提高。根据生命周期理论，只要收入的增加是预期到的，当收入增加时，消费将不会增加得太多。事实上，由于流动性约束的缓解，当收入提高时，消费会提高得很多。因此，消费与现期收入的联系，比 LC-PIH 所暗示的要密切得多。当人们的收入暂时下降，不能举债时，他们同样会受到流动性的约束。[④]

---

① 要想明白它在正式模型中如何起作用，请参见 David Romer, *Advanced Macroeconomics*（New York: McGraw-Hill, 1996），Chapter 7。

② John Y. Campbell and N. Gregory Mankiw, "Consumption, Income, and Interest Rates: Reinterpreting the Time Series Evidence," *NBER Macroeconomics Annual*, 1989。对同一论题的早期证明，参见 Robert E. Hall and Frederic S. Mishkin, "The Sensitivity of Consumption to Transitory Income: Estimates from Panel Data on Households," *Econometrica*, March 1982。相反的观点参见 Joseph DeJuan and John Seater, "The Permanent Income Hypothesis: Evidence from the Consumer Expenditure Survey," *Journal of Monetary Economics*, April 1999。

③ Campbell and Mankiw, "Consumption, Income, and Interest Rate."

④ 在美国对流动性约束的重要性的估计是由马乔里·弗拉文提出的。参见 Marjorie Flavin, "Excess Sensitivity of Consumption to Current Income: Liquidity Constraints or Myopia?" *Canadian Journal of Economics*, February 1985；还参见 David B. Gross and Nicholas S. Souleles, "Do Liquidity Constraints and Interest Rate Matter for Consumer Behavior? Evidence from Credit Card Data," *Quarterly Journal of Economics*, February 2002。甚至在缺乏金融机构使典型的消费者难以借款的发展中国家里，人们也试图在面对收入波动时平稳其消费。参见 Anne Case, Robert M. Townsend, Jonathan Morduch, and Timothy Besley, "Symposium on Consumption Smoothing in Developing Countries," *Journal of Economic Perspective*, Summer 1995。

对流动性约束的一个简单衡量，是询问家庭在收入暂时下降期间是否有足够的流动资产可用。罗伯特·霍尔发现，按照这个标准，其收入占所有收入 58%的家庭在三个季度内的流动性供给不足两个月。[①] 这个关于流动性约束的意见相当重要。

当然，消费者有很多筹集资金的方法来度过困难时期：信用卡、抵押贷款，以及向其他家庭成员借款。然而，对于很多家庭来说这种途径是有限的。我们引用安娜玛利亚·卢萨迪（Annamaria Lusardi）、丹尼尔·施耐德（Daniel Schneider）和彼得·图法诺（Peter Tufano）的一项研究：

> 我们测试了家庭在 30 天的时间内筹集 2 000 美元的融资能力……我们发现将近四分之一的美国反馈者确定他们不能筹集到这一金额。如果我们把认为自己有可能筹集不到这一金额的反馈者也包括进来，将近半数反馈者都不具有这种融资能力。[②]

消费对现期收入的敏感性的另一种解释是，消费者只顾眼前，这在实际上难以和流动性约束假说区别开。例如，联邦储备委员会的戴维·威尔科克斯（David Wilcox）宣布社会保障福利金即将增加的公告（这类公告总是在变动之前至少六个星期发布），并不会引起消费的变动，**直到福利金的增加真正拨付**时，消费才会改变。[③] 一旦增加的福利金支付出去，接受者肯定会调整他们的支出——主要是对耐用品的支出。这种消费调整的延迟可能是由于接受者在收到较高的支付之前，缺乏能使其调整支出的资产（流动性约束），可能是由于他们没有注意到这项公告（缺乏远见），也可能是由于他们不相信这项公告。

不确定性和缓冲库存储蓄

生命周期理论认为，人们储蓄在很大程度上是为退休储备资金。但其他的储蓄目的也是很重要的。遗产方面的证据表明，有些储蓄是为了给子女提供遗产而进行的。还有越来越多的证据支持一些储蓄是**预防性**（precautionary）的观点，即未雨绸缪。换言之，储蓄被用来作为一种**缓冲库存**（buffer stock）：当光景好时增加储蓄，以便在坏光景时维持消费。

有一个证明另外一些动机的证据，那就是老人实际上很少进行负储蓄。他们倾向于靠来自其财富的收益（即利息与红利）生活，而不是像 LC-PIH 预言的那样靠减少财富生活。一个解释是，人们年纪越大，就越害怕支付大量医疗保健账单，因而他们就越不愿意花钱。来自向消费者询问他们为什么储蓄的调查资料也表明，他们进行储蓄是为了满足意外的需要。

这项证明资料与一种明确包含未来收入和未来需要的不确定性在内的生命周期理论一致。克里斯托弗·卡罗尔（Christopher Carroll）的著作运用这些思想来解释 LC-PIH

---

① Robert E. Hall, "The Long Slump," *American Economic Review*, April 2011.

② Annamaria Lusardi, Daniel Schneider, and Peter Tufano, "Financially Fragile Households: Evidence and Implications," *Brookings Papers on Economic Activity*, Spring 2011.

③ David W. Wilcox, "Social Security Benefits, Consumption Expenditure, and the Life Cycle Hypothesis," *Journal of Political Economy*, April 1989.

为什么会偏离典型消费者的情况。[①] 对消费者而言，收入波动会产生相当大的消费下降的风险，因为支出大量下降所产生的痛苦，大于增加同样规模的支出所得到的快乐。消费者能避免在坏光景下被迫大量削减其消费的一种办法，就是储蓄资产的缓冲库存，以便他们能在紧急情况下动用这些资产。此外，许多消费者是缺乏耐心的，他们宁愿现在就支出，而不愿为将来进行储蓄。在这些情况下，消费者将会有一个“目标”财富水平。该目标就是缺乏耐心恰恰能够平衡储蓄的预防性（或缓冲库存）动机之点。如果财富低于该目标水平，预防性储蓄动机将胜过急躁情绪，而消费者将努力积累财富以达到目标；如果财富高于目标水平，急躁情绪将胜过谨慎，而消费者将削减储蓄。这些效应会导致比标准的 LC-PIH 模型所预示的高得多的 *MPC*（边际消费倾向）。

一些证据表明消费者作为缓冲库存代理人的行为，当他们年轻时会积累资产预防风险。当消费者年龄接近 40 岁时，其储蓄行为更多地是集中在退休和传统的 LC-PIH 方面。[②]

14—3 消费行为的深层方面

消费和证券市场

我们在早些时候提到，基于财富的边际消费倾向（证券市场上所持有的财富，是财富的一部分）并不大。一种估计是，对于持有适量证券的居民来说，证券价值每增加 1 美元就会导致消费增加 5 美分到 15 美分，虽然大多数估计要低得多。[③] 但是，近年来，证券的价值一直在剧烈波动。1997 年，纽约证券交易所（NYSE）的上市证券价值上升了大约 1.5 万亿美元。按照 5%的边际消费倾向就会增加 750 亿美元的消费。1997 年的消费大约是 55 000 亿美元，这是很大的增长。在 2002 年前 7 个月，纽约证券交易所的价值下跌了超过 1.5 万亿美元，但该时期的消费却在强劲增长。经验似乎表明证券市场对消费是非常重要的，但这种关系的重要性很难被确定。

消费、储蓄和利率

任何进行储蓄的人都会得到以利息或红利以及产生于资本存量的资本增值（即股票价格的上升）形式的报酬。因而，看来增加储蓄的自然而然的方法，就是提高储蓄者可以得到的报酬。想想某人进行储蓄并每年从储蓄的每一美元获得 5%的年息。可以肯定，

---

① 参见 C. Carroll L，“Buffer-Stock Saving and the Life Cycle/Permanent Income Hypothesis，” *Quarterly Journal of Economics*，February 1997。卡罗尔写道：“许多消费者参加养老金计划、购买房屋以便保证退休后得到照顾，然后根据缓冲库存性储蓄原则，处理参加养老金计划后与偿还抵押贷款后的收入以及消费流，这似乎是合理的。”

② Jonathan A. Parker and Pierre-Olivier Gourinchas，“Consumption over the Life Cycle，” *Econometrica* 70，no. 1 (January 2002).

③ Karen E. Dynan and Dean M. Maki，“Does Stock Market Wealth Matter for Consumption?” Board of Governors FEDS discussion paper no. 2001 - 23，May 2001. See also Karl Case，John Quigley，and Robert Shiller，“Comparing Wealth Effects: The Stock Market versus the Housing Market，” *Advances in Macroeconomics*，Berkeley Electronic Press，vol. 5，no. 1 (2005)；and Martin Lettau and Sydney C. Ludvigson，“Understanding Trend and Cycle in Asset Values: Reevaluating the Wealth Effect on Consumption，” *American Economic Review*，March 2004.

提高利率，比如说利率上升到10%，将使这个人储蓄得更多。这种想法时时影响着美国的税收政策。例如，从个人退休金账户储蓄中获得的利息免缴税收。这意味着，储蓄者获得的报酬高于如果交税时他的报酬。

但是，难道我们真的应该认为增加利率就能增加储蓄吗？诚然，当利率提高时，进行储蓄会更具吸引力。但这也可能是不必要的。设想某人决定储蓄一定的金额，那将保证他在退休时每年得到10 000美元。假定现在的利率为5%，这个人每年都储蓄1 000美元。现在让利率提高为10%。有了这样高的利率，这个人只需要储蓄得很少，就可以在退休时每年提供给自己原先设定的10 000美元。很可能一年只要储蓄大约650美元，将来就可以提供相同的退休收入。因此，提高利率有可能减少储蓄。[①]

这一事实表明了什么呢？当利率提高时，储蓄会由于每一美元储蓄能产生更高的回报而增加吗？或者，储蓄会由于提供一个既定的未来收入水平所需的储蓄减少而减少吗？从数据资料中得出的答案是不明确的。许多研究者检验了这个问题，但很少有人发现利率提高对储蓄有很强的正效应。一般说来，研究结果认为，利率对储蓄的影响微小，而且难以察觉。[②]

巴罗-李嘉图问题

赤字的规模至关重要吗？这就是说，给定政府支出的规模，为我们的支出征收足够的税收是否至关重要的问题呢？传统的观点认为，总供求模型给出了一个清晰的答案：较低的税收意味着较高的总需求，利率越高，挤出效应越大，为未来的投资越少。以罗伯特·巴罗（Robert Barro）为首的新古典经济学家[③]，给出了一个令人吃惊的不同答案：赤字并不重要。这个答案背后的逻辑直接源于LC-PIH并表现如下：首先，假定政府支出按每个家庭100美元增加，而税收也增加100美元。每个家庭在有生之年用于分配的资源中就减少100美元，并选择相应地减少有生之年的支出。假定政府按每个家庭增加100美元支出，但是税收保持不变，而向他们借款100美元。就像第一种情况一样，“代表性家庭”减少了今天的可以分配的资源，但是，现在这是家庭把钱借给政府的缘故。在这个100美元赤字的例子中，由于家庭处于同样的金融状况下，就像它处在零赤字条件下一样，该家庭将做出同样的决策。这样的赤字并不重要。

在100美元赤字的例子中，有着一个明显的不同：该家庭现在拥有一张100美元的政府债券。不过，该家庭也意识到，在政府债券到期的时候，政府将发现它不得不提高税收来支付它为赤字融资所发行的债券的本息。所以，拥有债券并不影响该家庭的决策，因为债券的价值恰好被它所暗含的未来的纳税义务所抵消。

发行的这种债券数量增加有时候会产生像“政府债券是净财富吗”这样的问题。这类问题至少可以追溯到英国古典经济学家大卫·李嘉图（David Ricardo）时期。罗伯

---

① 这些抵消因素被称为替代效应与收入效应。替代效应是指利率越高，使得后来的消费越具吸引力。抵消性收入效应是指高利率提高持久性收入，从而鼓励现在更多地消费。

② 发现正利率效应的最著名的研究是由1989—1993年任总统顾问委员会主席的迈克尔·波斯金（Michael Boskin）做出的。参见Michael Boskin，“Taxation，Saving，and the Rate of Interest，” *Journal of Political Economy*，part 2，April 1978。至于更典型的负效应，参见Campbell and Mankiw，“Consumption，Income，and Interest Rate”。

③ 参见Robert Barro，“The Neoclassical Approach to Fiscal Policy，” in R. Barro（ed.），*Modern Business Cycle Theory*（Cambridge，MA：Harvard University Press，1989）。

特·巴罗对该问题做出进一步论证[①]，这就是著名的**巴罗-李嘉图等价命题**（Barro-Ricardo equivalence proposition），或者说**李嘉图等价**（Ricardian equivalence）。该命题指出，通过发行债券为债务融资仅仅推迟了税收，因此，在许多具体情况下，它与当前的税收是严格等价的。（偶尔地，作为一种理论上的可能性，在产生这种情况后，李嘉图会拒绝其实际意义。）

认为政府债券并不是净财富的严格的巴罗-李嘉图等价命题，取决于这样一种观点，即人们会认识到他们的债券将会被将来增加的纳税所抵消。如果是这样，并不伴随政府开支削减的预算赤字增加，将导致一笔与赤字准确匹配的储蓄的增加。

对于巴罗-李嘉图等价命题来说，有两个主要的反对理论意见。第一，给定人们有限的生存时间，和那些今天正在得到税收削减好处的人们相比，债务将会由不同的人们来承担。这种观点假定现在活着的人们并没有考虑他们的后代在将来要付出的更高税收。第二，许多人不能借债，因此，不能根据他们的持久性收入来消费。他们将更多地在今天消费，但是，由于流动性约束（即他们无法借款），他们便被迫（被约束）比他们按照其持久性收入所要进行的消费更少地进行消费。对于这些人的税收削减放松了他们的流动性约束，并允许他们更多地消费。[②]

这些理论上的不同观点意味着，巴罗-李嘉图等价命题不得不通过对经验证据加以检验才能确立。在 20 世纪 80 年代，美国的私人储蓄率在公共赤字增加时的急剧下跌，是反对该命题的一个证据。在试图解决债务是否为财富的问题上，继续进行的都是较少有因果联系的经验性研究。[③] 我们相信，周到地讲，资料证据对于巴罗-李嘉图命题并不有利，但是，我们认识到这个问题还没有被决定性地解决。

[专栏 14-4]　我们还知道什么？

消费和利息——微观理论

费雪（Fisher）的图形是对利率提高会导致现期消费增加或减少的原因的一种古典的微观解释。图 1 和图 2 以横轴表示现期消费，以纵轴表示以后时期的消费，以此来解释两时期的消费选择。每幅图中的黑线是利率为 r^0 时的预算线 $C_{later}=[1+r^0](Y_{now}-C_{now})$。灰色的预算线 $C_{later}=[1+r^1](Y_{now}-C_{now})$ 表明在较高的利率上，$r^1>r^0$，现在储蓄每一美元而不是用于消费，将会在两个时期内得到更多的回报。

每幅图中的曲线都是现在支出和未来支出之间的无差异曲线。预算线与无差异曲线相切处的点（例如点 E_0），确定了现在消费和未来消费的数值。图 1 和图 2 除了无差异曲线的形状稍有差异外，都

① 起初的文章是：Robert Barro，"Are Government Bonds Net Wealth?" *Journal of Political Economy*，December 1974。又参见 Robert Barro，"The Ricardian Approach to Budget Deficits，" *Journal of Economic Perspectives*，Spring 1989。对巴罗-李嘉图观点的理论挑战包括 Olivier Blanchard，"Debts，Deficits and Finite Horizons，" *Journal of Political Economy*，April 1985，and Douglas Bernheim，"A Neoclassical Perspective on Budget Deficits，" *Journal of Economic Perspectives*，Spring 1989。

② 巴罗自己给出了这一等价命题的另一个证明。边际税率的变化改变了私人决策制定过程中包含税收在内的扭曲。赤字在未来高税率支出的情况下，允许今天的低税率和过去经常性的中等税率相比，也许会造成更大的整体上的扭曲。

③ 参见，例如 Joseph Altonji，Fumio Hayashi，and Laurence Kotlikoff，"Parental Altruism and Inter Vivos Transfers：Theory and Evidence，" *Journal of Political Economy*，December 1997。

是相同的。图 1 中**替代效应**（substitution effect）大于**收入效应**（income effect），当前消费随着利率的增加而下降。图 2 中的收入效应是主要的，所以，当前消费增加。

图 1　古典的费雪图形中消费减少

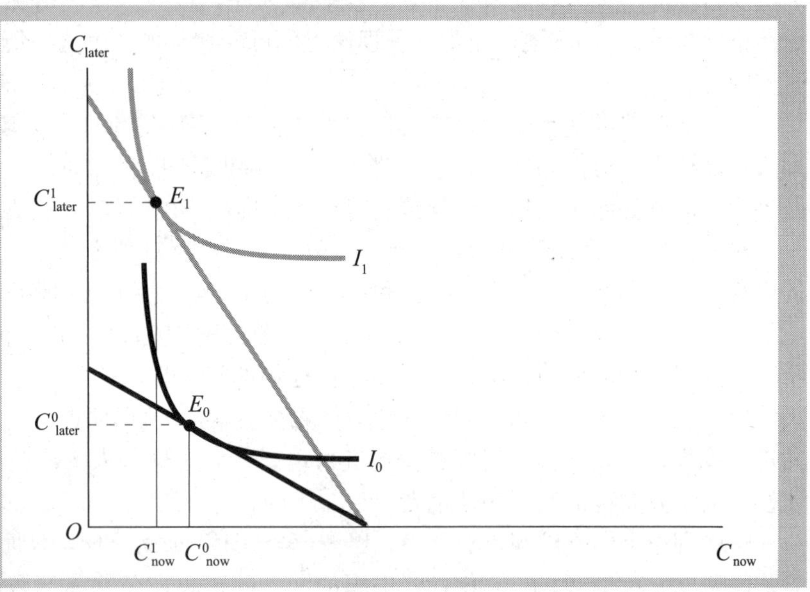

图 2　古典的费雪图形中消费增加

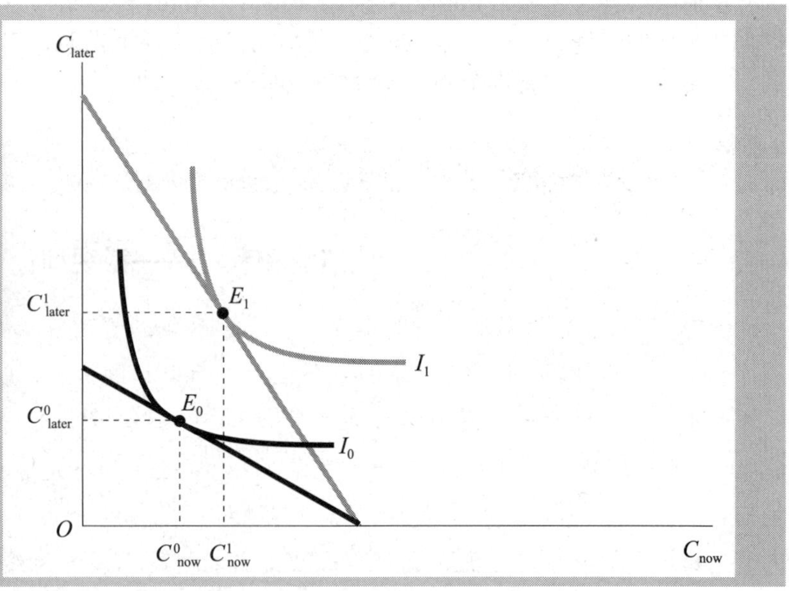

【选读材料】

巴罗-李嘉图等价的进一步形式化

这里，我们提出一个关于李嘉图等价定理的更为正式的表述。该表述强调，这个定理依赖于不存在流动性约束并**具有可操作性的遗产动机**（operational bequest motive），即父母将遗产留给子女的愿望。举个有关的例子，假定有一对父子，艾兰和拉里，分别消费 C_{Alan} 和 C_{Larry}。我们看一下父亲关于如何在他自己的消费和给拉里的遗产 B 之间分配资源的决策问题。拉里的效用取决于他自己的消费。艾兰的效用取决于他自己的消费和拉里的福利。令 T 为艾兰支付的税收量。

赤字融资后果的关键在于写出艾兰和拉里的预算约束。拉里的消费等于他的收入加上遗产的价值：

$$C_{\text{Larry}} = Y_{\text{Larry}} + B \tag{4}$$

艾兰留下的遗产等于他的储蓄加上增加的利息。储蓄等于可支配收入，即收入减去税收，再减去他的消费：

$$B = (1+r)[(Y-T) - C_{\text{Alan}}] \tag{5}$$

艾兰选择消费 C_{Alan}，在与他的预算约束相一致的情况下最大化他的效用，艾兰在从了解到拉里的效用由于额外消费一单位遗产而提高中所得到的愉快与他自己的消费之间权衡取舍。[①]

假定现在不对当前一代人征税，政府为赤字融资借入数量 L，$L=T$，并且承诺在将来征税 $(1+r)T$ 以抵消附带利息的贷款 $(1+r)L$。拉里的消费将由于他必须支付的税收而减少：

$$C_{\text{Larry}} = [Y_{\text{Larry}} - (1+r)T] + B \tag{6}$$

艾兰现在留下一笔包括归还他对政府贷款的本息在内的遗产。由于艾兰不必纳税，他可储蓄的收入增加了，同时也增加了消费，他将一些货币贷给政府：

$$B = (1+r)[Y - (L + C_{\text{Alan}})] + (1+r)L \tag{7}$$

需要回答的问题是，艾兰在赤字支出条件下的消费选择和他在上述**“追身征税”**(tax-as-you-go) 制度下的选择如何进行比较呢？艾兰仍然能够执行同样的计划吗？是的！艾兰可以通过提前用货币支付税收并放给政府同量贷款的办法，在同样的水平上安排他的消费。这允许艾兰通过最终进行的他对政府的贷款归还 $(1+r)L$ 来增加他的遗产。这种遗产的增加将给拉里以恰好足够的额外资金去支付他的额外税收，同时保持 C_{Larry} 不变。于是，艾兰和拉里就将具有像从前一样的消费水平。发生的所有这些，都在于艾兰以向政府贷款的形式增加的私人储蓄，恰好足以抵消以赤字增加的形式出现的公共储蓄的减少。

在这个分析中有一个暗含的假定，即代际遗产动机是可操作的，这意味着艾兰想要把钱留给拉里。如果他不这样做，赤字融资将允许艾兰花费更多而把税单留给拉里。

储蓄率的国际差异

几十年来，美国的储蓄率低于其他主要国家。在 20 世纪 90 年代，美国的储蓄率仍然比日本低很多，但是和其他主要经济体相差不远。在本世纪之交，美国的储蓄率更是表现出大幅下降。我们说“表现出”，是因为这是存在某些争论的重要问题。先是证券市场迅速发展，接着是住房价格上升导致资产价值大幅增加，这些都可以被看作一种储蓄形式。

看看经济中不同部门的储蓄是有用的。我们从观察**政府储蓄**（government saving）

① 如果想象拉里也可能拥有一笔跨代转移的利息，并且计划自己要留下一笔遗产，我们就将得到一个更加周密的想法：艾兰从拉里的幸福中得到了快乐，这部分归因于留给将来各代人的钱。

和**私人储蓄**（private saving）开始，见表 14－1。[①]

国民总储蓄＝政府储蓄＋私人储蓄

当政府的支出低于其收入，即出现预算盈余时，政府就进行储蓄。

接下来，我们考察美国**企业储蓄**（business saving）与**个人储蓄**（personal saving）之间的差异。

私人储蓄＝企业储蓄＋个人储蓄

企业储蓄由保留的所得构成，即由未分配给企业所有者的利润总量构成。当企业的收入不支付给企业所有者，而是将这些资金再投资于企业时，企业便进行了储蓄。

表 14－1　2000—2007 年政府与私人总储蓄率

＊所有数据均为总储蓄与 GDP 之比。

资料来源：OECD，Economic Outlook，Annex Tables 24 and 27.

（%）＊

	美国	日本	德国	英国	加拿大
国民总储蓄	15.0	26.3	21.6	15.0	22.9
政府储蓄	－2.6	－5.9	－2.2	－1.7	1.1
个人储蓄	17.6	32.2	23.8	16.7	21.8

美国的企业储蓄比个人储蓄大得多的事实（参见表 14－2）并未得到应有的关注。部分原因是，长期以来，家庭似乎把企业储蓄看成是为它们自己进行的，即它们“穿过了公司的面纱”，因此，家庭削减自己的储蓄，直到恰好足以抵消任何增加的企业储蓄。最近的证据表明，企业储蓄每增加 1 美元，家庭就减少其储蓄约 50 美分。[②]

表 14－2　1980 年、1990 年、2000 年、2010 年和 2015 年美国储蓄的构成＊

＊所有比率都是各个部分储蓄占 GDP 的百分比。

资料来源：Federal Reserve Economic Data [FRED]，以及作者的估算。

（%）

	1980	1990	2000	2010	2015
国民总储蓄	19.8	16.6	18.4	12.4	16.5
政府储蓄	0.4	－0.2	4.3	－7.4	－1.2
企业储蓄	12.1	11.1	11.1	15.6	13.3
家庭储蓄	7.4	5.6	3.0	4.2	4.3

战后早期美国私人储蓄呈上升趋势，但是，到了 20 世纪 80 年代与 90 年代，私人储蓄却出现剧烈下降的趋势（见图 14－5）。在 20 世纪 90 年代后期，作为 GDP 一个部分的私人储蓄，由于一些还不清楚的原因发生了急剧下降。[③] 同时，由于几十年来联邦预算首次由赤字变为盈余，政府出现了正储蓄。大衰退期间，联邦预算赤字创下和平时期的纪录，而个人储蓄则显著增加。

那么，为什么美国的储蓄率低于其他国家的储蓄率呢？像这样一个有大量老龄人口的人口学因素，解释了一些差别。在美国借款比在大多数其他国家容易。在许多国家，

① 表 14－1 中的政府部门包括联邦、州与地方政府。所有三级政府均应包括在内才是有效的比较。美国的赤字支出主要是指联邦一级，因为绝大多数州宪法均禁止举债（为资本项目举债除外）。在其他国家，地方与国家的财政安排不一样。例如，加拿大各省有时会出现大量赤字。

② James Poterba，“Tax Policy and Corporate Savings，” *Brookings Papers on Economic Activity* 2（1987）.

③ Jonathan A. Parker，“Spendthrift in America? On Two Decades of Decline in the U. S. Saving Rate，” *NBER Macroeconomics Annual*，1999.

人们为了像购买房屋或轿车这样大笔的支出，必须进行储蓄，而在美国，人们借款即可达到同样的目的。

这些因素并不能充分说明储蓄率的国际差异。一些经济学家认为，这也许仅仅是由于国民对储蓄态度的差异，但是大多数人仍然希望找出对这些基本态度的经济学解释。

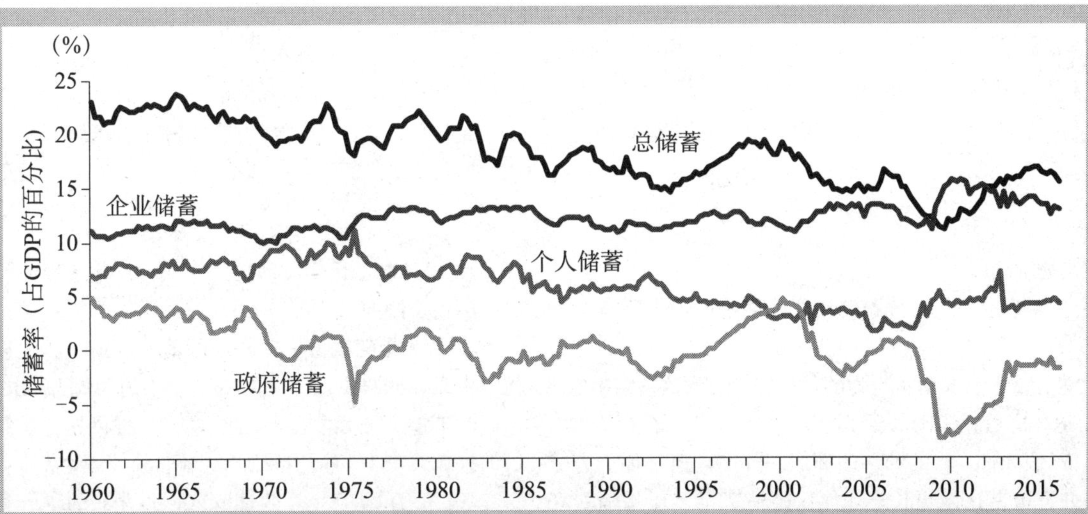

图 14－5　1960—2016 年美国储蓄占 GDP 的百分比

本图表明个人储蓄、企业储蓄、政府储蓄与美国总储蓄。总储蓄包括政府储蓄、个人储蓄与企业储蓄。

资料来源：Bureau of Economic Analysis.

本章提要

1. 生命周期-持久性收入理论预言，产生于持久性收入的边际消费倾向的值较大，而产生于暂时性收入的边际消费倾向的值较小。现代消费理论假定人们想要在他们的一生中保持相对平稳的消费状况。他们的消费行为与其长期消费机会——持久性收入，或一生的收入加上财富紧密相关。根据这种观点，当前的收入仅仅是消费支出的决定因素之一。财富与预期收入也会起作用。

2. 观察到的消费比简单的凯恩斯消费函数预言的要平稳得多。现期消费可以从上期消费中非常精确地加以预测。这些观察非常符合 LC-PIH。

3. LC-PIH 是非常有吸引力的理论，但它没有给出对于消费行为的完全解释。经验证据表明，传统的消费函数也在发挥作用。

4. 生命周期假说认为，产生于个人可支配收入与财富的消费倾向取决于个人的年龄。这意味着，当收入相对于一生平均收入而言较高（低）时，储蓄也较高（低）。它也认为，总储蓄取决于经济增长率，并且取决于像人口的年龄分布这样的变量。

5. 消费率，因而储蓄率原则上都可能会受到利率的影响。但是，证据多半表明，利率对储蓄的影响很小。

6. 巴罗-李嘉图等价命题认为，债务代表将来的税收。它断言，债务融资的税收削减对消费或总需求没有任何影响。

7. 按照国际标准，美国的储蓄率非常低。美国的绝大部分私人储蓄是由企业部门进行的。

关键术语

巴罗-李嘉图等价命题（李嘉图等价）	政府储蓄	缺乏远见
缓冲库存	生命周期假说	具有可操作性的遗产动机
企业储蓄	一生的预算约束	持久性收入
过度敏感性	一生的效用	个人储蓄
过度平稳性	流动性约束	私人储蓄
	边际消费效用	消费的随机游走模型

习题

概念题

1. 正文暗示消费与累积储蓄之比随时间而下降直至退休。

a. 为什么？有关消费行为的什么假定导致这种结果？

b. 退休之后，该比率会如何变化？

2. a. 假如你挣得的和你的邻居一样多，但是你更为健康，并且预期比她更长寿。你比她消费得多还是消费得少呢？为什么？使用正文中的方程 $C=(WL/NL)\times YL$ 推导出你的答案。

b. 根据生命周期假说，社会保障制度对你产生于（可支配）收入的平均消费倾向有什么影响？在这里，社会保障制度的可靠性是问题吗？

3. 根据持久性收入假说，如果（a）你知道每年圣诞节都有奖金，或者（b）这是发放奖金的唯一年份，你会更多地消费你的圣诞节奖金吗？

4. 解释为什么得手的赌徒（与小偷）即使在他们运气不佳的时候也会期望过好日子。

5. 生命周期假说与持久性收入假说的相似之处是什么？在解释为什么长期 *MPC* 大于短期 *MPC* 时，使用的分析方法是不同的吗？

6. 在 20 世纪 80 年代，美国的个人储蓄率特别低。也是在那段时期，在美国有一个人口统计学上的“亮点”——“婴儿潮”一代正处于他们二三十岁的年龄。

a. 生命周期假说是否对这两个事实可能有联系给出了理由？

b. 根据这种假说，当这一代人上年纪时，我们将看到什么情况？

7. 将下面的边际消费倾向分成等级：

a. 产生于持久性收入的边际消费倾向。

b. 产生于暂时性收入的边际消费倾向。

c. 当消费者受到流动性约束时，产生于持久性收入的边际消费倾向。

d. 当消费者受到流动性约束时，产生于暂时性收入的边际消费倾向。

8. 什么是随机游走？霍尔的消费的随机游走模型如何与生命周期假说以及持久性收入假说联系起来？

9. 什么是过度敏感性与过度平稳性问题？试解释它们的存在否定了 LC-PIH 理论，还是使该理论失效了。

10. 在生命周期-持久性收入假说中，为了解释预防性或者缓冲库存储蓄的存在，我们需要改变有关消费者的知识与行为的什么假定？在你看来，那些假定使得模型更接近你们知道的世界，还是更远离这个世界？

11. a. 解释利率为什么可能会影响储蓄。

b. 这种关系被经验所证实了吗？

12. a. 按照巴罗-李嘉图的观点，政府通过增加税收或者发行债务来支付其开支，有什么不同吗？

b. 为什么？

c. 反对巴罗-李嘉图观点的两个主要理论是什么？

技术题

1. 假定将持久性收入计算为过去 5 年的平均收入，即

$$YP=1/5(Y+Y_{-1}+Y_{-2}+Y_{-3}+Y_{-4}) \qquad (P1)$$

再假定消费为 $C=0.9YP$。

a. 如果你在过去 10 年中，每年挣得 2 万美元，你的持久性收入是多少？

b. 假定下一年（时期为 $t+1$）你挣得 3 万美元。你的新 *YP* 是多少？

c. 你今年和明年的消费各是多少？

d. 你的短期 *MPC* 是多少？长期 *MPC* 是多少？

e. 假定你从第 $t+1$ 期开始继续每年挣 3 万美元，根据方程（P1）画出每个时期你的持久性收入。

2. 下图显示一个人一生的收入情况。他的生存时间为四个时期，在其生命周期的前三个时期分别挣得 30 美元、60 美元与 90 美元。退休时，他没有收入。假定利率为零。

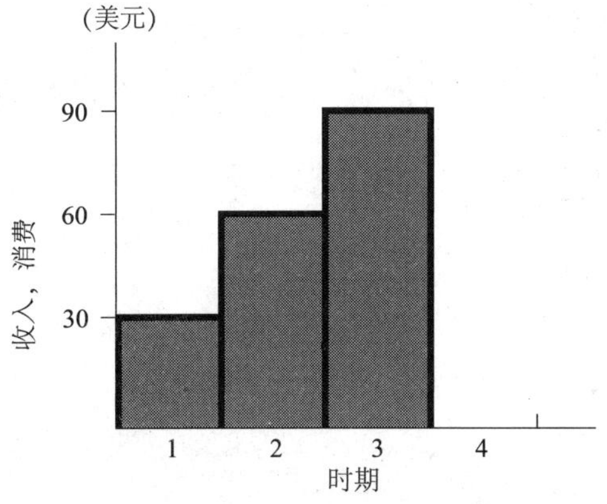

a. 某个人希望在其生命周期内能有均匀的消费水平，试确定符合其预算约束的消费水平。指出这个人在哪个时期进行储蓄与负储蓄，储蓄与负储蓄各是多少。

b. 现在假定与问题 a 情况相反，没有借款的可能。信用市场也不对此人开放。在这样的假定下，个人在生命周期中会选择什么样的消费流？为了提供答案，继续假定，如果可能，最好是一种均匀的消费流。（注意：在该假定下存在流动性约束。）

c. 接下来假定在问题 b 中所说的个人接受财富增加或非劳动收入增加。财富增加为 13 美元。在能够进入与不能够进入信用市场两种情况下，该财富如何在生命周期内进行分配？如果财富的增加为 23 美元，你的回答又有什么不同？

3. 假定一国 70%的人口，作为流动性约束和按照传统消费模型进行消费的结果，在每一时期都消费其可支配收入中既定的一小部分。其余 30%的人口则按照 LC-PIH 行事。

a. 如果传统模型的 *MPC* 为 0.8，可支配收入的变动为 1 000 万美元（你可以假定这项变动完全是由暂时性收入的变化带来的），那么，消费的变化是多少？

b. 如果 70%的人口按 LC-PIH 行事，而 30%的人口按传统模型行事，将会怎样？

c. 如果 100%的人口按照 LC-PIH 行事，又将如何？

4. 假定实际利率已从 2%增加到 4%。

a. 与明天相比，今天消费一组商品的机会成本会如何变化？请解释这将如何影响你的收入中决定用于储蓄的部分。

b. 现在假定你进行储蓄只是为退休提供资金，而你的目标是到 70 岁时储蓄 100 万美元。请解释在这种背景下，你的储蓄率对利率的提高会做何反应。

c. 你能预测提高 r（利率）对储蓄率的净效应吗？为什么？

5. 假设你的目的是将美国储蓄率提高 3 个百分点。完成这一目的的方法是什么？你喜欢哪种解决方法？

操作题

1. 登录 http://bea.gov 网站，点击“Personal Income and Outlays”，然后打开“National Income and Product Accounts Tables”，点击“Begin using the data”并下翻到“Section 5—Saving and Investment”，选择表 5.1（投资和储蓄）并下载最近 40 年的总储蓄占国民总收入的比重数据到 EXCEL。请问美国个人储蓄率在时序上稳定吗？美国个人储蓄率在何时开始下降？

15 投资支出

本章要点

- 投资是总需求中最为动荡不定的领域。
- 资本需求取决于利率、产出和税收。
- 投资反映现有资本存量根据当前资本需求进行的调整。
- 投资支出是货币政策影响总需求的基本环节。

投资连接着现在和未来，也连接着货币市场和商品市场。投资的波动驱使大多数经济周期形成。下面是关于投资部门的一些特点：

● 投资支出是非常动荡不定的，因而正是投资造成了贯穿整个经济周期过程的 GDP 的绝大部分波动。

● 投资支出是一个基本环节，货币政策通过投资支出和利率才会影响到经济。在国会和总统的控制下，影响投资的税收政策是财政政策的重要工具。

● 在供给方面，投资在长时期里决定资本存量的规模，并因而有助于决定长期经济增长。

在本章，我们研究投资是如何依赖于利率和收入的。回想一下第 11 章中主要由 *IS* 曲线的斜率决定的那些关系。我们还看到，政府的政策如何增加或者减少投资，因而移动 *IS* 曲线并增加或者减少总需求。

图 15－1 通过把美国 GDP（左侧标度）与投资（右侧标度）相对比来描绘投资动荡不定的情况。投资平均约占 GDP 的 13%，但相对来说，它波动较大。（请注意，左右标度不同，为 11∶2。）总产出的下降，伴随着投资的相当大比例的下降。

投资理论是对资本需求的理论。我们在 15—1 节中仔细展开这一理论，然后在 15—2 节中我们将这一理论应用到**企业固定投资**（business fixed investment）、**住宅投资**（residential investment）和**存货投资**（inventory investment）方面。首先，应该理解投资和资本的变动是由一种“类型式的事实”驱动的：**投资流量**（flow of investment）相对于**资本存量**（stock of capital）来说是相当小的。

存量和流量必须用浴盆的比喻来解释，浴盆里的水平面扮演资本存量的角色，而从水龙头流入的水被类比为投资流量。企业和个人决定他们愿意持有的资本存量（即他们希望浴盆里的水面达到多高），然后，从当前的位置（现在浴盆里水面的高度）进行投资（打开水龙头）提高资本存量，达到他们愿意达到的水平。至少对于美国经济来说，一个

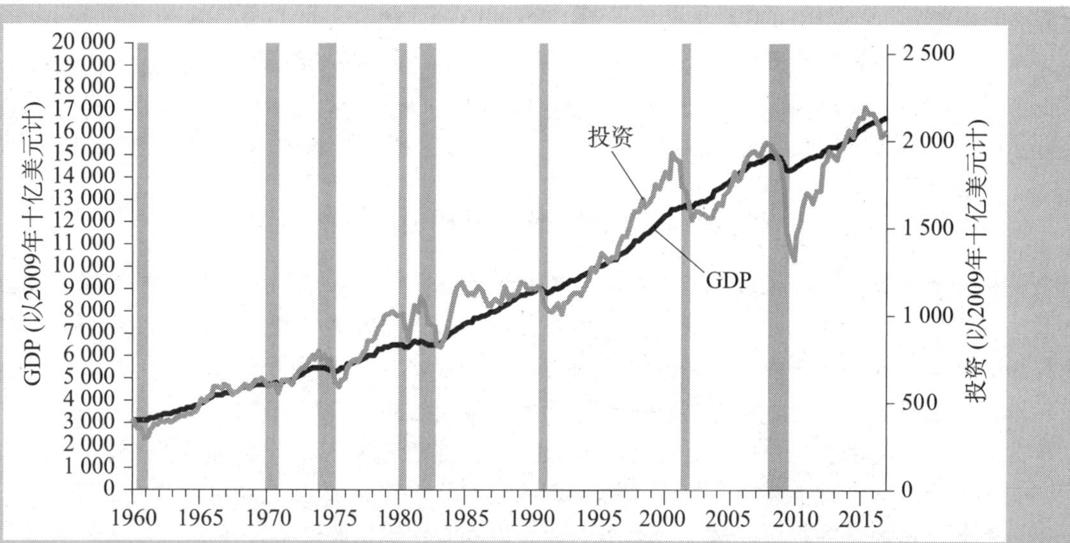

图 15-1　1960—2016 年私人投资与 GDP 的关系

投资平均约占 GDP 的 13%，但是，它相对来说波动剧烈。

资料来源：Bureau of Economic Analysis.

重要的事实是，浴盆的容量相对于从水龙头流入的水流量来说非常大。按照一个正常的投资率，大约需要 20 年的投资流量总和才能达到其资本存量通常的水平。因此，即便是意愿资本水平的一个非常小的增加，都需要投资的水龙头充分开大，而一个意愿投资水平的非常小的下降，就要把投资的水龙头关闭到慢慢滴水的程度。这种大存量小流量的事实解释了为什么投资是总需求中剧烈波动的部分。这也说明了为什么投资对于总供给在短期内几乎没有什么作用：即便充分地打开或者关闭投资的水龙头，投资流量也仅仅是资本存量上的一丝涟漪而已。当然，经过较长时期以后，投资流量就完全决定了资本存量的高度，并且因而成为总供给最重要的决定因素之一。

在进入对企业的讨论之前，我们必须澄清一些术语。在通常的用法上，“投资”常常是指购买已经存在的金融资产或者物质资产。例如，当某个人购买股票、债券或房屋时，我们就说他或者她对这些资产进行了“投资”。在宏观经济学中，“投资”具有更为狭窄和技术性的含义：**投资（investment）就是用来增加物质资本存量的支出流量。**

在 15—1 节，我们强调了两个要素：对资本的需求，以及为调整**资本存量**（capital stock）水平而进行的流量投资。**资本是一种存量，它给定了所有建筑物、机器的货币价值和某一时点上的存货。**GDP 和投资都涉及支出的流量。投资是企业在一个给定的时期内加到资本存量上去的支出数量。

［专栏 15-1］　我们还知道什么？

投资为什么是动荡不定的——简单的数据解释

沿着本书中浴盆比喻的思路，我们可以很容易地概括出投资变动预期的重要性。在美国，私人资本大约是每年 GDP 的 2.5%。投资大约是 GDP 的 1/8。所以，资本存量大概是 20 年的投资数量。如果对资本的需求下降1%，投资与GDP之比也不得不下降，从占GDP的大约13%下降为大约占10.5%，以便适应1年之内的下跌。有所不同的是，资本存量下降1%，是年投资流量下降20%造成的结果。

［专栏15-2］ 我们还知道什么？

投资：总投资、净投资和更广泛的概念

总投资和净投资之间的区别至关重要，尽管这种差别即折旧难以量度。我们再次使用浴盆的比喻，来自水龙头的流入量是总投资，而水的流出量是折旧。流入量和流出量的差额（总投资减去折旧）就是净投资。总供给取决于净投资，因为在长期内，净投资决定了资本存量。相反，总需求取决于总投资——增加一台机器的安装，或者更新一台机器的工作仍然只是一项工作。

折旧只是由于使用和老化所产生的物质磨损。一件资本可能因投入物价格的变动，变成经济上过时的——例如，石油价格上涨时，耗油多的设备就过时了。经济折旧可能比物质折旧更迅速。技术陈旧也可能引起迅速的经济折旧。这特别适用于计算机，它的质量改进是极快的。

折旧率取决于资本的类型。例如，建筑物有几十年的使用寿命，而办公室设备只有几年的使用年限。这种情况有着重要的含义：如果投资转向预期寿命短的资本品（例如，计算机等），那么，这些商品就占有资本存量中的更大份额，结果是总折旧率将会提高。这就是20世纪80年代开始时在美国发生的情况。

本章集中关注私人部门对资本存量的增加，尽管这是传统做法，但从两个方面来看，这种观点过于狭窄。第一，它忽视了**政府投资**（government investment）。公立学校学生或在公路上旅行的任何人都知道，政府投资也对经济的生产率做出了贡献。最近已有著作讨论政府资本的生产率。而政府投资毫无疑问地应该包括在总投资中。据估计，政府的资本存量相当于私人资本存量的15%～20%；因此，美国的资本存量和投资比本章讨论的数量要大15%～20%。

第二，个人不仅投资于物质资本，而且投资于**人力资本**（human capital），即通过教育与培训，增加人们的生产能力。西北大学的已故教授罗伯特·艾斯纳（Robert Eisner）估计，美国的人力资本存量几乎和它的物质资本存量一样大。* 有许多证据表明，这种投资如同物质资本一样，产生正的实际报酬；的确，在正常情况下，人力资本的报酬超过物质资本的报酬。

考虑到投资作为增加未来生产率的支出，我们的眼光就应越过私人部门的总投资。

* 参见Eisner的综合性著作，*Total Incomes System of Accounts*（Chicago：University of Chicago Press，1989）。

15—1 对资本存量的需求和投资流量

企业和消费者需要机器和住房形式的资本存量，但是，资本的供给可以被考虑为在一个时点上的不变存量。当需求超过现有存量时，以新机器和新的住房建设形式出现的资本流量就开始填补缺口。在本节，我们着手正式分析对资本的需求。不过，我们以一个熟悉的私人住房市场的例子开始，以便建立一种直觉。①

在任何给定的年份内，现有的已经被业主所使用的房屋存量和新建房屋的数量相比，

① 你对此熟悉吗？是的，如果你生活在美国或者加拿大，情况就是如此。那里拥有个人房屋所有权的数量非常大。而在中国香港有超过半数的单元住宅则由政府供给。

要多很多。新房屋的数量会随经济条件而发生很大的变化，但是，也仅仅是占现有房屋存量的几个百分点——如果仅仅是由于粗活木匠、细活木匠、水管工、电工等的数量不足的话。对私人房屋的需求主要取决于三个因素：收入、抵押贷款利率和税收。当收入上升时，更多的家庭会首先购买房屋，或者调换成大一些的房屋。由于房屋是一项长期投资，许多家庭都向前看，当他们预期会有持续较高的收入时，就会增加对房屋的需求。对房屋的需求对抵押贷款利率异常敏感。由于抵押支付几乎包括了全部的利率，所以，利率的微小上升就可能会引起对房屋需求的一个大的下跌。最终，业主购买房屋会从各种不同的税收优惠待遇中获得好处（在美国）。在通常的情况下，税收规则是不能经常改变的，但是，当他们改变房屋需求的时候，个人适用的税收规则就会发生较大变化。

假如抵押贷款利率下降，拥有房屋的月成本就下降，而对房屋的需求则会上升。由于不存在任何方法能使新房屋在一夜之间就建好，所以，最初的反应就是现有房屋的价格上升。较高的价格刺激建筑商开始建设新项目——这是指新房屋投资的流量。随着时间的流逝，足够多的房屋被建起来以满足新的较高水平的需求，而房屋的价格和新的建房投资则降回到它们原先的水平。（由于房屋的存量现在很大，将有更多房屋处于损耗状态。房屋修缮和改建业务将永久性地增加。换言之，房屋折旧增加了，所以，总建房投资将永久性地增加，即便净建房投资回到其原先的水平也一样。）

出自这种非正式分析的两个结果更普遍地被运用于投资方面。首先，投资是一种货币政策进入商品市场的基本渠道。利率是拥有资本的成本的首要决定因素。宽松的货币政策降低利率，减少拥有资本的成本，并且增加对资本的需求。其次，以较低资本税的形式出现的财政政策能够直接增加投资。

当我们进入正式分析的时候，你也许会发现回到两个熟悉的概念是有帮助的。在下文中，“资本的价格”是房屋价格的一种一般化，而“资本的租金成本”一般化了“月抵押支付”的例子。

合意资本存量：概述

除劳动之外，企业还使用资本来生产商品与服务。它们的目的当然是获得最大化的利润。在决定生产中使用多少资本时，企业必须在使用更多资本为其获得收益所作的贡献，与使用更多资本所承担的成本之间求得平衡。**资本边际产量（marginal product of capital）就是在生产中多使用 1 单位资本所增加的产量。资本的租金（使用者）成本［rental（user）cost of capital］是在生产中多使用 1 单位资本的成本。**（注意，这两个概念都是流量的概念）。不管企业实际上是购买自己的资本还是租赁，租金成本都是对**机会成本**（opportunity cost）的正确量度。[①] 只要资本边际产量的价值高于租金成本，企业就值得增加其资本存量。因此，企业将继续投资，直到增加 1 单位资本所生产的产品价值，等于使用资本的成本——资本的租金成本为止。

为了推导资本的租金成本，我们考虑将企业看成是以利率 i 借款，为购买资本融资。在出现通货膨胀时，资本的名义美元价值随时间推移而上升，所以，使用资本一年的实际成本，是支付的名义利率减去名义资本收益。企业进行投资时，已知名义利率，但并

① 即使企业从以往获得的利润（未分配盈余）中提供投资资金，仍然认为利率是用于新资本的基本成本，因为企业能借出这些资金并取得利息，或者将其作为股息支付给股东。

不知道下一年的通货膨胀率。因此，企业必须根据**预期通货膨胀率**（expected inflation rate）π^e 做出决定。换言之，借款的实际成本是**预期实际利率**（expected real interest rate）$r=I-\pi^e$。当然，资本也随时间推移而磨损，所以，必须加上折旧成本。习惯上的假定是，折旧为每年的百分比 d。因而，租金成本的完整公式是 $rc=r+d=i-\pi^e+d$。（税收也很重要，将在下面讨论。）

企业愿意增加资本，一直到增加的最后一单位资本的边际收益降低到等于资本的租金成本时为止。资本**边际产量递减**（diminishing marginal product）意味着，随着资本的增加，资本的边际产量下降。图 15－2 给出了**资本边际产量曲线**（marginal-product-of-capital schedule）。高租金成本只能由高边际产量证明它是合理的。因此，租金成本由 rc_0 增加到 rc_1，而合意的资本存量从 K_0^* 减少到 K_1^*。

如图 15－3 所示，经济的规模扩大，使整个资本边际产量曲线向右移动。在任何既定租金成本下，资本边际产量曲线向右移动就提高了资本需求。

合意的资本存量 K^*、资本的租金成本 rc 与产出水平之间的一般关系可用下面的公式表示：

$$K^*=g(rc,Y) \tag{1}$$

其中，租金成本增加降低了 K^*，而 GDP 的增加则提高了 K^*。

预期产量

方程（1）表明合意的资本存量取决于产出水平。但这必然是未来时期的产出水平，在此期间，资本将投入生产。对于一些投资来说，制造产品的未来时期不过是几个月，甚至是几周之后的时间，对于其他投资如发电站等，生产产品的未来时期就要延长到几年之后。

这使我们想到第 14 章介绍的持久性收入（在这种情况下就是持久性产出）不但与消费有关，而且与投资有关。对资本的需求，取决于正常的或持久的产出水平，因而也取决于对未来产出水平的预期，而不是取决于当前产出水平。但是，当前产出可能影响对持久产出的预期。

图 15－2　资本边际产量与资本存量的关系

给定资本边际产量曲线，较高的资本租金成本与较低的合意资本存量一致。

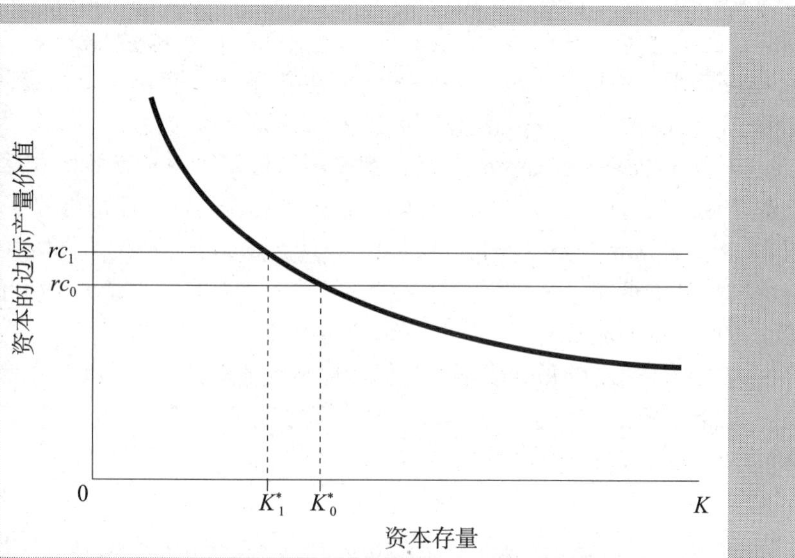

图 15－3　边际产量曲线的移动

在任意给定的租金成本上，合意的资本存量增大，经济规模的增大因此会使边际产量曲线向右移动。

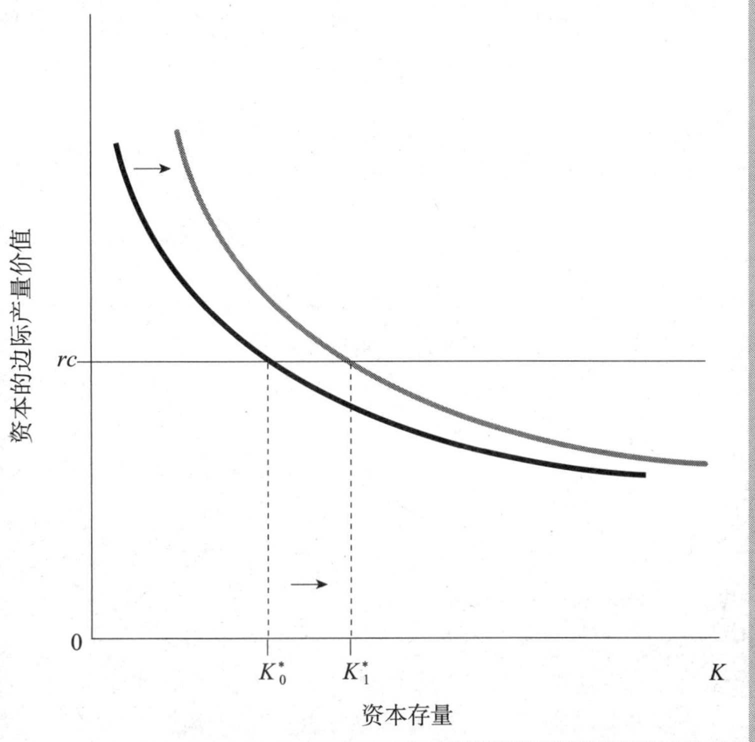

税收与资本的租金成本

资本的租金成本除了受利率与折旧影响之外，还受税收的影响。两个主要的税收变量是公司所得税与投资税减免。公司所得税基本上是对利润课征的比例税，即企业按利润的比例，比如 t，来支付税款。美国的公司所得税税率从 20 世纪 80 年代初的 46%，下降到自 20 世纪 80 年代中期以来的 35%。公司所得税越高，资本成本就越高。[①] 记住，这只是减税前的税率。在美国，税收支出占公司利润的比例远低于 35%。

在美国，投资税政策的第二个工具即投资税减免，在 1962—1986 年的大多数时间内都在实行，但于 1986 年中止了。它准许企业按每年资本支出的比如说 10%，从其纳税额中扣除。因此，企业在给定的一个年份为投资目的支出 100 万美元，可以从纳税额中扣除 100 万美元的 10%即 10 万美元，否则这 10 万美元就必须缴纳给联邦政府。投资税减免降低了企业资本品的价格，因为财政部将每件资本品一定比例的成本返还给企业。投资税减免因而降低了资本的租金成本。

财政政策与货币政策对合意资本存量的影响

方程（1）说明，当预期产出水平提高且资本的租金成本降低时，合意的资本存量增加。当实际利率与折旧率下降以及投资税减免提高时，资本的租金成本也会下降。公司

① 对于靠借款来融资的公司资本的范围而言，在利率支付方面的扣除额大致上与资本挣得的利润相当，这使得公司的收入所得税率大为降低。在实践中，企业使用数量可观的股权进行融资，而高的公司所得税税率则会提高资本成本。

所得税税率提高，可能通过普通股票途径减少合意的资本存量。

这些结果的重要意义在于，它们意味着货币政策与财政政策会影响合意的资本存量。财政政策是通过公司所得税税率与投资税减免共同对资本存量施加影响的。

[专栏 15－3] 我们还知道什么？

实际利率

实际利率（real interest rate）与**名义利率**（nominal interest rate）之间的区别在这里是很重要的。**实际利率是名义（宣布的）利率减去通货膨胀率。**

将资本看成是玉米种子。设想将 100 蒲式耳的玉米种子撒在田里，无人照管（即假定玉米生长不需要任何人工投入），一年中生产出 105 蒲式耳玉米。玉米的实际收益将是一年 5%。如果一位农场主能以低于一年 5%的利率借到玉米，她就会在无通货膨胀情况下种植玉米。

现在假定玉米价格由种植时的每蒲式耳 1 美元上涨到收获时的每蒲式耳 1.10 美元，而所有其他商品的价格都以相同比例上涨。那么，开始时的 100 美元投资将获得 115 美元。如果她能以低于一年 15%的利率借到款项*，该农场主就将继续种植玉米。玉米的实际收益没有变化，但其名义收益中包括了 10%的通货膨胀因素。

由于利率通常以名义利率标价，我们的这位农场主希望从名义利率中减去通货膨胀率，得到实际利率，并将其与种植玉米的实际收益相比较。不幸的是，不能确切地知道下一年的通货膨胀，因此，该农场主充其量所能做的只能是从名义利率中减去预期通货膨胀率，计算出预期实际利率，以便与玉米的收益相比较。

实际利率为：

$$r = i - \pi^e$$

它表明实际利率是名义利率减去预期通货膨胀率。

名义利率可能导致人们对借款成本产生误解。如果预期通货膨胀率为零，而名义利率为 5%，则实际利率也是 5%。相对而言，如果名义利率是 10%，而预期通货膨胀率为 10%，则实际利率为零。在其他情况不变的条件下，在这个例子中，合意的资本存量在名义利率为 10%时，将比名义利率为 5%时要高些。

当租金成本较低时，投资支出往往较高。但是，由于实际利率与名义利率之间的差别，这不等于说当名义利率下降时，投资就会提高。

*注意，105×1.10 美元实际上等于 115.50 美元，当我们从技术上以 15%作为 15.5%的近似值时，我们省略了二阶项。

财政政策通过影响 *IS* 曲线的位置，从而影响利率，也影响合意的资本存量。高税收-低政府支出政策，保持了较低的实际利率，从而增加了资本需求。低税收-高政府支出政策，将会导致实际利率提高，从而抑制资本需求的巨额赤字。

货币政策通过影响市场利率来影响资本需求。联邦储备降低名义利率（在给定的预期通货膨胀率下），导致企业愿意持有更多的资本。资本需求的扩大，又将反过来影响投资支出。

[专栏 15-4] 我们还知道什么？

对资本的需求：柯布-道格拉斯生产函数的例子

生产函数的一般公式是 $Y=AF(K, N)$。如果你宁愿用一个特殊公式进行讨论，你可以利用柯布-道格拉斯生产函数，$Y=AK^{\theta}N^{1-\theta}$。当 $\theta\approx 0.25$ 时，它非常近似于美国的生产函数。利用柯布-道格拉斯生产函数，资本边际产量为 $MPK=\theta AK^{\theta-1}N^{1-\theta}=\theta A(K/N)^{-(1-\theta)}=\theta Y/K$。令边际产量等于租金成本 $\theta Y/K=rc$，则可求出资本需求函数，并求出 K。因此，对于柯布-道格拉斯生产函数来说，资本需求可写成：$K^{*}=g(rc, Y)=\theta Y/rc$。

股票市场和资本成本

企业不去借款，而是出售股票或股本，也能筹集到支付投资所需的资金。人们购买股票，希望从其股息中获得报酬，如果企业经营成功，还能从其股票的市场价值增值即**资本收益**（capital gains）中获得报酬。

当其股票价格上涨时，一家公司可以从出售相对少量的股票中筹集到大量货币。当股票价格下降时，企业必须出售更多的股票，才能筹集到既定数量的货币。如果企业出售少量股票就能达到融资的目的，也就是如果股价高，则企业的所有者，即现有股东，更愿意让企业出售股票筹资。因此，当股票市场高涨时，我们希望公司比在市场低落时更愿意出售普通股，以提供投资所需的资金。这就是繁荣时期的股票市场有利于投资的缘故。

投资的 q 理论

投资的 q 理论（q theory of investment）强调投资与股票市场之间的这样一种联系。一家公司的股票价格，就是对该公司资本要求权的价格。那么，公司经理在股价高涨时，增加较多的新资本——进行投资；而当股票价格降低时，少增加新资本或者完全不投资，这被认为是对股票价格做出的反应。

q 是什么？[①] 它是股票市场对企业资产相对于生产这些资产的成本进行的价值估算。q 的最简单形式是企业的市场价格与资本重置成本之比。当该比值高时，企业愿意生产更多的资产，因此投资会加速进行。实际上，该理论的最简单形式比"高的 q 意味着高投资"具有更强的预测性。每当 q 大于 1 时，企业就应该增加实物资本，因为对新机器每一美元的价值，企业能出售股票卖得 q 美元，赚取 $q-1$ 的利润。这意味着每当 $q>1$ 时，投资就如潮水般蜂拥而来。实际上，调整成本后，这样的潮水就平复了，因此，投资是随着 q 适度地增长的。

[资料 15-1] *历史故事*

暂时性投资税减免带来大的冲击

认为财政政策的持久性变化比它的暂时性变化具有更大影响的想法是非常自然的。但是，暂时性

① 你经常会看到 q 指的是"托宾 q"，由诺贝尔经济学奖获得者詹姆斯·托宾（James Tobin）首先以股票市场与投资相联系的方式提出。

的投资税减免提供了一个有趣的反例。想象一下，当面临经济衰退时，政府决定提供投资税减免的情况。和持久性情况相反的投资税减免的暂时性效应是什么？

假定你是一位企业经理。你被告知可以得到10%的税收减免，不过只有这一年。你将把你所有计划在最近的未来进行的资本支出全部挤到当前这一年来。所以，一项暂时性投资税减免将会引起当前投资的一次大热潮。（当然，在随后的几年里，因为资本支出的渠道已经被抽空，也许会看到实际上的投资减少。）在这方面，对于大量增加当前的投资支出而言，暂时性投资税减免可能是一项特别有效的政策工具。不幸的是，政府极少能够给出极好时机的税收变动。

从合意的资本存量到投资

图 15－4 以资本需求曲线的右移，表明了对资本存量需求的增加。开始时的资本存量为 K_0，资本的价格恰好高到足以产生足够的投资即图 15－4（b）中的 I_0，去替代折旧的资本。在长期中，新资本的供给非常有弹性，所以，在价格没有更多变化的情况下，需求的增加必定会得到满足。在短期内，价格上升到 P_1 会使投资流量增加到 I_1。图 15－4（a）中的衡量单位就是绝对意义上的资本单位，所以，从 K_0 到 K_1 的移动也许意味着从 100 架波音 747 飞机到 150 架。图 15－4（b）中的衡量单位是每个时期的资本单位。从 I_0 到 I_1 的移动代表的资本增加，对应着每年 10 架新飞机到每年 11 架新飞机的变化。注意，以 I_1 比率进行的投资不需要填平单一时期内的资本缺口。图 15－4（a）和图 15－4（b）的水平标度并不是可以衡量的。

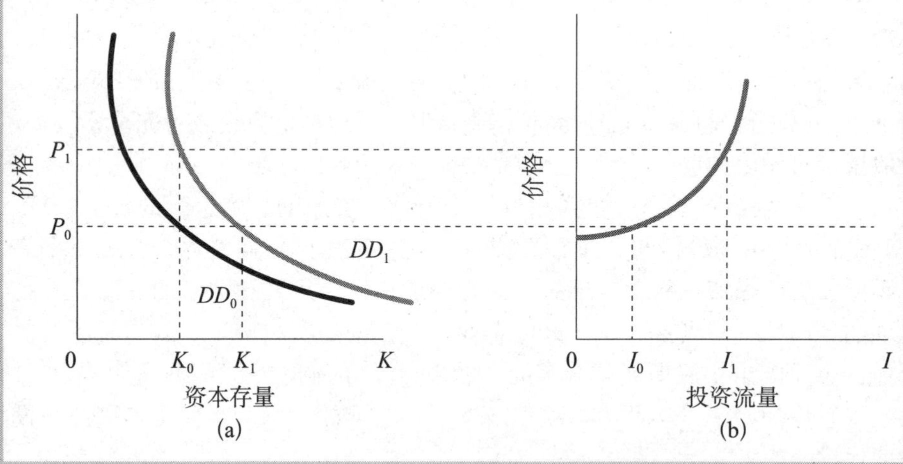

图 15－4　对资本存量的需求和投资流量

图（a）表明，在短期内，当价格从 P_0 上升到 P_1 时，对资本存量的需求增加了；在长期中，资本存量从 K_0 增加到了 K_1。图（b）表明了投资流量的相应增加。

投资为什么不能立即上升到填平合意资本存量与现有资本存量之间的缺口呢？用一句话来说就是“调整成本”。这是由于用于生产新资本的生产要素在有限的短期供给中往往就是它们本身。（当 1999 年，西雅图地区经历了一场主要的建设高潮时，熟练的电工每周工作 7 天，每天工作 10 个小时。）至少在短期内，在任何价格水平上，很多生产都不能快速冲刺。[1]

资本存量的调整

有许多关于企业在一段时期内如何计划调整其资本存量速度的假说。我们从中挑选出一种**可变加速数模型**（flexible accelerator model）。[2] 这个模型背后的基本观点是，**现有资本存量与合意资本存量之间的差距越大，企业投资率就越快。**

根据可变加速数模型，企业在每一时期都打算填补合意资本存量与实际资本存量之间的差距部分 λ。将上期结束时的资本存量表示为 K_{-1}。合意资本存量与实际资本存量之间的差距则表示为（K^*-K_{-1}）。企业打算在上期资本存量 K_{-1} 上增加一个差额(K^*-K_{-1}）部分，即 λ，使得当前时期结束时的实际资本存量 K 变为：

$$K_0 = K_{-1} + \lambda(K^* - K_{-1}) \tag{2}$$

方程（2）表明要将资本存量从 K_{-1} 增加到 K_0 的水平，方程（2）也表明，企业必须实现净投资量，$I \equiv K_0 - K_{-1}$，因此，我们可以写出净投资：

$$I = K_0 - K_{-1} = \lambda(K^* - K_{-1}) \tag{3}$$

它是净投资渐进调整的表达式。

在图 15－5 中，我们表明了资本存量是如何从初始水平 K_{-1} 调整到合意水平 K^* 的。图 15－5（a）表示资本存量，图 15－5（b）表示相应的投资流量。假定调整速度为 $\lambda=0.5$。

从 K_{-1} 水平开始，每一时期目标资本与本期实际资本之间差距的一半得到填补。因此，第一个时期的净投资为 $0.5(K^*-K_{-1})$。在第二个时期，投资率是上一期的一半，因为差距已经减少一半。投资一直持续，直到实际资本存量达到目标资本水平为止。λ 越大，差距减少得越快。

在方程（3）中，我们达到了目标，即推导出一个投资函数，它表明现期投资支出取决于合意资本存量 K^* 与实际资本存量 K_{-1}。任何增加合意资本存量的因素，都将增加投资率。所以，增加预期产量，降低实际利率，或者增加投资税减免，都将增加投资率。可变加速系数证明，投资包含**动态行为**（dynamic behavior）方面，即行为不取决于本期的经济变量值，而是取决于其他时期的经济变量值。经验证据表明，可变加速系数的动态过于僵硬了——例如，投资在资本需求变动以后花费大约两年时间才能达到高峰——但是渐近调整的基本原则却是清楚而明了的。

15—2　投资的构成：企业固定投资、住宅投资和存货投资

图 15－6 表明了**企业固定投资**（business fixed investment）、**住宅投资**（residential

① 有一个非常古老的笑话：一位卓有成效的专家认为 9 个月的怀孕时间太长，他认为如果可以把怀孕这项工作分给两个女士共同完成，那么只需要占用每人四个半月的时间。对于许多经济学方法而言，可以参看 Russell Cooper and John Haltiwanger，"On the Nature of Capital Adjustment Costs," *Review of Economic Studies*，July 2006。

② 可变加速数模型可以给出大致正当的理由，认为这是对调整成本的反应，不过在这里，我们不再进一步深究。

investment）和**存货投资**（inventory investment）这三种投资的具体部分中每一部分的多变性。波动是在 GDP 的几个百分比幅度内进行的。企业固定投资是三部分中最大的部分，但是，所有这三个部分的波动都构成了 GDP 的实际波动部分。有理由认为存货投资比其他两个部分小，但是，正如你看到的那样，它特别容易变化。

企业固定投资

图 15－6 表明，固定投资是 GDP 的构成部分。在经济衰退或者衰退之前的短暂时期内，GDP 中的投资部分下降幅度很大；之后，在经济逐渐复苏时，投资开始回升。周期

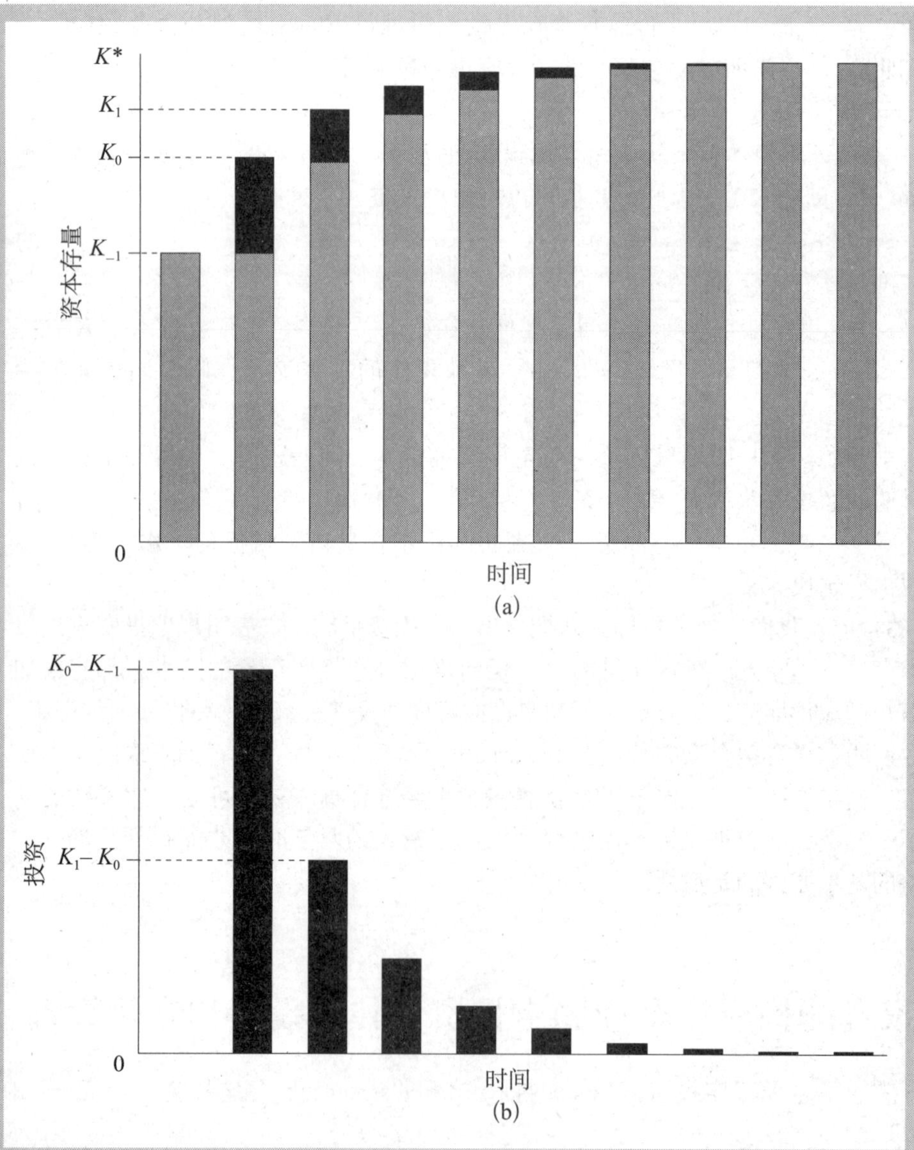

图 15－5　资本存量的调整

如果合意资本存量变动，在一段时间内，资本存量调整到新的合意水平，每期的投资取决于调整速度参数 λ。

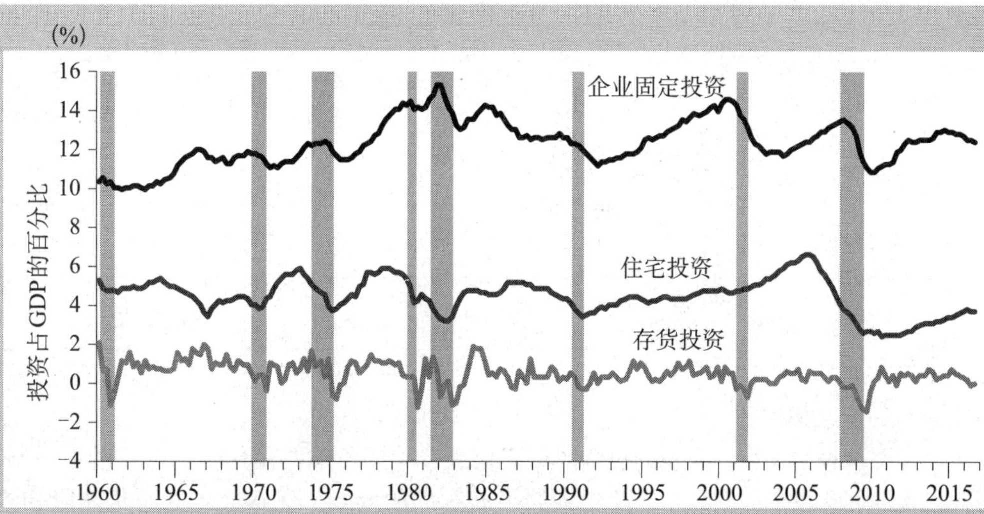

图 15－6　1960—2016 年作为 GDP 百分比的投资的构成

投资的三个不同类型分别是：住宅投资、企业固定投资和存货投资。存货投资很小而且有时是负数，但是，相对地说，它却很容易变动。

资料来源：Bureau of Economic Analysis.

性关系的绝大多数扩展都进一步回到了历史水平。例如，总投资占 GDP 的比例下跌到低于 4%，这是 1932—1933 年经济大萧条时投资与 GDP 的比例。

投资的时机

信用配给和融资的内部来源　表 15－1 给出了 1970—1984 年期间美国制造业筹措资金的来源。留存收益被作为一种筹资来源的情况是很突出的。各种规模的企业从银行、债券市场和股票进行外部融资的程度有限。[①] 相反，企业依靠留存收益，即没有支付给股东的利润，为投资筹款。表 15－1 中的最后一列表明，留存收益超过了所有企业所得的 50%，并且对于最小的企业来说，这相对而言也是最重要的。

这些事实对于投资决策意味着什么呢？它们意味着企业的收益与其投资决策之间存在密切的联系。如果企业在它们需要的时候不能很容易地从外部来源获得资金，那么，它们手头拥有的资产数量将影响其投资能力。这意味着企业的资产负债表状况，而不仅仅是资本成本，是投资决策在金融方面的一个决定性因素。

专栏 15－5 说明了**信用配给**（credit rationing）的重要现象，它产生于即使人们愿意在现行利率上借款也借不到资金的时候。信用配给具有很好的理由，这完全是由于借款人不能归还放款人款项所造成的风险，比如，借款人的破产所带来的风险。这些观点认为，信用配给可能更多地是为了那些还没有建立起信誉的小企业，而不是为了那些具有良好信誉记录的大企业。表 15－1 中的留存收益率随着企业规模的扩大而下降的事实，是符合这种观点与含义的。这些资料以及需要借款的企业的经验，都与企业在融资时对

① 该表中未包括股票融资，但注意法扎里（Fazzari）、哈伯德（Habbard）与彼得森（Petersen）论文中的独立资料（在表 15－1 中引用）表明股票提供给企业的资金非常少，对于小企业更是如此。

表 15-1　1970—1984 年美国制造业的资金来源

*减号代表在资产负债表中企业有净资产（而不是债务）。

资料来源：Fazzari，Steven M.；Hubbard，R. Glenn；Petersen，Bruce C. "Financing Constraints and Corporate Investment，" *Brookings Papers on Economic Activity* 1（1988）.

企业规模	资金来源，占总数的百分比（%）					
	短期银行债务	长期银行债务	其他长期银行债务	留存收益率	长期银行债务的百分比	平均偿还率
全部企业	0.6	8.4	19.0	71.1	29.6	60
资产等级						
1 000 万美元以下	5.1	12.8	6.2	75.9	67.3	79
10 亿美元以上	−0.6	4.8	27.9	67.9	14.7	52

它们的配给相一致。[①]

在这种情况下，企业的投资决策不仅受利率的影响，而且受企业从过去的所得中储蓄起来的资金数量的影响，以及受它们当前利润的影响。资本成本必定仍然影响投资决策，因为留存收益的企业不得不考虑改变持有的金融资产和所得的利息，而不是在工厂和设备上投资。的确有证据说明，投资率会受到留存收益的数量、利润，以及资本成本的影响。

20 世纪 90 年代初期，房地产亏损引起了严重的银行业问题，信用配给造成美国投资率的减慢，虽然当时的短期利率很低。银行放款很少，特别是对中小企业放款很少。在萧条地区问题特别严重，因为小企业只能从当地银行贷款，但萧条地区的银行特别不愿意放款。

不可逆性和投资决策的时机　资本存量需求导致投资流量的模型依赖于资本是"油灰腻子到油灰腻子"（putty-putty）的思想。商品是一种容易适应的形式，它可以通过投资转变为资本，也很容易转换回普通商品的形式。大多数资本最好被描述为"油灰腻子到黏土"（putty-clay）的情况。资本一旦形成，除了它最初的目的之外，并不能被用于更多的方面。一座仓库（"油灰腻子到油灰腻子"）也许可以高价值地用做一座工厂或者一座办公楼。一架喷气式飞机（"油灰腻子到黏土"）除去用于飞行之外，没有更多的用处。"油灰腻子到黏土"式投资的本质是**不可逆性**（irreversible）。一项不可逆的投资并不仅在有利可图的时候才进行，而是在它不值得等待任何可营利性的进一步改善的时候进行。[②]

[专栏 15-5]　我们还知道什么？

信用配给

在 *IS-LM* 模型中，利率是金融市场与总需求之间唯一的传递渠道。信用配给是货币政策的另一个重要传递渠道。* **信用配给发生在这样一种情况下，即尽管借款人愿意以现行利率借款，但是，放款人会限制个人能够借到的金额。例如，在 2007—2009 年的经济衰退期间，即便许多"值得信任的客户"也无法获得信贷。**

信用配给可能因为两个原因产生。第一，放款人往往不能说出一位特定的客户（或者这位客户融

① Stephen D. Oliner and Glenn D. Rudebusch，"Is There a Broad Credit Channel for Monetary Policy，" Federal Reserve Bank of San Francisco，*Economic Review* 1（1996），提出的证据表明内部资金来源对于小企业以及在经济下降时都特别重要。

② 这些陈述是根据金融期权理论中的一个复杂论点得出的。参见 Robert Pindyck，"Irreversible Investment，Capacity and Choice and the Value of the Firm，" *American Economic Review*，December 1988；and Avinash K. Dixit and Robert S. Pindyck，*Investment under Uncertainty*（Princeton，NJ：Princeton University Press，1993）。

资的项目）是信用好的还是信用差的。信用差的客户会拖欠借款，不予归还。给定拖欠的风险，明显的答案似乎是提高利率。

然而，提高利率是错误的方法：诚实的或者保守的客户被阻止借款，因为他们意识到在高利率下，他们的投资无利可图。可是，敢冒险的或不诚实的客户却愿意借款，因为如果项目遭遇失败，则任何情况下也不能指望他们还款。然而，不论放款人试图如何仔细地评估其客户，他们都无法在整体上避开这一问题。解决办法就是，对任何客户的贷款金额都加以限制。绝大多数客户都得到一个大致相同的利率（有某种调整），但是，同意给予他们的信贷数量却是按照客户所能提供的担保品的种类和经济前景进行配给的。

当经济情况比较好的时候，银行就乐于贷放款项，因为它们相信，一般说来，客户不会拖欠还款。但是，在经济下跌时，银行就着重关注信用配给，即便在利率下降时，这种情况也可能发生。

信用配给为货币政策提供了另一条渠道。如果放款人觉察到了联储转向紧缩，并且提高利率以冷却经济，害怕经济出现下跌的放款人就会紧缩信用。相反，如果他们认为政府的政策是扩张性的，而且经济前景比较好，他们就会通过降低利率和扩大信用配额来放松信用。†

中央银行对商业银行及其放款人实行信用限制时，就产生了第二种类型的信用配给。因而，不允许银行在一定时期内扩大其放款，比如说，扩大5%，甚至更少。这样的信用限制能够使繁荣突然结束。一个惊人的事例发生在20世纪80年代初期的美国。由于担心两位数的通货膨胀风险，美联储强制执行信用管制，经济立刻陷入衰退，产出以每年9%的速度下降。

信用管制就这样成为中央银行的紧急刹车制动器。信用管制是发挥作用的，然而它们是以非常生硬的方式在起作用。由于这样的原因，它们并不经常被使用，而是被留待愿意达到戏剧性的快速效应时偶然使用。

* 对于信用配给的全面综述，参见 Dwight Jaffee and Joseph Stiglitz，“Credit Rationing” in Ben Friedman and Frank Hahn（eds.），*Handbook of Monetary Economics*（Amsterdam：North-Holland，1990）。

† Frederick Mishkin，“Symposium on the Monetary Transmission Mechanism，” *Journal of Economic Perspectives*，Fall 1995. 上文提供了一个关于货币政策和私人经济之间传递机制的值得阅读的介绍；还可参见 John B. Taylor，“The Monetary Transmission Mechanism：An Empirical Framework，” Ben S. Bernanke and Mark Gertler，“Inside the Black Box：The Credit Channel of Monetary Policy Transmission，” and Allan H. Meltzer，“Monetary，Credit（and Other）Transmission Processes：A Monetarist Perspective”。

【选读材料】

企业投资决策：实际操作的观点

企业家做出投资决策一般使用**现金流量贴现分析**（discounted cash flow analysis）方法。[①] 在第19章中，我们将说明贴现原理。假设一位企业家做出关于是否建设并装备一座新工厂的决策。第一步计算出要花费多少资金才使工厂处于正常运转状态，在工厂开始运转时，每年产生多少收益。

为了简便起见，我们考虑一个期限非常短的项目。第1年，该项目花费100美元建成，第2年（支付工资与原材料费用后）产生的收益是50美元，第3年收益进一步增加为80美元。到第3年年末时，工厂已经解散。

该项目是否应该着手进行呢？现金流量贴现分析说明，以后年份里获得的收益应该

① 现金流量贴现分析与租金成本等于资本边际产量模型，只是对相同决策过程的不同思考方式。有时，你会听到企业家将我们所说的资本边际产量作为“内部收益率”加以讨论。

贴现（discount）到当前，以便计算其现值。如果利率为10%，从现在开始一年后的110美元的价值与现在的100美元价值一样（参阅第19章的更多讨论）。为什么？因为如果今天将100美元以10%的利率贷放出去，一年后，放款人最终获得110美元。为了计算项目的价值，厂商按照他能够借到款项的利率来计算项目的现值，如果现值是正数，该项目就可以进行。

假定相关利率是12%，计算投资项目的当前贴现值（如表15－2所示）。第2年得到的50美元就只相当于现在的44.65美元；从现在起一年后的1美元仅相当于今天的1/1.12美元（=0.893美元）。所以，从现在起，一年后的50美元价值今天的44.65美元。在第3年得到的80美元以同样的方法计算现值。该表显示了从该项目获得的净收益现值是正数（8.41美元），因此，该企业应该着手进行这个项目。

应该注意，如果利率太高，比如18%，就做出不进行该项目投资的决定。所以，我们看到，利率越高，企业进行任何既定投资项目的可能性就越小。

每个企业在任何时候都有一系列打算实施的投资项目与这些项目的成本和收益的估计。根据利率水平，企业就要从事某些项目，而不去从事其他项目。把经济中所有企业的投资需求加在一起，就得出经济在每一个利率水平上的总投资需求。

表15－2　现金流量贴现分析与现值

（单位：美元）

	第1年	第2年	第3年	当前贴现值
现金或收益	－100	＋50	＋80	
1美元的现值	1	1/1.12＝0.893	$1/1.12^2$＝0.797	
成本或收入的现值	－100	50×0.893＝44.65	80×0.797＝63.76	－100＋44.65＋63.76＝8.41

住宅投资

图15－7表明了作为GDP一个百分比的住宅投资支出以及名义抵押贷款利率的情况。当抵押贷款利率高时，住宅投资低；而当抵押贷款利率低时，住宅投资高。在整个衰退期直到2001年，住宅投资是下降的。然而，在2001年衰退期间，这种格局却被打破了——因为住宅投资增加了。住宅投资的这种增加只能以近30年美国所经历的最低的抵押贷款利率解释。到2006年，随着联储提高利率，住宅建设行业已经进入下跌阶段。

住宅投资包括独栋的建筑与多户居住的公寓，我们简称其为**住宅**（housing）。住宅由于其年限长，而被称为资产。于是，每年住宅投资往往占现有住宅存量很小的比重——大约是3%。住宅投资理论从考虑现有住宅存量需求开始。

对住宅存量的需求取决于拥有住宅所获得的实际净收益。总收益，即考虑成本之前的收益，由出租住宅的租金或者房主居住所获得的隐含收益，以及住宅价值的增加所产生的资本收益构成。而拥有住宅的成本，则包含利息成本，一般是抵押贷款利率，加上任何不动产都要缴纳的税收与折旧。这些成本要从总收益中减去，并进行税负调整后，构成净收益。例如，由于抵押贷款利率下降，住宅净收益增加，从而使得住宅成为拥有财富的更有吸引力的一种形式。

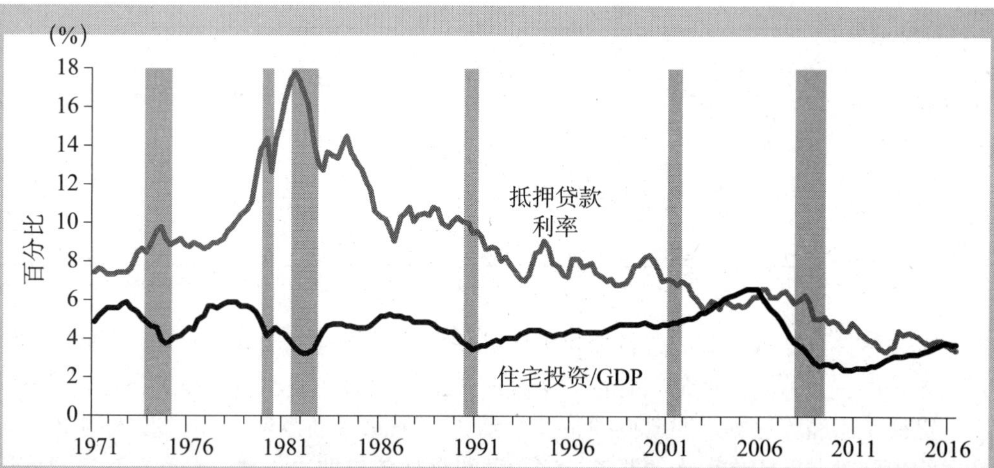

图 15-7　1971—2016 年住宅投资与抵押贷款利率

当名义抵押贷款利率高时，住宅投资支出占 GDP 的比重较低。当经济衰退时，住宅投资下降。但是，这种模式在过去年份中已经发生了改变。

资料来源：Bureau of Economic Analysis；Federal Reserve Economic Data [FRED].

货币政策和住宅投资

货币政策对住宅投资有巨大影响。部分原因是大多数房屋都是以抵押贷款的形式购买的。自 20 世纪 30 年代以来，在美国，抵押贷款已经是长达 20～30 年的典型负债工具，每月偿还固定数量的款项直至期满为止。[①]

货币政策对住宅投资之所以有巨大影响，是因为住宅需求对利率很敏感，对实际利率与名义利率都敏感。从表 15-3 中就能看到这种敏感性的原因。它表明某人通过常规抵押贷款借到 10 万美元后，在不同的利率水平上每月必须支付的利息。在过去 30 年中的某些时间段，所有这些利率都曾经存在过：20 世纪 70 年代末与 80 年代末为 10%，1981 年和 1982 年为 15%，而 2003 年春季则低至 5.5%。当利率提高一倍时，借款人每月的还款额大约也增加一倍。因此，拥有一套住房的成本中的这种主要构成部分，几乎与利率成比例地上涨。因此，无怪乎住宅需求对利率非常敏感。

表 15-3 也表明税收与通货膨胀对住宅成本的影响。在美国，对主要住宅支付的利息可从应缴纳的个人所得税中扣除，在许多其他国家却无法获得这项扣除，这是美国有意鼓励个人拥有房产所有权的努力的一部分。美国税收制度的另一个特征是扣除名义利息支付，而名义资本收益由于通货膨胀基本不须纳税。这意味着高名义利率与高通货膨胀会有力地促进住宅投资。当名义利率为 15%、通货膨胀率为 10%时，考虑一笔 10 万美元的抵押贷款的支付。一年的利息大约为 15 000 美元。对于 33%的边际税率档内的房主来说，抵押贷款利息扣除 4 950 美元，因此，税后利息成本大约为 10 050 美元。但在通货膨胀率为 10%时，这项成本为房屋名义价值增加的 1 万美元所抵消。实际上，该房屋资本的实际成本接近零。

---

① 20 世纪 70 年代，美国实行了可调节利率抵押贷款（ARM）。这种抵押贷款利率是按照某一参考利率（例如一年期国债利率）进行调整的。现在固定利率抵押贷款与可调节利率抵押贷款两者都被用来为住宅融资。住宅融资的安排在各国之间差别相当大。加拿大通常每 5 年更新抵押贷款利率。在日本与韩国，购买房产的人（与家庭）通常要比在美国提供更多的首付款。

表 15-3 抵押贷款的每月还款额*

*假定抵押贷款为 10 万美元，30 年还清，每月等额还款。假定税率为 30%，实际税后还款额假定资本收益实际上免税。

	1982	1988	2003	2013
名义利率（%）	15	10	5.5	3.5
通货膨胀率（%）	10	5	0	2
实际利率（%）	5	5	5.5	1.5
每月还款额（美元）	1 264	878	568	449
税后还款额（美元）	885	614	397	314
实际税后还款额（美元）	52	198	397	147

尽管有这种分析，高名义利率还是使房主受到挫折，因为存在两种流动性效应。首先，房主必须先进行全部的名义支付，而获得抵消性资本收益却是在遥远的未来。其次，银行使用经验法则来鉴定抵押贷款申请人（如每月还款额不超过收入的 28%），在高通货膨胀时期并不作太多的调整。这两种流动性效应取决于名义利率，而不是实际利率。

存货投资

存货包括原材料、在制品以及企业已完成生产并预计出售的产成品。在 1990 年以前，美国制造业存货与销售额的比率在 13%和 17%的范围内。正如图 15-8 所表明的，从 20 世纪 90 年代起，该比率一直下降，现在大约为 11%。采取**适时**（just-in time）生产技术有助于该比率下降。

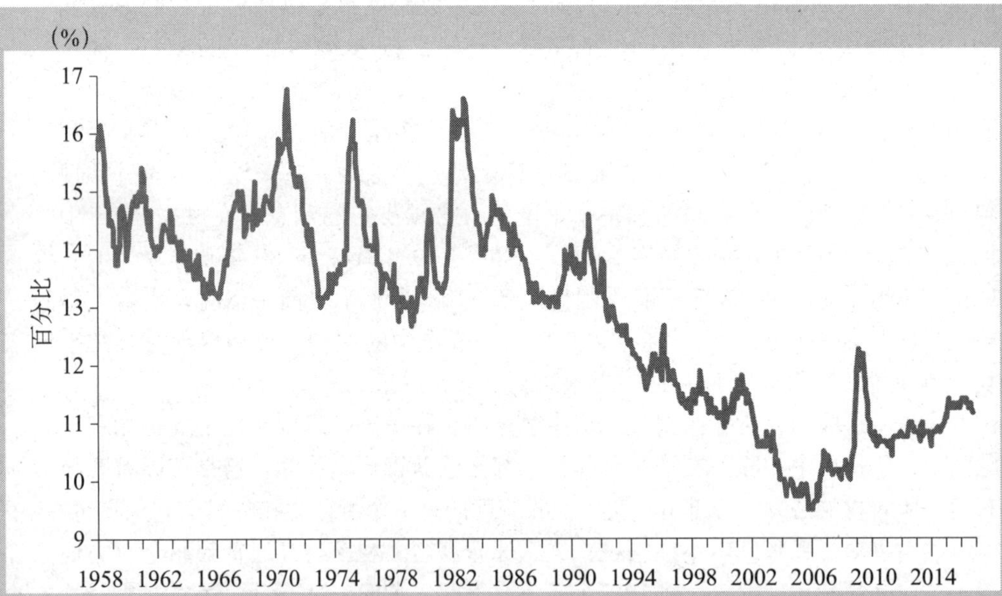

图 15-8 制造业存货-销售额比率

资料来源：U. S. Census Bureau，Current Industrial Reports，Manufacturers' shipments，inventories，and orders.

企业持有存货有几种原因：

● 销售者持有存货以满足未来的商品需求，因为商品不可能立即被制造出来，或者立即得到以满足需要。

● 持有存货是因为企业不经常性地大量订货，这要比少量频繁订货成本更低——正如一般家庭都知道的，在家中保存能维持几天所需的食品、日用品很有必要，可以避免天天光顾超级市场。

● 生产者可能作为一种稳定生产的手段持有存货，因为在生产线上经常改变生产水平的损失较大。通过保留存货，甚至在需求波动时，生产者也可能以相对稳定的速度进行生产，当需求低落时增加存货，当需求高涨时削减存货。

● 有些存货是生产过程中不可避免的。例如，制造香肠时，在制肠机中，总是会剩余一些肉块与肉末。

企业的合意存货与最终销售额的比率，取决于经济变量。订购新商品的成本越低，以及这些商品到货越迅速，存货-销售额比率就越小。存货-销售额比率也取决于销售水平，该比率随销售额的增加而下降，因为销售额增加时，销售额的不确定性相对减少了。

最后，还有利率。由于在任何时间内，企业都保持存货，企业必须投入资金以便购买与持有存货。持有这些存货就涉及利息成本。随着利率的上升，合意存货-销售额比率将有望下降。

加速数模型

尽管有这些考虑，存货投资还是可以用简单的**加速数模型**（accelerator model），以惊人的满意方式加以解释。**加速数模型表明投资支出与产出变动成比例，而且不受资本成本的影响，$I=\alpha(Y-Y_{-1})$。**[①] 图 15－9 将存货投资与 GDP 的变动相比较。许多但不是全部的存货投资都能以这种方式解释。存货投资水平与产出变动的联系，是增加经济整体易变性的重要渠道。

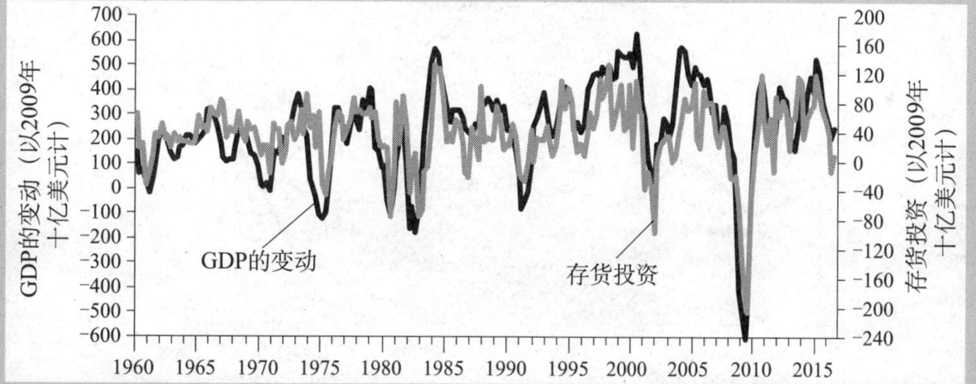

图 15－9　GDP 与存货投资水平的变动

资料来源：Federal Reserve Economic Data [FRED].

预期到的与未预期到的存货投资

当企业增加其存货时，存货投资就发生了。存货投资的主要方面在于区别预期到的（合意的）与未预期到的（非合意的）投资。存货投资在两种情况下可能增加。第一，如果销售量出乎意料的低，企业将发现无法售出的存货堆积在货架上。这些存货构成了未预期到的存

① 加速数模型实际上是可变加速数的特例（前者最先出现）。

货投资。第二，由于企业计划增加存货，存货投资也可能扩大，这是预期到的合意投资。

就总需求的行为方式而言，这两种情况显然具有十分不同的含义。未预期到的存货投资是总需求出乎预料的下降造成的。相反，计划存货会增加总需求。因此，迅速积累的存货可以和总需求迅速下降或总需求的迅速增加联系在一起。

经济周期中的存货

在经济周期中，与总需求的任何其他成分相比，存货投资的波动与经济周期的波动是成比例的。在第二次世界大战以后的美国历次衰退中，存货投资在波峰与波谷之间都曾经出现过下降。随着衰退的发展，需求缓缓下降，企业非自愿地增加了存货，存货-销售额比率上升。随后，企业削减生产，出售库存商品以满足需求。在每次衰退结束时，企业都减少它们的存货，这意味着在每次衰退的最后一个季度，存货投资都是负数。

经济周期中存货所起的作用是未预期到的与预期到的存货变化结合在一起的结果。图 15－10 表明了有关 20 世纪 80 年代初衰退严重时的数据。在 1981—1982 年衰退开始之前，GDP 迅速上升，从前一次衰退走向复苏。这意味着企业正在削减它们的存货。1981 年初由于产量超过销售量，企业开始积累存货。企业原来很可能预期未来的销售量很高，从而决定增加商品存量以应付未来的销售。因此，这是合意的存货积累。

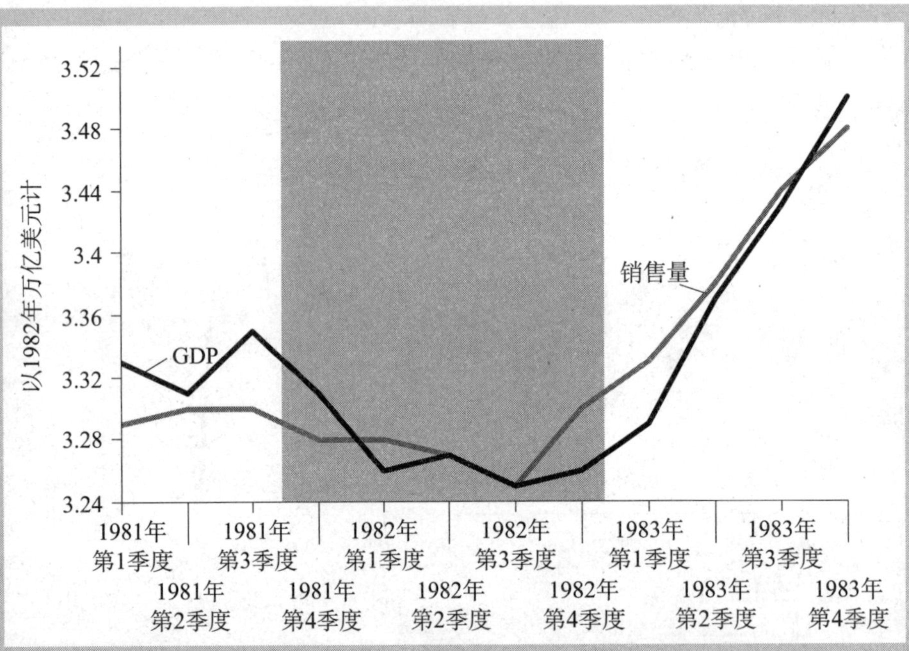

图 15－10　1981—1983 年衰退与复苏期间的销售量与产出

阴影区域为衰退时期。

资料来源：Bureau of Economic Analysis.

1981 年初，销售额最终下降，但 GDP 仍保持高水平，直到第三季度为止。因此，1981 年上半年是非合意存货积累时期。随后，企业意识到存货量太高了，因而削减生产，使存货恢复到正常水平。在 1982 年第一季度，企业削减产出，最后成功地并有目的地降低了存货；因此，该季度销售量超过产出量。企业有目的地削减生产，以便使存货恢复到其正常水平，从而使产出急剧下降的这个阶段，在第二次世界大战后的历次衰退时期中是比较典型的。当 1983 年开始复苏时，存货最终被建立在合意的水平上。

为了理解**存货周期**（inventory cycle），考虑一个假设的汽车经销商的例子。该汽车经销商每月出售比如说 30 辆汽车，平均保持一个月的销售量——30 辆汽车——作为存货。只要每月销售量继续稳定在 30 辆，经销商每月就将向工厂订购 30 辆汽车。现在假定每月销售量降低到 25 辆，经销商花了两个月才适应这种变动。在这两个月中，存货增加为 40 辆。将来他手头只需要 25 辆汽车。因此，为适应需求的下降，他在第三个月削减向工厂的订货，从 30 辆减少到 10 辆，以恢复一个月销售量的存货。在合意的存货-销售额比率恢复之后；订购量每月将是 25 辆。从这个极端的例子中，我们理解到减少 5 辆汽车的需求，为什么不是简单地导致每月削减 5 辆汽车的生产，而是引起 1 个月内少生产 20 辆，随后才在长期中每月少生产 5 辆汽车。

适时存货管理 如果存货与销售量或总需求能够更紧密地保持一致，存货投资与 GDP 两者的波动将会下降。由于企业的经营方法一直在改进，希望新的管理方法能使企业对其存货保持严格的控制，因而更为稳定的增长前景得以改善。**适时存货管理**（just-in-time inventory management）技术是从日本输入的，它强调物资供应者与使用者的配合一致，从而容许企业以少量的存货进行运作，使生产过程少预备存货。这些改进方法有助于说明存货的下降趋势。1990—1991 年和 2001 年的经济衰退期间，存货-最终销售额比率提高得非常有限，的确远比先前历次衰退中的要少得多。

大衰退中的存货投资

图 15-11 显示了在大衰退时期的存货变化。2008 年，随着企业家觉察到经济下滑，存货开始暴跌。由于最终销售的下降比企业处置存货要快得多，所以存货与最终销售的比率暴涨。直到衰退结束后的一年左右，存货投资才恢复正常水平。

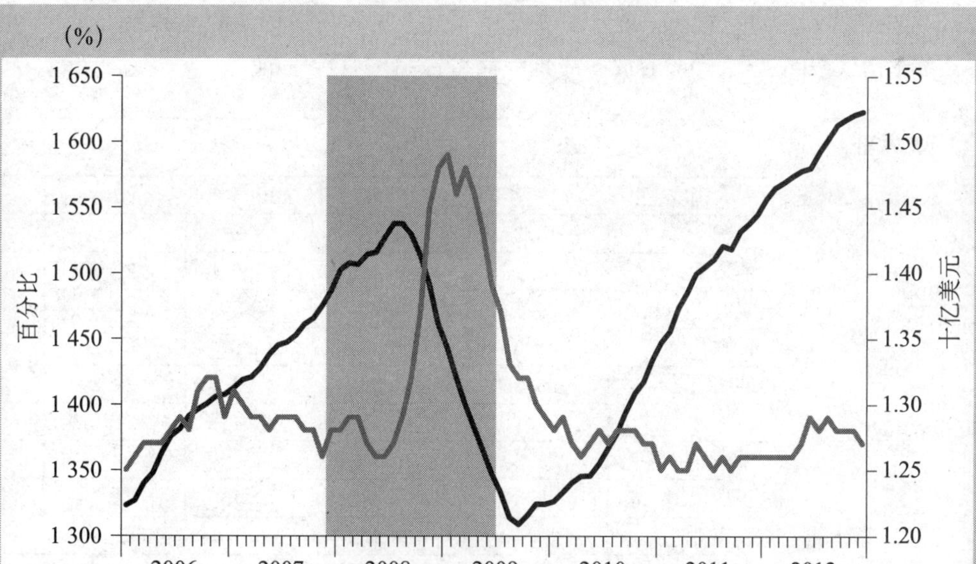

图 15-11 大衰退时期的存货投资

资料来源：Federal Reserve Economic Data [FRED].

15—3 投资和总供给

投资是总需求的一个重要组成部分。投资也增加资本，提高经济的生产能力。那么，投资对于总供给也很重要吗？在短期内，任何投资对于总供给都不重要。但是，在长期内，这就是重要的了。一个小小的计算就可以帮助我们弄清楚这个明显的矛盾。

我们在专栏 15－1 中已经看到，通常一年的投资价值大约是资本存量的 1/20。假定有人发现了一项政策，能使投资比在其他情况下的增长多 25%。（历史记录表明，没有谁能想出一个接近这种效果的思想——但是，希望永远是存在的!）在一年的时间里，这种政策的效果将使资本额外增加大约 1/80，或者 1.25%。回顾一下我们所了解的第 3 章说明的经济增长［回顾方程（2）］，这将被转述为 GDP 的 1%的大约 3/10。短期政策也许会使投资增加 25%的看法大概是很奇怪的。任何现实政策的短期供给效应都可能小得无法衡量。

所以，希望有一个短期供给效应的刺激投资的要求也许是愚蠢的。但是，增加投资也许是创造长期经济繁荣的重要工具之一。资本存量最小的年增长效应在长期也可能被积累得相当大。在一个相当长的时期内，当许多国家以非常高的增长率进入现代化发展时，通过观察非常高的投资率，我们可以看到上述看法的证据。

世界各地的投资

高经济增长国家成为高经济增长国家的一个原因是，它们从其产出中拿出了一个实实在在的部分进行投资。表 15－4 显示了几个国家的总固定资本投资与 GDP 的比率。投资比率是由本章所研究的资本需求与储蓄供给两者确定的。

表 15－4 投资与产出之比

（%）

国家	1975	1985	1995	2005	2015
美国	18.3	20.7	18.2	19.9	19.8
加拿大	24.1	19.4	17.6	20.5	23.5
瑞典	19.9	20.8	15.8	17.0	23.7
日本	32.5	27.7	28.0	23.2	21.7
韩国	26.8	28.8	37.3	29.3	29.1
新加坡	35.1	42.2	33.4	21.8	25.4***
中国	28.3*	30.0	34.7	42.2	44.2***
孟加拉国	5.5	10.3	19.1	24.4	28.9
埃塞俄比亚	10.5	10.7	16.4	23.8	40.3***
布隆迪	12.8	14.2	9.4	15.5	15.9
马拉维	24.9	13.3	14.8	8.9	16.9**

* 1979 年数据。
** 2013 年数据。
*** 2014 年数据。
资料来源：International Financial Statistics Online；总固定资本占 GDP 的比例。

表 15－4 显示高投资率发生于经济迅速增长的国家，但不一定发生在已经非常富裕的国家。在 1975—2005 年期间，美国、加拿大和瑞典是具有适度增长率的富裕国家。

1975 年，日本是具有高增长率的中等富裕国家。在这一时期，新加坡、韩国和中国经济增长非常迅速，这部分归因于它们的高投资率，但尚未达到美国的收入水平。1975 年，孟加拉国、布隆迪、埃塞俄比亚与马拉维这四个贫穷国家的投资率太低，不足以支持经济的迅速增长。大约 40 年后，布隆迪和马拉维仍然处在相对贫穷的状况，正如我们所看到的，它们的投资率并未改善。相反，到 2015 年孟加拉国和埃塞俄比亚已经加入世界上最高经济增长率国家的行列。这并不令人吃惊，因为在之前的 20 年内，两国的投资率都大大增加了。

与其国际竞争者相比，美国和加拿大相对较低的投资率是政策制定者长期关注的一个方面。

本章提要

1. 投资是增加资本存量的支出。在美国，投资通常占总需求的大约 13%，但是，投资的波动解释了 GDP 经济周期运动的大部分原因。我们分析了三类投资：企业固定投资、住宅投资与存货投资。

2. 新古典的企业固定投资理论认为，投资率取决于企业调整其资本存量到合意水平的速度。企业计划生产的预期产出越大，资本租金成本，即使用者成本越小，合意资本存量就越大。

3. 实际利率是名义（公布的）利率减去通货膨胀率。

4. 实际利率高，企业股价低，而且资本折旧率高，则资本税收成本高。税赋也影响资本的租金成本，特别是通过投资税减免来施加影响。投资税减免实际上是政府对投资的补贴。

5. 实际上，企业使用现金流量贴现分析法确定投资多少。这种分析得出的答案与新古典分析法的结论一致。

6. 投资可变加速数模型是投资渐近调整模型的一个特例。

7. 由于信用是配给的，企业投资决策受到它们资产负债表实际状况的影响，因此也受到它们留存收益数量的影响。

8. 经验结果表明，企业固定投资对产出变动的反应是长期滞后的。不考虑资本的租金成本变动的加速数模型，在解释投资方面和较为复杂的新古典模型几乎一样出色。

9. 住宅投资理论从分析住宅存量需求开始。需求受财富、其他投资可获得的利率以及抵押贷款利率的影响。住宅价格是由任何既定时间的需求与既定的现存住宅存量供给的相互作用决定的。住宅投资率取决于现行价格下建筑商提供住宅的速率。

10. 住宅投资受货币政策的影响，因为住宅需求对（实际与名义）抵押贷款利率十分敏感。信用可得性也起作用。

11. 货币政策与财政政策两者都影响投资，特别是影响企业固定投资和住宅投资。这些影响通过实际（和在住宅情况下的名义）利率，并且通过税收对投资的激励起作用。

12. 调整投资支出以适应产量与其他投资决定因素的变动需要很长的滞后时间。这种滞后时间很可能增加 GDP 的波动。

13. 存货投资的相应变动比其他任何种类的投资都要大。企业有一个合意的存货-销售额比率。如果销售额过高或过低，其比率可能与合意的存货-销售额比率不一致，然后企业变更其生产水平以调整存货。例如，在衰退开始时总需求下降，库存增加。然后，当企业削减生产时，产出下降的幅度甚至比总需求下降的幅度还要大。这就是存货周期。

关键术语

加速数模型
企业固定投资
资本收益
资本存量
信用配给
边际产量递减
现金流量贴现分析
投资
动态行为
预期通货膨胀率
预期实际利率
可变加速数模型
投资流量
存货周期
存货投资
适时存货管理
资本边际产量
机会成本
投资的 q 理论
实际利率
资本的租金（使用者）成本
住宅投资

习题

概念题

1. 如果一个经济达到了其合意资本存量，并希望仅仅维持该合意资本存量不变，是否应该进行任何投资呢？如果不是，为什么？如果是，是多少？

2. 新近的投资转移到高科技的资本品方面，这对折旧率有什么影响？你想过与人力资本存量有关的折旧率了吗？

3. 如果一家企业用留存收益，而不是用借入资金进行投资，其投资决策还会受利率变动的影响吗？请解释。

4. 在 15—1 节研究的企业固定投资模型考察了企业拥有资本品的成本与效益。它的基本结论是，只要企业的资本边际产量超过边际成本，就会增加资本存量。什么是托宾的 q，它与 15—1 节中的这个模型是如何联系的？

5. 根据本章所描述的企业固定投资，一家企业的投资决策会受到对其产品的需求突然增加的影响，你是如何看待这一观点的？什么因素会决定其反应速度？

6. 在过去的 10 年里，美国经济中小企业的数量大大增加。如果小企业的信用配给确实比大企业多，这对美国产出波动（经济周期）会产生什么影响？

7. a. 至少举出两个理由说明为什么高利润会提高投资率。

b. 解释为什么放款人会配给信用量，而不仅是向承担更多风险的借款人收取更高的利率。

8. a. 解释（实际）抵押贷款利率低时，为什么住宅市场经常是兴旺的。

b. 在美国的一些州，高利贷限制法禁止（名义）抵押贷款利率超过法定限额。解释这为什么会成为问题 a 结论的一个例外。

9. 存货投资加速数模型与资本积累的可变加速数模型之间是什么关系？

10. 存货的变动能预示经济周期的运动吗？为什么不管这些变动是计划的还是非计划的，都十分重要？

11. 在 1990—1991 年衰退期间，存货-销售额比率并无显著的上升，你如何解释这个事实？

12. 为什么决策者应该（或不应该）关注过去 10 年中在美国发生的相对低水平的投资？

13. 在第 5 章读者已经了解到当总供给曲线是垂直的时，货币政策对实际利率是没有影响的。请给出两个原因说明即使货币政策不能影响利率，货币政策仍然会影响投资。

技术题

1. 描述一家汽车出租行如何计算出租汽车的价格，并将你的描述与正文中给出的租金成本公式联系起来。

2. 一个投资项目的现金流量如下所示。如果现金流量的现值为正数，这家企业将会投资。

第 1 年	第 2 年	第 3 年
−200	100	120

在下列情况下，该企业应该投资该项目吗？

a. 如果利率为 5%。

b. 如果利率为 10%。

3. 假设颁布一项明确的暂时税收减免。税收减免率为 10%，期限为 1 年。

a. 这种税收减免对长期（比如 4 年或 5 年以上）投资的影响是什么？

b. 在本年与下一年的影响是什么？

c. 如果税收减免是永久性的，你对问题 a 与问题 b 的答案有何不同？

4. a. 解释最终销售额与产出为何有所区别。

b. 指出图 15 - 10 中的计划存货投资与非计划存货投

资的时期，并且画下来。

c. 在缓慢但稳定的经济增长时期，你预期最终销售额与产出如何相关？请解释，并为这类时期画出一个类似于图 15－10 的假设图。

5. 给出下列信息。计算托宾 q 的统计量：假定一个公司有 100 万股流通股票，每股价值 25 美元，再假定它的实物资本存量的重置成本为 1 800 万美元。

a. 该企业应该（净）投资于更多的实物资本吗？

b. 如果该企业的实物资本存量的重置成本现在是 2 500万美元或 2 800 万美元，你的回答会改变吗？

6. （选做）本习题使用柯布-道格拉斯生产函数与相应的合意资本存量，给定 $K^* = g(rc, Y) = \theta Y/rc$。假定 $\theta = 0.3$，Y＝5 万亿美元，$rc = 0.12$。

a. 计算合意资本存量 K^*。

b. 现在假定预期 Y 将上涨到 6 万亿美元，相应的合意资本存量是多少？

c. 假如在预期收入变动之前，资本存量处于合意水平。再假设在投资逐步调整模型中，$\lambda = 0.4$。在预期收入变动后，第 1 年的投资率是多少？第 2 年呢？

d. 你对问题 c 的回答涉及的是总投资还是净投资？

7. 1947—1991 年间，持有正常资本存量的年平均收益率是 7%，而同期企业固定投资的年平均增长率是 3.5%。1992—1999 年期间，持有正常资本存量的年平均收益率是 16%，同期企业固定投资的年平均增长率是 8%。q 理论怎样和这种变化相联系？

操作题

1. 我们知道，美国的投资支出大约占其（GDP）总需求的 13%。其他国家的投资一直大于其产出的 13%吗？

a. 登录欧洲中央银行的统计数据库（http://sdw.ecb.europa.eu），下载下面两个变量的数据：GDP 和 gross fixed capital formation（这只是对投资的一种不同的称呼）。这些都能在“Prices，Output，Demand and Labor Market”，“National Accounts and Output Indicators”，以及“GDP and Expenditure Components”下找到，将这些系列数据除以在“Prices，Output，Demand and Labour Market”以及“Prices”和“Deflators”下找到的 GDP 平减指数后转变成不变价格的系列数据。使用这些不变价格下的系列数据完成问题 b。

b. 计算投资占 GDP 的份额（I/GDP×100）。平均说来，投资支出占欧盟总需求的份额是多少？

2. 图 15－7 显示了抵押贷款利率与 GDP 中住宅投资份额的关系。另一种考察同样关系的方法是用房屋开工率替代住宅投资。

a. 登录 http://fred.stlouisfed.org 网站，点击“Category”，在“Money，Banking，& Finance”栏目下选择“Interest Rates”，然后选择“Mortgage Rates”，下载 30 年期传统抵押贷款利率的系列数据“MORTG”。登录 http://census.gov 网站，点击“Housing”，在“Related Sites for Housing Data”下点击“Construction”，然后选择“Related Sites for Housing Data”，选择季节调整后的年度数据，并下载该数据。

b. 利用 EXCEL 建立包括抵押贷款利率和房屋开工率的关系图。从直观上看，这两个变量有什么关系？

16 货币需求

本章要点

- 货币是用于交易的任何资产，它随时间与地点的不同而发生变化。
- 货币需求是对实际余额，即货币数量除以物价水平的需求。
- 对货币的需求随收入的增加而提高，随利率的提高而下降。

什么是“货币”，为什么人人都需要它？

由于经济学家是在特定的技术意义上使用“货币”一词，所以，上述问题就显得不那么突出了。我们所讲的“货币”是指交换媒介，即购买物品所支付的财物，例如，现金。在口语中，谈到“货币”有时是指“收入”（例如，“去年我挣了一大笔钱”）或“财产”（“那人有很多钱”）。**经济学家谈到“货币需求”时，我们被问到的是以现金、支票账户或与之密切相关的资产等形式所持有的资产数量，而不是一般性的财产与收入。**我们的兴趣在于为什么消费者与厂商持有货币而不持有一项较高收益率的资产。美国的货币当局联邦储备委员会通过货币需求与货币供给的相互作用来影响产出和物价水平。

货币（money）是支付手段或交换媒介。更加非正式的说法，货币是在交易中被普遍接受的任何一种物品。过去，贝壳、可可或金币在不同的地方都充当过货币。在美国，由通货和支票存款所构成的 M1 与支付手段的定义最为接近。在 2016 年，M1 大约为人均 10 000 美元。激烈的争论是关于货币资产的一个更加广泛的组合是否可以更好地满足现代支付体系中货币的定义。这个广泛的货币资产组合就是 M2（后面讨论它，具体而言，它大约为每人 40 000 美元）。

哪些资产构成货币呢？对货币含义的讨论经常变化，这有一个很简单的原因：在过去，货币是交易中普遍接受的支付手段，但还不具有支付利息的特征。因此，通货与活期存款（在美国，活期存款不获取利息）之和在很长一段时间里是货币的公认定义。这个总量现在被认为是 M1。但在 20 世纪 80 年代，越来越多的生息资产也变得能用支票提取了。这就迫使我们不断考虑如何在我们所定义的货币那部分资产与那些仅是金融资产而非严格意义上的货币之间划分界线。这一问题不仅在概念上十分重要，而且对联储应予控制的货币总量进行的估算也具有重要的意义。

回想一下当货币供给的增加比货币需求的增加更快的时候，带有产出或价格水平同时上升的总需求的上升情况。当货币需求上升时，*LM* 曲线向左移动，会减少总需求，除非货币当局认识到要及时推动货币供给的一个相等数量的增加。因此，理解货币需求，以及变动因素如何影响需求，就是货币当局制定目标的第一步。而当宽松阐述的宏观经济理论简单地设立一个资产标签 M 的时候，我们将看到，在本章里，在完整的、我们生活在其中的许多资产的意义上衡量和理解货币，在很大程度上更加困难。

16—1 货币存量的构成

在任何经济体系中，都有一个庞大的金融资产系列，从通货到对其他金融资产的复杂要求权。这些资产的哪一部分被称做货币？在美国，有两种主要的货币总量：M1 和 M2。专栏 16－1 描述了不同标准货币的组成部分。

［专栏 16－1］ 我们还知道什么？

货币总量的构成

我们在此简要介绍货币总量的构成。

(1) 通货：由流通中的硬币和纸币构成。*

(2) 活期存款：商业银行的无息支票账户，不包括其他银行、政府和外国政府存款。

(3) 旅行支票：只能由非银行机构发行（如美国运通公司，American Express）的那些支票。银行发行的旅行支票包括在活期存款中。

(4) 其他支票存款：具有各种法律安排和各种销售名称的生息支票账户。

$$M1 = (1) + (2) + (3) + (4)$$

(5) 货币市场共同基金（MMMF）股份：投资于短期资产的共同基金中的生息支票存款。某些 MMMF 股份由机构持有，它们不包括在 M2 中。

(6) 货币市场存款账户（MMDA）：是由银行经营的 MMMF，优点是它们具有最高可达 10 万美元的保险。货币市场存款账户在 1982 年末推出，允许银行与 MMMF 进行竞争。

(7) 储蓄存款：指在银行和其他储蓄机构中的存款，但不能由支票进行转让，通常记录在储户持有的单独存折上。

(8) 小额定期存款：生息存款，并有特定的到期日。在到期日前提取必须支付罚金。“小额”指小于 10 万美元。

$$M2 = M1 + (5) + (6) + (7) + (8)$$

* 在 www.frbsf.org/currency 上可以找到美国货币史的图片展。

资料来源：Federal Reserve Bulletin 每个月都公布相关数据和解释。

M1 包括那些能够直接、立即并且无限制地进行支付的要求权。这些要求权是具有**流动性**（liquid）的。**如果一种资产能够立即、方便而又便宜地用于支付，它就是流动的。**M1 最贴切地符合货币作为支付手段的传统定义。M2 还包括非立即流动的要求权——例如，定期存款的提取需要事先通知存款机构；货币市场共同基金可能限定从账户提款支票的最低额度。[①]

---

① 从历史上看，联储也追踪过 M3。基于一旦人们知道 M1 和 M2，联储的判断便不能提供有用的信息，对 M3 的追踪在 2006 年 3 月便不再继续了。

我们按专栏 16-1 的顺序由上往下看时，会发现当资产的利息收益增加时，它们的流动性反而降低了。通货的利息收益为零，支票账户的收益低于货币市场存款账户的收益，依此类推。这就是典型的经济上的权衡取舍——为了获得更多的流动性，资产持有者必须放弃收益。

M2 和其他货币总量

专栏 16-1 所描述的所有资产在一定程度上都可以相互替代，因此，在界定货币时没有清晰的论点可以作为划定界线的依据。M2 是在 M1 的基础上，加上那些接近于充当交换媒介的资产。M2 的绝大部分是银行和储蓄机构中的储蓄存款与小额（小于 10 万美元）定期存款。它们几乎不太困难地就可被用作支付手段。对于储蓄存款，必须通知银行把资金从储蓄存款转入支票账户；对于定期存款，原则上需等待存款到期，否则要支付利息罚金。

M2 中的第二大类资产包括货币市场共同基金与存款账户。货币市场共同基金将其资产投资于短期生息债券，如可转让定期存单（CD）与国债。[①] MMMF 支付利息，并允许账户所有者根据其账户开具支票。货币市场存款账户是商业银行持有的货币市场共同基金；根据货币市场存款账户，每月可以开具一定额度的支票。显然，货币市场共同基金和货币市场存款账户差不多等同于支票存款，但它们也可作为金融投资。

直到 1987 年，M1 一直是受到最严密监测的货币存量，这既是由于它最接近于货币作为交换媒介的理论定义，又是由于它的需求函数相当稳定。但是，在对 M1 的需求变得难以预测[②]以后，许多经济学家，包括联邦储备委员会的经济学家在内，开始对 M2 的行为予以更多关注。自 20 世纪 90 年代初期开始，M2 的行为也变得不可预测了。在第 17 章，我们将看到货币需求总量的不可预测性使货币政策的任务变得复杂起来。

金融创新

金融创新通常是规避政府管制的结果，随后引起了货币总量定义的变动。例如，对存款支付利息的储蓄是禁止开具支票的，为此发明了可转让支付命令账户（NOW）来规避禁令。NOW 看起来像支票，但从法律角度讲，它却不是支票。同样，货币市场共同基金创建于 1973 年。1982 年以前，银行不允许发行货币市场存款账户，但在银行被允许发行货币市场存款账户以后，这种存款便迅速流向银行：MMDA 的存款量自 1982 年 11 月从零开始，增加到 1983 年 3 月的 3 200 亿美元。

非常清楚，并不存在独一无二的一直构成货币供给的一组特定资产，现有的货币定义也不是毫无问题的，比如，信用卡是否应该被认为是一种支付手段。甚至有人提出采用比 M1 范围更窄的货币定义，例如，1 000 美元的钞票不易用于购买日用品，它应该包括在 M1 当中吗？但可以肯定的是，随着时间的推移，用作交换媒介或支付手段的特定资产将会进一步变化，货币总量的定义也将随之变化。

---

① 可转让定期存单是和其他证券一样，可在市场上公开交易的银行负债。一般金额高达 10 万美元或更多。

② Yoshihisa Baba，David Hendry，and Ross Starr，"The Demand for M1 in the U. S. A.，1960—1988，"，*Review of Economic Studies*，January 1992，提供了一份关于 M1 的不稳定性的详细调查材料。

16—2 货币的职能

货币的应用如此广泛，以至我们难以想象到它是一种多么神奇的工具。若不使用货币或者与它类似的某些东西，现代经济的运行是无法想象的。**在没有货币的神话般的物物交换经济中，每一笔交易都涉及双方商品（或服务）的交换。**有关物物交换的困难的例子不胜枚举。想要理发的经济学家必须找到一位想听一堂经济学课的理发师；需要服装的演员则必须找到一个要看演出的裁缝，等等。没有交换媒介，现代经济就无法运行。**货币，作为交换媒介（medium of exchange），使得交易中不必存在"需求的双重吻合"，**就像经济学家与理发师的需求只有在恰当时间才能吻合那样。

货币具有四种传统的功能，其中交换媒介是第一位的。[①] 其他三种功能是价值贮藏、价值尺度和延期支付的标准。它们与交换媒介功能的立足点不同。

价值贮藏（store of value）是指一种资产能长久地保持其价值。这样，持有贮藏价值的个人就能够在将来的某一天使用这笔资产进行购买。如果一种资产没有贮藏价值，它将不能用作交换媒介。请想象一下在没有冰箱的情况下，试图用冰淇淋作为货币的情形。如果货币在几分钟内肯定会融化，那么就没有理由让人们放弃产品来换取货币（冰淇淋）。要像货币一样有用，一种资产就必须有贮藏价值。但债券、股票和房地产等虽有贮藏价值，却并不是货币。

价值尺度（unit of account）是指报价和簿记的单位。价格由美元和美分来表示，美元和美分是衡量货币量的单位。货币单位通常也是计量单位，但这并不是最基本的。在许多高通货膨胀的国家，即便本国货币作为交换媒介，美元也会成为价值尺度。

[专栏 16－2]　我们还知道什么？

谁持有现金?

在 1995 年为联邦储备系统进行的一项美国家庭现金持有量的调查中显示，当年平均每人的通货持有量约为 100 美元。* 那时，发行在外的通货总量除以总人口后，是人均 1 375 美元。因此，大部分发行在外的通货并非美国家庭所有，或者至少他们不承认持有它。部分通货归于合法的公司，但大量通货被用来为非法活动提供资金。特别是提供给与毒品有关的活动，或者滞留于美国国外。在许多遭受严重金融危机的国家，美元通货在流通中比当地通货更受欢迎。

自 1990 年以来，美元通货的海外持有量比例急剧上升。理查德·波特（Richard Porter）和拉什·贾德森（Ruth Judson）估计 1995 年当年大约有超过 80 亿美元的通货流到了海外。

没有人准确了解美国通货的持有情况。图 1 是最新的连续估算结果。联储估算，截至 2007 年 12 月，大部分通货都被美国之外的国家持有。

* Richard D. Porter and Ruth A. Judson，"The Location of U. S. Currency：How Much is Abroad?" *Federal Reserve Bulletin*，October 1996.

---

① 关于货币职能的古典阐述，请参阅 W. S. Jevons，*Money and Mechanism of Exchange*（London：Kegan Paul，1875）。

图 1　外国持有的美元通货与流通中的全部美元通货之比

资料来源：Anderson，Richard G. “Some Tables of Historical U. S. Currency and Monetary，Aggregates Data，” *Working Paper 2003-006A*，Federal Reserve Bank of St. Louis，April 2003.

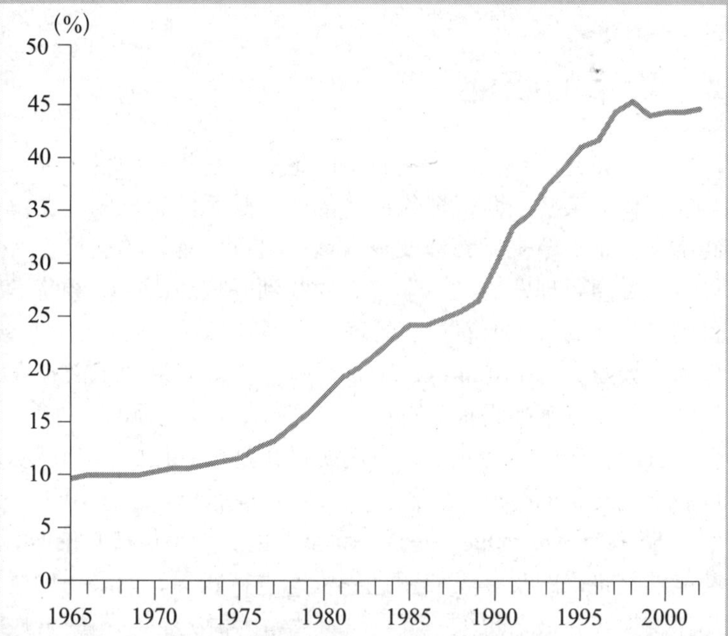

最后，作为一种延期支付的标准（standard of deferred payment），货币单位被用于诸如贷款等长期交易中。5 年或 10 年后必须偿还的数量由美元和美分明确表示。美元和美分充当着延期支付的标准。我们再次表明，延期支付的标准本质上并非一定是货币单位。例如，一笔贷款的最终支付可能与价格水平的变化有关，而不是固定在美元和美分上。这就是指数化贷款。因此，货币四种功能的最后两种是货币通常履行的功能，而不是必定履行的功能。贮藏价值的功能是许多其他资产都能履行的。

我们需要再次强调的最后一点是，**货币是在交易中被普遍接受的任何物品**。在过去，曾经使用过各种令人惊奇的货币：包括贝壳那样的简单商品，然后是金属，代表对金银要求权的纸币，只对其他纸币有要求权的纸币，然后是银行账户中的纸币和电子记账。[1] 无论一张纸被描画得多么精美，如果它在支付中不被接受，它就不是货币。同样，不管其制作材料如何非同寻常，只要在支付中被普遍接受，它就是货币。因此，在货币的接受性上存在着内在的循环论证。**货币在支付中被接受，只是由于人们相信它在随后的支付中也将被别人接受。**

16—3　货币需求：理论

在本节，我们评论构成货币需求基础的三种主要动机，并集中考察收入和利率的变动对货币需求的影响。在开始讨论之前，我们必须指明货币需求的重要一点：**货币需求是对实际余额（real balance）的需求。**换言之，人们持有货币是因为它的购买力，即用它能购买到的商品数量。人们并不关心他们的名义货币持有量，即他们持有多少美元钞

---

① 参见 Glyn Davies，*A History of Money from Ancient Times to the Present*（Aberystwyth：University of Wales Press，1994）。

票。这有两点含义：

1. 当价格水平上升，而所有的实际变量，如利率、实际收入与实际财富都保持不变时，实际货币需求也保持不变。

2. 或者说，在实际变量既定的情况下，名义货币需求随价格水平的上升而同比例上升。

换句话说，我们感兴趣的货币需求函数告诉我们的是对实际余额 M/P 的需求，而不是对名义余额 M 的需求。这里所描述的行为有一个特别的名称。**在所有实际变量保持不变时，如果价格水平的变化不改变某个人包括实际货币需求在内的实际行为，则这个人就不受货币幻觉（money illusion）的影响。**[①]

我们接下来要评述的理论，相当于凯恩斯持有货币的三个著名动机[②]：

- **交易动机**（transactions motive），指使用货币进行日常支付所产生的货币需求。
- **预防性动机**（precautionary motive），指为应付未预见到的意外事故而产生的货币需求。
- **投机性动机**（speculative motive），指由于个人可能持有的其他资产货币价值的不确定性而引起的货币需求。

正如我们将要看到的，在讨论交易动机和预防性动机时，我们主要涉及 M1，而投机动机更多地涉及 M2 以及非货币资产。[③]

这些货币需求理论**是根据持有更多货币所获得的收益与这样做时所付出的利息成本之间的取舍替代关系建立起来的。**货币（M1，即通货和活期存款）通常不获取利息或比其他资产得到较少的利息。持有一美元货币的利息损失越多，我们预计这个人持有的货币就越少。在实践中，我们以支付给货币的利率（也许为零）与支付给最近似的、可以比较的其他资产的利率之间的差额来衡量持有货币的成本，这些其他资产包括储蓄存款，或对公司而言的存款凭单或商业票据等。**货币的利率是其自身的利率（own rate of interest），而持有货币的机会成本（opportunity cost）等于其他资产的收益和货币本身利率之间的差额。**

交易需求

货币的交易需求产生于收付之间缺乏同步性。换句话说就是，你不能恰好在需要你进行支付的时候完成支付，因而，在此期间，你要保持一定的货币以便能购买物品。在本节，我们将考察一个简化的模型，看看一个人将持有多少货币进行购买。

这里的取舍替代关系是指，个人持有货币时所放弃的利息量和只持有少量货币时所产生的成本与不方便之间的取舍问题。为使问题具体化，设想某人每月收入 1 800 美元。假如这个人在这个月里均匀地花费这 1 800 美元，即每天用去 60 美元。现在，在一个极

---

① 在把经济学和心理学结合起来方面，Eldar Shafir，Peter Diamond，and Amos Tversky，“Money Illusion”（*Quarterly Journal of Economics*，May 1997）一文中描写了关于货币幻觉的可笑趣事。

② J. M. Keynes，*The General Theory of Employment*，*Interest and Money*（New York：Macmillan，1936），Chap. 13.

③ 虽然我们在考察货币需求时注意到了持有它的三种动机，但是，我们不能把一个人持有的货币按三种动机划分开来。比如把 500 美元分成 200 美元、200 美元、100 美元三个部分，按不同动机分别持有。为满足某种动机而持有的货币往往也可以转做其他用途。出于投机的原因而非同寻常地持有大量货币余额的人，也同时可以用这些已有的货币余额去满足无法预测的紧急情况。所以，它们也作为满足预防性动机的余额。所有三个动机都影响个人的货币持有量。

端情况下，此人只是简单地持有 1 800 美元现金，每天支出 60 美元。或者说，在这个月的第一天，这个人支取 60 美元并在当天花掉，同时将余下的 1 740 美元存在按日计息的储蓄账户中。在此后的每天早上，他都去银行从储蓄账户中支取当日的 60 美元。到月底，该存款者将从储蓄账户中按每天存在储蓄账户上的货币获得利息。这就是让货币持有量在每天开始时减少 60 美元所得到的收益。货币持有量逐渐减少的成本就是去银行每天支取 60 美元的路途所带来的成本与不方便。

[专栏 16-3]　我们还知道什么?

使用收入弹性的粗略计算

假设你现在是 Baumol-Tobania 这个小国的货币当局。该国实际增长速度保持在年平均 3%。那么，你将以怎样的速度增加货币供应量以保持物价水平的稳定呢?

按照公式 (1)，GDP 增长 3%，每年将使货币需求增加 1.5%。如果你将名义货币供给量同样增加 1.5%，那么，实际货币供给和需求将在物价水平不变的基础上稳定持平。假如你认为收入弹性是 1 而不是 1/2，并错误地相信货币需求每年增加 3%，你就会按每年 3%的增长量创造货币，那么将会导致一场小而持久的通货膨胀。

该储户到银行提取现金的次数越多，他从储蓄账户中获得的利息越大。如果只去一次银行，即第一天就取走全部现金，那就不能获得任何利息。现金余额从第一天的 1 800 美元，平稳下降到月底的 0 美元，平均余额是 (1 800－0)/2＝900 美元，放弃的利息为 $i\times 900$ 美元。如果去银行提款两次，现金余额就从 1 800/2 美元下降到月中的 0 美元，然后重复上面的情况，平均余额是 (1 800/2－0)/2＝450 美元。在本章附录中，我们将表明把这种情况一般化，以便从收入 Y 开始，如果去银行提款的次数为 n，则平均现金余额为 $Y/2n$。如果每次提取存款的花费为 tc，那么提款的花费与放弃的利息之和为 $(n\times tc)+i\times(Y/2n)$。选择 n 使成本最小化，再计算出包含着的平均货币持有量，就会导致著名的鲍莫尔-托宾的货币需求的平方根公式[①]:

$$\frac{M}{P}=\sqrt{\frac{tc\times Y}{2i}} \tag{1}$$

方程 (1) 表明，货币需求随着利率的上升而下降，随着交易成本的提高而增加。货币需求随收入或收入水平的提高而增加，但低于按比例应该增加的数量。有时，这一点又被称为现金管理中的**规模经济** (economies of scale)。

方程 (1) 得出了两个非常有力的预测：货币需求的收入弹性为 1/2，而其利率弹性为－1/2。[②] 经验证据支持了预测的数字，但认为收入弹性可能更接近于 1，而利息弹性更接近于零。

---

① 这个理论相当普遍地被应用于决定商品和货币的最优存量方面。货币需求的库存量理论分析方法是与威廉、鲍莫尔和詹姆斯、托宾的名字联系在一起的：William Baumol, "The Transactions Demand for Cash: An Inventory Theoretic Approach," *Quarterly Journal of Economics*, November 1952; James Tobin, "The Interest Elasticity of Transactions Demand for Cash," *Review of Economics and Statistics*, August 1956。

② 这意味着如果收入增加 1%，货币需求应该上升 1%的 1/2，等等。要当心利率百分比变化的定义。如果利率从每年 10%增加到每年 10.5%，它就在原有水平上上涨了 5%，因此，货币需求应该下降 2.5%。

预防性动机

在对货币交易需求的讨论中，我们关注交易成本而忽略了不确定性。在本节，我们将集中讨论由于人们无法确定他们所要求的支付或必须进行的支付所引起的货币需求。[①]实际上，一个人并不能确切地知道她将在以后几周内得到什么样的报酬，也不知道将要进行什么样的支付。这个人或许会决定购买一份巧克力圣代，或在下雨时需要一辆计程车，或者必须支付处方开出的药剂的药费。假如这个人无钱支付这些费用，她将遭受损失。

个人持有的货币越多，他或她遭受的非流动性（即不能马上获得可用的货币）损失的可能性也越小。但个人持有的货币越多，他或她放弃的利息也就越多。我们回到类似于交易需求分析中的取舍替代情况。附带考虑到，收入及支出的不确定性越大，就越会增加货币需求。

金融体系的技术和结构是预防性需求的重要决定因素。在危险情况下，一些家庭也许会持有一些隐藏的现金，以备在需要逃走的情况下使用。与之相反，在许多发达世界，信用卡、借记卡和智能卡（smart cards）都降低了预防性需求。

货币的投机性需求

货币的交易需求和预防性需求强调了货币作为交换媒介的功能，它们涉及的都是手头持有货币进行支付的需要。每个理论都与 M1 的货币定义密切相关，尽管预防性需求能说明持有的一些储蓄账户和其他相对流动的资产量是 M2 的一部分。现在我们转到货币的贮藏价值职能，并集中讨论货币在个人投资组合中的作用。

拥有财富的个人必然以具体的资产形式来持有这些财富。这些资产构成了一个**资产组合**（portfolio）。有人认为，投资者希望持有能提供最高报酬的资产。然而，在绝大多数资产的报酬不确定的情况下，以单独一种**风险资产**（risky asset）作为整个组合加以持有是不明智的。你也许有最新的内部消息，说某种股票的价格在今后两年内肯定翻一番，但你比较明智，认识到这条最新消息一点也不可靠。典型的投资者需要持有一定数量的安全资产，作为持有那些价格变幻莫测的资产发生损失时的保障。货币是一种安全资产，因为其名义值是确知的。[②] 詹姆斯·托宾在他的一篇著名文章中，主张货币是投资者资产组合中持有的安全资产。[③] 这篇文章的标题是《作为趋向风险行为的流动性偏好》（Liquidity Preference as Behavior towards Risk），这篇文章阐明了一些基本观念。在这个框架中，最安全的资产，即货币的需求取决于其他资产的预期收益及其获得收益的风险程度。托宾表明，其他资产预期报酬的增加——持有货币的机会成本增加（持有货币所损失的报酬）——会降低货币需求。与此相反，其他资产报酬的风险程度增加，会增加货币需求。

---

① 参见 Edward H. Whalen，"A Rationalization of the Precautionary Demand for Cash," *Quarterly Journal of Economics*，May 1966。

② 当然，当通货膨胀率不确定时，货币的实际价值也不确定，而且货币也不再是安全资产了。即使如此，普通股股票价值的不确定性也比通货膨胀率的不确定性大得多，所以，在这个程度上，货币仍然可以被看作相对安全的资产（但不把处于恶性通货膨胀的国家包含在内）。

③ James Tobin，"Liquidity Preference as Behavior towards Risk," *Review of Economic Studies*，February 1958.

规避风险的投资者肯定会产生对安全资产的需求。然而，这种资产不能是 M1。从持有货币的收益和风险的角度看，显然，定期存款、储蓄存款或货币市场存款账户具有与通货或支票存款相同的风险。但前者一般给予较高的收益。考虑到风险是相同的，而定期存款和储蓄存款的收益大于通货和活期存款；组合的多样化解释了对属于 M2 的定期存款和储蓄存款的需求要优于对 M1 的需求。

16—4 经验证据

本节考察货币需求的经验证据——用实际数据进行研究。我们从第 12 章得知，货币需求的**利率弹性**（interest elasticity），在确定货币政策和财政政策的有效性中起到了重要的作用。在上一节中我们表明，有充分的理论原因相信实际余额需求应取决于利率。经验证据支持这一观点。经验研究已建立起货币需求和利率之间的负相关关系。

货币需求理论还预言，货币需求应当取决于收入水平。以货币需求的**收入弹性**（income elasticity）来衡量的货币需求对收入水平的反应，从政策角度看也是十分重要的。正像我们将在下面所看到的，货币需求的收入弹性能够指导联储，为支持既定的 GDP 增长率，在不改变利率的情况下要以多快的速度增加货币供给。

滞后的调整

关于货币需求的实证性著作引入了一个我们在理论部分没有研究的复杂情况——货币需求的调整是滞后于收入与利率变动的。当收入水平或利率变化时，起初货币需求只发生很小的变化。随着时间的推移，货币需求的变化加大，逐渐增加到其充分的长期变化。

这种滞后有两个基本原因。第一，调整货币的持有量需要付出成本和代价；第二，货币持有者期望放慢调整。调整成本包括寻找管理货币的新的最佳方式的费用，以及在需要时设立新型账户的费用。在期望方面，如果人们相信利率的既定变动是暂时的，他们就不愿对其货币持有量进行重大调整。当随着时间的推移，人们越来越清楚这种变化显然不是暂时性的时候，他们才愿意进行较大的调整。

对 M1 需求的经验结论

表 16－1 表明了 **M1** 的需求对收入和利率变化做出反应的估计值。[①] 在短期（一个季度），货币需求对于实际收入做出反应的弹性是 0.11。这意味着实际收入每增加 1%，货币需求会提高 0.11%，这显著地小于同比例的变动。该表显示利率上升会使货币需求降低。短期的利率弹性很小。国债利率增加一个百分点，只会使货币需求减少 0.8%。

长期弹性比短期弹性大 4 倍，如表 16－1 所示。长期实际收入弹性是 0.53，这意味着在长期，由实际收入的给定增长所引起的实际货币需求的增加，仅相当于收入增长的 0.53%。因此，实际货币需求增加的比例低于实际收入增加的比例。国债利率每提高

① Ball, Laurence, 2012. "Short-Run Money Demand," *Journal of Monetary Economics*, Elsevier, vol. 59 (7), pages 622—633. 关于货币需求方面的较早著作，一起被总结在以下文献中：Stephen Goldfeld and Daniel Sichel, "The Demand for Money," in B. M. Friedman and F. H. Hahn (eds.), *Handbook of Monetary Economics*, vol. 1 (Amsterdam: North-Holland, 1990), Chap. 8。

表 16-1　M1 实际货币需求的弹性

资料来源：Ball，Laurence 2012. "Short-Run Money Demand," *Journal of Monetary Economics*，Elsevier，vol. 59 (7)，pages 622-633，以及作者的估算。

	收入弹性	利率部分弹性
短期	0.109	−0.008
长期	0.532	−0.040

一个百分点，在长期会使货币需求减少 4%。

于是，实证性著作建立了货币需求的四个基本特性：

- 实际货币余额需求与利率反向变动。利率上升使货币需求减少。
- 货币需求随实际收入水平的增加而增加。
- 货币需求对利率和收入变动的短期反应，与长期反应相比，是相当小的。长期弹性大约是短期弹性的 5 倍。
- 名义货币余额需求同价格水平成比例地变动。不存在货币幻觉，换言之，货币需求是对实际余额的需求。

过去，实际货币余额需求被认为是美国宏观经济中（实际上在其他国家中也是一样）理解得最充分和最稳定的一个方程式。从那以后，对 M1 的需求变化了，至今也没有稳定到对货币需求函数的正确经验公式存在一致认识的程度。不过，对货币需求主要是受收入和利率影响这一事实，还是达成了普遍的一致意见。

对 M2 的货币需求

金融系统的创新使得 M1 与其他资产之间的流动更加容易。比如，自动取款机通常允许从储蓄账户中支取现金。我们可以说，相对于过去，储蓄账户如今可以更好地替代 M1。例如，当货币在储蓄账户与现金之间流动时，M1 变化了，而 **M2** 却没有变化。因此，金融创新使得对 M2 的需求比对 M1 的需求更加稳定。①

我们预计实际货币需求与持有 M2 的机会成本是反向变动的，持有 M2 的机会成本就是国债利率这类市场利率与构成 M2 的各种形式的存款所支付的加权平均利率之间的差额。我们也预计实际的 M2 货币需求与收入水平正向变动。

［专栏 16-4］　我们还知道什么？

货币需求和高通货膨胀

对实际余额的需求取决于持有货币的替代成本。这一成本通常用替代资产，如国债、商业票据或货币市场基金等的收益来衡量。但还有另一种替代方式。家庭或厂商不愿以金融资产形式持有其财富，也可持有实际资产：食品储存或房屋或机器。这一替代对于通货膨胀水平很高以及资本市场运转不良的国家是特别重要的。在这种情况下，持有商品的收益甚至可能高于持有金融资产的收益。

假如一个家庭正在决定是持有 100 美元现金，还是持有活期存款，或者以货架上的日用品形式持

① 参见 Robert Hetzel and Yash Mahra, "The Behavior of Money Demand in the 1980s," *Journal of Money, Credit, and Banking*, November 1989; and R. W. Hafer and Dennis Jansen, "The Demand for Money in the United States: Evidence from Cointergration Tests," *Journal of Money, Credit, and Banking*, May 1991。

有其财富。持有日用品不同于持有货币，其好处是它们保持其实际价值。该家庭不愿让其货币金额的购买力被通货膨胀侵蚀掉，所以决定放弃货币，购买商品，从而避免了损失。

当通货膨胀率上升时，**货币外逃**（flight out of money）的现象就会系统地出现。哥伦比亚大学的菲利普·卡甘（Phillip Cagan）在其关于恶性通货膨胀（在该研究中，将高于 50%的月通货膨胀率定义为恶性通货膨胀）的一个著名研究中发现，通货膨胀上升时，实际余额就会发生重大的变动。* 在最著名的恶性通货膨胀期，即 1922—1923 年，德国的恶性通货膨胀高峰时期的实际余额数量已下降到通货膨胀之前水平的 1/20。持有货币的成本上升，导致实际货币需求下降，以及随之而来的公众支付习惯的变化，因为每个人都尽量把货币像烫手的土豆一样送出去。

在发展完善的资本市场上，利率会反映预期通货膨胀，因此，无论我们用利率还是通货膨胀率衡量持有货币的替代成本，都不会有重大的差别。但是，当资本市场由于利率管制或有最高限额而不自由时，用通货膨胀率而不是利率衡量替代成本往往是恰当的。弗兰科·莫迪利亚尼（Franco Modigliani）已提出如下的经验法则：对持有货币成本的正确衡量手段是利率和通货膨胀两者中较高的一个。

* Phillip Cagan, "The Monetary Dynamics of Hyperinflation," in Milton Friedman (ed.), *Studies in the Quantity Theory of Money* (Chicago: University of Chicago Press, 1956).

这些假说的确都已经被经验证据所证实。利用 1953—1991 年的季度数据进行的估算，得到的弹性表示在表 16-2 中。该表证实了相对于机会成本的弹性是负值。短期弹性比长期弹性小。

M2 的长期收入弹性明显为正值，并大约等于 1。这意味着，在其他情况不变时，以 M2 衡量的实际余额与实际 GNP 的比率随时间的推移将保持不变。

表 16-2　1953—1991 年 M2 实际货币需求弹性

	收入	机会成本*
短期	0.39	−0.017
长期	0.98	−0.08

* 6 个月期商业票据利率扣除 M2 本身的利率。

资料来源：Mehra, Yash P. "The Stability of the M2 Demand Function: Evidence from an Error-Correction Model," *Journal of Money, Credit, and Banking*, August, 1993.

16—5　货币的收入流通速度

货币的收入流通速度（income velocity of money）是指每年内货币存量在融通该年收入流量时被换手的次数。它等于名义 GDP 与名义货币存量的比率。因此，2012 年 GDP 大约为 158 290 亿美元，M2 货币存量平均为 104 760 亿美元，所以，M2 的流通速度大约是 1.7。平均每一美元 M2 货币余额融通 1.51 美元的最终商品与服务的支出，或者说，公众对每一美元收入持有的 M2 平均为 66 美分。

收入流通速度（从现在起，我们将采用“流通速度”而不是“收入流通速度”）① 被

① 为什么我们说“收入流通速度”，而不直接说“流通速度”呢？因为有一个交易流通速度的概念，即**交易总额**（total transactions）与货币余额的比率。交易总额远远超过 GDP 有以下两个原因。首先，很多资产的交易不计入 GDP。其次，为了生产最终产品中的某种特定项目所产生的总支出一般超过该项目对 GDP 的贡献。例如，当价值一美元的小麦离开农场时，当小麦被出售给面粉厂主时等等，都产生了交易，如此一来，交易流通速度便会大于收入流通速度。

定义为：

$$V \equiv \frac{P \times Y}{M} = \frac{Y}{M/P} \tag{2}$$

即名义收入与名义货币存量之比，或者等于实际收入与实际货币余额之比。

流通速度概念之所以重要，在很大程度上是因为它是讨论货币需求的方便形式。将实际余额需求写为：$M/P=L(i, Y)$。代入方程（2），流通速度可以被重新写为$V=Y/L(i, Y)$。如果货币需求与收入成比例，这就很方便，因为这与长期内对M2的需求大致是符合的。因此，货币需求也可写成$L(i, Y)=Y\times l(i)$。在这种情况下，方程（2）就是$V=1/l(i)$，因而流通速度就成为概括利率对货币需求影响的一种快捷途径。记住，高流通速度意味着低货币需求。[①]

图16-1给出M2的流通速度（左轴）与国债利率（右轴）。M2的流通速度相对稳定（左轴在50年时期内仅在1.5和2.2之间变化），而且流通速度具有随市场利率变化而一同涨跌的明显趋向。

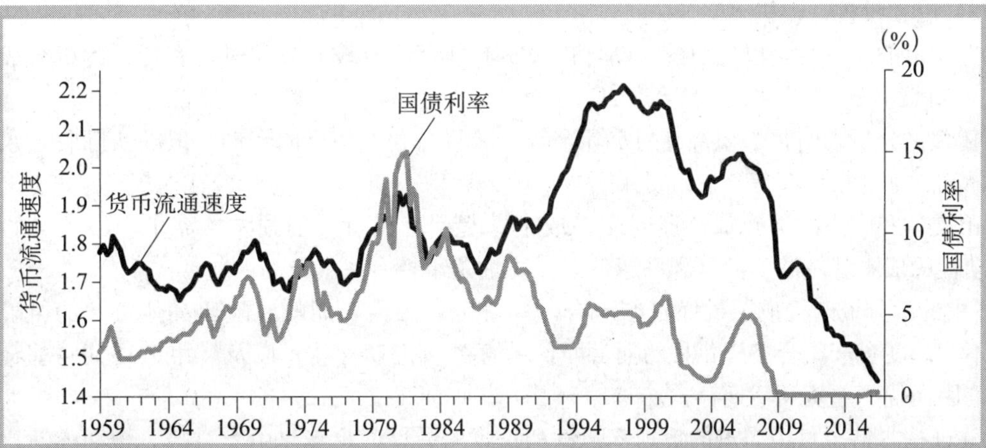

图16-1　货币流通速度（左轴）和国债利率（右轴）

资料来源：Federal Reserve Economic Data [FRED].

货币数量论

我们在第5章遇到的**货币数量论**（quantity theory of money）提供了一个很简捷的方式来组织对于货币、价格和产出之间关系的思考：

$$M \times V = P \times Y \tag{3}$$

方程（3）就是著名的数量方程（quantity equation），它将价格水平和产出水平与货币存量联系起来。当货币的收入流通速度V与产出水平Y两者固定不变时，这一数量方程就成为**古典数量论**（classical quantity theory）。由于经济处于充分就业状态，所以，实际产出应该被当作固定不变的，而流通速度则被假定不发生很大变化。这些假定实际上都不成立，但了解它们得出的结论还是有意思的。**如果Y和V都是固定不变的，则价**

① 实际上，从事学术研究的经济学家使用流通速度与货币需求两个词时，大致可以相互替换，而“华尔街”则倾向于关注直接作为衡量尺度的流通速度。

格水平和货币存量按比例变化。因此，古典数量论就是一个关于通货膨胀的理论。

古典数量论是价格水平与货币存量成比例变化的命题：

$$P=\frac{V\times M}{Y} \tag{3a}$$

如果 V 是常量，货币供应量的变化就会引起名义 GDP，即 $P\times Y$ 成比例地变化。当我们运用第 5 章考察过的**古典情况**（classical case）的（垂直的）供给函数时，Y 是固定的，而货币数量的变化就会转化为价格总水平 P 的变动。

本章提要

1. 货币需求是对实际余额的需求。对货币持有者而言，至关重要的是货币的购买力而不是货币的数量。

2. M1 由通货和支票存款构成。更宽泛的衡量尺度 M2，除了包括 M1 之外，还包括存款机构中的储蓄存款和定期存款以及其他一些生息资产。

3. 货币的主要特征是充当支付手段。持有货币的三个经典的原因是交易动机（M1）、预防性动机（M1 和 M2）以及投机性动机（M2）。

4. 持有货币的决策，是以货币的流动性以及在其他资产有较高收益时持有货币的机会成本之间的取舍关系为基础的。

5. 存货理论分析表明，个人持有的实际余额存量将与利率呈反向变动，但随实际收入水平和交易成本的增加而增加。根据存货分析，货币需求的收入弹性小于 1，这意味着存在规模经济。

6. 货币支付和收入的不确定性连同交易成本一起引起了货币的预防性需求。净支付的变动性越大，非流动性的成本就越高，而且利率越低，预防性货币持有率就越高。

7. M2 中的部分资产构成了最优资产组合的一部分，因为它们的风险比其他资产的风险更低——其名义值不变。就资产组合多样化目的而言，储蓄存款或定期存款，以及货币市场共同基金等资产能赚得利息，因而优于通货和活期存款。

8. 经验证据支持了货币需求的负利率弹性和正收入弹性的论点。由于时滞，短期弹性比长期弹性小得多。

9. 20 世纪 70 年代中期，M1 的需求函数开始表现出不稳定性。对 M2 的需求函数则显得更为稳定，表明收入弹性为 1，对自身的利率为正弹性，对商业票据利率为负弹性。

10. 货币的收入流通速度被定义为收入与货币的比率或货币的周转率。货币流通速度的行为与货币需求密切相关，因此，持有货币的机会成本上升会导致流通速度增加。

11. M2 的流通速度在许多年内基本上是稳定的。这种稳定性是持有货币的机会成本变动很小与对 M2 的需求的单位收入弹性的反映。

12. 通货膨胀意味着货币丧失了购买力，因此，通货膨胀产生持有货币的成本。通货膨胀率越高，持有的实际余额的数量就越少。恶性通货膨胀有力地支持了这种预言。在预期通货膨胀非常高的条件下，货币需求相对于收入大幅度下降。当人们相对于收入使用较少的货币时，流通速度提高了。

关键术语

古典数量论	交换媒介	货币数量论
货币外逃	货币	实际余额
收入弹性	货币幻觉	风险资产

货币的收入流通速度	机会成本	投机性动机
利率弹性	自身的利率	延期支付的标准
流动性（资产）	资产组合	价值贮藏
M1	预防性动机	交易动机
M2	数量方程	价值尺度

习题

概念题

1. 什么是货币？为什么人们都需要它？

2. 在什么程度上有可能设计一个没有货币的社会？存在什么问题？能废除通货吗？怎么废除？（为了避免所有这些事看起来过于不着边际，你应该了解有些人正开始讨论21世纪的一种"无现金经济"。）

3. 你认为信用卡的信用限额应当计入货币存量吗？为什么？

4. 请讨论一个人决定带多少旅行支票去度假时所考虑的各种因素。

5. 解释持有货币的机会成本这一概念。

6. 名义货币余额需求会随价格水平的上升而增加。同时，通货膨胀会引起实际货币需求的下降。请解释为什么这两种说法都是正确的。

7. 请评论"强盗喜欢通货紧缩"这句话。

技术题

1. 评价下列变动对M1和M2需求的影响，它们与货币的哪种功能有关？

a. 可以在24小时的任何时间从银行储蓄账户提款的"随时提款机"。

b. 银行雇用了更多的出纳员。

c. 通货膨胀预期上升。

d. 对信用卡的普遍接受。

e. 对政府即将倒台的恐慌。

f. 提高定期存款利率。

g. 电子商务的兴起。

2. a. 货币流通速度的高低与衰退时期的趋势有关吗？为什么？

b. 联储如何影响货币流通速度？

下面两个问题和附录中的资料有关。

3*. 交易性货币需求模型也适用于公司。假设某公司在该月内平稳地进行销售，而且该月末必须支付工人工资。请解释该公司如何确定其货币持有量。

4*. a. 为一个每月挣1 600美元的人确定最佳的现金管理策略，此人的储蓄账户每月可挣得0.5%的利息；交易成本为1美元。（提示：这里强调的是整数约束问题。）

b. 这个人的平均现金余额是多少？

c. 假定收入提高到1 800美元，这个人的货币需求变化了多少个百分比？

操作题

1. 本章考察了对货币存量（M1和M2）的不同衡量方法。你可以使用其中任何一种来决定货币流通速度。M1和M2的流通速度之间有什么关系？哪个大，哪个小？请登录http://fred.stlouisfred.org，点击"Category"，在"Money, Banking, & Finance"下选择"Monetary Data"来下载M1和M2数据。然后下载GDP数据（在"National Accounts"下选择"National Income & Product Accounts"和"Gross Domestic Product (GDP) and Components"）。用GDP时序数据除以M1（或M2）时序数据，因为M1（或M2）的流通速度是GDP简单除以M1（或M2）。然后，看看这两种可选择的货币流通速度的衡量方法，证实你先前的答案。

2. 在今天的实际情况下，未偿付的人均美元比30年前更多吗？要回答这个问题，请登录http://fred.stlouisfred.org，并找到数据填入以下表格的前三列中。要得到通货数据，点击"Category"，在"Money, Banking, & Finance"栏目下选择"Monetary Data"，然后点击"M1 and Components"以及"CURRNS"。人口数据可以在"Population, Employment & Labor Markets"中找到，CPI数据可以在"Prices"和"Consumer Price Indexes (CPI and PCE)"中找到。

	通货（10亿美元）	美国人口（千人）	CPI（1982—1984年=100）	人均实际通货
1980年4月				
2010年4月				

* 星号表示较难的习题。

【选读材料】

附录：鲍莫尔-托宾的交易需求模型

鲍莫尔-托宾交易需求模型的假设条件已经在正文中给出，并在此进行总结。一个人在每月月初得到的报酬为Y，并在这个月内以均匀的速度花掉它。他或她可以从储蓄账户（相当于债券）所持有的货币中以利率i获得利息。每次在债券和货币之间进行转换的交易成本是tc。我们用n代表每月在债券和货币之间转换的交易次数。为了方便，我们假定每月的收入以储蓄账户或债券的形式进行支付。

这个人在该月使其货币管理成本最小化。货币管理成本包括交易成本$n\times tc$，以及在该月中因持有货币而不是债券所放弃的利息。这里的利息成本是$i\times M$，M是该月中持有货币的平均数。

持有货币的平均数M取决于交易次数n。假定这个人在每次交易中将数量为Z的债券转换成货币。[①] 如果这个人在这个月里进行n次相等数量的提款，由于Y必须全部转换掉，所以，每次交易的数量就是$Y/2n$，因此

$$nZ=Y \tag{A1}$$

现在，与n相关的平均现金余额是什么情况？图 16A-1 有助于回答这个问题。在图 16A-1（a）（$n=1$）中，该月中持有的平均现金余额为$Y/2=Z/2$，因为现金余额开始为Y，然后直线下降到零。[②] 在图 16A-1（b）（$n=2$）中，该月的前半月平均现金余额为$Y/4=Z/2$，后半月的现金余额也是$Z/2$。于是，整月的现金余额就是$Y/4=Z/2$。总之，平均现金余额就是$Z/2$，你可以画出与图 16A-1 相似的图形，令$n=3$或其他数来证实这一点。由方程（A1）可得出平均现金余额为$Y/2n$。

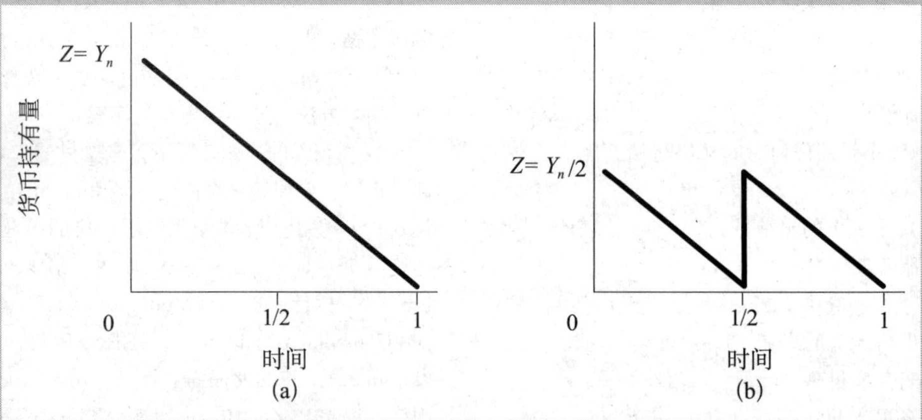

图 16A-1　与交易次数有关的公众持有的现金量

相应地，现金管理的总成本是：

$$总成本=(n\times tc)+\frac{iY}{2n} \tag{A2}$$

① 由于储蓄账户支付单利，这个人在债券和现金之间的转换在整月内最好是均匀地进行。

② 平均现金余额是这个人在该月中的每一时刻持有现金的平均量。例如，3 天中持有 400 美元，当月其余时间持有 0 美元，则平均现金余额为 40 美元，或者说是当月的 1/10（3 天除以 30 天）再乘以 400 美元。

通过对 n 求总成本的最小化，则得到最优的交易次数。[1] 这就是：

$$n^{*}=\sqrt{\frac{iY}{2tc}} \tag{A3}$$

其中，n^{*} 是最优交易次数。正如我们所预期的那样，利率越高，收入越多，交易成本越低，此人进行的交易次数越多。

鲍莫尔-托宾模型的结果，即正文中的方程（1），是利用方程（A3）和 $M/P=Y/2n$ 的事实求出的。

除了推导出平方根公式外，我们还要说明为什么对许多人来说，在债券和货币之间只进行一次转换是最优的交易。考虑一下正文中一个人每月收入 1 800 美元的那个例子。假定存款利率高达月息 0.5%，由于收入一开始就被拨付进储蓄账户，这个人不可避免地进行初次交易。他值得进行第二次交易吗？对于 $n=2$，平均现金余额是 1 800/2n=450 美元，因此，获得的利息将是 0.005×450=2.25 美元。

如果交易成本超过 2.25 美元，这个人就不会费事地进行超过一次的交易。从花费的时间与在债券（或储蓄账户）和货币之间进行转换的烦恼方面来看，2.25 美元并不是一笔高得吓人的费用。

对于任何只进行一次交易的人来说，平均现金余额就是他或她的收入的一半。这意味着此人货币需求的利率弹性为零——直到利率变得高到值得进行第二次交易的那一点为止。同时，实际收入弹性为 1，直至收入提高到足以值得进行第二次交易的那一点为止。由于对某些人来说，收入弹性为 1，而对其他人来说，更接近于应用鲍莫尔-托宾公式，我们预计收入弹性在 1/2 到 1 之间。相似的是，由于对某些人来说利率弹性为零，而对其他人来说利率弹性接近－1/2，我们预计利率弹性在－1/2 和 0 之间。

---

① 如果你会微积分，通过对方程（A2）中的 n 求总成本最小化，可导出方程（A3）。

17 联邦储备、货币与信用

本章要点

- 联邦储备提供基础货币（银行准备金和通货），在此基础之上形成货币供应量（通货和存款）。
- 控制货币供应量的主要工具是公开市场购买，它用新印制的货币购买债券。
- 联邦储备选择中间目标和最终目标。选择目标时关键性的考虑因素，是各种不同经济冲击的不确定性。

在 2007—2009 年的大衰退中，联储大幅削减利率。实际上，联储推动利率几乎一路下降到零利率水平。联储甚至在经济从衰退开始转向复苏后仍保持较低的利率水平（见图 17－1）。那么联储是如何精准地调节利率的呢？

图 17－1　2003—2016 年美国的利率

资料来源：Federal Reserve Economic Data [FRED].

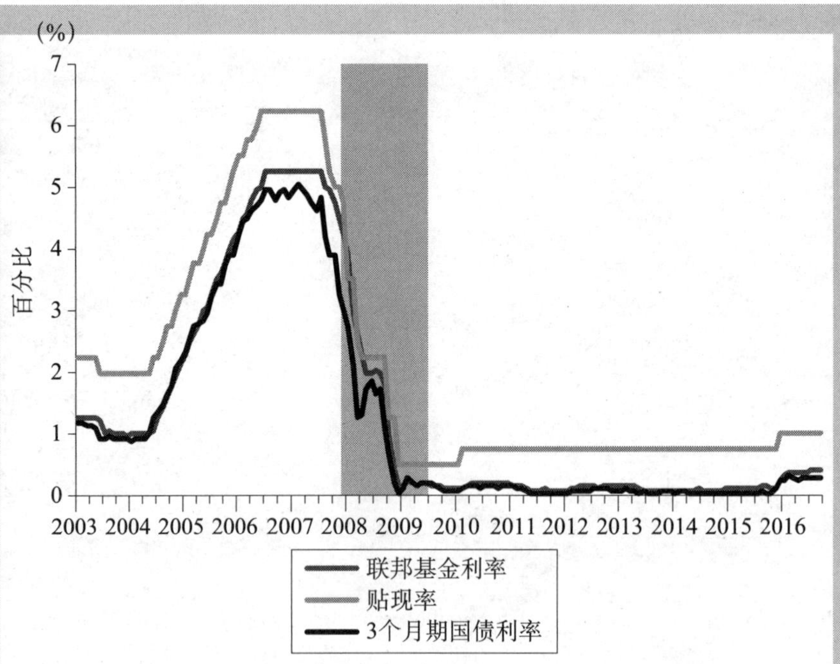

17—1 货币供应量的决定：货币乘数

货币供应量主要由联储不能直接控制的银行存款[1]组成。在这一节，我们说明决定货币供应量的详细过程，特别是联储的作用。要理解的关键性概念是**部分银行准备金**（fractional reserve banking)。在只有金币才是货币的世界里，国王自己保留铸币的权力，货币供应量和铸币的数量相等。相比之下，在未来没有现金的社会里，所有支付都经由银行进行电子转账，并且法律规定银行持有相当于其存款余额 20%的金币（在这里部分准备金制度在起作用)。在后一种情况下，公众持有的货币是金币数量的 5 倍。金币将不用作货币，反而是通过银行系统构成支持可得到的存款的基础。实际货币供应量就是由这两个虚构的制度共同确定的。

高能货币（high-powered money)（或基础货币）由通货（纸币和硬币）和在联储的银行存款构成。由公众持有的那部分通货构成货币供应量的一部分。银行库存通货和银行在联储的存款用作准备金，以支持个人与企业在银行的存款。联储控制基础货币是决定货币供应量的主要途径。

联储直接控制高能货币 H。我们感兴趣的是货币供应量 M。两者由货币乘数 mm 联系在一起。在详细讨论之前，我们简单考虑一下货币存量和高能货币存量之间的关系（见图 17-2)。在图 17-2 最上面，我们表示出货币存量。在图的底部，我们表示出高能货币［也叫做**基础货币**（monetary base)］的存量。我们说，货币和高能货币是通过**货币乘数**（money multiplier）联系在一起的。货币乘数是货币存量与高能货币存量的比率。货币乘数大于 1。图 17-2 清楚地表明，作为货币存量一部分的储蓄量越大，货币乘数就越大。这种情况之所以真实，是因为美元货币存量中的通货全部是作为高能货币的美元。相反，美元货币存量中的储蓄只是作为高能货币美元的一部分（以准备金形式)。例如，如果准备率是 10%，在储蓄形式上的货币存量的每一美元，只使用 10 美分高能货币。同样，作为银行准备金所持有的每一美元高能货币，都可以支持 10 美元的储蓄。

图 17-2 高能货币和货币供应量的关系

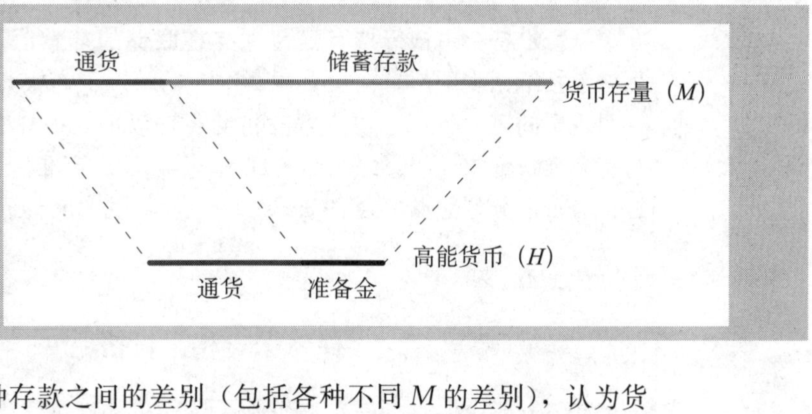

为了简便，我们忽略不计各种存款之间的差别（包括各种不同 M 的差别)，认为货币供给的过程就像是只有一个相同类型的存款 D。利用这种简化形式，货币供给由通货

① 这里我们把所有吸收存款的机构，包括储蓄与贷款协会、互助储蓄银行和信用协会都作为“银行”来看待。

CU 加上存款组成：

$$M = CU + D \tag{1}$$

高能货币由通货加准备金构成：

$$H = CU + \text{准备金} \tag{2}$$

我们将货币供给过程中公众、银行和联邦储备的行为概括成三个变量：**通货-存款比率**（currency-deposit ratio），$cu \equiv CU/D$；**准备金比率**（reserve ratio），$re \equiv \text{准备金}/D$；高能货币存量（stock of high-powered money）。将方程（1）和方程（2）改写为 $M=(cu+1)D$ 和 $H=(cu+re)D$。根据这种方式，我们可以用货币供应量的主要决定因素 re、cu 和 H 来表示它：

$$M = \frac{1+cu}{re+cu}H \equiv mm \times H \tag{3}$$

其中，mm 为货币乘数，以下式表示：

$$mm \equiv \frac{1+cu}{re+cu}$$

- 准备金比率 re 越小，则货币乘数越大。
- 通货-存款比率 cu 越小，则货币乘数越大。这是因为 cu 越小，高能货币存量中被用作通货（即高能货币仅仅以 1 比 1 的比例转换为货币）的比例就越小，因而用作准备金（即高能货币以远大于 1 比 1 的比例转换为货币）的比例越大。

现在，我们转而讨论通货-存款比率和准备金比率的决定因素。

通货-存款比率

公众的支付习惯决定相对于存款的现金持有数量。通货-存款比率受到取得现金的成本和取得现金的便利程度的影响。例如，假如附近有一台取款机，个人将平均随身携带较少量的现金，因为持有现金的成本较低。通货-存款比率具有很强的季节性特点，圣诞节前后，通货-存款比率最高。

准备金比率

银行准备金由银行持有但是保存在联储的存款以及银行持有的“库存现金”组成，后者包括纸币和硬币。在没有规章约束的情况下，银行持有准备金以满足：（1）银行客户对现金的需求；（2）以支票支付给客户以提取在其他银行的存款。历史上，美国的银行持有准备金主要是遵照联储的规定。[①] 除了**法定准备金**（required reserve）之外，银行还持有一部分**超额准备金**（excess reserve）以满足意想不到的提款。

［资料 17－1］ *历史故事*

存款保险和银行挤兑

在 20 世纪 30 年代，很多银行都破产倒闭了，这就是说，银行不能满足存款人对现金的需求。如果你在破产的银行有存款，那么你就不可能“取走你的钱”。任何认为他或她所存款的银行可能用尽现

① 美国有法定准备金的规定。例如，在加拿大和英国，监管并没有法定准备金要求。

金的人，都会先于其他存款人奔向银行尽最大努力提取现金。**当存款人都奔向银行提取现金时，银行挤兑（run on a bank）现象发生，因为他们相信其他人也将努力这样做。**参加挤兑的投资者可能有充足的理由担心银行的安全性，或许更为可能的是，发生挤兑的是一家基本健全的银行，只是因为它的存款人相信这家银行可能会出现挤兑。*

银行挤兑具有微观和宏观的经济影响。前者采取**金融脱媒**（disintermediation）的形式。由于已经失去存款，银行便不再能办理贷款来支持企业投资和购买私人住宅。后者采取增加 cu 的形式，因而造成货币乘数的下降。中央银行只有增加基础货币才能抵消这种影响，对宏观经济的影响是货币供应量的下降。

在 20 世纪 30 年代，银行挤兑的后果是大量银行倒闭了。它导致一项重要的机构改革——**联邦存款保险公司**（Federal Deposit Insurance Corporation，FDIC）成立。这个机构为银行存款提供保险，所以，即使银行倒闭，存款人也会得到支付。其意义是，如果银行倒闭，也没有理由担心你的货币会遭受损失；因此自 20 世纪 30 年代以来，银行挤兑极少发生。† 1940—1979 年，银行倒闭实际上已经消失了，但是在 20 世纪 80 年代，银行倒闭又成为一个较严重的问题。今天银行的破产规模仍然小于 20 世纪 30 年代，由于存在联邦存款保险公司，现在经济后果的严重程度要低得多。

* 本身就证明是正确的银行挤兑的观点，既有直觉的要求又有历史上的支持。道格拉斯·戴蒙德（Douglas Diamond）和菲利普·迪布韦克（Philip Dybvig）在他们具有开创性但比较难读的论文“Bank Runs，Deposit Insurance and Liquidity”（*Journal of Political Economy*，June 1983）中把该想法形成了文字。一个技术性稍差的例子出现在詹姆斯·斯图尔特（Jimmy Stewart）主演的电影《生活多美好》（*It's a Wonderful Life*）中。

† 20 世纪 80 年代，俄亥俄州和罗得岛州的储蓄机构发生过挤兑，但它们的存款并没有被联邦存款保险所覆盖。

历史上，由于准备金不支付利息，银行有强烈的动机最小化所持有的超额准备金。作为应对大衰退的措施之一，联储开始为法定准备金和超额准备金支付利息。从某种程度上讲，这是在担忧许多银行濒临破产的特殊阶段，意图向银行输送利润。联储支付的利率接近银行隔夜拆借利率，远低于银行向消费贷款和商业贷款收取的利率水平。所以，银行有动机最小化超额准备金。

更准确的是，在正常情况下，超额准备金规模较小，而且在货币乘数中的决定作用也很小。在大衰退时期，超额准备金规模大幅上涨主要是因为银行对风险贷款的恐惧，这类极端事件会强烈改变货币乘数。图 17－3 显示在大衰退中期超额准备金规模开始跳跃式上升，部分原因是联储开始为超额准备金支付小额利息，部分原因是银行在经济运行的高风险阶段不愿贷款。2007 年 1 月，超额准备金只占总准备金的 3%，而在 2009 年 1 月，超额准备金达到总准备金的 93%。这种变化导致货币乘数与过去相比更加不稳定。

银行必须以纸币和硬币的形式保持准备金，因为客户有权在需要时支取现金。银行在联储开立和保持账户主要是用于银行间的支付。这样，当我开出支票向你付款时，你将支票存入你的开户银行。我的开户银行将其在联储账户上的货币转移到你的开户银行在联储的账户上①，从而完成支付。银行也可以用它在联储的存款换取现金。一经请求，联储就会用装甲运钞车将现金押送过去。

① 许多银行，特别是小银行，以在其他银行存款的方式持有准备金。这些银行同业存款同样起到准备金的作用，但是不包括在美国的准备金量度中。它们被排除在货币存量定义之外。

图 17-3　2007—2016 年超额准备金与法定准备金
资料来源：Federal Reserve Economic Data [FRED].

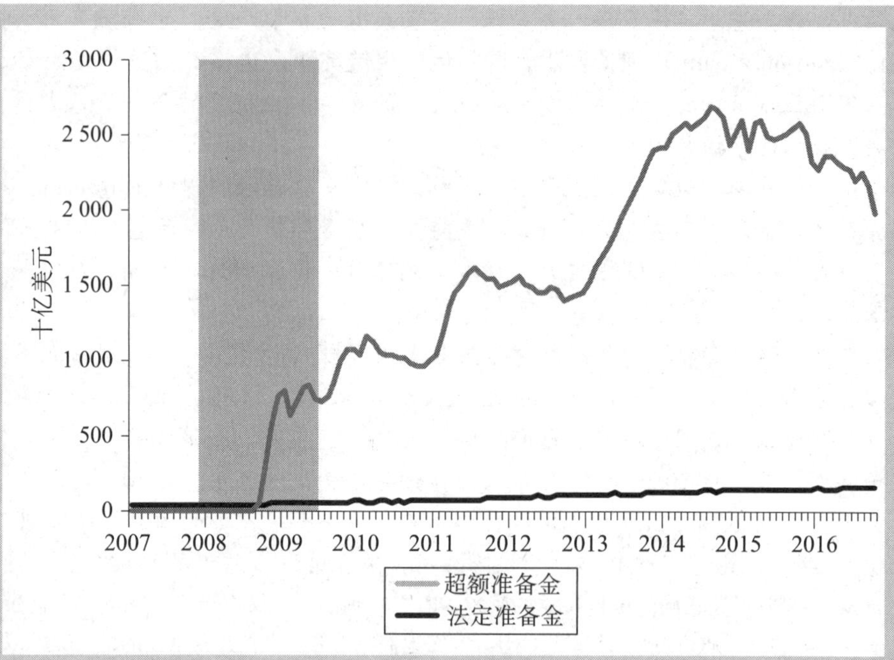

17—2　控制货币的工具

联储有三个控制货币供应量的工具：**公开市场业务**（open market operations）、**贴现率**（discount rate）和**法定准备金比率**（required-reserve ratio）。公开市场业务作为一种最实用的工具几乎总是被选用。

公开市场购买

联储改变高能货币存量最常用的方法是公开市场业务。① 我们来考察**公开市场购买**（open market purchase）机制。在一次操作中，比如联储向私人购买 100 万美元政府债券。公开市场购买会增加基础货币。

表 17-1 中显示了对于联储购入政府债券的会计核算。联储的政府证券所有权增加 100 万美元，记入资产负债表中资产方的“政府证券”项目下。联储如何对这批债券付款呢？它开出自己的支票。* 作为对债券的付款，卖方收到一张表明联储（向卖者）支付 100 万美元的支票。卖方将支票存入自己的银行。银行在存款人账户的贷方记入 100 万美元，然后将支票存入联储。银行在联储有账户，100 万美元被记入账户的贷方，在联储资产负债表负债方的“在联储的银行存款”项下增加 100 万美元。商业银行正好增加了 100 万美元的准备金，它首先是作为在联储的存款而持有的。

① M. A. Akhtar 对于公开市场业务的严格细节做出了一个非常好的描述，参见 M. A. Akhtar，“Understanding Open Market Operations，” Federal Reserve Bank of New York *Review*，1997。

* 也称为银行本票。——译者注

表 17-1　公开市场购买对联储资产负债表的影响

（单位：100 万美元）

资产		负债	
政府证券	+1	现金	0
全部其他资产	0	在联储的银行存款	+1
基础货币（来源）	+1	基础货币（使用）	+1

这件事情中唯一出乎意料的部分是，联储竟然能够通过给予卖方一张本行支票而对它所购买的证券进行支付。支票的最终所有者因此在联储有了存款。存款可以用作对其他银行的支付，或者兑换成现金。正像银行的普通存款持有者可以用存款兑换现金一样，在联储的银行存款持有者也可以用它的存款兑换现金。当联储开出本行支票为债券付款时，它就创造了高能货币。惊人的结果是，**联储根据自己的意愿，仅仅通过购买如政府债券等资产，通过自己负债为债券付款，就能够创造高能货币。**

联储的资产负债表

表 17-2 和表 17-3 表明了观察联邦储备系统资产负债表的两种方式。表 17-2 表明了联储的主要资产和负债：政府债券、货币和存款（主要是银行存款）。表 17-3 表明了基础货币和观察准备金的两种不同方式。历史上，商业银行只从联储贴现窗口借入小部分准备金。在某种程度上，向联储贴现借款会被认为是银行在筹集资金方面面临困难并陷入经营困境的一个信号。2006—2016 年的 10 年间基础货币的增加是史无前例的。（大衰退基本结束了此前接近零利率的时代）。超额储备增加 1 000 倍的事实引起了大衰退时期商业银行借入的准备金和超额准备金跳跃式上升。

表 17-2　所有联邦储备银行的主要资产和负债（2016 年 11 月 16 日）

资料来源：Federal Reserve Board，*Factors Affecting Reserve Balances*，November 17，2016.

（单位：10 亿美元）

资产（来源）		负债（用途）	
黄金与特别提款权	18	现金	1 445
美国政府证券	2 482	存款	2 608
抵押贷款证券	1 748		

外汇和基础货币

联储有时买卖外币以影响汇率。这种对外汇的购买和出售，即**外汇市场干预**（foreign exchange market intervention），会影响基础货币。请注意资产负债表，如果中央银行购买黄金[①]或外汇，当联储以自己的负债支付购买的黄金或外汇时，也相应地增加了基础货币。因此，外汇市场业务也影响基础货币。[②] 不过，联储经常将外汇的购买与抵消性的公开市场业务精确搭配使用，来避免基础货币的变化。这种抵消性购买被说成是“冲

① 2013 年联储持有的黄金，以每盎司 42 美元计算，大约值 110 亿美元。由于黄金的市场价格远大于每盎司 42 美元，该批黄金的市场价值要高得多。在章末的习题中，你要回答如果联储决定以自由市场价格对黄金进行估价，将对资产负债表产生怎样的影响。

② 联储和财政部经常联手干预外汇市场这一事实，可能使得冲击的细节变得更加复杂。

销”（进一步的讨论请参见第23章。）

表17-3　2006年4月，2013年1月和2016年11月存款机构总准备金与基础货币

资料来源：Federal Reserve Board, *Aggregate Reserves of Depository Institutions and the Monetary Base*; *Money Stock Measures*, June 15, 2006, February 28, 2013, and November 17, 2016; Federal Reserve Economic Data (FRED).

（单位：10亿美元）

	2006	2013	2016
存款机构准备金	44.58	1 630.88	2 203.03
法定准备金	42.77	111.42	170.91
超额准备金	1.82	1 519.46	2 032.12
存款机构准备金	44.58	1 630.88	2 203.03
非借入准备金	44.33	1 630.31	2 202.99
借入准备金	0.25	0.57	0.04
基础货币	801.96	2 740.90	3 624.57
超出法定准备金的库存现金	18.78	12.33	8.99
通货	738.60	1 097.70	1 482.74
准备金	44.58	1 630.88	2 203.03

[资料17-2]　**历史故事**

作为最后贷款人的联邦储备

自19世纪以来，中央银行的一个重要职能就是作为“最后贷款人”。当金融恐慌危及金融系统使其濒临崩溃时，中央银行的迅速行动能够恢复信心，并且避免整个金融中介系统内的挤兑，并避免冻结信贷限额，或者在更坏的情况下免遭广泛催收还款。每当重要金融机构破产或者存在严重不稳定的风险时，如1987年10月股市崩溃在一天中暴跌20%时，联储确实承担了这一任务。

出于以下考虑，需要有一个最后贷款人：信用制度在本质上是由于缺乏流动性，尽管并不**缺乏偿付能力**（insolvent），各种债务人能在规定的时间偿还贷款，却无法做到在需要时立即偿还。但是，许多负债，例如银行存款，或者银行和公司的大额存单的偿还期非常短。如果所有债权人催要他们的资产，许多债务人就无法支付，不得不违约。

现在，假设有一家主要的金融机构，比如某地第一银行（简称第一银行）出现支付困难。其他金融机构完全有可能已经贷款给第一银行，并要在其他人之前收回它们的货币。于是挤兑发生了。其他金融机构意识到有些金融机构已贷款给第一银行而未能收回其贷款。因此，这些机构也非常担心自己的贷款能否收回，接着其债权人也会产生类似的担心。至于谁贷款给谁，谁陷入麻烦，则有很大的不确定性，因为多级信贷和中介层次之中的某个人（或许多人）不能满足还款要求。结果便是所有信用均被冻结，因为人人害怕丧失偿付能力，没有人愿意贷款给其他人。但是，如果没有人愿意放款，短期信用最高限额就不能滚动，许多机构便成为没有流动资金的机构。当资产被变现以满足流动性时，该过程就在一场类似20世纪30年代的金融崩溃中不断恶化。

联储介入这种情况（在联邦存款保险公司的担保以外），担保个别金融机构的负债，以远离风暴中心。这种担保使每个人确信第三方不会遭受损失，因而不会有风险。* 这样，最后贷款人的职能是阻止由个别支付困难所造成的对信贷市场的溢出效应。因此，当其成为整个市场的问题时，这一职能便获得应有的承认。沃尔特·巴杰霍特（Walter Bagehot，1826—1877年）在他写于1873年的著名的《伦巴第街》（*Lambard Street*）一书中，提出了经典对策：**“危机期间，免费贴现。”**

米尔顿·弗里德曼（Milton Friedman）和安娜·施瓦茨（Anna Schwartz）在他们所著的《美国货币史》（*A Monetary History of the United States*）一书中，批评联储对1929年的股市崩溃而引起的整个系统性问题没有负起责任，因而违反了巴杰霍特对策。不过，1987年股市暴跌期间，联储吸取了这一教训。联储主席艾伦·格林斯潘（Alan Greenspan）没有犹豫，他宣布联储支持银行系统，立刻降低利率，提供需要的大量流动资金，从而避免了信用崩溃的风险。

* 银行经理们知道联储随时准备解救他们摆脱困境，从而刺激他们承担更多的风险。为阻止这种行为，联储解救银行时，经常会解雇银行经理和削减股东的股权。

[资料 17-3] 历史故事

作为市场最后救助者的联储

在资料17-2中，我们讨论了联储作为“最后贷款人”的作用。在2008—2009年金融危机期间，联储延续了它过去发挥的贷款人的作用，并成为特定危机下金融市场的“市场制造者”。危机期间，金融机构很担心与其他机构之间的交易，因为它们不能确定谁能够偿付。这种担心会造成许多常规的金融往来逐渐停止。联储通过现有资产交易干预和“制造市场”。这些交易使得市场恢复生机并且避免长期停顿。

按照惯例，联储通常购买有限类别的金融资产。具体说来，公开市场业务通常使用美国国债。运用这种限制的一个很好的理由是，联储在金融市场上是一个非常大的参与者，要避免驱动特定私人部门资产价格的升降而扭曲对微观经济的激励。在2007—2009年的危急时刻，联储决定维持市场的运转就是最重要的事，因此购买了与货币市场基金、商业票据市场有关的数千亿美元资产，以及传统上并不持有的各种其他资产。联储甚至创造了新的贷款便利（一些最大规模贷款便利的名称包括“期限拍卖便利”、“期限抵押贷款便利”和“零售商信贷便利”），它还宣布放松新型贸易和最终回到国债主要交易的计划。

贷款和贴现

缺乏准备金的银行能够借款以弥补不足。它既可以从联储，也可以从其他有多余准备金的银行借入准备金。从联储借款的成本是**贴现率**（discount rate）。**贴现率是联储向为应付准备金短期不足而向其借款的银行所收取的利率。**①

[专栏 17-1] 我们还知道什么？

贴现率本身不是银行资金成本的组成部分

通常认为，银行主要从联储取得资金，因而改变贴现率会直接改变银行的资金成本。改变贴现率有时会通过货币供应机制影响市场利率，但银行从联储借款的数额作为成本构成，是非常小的（除非在少见的紧急时期，如2007年开始的衰退）。

① 2003年，联储将“贴现率”更名为“初级信贷利率”，但人们还是倾向于采用贴现率，所以我们将继续使用这个术语。如果你正在查找最近的“初级信贷利率”数据，你还会发现有“次级信贷利率”以及“季节信贷利率”。

改变贴现率具有两个重要作用：(1) 表明联储的意图；(2) 影响自由市场的联邦基金利率。但是，联储通常将贴现率和联邦基金利率联系起来，以避免这两种作用。

在美国以外的一些国家，中央银行是银行系统中很重要的资金来源。

从其他银行借款的成本叫**联邦基金利率**（federal funds rate）。**联邦基金是一些银行所持有但为其他银行所需要的超额准备金。**联邦基金利率和其他市场利率一起变动，并且受到联储的影响。图 17-1 给出了三种利率：3 个月期国债利率、联邦基金利率和贴现率。可以在图 17-1 中看到，所有的利率变动都是紧密联系在一起的。当然，对一位银行家来说，维持较小的利差代表着运用货币的机会。

通过贴现率贷款，联储将**高能货币**（high-powered money）提供给临时需要它的银行。银行向联储借款的意图受到贴现率的影响，因此贴现率会影响借款量。由于借款人的准备金也是高能货币的一部分，所以，联储的贴现率对基础货币具有一定影响。然而，贴现率的真实作用是作为联储意图的信号机制。当贴现率提高时，银行和金融市场把它作为联储想要减少货币供应量和提高市场利率的一个信号。

当联储提高利率但并不提高贴现率时，会发生什么情况？银行会受到刺激向联储借入更多的款项，因为银行随后可以以更高的利率贷出款项。在历史上，联储经常随市场利率变化调整贴现率，来阻止这种“获利行为”。但是，随后联储需要使市场确信贴现率的变化并不是发送信号。2003 年，联储改善了贴现窗口操作，因此贴现率可以随联邦基金利率目标的变化而上下浮动，贴现率一般被设定为略高于联邦基金利率。

准备金比率与准备金利息

从货币乘数的方程（3）很容易看出，联储能够通过降低法定存款准备金率来增加货币供应量。然而，近几年联储并没有这样做过。

2008 年以前，在美国，准备金不支付利息，而其他一些国家则向准备金支付利息。在金融危机阶段，联储开始以钉住联邦基金利率目标的利率水平支付准备金利息。目前，准备金的利率被设定在联邦基金利率目标范围的上限。2016 年，准备金利率是 0.5%。这就降低了银行法定准备金所得和在公开市场贷放法定准备金所得之间的机会成本缺口，此外，支付给银行的准备金利息不再上缴给国库。

联邦赤字融资

美国财政部在联储保留有一个账户，根据这一账户开出支票向公众进行支付。了解联储和财政部之间的关系，有助于澄清对政府预算赤字的融资的认识。

预算赤字可由财政部向公众借款加以弥补。在这种情况下，财政部向公众出售债券。公众以支票支付，财政部将支票存入它在商业银行拥有的账户，因而确保不会影响高能货币存量。财政部用出售债券的收入进行支付时，在支付之前，它才把货币存入美联储账户。因此，除了财政部将货币转入联储账户和随后将其交出之间的短暂时间里，基础货币不会受到财政赤字融资的影响。

另一个办法是，财政部可向联储借款来弥补赤字。财政部向联储而不是向公众出售债券的考虑，是最简单的。债券出售后，联储拥有的政府债券增加了，同时资产中的“其他净资产”就要减少，因为财政部的存款（联储的负债）现在增加了。但是当财政部随后用借款进行支付时，高能货币存量就增加了。于是，当财政部向联储借款为预算赤字融资时，高能货币存量就会增加。

我们经常把中央银行为政府赤字融资说成是通过印制钞票筹措资金，从字面上看，赤字并不是由中央银行印制钞票弥补的。但是，中央银行融资确实增加了高能货币存量，其结果和印制钞票融资几乎是一回事。

在一些国家，中央银行自动地为财政部融资，并且可能是财政部的下属机构。与此相反，在美国，联储对国会负责，购买债券为政府赤字融资并不是其法定责任。因此，即使在财政部发生预算赤字的时候，联储仍然保持控制高能货币存量的能力。

17—3　货币乘数与银行贷款

现在，我们提出另一种方式，通过说明随着基础货币的增加，银行和公众的调整如何引起了货币存量成倍扩大来说明货币乘数的运作。

联储的公开市场购买增加了基础货币。开始时，基础货币的增加表现为银行准备金的增加，这是因为联储开出本行支票偿付购买证券的开支，证券出售人将支票存入自己的开户银行。银行再将支票提交联储收款，联储将银行增加的准备金记入该行账户的贷方。

原始支票存入的银行现在的准备金率太高了。它的准备金与存款等量增长。因此，它的准备金-存款比率上升了。为降低准备金-存款比率，银行增加其贷款。

当银行贷款时，接受贷款的人拥有了银行存款。在这一阶段，当银行贷款时，**货币供给的增加量大于公开市场业务的数额。**向联储出售债券的人按出售债券的价值，增加他或她所持有的货币。得到贷款的人有了新的银行存款，因此，这个过程已经产生成倍扩张的货币存量。

在随后的调整中，增加的高能货币一部分成为公众拥有的通货，一部分作为银行系统扩张贷款的基础。银行发放贷款，是把贷款记入贷款客户存款账户的贷方。因此，每当银行贷款时，就创造了货币。

贷款的扩张，以及随之而来的货币的扩张，将持续到准备金-存款比率下降到合意的水平，公众又实现其合意的通货-存款比率为止。货币乘数概括了基础货币每增加一美元所创造的货币总扩张。

假定所有的银行都增加储蓄，银行就会选择更多地放贷，而不是持有超额准备金。这是正常的情况。但是，在发生经济恐慌的时候，银行也许会选择持有超额准备金而不是冒险放贷。当这种情况发生时，货币乘数下降，扩张的货币总额比正常情况下减少。

17—4　货币存量控制与利率控制

在这一节里，我们提出一个简单而重要的论点：**联储不能在也许是它所选择的任何既定目标水平上，同时确定货币存量和利率。**

图 17-4 说明了这个论点。假设联储因为某种原因，希望将利率设定在 i^* 水平，将货币存量设定在 M^* 水平。假设货币需求函数以 LL 表示。联储能够移动货币供给函数，

但是不能移动货币需求函数。联储只能沿着 LL 来确定利率和货币供给的组合点。在利率 i^*，货币供给为 $M_0/\overline{P}$。在目标货币供给 $M^*/\overline{P}$ 下，利率为 i_0。但是，联储不能同时实现 $M^*/\overline{P}$ 和 i^*。

如下所述，论点的表达有时颇富戏剧性：当联储决定将利率设定在某个给定的水平，并且保持不变时——这被称为**钉住利率**（pegging the interest rate）的政策——它就失去了对货币供给的控制。如果货币需求曲线移动了，在钉住利率情况下，联储不得不供给所需要的任何货币数量。

联储在日常操作中，能够比控制货币存量更为精确地控制利率。联储每天通过在纽约的**公开市场柜台**（open market desk）买卖政府证券。如果联储想要提高政府证券价格（降低利率），它就按这个价格买入证券。如果它想要降低政府证券价格（提高利率），它可以从它的大量资产组合中抛出足够数量的证券。这样，在每天操作的基础上，联储就能够十分准确地确定市场利率了。①

图 17-4　实际货币存量与利率之间的关系

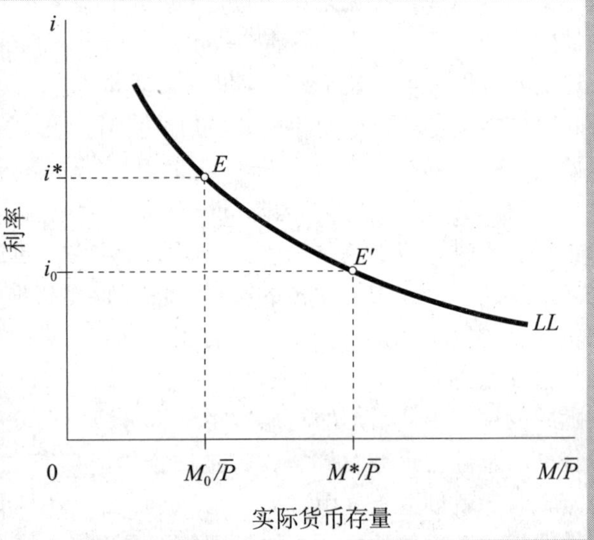

联储不能准确地达到目标货币存量有一些技术上的原因，使得它即使想要达到也不能达到既定的目标。但在稍长的时期里，联储能够相当准确地确定货币供给。当货币存量行为和货币乘数的数据可以得到时，联储能够中途调整它所确定的基数。例如，联储将某一给定时期的货币增长目标定为 5%，就可以从基数开始增长 5%。如果联储在该时期的中间发现货币乘数已经降低，因而货币存量的增长低于 5%，它就会逐步增加基数的增长率作为补偿。

联储不能达到其货币增长目标的主要原因不是技术性的，这与它不得不同时实现利率与货币存量两个目标有关，正如我们在本节中所看到的那样，联储不能同时实现这两个目标。

---

① 对于货币控制技术的描述，参见 Daniel Thornton，"The Borrowed-Reserves Operating Procedure：Theory and Evidence，" Federal Reserve Bank of St. Louis *Review*，January-February 1988。

17—5　货币存量目标与利率目标

在 20 世纪 50 年代以来的一段时期里，联储对于强调控制利率还是控制货币供给的态度已经发生变化。最初强调的几乎完全是对利率的控制。实际上，在 1959 年之前，联储一直没有公布货币存量数据。而 1982 年以前，对货币目标的强调放到了稳定性上。从那以后，强调的重心又逐渐转移到利率和使货币政策更为兼收并蓄的方法上。[①] 今天，短期目标完全是以利率为条件设定的。

在本节，我们讨论在利率目标和货币存量目标之间进行选择的问题。我们在这里进行的分析来源于威廉·普尔（William Poole）的一篇经典性文章。[②]

我们假设联储的目标是使经济达到一个特定的产出水平，这个分析应用 *IS-LM* 模型，并且适用于 3～9 个月这样的短时期。在图 17－5 中，标明为 *LM*(*M*) 的 *LM* 曲线是当联储固定货币存量时的 *LM* 曲线。标明为 *LM*(*i*) 的 *LM* 曲线描述了当联储固定利率时，货币市场的均衡。在特定的利率水平 i^* 上，*LM*(*i*) 是水平的。

政策的问题在于 *IS* 曲线和 *LM* 曲线的移动不可预测。当它们移动时，产出达到一个

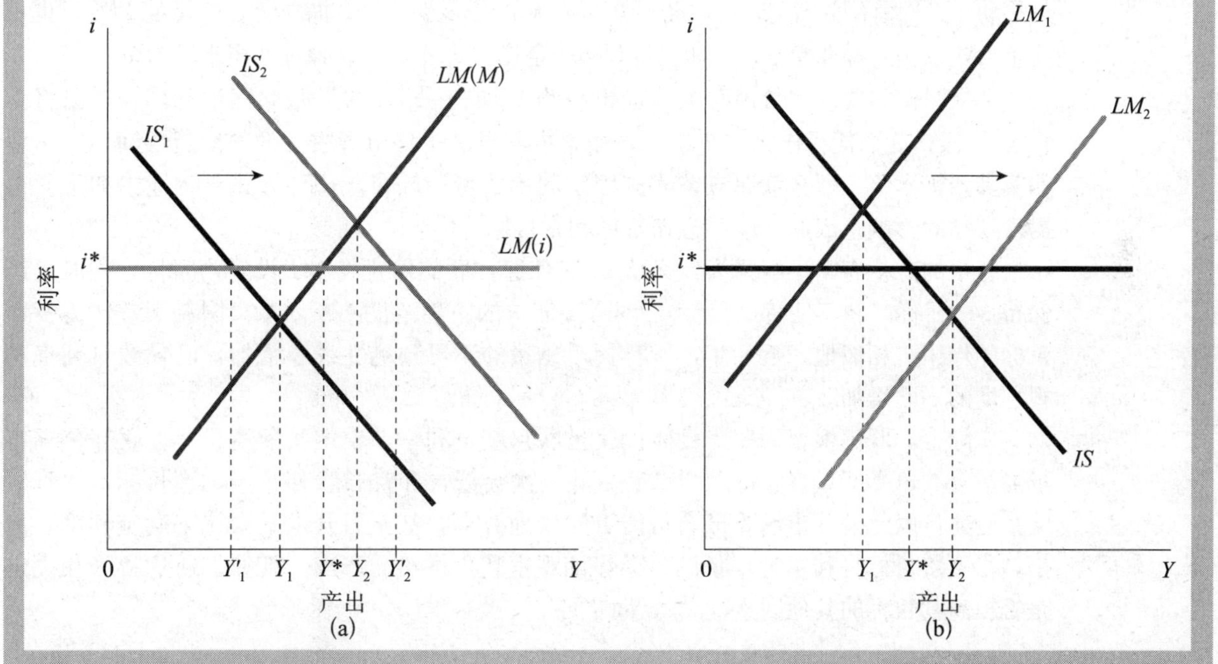

图 17－5　货币存量目标与利率目标

① 参见 Ann-Marie Meulendyke, "A Review of Federal Reserve Policy Targets and Operating Guides in Recent Decades," Federal Reserve Bank of New York *Quarterly Review*, Autumn 1988。

② W. Poole, "Optimal Choice of Monetary Policy Instruments in a Simple Stochastic Macro Model," *Quarterly Journal of Economics*, May 1970.

与目标水平不同的水平。在图 17－5（a）中，我们给出了两条不同位置的 IS 曲线：IS_1 和 IS_2。我们假定联储预先不知道哪一条曲线是真正的 IS 曲线，其位置取决于比如难以预测的投资需求。联储的目标是使产生的收入尽可能接近于目标水平 Y^*。

在图 17－5（a）中，我们看到如果 LM 曲线为 $LM(M)$，产出水平处于接近 Y^* 的位置。在这种情况下，如果 IS 曲线为 IS_1，产出水平将为 Y_1。如果 IS 曲线为 IS_2，则产出水平将为 Y_2。如果政策是使利率保持不变，在每一种情况下，我们将得到离 Y^* 更远的产出水平：Y'_1 取代 Y_1，Y'_2 取代 Y_2。

这样，我们得出第一个结论：**如果产出偏离其均衡水平的主要原因是 *IS* 曲线向附近移动，而产出水平可以通过保持货币存量不变而得到稳定，在这种情况下，联储应该选择货币目标。**

我们可以从图 17－5（a）中看到，为什么保持 M 而不是保持 i 不变时，产出更加稳定。当 IS 曲线向右移动，并且应用 $LM(M)$ 曲线时，利率上升，因而会降低投资需求和减缓 IS 曲线移动的影响。但当应用 $LM(i)$ 曲线时，货币政策没有阻挡 IS 曲线移动的力量。因此，在图 17－5（a）中，当 IS 曲线移动而货币存量不变时，货币政策自动地具有稳定作用。

在图 17－5（b）中，我们假设 IS 曲线是稳定的。现在货币政策效果的不确定性则是 LM 曲线移动的结果。假定联储能够固定货币存量。由于货币需求函数移动，引起 LM 曲线的移动。当货币存量固定时，联储不知道利率将是多少。LM 曲线最后可能是 LM_1，也可能是 LM_2。另一种选择是，联储只将利率固定在 i^* 水平，这将保证产出水平为 Y^*。

如果联储想要固定货币存量，产出将为 Y_1 或者 Y_2。如果联储固定利率，产出将为 Y^*。这样，我们便得出第二个结论：**如果主要是由于货币需求函数向附近移动，产出才偏离其均衡水平，那么联储应该实施固定利率的货币政策。**这种方式自动地中和了货币需求变动的影响。因此，联储应该选择利率目标。

普尔的分析有助于解释为什么从 1987 年起，联储停止将 M1 设定为目标，同时继续保持 M2 目标（和其他货币目标）。对 M1 需求的不稳定性不断增加，限制了它作为货币目标的作用。相似地，近几年，所有货币总量的不可预测性继续增加，已导致对利率重视程度的不断增加。

实际上，联储根据利率，具体说就是联邦基金利率，设定其短期目标。联邦公开市场委员会（FOMC）一般每六个星期召开一次会议，并宣布联邦基金利率目标。尽管在混乱时期，联邦公开市场委员会可能更频繁地开会，甚至召开电话会议来确定利率。但是，当直接目标是利率时，联储也会仔细观察货币供给、产出、就业、通货膨胀和决定是否提高其目标的其他因素。

短期和长期

注意到普尔讨论联储短期目标的论点是重要的。不要以为联储公布的或希望的利率将永久固定在某一水平上，如 8%。与此相反，联储应当根据经济状况的变化调整其目标：利率目标在衰退的谷底也许为 1%，在经济过热时为 11%。同样，货币增长目标也能够根据经济状况进行调整。

主张货币存量目标的货币主义支持者也许赞成普尔分析的技术性细节，但是，仍然认为以利率而不是以货币存量为目标是个错误。货币主义者争辩道，货币存量的增加最终导致通货膨胀，而在长期中，避免通货膨胀的唯一方法是保持货币的适度增长。他们认为侧重利率的问题在于，当联储关注利率时，货币增长率和通货膨胀率经常趋于增加。[①] 这种论点看来与 20 世纪 60 年代和 70 年代的现实十分符合。

但是，这种经验使得政府密切地关注通货膨胀趋向，并且当受到通货膨胀威胁时，会采取紧缩政策。这种经验和货币主义者的分析，都促使联储制定自己的货币存量目标，并且仔细检查没有达到目标的原因。同时，联储还关注利率，以防货币需求的变动使其货币目标在短期中导致衰退或通货膨胀。

17—6 货币、信用和利率

联储不仅观察货币供给和利率，也观察非金融部门总债务的增长，即政府、家庭和非金融性厂商的债务增长。它们的债务等于提供给它们的**信用**（credit，贷款）。因而，联储也可以说是拥有**信用目标**（credit target）。

为什么？最早的例子是，信用目标对于联储来说是一个很古老的分析方法，联储在 20 世纪 50 年代就使用信用目标作为工具。联储在 1982 年恢复了信用目标，部分原因是哈佛大学的本杰明·弗里德曼（Benjamin Friedman）提供的经济计量证据：证明与货币和名义 GNP 之间的关系相比，债务量与 GNP 之间存在更紧密的联系。[②]

信用观点的拥护者，比如，联储主席本·伯南克（Ben Bernanke）和纽约大学的马克·格特勒（Mark Getler），主要是强调经济中金融中介范围（即通过金融中介的借贷规模）的重要性。当金融机构将储蓄者的资金沟通引导给投资人时，金融中介就出现了。就像银行所做的那样，它们将存入的资金贷给希望投资的人。伯南克的研究表明，在大萧条时，大部分产量下降是金融系统破产和信贷数额暴跌的结果，而不是货币数量下降的结果。[③] 1989—1991 年间，信贷的缓慢增长也被指责为 1990—1991 年衰退的起因（见资料 17-4）。

[资料 17-4] 历史故事

在 1990—1991 年衰退中的货币增长、利率和信用

在 1990—1991 年的衰退中，预算赤字规模如此之大，以致财政政策完全不能运作。因此处理衰退的重担落到货币政策上。货币政策也陷入严重的困境，因为看来银行不愿贷款，而不同货币总量的增

---

① 关于货币目标的另一种观点，来自实际利率和名义利率之间的区别。由于通货膨胀的预期，名义利率会上升。如果联储通过增加货币存量与名义利率的上涨作斗争，则只会助长通货膨胀。我们将在第 18 章中考察这个论点。

② B. Friedman, "The Roles of Money and Credit in Macroeconomic Analysis," in James Tobin (ed.), *Macroeconomics, Prices and Quantities* (Washington, DC: The Brookings Institution, 1983).

③ Ben Bernanke, "Non-Monetary Effects of the Financial Crisis in the Propagation of the Great Depression," *American Economic Review*, June 1983. See, too, Ben Friedman, "Monetary Policy without Quantity Variables," *American Economic Review*, May 1988; and Anil Kashyap, Jeremy Stein, and David Wilcox, "Monetary Policy and Credit Conditions: Evidence from the Composition of External Finance," *American Economic Review*, March 1993. 关于信用渠道运作的最近著作可阅读 Stephen D. Oliner and Glenn D. Rudebusch, "Is There a Broad Credit Channel for Monetary Policy?" Federal Reserve Bank of San Francisco *Economic Review* 1 (1996)。

长率也很不相同。

1990—1991 年衰退的起点是通货膨胀率逐渐上升的 20 世纪 80 年代末。CPI 通货膨胀率从 1986 年 1.9%的低水平，上升到 1989 年的 4.8%。1989 年的失业率为 5.2%，也许甚至低于自然失业率水平，联储主要关心的是与通货膨胀作斗争。

主要的货币政策指标显示，1989 年是紧缩的（见表 1）。最明显的信号是国债利率从 1988 年平均为 6.7%，上升到 1989 年的 8.1%。另外，在 1988—1989 年间，各种货币总量和债务的增长率都下降了——尽管 M1 的增长实际上突然剧减，而 M2 却下降得很少。进入 1990 年，联储由于担心通货膨胀，认为 1989 年 2.5%的 GDP 增长可以看作基本上可以维持的增长率。

表 1　1988—1992 年的货币政策

1989—1992 年的货币增长率是 12 月份相对于上一年 12 月份的，利率是这一时期的平均值。

资料来源：DRI/McGraw-Hill.

（%/年）

	1988	1989	1990	1991	1992
M1 增长率	4.9	0.9	4.0	8.7	14.2
M2 增长率	5.5	5.1	3.5	3.0	2.3
债务增长率	9.3	8.0	6.8	4.2	4.3
银行贷款增长率	9.1	7.7	4.4	−0.1	−0.3
国债利率	6.7	8.1	7.5	5.4	3.8
10 年期债券利率	8.9	8.5	8.6	7.9	7.3
实际 GDP 增长率	3.9	2.5	1.0	−0.7	2.1
（GDP 平减指数）通货膨胀率	3.9	4.4	4.1	3.7	2.5

衰退开始于 1990 年 7 月，在伊拉克入侵科威特之前。现在我们知道，1990 年第三季度和第四季度的 GDP 下降了，虽然第三季度的下降只出现于 1992 年 7 月的校正数据中。但是联储那时致力于如何处理伊拉克入侵科威特之后 40%的石油价格上涨问题，直到年底都没有改变利率。由于衰退的继续，联储在整个 1991 年，非常缓慢地持续降低利率，总是担心利率过低，从而重新引发通货膨胀。

在 1991 年底，衰退可能已经结束，数据再次显示生产和产出有疲软的迹象。人们又更多地谈论起双重下降的衰退。这时联储果断地将贴现率从 4.5%降到 3.5%，国债利率达到了 20 年来的最低水平。由于增长继续疲软，国债利率又跌至 30 年来的最低水平。有趣的是从表 1 的 10 年期债券利率中可以看出，长期利率缓慢地下降，对此的解释是市场相信通货膨胀不久将会反弹。

1990—1992 年期间引人注目的是，联储实施的货币政策几乎完全在利率方面。从表 1 中可以看出原因：不同货币总量的增长率相差太大。

这次衰退还有另一个特征：关于获得信用异常困难的看法。甚至在衰退开始之前，企业经理和政策制定者就抱怨难以得到贷款。当衰退持续时，惜贷，即银行和储蓄机构都不愿贷放款项的情况，似乎恶化了。衰退中，银行贷款额的减少，进一步证实了这一问题的存在。*

为什么会存在惜贷现象？因为银行管理者担心银行破产，严格贷款标准以确保银行不出现呆账。相应地，银行势必会为了安全而持有政府债券，且不对企业提供贷款。

* Ben Bernanke and Cara Lown，"The Credit Crunch，" *Brookings Papers on Economic Activity* 2 (1991). 又见：Federal Reserve Bank of New York，*Quarterly Review*，Spring 1993，关于信用下降的具体问题研究。

信用核心作用的支持者也认为，**信用配给**（credit rationing）使利率成为一种不可靠的货币政策指示器。**当个人不能以现行的利率想借多少就借多少时，信用就是配给的。**

信用配给是因为贷款人担心愿意借钱的借款人可能没有能力偿还。但是，如果信用以一个给定的利率配给，这个利率就不能充分体现货币政策对投资和总需求的影响。信用观点的支持者主张，联储应该直接关注信用额度，以便了解货币政策对总需求有什么影响。

记住，贷款不仅有利息，还有信誉标准。当危机发生时，银行（和金融市场的其他机构）担心难以收回贷款而拒绝向除了那些最优质的客户以外的客户放贷。图 17－6 说明了在大衰退期间信贷市场的借款情况。住房抵押贷款和银行贷款的发行量暴跌。实际上，在新的贷款产生时，更多的贷款被偿还，所以新贷款净额实际上为负。那么，所有的货币都去哪儿了呢？这些货币都流向了世界上最安全的资产，即美国财政部发行的债券。

图 17－6　2008—2009 年季度信贷市场的借款情况

资料来源：*Economic Report of the President*，2010，Table B-74.

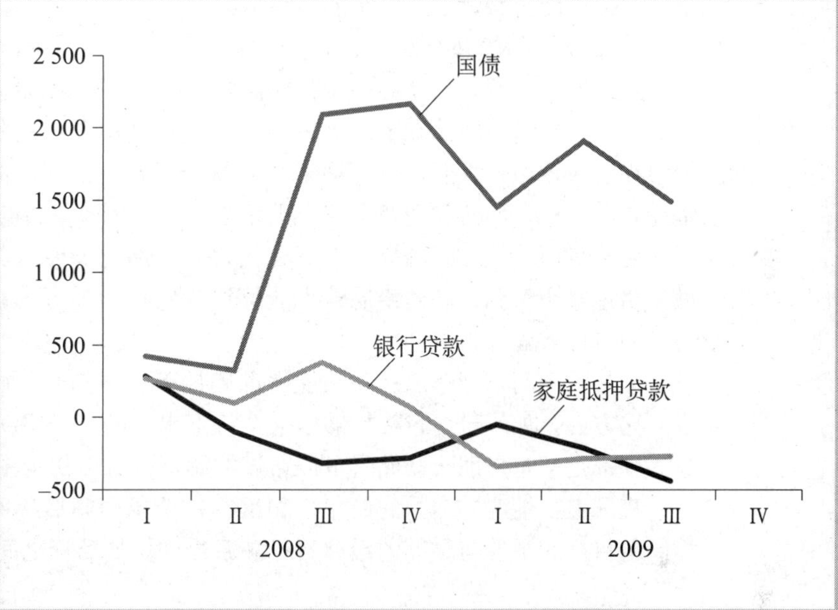

我们怎么能知道信贷市场的崩溃是反映信贷标准的紧缩，而不是基于经济低迷时贷款需求的下降？当后者发挥作用时，我们知道联储实施紧缩信贷标准的方式是联储会调查银行信贷高级官员并对他们进行询问。[①] 例如，在 2008 年底，每个信贷官员都宣布要提高次级贷款的信贷标准，而在 2009 年初，三分之二的信贷官员宣布甚至要进一步提高商业和工业贷款的信贷标准。不幸的是，这些倡议迟到了许多年。

17—7　哪些目标适合联储？

现在，我们通过讨论货币政策目标，以便准备从更广阔的视野来制定货币政策。在

① "Senior Loan Officer Opinion Survey on Bank Lending Practices," Federal Reserve Board，www.federalreserve.gov/boarddocs/SnloanSurvey/201002. 关于调查如何运行以及信贷标准与贷款增长如何相关的问题请参见 Cara S. Lown，Donald P. Morgan，and Sonali Rohatgi，"Listening to Loan Officers：The Impact of Commercial Credit Standards on Lending and Output，" *FRBNY Economic Policy Review*，July 2000。

详细讨论之前我们注意以下三点：

1. **最终目标**（ultimate target）和**中间目标**（intermediate target）之间的关键区别。最终目标是诸如通货膨胀率和失业率（或实际产出）等变量，其表现至关重要。利率或货币增长率或信贷增长率，是政策的中间目标，联储钉住这些中间目标是为了更准确地达到其最终目标。贴现率、公开市场业务和法定准备金是联储达到这些目标的**工具**（instrument）。[①]

2. 如何经常重新调整中间目标至关重要。例如，如果联储要保证几年期间的货币增长为5.5%，它必须肯定货币流通速度不会变得不可预测。否则，GDP的实际水平与目标水平之间会有很大的差别。如果货币目标像货币流通速度变化那样较为经常地进行调整，联储就能更接近于达到它的最终目标。

3. 制定目标的必要性产生于缺乏理解。如果联储具有正确的最终目标，并且准确地知道经济如何运行，它就能够做任何需要做的事情，以保持经济尽可能达到最终目标。[②]

中间目标给予联储在下一年里要做的一些具体和特定的事情。这使联储能将注意力集中在它应该做什么上，也有助于私人部门了解它们期望的是什么。如果联储宣布并且坚持它的目标，厂商和消费者就会更好地了解货币政策将会是什么。

明确货币政策目标的另一个好处是，联储因此能够对其行为负责。联储有责任这样做。通过宣布目标，联储使局外人能够讨论它努力的方向是否正确，并且随后判断在实现它的目标方面是否成功。

理想的中间目标是那些联储能够准确控制，并同时与政策最终目标有密切关系的变量。比方说，如果最终目标能够以某个特定水平的名义GDP表示，而货币乘数和货币流通速度都是常量，那么联储就可以通过控制基础货币作为中间目标来达到它的最终目标。

实际上，情况并非如此简单。相反，**在选择中间目标时，联储必须在那些能够准确控制的目标和那些与联储的最终目标关系最密切的目标之间进行权衡取舍。**

本章提要

1. 货币存量取决于：联储对基础货币（高能货币）的控制、公众优先选择的通货-存款比率、银行优先选择的持有准备金的行为。

2. 货币存量比高能货币存量大，因为银行存款组成了货币存量的一部分，银行对每一美元存款只保持低于一美元的准备金。

3. 货币乘数是货币存量对高能货币的比率，准备金-存款比率和通货-存款比率越小，货币乘数越大。

4. 当联储通过资产负债表创造负债以购买资产（例如国债、黄金、外汇）时，它在公开市场购买中创造了高能货币。这些购买增加了银行在联储持有的准备金，并通过乘数过程导致货币存量的增长超过高能货币的增长。

5. 货币乘数是通过一个调节过程形成的，在这个过程中，银行进行贷款（或购买证券），因为存款使银行准备金的增加超过了合意的水平。

---

① Benjamin Friedman, "Targets and Indicators of Monetary Policy," in B. Friedman and F. Hahn (eds.), *Handbook of Monetary Economics* (Amsterdam: North-Holland, 1991).

② 参见第18章对时滞和乘数不确定性的讨论。

6. 联储有三个基本政策工具：公开市场业务、贴现率和存款机构的法定准备金。

7. 联储不能同时控制利率和货币存量。它只能选择与货币需求函数相一致的利率和货币存量的组合。

8. 联储通过规定货币存量和利率的目标范围以实施货币政策。为了达到产量目标水平，如果 *IS* 曲线不稳定，或者移动得太多，联储应该致力于其货币目标。如果货币需求函数是经济不稳定的主要原因，联储应该集中关注利率目标。

9. 联储不但以货币存量和利率为目标，也以经济中的非金融性债务总额或者以信贷额为目标。

关键术语

信用	外汇市场干预	公开市场购买
信用配给	钉住利率	信用目标
部分银行准备金	法定准备金	通货-存款比率
高能货币	法定准备金比率	贴现率
工具	准备金比率	去中介化
中间目标	银行挤兑	超额准备金
基础货币	最终目标	联邦存款保险公司（FDIC）
货币乘数	联邦基金利率	公开市场柜台
公开市场业务		

习题

概念题

1. 联储想要增加货币供应量，可使用哪些主要工具来达到这个目的？具体地讲，如何运用每种工具来增加货币供给？（提示：有三种工具。）

2. 联储能影响通货-存款比率吗？

3. 在什么情况下，联储主要以（a）利率或者（b）以货币存量为目标来运用货币政策？

4. a. 什么是银行挤兑？

b. 为什么会发生银行挤兑？

c. 面对银行挤兑，如果联储不采取行动，对货币供应量和货币乘数会产生什么影响？

d. 联邦存款保险公司的存在，能够怎样有助于阻止这种问题的发生？

5. a. 为什么联储不再坚持准确地达到货币目标的路线？

b. 以名义利率为目标有什么危险？

6. 将以下各项区分为最终目标、中间目标或货币政策工具。

a. 名义 GDP；

b. 贴现率；

c. 基础货币；

d. M1；

e. 国债利率；

f. 失业率。

7. 当发生信用配给时，以利率作为货币政策目标会有什么危险？

8. 为什么联储会选择中间目标作为货币政策，而不是直接追求其最终目标？运用这些中间目标有什么好处和缺点？

技术题

1. 说明联储在公开市场上出售债券对其资产负债表的影响，以及对购买联储债券的商业银行的资产负债表的影响。

2. 当联储买入或卖出黄金或外汇时，通过补偿性公开市场业务，它自动地抵消或冻结以上买卖对基础货币的影响。联储所做的是买入黄金，同时从它的资产组合中卖出债券。说明购买黄金对联储资产负债表的影响，以及相应地通过公开市场出售债券的冻结作用。

3. “100％的银行业务”的建议，包含准备金-存款比率为 1，美国已经提出这样一个建议，以便增强联储对货币供给的控制。

a. 为什么这一方案有助于控制货币供给？

b. 在这个方案下，银行资产负债表将会怎样？

c. 在100%货币的情况下，银行业务如何仍然保持有利可图？

4. 你作为联储主席，正在考虑应该以基础货币还是以利率作为政策目标。为了必须做出的有信息支持的决定，你需要了解什么信息？在什么情况下，每个选择都会是一个好的（或坏的!）选择？

操作题

1. 请访问联邦储备委员会的联邦公开市场委员会（FOMC）官方网站 http://federalreserve.gov/FOMC，点击“Meeting Calendars and Information”，选择相关链接找到FOMC最新的会议报道。FOMC所作的关于改变其联邦基金利率目标（或保持不变）决定的报道中所引用的要点是什么？

2. 资料17-4和表1考察了美国在1990—1991年衰退时期的货币政策。在本练习中，你观察一下联储在2001年衰退时的货币政策。登录 http://fred.stlouisfed.org，并利用搜索栏找到货币存量、联邦政府债务、所有商业银行的商业与工业贷款、3个月期国债利率、10年期国债利率、年度实际GDP增长率以及GDP平减指数。（提示：为得到增长率，你需要下载水平数据并转换成增长率。）请对你的表格与资料17-4中的表1进行比较。

	1999	2000	2001	2002	2003
M1 增长率					
M2 增长率					
债务增长率					
银行贷款增长率					
国债利率（3个月期）					
10年期债券利率（国债）					
实际 GDP 增速					
通货膨胀率（GDP 平减指数）					

注：货币、债务和银行贷款的增长率是每年年底的数据；利率是每年的平均数据。

3. 2013年，联储持有的黄金的账面价值大约为110亿美元。但是，联储采取的会计准则对黄金的估值是42美元每盎司。请在网上查找当前的黄金标价。请问联储的真实黄金价值是多少？

18 政策

本章要点

- 经济的不确定性限制了政策的成功。
- 我们关于经济的知识不完备有时会要求以缓慢的方式运用政策。
- 政策目标的选择将受到我们的知识及其范围有限的影响。
- 民主国家面临着的困难问题在于，构建一个能避免通货膨胀诱惑的政策决策体系。

本章是关于政策的。

> 现在，我有一个基本的认识——任何对货币政策感兴趣的人都应该花费少量的时间进行经济预测，而在意外预测的含义上花费更多的时间。如果你对预测行情感兴趣，详细写下你的预测并对预测背后的东西进行分析就很有意义。在其他方面，预测提供了检验最重要的政策问题的底线。良好货币政策的真正艺术，就在于管理意外预测并且不做那些明显属于基本预测的事。
>
> ——威廉·普尔（Federal Reserve Bank of St. Louis *Review*，May/June 2004）

那么，本教材中所有的内容既不能解释宏观经济的结果，也不能说明我们怎样运用政策去改变这种结果吗？的确如此，不过当我们专注于书中关于宏观经济学的知识时，在本章，我们将要了解，在明白我们知识有限的情况下我们怎样聪明地制定政策。政策制定者应该留心我们为经济制定最好的目标时的不确定性。一旦目标被选定，政策制定者就需要记住，我们不能肯定政策行动产生效果的准确程度和时间。最后，政策制定者必须考虑政策在公众对未来的预期方面所受到的影响。

在本章，我们观察时滞的问题和具体的不确定性怎样影响了政策形成的具体方式。我们由了解政策制定时滞和政策实施开始。决策不可能立即做出，即便在一项政策决策已经做出后，实施也需要花费时间。进一步说，政策的效果也许要在经济中缓慢地以不确定的速度显现。新政策改变了经济活动当事人的预期。改变了的预期本身又会影响经济，但是很难预测和衡量这种影响。由于所有这些原因，加上过程中关于经济模型的“正确”与否的不确定性，一项关于将要制定的政策的预期就是不确定的。这说明选择政策时要小心。在这种一般性观点之外，本章还强调了政策制定过程中的一些具体问题。

这是一章“哇——不要太快”的章节，在这个含义上，我们探讨了宏观经济政策的局限性。认识到政策的局限性不同于完全避免政策。**大国并非不能选择宏观经济政策。**政府支出、税收，以及货币供给的选择将对经济产生影响。所以，在决定它们的预算和货币政策时，政府需要考虑如何最有效地影响经济，或者至少如何有效地避免一些通常的错误。

现在，我们考察对于政策制定来说，不确定性的一些含义，以及政策制定过程中所面对的一些具体问题。[①]

18—1　政策作用的时滞

假定经济处于充分就业状态，并且一直受到总需求的扰动，导致均衡收入水平低于充分就业时应有的水平。再假定这种扰动没有事前的警告，因而在政策上也没有采取行动去预防其发生。现在，政策制定者决定对于这种扰动**是否确实要做出反应**和**如何做出反应**。

首先要关注的是，扰动是永久性的，还是至少能够持续下去的，或者是短暂的和因而是短期存在的。假定扰动只是短暂的，例如，在一段时间内减少消费支出。当扰动为暂时性的，因而消费迅速恢复到其最初水平时，最好的政策也许就是什么也不做。不要给供给者或生产者错误的解释，把需求的暂时减少说成是长久性减少，他们就会通过改变生产和库存而不是调整生产能力来适应这种变化。扰动将仅在该时期影响收入，但几乎没有什么长期影响。由于当前的政策行为需要花时间去产生作用，当前的政策行为将对接近充分就业的经济产生影响，将使经济脱离充分就业水平。因此，如果干扰是暂时的，没有长期效应，而且政策运行也有时滞，那么，最好的政策就是什么也不做。

图 18－1 表明了主要的问题。假如一次总需求扰动从时间 t_0 开始减少了产量，使其低于潜在水平。在没有积极政策干预的情况下，产量会出现一段时间下降，但随后就会恢复，并在时间 t_2 处再次达到充分就业。下面再看在一项积极的稳定性政策下的 GDP 变化路径，即在有时滞的不利条件下的情况。这种扩张性的政策可能从时间 t_1 开始，但在某段时间后才会发挥作用。现在，作为扩张性政策的后果，产量趋向于迅速恢复，但由于缺乏合适的力度和（或）时间，实际上会调整过度，超过充分就业水平。在时间 t_3 上，约束性政策开始，一段时间后，产量开始转向充分就业，也许会很好地在这一时间的周期中继续下去。在这个例子中，“稳定性”政策实际上反倒使经济“不稳定”了。

制定政策的主要困难之一在于，是否建立一种暂时性的扰动。第二次世界大战的情况是相当清楚的，在一些年份要求高水平的军事开支。但是，在 1973—1974 年 OPEC 的石油禁运下，完全不清楚禁运将持续多长时间，以及 1973 年末形成的高油价是否会持续。那时，许多人认为石油卡特尔将会解体，油价将很快回落，即扰动是暂时的。“很

① 圣路易斯联邦储备银行行长威廉·普尔在《面对不确定性的政策决策者》一文（“A Policymaker Confronts Uncertainty,” Federal Reserve Bank of St. Louis *Review*, September-October 1998）中提出了对这些问题的一个流行看法。也可参见 Federal Reserve Governor Frederic Mishkin, “What Should Central Banks Do?” Federal Reserve Bank of St. Louis *Review*, November-December 2000。

快”变成了 12 年。

不过，我们可以假定知道扰动会持续几个季度，在没有干预的情况下，收入水平将在某段时间里低于充分就业时的水平。这样，政策制定者会遇到时滞吗？

图 18-1　时滞和不稳定的政策

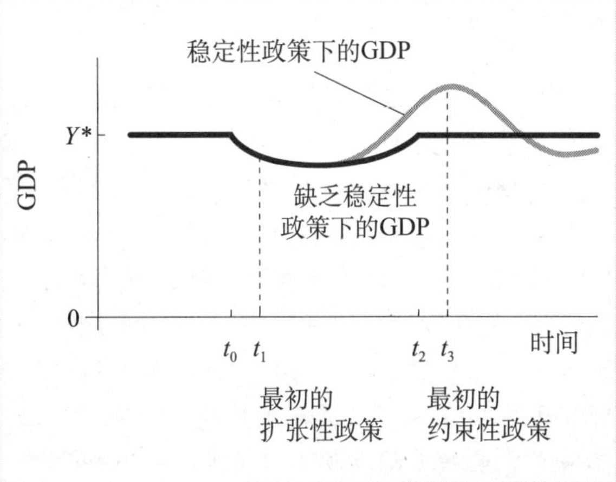

现在，在采取行动之前，我们考虑一些扰动发生后可能要采取的必要步骤，然后，我们考察政策行动影响经济的过程。在每个阶段都存在着拖延或时滞。这可以划分为两个阶段：**内部时滞（inside lag），即达成一致意见采取政策行动（例如减税或增加货币供给）的时间。外部时滞（outside lag），即政策行动对经济产生作用的时间。**而内部时滞又可以划分为认识时滞、决策时滞和行动时滞。

认识时滞

认识时滞（recognition lag）是从扰动产生到政策制定者认识到需要采取行动之间所花费的时间。如果扰动被预计到，这种时滞基本上就是不必要的，因为适当的政策行动甚至在扰动发生之前就已经考虑好了。例如，我们知道季节性因素会对行动产生影响。于是，就可以知道圣诞节时对货币的需求很高。这时就不会对经济采取限制性行动，联储将通过扩张货币供给来适应这种季节性需求。

但是，认识时滞通常是必要的，扰动和认识到需要采取积极的政策之间需要一段时间。在一篇经典的著作中，卡利肯（Kareken）和索洛（Solow）研究了政策制定的过程并得出了认识时滞平均大约为 5 个月的结论。[①] 当需要的政策是扩张性的时候，时滞相对较短，而当需要的政策是紧缩性的时候，时滞相对较长。在布什政府掌权的 2001 年，失业急剧增加之后的减税速度就十分明显。

① 参见 John Kareken and Robert Solow, “Lags in Monetary Policy,” in *Stabilization Policies*, prepared for the Commission on Money and Credit（Englewood Cliffs，NJ：Prentice Hall，1963）。关于货币政策，还可参见 Charles A. E. Goodhart，“Monetary Transmission Lags and the Formulation of the Policy Decision on Interest Rates,” Federal Reserve Bank of St. Louis *Review*，July-August 2001。

[资料 18－1]　历史故事

在紧急情况下美联储的行动有多快?

纽约市是美国和世界许多地方的金融中心。许多计算与联络便利的金融系统（和许多保持快节奏的人们）就位于世界贸易中心，或者靠近世界贸易中心。纽约联邦储备银行承担着贯彻美国货币政策所要求的大部分实际金融业务，它也位于离世界贸易中心仅两个街区的地方。当 2001 年 9 月 11 日美国遭受攻击的时候，就存在着金融系统被击垮的风险。

在攻击发生的最初几分钟时间内，保安人员就将纽约联邦储备银行的雇员转移到大楼内部的中心地带，并保留了排烟的通风系统。全国各地的联储官员立即与主要的金融中介机构联系，收集关于金融系统进展情况的信息。在遭受攻击的当天和随后几天里，联储就将准备金投入到金融系统中——9 月 12 日就投入 300 亿美元，比前一周投入的总和还多。联储发放了暂时性的巨额贷款给金融机构（9 月 12 日贷放 455 亿美元），几乎是前一个星期三贷款的 50 倍。

联储和私人部门在攻击发生后的几个小时和几天内的合作，保证了金融系统的所有流动性都能满足危机的需求。9 月 11 日的攻击是自南北战争以来，美国国土上发生的最坏的情况。由于美联储行动的迅速和卓有成效，金融系统波澜不惊地渡过了难关。

决策时滞和行动时滞

决策时滞（decision lag），即认识到需要采取行动和做出政策决策之间所延续的时间（在货币政策和财政政策之间是不同的）。[①] 联储系统的公开市场委员会经常开会讨论和决定货币政策。因此，一旦发现需要采取政策行动，货币政策的决策时滞很短。**政策决策和执行该决策之间的行动时滞（action lag）**，对于货币政策来说，也很短。重大的货币政策决策几乎能够在决策一制定时就付诸实施。因此，在联储的现有安排下，货币政策的决策时滞很短，而行动时滞实际上也不存在。

但是，财政政策的行动就不那么快速了。一旦认识到需要采取财政政策行动，政府必须准备行动方案。接下来，在决定政策改变之前，该法案必须由国会参众两院讨论和通过。这也许是一次立法过程。即便立法获得通过，政策的改变仍然必须经过一个实际操作过程。如果财政政策采取改变税率的方式，在税率改变之前也许还要花费一些时间反映到报酬审核部门，即可能还存在一个行动时滞。在某些情况下，虽然如 1975 年初税收减少后，财政决策时滞也许较短，但在 1975 年还是经历了大约两个月的时间。

自动稳定器

政策制定中内部时滞的存在使注意力集中在自动稳定器的使用方面。**自动稳定器（automatic stabilizer）是经济中自动起作用的一种机制，即政府不必逐一干预就可以减轻对产出数量变化产生经济冲击的机制。**自动稳定器的主要优点之一是，它们没有内部时滞。最重要的自动稳定器是所得税。它通过减少任何总需求扰动的乘数效应来稳定经济。

① 货币政策即联储采取的能够影响利率的变动货币供给的行动，而财政政策则是政府支出和税收方案的变化。第 10～12 章详细讨论了货币政策和财政政策。

正像我们在第 10 章中所看到的，自动支出变化对 GDP 的乘数效应是同所得税税率负相关的。失业救济金是另一种自动稳定器。当工人失业时，工人会减少消费，而消费需求的减少也具有对产出的乘数效应。当工人得到失业救济金时，由于可支配收入的减少低于不存在这笔救济收入的情况，上述乘数效应也就降低了。

尽管经济的自动稳定器具有合乎意愿的作用，但在不影响整个经济的绩效时，它们的作用并不大。当税率增加到 100%时，乘数才可能减小到 1，从而显现出对经济的稳定作用。但是，谁会要求 100%地改变边际税率呢？所以，合意的自动稳定器的作用范围是有限的。[①]

外部时滞

政策的内部时滞是一种**甄别时滞**（discrete lag），从认识到决策和执行需要数月时间。外部时滞通常是一种**分布时滞**（distributed lag）：一旦采取政策行动，它对经济的作用就随时间而扩展。一项政策行动也许有一点儿小的直接作用，但是其他作用出现较晚。

关于总需求和总收入的政策运行具有分布时滞的思想，由图 18－2 中的动态乘数进行解释。在那里，我们表明了在时期为零时货币供给增加 1%的最终时间效应。最初的影响很小，但是在整个长时期内影响会继续增加。货币政策的时滞由货币对支出和产出所产生的任何重要影响都要花费几个季度而且只是逐渐地建立起来这一事实所表示。

图 18－2　DRI 模型中的货币政策乘数

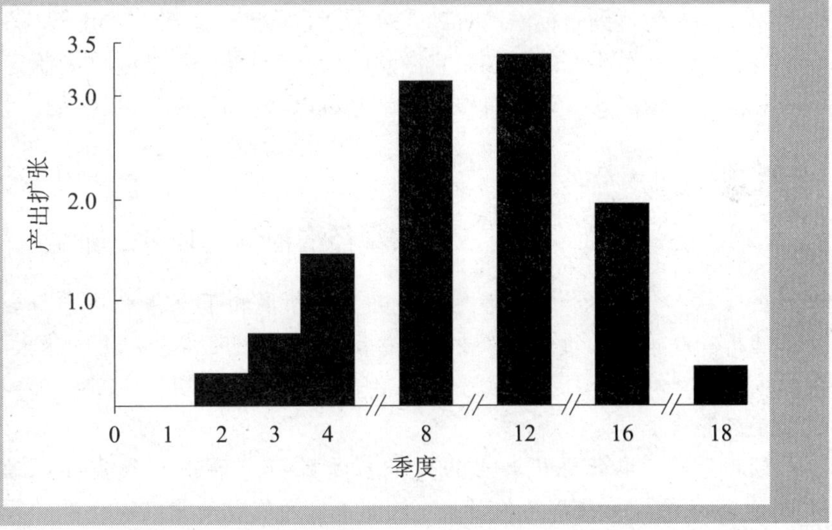

外部时滞中遇到的分布时滞的政策含义是什么？如果它对迅速增加就业水平以抵消总需求的扰动是必要的，一项货币供给的大量增加也就是必要的。但在随后几个季度中，较大的初始增加将对 GDP 产生大的效应，那些效应很可能会对失业进行过度矫正，导致通货膨胀的压力。

为什么会有这么长的外部时滞？考虑一下货币政策的例子，它最初的效应主要是对

① 关于自动稳定器的历史讨论，请参见 Herbert Stein，*The Fiscal Revolution in America*：*Policy in Pursuit of Reality*（Washington DC：American Enterprise Institute for Public Policy Research，1996）。

利率的而不是对收入的。利率依次通过一定的时滞影响投资，也通过影响财富的价值来影响消费。当总需求最终受到影响时，支出的增加本身又产生了对产出和支出的一系列引致调整。就像图 18-2 中所说的，由于政策产生影响要花费时间因而政策行动过程表现缓慢，如果政策制定者自己努力矫正最初非意愿的状况不会导致这些行动本身产生也需要矫正的问题的话，就要考虑政策制定者必需的技巧了。

货币和财政政策时滞

可以确定财政政策和政府支出的变化（直接对总需求起作用）会比货币政策更快地对总收入产生作用。不过，财政政策具有较短的外部时滞和很长的内部时滞。较长的内部时滞使财政政策对于稳定经济来说作用不大，而且意味着财政政策倾向于使用相对不寻常的手段去稳定经济。

我们对于时滞的分析表明了在采取短期稳定性政策行动时的困难：要花时间去设计政策行动，而后政策本身又要花时间去影响经济。但这并不是唯一的困难。由于政策制定者不能确定政策行动产生效果的范围和时间，因而产生了进一步的困难。

渐进式政策和冷火鸡式政策

面对给定的政策目标，例如，降低通货膨胀，政策制定者必须在渐进式和冷火鸡式政策之间进行选择。渐进式政策缓慢地将经济移向目标，而冷火鸡式政策试图尽可能快地达到目标。冷火鸡式政策通常会产生一种“冲击效应”。如果这种冲击是破坏性的，那就是不好的；如果它激烈的行动有助于增加对政策制定者的信任，那就是好的。相反，渐进式政策具有政策实施时可以将新信息结合进去的优势。

[资料 18-2] *历史故事*

宏观经济预测能有多正确呢?

企业界、金融界和政府都急于知道下一季度和下一年经济中将会发生什么情况，以作为其计划、资产选择和政策决策的一个必要成分。这种对预测的需求，是由很大一群专业的预测者来完成的。使用的方法包括从非正规的、几乎是简单随意的计算方法，到表明经济概况的几千个公式组成的复杂宏观计量经济模型。*

预测到底有多好呢？表 1 从三个来源显示了预测的和实际的结果。第 1 列是国会预算办公室（CBO）的预测，它使用了作为收支计划基础的宏观计量经济模型。第 2 列是政府的预测。第 3 个来源是由一家私人预测机构蓝筹码（Blue Chip）公司给出的。表中的设计显然有些偏离，预测数据在低增长的 1990—1991 年和 2004—2008 年以及高增长的 1995—2000 年误差较大。与之相对，2002—2004 年，对目标的预测是正确的。

预测是怎样出错的呢？它们也许没有预期到扰动（例如，海湾战争）。它们也许误解了当前的经济情况，因而将其预测置于当前形势的错误图景上。它们也许错误判断了政府货币政策和财政政策对于经济繁荣或衰退的反应时间或力量。预测无法达到完美的事实，特别是在重要的经济转折点上不理想，就像表 1 所表明的那样。**

*要了解大规模的计量经济模型，请参见 F. Brayton and P. A. Tinsley, “A Guide to FRB/US: A Macroeconomic Model of the United States,” Board of Governors of the Federal Reserve System, October 1996。

表 1　宏观经济预测准确性如何？实际产出的 2 年平均增长率的实际值与预测值

资料来源：CBO's Economic Forecasting Record——2015 Updated，Table 3.

	实际值	国会预算办公室	政府	蓝筹码
1976—1977	5.1	6.2	5.9	—
1986—1987	3.2	3.1	3.7	3.0
1990—1991	0.8	2.0	2.8	1.9
1993—1994	3.5	2.9	2.9	3.0
1994—1995	3.3	2.8	2.9	2.8
1995—1996	3.1	2.4	2.6	2.6
1996—1997	4.1	1.9	2.2	2.1
1997—1998	4.4	2.1	2.1	2.2
1998—1999	4.6	2.3	2.2	2.4
1999—2000	4.5	2.0	2.2	2.3
2000—2001	2.6	3.2	3.0	3.3
2001—2002	1.4	2.9	3.2	3.0
2002—2003	2.2	2.4	2.2	2.2
2003—2004	3.0	3.0	3.2	3.2
2004—2005	3.3	4.5	4.0	4.1
2005—2006	2.9	3.7	3.5	3.5
2006—2007	2.3	3.5	3.3	3.2
2007—2008	0.8	2.6	2.9	2.7
2008—2009	−1.7	2.3	2.9	2.4
2009—2010	−0.4	−0.4	0.9	0.4
2010—2011	2.1	2.1	3.2	2.9
2011—2012	2.0	2.9	3.2	3.1
2012—2013	2.3	1.6	2.9	2.4

** Stephen K. McNees，"How Large Are Economic Forecast Errors?" *New England Economic Review*，July-August 1992，提供了对于预测者的历史数据的详细检验，并证实它们是很好的，而且几乎从来没有做得那么好。还可参见 Christopher A. Sims，"The Role of Models and Probabilities in the Monetary Policy Process，" *Brookings Papers on Economic Activity*，2（2002）。Spencer Krane，"An Evaluation of Real GDP Forecasts：1996—2001，" Federal Reserve Bank of Chicago，*Economic Perspectives*，First Quarter 2003.

18—2　预期和反应

政策的经济效果之所以具有不确定性，原因在于政策制定者不知道准确的乘数值。政府总是不能确定经济会对政策变化做出怎样的反应。实际上，政府在估计政策变化的效果时，是运用关于其经济的计量经济模型进行的。**计量经济模型**（econometric model）

是一种关于经济或经济某些部分情况的统计描述。

政府不能确定政策效果，部分原因在于政府不知道真正的经济模型，另一部分原因是它不知道企业和消费者具有何种预期。在本节，我们集中讨论预期的作用。

反应的不确定性

假定在2020年初，由于经济衰退，政府决定减税。该减税意味着是严格暂时性的，即只是为了促进经济增长。

计算出需要多大程度的减税后，政府必须猜测公众对一次暂时性减税会做何反应。一个可能的答案是，由于减税是暂时的，它将不会在很大程度上影响长期收入，因而也不会在很大程度上影响支出。这种看法是有用的，一次暂时性减税肯定是大幅度的。另一种可能是，也许消费者相信减税将比政府所宣称的持续更长时间，毕竟，公众知道增税是困难的。在这种情况下，公开宣布的暂时性减税的边际支出倾向将会很大。一项较少的减税将足以增加很多支出。如果政府错误地猜测消费者的反应，经济将会不稳定，而不是稳定。

政策制度的变化

当政府改变对扰动的传统反应方式时，就出现了一个具体问题。例如，政府通常在经济衰退时减税，而现在却不再这样做了（比如，由于政府赤字很大）。政府也许发现减税已经被人们预期到了，而且当消费者认识到政府不会实施减税时，会存在更大幅度的需求下跌。

考虑给定政策行为本身对预期的作用尤其重要，因为一个新政策很可能会影响预期形成的方式。[①] 假如联邦储备系统声明从现在起它的政策将以维持价格稳定为唯一目标，并且对任何价格水平的上升做出减少货币供给的反应（反之亦然）。如果人们相信这种声明，他们将不会在以前通货膨胀率变化的行为基础上建立其对货币增加和通货膨胀的预期。

不过，人们不太可能完全相信这种立即出现的声明。政策制定者很可能缺乏充分的**可信性**（credibility）。**只有当政策制定者的声明为经济活动当事人相信时，它们才具有可信性。**典型的情况是，政策制定者不得不通过长期中行为的持续性才能取得可信性，以便人们了解并相信他们所说的话。[②]

取得可信性很可能是代价昂贵的。设想一下，如果联储宣布它将把通货膨胀保持在低水平是不可信的，那将会发生什么情况。结果是，预期通货膨胀率会高于实际通货膨胀率，从而（如同菲利普斯曲线表明的那样）衰退将接踵而至。只有经过一段时间，当人们了解新政策后，联储才能取得可信性。

一个例子是，当政府承诺将货币供给保持在一个固定的变化率时，可信性的议题就总是一个问题。20世纪80年代，在欧洲货币体系实行准固定汇率制时，各国政府宣布

---

① 政策和预期的相互作用一直是第6章中介绍的宏观经济学中理性预期方法关注的焦点。要了解更早的论述，可以参见 Thomas J. Sargent and Neil Wallace，“Rational Expectations and the Theory of Economic Policy，” *Journal of Monetary Economics*，April 1976。

② 参见 Alan S. Blinder，“Central Bank Credibility：Why Do We Care？How Do We Build It？” *American Economic Review*，December 2000。

它们将不再对由货币贬值引起的工资和价格上涨做出反应。最初政策制定者缺乏可信性，通货膨胀停留在很高的水平上。但是，在经济衰退的帮助下，政策制定者很快取得了人们的信任，通货膨胀也开始下降。随后在 1992 年，在德国统一的宏观经济影响下，大量货币贬值被强加给不情愿的政府，它们的可信性出现了严重的问题。

18—3 不确定性和经济政策

政策制定者在使用积极的稳定性政策时，可能犯错误的一个原因是厂商和消费者预期的不确定性。另一个原因是，很难预测到像石油价格变动那样的干扰，这些干扰也许在政策发生作用之前就对经济产生了扰动。

第三个原因是，经济学家和政策制定者们没有充分了解经济的实际结构。我们要将正确经济模型的不确定性与一个给定经济模型中准确的参数值和系数值的不确定性区分开，即便区别并非无懈可击。

首先，正如大量宏观计量经济模型所证明的那样，在关于正确的经济模型方面存在着相当多的异议和不确定性。可以也能够区分开理论和经验证据的公正的经济学家们的建议，就是正确的经济行为函数。通常，每位经济学家有理由喜爱一种具体的形式，并在那种形式上使用它们。但是，在相当多的情况下，经济学家意识到他们所使用的具体形式也许不是正确的形式，并由此认为其预测将处于错误的边缘。接下来，政策制定者将知道关于一项特定的政策作用，存在着不同的预测。他们将会考虑在制定政策时所形成的预期的范围。

其次，即便在一个给定的模型内，也存在关于参数值和乘数值的不确定性。统计证据允许我们就参数或乘数给出一个可能范围，所以，我们至少可以得到一些源自一项具体政策行为的错误类型的思想。①

关于任何具体政策行为所引起的影响范围的不确定性（无论是预期的不确定性还是经济结构的不确定性），都被看作乘数的不确定性（multiplier uncertainty）。例如，我们对于政府支出增加的乘数的最好估计也许是 1.2。如果 GDP 要增加 600 亿美元，我们需要增加 500 亿美元政府支出。但是，统计证据较好的解释也许会让我们确信，乘数介于 0.9 和 1.5 之间。在这种情况下，当政府支出增加 500 亿美元时，我们预期 GDP 的增加幅度将在 450 亿美元和 750 亿美元之间。

政策制定者在面对这些不确定性的时候应当做何反应呢？政策制定者被告知的有关参数越准确，政策的反应就越积极。相反，相关参数（在我们的例子中是乘数）估计中错误的范围越大，政策就会越温和。由于缺乏信息，过度积极的政策就会造成引起经济不必要波动的大风险。

不确定下的政策工具组合

在货币政策乘数和财政政策乘数不确定的时候，就要考虑在货币政策和财政政策之

① 我们在这里讨论关于参数估计的可信间隔问题。参见 Robert Pindyck and Daniel Rubinfield，*Econometric Models and Economic Forecasts*（New York：McGraw-Hill，1997），进行进一步的讨论。

间进行选择了。最好的步骤是使用**政策工具的组合**（portfolio of policy instruments），即使用货币政策和财政政策的弱组合。采用这种**多样化**（diversification）办法的原因是，至少有机会使得估计一种乘数时的错误被估计另一种乘数时的错误所抵消。[①] 当运气好时，设定政策的错误将部分地相互抵消。即使我们运气不佳，也不会比完全相信一种政策工具时更糟。[②]

【选读材料】

乘数的不确定性和政策：一项规范分析

乘数意味着政策的数量效应。理论上，我们关于乘数范围的确定性越少，联合运用政策工具在直觉上的正确性就越有理由。威廉·布莱纳德（William Brainard）第一个正式表述了这种直觉。[③] 我们在这里提供一个简单的模型。

假定我们关于货币政策对经济产生效应的全部知识可以概括在一个公式中：

$$Y=\beta M \tag{1}$$

其中，Y是产出，M是货币存量，β是货币政策乘数。Y^*是产出目标。由于我们不能准确地达到目标，所以，就需要一个估计政策成功的规则来衡量错失目标造成的损害。当我们希望Y准确地达到Y^*时，我们认识到在实际结果和目标结果之间通常存在某种缺口，$Y-Y^*$。"保持这个数值"，即我们以**损失函数**（loss function）来衡量造成"失误"的损失：

$$L=1/2(Y-Y^*)^2 \tag{2}$$

要注意，损失函数在大的损失上比在小的损失上施加了大得多的惩罚。我们以βM代替方程（2）中实现的产出价值Y，来估计一项政策选择M的成功。**边际损失函数**（marginal loss function）$ML(M)$衡量政策工具M中微小的损失函数的变化。就像在正常的经济学中那样，考虑将损失减小到最低程度的方法是让边际损失为零。给出对应于方程（1）和方程（2）的边际损失函数[④]

$$ML(M)=(\beta M-Y^*)\times\beta \tag{3}$$

现在，首先，当我们知道乘数，并且当乘数不确定的时候，我们举个例子。假如我们的目标是$Y^*=3$，并且在某种程度上准确地知道乘数值是$\beta=\bar{\beta}=1$。适当的政策明显地是假定$M=3$，但是要始终运用于正规的分析中。我们设定方程（4）中的边际损失等于零，再对方程（5）中的最优政策求解：

$$ML(M)=0=(Y-Y^*)\times\bar{\beta}=(\bar{\beta}M-Y^*)\times\bar{\beta} \tag{4}$$

$$M=\frac{Y^*}{\bar{\beta}} \tag{5}$$

所以，我们选择$M=3/1=3$；观察到$Y=1\times3=3=Y^*$；按照方程（2）的评价，准确地达到了目标，取得了一个完美的、零损失的成绩。

---

① 如果研究了金融，你对于选择一个投资组合来通过多样化降低风险的思想就比较熟悉了。这里选择的词语并不一致，但选择政策组合的原理和选择投资组合的原理是一样的。

② 宏观经济学家对于协调货币政策和财政政策的实践的兴趣有所下降。当然，我们对将一种政策类型的作用与另一种政策类型的作用分开很感兴趣。但是，如果两种政策通常一起使用，就很难用历史数据去了解政策对观察到的结果所起的作用。

③ William Brainard, "Uncertainty and the Effectiveness of Policy," *American Economic Review*, May 1967.

④ 为了计算方便，我们可将方程（1）代入方程（2），然后对M求导。

现在，反过来假定β分别有50%的概率是0.5或1.5。β的平均值$\bar{\beta}=(0.5+1.5)/2=1.0$，就像前面的例子一样。不同的是，我们引入了不确定性。假定将政策的基础放在这个平均值上，我们再次将政策设定为$M=3$。[这被称为**确定性对等政策**（certainty-equivalence policy）。] 如果β实际上是0.5，我们将不能达到目标；如果β等于1.5，我们将调整过度。不过，我们可以通过偏向调整不足而不是调整过度来做得稍好一点，因为较低的β值意味着政策的边际影响较低。

我们可以在这种情况下，通过对β的每个值赋予同等的机会来衡量边际损失函数的办法，对M进行最优的选择。用于衡量边际损失的函数是

$$ML(M)=0=50\%\times[(0.5M-Y^*)\times 0.5]+50\%\times[(0.5M-Y^*)\times 1.5] \tag{6}$$

$$M=\frac{Y^*}{1.25} \tag{7}$$

方程（7）告诉我们，令M为2.4而不是3，我们在使用政策时就会比在确定性对等时更加谨慎。这样，布莱纳德的分析就会肯定我们关于不确定性将会导致谨慎的直觉。

18—4 目标、工具和指标：一种分类

在政策讨论中，经济变量扮演了多重角色。将变量分为**目标**（target）、**工具**（instrument）和**指标**（indicator）很有用。①

目标——目标是政策认可的目的。当最终目标是“社会商品”时，我们就把目光更具体地放在了产出和价格、失业和通货膨胀上。目标又被具体地划分为**最终目标**（ultimate target）和**中间目标**（intermediate target）。最终目标的一个例子是“达到零通货膨胀”。作为全部经济政策的一部分，一个特定的政策制定单位也许被要求完成达到一个具体的中间目标的任务。例如，中央银行可能要实现2%的货币存量年增长率的目标。即使货币增长本身不是最终的经济目标，但将货币增长设定为目标对于中央银行也许是合适的任务（中间目标）。

工具——工具是政策制定者直接操作的手段。例如，中央银行也许有一个汇率目标。它的工具是外汇的买卖。

指标——指标就是给我们发信号以便我们能够逐渐接近意愿目标的经济变量。例如，利率的上升（指标）有时就是市场预期未来通货膨胀（目标）上升的信号。所以，指标提供了允许政策制定者调整工具以便在达到目标方面做得更好的信息反馈。

大多数经济学家都同意对于政策制定者来说，达到最终目标的最好方法是使用指标提供的额外信息以便对工具做出最好的调整。

将变量分类为目标、工具和指标，有时是依情况而定的。例如，在某些年份，中央银行必须将利率作为中间目标。在另一些年份，中央银行则不得不把利率作为货币供给

① 参见 Benjamin M. Friedman, “Targets, Instruments, and Indicators of Monetary Policy,” *Journal of Monetary Economics*, October 1975。

政策成功与否的指标。政策制定者的确常常要面临一种选择：是否使用一项具体的政策手段作为工具，而不是将其作为指标；或者仍然把这种手段作为指标，但不再将其用作直接的工具。

18—5　积极性政策

在本节，我们考察两个问题。第一，政策制定者应该积极地尝试抵消外来冲击吗？具体而言，他们应当试图对经济进行微调，还是应当将自己限制在仅仅对重大冲击做出反应？如果我们的回答依靠积极性原则，就要问政策制定者是应当对事先制定的具体规则做出反应，还是应该对情况进行鉴别？

我们的概括也许夸大了问题，但成功的政策制定的道路上有一系列困难。为什么要相信政策能够做到任何事情来减少经济波动呢？[①]

的确，米尔顿·弗里德曼和其他人认为，不应当使用积极的反周期的货币政策，而应当将货币政策控制在使货币供应量的增长保持一个不变的速度上。至于货币增长的不变速度的准确值，弗里德曼认为，和货币增长应当不变的事实相比并不那么重要，政策不应当对扰动做出反应。他认为，在不同的时期货币增长率可能是2%、4%或5%。按照弗里德曼的说法，"通过将货币增长速度设定为一个稳定的过程并保持下去，货币当局将能够为促进经济稳定做出重要的贡献。通过维持这一稳定但温和的货币数量增长过程，货币当局将为避免通货膨胀或物价下跌的通货紧缩做出重要贡献。"[②] 因此，弗里德曼提倡一个简单的货币规则，在这一规则下，联储不对经济情况做出反应。对当前或预期的经济情况做出反应的政策叫做**积极性政策**（activist policy）。有趣的是，弗里德曼在面对极大的干扰时却将这一规则排除在外。

在讨论积极货币政策和财政政策的合意性时，我们要分清对经济中重大干扰做出反应而采取的政策行为，以及对经济中的微小干扰做出反应的政策变量不断进行的**微调**（fine-tuning）。我们还没有看到有关争论的案例，即争论在面临经济中的重大干扰时，是否应当积极采用货币政策和财政政策。本章前一节的大部分考虑指出了关于政策效率的某些不确定性，但是，有时对政策取向是没有疑问的。

例如，一个1933年掌权的政府是不会关心与我们曾经概述过的扩张性政策联系在一起的不确定性问题的。在短时期内，这个经济无法从25%的失业率转变为充分就业。因此，像迅速增加货币供应、增加政府支出、削减税收或同时运用这三个方面的措施这类扩张性手段将是适合的政策，因为经济没有机会通过过度调整进入繁荣。与此相似，战争时期会呼吁对私人需求采取紧缩性政策。在未来大的扰动事件中，积极性货币政策或积极性财政政策，将分别或同时再度启用。

微调提供了更加复杂的问题。在财政政策情况下，长的内部时滞事实上使斟酌使用

---

① Steven Sheffrin，*The Making of Economic Policy*（Oxford，England：Basil Blackwell，1989）中，有对这个问题的一个很好的讨论。

② Milton Friedman，"The Role of Monetary Policy，" *American Economic Review*，March 1968，还可参阅 Milton Friedman，*A Program for Monetary Stability*（New York：Fordham University Press，1959）。

的微调不可能运用，尽管自动稳定器事实上在所有的时间内都在进行微调。但是，货币政策决策却可以经常做出，货币政策的微调确实是可能的。而问题是，失业率的少量增加是否会导致货币增长率的少量增加，或者在失业大幅增加，比如说大于1%之前，政策就不应该做出反应。

问题是，引起失业增加的扰动也许是暂时的，也许是持久的。如果扰动是暂时的，就不必做什么；如果扰动是持久的，政策就应当在很小的方式上做出反应。给定干扰性质的不确定性，正确的反应在技术上讲就是比较小的，在适合暂时性冲击的零反应与适合持久性扰动的充分反应之间。所以，微调适合于将政策总是保持在对小的扰动做出小的反应上。

微调是个有争议的问题。反对微调的许多争论在于，实践中政策制定者实际上并没有采取所建议的行为——只对小的扰动进行小的调整。如果允许做任何事，他们能够做的就太多了。

大的教训并不是不可能采取政策，而是过度激进的政策会有风险。教训在于要极谨慎地行事，在思想上总是要想到政策本身也许不稳定的可能性。

[资料 18-3] *历史故事*

20世纪80年代、90年代和21世纪的微调与货币政策

在分析理论反对微调和斟酌使用政策的同时，在联储主席保罗·沃克尔（Paul Volcker，1979—1987）和随后的艾伦·格林斯潘（Alan Greenspan，1987—2006）的领导下，20世纪80年代和90年代是联储历史上执行货币政策最成功的时期之一——政策明显是斟酌使用的。

发生了什么情况呢？整个20世纪70年代，通货膨胀在经济周期到经济周期之间一直在上升；在每一个周期，顶峰时的通货膨胀率都比前一个周期要高。作为联储主席，保罗·沃克尔优先考虑的是，将通货膨胀压低到可控范围内。尽管付出了1981—1982年衰退的代价，其间，失业率达到了第二次世界大战后的最高水平10.8%，但也实现了控制通货膨胀这个目标（见图1）。

当艾伦·格林斯潘在1987年8月接任联储主席时，通货膨胀率是4.6%，经济基本上是充分就业的。两个月后，当证券市场在1987年10月19日崩溃时，联储这位新主席就面临潜在的大危机。联储通过提供足够的流动性来确保不存在金融恐慌，以此对抗挑战。

也许是注入流动性的部分结果，到20世纪80年代结束时，通货膨胀的压力持续上升，联储通过提高利率来收紧货币政策。最终，在1990年7月，衰退再次发生。不过，这次衰退程度不深，失业率的峰值仅为7.7%。一旦清楚地认识到衰退，联储就缓慢地反复削减利率。到1991年3月，衰退结束了，而复苏则在通货膨胀下降的同时继续着。

到1994年底，经济恢复到了充分就业，而通货膨胀依然保持在低水平。在接下来的两年里，联储成功地保持了通货膨胀和失业的低水平。

当经济进入2001年年中的衰退时，联储大幅降低了利率。随后，当它认识到复苏非常强劲时，又开始再次调高利率。

也许不必怀疑20世纪90年代积极的和斟酌使用的联储政策，因为微调政策帮助经济运行在比30年前更好的状态上。当然，联储并不完美，具体而言，因为1990—1991年经济衰退期间利率降得太低，以及20世纪末经济繁荣时利率提高太慢，联储一直受到批评。但是，总的说来，联储表现得非常好。

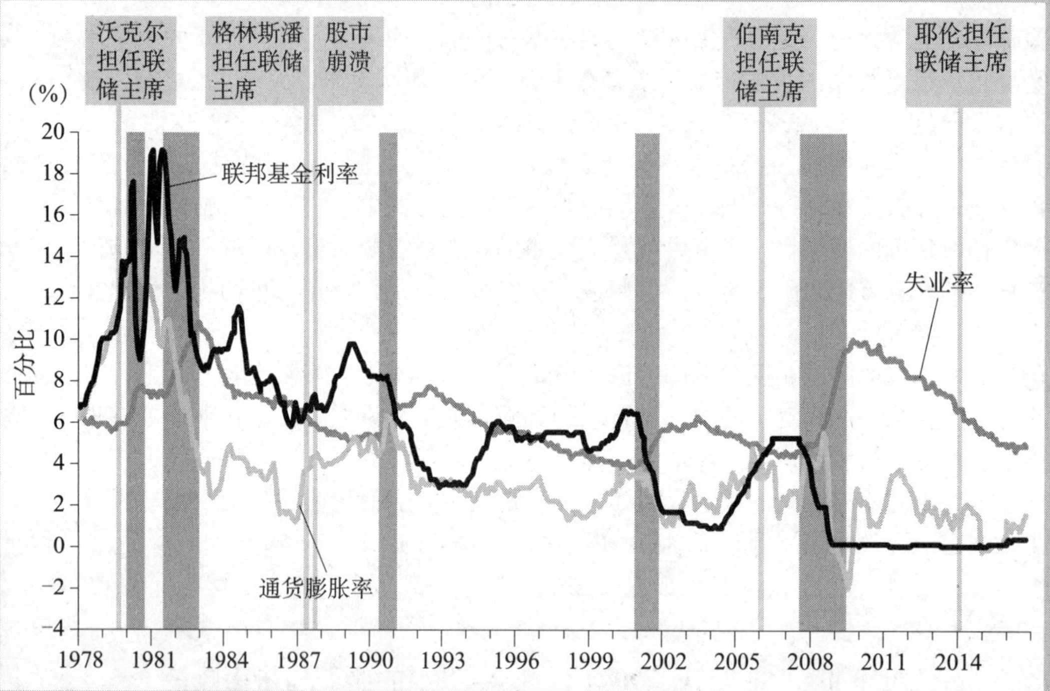

图 1　1978—2016 年通货膨胀率、失业率和联邦基金利率

资料来源：Bureau of Labor Statistics and Federal Reserve Economic Data［FRED］.

规则与相机抉择

如果政策制定者对没有预期到的扰动做出反应存在风险，并且在反应程度上受到当时认识能力的过多影响，如果这一切都可能是宏观经济不稳定的原因之一，为什么不让政策自己运作呢？这是一个**规则与相机抉择**（rules versus discretion）的问题。货币当局和财政当局应该实施与事先宣布的、已明确表述政策变量如何在未来所有情况下被决定的规则一致的政策，还是应该被允许在决定不同时候的政策变量值时，使用相机抉择的方法？

运用规则的一个例子是不变增长率规则，比如，货币政策以 4%的速度增加货币供应量的规则。规则是，无论发生什么情况，货币供给都将保持 4%的增长。另一个例子是，对于失业每超过估计的自然失业率（比如说 5.5%）1%，货币供给增长率就将以每年 2%的速度增长的规则。这种规则的数学表达是

$$\frac{\Delta M}{M} = 4.0 + 2(u - 5.5) \tag{8}$$

其中，货币增长率 $\Delta M/M$ 是年百分比，而 u 是以百分比表示的失业率。

公式（8）的积极性货币规则意味着，在 5.5%的失业率下，货币增长速度是 4%。如果失业率上升到高于 5.5%，货币增长速度就会自动增加。这样，对于 7.5%的失业率，使用公式（8）就可得出货币增长将是 8%。相反，如果失业率下降到低于 5.5%，货币增长将降低到低于 4%。因此，该规则会使货币数量的刺激适应于经济周期的指标。

通过将货币增长与失业率相联系，就形成了一个积极的、反周期的货币政策，但是，却没有任何相机抉择的成分。

大多数规则拥护者不是积极行动的人这一事实，使规则与相机抉择的问题变得混乱不清。这些人偏爱的货币规则是一种不变增长率规则。于是，积极性政策究竟是意愿的还是非意愿的，就成为争论的中心问题。认识的基本点是，我们能够设计**积极性规则**（activist rules）。同时，对政策制定者来说，我们不需要对有关行为做任何相机抉择，就能够设计出具有反周期特征的规则。关键点是由公式（8）给出的，这是一种积极性规则，因为当失业率很高时，它能扩大货币的增长，当失业率很低时，它又能减少货币的增长。该公式没有给相机抉择的政策留下任何余地，而这就是一种规则。

在第9章，我们考察了泰勒规则，根据泰勒规则，中央银行规定利率要适应通货膨胀和产出缺口。这个积极性规则被认为是对许多中央银行积极行为的一个很好的粗略描述。

给定经济情况和我们对经济随时间而变动的情况的了解，那么，经济中就没有能够永远把握货币当局和财政当局行为的永久性政策规则。[①] 于是，在规则与相机抉择的争论中就产生了两个实际问题。第一个问题是，当局在何处改变规则。一个极端情况是，货币增长率可以由宪法规定。另一个办法是，让联储或"财政机构"（即财政政策制定机构）制定货币增长率。在每种情况下，政策都可以变化，但是，改变宪法要比让联储改变政策花费更长的时间。在未来政策的确定性和政策的灵活性之间的取舍中，积极行为是鼓励灵活性的，而有利于规则的那些方面却很难改变联储过去常犯错误这一事实。因为金融系统对冲击做出的反应非常快，而且内在联系十分紧密，我们基本上认为联储的相机抉择及由此而来的对扰动的灵活反应是必要的。但是，这距离一般性的判断很远。

第二个问题是，政策制定者是否应该提前宣布他们在可预见的未来将采取的政策。原则上，他们愿意进行这种宣布，因为这种宣布有助于个体预测未来的政策。实际上，联储主席被要求向国会宣布联储的货币目标。但在实践中，这些宣布的东西并没有多大用处，因为联储不会坚持这些目标。如果联储能够通过抛弃它已宣布的政策使产出保持在接近潜在水平和低通货膨胀的状态，就有助于个体预测他们真正感兴趣的变量（个人未来的收入，对于厂商来说，则是未来对它们产品的需求），而不是货币供给这类变量。他们需要知道的只是预测的一些中间步骤。

[专栏18-1]　我们还知道什么？

财政政策和微调——副效应

由于其副效应，财政政策也许不是一个调节经济的合适工具。当私人决策被最少扭曲时，向政府支付的税率大概就是最好的税率了。失业所能达到的最平衡水平，大概是要使失业能够抵御工作激励的丧失。很少有理由做出恰好能使经济走出衰退那样正确的选择。

所以，即使从纯粹宏观经济学的角度考虑要求实施财政政策而不是货币政策，副效应的存在也会限制达到短期稳定的财政政策的可行性。

---

① 关于对这一点的证明，可参见 John B. Taylor, "Discretion versus Policy Rules in Practice," *Carnegie Rochester Conference Series on Public Policy*, December 1993。

18—6 哪个目标？——一个实际的应用

假设政策的基本目标是将 GDP 保持在接近潜在 GDP 水平，第二个目标是达到低通货膨胀率。我们在本节考虑一系列达到目标的途径。如果我们具有完全的信息，任何途径都是合适的。当然，信息是相当不完备的。对于每个可能的目标，我们要知道什么途径会导致错误。

实际 GDP 目标

如果我们正好达到潜在 GDP，那么，**实际 GDP 目标**（real GDP targeting）就是最优的。我们刚好达到了基本目标。由于当实际通货膨胀和预期通货膨胀相等时，菲利普斯曲线表明自然失业率等于实际失业率，所以，达到潜在 GDP 就与低的实际通货膨胀和预期通货膨胀相一致。

现在假定我们预测的潜在 GDP 增长率过高。例如，我们认为潜在 GDP 能够以每年 4%的速度增长，而实际上它的增长速度只为 2%。在短期内，我们将推高实际 GDP 的增长率，达到 4%的增长率。但是，将 GDP 推高到高于潜在水平会引起通货膨胀的加速。我们坚持这么做的时间越长，通货膨胀的加速就越快。我们将无法维持 4%的 GDP 潜在增长率。

名义 GDP 目标

我们可以采取以 4%的速度提高**名义 GDP**（nominal GDP）的方案。① 如果我们假定潜在 GDP 以 4%的增长率增长，那么，我们就能恰好实现基本目标和第二目标。但是，如果我们从低于潜在 GDP 开始，那么，我们就要放弃使实际 GDP 快速增长的机会。

假定潜在 GDP 实际上每年只是以 2%的速度增长。在长期内，4%的名义 GDP 增长将分为 2%的实际增长和 2%的通货膨胀。这并不完美，但是 2%的长期通货膨胀率肯定好于不受限制的通货膨胀。而不受限制的通货膨胀却可能在实际 GDP 目标下出现。

通货膨胀目标

与实际 GDP 目标相反的一端是**通货膨胀目标**（inflation targeting）。② 当政策制定者

---

① 参见 Michael D. Bradley and Dennis W. Jansen，“Understanding Nominal GNP Targeting，” Federal Reserve Bank of St. Louis *Review*，November-December 1989。也可参见 Jeffrey A. Frankel with Menzie Chinn，“The Stabilizing Properties of a Nominal GNP Rule in an Open Economy，” *Journal of Money*，*Credit*，*and Banking*，May 1995，对开放经济分析的扩展。

② Stanley Fischer，“Why Are Central Banks Pursuing Long-Run Price Stability?” *Achieving Price Stability*（Federal Reserve Bank of Kansas City，1996），and，by the same author，“Modern Central Banking，” in *The Future of Central Banking*：*The Tercentenary Symposium of the Bank of England*（Cambridge，England：Cambridge University Press，1994）. See also Robert G. King and Alexander L. Wolman，“Inflation Targeting in a St. Louis Model of the 21st Century，” Federal Reserve Bank of St. Louis *Review*，May-June 1996；William T. Gavin，“The FOMC in 1995：A Step Closer to Inflation Targeting?” Federal Reserve Bank of St. Louis *Review*，September-October 1996；Ben S. Bernanke et al.，“Missing the Mark：The Truth about Inflation Targeting，” *Foreign Affairs*，September-October 1999；Lars O. E. Svensson，“Inflation Targeting：Should It Be Modeled as an Instrument Rule or a Targeting Rule?” *European Economic Review*，May 2002；and Laurence H. Meyer，“Inflation Targets and Inflation Targeting，” Federal Reserve Bank of St. Louis *Review*，November-December 2001. See the July/August 2004 issue of the Federal Reserve Bank of St. Louis *Review*.

不能准确达到通货膨胀目标时，政策制定者肯定能够接近这个目标。由于完全放弃基本目标，政策制定者就处在一个能够较好地完成第二目标的位置上。新西兰最先采用了这种办法，现在，通货膨胀目标已经是包括澳大利亚、巴西、加拿大、捷克共和国、智利、匈牙利、冰岛、以色列、墨西哥、挪威、波兰、瑞典、瑞士和英国在内的 20 多个国家奉行的规则了。① 尽管美国没有正式的通货膨胀目标，但它有一个非正式的 2%的长期通胀目标。

在完全关注产出到完全关注价格的系列中，要注意，实际 GDP 目标是达到完美基本目标的最好选择，但也有在很大程度上错过完美的第二目标的很大风险。毫不奇怪，经济学家们认为，宏观经济在很大程度上是自我校正它的名义目标的（例如，那些认为菲利普斯曲线是垂直的，只是在非常短的时间内才是水平的经济学家）。为什么实际 GDP 在很大程度上被关注会产生高风险的通货膨胀呢？经济学家们认为，平坦的菲利普斯曲线持续一段时间从而达到产出和失业目标所产生的好处要超过通货膨胀的风险。

［专栏 18－2］ 我们还知道什么？

产出与通货膨胀目标：选取目标的“Oops”理论

对于政策制定者（就像我们每个人一样）来说，有一个希望选取的产出目标的自然倾向。在过去的 25 年里，民意测验的观点认为，失业以及产出被普遍认为比通货膨胀率更重要，这暗示了政策制定者把更多精力集中在产出目标而不是通货膨胀目标上。但是更多的政策制定者要问，为什么一项确定的政策会产生错误。

考虑一下产出目标的大部分意想不到的困难。如果你高估了潜在 GDP，或低估了自然失业率，作为一名政策制定者，你会继续刺激经济，导致越来越高的通货膨胀率吗？当你在短期内达到你的产出目标时，在长期，菲利普斯曲线将移动，通货膨胀将加速……加速，再加速。最终，你将在非常高的通货膨胀率那里停止。即便你知道产出的正确水平，政治压力（来自游说集团或利益集团）也可能使你过度刺激经济。

假如你的目标定为通货膨胀。最终，期望的通货膨胀将调整到目标水平，而菲利普斯曲线的移动将使经济回到正确的产出水平。由于你将目标直接确定在通货膨胀上，通货膨胀就无法达到失控的水平。但是，“最终”也许就是很短的一段时间，因为通货膨胀目标断然放弃了使用可以令衰退缓和的政策。

产出目标的错误也许会导致爆炸性通货膨胀。使用通货膨胀目标却放任衰退不管。在缓和这些风险方面，许多国家决定采用通货膨胀目标，而美国继续在产出目标和通货膨胀目标之间徘徊。

18—7 动态不一致、规则及相机抉择

适度的、积极性的、相机抉择的政策似乎是清晰的。但为什么像美国那样的国家有时偏好较高的通货膨胀？一旦我们理解了预期通货膨胀增长的菲利普斯曲线，我们希望

① 关于通货膨胀目标制如何运行，可参见 Robert H. Rasche and Marcela M. Williams，“The Effectiveness of Monetary Policy,” Federal Reserve Bank of St. Louis *Review*，September-October 2007。

政策制定者将通货膨胀保持在平均的低水平上，这也将使预期通货膨胀保持在低水平。由于失业和通货膨胀之间不存在长期的替代关系，保持高通货膨胀不能得到降低失业的好处。

是否存在重构稳定性政策来避免这种通货膨胀倾向的方法呢？对这个问题的回答可以在对**动态不一致**（dynamic inconsistency）思想的检验中找到。本质上，动态不一致思想认为，具有处置权的政策制定者将试图采取和经济的长期最好利益相矛盾的短期行动。[①] 而且，这是理性的、善意的政策制定者的自然结果。实际上，对动态不一致的分析是在政策制定者和公众一样讨厌通货膨胀和失业的假定下开始的。

理解动态不一致问题的关键在于记住，短期菲利普斯曲线给出了通货膨胀和失业之间的短期替代关系，但是由于通货膨胀预期的调整，不存在长期的替代关系。经济在长期的最好位置是处在零（或者低的）通货膨胀下的充分就业上。不过，宣布零通货膨胀的充分就业政策的政策制定者，将立即被引入追求低失业和略微高一点的通货膨胀的“骗局”中。正是这种宣布的计划和执行的计划之间的分离产生了所谓的“动态不一致”。

我们可以按照三个相继的步骤对政策制定者和产生的经济情况之间的相互作用建立模型：

1. 政策制定者宣布一项政策，比如说2%的通货膨胀率。

2. 经济决策制定者选择一个与宣布的政策相一致的预期通货膨胀水平，这意味着经济将处于充分就业的短期菲利普斯曲线上。

3. 政策制定者贯彻有最好可能性的政策。由于短期菲利普斯曲线现在是固定的，政策制定者可以在略微提高通货膨胀率的情况下减少失业。这种政策是最优的，尽管它和步骤1中宣布的政策相矛盾。

我们使用图18-3来说明政策制定者和经济决策制定者之间的相互作用。图18-3表明了菲利普斯曲线上失业和通货膨胀之间的替代关系。政策制定者和公众都会选择代表充分就业和2%通货膨胀率的A点。在A点，政策制定者承诺零通货膨胀，同时公众期望零通货膨胀，所以，经济运行在较低的短期菲利普斯曲线上。假定有好运气，经济达到了A点。政策制定者将做什么呢？在2%的通货膨胀率下，政策制定者和公众双方都愿意接受少量增加的通货膨胀，以便降低失业。所以，政策制定者要做的正确的事，就是略微增加通货膨胀来降低失业，沿着较低位置的菲利普斯曲线向左滑动。政策制定者将把经济推向B点，在那里，通货膨胀恰好高到足以使增加的通货膨胀造成的边际损失等于降低失业带来的边际收益。

在B点，通货膨胀比预期的高。政策制定者将预期较高的通货膨胀率，而短期菲利普斯曲线将移动到均衡菲利普斯曲线的位置。最终，经济在C点达到均衡，处在正的通货膨胀率和充分就业的状态。（在C点，通货膨胀带来的边际损失高到足以使政策制定者不愿意进一步增加通货膨胀以减少失业，即没有什么能诱使经济沿着均衡的菲利普斯曲线进一步向左移动。）

---

① 基本参考文献是 Finn Kydland and Edward Prescott, “Rules Rather than Discretion: The Inconsistency of Optimal Plans,” *Journal of Political Economy*, June 1977。这是非常难读的。还可参阅 V. V. Chari, “Time Consistency and Optimal Policy Design,” Federal Reserve Bank of Minneapolis *Quarterly Review*, Fall 1988。也可参阅 Robert J. Barro and David B. Gordon, “A Positive Theory of Monetary Policy in a Natural Rate Model,” *Journal of Political Economy*, August 1983, and “Rules, Discretion and Reputation in a Model of Monetary Policy,” *Journal of Monetary Economics*, July 1983; and Henry W. Chappell and Rob Roy McGregor, “Did Time Inconsistency Contribute to the Great Inflation? Evidence from the FOMC Transcripts,” *Economics & Politics*, November 2004。

图 18-3 菲利普斯曲线和经济政策

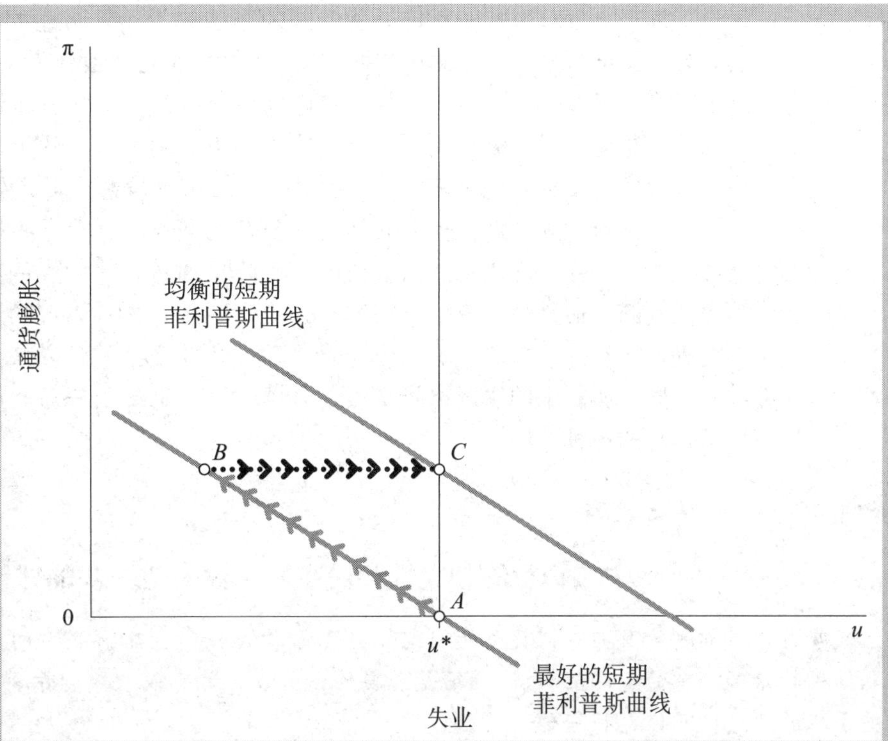

在均衡点 C，经济不再随着高通货膨胀率上升，尽管每个人都愿意处于 A 点。政策制定者将很高兴承诺零通货膨胀并停留在 A 点；但是这种承诺并不可信，因为如果经济回到 A 点，每个人又都同意通货膨胀回到 B 点。如果政策制定者坚守其承诺则更好，但是，一旦人们相信低通货膨胀的承诺，随后很快就会发现，人人都获得最好的利益又是一场“骗局”。

如何才能避免动态不一致，或至少减少动态不一致呢?① 第一，向前看的政策制定者将维持其声誉的价值。困难在于总是有些外在压力推动短期通货膨胀上升。第二，政府选择一位比公众更反对通货膨胀的政策制定者，以便他能够对抗通货膨胀压力。第三，政策制定者将被给予一份报酬合同以奖励他实现低通货膨胀。第四，也许会采用低通货膨胀“规则”来阻止政策制定者做出导致动态不一致的相机抉择的选择。所有这些思想都有优点，都被用在了某些地方。问题在于，在民主社会总是存在以“暂时”的较高通货膨胀成本取得低通货膨胀的诱惑。

中央银行的独立性

对动态不一致问题的一个解答是，要求中央银行遵循货币规则，例如，在一个低的固定比率上增加货币供给。但是，由于货币规则也许是错误的，也由于货币政策要对像供给冲击那类冲击做出反应的很好理由，还没有一个国家采用刚性规则的形式。

对相机抉择政策的通货膨胀倾向的另一个解决办法是，建立一个中央银行，它独立

① 参见 Mervyn King，“The Institutions of Monetary Policy,” *Bank of England Quarterly Bulletin*，Autumn 2004。

于选举周期，并且被授予对抗通货膨胀的明确权力。联储基本上就是独立于政府的，尽管它要向国会报告。[1] 在德国，中央银行是德意志联邦银行，它具有强烈的独立性，也是强烈反通货膨胀的。随着包括德国在内的许多欧洲国家放弃本国货币，并创造一种新货币欧元，德意志联邦银行就不再制定货币政策。制定货币政策是非常独立的欧洲中央银行的事。经验证据有力地表明，一国的中央银行越独立，通货膨胀率就越低。[2]

中央银行独立性最佳程度的问题是复杂的问题。存在一些短期替代关系，也总是存在类似于中央银行应该尝试以多快的速度降低通货膨胀一类的问题。这样，中央银行就不再做判断，而是最终依赖于它们对公众实际感兴趣的内容的评价。不过，除了民主投票之外，没有什么办法能了解公众感兴趣的是什么。一般说来，无论联储何时通过拒绝政府或国会所要求的快速扩张来表明其独立性，都会引来对联储手脚的束缚。这是联储获得信息的一种方法。

[资料 18-4]　*历史故事*

中央银行的独立性和民主——没有进一步的评论

我知道，当你确认有些参议员可能问到你关于你的和联储主席有联系的朋友时，就存在关于自主性联储的神话…… [简短的笑声]。到场是重要的，所以，你可以给埃利希曼（Ehrlichman）打电话获得关于我的消息，而他也将给你打电话。

——理查德·尼克松（Richard Nixon）致即将上任的联储主席阿瑟·伯恩斯（Arthur Burns）

资料来源：Bradford De Long，J. "America's Only Peacetime Inflation: The 1970s," *NBER Historical Paper 84*, May 1996, referencing John Ehrlichman, *Witness to Power* (New York: Simon & Schuster, 1982).

【选读材料】

动态不一致——一种形式化方法

在这一部分，我们给出一个图 18-3 中表明的动态不一致模型的代数版本。我们假定政策制定者选择通货膨胀水平，尽管实践中政策制定者事实上选择了货币政策或财政政策，而通货膨胀只是结果而不是直接的选择。通货膨胀的选择导致了由公式（9）的短期菲利普斯曲线给出的失业率：

$$\pi = \pi^e - \varepsilon(u - u^*) \tag{9}$$

政策制定者和公众选择低失业和零通货膨胀。我们通过公式（10）将政策制定者的损失函数具体化并"记录下来"：

$$L = a(u - u^*) + \pi^2 \tag{10}$$

公式（10）的损失函数表明，高失业是很糟的，而任何脱离零通货膨胀的情况也是很糟的。系数 a 越高，给定的降低失业率的相对权重就越大。

在这个由政策制定者进行的"博弈"中，有三个步骤：（1）政策制定者选择并宣布

① 参见 Alan S. Blinder, "Central Banking in a Democracy," Federal Reserve Bank of Atlanta *Economic Quarterly*, Fall 1996.

② Vittorio Grilli, Donato Masciandaro, and Guido Tabellini, in "Political and Monetary Institutions and Public Financial Policies in the Industrial Countries," *Economic Policy*, October 1991，表明了这一结论，以及政府机构和财政政策间关系的结论。

一项通货膨胀政策（图 18-3 中的 A 点）；(2)“经济”做出政策预期，π^e（B 点）；(3) 政策制定者执行一项实际的政策，π，这是公式（10）表示的损失函数的最小值（C 点）。在第二个步骤中，决策制定者期望猜到政策制定者在第三个步骤中将会做什么。在第一个步骤中，政策制定者也期望猜到经济在第二个步骤中的情况，就如同在第二个步骤中猜测经济在第三个步骤中的情况一样。**所以，政策制定者的早期选择必须预期到后面的阶段，到那时他们就要依靠较早时期做出的选择了。决策制定者最后才开始他们的选择并做出逆向决策。这种选择方法是动态不一致的一个简单例子。**

最终的结果是由内定的实际政策 π 计算出来的，而预期通货膨胀 π^e 则进入使用菲利普斯曲线的损失函数，后者又与对偏离自然率的失业的计算有关。最终的“结果”是：

$$L(\pi) = a\left[-\frac{1}{\varepsilon}(\pi - \pi^e)\right] + \pi^2 \tag{11}$$

政策制定者通过令公式（12）中的边际损失函数等于零来最小化公式（11）的损失，如图 18-3 中的水平箭头所示：

$$ML(\pi) = -\frac{a}{\varepsilon} + 2\pi = 0 \tag{12}$$

所以，最优政策是

$$\prod = \frac{a}{2\varepsilon} \tag{13}$$

注意，公式（13）的结果在 π^e 的任何值上都成立。

人人都愿意零通货膨胀，但是在博弈的最后阶段总是要为政策制定者选择正值的通货膨胀率付出代价。实际上，由于预期通货膨胀率等于 $a/2\varepsilon$，如果政策制定者在最后的步骤中选择使通货膨胀率低于 $a/2\varepsilon$，就会出现衰退。问题是社会没有办法保证零通货膨胀。

注意，在公式（13）中，损失函数对失业赋予的权重过大（由于它的 a 过大）就会产生更多的通货膨胀。这种不合常理的结果的出现，是由于很高的 a 增加了最后步骤中对于为降低失业率而提高通货膨胀率的刺激。不过，如果社会能够不给予较少关注有较低 a 的失业的政策制定者以权力，就可能出现较低通货膨胀的结果。

本章提要

1. 对稳定性政策的潜在需求产生于经济的扰动。这些扰动如货币需求的变化、消费支出或投资需求等，产生于私人经济内部。而像战争那样的其他扰动，也许是由非经济因素引起的。

2. 聪明的政策制定者不仅具有我们所知道的经济知识，而且认识到我们知识的局限性。好的政策设计包含了对于风险和未预料到的错误的估计。

3. 稳定性政策的三个关键性困难是：(a) 政策运行存在时滞；(b) 政策的结果在很多情况下依赖于私人部门的预期，而这些预期难以预测，可能是对政策的反应；(c) 存在关于经济结构和经济冲击的不确定性。

4. 当形成经济政策的时候，政策制定者必须在突然的政策变化和逐步的变化之间进行选择。突然的政策变化可能会提升政策制定者的可信度，但是这要建立在有限信息的基础上。逐步的变化允许政策制定者在经济移向其目标时，将新的信息结合进去。

5. 就政策目的来说，经济变量可以分为目标变量（即政策的识别目标）、工具变量（即政策工具）和指标变量（能够发出我们是否正在接近政策目标的信号的经济变量）。

6. 经济中显然存在应该采用货币政策和财政政策行动来稳定经济的情况。在有些情况下经济会受到重大干扰的影响。

7. 微调（在小的干扰面前，试图持续地稳定经济）更具有争议性。如果实行微调，就要求在试图缓和经济波动时做出小的政策反应，而不是进行较大的变动。对小的扰动采取非常激进的政策，很可能使经济不稳定。

8. 在规则还是相机抉择政策的争论中，认识到实行积极性规则的可能性是重要的。争论中的两个重要问题是，改变政策有什么困难和政策是否应当尽可能地提前宣布。在确定未来的政策时，在关于规则和政策制定者对冲击做出反应的灵活性之间存在替代关系。

9. 中央银行的独立性是民主国家用来增加政策可信性及缓和动态不一致问题的一个途径。

关键术语

行动时滞	动态不一致	边际损失函数
积极性政策	动态规划	乘数的不确定性
积极性规则	计量经济模型	外部时滞
自动稳定器	微调	政策工具的组合（多样化）
确定性对等政策	指标	可信性
通货膨胀目标	实际 GDP 目标	决策时滞
内部时滞	认识时滞	甄别时滞
工具	规则与相机抉择	分布时滞
损失函数	目标	

习题

概念题

1*. 假定有一个小的对需求的反向冲击。作为一名政策制定者，你面前有一大堆详细论述这一冲击的重要性及它对你国人民产生破坏性影响的论文。你被引诱使用积极性政策去抵消这种影响。你的顾问估计了它对经济的长期和短期影响。在承诺这种行动路线之前，你将会问自己什么问题呢？为什么？

2. a. 什么是内部时滞？

b. 我们可以将内部时滞分为三个小的、前后衔接的时滞。这些时滞是什么？它们按照什么顺序发生？

c. 财政政策还是货币政策有小的内部时滞？为什么？

d. 什么是自动稳定器的内部时滞？

3. a. 什么是外部时滞？

b. 为什么通常外部时滞采取分布时滞的形式？

c. 财政政策还是货币政策有小的外部时滞？

4. 你将推荐使用财政政策还是货币政策来抵消对产出的暂时冲击？为什么？

5. a. 什么是计量经济模型？

b. 它被如何使用？

c. 总是有些不确定性会涉及以这种模型为基础的预期。为什么？这种不确定性的根源是什么？

6. 请评价货币政策应该按照规则而不是相机抉择方式来决定的观点。并评价财政政策。

7. 请评价关于货币的不变增长率规则的观点。

8. 什么是动态不一致？请直觉地解释在通货膨胀和失业之间有短期替代的情况下，它是怎样发生的。

9. 名义 GDP 和实际 GDP 有什么区别？为什么实际 GDP 目标更具风险性？

---

* 星号表示较难的习题。

技术题

1. 假定GDP低于它的潜在水平400亿美元。预期下一时期GDP将低于潜在水平200亿美元，从现在起两个时期后将回到其潜在水平。你被告知政府支出乘数是2，而增加政府支出的效果可以立即显现。采用什么政策行动可以使GDP回到每期的目标？

2. 关于GDP路径的基本事实和问题1一样。但是，现在有一个时期的政府支出外部时滞。今天的支出决策只是被转变为明天的实际支出。政府支出乘数在支出发生的这个时期仍然是2。

a. 能使每个时期的GDP尽可能地接近目标的最好做法是什么？

b. 对这个问题中GDP的路径和习题1中采取政策行动后的路径进行比较。

3. 生活变得更加复杂了。政府支出的运行伴随着一个分布时滞。当今天支出10亿美元时，GDP在这一时期增加10亿美元，在下一时期增加15亿美元。

a. 如果这个时期的政府支出增加足以使GDP回到它在这个时期的潜在水平，GDP的路径会出现什么情况？

b. 假定采用的财政政策行动使GDP回到它在这个时期的潜在水平。要使GDP达到它在下个时期的目标需要什么财政政策？

c. 请解释在这个案例中为什么政府必须积极地将GDP保持在它的目标上。

4. 假定你知道政府支出乘数在1和2.5之间，但是，它的影响在支出增加的这个时期就结束了。如果没有政策，GDP的行为就像习题1一样，你如何制定财政政策？

5*. 假定你是联储主席，决定“让政策自动调节”，并要求货币政策遵循一项建立起来的规则。在什么情况下，下面两种规则都是适合的？(a) 维持不变的利率；(b) 维持不变的货币供给。

操作题

1. 查看联邦储备委员会给国会的半年货币政策报告（http://federalreserve.gov/boarddocs/hh）。在这份每年2月和7月出版的报告里，联邦储备委员会成员提供了对经济表现的预测。使用该信息回答下列问题：

a. 联储对2010年经济表现的预测准确性如何？

b. 请解释为什么经济预测不完全是准确的。

19 金融市场和资产价格

本章要点

- 通过探询何种收益将使投资者愿意保持两种不同的投资，我们便可以理解这两种不同投资的收益是如何相关的。
- 利率的期限结构解释长期利率是如何与短期利率相联系的。
- 在运作良好的股票市场中，股票价格的变化在很大程度上是不可预测的。
- 汇率的变化可以部分地解释为国际利率差异的反映。

金融市场将宏观经济和政府政策直接与人们的日常生活联系起来。利率的变化影响我们为购买房产或汽车融资的能力。股票市场的震荡决定了许多人养老金的价值。金融市场的收益率通过影响投资水平与消费水平，也反馈到商品市场上。在这一章，我们考察三种重要的金融市场：债券市场、股票市场与外汇市场。在每种情况下，我们都从两种观念入手进行分析：

- **市场是前瞻性的。**
- **最重要的关系依赖于套利思想：在均衡条件下，价格必须使愿意买入或愿意卖出一种资产的投资者人数均等，任何其他价格将只会把投资者置于市场的一个方向。**

19—1 利率：长期与短期

在本书的大部分章节中，我们用符号 i 代表利率，似乎在经济中只有一种利率。实际上，由于利率概括地反映了一种债券或一笔贷款所承诺偿还的条件，因此，利率会随着发行人的信誉程度、税赋待遇及其他因素而不同。这里，最重要的因素是利率所涉及的时间长度——债券**期限**（term）。联邦储备委员会（通过移动 LM 曲线）直接操纵非常短期的利率，不过，投资（沿着 IS 曲线移动）却取决于更长期的利率。

10 年期债券的利率一般高于 1 年期债券的利率，但并非总是如此。**不同偿还期利率之间的关系叫做利率的期限结构（term structure of interest）**。

图 19 - 1 表明了偿还期从 3 个月至 30 年的美国国债利率。它有三种方式。第一，不同偿还期利率大体上一同上升或下降。在 1981 年，利率都比较高，而在 2013 年，利率都比较低。第二，长期利率与短期利率的差额变化较大。在 2006 年，30 年期国债利率

与 3 个月期国债利率大致相等。可是在 2010 年 1 月，30 年期国债利率比 3 个月期国债利率高出约 4.5 个百分点。第三，长期利率通常高于短期利率。从 2006 年 2 月至 2010 年 4 月，30 年期利率平均起来比 3 个月期利率高 2 个百分点。利率的期限结构理论提供了对这三种形式的解释。

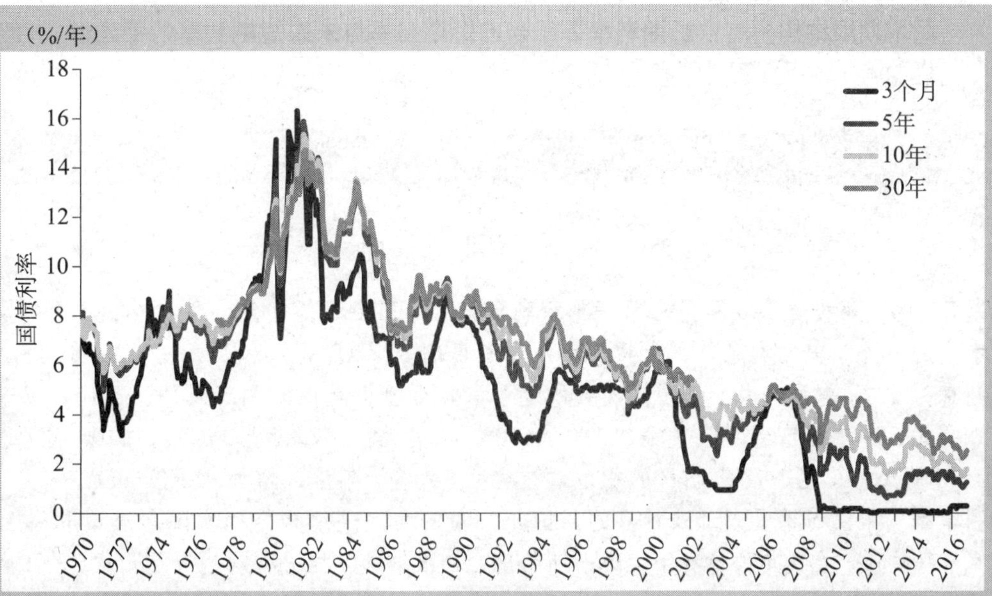

图 19-1　1970—2016 年国债利率

资料来源：Federal Reserve Economic Date [FRED].

我们举一个具体的例子，研究 1 年期与 3 年期利率的关系。假设今天是 2020 年 1 月 1 日，你在“今天”报纸的“财经版”上可以看到现行 1 年期利率为 ${}_1i_{2020}$，该利率是 2020 年初借出的一笔钱，到 2021 年初偿还时应付的利率。你还能看到 2023 年初偿还的一种债券的现行 3 年期利率 ${}_3i_{2020}$。（“前下标”表示投资期限，在通常位置的下标表示进行投资的日期。）现在，你有权选择今天就投资于 3 年期债券，每年有 ${}_3i_{2020}$ 的利率，或者投资于 1 年期债券，按 2021 年初的利率另行投资 1 年，然后按 2022 年初的利率进行最后一年的再投资。图 19-2 表明了这两种投资选择。

图 19-2　可供选择的投资

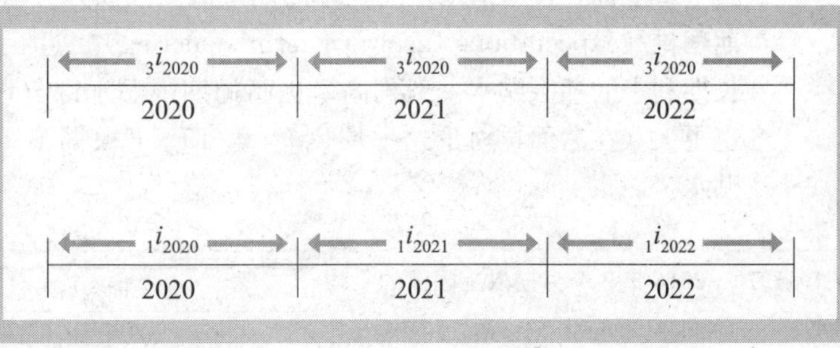

假如事先知道图 19-2 中的所有利率，那么一个 3 年期投资的收益将等于 3 个一年期系列的收益。如果总收益不相等，人们就会选择收益较高的那一种投资方式，而完全

放弃另一种做法。在预先知道收益率的情况下，长期投资与短期投资就会共存，它们得到的总收益必定相等。这个论断阐明了**套利**（arbitrage）观点：以 3 年期利率获取的 3 年的收益，必须等于 3 个 1 年期的总收益。即：${}_{3}i_{2020}+{}_{3}i_{2020}+{}_{3}i_{2020}={}_{1}i_{2020}+{}_{1}i_{2021}+{}_{1}i_{2022}$。请注意，3 年期利率的下标表明这种利率都是在 2020 年初商定的。

我们可将套利条件重新写作${}_{3}i_{2020}=({}_{1}i_{2020}+{}_{1}i_{2021}+{}_{1}i_{2022})/3$。这就给出了我们最初的简单期限结构模型：**长期利率等于当前短期利率与未来短期利率的平均值。**（但请参看专栏 19-1。）

［专栏 19-1］　我们还知道什么？

复利

如果以 5%的利率投资 100 美元，第一年获利 5 美元，那么第二年会得到……不，不是另外的 5 美元，而是本金的另外 5 美元利息，加上第一年所得利息的 5%（5 美元×0.05=0.25 美元），因而，第二年的总利息为 5.25 美元。由于许多期次数的复合，货币投资是以复利计息的。因此，以 5%的利率投资的 100 美元，一年后增到 100 美元×1.05=105.00 美元，第二年后增加到（100 美元×1.05）×1.05=110.25 美元。总之，数量为 P 的货币，按利率 i 投资 t 年后，增加到 $P(1+i)^t$。

由于利率是以乘法而不是以加法计算的，因此，我们的期限结构方程实际上应该取决于几何平均值，而非算术平均值。在确定的情况下，本书所给出的期限结构方程更精确的表达形式为 $(1+{}_{3}i_{2020})^3=(1+{}_{1}i_{2020})(1+{}_{1}i_{2021})(1+{}_{1}i_{2022})$。例如，倘若三个短期利率分别为 5%、10%和 15%，则准确的 3 年期利率为 9.924%，而不是 10%。你可能明白，这一点差别虽然对理解期限结构没有什么影响，但是，你如果投资几亿美元，那就值得关注了。

这个理论的唯一问题在于，尽管我们可以根据经验进行猜测，但在 2020 年开始的时候，我们不能确切地知道${}_{1}i_{2021}$或${}_{1}i_{2022}$。未来短期利率的不确定性需要我们对这一简单的理论做出两种修改。第一，今天的长期利率取决于当前的短期利率和预期的未来短期利率。第二，不确定性意味着风险，长期投资要求增加一个**期限贴水**（term premium）PR，以弥补这种风险。把这些加入我们的例子中，我们可以将期限结构方程写为：

$$ {}_{3}i_{2020}=\frac{{}_{1}i_{2020}+{}_{1}i^{e}_{2021}+{}_{1}i^{e}_{2022}}{3}+PR \tag{1} $$

其中，上标 e 表示未来短期利率的期望值。以该方式写出的方程（1）表示**期限结构的预期理论**（expectations theory of term structure）。期限贴水随时间推移而有较大变化，但长期利率的期限贴水一般稍高。更高的期限贴水部分地反映长期债券价格不稳定的风险也更大（在后面再讨论这一原因）。表 19-1 根据图 19-1 所示利率，给出了平均期限贴水。

表 19-1　1970—2016 年 3 个月期以上国债的平均期限贴水

期限	贴水
3 个月	——
6 个月	0.13
1 年	0.54
2 年	0.85*

* 表示 1976—2016 年间的数据。

** 表示 1977—2002 年、2006—2016 年间的数据。

资料来源：Federal Reserve Economic Data [FRED].

续前表

期限	贴水
3 年	1.03
5 年	1.34
7 年	1.57
10 年	1.73
30 年	2.07**

收益率曲线

不同期限的利率，均可表现在**收益率曲线**（yield curve）上。该曲线如同快照一样，显示出在特定日期中所有可利用的机会。图 19－3 描述了两条这样的曲线，一条是 2016 年 1 月的，一条是 1981 年 1 月的。因为长期利率一般高于短期利率，收益率曲线，如 2016 年 1 月份的收益率曲线，一般会随着到期期限的增加而上升。收益率曲线偶尔也会向下倾斜，这表示短期利率高于长期利率。期限结构的预期理论表明，一条向下倾斜的收益率曲线意味着金融市场预期利率下降。（由于长期利率是当前短期利率与未来短期利率的平均值，只有预期未来短期利率低于当前短期利率时，长期利率才会低于现行利率。）

图 19－3　两种收益率曲线的比较

资料来源：Federal Reserve Economic Data [FRED].

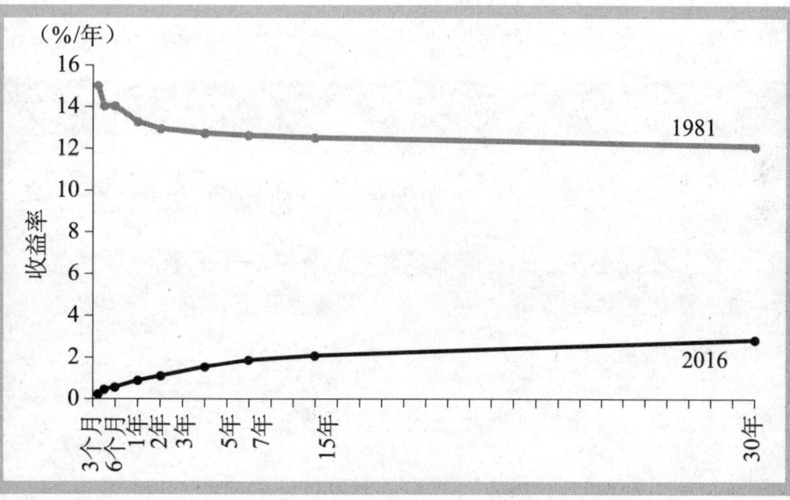

[专栏 19－2]　我们还知道什么？

现值与套利

祝贺你在州福利彩票中赢得 1 000 万美元。哦……实际上，你是在 20 年内每年赢得 50 万美元。如果你非常礼貌地要求一次性得到这笔钱，政府会一次性给你 1 000 万美元吗？不会的！实际上，政府可能已与某私营厂商签订了支付 20 次现金流的合同——期初成本约为 560 万美元。因此，“1 000 万美元”的奖金实际上只比规定金额的一半稍多一些。

为什么将来到期应当支付款项的**现值**（present value），小于其本身规定支付的数额呢？比如，560万美元对1 000万美元？我们可以从对套利的论述中找到答案：以两种不同方式支付的未来款项必须有同样的价值，否则人们只会采用一种方式。

假如你欠一家商店100美元，从现在开始1年后到期。那么1年后到期的这笔债务的现值是多少？一种对该笔债务进行估价的方式就是，为了偿还到期的债务，你现在需要投资多少？我们将现在需要投资的这笔钱叫做债务的现值，即 PV。未来到期的那笔钱即“1年以后的100美元”叫做债务的**终值**（future value），即 FV。

假定现在你手头有100美元。你今天就能偿还那笔债务，也可将这100美元的一部分，而不是全部，进行为期1年的投资，然后将这笔投资加上累计利息偿付1年期的债务。利用这种方式，你不仅偿还了债务，而且可能有多余的钱来买一个小比萨饼或一杯你喜欢的合法饮料。由于部分欠款可由累计利息偿付，你需要投资的数目将小于 FV。由于一年期的终值与现值加利息两者都可偿还此项欠款，所以，它们必须有相同的价值：$FV=PV+i\times PV$。我们可以将它倒转过来，演算出未来债务的现值，即今天需要存多少钱：

$$PV=\frac{FV}{1+i}$$

同样的说明可以扩展到多于1年到期的未来还款。对于2年期债务，则为 $PV=FV/(1+i)^2$，对于 T 年到期的债务，则为 $PV=FV/(1+i)^T$。倘若你1年期欠款的未来价值为 FV_1，2年期欠款的未来价值为 FV_2，那么为偿付这两笔债务，你需要留存的现值就是：

$$PV=\frac{FV_1}{(1+i)^1}+\frac{FV_2}{(1+i)^2}$$

顺便说一句，“现值”的另一个常见名称为**“净现值”**（net present value），即 NPV。

[专栏19-3]　我们还知道什么?

净现值、价格及收益的数学表达

从形式上看，在当前的利率下，债券的价格等于息票的净现值（NPV）加上其面值。如果一种债券每年按息票付息共付 T 年，在 T 年底归还面值 F，它的价格为：

$$P=\frac{c}{1+i}+\frac{c}{(1+i)^2}+\cdots+\frac{c}{(1+i)^T}+\frac{F}{(1+i)^T}$$

使用有关几何数列的代数定理，上式可改写为：

$$P=\frac{c}{i}\left[1-\frac{1}{(1+i)^T}\right]+\frac{F}{(1+i)^T}$$

注意两个有用的事实。首先，如果 $i=c/P$，那么 $P=F$。例如，一个面值为100美元加上5美元息票的债券，当利率为5%时，毫不奇怪，其价值应为100美元。其次，对于叫做**统一公债**（consol）或**永久债券**（perpetuity）的一种没有偿还期限的债券，其表达式可简化为 $P=c/i$。一个期限很长的息票为5美元的债券，当利率为5%时，其价格为100美元；但如果利率上升到10%，其价格则下跌到50美元。加拿大与英国有统一公债，但在美国，统一公债极少进行交易。然而，利用统一公债的表达式能合理地估算出像30年期美国政府债券之类普通长期债券的价格。

向下倾斜的收益率曲线时常是萧条的信号，但并不总是这样。[1] 它是市场预期利率逐渐下降的信号。低利率常常是但并不总是通过 *IS* 曲线的向左移动，与总需求的下降联系在一起。

债券价格和收益

债券价格与利率呈反向关系。如果从现在起一种债券一年偿还 100 美元，且其利率为 i，那么该债券的价格 P 必须是 $P(1+i)=100$ 或 $P=100/(1+i)$。例如，如果 100 美元债券有 5%的收益率，则其价格为 95.24 美元 [=100/(1+0.05)]。

美国大多数债券要定期付息，被称为**“息票”**（coupon）（因为以前在美国有真正的息票，必须将其剪下邮寄以便取得利息），并在到期日偿还债券的**面值**（face value）。例如，价格为 100 美元的债券，第一年结束时息票为 5 美元，第二年结束时息票也为 5 美元，加上第二年结束时归还的本金 100 美元，这 100 美元将有 5%的收益：100 美元×$(1.05)^2$=5 美元×1.05+5 美元+100 美元。当债券的价格等于它的面值时，该债券被称为“按面值”交易。

为了理解市场利率如何影响债券价格，假定在你购买刚刚描述的债券后，市场利率立即从 5%上升到 10%。你为了卖掉该债券，必须把债券价格降低到足够补偿购买者获得 5 美元息票而不购买息票为 10 美元的全新债券：$P\times(1.10)^2$=5 美元×1.10+5 美元+100 美元，或者 P=91.32 美元。债券的剩余期限越长，为补偿利率变化而需要的价格变化就越大。因此，长期债券将遭遇相当大的价格波动。同样，将利率变化应用于 30 年期债券上，将使其价格下降到 52.87 美元。

19—2 股票价格的随机游走

毋庸置疑，经济学中的一个既成事实是，股票价格本质上是无法预测的。并且同样确定无疑的是，这是一个最不能使人相信，也最不受人喜欢的事实。尽管如此，经济学研究的目的之一，就是具有解释与预测市场行为的能力。在本节，我们所要表明的正是这个事实，即由于人们充分了解股票市场，因而股票价格变动难以预测。

图 19-4 描绘了加拿大股票价格指数与滞后一个月的股价的对比关系。[2] 这幅图描绘的核心事实是，其数据很紧密地分布在 45°线附近，这条 45°线与纵轴相交于稍高于原点（0，0）的地方。我们可将 45°线的方程写成：$P_{t+1}\approx P_t+\varepsilon$，或者，考虑到那个微小的移位，则写成：

$$P_{t+1}=a+P_t+\varepsilon \tag{2}$$

其中，a 很小，代表持有股票的预期收益。在这两个方程中，ε 都代表股票价格的突然变动。

---

① Michael Dueker, "Strengthening the Case for the Yield Curve as a Predictor of U.S. Recessions," Federal Reserve Bank of St. Louis *Review*, March-April 1997，提出了这方面的证据。还可参见 Marcelle Chauvet and Simon Potter, "Forecasting Recessions Using the Yield Curve," *Journal of Forecasting*, March 2005。

② 图形显示的实际上是股价的自然对数。

图 19-4 1970—2016 年加拿大股票价格与其过去价值的关系

资料来源：Datastream. *Google Finance* www. google. com/finance? q = TSE% 3A-OSPTX&ei=FAM4UYgnoZKWA 93JAQ.

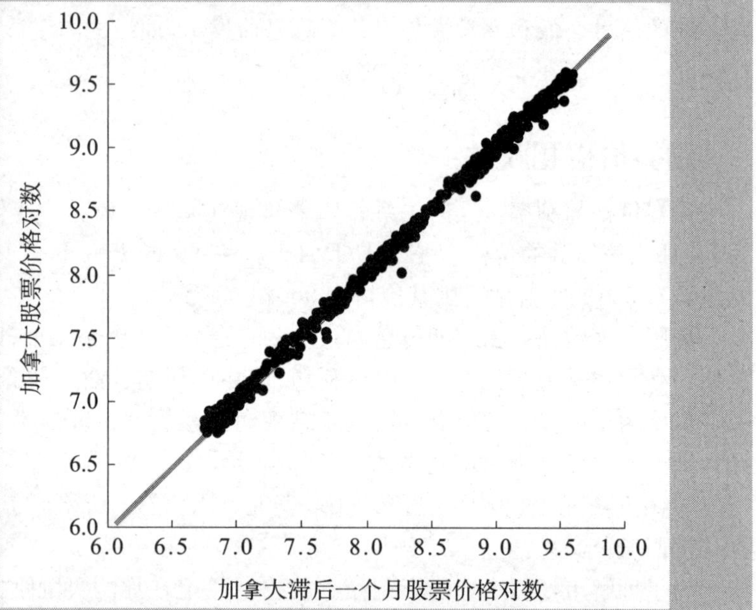

为什么对像方程（2）这样一个毫无危害可言的方程产生了那么大的争议呢？[①] 首先，方程（2）表明，除了很小的成分 a 以外，股票价格的变化 $\Delta P=a+\varepsilon$ 是不可预测的。其次，方程（2）说明，在受到冲击之后，股票价格并不具有回到“正常”水平的趋势。而且，股票价格的变化也不依赖于时间的推移。股票在上个月表现很好，并不意味着在本月中它们将比其他任何时候表现得更好或更差。方程（2）所描述的过程叫做**随机游走**（random walk）。[②] 随机游走是市场效率的信号

仅仅使用这两个假设，我们就可以表明随机游走正是我们在运作良好的市场上所期望的。

- 股票价格是预期股利的净现值。
- 在突然变动时，新信息才改变未来股票的期望值，因为如果不是突然变动，它就不是新信息。

假设我们期望在日期 t 开始接受 k 个时期的股利水平，为 d_{t+k}，d_{t+k+1}，d_{t+k+2} 等等。在贴现率为 r 的情况下，日期 t 的股票价格将等于预期股利的净现值。（贴现率 r 要高于国债利率，以补偿股票投资的风险。）我们可将这一关系写为：

$$P_t=\frac{d_{t+k}}{(1+r)^k}+\frac{d_{t+k+1}}{(1+r)^{k+1}}+\frac{d_{t+k+2}}{(1+r)^{k+2}}+\cdots \tag{3}$$

同样的关系也适用于日期 $t+1$，只是股利要以一个较小的利息因子进行贴现，因为这时更接近它们的偿付日：

① “产生争议”在此是一个有趣的词。经济学家们一致同意方程（2）出色地描述了主要股票市场的行为。

② 关于这个问题的经典（和具有可读性的）著作是：Burton Malkiel，*A Random Walk Down Wall Street*：*Updated for the 1990s Investor*（New York：Norton 1991）。还可参见 Burton G. Malkiel，“The Efficient Market Hypothesis and Its Critics,” *Journal of Economic Perspectives*，Winter 2003。

$$P_{t+1} = \frac{d_{t+1+(k-1)}}{(1+r)^{k-1}} + \frac{d_{t+1+(k)}}{(1+r)^{k}} + \frac{d_{t+1+(k+1)}}{(1+r)^{k+1}} + \cdots \quad (4)$$

方程（3）的两边分别乘以（1+r），使得它的右边与方程（4）的右边形式相同。例如，第一项成为：

$$\frac{d_{t+k}}{(1+r)^{k}} \times (1+r) = \frac{d_{t+k}}{(1+r)^{k}} \times \frac{1}{(1+r)^{-1}} = \frac{d_{t+k}}{(1+r)^{k-1}} = \frac{d_{t+k+(k-1)}}{(1+r)^{k-1}}$$

令 P_{t+1} 等于 P_t 乘以（1+r），则得到：

$$P_{t+1} = (1+r)P_t \quad (5)$$

实际上，在时期 t 与（$t+1$）之间，未来股利的期望值很可能发生变动，因此，这一信息的效应必须加入到方程（5）中，即：

$$P_{t+1} = (1+r)P_t + \varepsilon \quad (6)$$

方程（6）恰好是图 19-4 所表示的情况。[①]

并非所有处于随机游走情况下的股票市场都是有“效率”的，但真正重要的股市确实是按随机游走的形式变动的。图 19-5 与图 19-4 类似，描述的是明天的股价与今天的股价之间对比的相同图形，只是由加拿大的数据变为美国的数据。

图 19-5 是基于标准普尔 500 股票指数（S&P 500 Index）即美国股票市场上 500 家大型公司的股票指数绘制的。利用 1950—2016 年 10 月的月度数据，估算出图 19-5 中那条直线背后的方程为：

$$\ln P_{t-1} = 0.011\,3 + 0.999\ln P_t$$

该方程与理论预测结果十分相符。

图 19-5　标准普尔 500 股票指数与其过去价值的关系

该图表明这些指数与其以前月份的价值相当一致。

资料来源：Global Financial Data；Federal Reserve Economic Data [FRED].

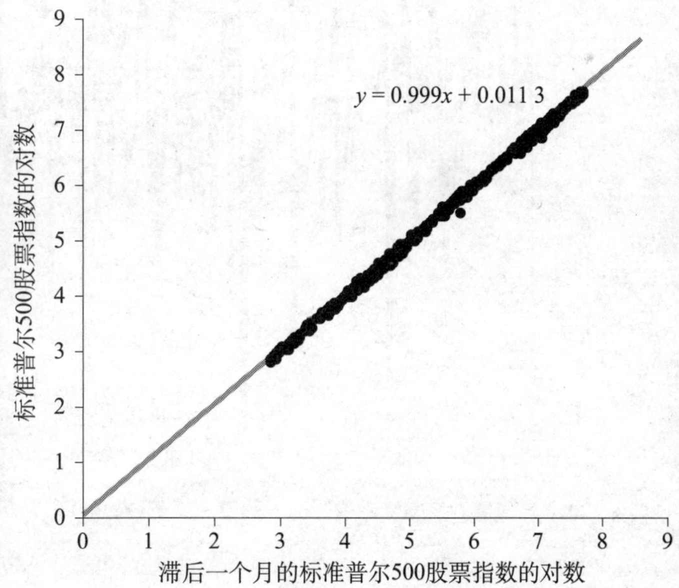

① 更准确地讲，我们可以写成 $P_{t+1} = (1+r)P_t \times \varepsilon$，然后两边再取对数，得到 $\ln P_{t+1} = \ln(1+r) + \ln P_t + \ln\varepsilon$，$P$ 的对数正如图 19-4 和图 19-5 所描述的那样。注意，“小的截距” a 应该大致等于股票的预期收益 r。

理论与数据是一致的，然而股票收益的不可预测性确实是真的吗？回答为：不是，是，与不是。

图 19－6 表明了在图 19－1 中出现过的 3 个月期国债利率与标准普尔 500 股票指数收益图形。与利率相比，股票市场的收益特别不稳定，而且其平均值也比利率要高得多。所以，第一个“不是”，是因为股票收益平均说来要比不太容易变动的投资收益高，这是可以预测的。回答“是”，是因为像随机游走理论所预测的那样，尽管平均收益很高，但是其摆动的时机是无法预测的。最后的“不是”，是因为存在一些有关收益可预测性的发现，特别是经过非常短（几周）和非常长（几十年）的时间以后。① 无论如何，随机游走模型描述股市行为的准确性大约是 99.44％。

在 20 世纪 90 年代，美国经历了一次史无前例的股票价格上涨。但是，随着太平盛世的扭转，市场急剧下跌。正如我们在第 14 章所看到的，股票市场的价值可能对宏观经济产生重要的影响。一些观察家严厉批评联储在股票市场“泡沫破灭”时没有早一些提高利率，以阻止后来的下跌。可是联储的管理者们合理地回答，和其他人相比，在确认股票市场的价格“过高”方面，他们并不处于更好的位置——在任何事件中，联储的工作都是管理失业和通货膨胀，而不是股票市场。

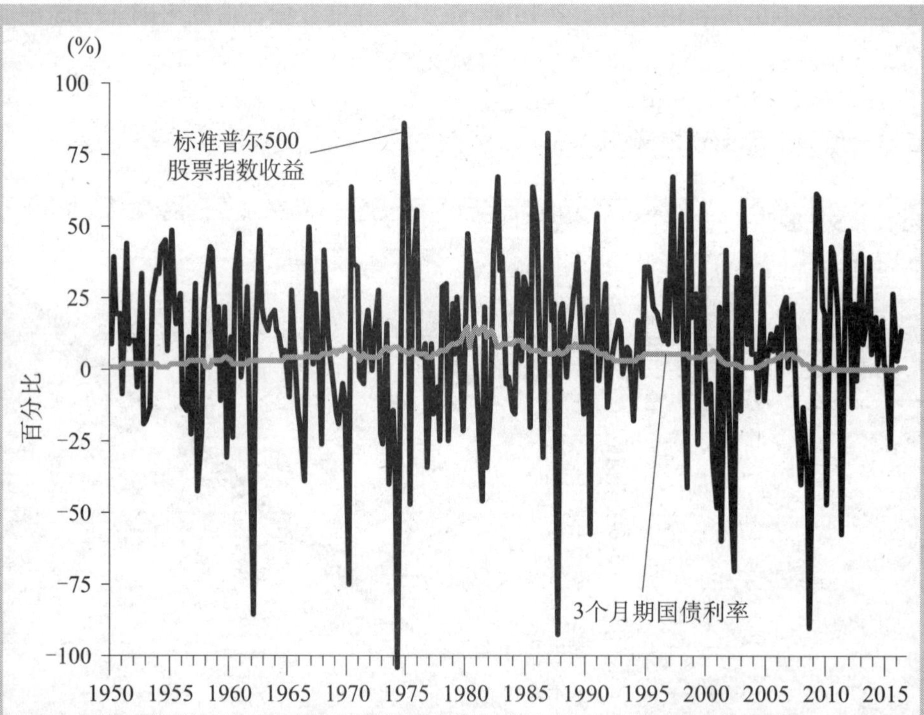

图 19－6　1950—2016 年国债利率与标准普尔 500 股票指数的比较

资料来源：Global Financial Data and Federal Reserve Economic Data [FRED].

① 由于数十亿美元被投资在股票市场中，所以，即使是对随机游走模型的微小偏离都令人关注。因此，经济学家们积极搜寻这样的偏离，并且在发现明显盈利机会时，无私地发表他们的研究结果。

[专栏 19-4]　我们还知道什么？

债券市场与股票市场的联系

股票市场受长期利率的很大影响，当利率上升时，股票价格下降。理解这种联系的简单办法是，假设一种股票像统一公债那样永久支付股利 d。方程（3）中的现值公式将简化为：$P=d/r$。r 的极小变化都会引起 P 的巨大变化。

例如，长期利率从5%上升到5.05%，按照这个公式，就足以使整个股票市场的价格下跌1%。要是在金融市场之外，0.05个百分点的利率变化简直小到无法引起注意。而股票市场下跌1%，则肯定大到足以成为报纸商业版面的头条新闻。

19—3　汇率与利率

套利的观点也将汇率变动与国际利率差异联系起来。我们替一个想把100美元投资一年的美国人，设想以下两种投资策略①：

策略一：在美国投资。

策略二：把100美元兑换成加拿大元，在加拿大投资一年，年末再把加拿大元兑换成美元。

策略一的结果简单明了，到年末该投资者获取 $100\times(1+i)$ 美元，如果美国的利率 i 为5%，他最后将获得105美元。

实施策略二包括以下几个步骤。第一，将美元兑换成加拿大元。假设汇率 e_t 为1加拿大元兑换0.90美元。（换句话说，1加拿大元值90美分。）通过兑换，该投资者将得到 $100/e_t$ 加拿大元（在该例中，为111.11加拿大元）。如果加拿大的利率为 i^*，那么，一年后他将有 $(100/e_t)\times(1+i^*)$ 加拿大元。（假设加拿大利率为6%，年末该投资者将有117.78加拿大元。）在年末，加拿大元按照当时通行的汇率 e_{t+1} 换回美元。那么，年底时的美元价值为 $e_{t+1}\times[(100/e_t)\times(1+i^*)]$。要使策略一与策略二具有相等的收益，应当使 $(1+i)=(e_{t+1}/e_t)\times(1+i^*)$。（换言之，如果 $e_{t+1}>0.892$，美国人或加拿大人都应该只在加拿大投资；如果 $e_{t+1}<0.892$，他们就都应该只在美国投资。）这种关系可由下式近似地估算出来：

$$\frac{e_{t+1}-e_t}{e_t}=i-i^* \tag{7}$$

上式有时叫做**未抛补利率平价**（uncovered interest parity）；“未抛补”是因为进行投资时，人们并不能确切地知道 e_{t+1} 的大小。然而，和按照方程（7）得到的预测值相比，e_{t+1} 高于或低于预测值的机会各占一半。由于具有内在风险性，方程（7）未必能精确地成立，即使其平均值也是如此。然而，未抛补利率平价给我们提供了很多大概是世界上第一次较精确的数据。

① 记住，这里不是指 $C+I+G+NX$ 中的投资。

本章提要

1. 金融市场具有前瞻性，考虑到套汇机会和不确定性，可帮助我们了解现在与未来的关系。
2. 长期利率等于当前短期利率与预期未来短期利率的平均值再加上期限贴水。
3. 随机游走模型准确地描述了股票价格的行为。
4. 国际利率的差异大概等于预期的汇率按比例的变化。

关键术语

套利	终值	期限贴水
统一公债（永久性债券）	到期	利率的期限结构
息票	净现值	未抛补利率平价
期限结构的预期理论	现值	收益率曲线
随机游走	面值	（债券的）期限

习题

概念题

1. 金融市场在经济中起什么作用？作为宏观经济学家，我们为什么要研究金融市场？

2. 什么是套利？什么使得套利概念成为我们理解金融市场的核心？

3*. 假定你注意到短期利率高于长期利率：

a. 对于未来利率，人们应该做何种预期？

b. 为什么上述关系也许是萧条的信号？或者，为什么它可能不是？

c. 在这种情况下，收益率曲线看上去是什么样的？

4. 为什么股票价格按随机游走的方式变动是股票市场有效率的标志？若股票价格不按随机游走方式变动，会出现什么情况？

5. 在19—2节中，我们看到股票价格反映了对于企业的未来红利支付，以及利率未来方向的预期。给定这些，股票价格为什么会成为预测萧条的很好指示器？

6. 为什么相对于加拿大利率，美国利率的提高会影响美元与加拿大元的汇率？

技术题

1. a. 假设现在所有的利率都已知，因而没有不确定性。那么，10年期债券的利率与同一期限的几个1年期债券利率之间的关系是什么？

b. 设10年期债券利率为12%，1年期债券利率预期在10年内一直保持为10%，那么10年期债券的期限贴水应是多少？

2. a. 假设一种10年期债券将按票面价值发行，因此，其价格等于其面值100美元。再假设现行利率为10%，那么，该债券的息票必须是多少才能吸引人们持有这种债券？

b. 假如就在这种债券发行后［其息票现在固定在你在问题a中计算出的利率上］，所有10年期债券的利率下降到5%，债券价格将发生什么变动？如果你刚好持有该种债券，这种情况于你有益、有害，还是无影响？

3*. 设墨西哥的利率上升5个百分点，美国的利率保持不变。目前的美元与比索汇率和下一期美元与比索汇率之间的相对价值将发生什么变动？［提示：利用方程(7)。］

4. 1992—2001年，持有美国普通股的平均收益大约是11%，这比从第二次世界大战结束以来到1991年的平均收益高很多。给定本章所讨论的股票价格决定模型，这么高的收益意味着关于美国企业未来盈利性的何种市场预期？

操作题

1. 图19-1提供了美国国债和债券长期利率与短期利率的变化。该图表明长期利率通常高于短期利率。请到澳大利亚储备银行网站（http://rba.gov.au）上查找数据，看看澳大利亚的国债利率是否也存在同样的关系。点击“Statistics”，然后选择“Interest Rate”，下载国债

* 星号表示较难的习题。

利率数据。

2. 图 19-4 和图 19-5 给出了加拿大和美国股票价格与它们过去值之间的关系，表明了股票价格的随机游走。澳大利亚的股票价格也存在这种关系吗？登录澳大利亚储备银行网站的“Search for Statistics”页面，找到并下载“S&P/ASX200—Share Market”数据到 EXCEL 表中。计算这个变量的自然对数［使用 ln() 函数］并作一个散点图，以滞后一个月的澳大利亚股票价格对数为 X 轴，以澳大利亚股票价格对数为 Y 轴。你的图形看起来与图 19-4 和图 19-5 相似吗？

20 国家债务

本章要点

- 一个国家能支撑的债务规模是有极限的。但是，一个国家能够管理的债务规模范围在短期不发生风险的情况下是非常大的。不幸的是，许多国家经常举债过多而在长期无法偿付。过于庞大的债务规模会导致经济处于脆弱的境地，经济冲击可能导致整个经济发生严重的危机。
- 关于国家债务的许多讨论实际上是关于支出和税收的政治讨论。
- 我们如何测度国债的影响。
- 在大萧条后，高负债水平成为欧洲经济危机的核心因素。

21 世纪第二个十年，国家债务的规模占据了美国和大部分欧洲政治辩论舞台前沿。什么因素决定了国家债务的规模？政府持有大规模债务会有什么后果？关于债务的讨论对政府支出和税收的政治争论是至关重要的吗？在本章，我们将看到在大部分时间里，国家债务规模并不重要，但是一旦发生影响，这个问题就非常重要。

国家债务是政府在税收收入低于支出年份里拥有的过去借款的总和。我们关心的是债务相对于经济规模的大小，也就是**债务- GDP 比率**（debt-to-GDP ratio）或债务/Y。图 20 - 1 显示了以 GNP 为分母的该比率。[①] 如果你考察一下近年来的数据，即图右边的末尾处，你将立即发现今天的债务水平相比过去几十年的债务水平高出了很多。观察整幅图，你会发现一些时期的债务- GDP 比率更高，尤其是第二次世界大战刚结束时。一个通常的规律是，债务比率在衰退和战争时期上升，然而，近年来债务水平的增速是和平时期前所未有的高。

图 20 - 1 也显示了近几十年来债务率的高峰和低谷情况，这比一个典型的经济周期要长。所以尽管经济的当前状况与债务水平存在一些联系，但这种联系并不紧密。

① 因为在美国 GNP 和 GDP 几乎相等，所以我们讨论债务/GNP 或债务/GDP 并没有什么差异，在更早年份只能得到债务- GNP 比率。

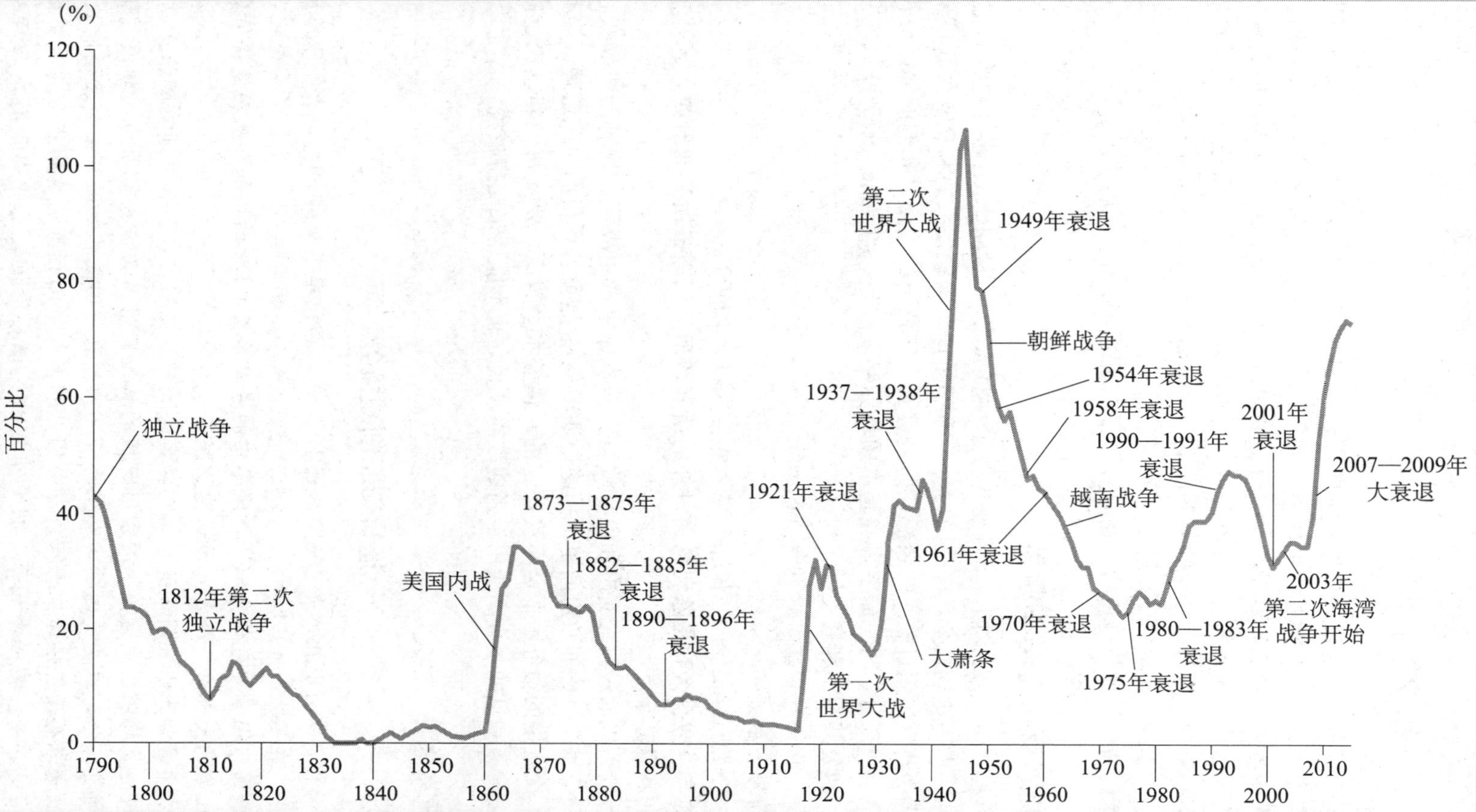

图20-1　1790—2015年公众持有的联邦债务占GNP的百分比

资料来源：Congressional Budget Office；Federal Reserve Economic Data [FRED]；Bureau of Public Debt，U. S. Department of the Treasury.

20—1 债务的机制

国家债务是政府过去未付账单的累积总和。如果你的信用卡开销每月超出你偿付额度一点点，最后你会拥有一个相当大的负债余额。这个道理同样适用于政府。如果政府支出大于收入，那么政府债务会上升。如果政府支出持续大于收入，那么政府债务会越来越大（尽管“大”的含义并不简单，更多的解释见下文）。债务（*DEBT*）最简单的方程是下一年的债务等于今年的债务加上今年的预算赤字。

$$DEBT_{t+1} = DEBT_t + BD_t \tag{1}$$

为了理解债务是如何增长的，我们需要深入探讨预算赤字背后的内容。

利息支付与基本赤字

方程（1）告诉我们，债务变化等于预算赤字，即政府支出超过税收的部分。然而，测算联邦赤字比较复杂，这是因为部分赤字是现存国家债务的利息支付。该部分赤字并不代表当前支出超过收入的余额，而是过去赤字留下的遗产。我们能够区分预算赤字的这两个组成部分，将总赤字写成**基本预算赤字**（primary budget deficit）（或非利息预算赤字）和公共债务利息支付之和。

总赤字≡基本赤字+利息支付

或用符号表示：

$$DEBT_{t+1} = DEBT_t + \text{基本赤字}_t + i \times DEBT_t \tag{2}$$

基本赤字（或盈余）是除利息支付外的所有政府支出减去所有政府收入。基本赤字也被称为非利息赤字。

政府可以通过改变支出和税收政策对基本赤字做出决策。政府无法改变它们已经积累的债务水平（除非政府简单地拒绝偿还债务）。这就告诉我们一个道理：当其他条件相同时，大规模的债务水平是不受欢迎的。债务水平越高，要支付的利息也越高。用于支付累积债务利息的基金不能用于当期政府项目，也不能用来支持减税。

[资料 20－1] *历史故事*

通货膨胀削减债务

1945 年，美国的债务- GDP 比率是 106%，到 1951 年，该比率下降到 69%，大幅下降的部分原因是战后的高通货膨胀。在 1945—1951 年，价格上升了 42%。假设实际 GDP 没有发生变化，而名义债务也没有发生变化，通胀因素导致债务- GDP 比率中的分母名义 GDP 的增加，从而使得债务率降低到 75%。债务- GDP 比率的大部分下降是源于通货膨胀。

一个国家能够依靠通货膨胀来削减债务吗？答案是既可以又不可以。如果通货膨胀是意料之外的，那么答案是可以通过通货膨胀削减债务。国家用贬值的美元偿付名义债务。因为实际通货膨胀在战后中期远远高于预期通货膨胀，这是美国确实发生的情况。那么美国或其他国家在今天还能故伎重演吗？可能不会。今天的投资者高度警惕通货膨胀。在美国，明显较高的预期通货膨胀会导致更高的名义利息支付，这会增加名义债务。在一些国家，投资者因担忧债务价值被通货膨胀削减而只以某种外币（美元、欧元、英镑）借出金钱，这样，国内通货膨胀就不会降低他们所持债券的价值。

如图 20-2 所示，左轴表示美国政府支出中用于债务利息支付的份额，右轴是债务的平均利率支付。20 世纪 40 年代后期，由于美国偿付第二次世界大战的债务利息，利息支付占总支出的比重迅速上升，之后开始下降，但在 80 年代和 90 年代再次上升，这是由于受债务规模增长和相对较高利率的综合影响。在大萧条及紧随其后的一段时间里，利息支付水平比较低，尽管债务规模大幅增长，但是极低的利率降低了利息支付。

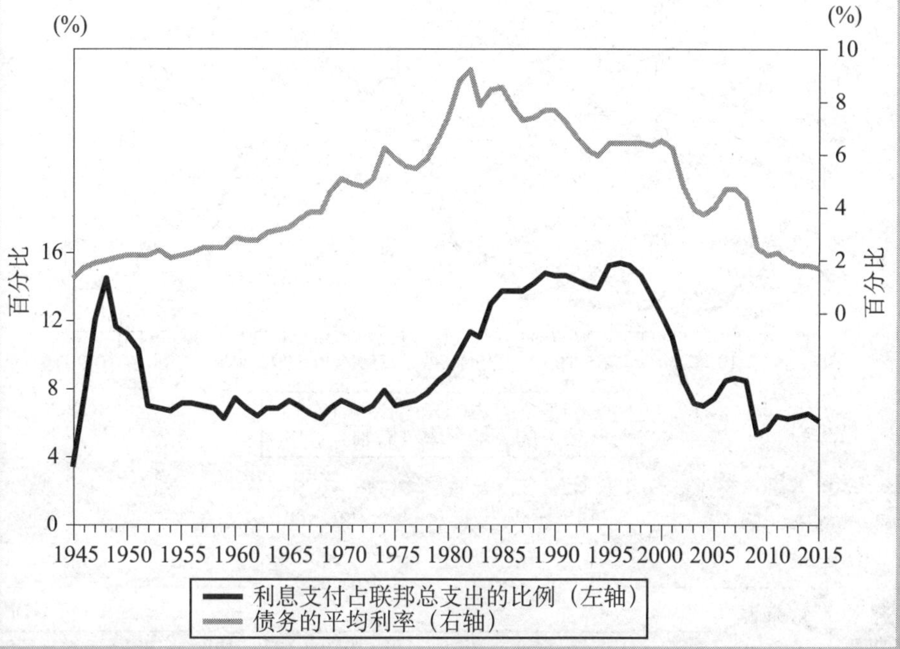

图 20-2　1945—2015 年利息支付占联邦总支出的百分比与债务的平均利率

资料来源：*Economic Report of the President*，2012 and 2016；以及作者的估算。

我们也可以问关于利息支付的一些不同的问题：利息支付相对经济规模而言偏大吗？图 20-3 显示了净利息支付占 GDP 的比例。在战后的大部分时间，利息支付占 GDP 的比例处于 1.5%左右，但是在 80 年代和 90 年代跳升到 3%左右。变化的大部分原因是高利率。在 21 世纪，利息支付占 GDP 的份额下降到早期水平。我们知道这些年的债务规模很大，而相对较低的利息支付是由于利率水平较低。

赤字的衡量

政府资产

美国政府在传统上一直以一种最奇怪的方式记账。它只是简单地从当前的支出中减去收入来计算赤字（见表 20-1），就好像政府既没有听说过资本的购置，也没有听说过资本的折旧。所以，在大古力水坝（北美最大的水坝）建造的那些年份里，政府赤字中增加了建筑费用。①

① *Economic Report of the President*，February 1996，Box 2-3；"Preview of the Comprehensive Revision of the National Income and Product Accounts：Recognition of Government Investment and Incorporation of a New Methodology for Calculating Depreciation，" *Survey of Current Business*，September 1995；"Improved Estimates of the National Income and Product Accounts for 1959—1995：Results of the Comprehensive Revision，" *Survey of Current Business*，January-February 1996.

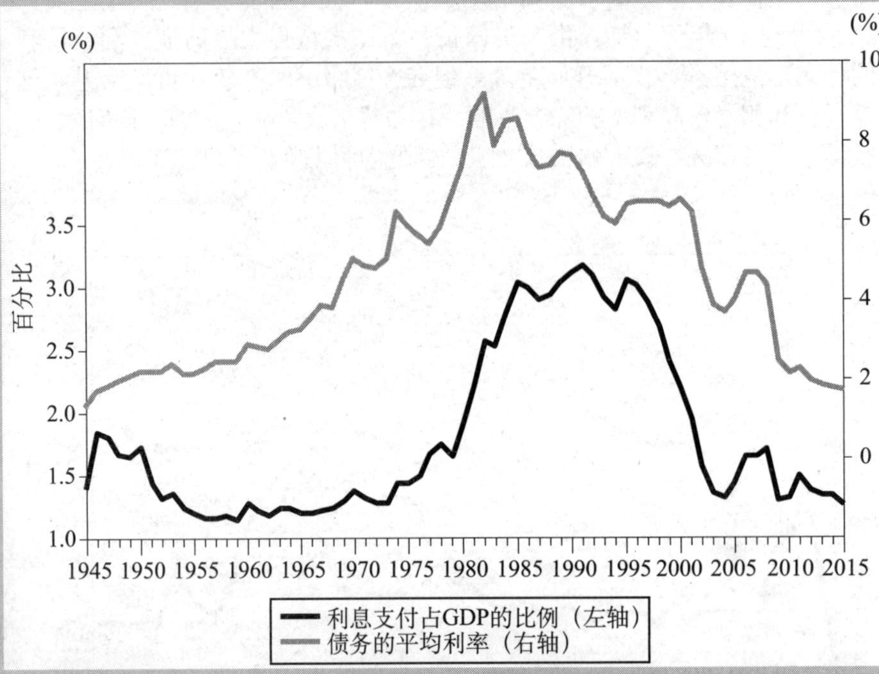

图 20-3　1945—2015 年利息支付占 GDP 的比例与债务的平均利率

资料来源：*Economic Report of the President*，2012 and 2016；以及作者的估算。

表 20-1　联邦收入的来源

（财政年度；各期平均）

（占 GDP 的百分比，%）

	1962—1969	1970—1979	1980—1989	1990—1999	2000—2009
个人所得税	7.8	8.1	8.4	8.4	8.0
企业所得税	3.8	2.7	1.7	1.9	1.8
社会保险税及互助金	3.5	5.0	6.3	6.6	6.4
其他*	2.7	2.1	1.8	1.6	1.3
总收入	17.9	17.9	18.3	18.6	17.6

*包含货物（销售）税、房地产税和赠与税、消费税以及各种杂税收入。

资料来源：Congressional Budget Office, *Historical Budget Data*, January 26, 2006, and January 26, 2010.

认识到政府有资产也有债务是很重要的。政府实际资本（大古力水坝）的取得应视为对发行债务以支付建筑费用的抵消。

[资料 20-2]　*历史故事*

通货膨胀、名义利率、实际利率及债务

图 20-2 显示了在相当长一段时间内政府支出的 10%以上被用来支付债务利息。如果债务规模比较小，这将是可以用于其他用途的非常大的一笔资金。然而，几乎所有的政府债务都是约定支付固定的名义利率。这就意味着债务的实际价值受通货膨胀影响而降低。实际上，债务的实际成本依赖于实际利率（即名义利率减去通货膨胀率）。表 1 给出了 1980 年和 2010 年的相关数据。

有几个事实非常明显：首先，债务的实际支付比名义支付的负担要小；其次，从表面上看，1980 年债务支付占用的政府支出要高于 2010 年，但实际情况并非如此；最后，当通货膨胀率显著高于名义利率时，政府实际上在债务上赚钱了，因为债务的实际价值下降额度比支付的利息还多。（当然，这是以牺牲债务持有人的利益为代价的。）*

表 1

	(1) 名义利息支付占政府支出的百分比	(2) 名义利息支付占 GDP 的百分比	(3) 债务的平均名义利率	(4) 通货膨胀（GDP 平减指数）	(5) 实际利率	(6) 实际利息支付占政府支出的百分比 $\frac{(1)}{(3)}\times(5)$	(7) 实际利息支付占 GDP 的百分比 $\frac{(2)}{(3)}\times(5)$
1980	8.9	1.9	7.4	9.7	−2.3	−2.8	−0.6
2010	5.7	1.4	2.2	1.8	0.4	1.0	0.25

资料来源：*Economic Report of the President*，2012；FRED database；以及作者的估算。

* 更多测度赤字的资料请参阅 Mario Blejer and Adrienne Cheasty，"The Measurement of Fiscal Deficits：Analytical and Methodological Issues，" *Journal of Economic Literature*，December 1991。

但在公开的讨论中，常常忘记政府支出并非都用作消费或转移支付。西北大学已故的罗伯特·艾斯纳（Robert Eisner）在介绍资产和负债都已列出的政府资产负债表中，尤其强调这一点。① 例如，联邦政府在 1990 年拥有可再生产的资产 8 340 亿美元（以重置成本定值），但负债是 26 870 亿美元。这样，政府的净负债为 18 530 亿美元，比官方债务数字所显示的规模小得多。如果再加上持有的土地进行调整，净债务头寸就更小了。② 可是，这些调整并没有改变现在的赤字比过去更大了的结论。

政府资产也存在遗漏的一面。债务的测度会忽略允许将来支付的无资金准备债务。例如，政府向目前的工人承诺当他们退休时就支付社会保险并提供医疗保障。支持社会保险和医疗保障的信托基金与当前工人预期未来缴纳的税收之间的差额非常大，但是这些缺口并没有体现在国家债务的官方测度上。劳伦斯·考特利克夫（Laurence Kotlikoff）以及斯科特·伯恩斯（Scott Burns）的一个估算表明，这些无资金准备债务的成本是官方国家债务规模的 20 倍。③

债务动态化

过去 50 年美国的国债几乎每年都在上涨。那么这意味着随着利息支付的上涨，税收也不得不随之上涨，直到最后可怕的事情发生，政府预算势必会失控吗？答案是否定的。因为经济一直在增长，重要的是债务规模相对于经济规模的大小。

为什么有用的是考察债务-GDP 比率而不是考察债务的绝对值？原因是 GDP 是经济规模的测度，因而债务-GDP 比率是债务相对于经济规模的大小。在 1929 年美国 GDP 大约为 1 000 亿美元时，120 000 亿美元的国债是毁灭性的：即使利率只有 1%，政府也不得不征收 120%GDP 的税收来支付利息。但是当 GDP 是 10 000 亿美元时，160 000 亿美元的债务是大规模的，但是并非不可抵挡。

预算赤字增加了债务水平，而预算盈余则（很少）降低债务水平。尽管这种说法是正确的，但可能会导致误解。只要经济增长超过赤字增加的债务水平，债务的相对规模

① 参见 Robert Eisner，*How Real Is the Federal Deficit ?*（New York：Free Press，1986），and "Budget Deficits：Rhetoric and Reality，" *Journal of Economic Perspectives*，Spring 1989。

② 参见 *Survey of Current Business*，January 1992，关于经济中资本存量的系列数据资料。

③ Laurence J. Kotlikoff and Scott Burns，*The Clash of Generations：Saving Ourselves，Our Kids，and Our Economy*（Cambridge，MA：MIT Press，2012）.

就会下降。这种关系可以写成更加数学化的形式，记住债务的相对规模是债务和 GDP 的比率，该比率的百分比变化率是分子的百分比变化率减去分母的百分比变化率。如果我们利用符号$\%\Delta$表示"百分比变化率"，并且把债务-GDP 比率写成 $DEBT/Y$，我们可以把这种关系写成：

$$\%\Delta\frac{DEBT}{Y}=\%\Delta DEBT-\%\Delta Y \tag{3}$$

因为经济随着时间而增长，适度的预算赤字导致债务的绝对美元值出现小幅上涨，这与债务相对 GDP 的规模下降是一致的。当然，在一些经济长期滞胀的国家，即使适度的预算赤字也会导致相对债务规模增大。专栏 20-1 采用粗略但是真实的测算，拓展了方程（3）的内涵。

[专栏 20-1]　我们还知道什么？

债务是如何增长的？

在方程（3）中，我们依据债务的百分比变化率减去经济增速的百分比变化率得到了债务-GDP 比率的百分比变化率。如果我们再引入一个数学常识，即任何变量的百分比变化率是变化量除以初始水平，则我们可以把方程（3）改写为：

$$\%\Delta\frac{DEBT}{Y}=\%\Delta DEBT-\%\Delta Y=\frac{\Delta DEBT}{DEBT}-\frac{\Delta Y}{Y}$$

现在债务百分比变化率同时乘以和除以 GDP 水平，可以得到：

$$\%\Delta\frac{DEBT}{Y}=\frac{\Delta DEBT}{Y}\times\frac{Y}{DEBT}-\frac{\Delta Y}{Y}=\frac{BD}{Y}\times\frac{Y}{DEBT}-\frac{\Delta Y}{Y}$$

最后，我们利用方程（1），即债务的变化等于当前预算赤字（BD）。

虽然美国经济增速随经济周期而变化，但从长期看，年均增速略高于 3%。假如我们设定债务-GDP 比率为 1，这是一个比较高但高得并不过分的水平，那么，我们可以得到最终的方程：

$$\%\Delta\frac{DEBT}{Y}\approx\frac{BD}{Y}-3\%$$

该方程表明，当预算赤字高于 GDP 的 3%时，债务-GDP 比率上升；当预算赤字低于 GDP 的 3%时，债务-GDP 比率下降。即使这是一个粗略而不太精准的计算，它也解释了为什么适度的赤字规模是永远可持续的。

[资料 20-3]　*历史故事*

欧盟及赤字限制

专栏 20-1 表明，只要政府债务下降到低于 GDP 的 3%，至少作为一个粗略的规则，债务-GDP 比率很可能降低……在欧盟签订的《马斯特里赫特条约》下，所有成员国实际上都被认定为保持其赤字低于 3%的标准。（当然，存在着"规则"之外的规则。这说明，在以前一些年份里有些国家伪造了它们的情况，以便满足所要求的 3%的债务-GDP 比率。）

到 2016 年，欧元区整体将债务-GDP 比率控制在 1.85%，以和该目标吻合。卢森堡的大公爵区实际上取得了预算盈余。不过，债务-GDP 比率变化很大。当希腊的债务-GDP 比率是 182%时，整个欧元区是 92%，而爱沙尼亚则几乎完全没有债务。

欧洲债务和赤字的数字可以在以下网址中得到：http://www.debtclocks.eu/public-debt-and-budget-deficits-comparison-of-the-eu-member-states.html。

20—2 谁承担债务?

谁持有我们的债务？广泛说来，国家债务由三个群体持有：美国公众（既包括个人，也包括金融机构）、国际投资者（外国政府和外国私人投资者）以及政府自己。

政府持有大规模自有债务的事实有时候导致对实际债务规模的误解。比如，2013 年 1 月，总债务规模是 164 000 亿美元，其中 49 000 亿美元被政府间账户持有，该账户代表了政府某部门的一项债务，同时也是政府另一个部门的抵消资产。政府持有的净债务被标记为**公众持有的债务**（debt held by the public）。当你看到有言论声称政府债务大于 GDP 时，这是指总债务水平（至少在 2012—2013 年），而不是公众持有的部分债务。同样情形的另一种表述是，2012 年联邦债务是 GDP 的 107%，尽管公众持有的债务只为 GDP 的 77%。

一旦我们关注公众持有的债务，我们发现债务的所有权可以分成四个部分，如图 20－4 所示。大约 40%的债务由州及地方政府以及国内私人投资者持有，这些债务可以被认为是“我们欠自己”的债务，或者至少是我们欠将来自己的债务。

图 20－4　2016 年公共债务的所有者估算情况

资料来源：Treasury Bulletin，September 2016；Federal Reserve Economic Data [FRED].

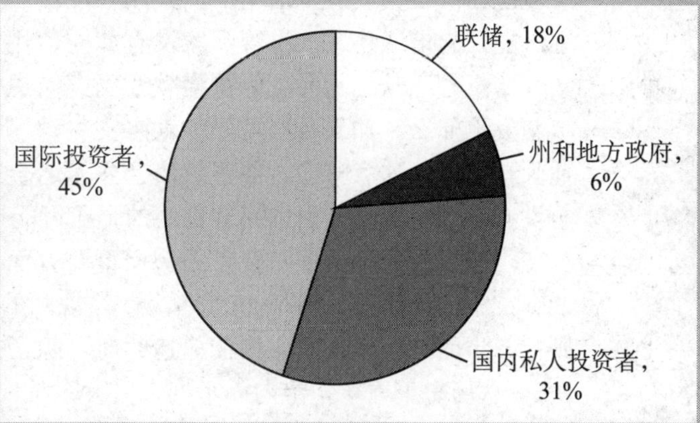

由联储持有的 18%的债务，反映了多年来公开市场购买的累积结果。这类债务比较特殊，因为我们无须真正支付利息。严格来讲，财政部要向联储支付利息。但是联储几乎将所有的利息都返还给了财政部。那为什么不把所有的债务都卖给联储呢？因为联储通过印制货币（当然是间接的，参见第 17 章）支付债务。过度印制货币将导致不受欢迎的通货膨胀。

经常引起关注的债务部分是由外国政府、外国中央银行以及国际私人投资者持有的很大比例的债务。这部分债务的利息支付将离开美国而不能被美国人所消费，而且总有一天需要偿还本金。关于债务所有权的头条新闻可能会让你相信美国的债务大部分是由中国融资的。这夸大了事实背后的真相。中国拥有美国债务的约 9.4%（2016 年 2 月）。美国的第二大债务持有国是日本，大约持有债务规模的 8.5%。

为什么有如此多的政府债务被外国人持有？答案包括两部分：首先，多年来，美国政府发生财政赤字，因而需要从外部借入货币，同时美国人的低储蓄率导致国内资金不足以支持其举债规模，外国借款者弥补了这一缺口。其次，美国因其相对强大的经济实力和稳定的政治格局，长期以来被认为是安全的投资场所，想要确保能获得回报的外国投资者会选择投资美国。

20—3 什么时候债务成为危机？政治学与经济学

从某些方面来说，一个国家持有过多的债务就如同一个消费者过度消费信用卡一样。假如你积累了大额的账单余额，但你还是羞于突破你的信用额度，那么将出现两种结果。第一种结果是你必须为你的信用卡支付所有的利息，而用于这些支付的资金本可以用来消费你需要和喜欢的物品。同样地，需要支付大量债务的政府也不能将这笔钱用于公众喜欢的事物。第二种结果是遗憾的，可能当你回头看时，你当初用信用卡购买的东西现在看起来不再值得。从这个角度考虑政府债务，如果政府能支出更多而不用增加当前税收，那么政治家可能倾向于今天把钱花掉，尽管这些钱明天会有更好的用途，而且投票人有时也会鼓励政府的这种没有前瞻性的行为。所以反对积累过高的债务规模的一种观点是阻止过度支出的自律方法。然而，这种情况不会导致债务危机。

现在假设你突破了信用卡的使用额度限制，没有人再向你提供贷款。事实上，债权人可能开始催缴还款。尽管国家没有如同信用卡那样的外部强制的额度限制，但是当市场开始担心还款问题时会停止借款给国家。想想一个国家入不敷出并且突然再也不能借款会发生什么。如果政府需要借款来支付薪酬、养老金等，那么政府不得不经常大幅度地削减支出。这意味着，那些依赖公共养老金或在政府任职的人将只剩下较少的收入甚至没有收入。此外，国内完全稳健的企业可能也无法得到贷款。

当然，政府不同于消费者的一个重要方面，就是政府可以发行**主权债务**（sovereign debt）。因为政府是“最高统治者”——规则的制定者——政府可以决定不支付债务。原则上，当面临一个国家主权债务违约时，除了拒绝将来向该国贷款之外，基本上毫无办法。（从历史上看，拒绝向一个拥有更大军队规模的国家还款是不明智的。这种炮舰外交已经过时了。）由于被国际市场排除在外将导致更高昂的代价，所以政府有较强的激励不发生违约。同时，对外国人持有的债务违约相对于削减国内支出而言，会引起更大的内部政治压力。

尽管政府能够拒绝偿还债务，但它们很少这么做，并且几乎总是在经济或政府处于危机的时候才这么做。政府背弃诺言会导致将来不再被信任。并且由于借款能力对保持经济和政府的平稳运行至关重要，主权债务违约是严峻的。

发生债务危机是基于债权人对一个国家不能或不愿偿还债务的信心，而不是该国债务- GDP 比率达到事先预定的临界水平。例如日本具有较高的债务- GDP 比率，但是市场对日本不能偿还债务表现出非常少的担忧。相反，发展中国家将有效债务界限设定在更低的债务水平上，这是因为市场对它们的信任度低得多。

再看一下图 20－1，美国在第二次世界大战结束时的债务- GDP 比率比今天要高出很多。很多事情已经时过境迁。尤其是没有人质疑第二次世界大战不值得战争开销。在美国没有法定的债务上限，也没有人质疑美国支付债务的能力和意愿。当然，存在一个共识就是预算赤字最多应该是温和的。在战后时期，温和的预算赤字以及经济增长共同逐步降低了债务率，如图 20－1 所示。

在 21 世纪，预算赤字应该是温和的共识开始崩溃。连续多年温和的预算赤字只会增加较小数量的债务，但是持续大规模的预算赤字最终将导致过大的国家债务。

［专栏 20－2］　我们还知道什么？

当数学遇到了政治学？

方程（1）告诉我们，债务的变化等于预算赤字，即政府支出超过税收收入的部分。我们可以将方程拓展为：

$$DEBT_{今天} = DEBT_{昨天} + 政府支出 - 税收$$

我们的期初债务 $DEBT_{昨天}$ 由历史决定，不能改变。美国在特殊位置上制定了三套不同的法规来决定方程中余下的三个因素。预算决定了政府支出，税法决定了将要征收的税收数量，而“债务上限”则规定了债务能增长到多高水平的单独上限。当然，如果政府支出和税收综合起来会导致债务触及上限，那么有些事情就需要放弃，而不再遵循数学法则。当达到了债务上限时，国会将不得不提高上限水平（在这种情形下，上限不再是上限）或者改变政府支出或税收政策（可以通过任何方式）。当只有两个变量相互独立时，三套不同的规则告诉你政府正在跳政治舞蹈。这是政治学，不是经济学，当然也不是好的数学。

关于政府规模的争论

在过去的 55 年间，政府支出占 GDP 的份额日益增长是一个世界性趋势。1960 年美国各级政府支出占 GDP 的 23%，到 2016 年达到了大约 33%（参见图 20－5）。这种增长在很大程度上反映了政府社会项目的扩大，尤其是转移支付项目的扩大。从 1981 年以来，政府开支的增长受到了猛烈抨击。

政府的规模应该有多大呢？当然，这是一个难以回答的问题。显然，政府的某些计划被广泛认为是值得的，例如，相对说来，对于适当的国防需要很少存在争议。其他一些计划，例如社会保障体系，也获得了普遍支持，尽管对于这些计划规模应该有多大仍然存在争论。对保守主义者来说，政府太大了；因此，赤字（以及它对利率和金融稳定所产生的压力）可想而知。从这个观点看，赤字的压力是削减开支的最好方法。

当然，实际上政府支出究竟有多大，这一问题应通过政治程序解决。在 20 世纪 30 年代和 60 年代，财政政策的规则和传统的改变是由追求充分就业和扩大社会目标的积极政府政策引起的。今天，普遍的意见认为，事情走得太远了，需要通过恢复“稳健财政政策”来加以控制。争论反映了社会对于如何最好地使用有限的资源存在基本分歧。与此同时，有一股思潮要求恢复政府从基础设施到教育等领域中的活动。争论并未结束，尖锐的财政问题注定要将困难的权衡问题置于讨论的最前沿。

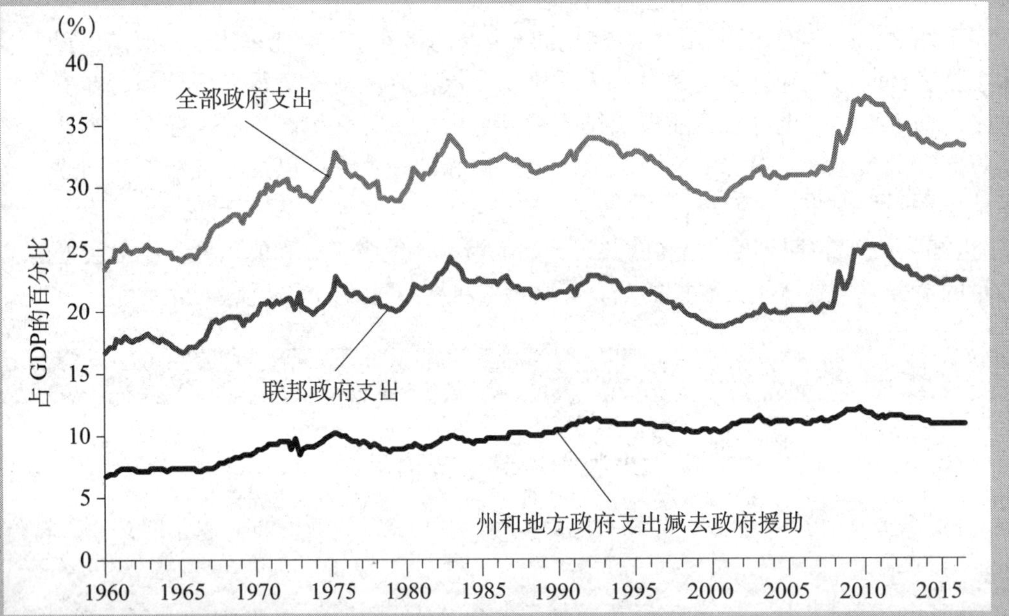

图 20-5　1960—2016 年美国政府支出占 GDP 的百分比

资料来源：Federal Reserve Economic Data [FRED].

原则上，政府规模和我们是否应该实行预算赤字的问题是完全不同的。政府可以在没有赤字的情况下，占有比美国实际规模大得多的国民经济份额。这在许多西欧国家的经济中都是实际情况。政府基本上应该比私人部门更有效地向公众提供服务，应该处理收入分配问题。无论社会选择的支出水平是高还是低，税收都应该规定在使预算在长期内保持大致平衡的水平。美国的实际情况是，对于政府最优规模和赤字水平的讨论往往纠缠在一起。

债务危机中的紧缩措施

在大衰退后的一段时间，许多国家面临两种不利形势：国家债务被认为是不可持续的（或至少过高），并且它们的经济被衰退所拖累。应对第一个问题的合理做法是削减政府支出或增加税收。当然，应对第二个问题的合理做法是增加政府支出或削减税收。一个国家要么能削减政府支出要么能增加政府支出，但是不能同时做到这两点。

[资料 20-4]　*历史故事*

加拿大国家债务

对国家债务规模是大还是小的决策具有强烈的政治因素。降低债务-GDP 比率要求：首先，这样做要符合国家利益；其次，要有一套政治体系能够在足够长的时间内保持政策一致性。图 1 显示了加拿大近 10 年减少债务的成功项目。

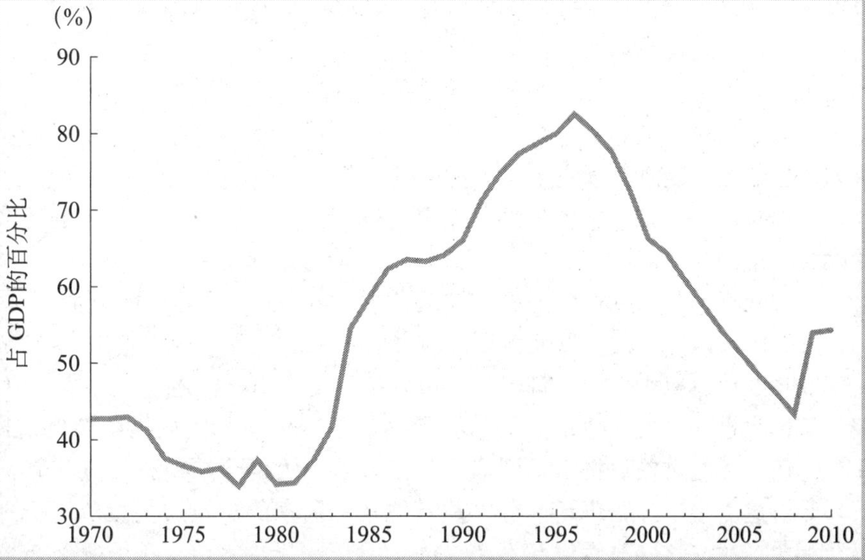

图 1　加拿大全部中央政府债务占 GDP 的比例

资料来源：www. ReinbartandRogoff. com（注意数据是总债务规模，不局限于公众手中的债务）。

1996 年，加拿大政府认为过去 15 年累积增长的债务规模过大，制定政策决定缩小债务规模。图 1 显示 10 年后，该政策取得了成功。

在大衰退期间，美国选择增加政府支出并削减税收，允许国家债务上升。在美国，联储同时实施扩张性货币政策。与此相反，许多欧洲国家经常在强大的外部压力下选择削减支出并增加税收。（欧元区国家没有行使独立货币政策的选择。）这种政策的流行说法是**紧缩**（austerity）性政策。紧缩性政策的问题是在当经济需要助推而不是需要刹车的时候削弱了经济活动。在一些国家，削减支出以及 GDP 的必然下降导致大部分人口陷入严重困境。从某种角度看，一个拥有巨额预算赤字的国家没有其他选择，只能削减债务。问题不是是否要削减巨额债务，而是何时削减债务。

同时面对巨额财政赤字和经济停滞的两难境地，合理的政策看起来是现在实施扩张性政策，未来实施紧缩性政策，最终降低债务水平。特别是，从外部来看，我们不太可能信任一个入不敷出长达多年的国家会履行在将来某时点削减支出的承诺。在经济学以及政治学领域，是美国的扩张性方法还是部分欧洲国家的财政紧缩属于更合理的选择，可能还要继续争论。

大衰退及其后的一段时间揭示了维持合理政府债务水平的另一个优势。当衰退来袭时，政府可以合理地使用扩张性财政政策，即使这会导致债务水平上升。如果债务水平尚未接近“最高限度”，无论这种最高限度是实际的还是感知的，上述政策都更加具有可行性。

20—4　国际债务

21 世纪的第一个十年末和第二个十年初，“债务危机”在新闻报道中占据了显著的位置。有些国家会出现债务违约吗？更坏的是，会有大量国家出现债务违约吗？导致本次国际危机的几个事实如下：

● 许多国家累积了非常高的债务-GDP 比率。

● 有几个国家的银行系统过度扩张，随之而来的金融危机导致了经济大衰退。在危机前产生的银行贷款和投资不再可能会得到偿付。

● 市场似乎预期国家债务部分地得到欧洲中央银行和欧洲强大的经济体尤其是德国的隐含承诺的支持。

● **欧元区**（Eurozone）的国家缺乏自主调节本国货币价值的能力。

图 20-6 显示了几个欧元区国家的债务-GDP 比率。① 希腊以其非常高的债务-GDP 比率并在欧债危机中受到的打击最严重脱颖而出。相反，葡萄牙的债务-GDP 比率适中，但是该比率也在金融危机之后暴涨。最后，西班牙在此次危机中保持适中的债务-GDP 比率。西班牙在欧债危机中受到严重打击，是因为西班牙银行过度扩张，而不是由于西班牙政府过度借贷。西班牙银行以及其他几个国家的银行大量投资于抵押贷款、房地产以及相关证券，这些显然将得不到偿付。

图 20-6 表明，在 21 世纪初，不同的欧洲国家对管控本国国家债务有非常不同的政策手段。图 20-7 显示了这些国家以及丹麦的长期利率情况。（丹麦经济与欧洲紧密相

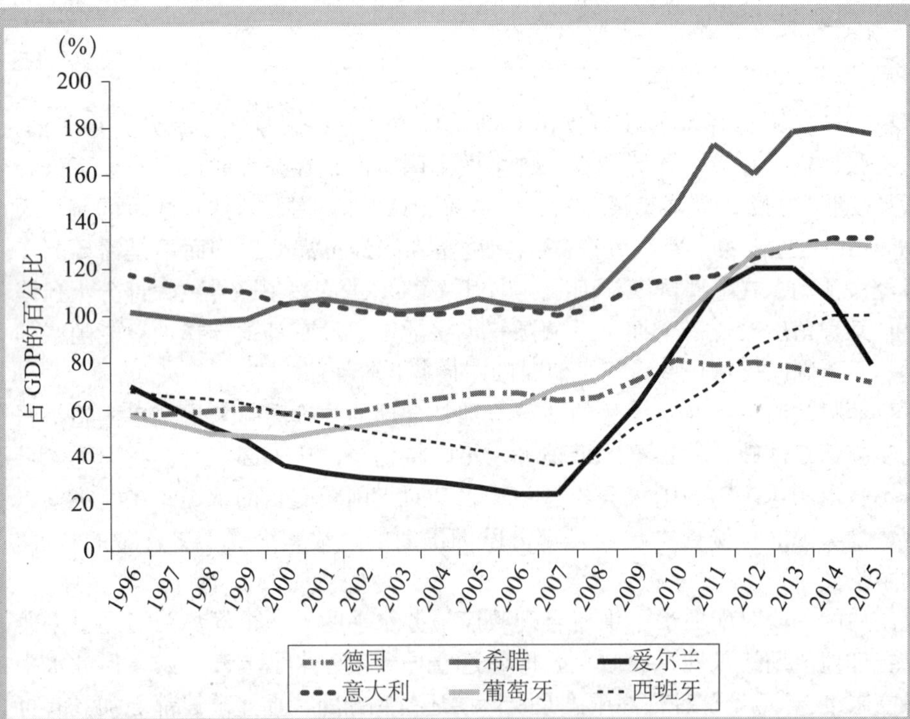

图 20-6 几个欧元区国家的债务-GDP 比率

资料来源：International Monetary Fund，World Economic Outlook Database，October 2016.

① 由于官方会计实践上的差异，进行跨国横向类比是困难的。关于该问题的简述请参看"Data Watch 3-2：Measuring Government Debt across Countries，" in the *Economic Report of the President*，*2012*。

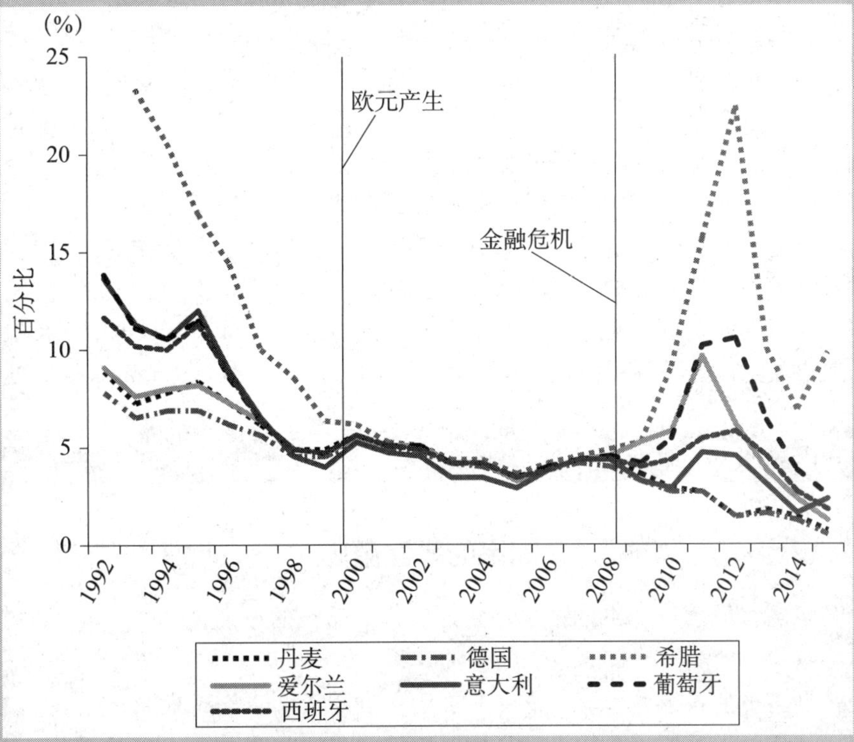

图 20-7　长期利率

资料来源：International Monetary Fund；International Financial Statistics.

关，但是丹麦没有选择加入欧元区，而是保持自己的货币，即丹麦克朗。）请注意，从接受欧元到金融危机发生的大部分时间内，所有国家的利率几乎一致。这表明，尽管不同国家的债务情况差异很大，但金融市场认为投资于这些国家的风险是相同的。从金融危机开始，投资者意识到了巨大的风险，即希腊以及危机程度更小的葡萄牙、爱尔兰可能不能完全偿付它们的债务。与此同时，随着投资者寻求更安全的投资区域，德国和丹麦的利率下降。

不能调整本国货币币值的含义

欧元区国家全部使用欧元，所以区内贸易以固定汇率高效结算。甚至与欧元区外的国家如美国、英国、斯堪的纳维亚国家的汇率也不受欧元区内任何国家的控制。这限制了一国应对经济危机的政策选择。

考虑希腊面临巨额的国家债务以及致使其出口毫无竞争力的工资结构形势，在加入欧元区前，如果希腊面临这种形势，希腊可能会选择使本国货币德拉克马贬值。（参见资料 23-7“德拉克马的戏剧性”）。贬值将从两方面有助于希腊调整：首先，任何以德拉克马借入的希腊债务到偿付时会变得更便宜。这种收益可能会比较小，这是因为由于担心贬值风险，很少投资者愿意以德拉克马借贷。即使希腊仍然使用德拉克马，但是希腊巨额债务的大部分将以欧元、美元或英镑结算。

德拉克马贬值的第二个影响是降低希腊出口到其他国家的成本。出口增加将刺激总需求。或早或晚，改善的贸易盈余将有助于偿付外部债务。但是，贬值并不是没有成本的，贬值提升了希腊进口商品的价格。对于美国人而言，这只是个小烦恼。但是在2008年，希腊进口额占GDP的40%。这意味着进口商品价格上升将使困境恶化。

由于希腊没有脱离欧元区而不能实现货币贬值，那么有效降低劳动成本以使希腊商品变得更有竞争力是非常必要的。在某些方面，降低工资或货币贬值具有相同的影响——这对希腊人来说都是苦难。但是从政治上讲，降低工资比进口商品价格更高更难以接受，即使两种情况下实际工资最后都降低了。

听起来贬值似乎具有很大的益处。当一个国家处于危机中时，这是正确的。但是这种益处不得不被危机前的成本所抵消。被认为有偿债风险的国家将发现借款十分困难，即使在正常时期也是如此。放弃本国货币而选择如欧元的这类国家承诺货币不贬值。从净效果看，以合适利率借款带来的好处要超过危机时不能贬值带来的好处。

[专栏20-3]　我们还知道什么?

利率的恶性循环

当债权人开始担忧一国偿还债务的能力时会发生什么呢？他们会提高这个国家的偿债利率。这当然会导致该国更难以偿还债务。

具体地，提高利率会使该国成本增加多少取决于多种因素。在重新续贷之前，已有贷款的利率并不会上升。在那时，债权国可能同意削减部分债务或延迟偿付。这是非常有意思的，但是可以通过快速计算判断这种恶性循环是不是个大问题。

2009年，希腊的债务-GDP比率是127%（见图20-6）。2009—2012年，希腊利率从5.2%上升到22.5%。增加的利息支付约占GDP的22%[≈127%×(0.225−0.052)]。尽管是粗略计算，2012年希腊GDP的22%相当于希腊一个季度的所有政府支出。

本章提要

1. 衡量债务水平的更重要指标是国家债务与经济规模的相对比例，即债务-GDP比率。
2. 美国国家债务规模大于十年前，但是低于第二次世界大战后期。
3. 债务的变化等于预算赤字，即政府支出超过税收的部分。
4. 当债务增速高于经济增速时，债务-GDP比率上升。
5. 真正有影响的债务部分是公众持有的债务。
6. 美国大约有一半的债务被外国投资者和政府持有。
7. 关于债务规模的一些争论是经济上的，但是很多争论基本上是政治上的。
8. 在大衰退期间及之后一段时间，美国采用扩张性财政政策导致国家债务增长。而欧洲选择了紧缩性财政政策。
9. 几个欧洲国家出现较高的债务水平是因为全球金融危机后这些国家出现的经济危机。

关键术语

紧缩	债务-GDP比率	基本预算赤字
公众持有的债务	欧元区	主权债务

习题

概念题

1. a. 在何种程度上，我们需要担心总赤字中向公众支付利息的构成？（提示：问问自己这个部分对于政府的真实成本是多少。）

b. 在何种程度上，我们需要担心国家债务？在哪些方面，国家债务是社会的负担？

2. 我们需要保持预算平衡吗？请讨论。

3. 为什么考察债务- GDP 比率比考察债务的绝对值更有用？

4. 德国的统一涉及对前民主德国大量的基础设施支出，以及对很多前民主德国人民的转移支付。这些支出应该通过（a）货币创造（因为其暂时性和例外性）、（b）债务或（c）税收来融资吗？请解释你的答案。

技术题

1. 表 20 - 2 显示了美国政府支出近几十年的变化情况。

a. 20 世纪 60 年代以来，总支出占 GDP 的比例增加了多少？

b. 20 世纪 60 年代，国防支出（主要基于越南战争支出）是总支出中的单一最大部分。自那以后，什么是总支出中的最大支出部分？

c. 如表 20 - 2 所示，20 世纪 60 年代以来，哪些支出导致了总支出增长？

2. 如果产量增长率平均每年大约为 4%，国债增长率平均每年为 5%，随着时间的推移，债务- GDP 比率会发生什么变化？为什么？

表 20 - 2　联邦政府支出

（财政年度；期间平均值）　　（占 GDP 的百分比，%）

	1962—1969	1970—1979	1980—1989	1990—1999	2000—2009
国防支出	8.7	5.9	5.8	4.1	3.8
强制性支出	6.2	9.4	10.8	11.2	11.9
可自由支配的非国防开支	3.8	4.5	4.1	3.6	3.7
净利息	1.3	1.5	2.8	3.0	1.7
总支出*	18.8	20.0	22.2	20.7	20.0

* 因为剔除了“对冲收入”，每列各项加总与总支出不一致。

资料来源：Congressional Budget Office，*Historical Budget Data*，January 26，2006，and January 26，2010.

操作题

1. 本题我们将证明方程（3）：

$$\%\Delta\frac{DEBT}{Y}=\%\Delta DEBT-\%\Delta Y$$

a. 登录 http://treasurydirect.gov/govt/reports/pd/histdebt/histdebt.htm，检索 1950—2015 年的美国债务数据。

b. 登录 http://fred.stlouisfed.org，点击“Category”，在“National Income & Product Accounts”下选择“GDP/GNP”。找到并下载年度 GDP 数据。

c. 计算债务- GDP 比率（你需要将美国债务单位转换为亿美元）。

d. 直接利用公式 $\%\Delta DEBT_t=(DEBT_t-DEBT_{t-1})/DEBT_{t-1}$ 计算债务- GDP 比率的百分比变化率。

e. 现在利用公式（3）计算债务- GDP 比率的百分比变化率。

f. 通过上述两种方法计算的 $\%\Delta DEBT$ 有什么平均差异？它们看起来相等吗？

2. 在本题中，我们将比较债务和债务- GDP 比率。

a. 利用上题给出的数据，画出 1950—2012 年的债务（以 10 亿美元为单位）和 GDP 的图形。

b. 在相同时间内，单独画出债务- GDP 比率的图形。

c. 评论上述两幅图的差异。为什么考察债务- GDP 比率比考察债务水平更有优势？

21 衰退与萧条

本章要点

- 20 世纪 80 年代到 2007 年，是宏观经济稳定发展的时期，所以这段时期被称为“大稳健”时期。
- 2007—2009 年的大衰退彻底结束了大稳健发展时期。
- 现代宏观经济学产生于大萧条。
- 尽管大衰退很糟糕，但如果不是从大萧条中总结出宏观经济教训，情况可能会更糟。

重大事件会塑造经济和经济学研究。对宏观经济学的具体研究是从经济的经验，特别是经受了创伤的经验中发展起来的。在大萧条中，美国四分之一的劳动力无法找到工作。相反，从 20 世纪 80 年代到 21 世纪初期，经济波动相对温和，以至这一时期被称为大稳健时期。似乎政策制定者已有效抑制了经济周期，但是 2007—2009 年大衰退的爆发以及随后缓慢的复苏粉碎了任何幻想。然而，从 20 世纪 30 年代汲取的经验教训激励货币政策和财政政策制定者积极采取行动。大衰退的结果十分糟糕，但是如果没有强大的政策应对，结果可能会更糟。

21—1 大稳健

图 21-1 显示了战后 GDP 的增长率情况。在经济周期中，最初的几十年呈现宽幅波动。从 20 世纪 80 年代早期开始，经济周期波动减弱，这种状态从 20 世纪 80 年代早期持续到 2007 年，这段时间被称为**“大稳健”**（Great Moderation）时期。[①] 更加稳健的经济周期要归功于更加温和的经济冲击以及应对这种冲击更加有效的经济政策，尽管这个更重要的问题依旧悬而未决。一个流行的观点是，为了控制经济周期，经济学家们已经学到了他们需要掌握的大部分知识。诺贝尔经济学奖得主罗伯特·卢卡斯（Robert Lucas）在美国经济学会的主席致辞中写道：

---

① 参见 Chang-Jin Kim and Charles R. Nelson，“Has the U. S. Economy Become More Stable? A Bayesian Approach Based on a Markov-Switching Model of the Business Cycle,” *Review of Economics and Statistics*，1999；and Margaret McConnell and Gabriel Pérez Quirós，“Output Fluctuations in the United States：What Has Changed since the Early 1980s?” *American Economic Review*，2000。

预防大萧条的核心问题已经解决了，实际上在几十年前就解决了。①

在大稳健时期，通货膨胀得到了有效控制。图 21－2 显示了用 GDP 平减指数来测度的通货膨胀情况。尽管标注大稳健时期的起始时间有些随意，我们在图上战后 1985 年画一条直线以与图 21－1 形成对照。你会发现，通货膨胀水平在大稳健开始之前被大幅降低。你还能发现，自此之后通货膨胀保持在一个低水平。

图 21－1　1947—2016 年季度 GDP 的年化增长率

资料来源：Federal Reserve Economic Database [FRED]；以及作者的估算。

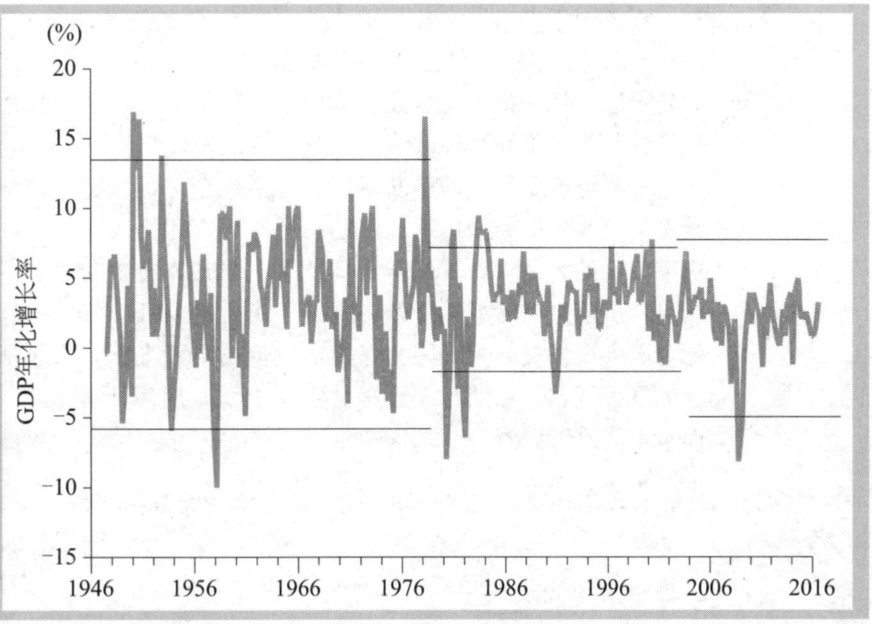

图 21－2　1947—2016 年以 GDP 平减指数测度的通货膨胀率

资料来源：Federal Reserve Economic Database [FRED]；以及作者的估算。

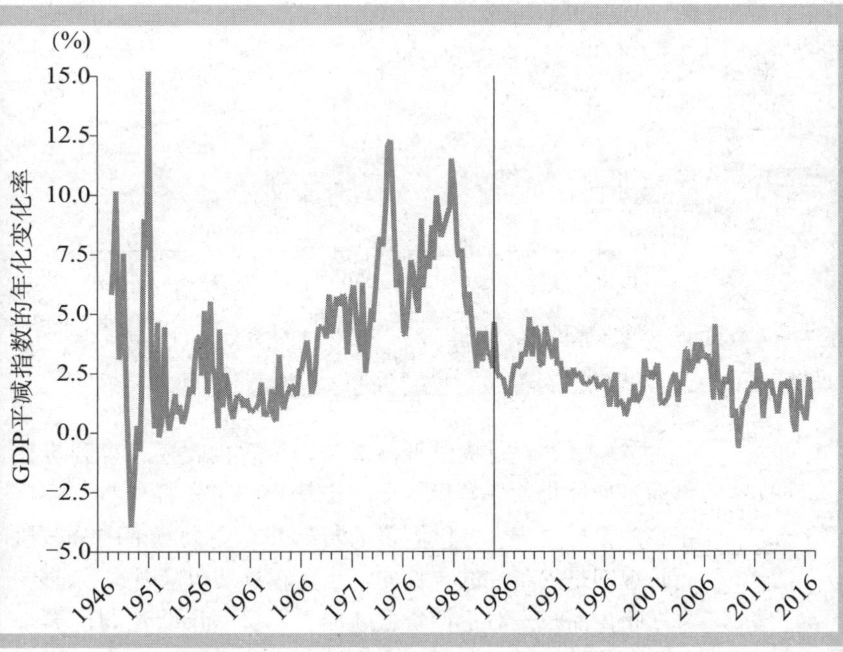

① Robert E. Lucas, Jr.,"Macroeconomic Priorities," *American Economic Review*, 2003.

不幸的是，金融危机冲击以及接踵而来的大衰退彻底结束了经济大稳健时期。宏观经济政策可能会有所帮助，但是大的经济冲击依旧如影随形。

21—2 大衰退：泡沫与破灭

近三十年来，最大和最引人注目的宏观经济事件是 2007—2009 年的**大衰退**（Great Recession）。房地产和股票价格暴跌，失业率飙升。一段时期以来，新学生贷款、小微企业贷款以及住房抵押贷款几乎消失殆尽。我们已经在其他地方如第 12 章讨论过应对这次危机的货币政策和财政政策。这里我们回顾我们是如何步入经济危机的。

大衰退始于美国，不断深化并传播到全球，从金融市场传递到商品和服务市场。大衰退的故事始于美国房地产市场，见证了 20 世纪 90 年代末期到 2006 年美国房地产价格史无前例的上涨（见图 21－3）。大量的低成本抵押贷款，特别是给那些收入太低而不足以支付所购买房屋者的贷款，导致了房价的疯狂上涨。为什么有人愿意向那些没有偿还能力的人提供贷款呢？因为只要房屋价格继续上涨，房屋所有人就能通过再融资偿还最初的抵押贷款。当然，一旦房价停止上涨，房屋所有人将只剩下他们难以偿付的贷款，而且不能继续融资。

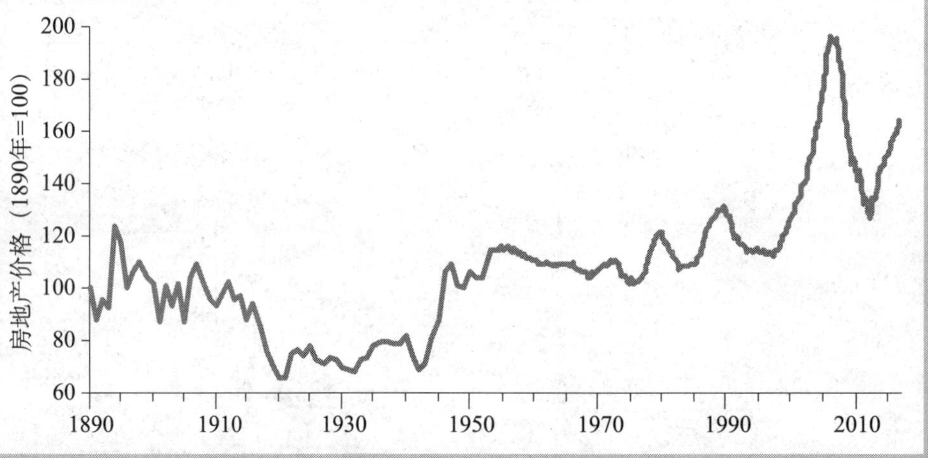

图 21－3 经过通货膨胀调整后的房地产价格

资料来源：Shiller，Robert. www. econ. yale. edu/～shiller/data/Fig2-1. xls.

"过去"，银行提供抵押贷款，然后接收还款直到贷款全部被还清。如今，大部分银行通过抵押贷款证券化在金融市场卖掉了抵押贷款。在理论上，这是非常不错的，有助于释放银行资产、提供更多的贷款并在更大范围内分散风险。不幸的是，这些证券的运行情况却是灾难性的。首先，当存在真实风险时这些证券被作为无风险证券交易；其次，金融衍生品——对抵押贷款施加一层又一层赌注的证券——繁荣发展并被那些对赌注风险毫不知情的投资者不断交易。非常富有经验的金融机构行走在非常单薄的树枝上，而经常没有理解它们所面临的风险。

只要房地产价格保持上涨，所有这些都会正常运行，而且在金融部门，许多人从中赚取了大量金钱。而一旦房地产价格泡沫破裂，整个房地产赌局将崩溃。

通常主要银行和其他金融企业之间相互借贷而不用担心过多的风险，因为这些企业持有大规模的资本储备。但是当金融市场遭受冲击时，没有人能准确知道哪些企业会成为替罪羊。这就意味着企业不愿意贷款给任何其他企业，因为它们不知道哪些企业处于健康状态。有一段时间，金融市场几乎冻结，甚至一些具有完备偿付能力的企业也变得缺乏流动性，因为无法证实这些企业处于良好的偿付状态。

由于全球金融市场相互渗透，金融灾难迅速传播到全世界，尤其是对冰岛和爱尔兰经济造成了显著的损害。（一些国家如加拿大的银行具有更加稳健的投资政策而没有遭受到严重的打击。）当金融市场冻结时，为商业库存融资或获取汽车贷款将变得困难，经济衰退传递到商品市场和劳动市场。

大衰退是非常非常糟糕的，这显然不是一次大萧条的重温，因为本次衰退相对严重性较小、历经时间也较短。实际上，大衰退期间失业率还没有触及 1983 年最坏月份的水平，但是处境艰难而且复苏缓慢。图 21－4 显示了两种失业率测算方法。图中位于下方的曲线是常用的主要测算方法，即城市失业率。该失业率上升到近 25 年未见的水平。位于上方的曲线是更为宽泛的失业率 U6，被定义为“总失业率加上所有处于失业边缘的工人以及因为经济因素导致的所有兼职工人”。在劳动市场最坏的极端情况下，6 个工人中就有一个处于失业或就业不足状态。你将发现自大衰退以来，劳动市场复苏非常缓慢。

大衰退给家庭带来的部分苦难是长期失业率前所未有的上升。图 21－5 显示了以周度量的失业持续期。当失业的平均持续期稳步上升时，它会在衰退期快速上升，并且在官方宣布的衰退期结束后继续上升。甚至在衰退期结束 4 年后，长期失业率仍保持在一个前所未见的高水平。

有一段时间确实存在担忧大衰退可能导致类似 20 世纪 30 年代大萧条的全面崩溃。

图 21－4　城市失业率及 U6 宽口径失业率

资料来源：Federal Reserve Economic Database [FRED].

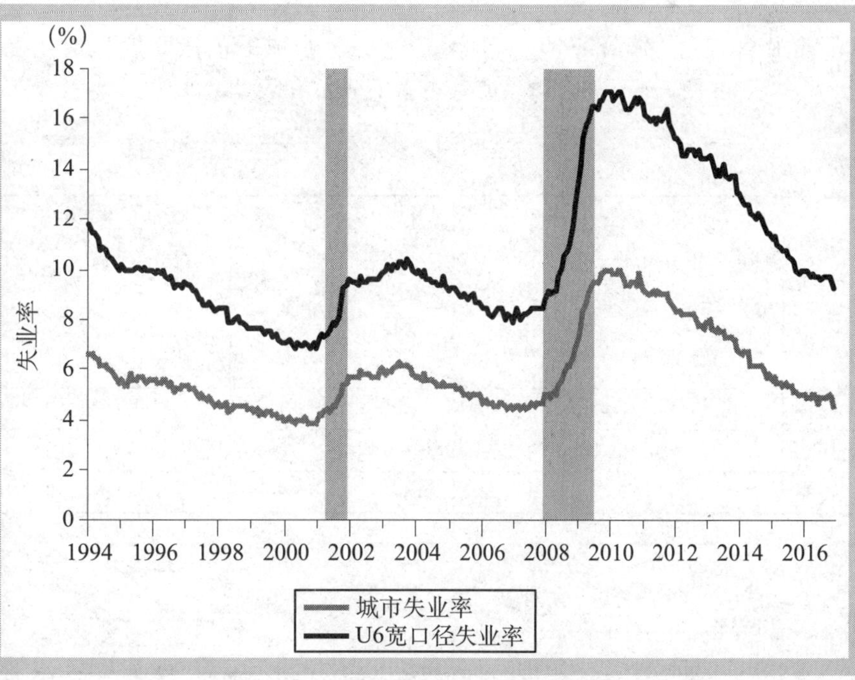

图 21－5　失业的平均持续期

资料来源：Federal Reserve Economic Database［FRED］.

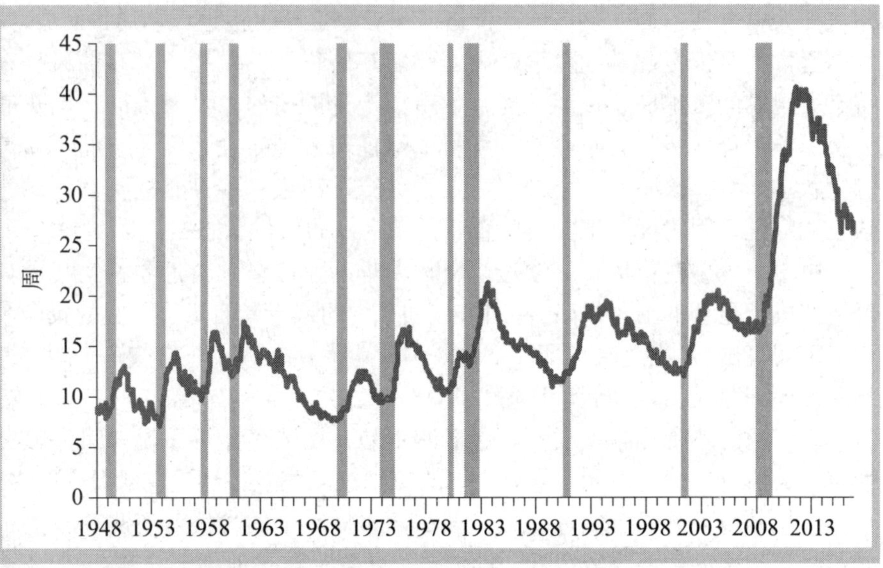

联储和其他主要中央银行的快速应对，以及随后美国和其他国家财政当局强有力的应对措施，避免了非常糟糕的形势演变成经济崩溃。

将来我们还会发生类似的泡沫-破灭周期吗？大衰退的教训足够深刻，人们在近期可能会更加小心谨慎。但是，随着伤愈和记忆的消退，首先需要采取不同于以往的监管制度来改变引发泡沫的激励。是否需要改变仍需要进一步观察。

21—3　大萧条：事实

大萧条（Great Depression）形成了包括联储和现代宏观经济学在内的许多经济制度。① 有关大萧条的基本事实表示在表 21－1 中。

表 21－1　大萧条的经济统计

年份	GNP（1992 年 10 亿美元）(1)	$\frac{I}{GNP}$（%）(2)	G（1992 年 10 亿美元）(3)	失业率（%）(4)	CPI（1929 年＝100）(5)	商业票据利率（%）(6)	AAA 利率（%）(7)	股市指数* (8)	M1（1929 年＝100）(9)	充分就业盈余/Y*（%）** (10)
1929	938.1	17.8	121.9	3.2	100.0	5.9	4.7	83.1	100.0	－0.8
1930	850.2	13.5	133.0	8.7	97.4	3.6	4.6	67.2	96.2	－1.4
1931	784.9	9.0	137.7	15.9	88.7	2.6	4.6	43.6	89.4	－3.1

① 一个好的历史性看法，参见 J. Bradeford De Long，“Keynesianism，Pennsylvania Avenue Style：Some Economic Consequences of the Employment Act of 1946，” *Journal of Economic Perspectives*，Summer 1996。

续前表

年份	GNP（1992年10亿美元）(1)	$\frac{I}{GNP}$（%）(2)	G（1992年10亿美元）(3)	失业率（%）(4)	CPI（1929年=100）(5)	商业票据利率（%）(6)	AAA利率（%）(7)	股市指数*(8)	M1（1929年=100）(9)	充分就业盈余/Y^*（%）**(10)
1932	676.1	3.5	131.2	23.6	79.7	2.7	5.0	22.1	78.0	−0.9
1933	662.1	3.8	127.6	24.9	75.4	1.7	4.5	28.6	73.5	1.6
1934	713.7	5.5	145.2	21.7	78.0	1.0	4.0	31.4	81.4	0.2
1935	777.4	9.2	148.5	20.1	80.1	0.8	3.6	33.9	96.6	−0.1
1936	882.7	10.9	174.4	16.9	80.9	0.8	3.2	49.4	110.6	−1.1
1937	923.5	12.8	167.8	14.3	83.3	0.9	3.3	49.2	114.8	1.8
1938	885.7	8.1	182.7	19.0	82.3	0.8	3.2	36.7	115.9	0.6
1939	953.0	10.5	190.2	17.2	81.0	0.6	3.0	38.5	127.3	−0.1

*股市指数是标准普尔综合指数，它包括500种股票，1929年9月=100。

** Y^* 指充分就业的产出。

资料来源：Cols. 1，2，3：U. S. Department of Commerce，*The National Income and Product Accounts of the United States*，*1929—1974*. Col. 4：Revised Bureau of Labor Statistics data taken from Michael Darby，"Three-and-a-Half Million U. S. Employees Have Been Mislaid：Or，an Explanation of Unemployment，1934—1941，" *Journal of Political Economy*，February 1976. Cols. 5，6，7：*Economic Report of the President*，1957. Col. 8：Standard & Poor's Statistical Service，*Security Price Index Record*，1978. Col. 9：Milton Friedman and Anna J. Schwartz，*A Monetary History of the United States*，*1867—1960*（Princeton，NJ：Princeton University Press，1963），table A1，col. 7. Col. 10：E. Cary Brown，"Fiscal Policy in the Thirties：A Reappraisal，" *American Economic Review*，December 1956，table 1，cols. 3，5，and 19.

大萧条中的最著名事件是股票市场的崩溃。在1929年9月到1932年6月期间，股市暴跌85%。这意味着在股市高峰时价值1 000美元的股票，在1932年股市的谷底时仅值150美元。大萧条和股市崩溃通常被认为几乎是一回事。实际上，在股市崩溃之前，经济下降开始于1929年8月，并且持续下降到1933年。

在1929—1933年，GNP下降将近30%，失业率从3%上升到25%。直到1931年初，经济遭受着一场十分严重的萧条，但并未超出19世纪的经验范围。① 从1931年初到富兰克林·罗斯福（Franklin Roosevelt）当选总统的1933年3月期间，萧条加剧了。此外，大萧条因为其所带来的大量失业而为人们所牢记。从1931年到1940年的10年期间，失业率平均是18.8%，其范围从1937年的14.3%到1933年的24.9%之间。② 与此

① 经典性著作参见 Milton Friedman and Anna J. Schwartz，*A Monetary History of the United States*，*1867—1960*（Princeton，NJ：Princeton University Press，1963）。该书给出了关于大萧条的非常详尽的解释，并且将大萧条与其他经济衰退进行了比较，强调了联储的作用。

② Michael Darby，"Three-and-a-Half Million U. S. Employees Have Been Mislaid：Or，an Explanation of Unemployment，1934—1941，" *Journal of Economic Review*，February 1976。达比（Darby）认为，1933年以后的失业一直被错误地测量了，因为以联邦工作救援项目为基础的测量，是按照已经失业的人数进行的。对数据进行个别调整之后，失业率便从1933年的20.6%迅速地下降到1936年的不到10%。这方面的情况还可以参见 Thomas Mayer，"Money and the Great Depression：A Critique of Professor Temin's Thesis，" *Explorations in Economic History*，April 1978，and Karl Brunner（ed.），*The Great Depression Revisited*（Boston：Martinus Nijhoff，1981）。

相比，第二次世界大战之后的高失业率出现在 1982 年，还不到 11%。

在大萧条中，投资暴跌。1931—1935 年，净投资实际上是负的。1929—1933 年，消费价格指数下降了近 25%。

在 1933—1937 年的复苏中，实际 GNP 达到近 9%的快速年增长率。即便如此，也没有使失业率降至正常水平。后来，1937—1938 年发生了大萧条中的一次重要衰退，使失业率重新提高到将近 20%。在 20 世纪 30 年代后半期，像商业票据利率那样的短期利率接近于零。

经济政策

这段时期的经济政策是什么呢？1929—1930 年，货币存量已经下降了近 4%，在 1931 年和 1932 年，货币存量继续迅速下降，直到 1933 年 4 月底。

货币存量的减少，部分原因是大量银行的倒闭。因为银行没有满足客户提取现金需要的准备金。[①] 在银行倒闭中，它们毁掉了存款，因此减少了货币存量。因为倒闭造成了存款人信心的丧失，因而提高了合意的通货-存款比率，银行倒闭进一步减少了货币存量。此外，尚未倒闭的银行则增加了它们相对于存款的准备金持有量，以应付挤兑的可能性。通货-存款比率和准备金-存款比率的提高，降低了货币乘数，因而急剧地收缩了货币存量。

联储采取了很少的措施来抵消货币供给的减少。在 1932 年的几个月里，联储确实在施行着一项公开市场购买的行动方案。不过，它似乎默许银行倒闭，而且确实没有采取积极有力的行动来防止金融系统的崩溃。[②]

财政政策也是无力的。那时政治家的天生动机是平衡困境中的预算，而且在 1932 年的竞选中，双方的主要总统竞选人也是以平衡预算为纲领。实际上，如表 21-2 所表明的，特别是在那段时期，联邦政府发生了大量赤字。1931—1933 年，预算赤字平均占 GNP 的 2.6%，后来甚至进一步扩大了。(作为 GNP 百分比的这些赤字，仍低于 20 世纪 90 年代初作为 GNP 百分比的赤字。) 但是，特别是在 1932 年和 1933 年，对于州政府和地方政府而言，与联邦政府相同，预算平衡的信念不仅是口头上的，而且在行动上提高税收来弥补它们的支出。罗斯福总统试图严格平衡预算——他不是凯恩斯主义者。充分就业盈余表明，财政政策（州、地方和联邦政府放在一起）在 1931 年是强烈扩张的，从 1932 年到 1934 年则回到更为紧缩的水平。实际上，充分就业盈余在 1933 年和 1934 年是正的，尽管事实上是赤字。当然，充分就业盈余的概念在 20 世纪 30 年代还没有创造出来。

在 1933—1937 年，经济处于积极复苏时期，财政政策更为扩张，而货币存量则迅速增长。货币存量的增长是以欧洲黄金的流入为基础的。这为货币体系提供了高能货币。正是在 20 世纪 30 年代，联储获得了它当前持有的黄金。

① 我们在第 17 章中已经讨论过银行挤兑问题。

② 弗里德曼和施瓦茨（*A Monetary History*）推测了联储未能采取行动的原因；他们的书中第 407～419 页对于到底是谁没有采取上述行动的分析，非常引人入胜。

表 21－2　1929—1939 年政府支出和收入

＊政府总体包括联邦、州和地方政府。

†Y^* 指潜在的产出。

资料来源：Cols. 1，2，3，4：*Economic Report of the President*，1972，tables B1 and B70. Col. 5：Brown，E. Cary. "Fiscal Policy in the Thirties：A Reappraisal，" *American Economic Review*，December 1956，table 1，cols. 3，5，and 19.

	政府总体＊		联邦政府		
	(1)	(2)	(3)	(4)	(5)
年份	支出/GNP	实际盈余/GNP	支出/GNP	实际盈余/GNP	政府总体＊：充分就业盈余/$Y^{*\dagger}$
1929	10.0	1.0	2.5	1.2	－0.8
1930	12.3	－0.3	3.1	0.3	－1.4
1931	16.4	－3.8	5.5	－2.8	－3.1
1932	18.3	－3.1	5.5	－2.6	－0.9
1933	19.2	－2.5	7.2	－2.3	1.6
1934	19.8	－3.7	9.8	－4.4	0.2
1935	18.6	－2.8	9.0	－3.6	－0.1
1936	19.5	－3.8	10.5	－4.4	－1.1
1937	16.6	0.3	8.2	0.4	1.8
1938	19.8	－2.1	10.2	－2.5	0.6
1939	19.4	－2.4	9.8	－2.4	－0.1

［资料 21－1］ *历史故事*

黑色星期二和黑色星期一

1929 年 10 月 29 日，星期二，美国纽约股票市场崩溃了，道琼斯指数平均下跌了 12%。"大崩盘"牢牢占据着人们的思想，就像大萧条所发生的情况一样。

1987 年 10 月 19 日，星期一的崩盘，按照股票市场的标准看要更为严重。那天，道琼斯指数下跌了 22.6%。第二天，全球股票市场也急剧下跌。不过，那些也许了解历史的人们幸运地没有重蹈覆辙。1987 年，联储和其他中央银行立即行动，承诺为了阻止恐慌，如果有必要将以无限制的流动性向市场输血。(联储允许联邦基金利率中的隔夜拆借利率大幅度下调，从 19 日的 7.56%下调到 20 日的 6.87%，随后又下调到 21 日的 6.50%。)几天抛售之后，投资者和普通群众重获信心，股票市场和经济也继续繁荣（见图 1）。

图 1　1987 年 9 月和 10 月的道琼斯工业平均指数和联邦基金利率

资料来源：Datastream International.

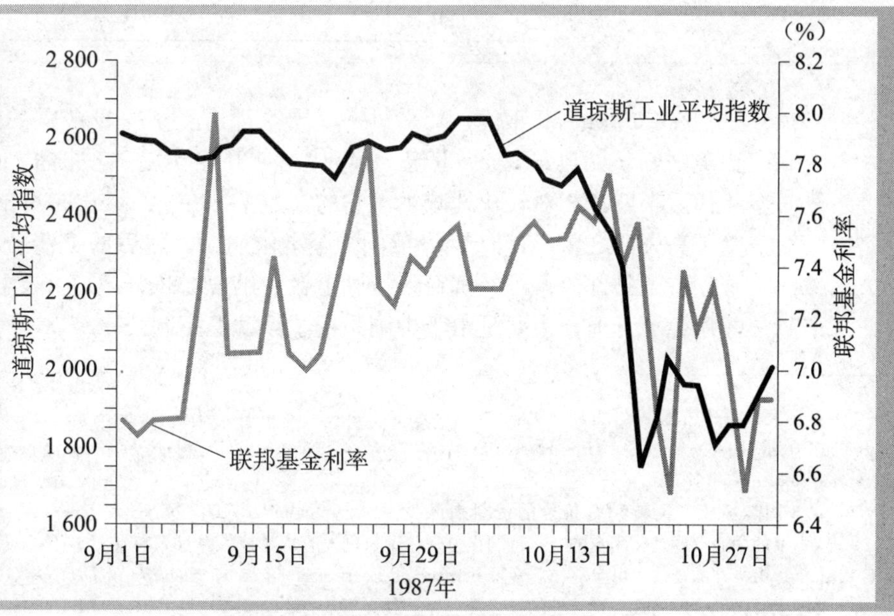

制度变化

1933—1937 年期间，从罗斯福政府可以看出立法和行政的实质性变化——**新政**（New Deal）。联储认识到，联邦存款保险公司（FDIC）的建立保证了存款的安全并对银行进行监督。大量管理机构得以建立，最著名的是管理证券业的证券交易委员会（Securities and Exchange Commission，SEC），其目的是防止对股票市场崩溃做出激烈反应的过度投机。

为给无储蓄存款可依靠的老年人提供最低生活保障，社会保障机构得以建立。到 20 世纪 90 年代中期，这种社会福利支付已经是联邦预算中最大的单笔支出项目。罗斯福政府也相信复苏之路要依靠提高工资和价格，所以，它通过**国家振兴委员会**（National Recovery Administration）鼓励贸易联合，以及企业提价和维持固定价格的方案。

国际方面

大萧条实际上是世界范围的。从某种程度上说，这是国际金融系统崩溃的结果。① 它也是许多国家（包括美国在内）互相采用高关税政策的产物。高关税政策的目的在于，通过排斥国外商品来保护国内生产者。

这些政策被称为“以邻为壑”战略（参见第 13 章）。因为它们试图通过改善一国的贸易地位来“输出”失业，并且提高它的贸易伙伴对其产品的需求。所以，如果每一个国家都排斥外国商品，世界贸易量当然就会下降，从而对世界经济造成紧缩性的影响。表 21 - 3 证实了世界生产与世界贸易的下降。

表 21 - 3　1929—1935 年世界产出和贸易（1929 年＝100）

资料来源：League of Nations，*World Economic Survey*，*1935/36*.

	1929	1932	1933	1935
产品	100	69	78	95
贸易				
数量	100	75	76	82
价格	100	53	47	42

在 20 世纪 30 年代，几乎每一个国家都遭受了一场严重的衰退，但是有些国家做得比美国好。瑞典早在 20 世纪 30 年代初就开始实施一项扩张性政策，并且在 20 世纪 30 年代后半期，相对较快地减少了它的失业率。在 20 世纪 20 年代和 30 年代，英国经济遭受了高失业之苦。1931 年，英国的金本位崩溃，随后的英镑贬值至少在一定程度上为改善创造了条件。德国经济在希特勒上台后迅速增长，政府开支扩张。中国在 1931 年以后才避免了衰退，主要是由于中国采用了浮动汇率制。②

① 强调大萧条这方面问题的资料见：Charles Kindleberger，*The World in Depression*，*1929—1939*（Berkeley：University of California Press，1986）；and Gottfried Harberler，*The World Economy*，*Money and the Great Depression*（Washington，DC：American Enterprise Institute，1976）。

② 关于国际经验方面特别有价值的资料来源见：Barry Eichengreen，*Golden Fetters*（New York：Oxford University Press，1992）。这本书的中心议题是，固定的金本位制强迫一些国家进入通货紧缩，并且只有在黄金不再被用做货币以后，经济才开始复苏。对于 1931 年货币标准的贬值也可参见 Alec Cairncross and Barry Eichengreen，*Sterling in Decline*（Oxford，England：Basil Blackwell，1983）。关于大萧条的完整的很有可读性的描述及世界上对大萧条的政策反应可见 Carmen M. Reinhart and Vincent R. Reinhart，“When the North Last Headed South：Revisiting the 1930s，” *Brookings Papers on Economic Activity*，Fall 2009。

1939年美国的实际GNP在10年里第一次超过1929年的水平。但是直到1942年，美国正式参加第二次世界大战之后，失业率才最终降到5%之下。

21—4 大萧条：问题与构想

大萧条是西方世界经历过的最严重的经济危机。与20世纪90年代形成对照的是，在20世纪30年代处于繁荣之中的是苏联经济，而西方经济似乎正在崩溃。因此，究竟是什么引起了大萧条，它是否可以避免以及是否会再次发生等问题，都必须认真对待。

当时的古典经济学没有完善的理论可以用来解释持续的失业，也没有解决问题的任何政策处方。事实上，当时许多经济学家曾经建议政府增加支出作为降低失业的方法，但是他们没有宏观经济理论来证明其建议的正确性。

在英国于20世纪20年代遭受了持续10年的两位数字的失业之苦，而美国深深陷入萧条之后，凯恩斯在20世纪30年代写出了他的著作《就业、利息和货币通论》(*The General Theory of Employment*, *Interest and Money*)。他充分意识到了问题的严重性。正如希伯来大学已故的唐·帕廷金（Don Patinkin）所说的那样：

> ……这是一个恐惧和黑暗的时期，当西方世界与它所知道的最严重的萧条作斗争时……存在着一个明确的感觉：试图对大量失业现象做出科学解释的人，不仅在智力上做出了贡献，而且解决了危及西方文明存在的关键问题。[①]

凯恩斯理论解释了已经发生了的大萧条、本来可以做些什么来阻止这场大萧条以及可以做些什么来防止未来的萧条。在这个被称为**凯恩斯革命**（Keynesian revolution）的过程中，这些解释不久就被大多数宏观经济学家接受了，尽管在20世纪60年代以前的美国，凯恩斯革命对经济政策的制定并没有产生太大的影响。

凯恩斯主义的解释

凯恩斯对大萧条的解释的本质，包含在简单的总需求模型中。从这种观点看，20世纪20年代的增长以汽车和收音机的大量生产为基础，受到住房热的推动。20世纪30年代增长的崩溃是投资机会的枯竭和投资需求下降的结果，如表21-1所表明的，投资的崩溃与这种解释相符合。一些研究者也认为，在20世纪30年代，消费函数向下移动了。[②] 1931—1933年充分就业盈余的反常行为反映出蹩脚的财政政策特别要因为它导致萧条更为严重而应受到谴责。

人们广泛地相信，大萧条的经验显示了私人经济具有内在的不稳定性，如果放任不管，经济会毫无疑问地在运行中陷入萧条。20世纪30年代的经验或明显或隐晦，都会成为一种信念的基础。这个信念就是，需要一项积极的稳定政策以维持良好的经济运行。

---

① Don Patinkin, "The Process of Writing *The General Theory*: A Critical Survey," in Don Patinkin and J. Clark Leith (eds.), *Keyens, Cambridge and the General Theory* (Toronto: University of Toronto Press, 1978), p. 3. 凯恩斯的传记参见：D. E. Moggridge, *John Maynard Keynes* (New York: Macmillan, 1990)。

② Peter Temin, *Did Monetary Forces Cause the Great Depression*? (New York: Norton, 1976).

凯恩斯模型不仅对已经发生的大萧条情况给出了解释，而且提供了本来能够用以阻止大萧条发生，以及用来阻止未来萧条发生的政策措施。积极运用的反经济周期的财政政策，是减少周期性波动优先选用的方法。如果衰退显示出要恶化成萧条的迹象，对策便是减少税收和增加政府支出。这些政策也会阻止萧条，使经济不致陷入那么严重的境地。

在大萧条中，货币因素发挥了什么作用？在 20 世纪 30 年代，联储认为，它几乎无法采取行动来防止大萧条，因为利率已经低到它可能达到的最低程度。各种类似“牛不喝水强按头”的说法常被用来解释如果没有投资需求，进一步削减利率不会产生任何影响。投资需求被认为对利率根本没有影响，这暗示了一条很陡的 *IS* 曲线。同时，*LM* 曲线则被认为是十分平缓的，虽然并不必然达到流动性陷阱的极端。但在这种情况下，货币扩张在刺激需求和产出方面相对说来几乎不起作用。

第 11 章所述的 *IS-LM* 模型并没有说明在稳定经济方面财政政策比货币政策更为有用。但是，一直到 20 世纪 50 年代，凯恩斯主义者的确倾向于强调财政政策，而不是强调货币政策。

货币主义的挑战

凯恩斯主义者对财政政策的强调和对货币作用的忽视，在 20 世纪 50 年代受到了米尔顿·弗里德曼及其同事的挑战。[①] 他们强调货币政策在决定产出行为和价格行为中的作用。

但是，如果要对货币政策委以重任，那就必定要排除以下看法，即货币政策在大萧条中曾被试用过，但是失败了。换句话说，“牛不喝水强按头”的观点要受到挑战。

货币政策在 20 世纪 30 年代不起作用的观点在 1963 年受到了弗里德曼和施瓦茨在其《货币史》(*A Monetary History*) 一书中的抨击。他们争辩说，大萧条并没有显示出货币政策无关紧要，“对于货币因素的重要性而言，大萧条实际上是一种悲剧性的鉴定”[②]。他们以高超的技巧和独特的风格，论述了联储防止银行破产的失败，以及从 1930 年底至 1933 年货币存量的下降，都应对衰退达到那么严重的程度负主要责任。反过来，货币观点几乎被接受为对大萧条的正统解释了。[③]

综合

凯恩斯主义者与货币主义者对大萧条的解释都符合现实，对为什么会发生大萧条和怎样阻止大萧条再次发生这些问题，两者都提供了答案。不管是不适当的财政政策，还是不适当的货币政策，都使得大萧条更加严重。如果能够实施迅速而强有力的扩张性货币政策和财政政策，经济就只是遭受一场衰退而不是创伤。

现在普遍一致的意见是，除非政策确有失误，否则大萧条不会再次发生。现在同当

① 详情参见 Milton Friedman (ed.), *Studies in the Quantity Theory of Money* (Chicago: University of Chicago Press, 1956)。

② Friedman and Schwartz, *A Monetary History*, p. 300.

③ Ben Bernanke, “Nonmonetary Effects of the Financial Crisis in the Propagation of the Great Depression,” *American Economic Review*, June 1983，以货币观点探讨了这个问题，认为金融体系的毁坏造成了借款者获取投资所需资金的困难。不过，这种观点与认为联储应在 1930—1931 年间为缓解大萧条而实行更为果断的货币政策的观点并无矛盾。

时相比，可能性较小。一个原因是历史可以帮助我们避免重蹈覆辙。在萧条时期，税收不会增加，也不再试图平衡预算。联储将积极地防止货币供给下降，并且不允许银行破产造成货币存量的减少。[1] 此外，现在的政府在经济中的作用比过去大得多，包括所得税和失业保险在内的自动稳定器，降低了货币乘数的规模，从而降低了需求冲击对产出的影响。

［资料 21－2］ *历史故事*

联储主席本·伯南克在米尔顿·弗里德曼 90 岁生日聚会上的讲话

我要对米尔顿［·弗里德曼］和安娜［·施瓦茨］说：关于大萧条，你们是对的，我们也是这么做的。我们非常遗憾。但还是要感谢你们，因为我们将再次面对萧条。

资料来源：时任联储主席本·伯南克在芝加哥大学庆祝米尔顿·弗里德曼 90 岁生日的会议上所做的评论，Chicago，Illinois，November 8，2002。

我们再次引用罗伯特·卢卡斯在美国经济学会的主席致辞：

> 宏观经济学作为一门显学诞生于 20 世纪 40 年代，是智慧应对大萧条的一部分。之后宏观经济学是指我们希望用来防止经济危机再次发生的专业知识和技能体系。今天演讲的主题是宏观经济学在本义上已经成功了。[2]

正如我们所认为的，如果凯恩斯主义者和货币主义者对大萧条的解释没有内在的矛盾，为什么在大萧条的成因上存在争论呢？原因在于，20 世纪 30 年代被看成是为大规模政府干预经济创造条件的时期。反对政府积极作用的人必须对 20 世纪 30 年代的经济崩溃进行辩解。如果大萧条出现的原因在政府（特别是联储），尽管并非其本意，政府在稳定经济中具有积极作用的理由就缺乏说服力了。进一步说，如果 20 世纪 30 年代是经济以这样一种极端方式运行的时期，那么竞争理论就不得不受到是否能够解释这个时期的检验。

大萧条早在很久之前就已结束。它还存在影响吗？我们认为还有影响。准确地说，经济学家和政策制定者已经从历史中吸取了教训。当大衰退来袭时，联储遵循伯南克对米尔顿·弗里德曼的承诺，全力以赴刺激经济。奥巴马政府和国会同时采取增加支出和削减税收的量化宽松政策。大衰退非常糟糕，但是通过明智而积极的政策，我们有效地避免了大萧条的灾难。

本章提要

1. 20 世纪末和 21 世纪初是美国大稳健发展时期，经济周期似乎得到了有效抑制，通货膨胀处于较低水平。

2. 2007—2009 年的大衰退彻底结束了大稳健时代，这是几十年来最坏的经济衰退，而且复苏缓慢。

---

① 参见资料 12－1 中美联储主席本·伯南克的论述。

② Lucas，“Macroeconomic Priorities.”

3. 大萧条形成了现代宏观经济学和许多经济制度。极高的失业率和漫长的大萧条表明，市场经济是不稳定的，需要政府干预来保持高就业水平。

4. 凯恩斯主义经济学的成功在于，它似乎解释了大萧条的原因——投资需求的崩溃——并且指出，扩张性财政政策可以作为防止未来萧条的手段。

关键术语

大萧条	大衰退	新政
大稳健	凯恩斯革命	

习题

概念题

1. a. "凯恩斯主义者"认为是什么造成了大萧条？

b. "货币主义者"认为是什么造成了大萧条？

c. 这些解释是相互矛盾的吗？

d. 为什么宏观经济学家对解释大萧条的成因如此感兴趣？

2. 大衰退时期失业的平均持续期发生了什么变化？

3. 在大萧条时期，"以邻为壑"战略的内容和影响是什么？

技术题

1. 大衰退具有长期失业率空前上升的特征。为了考察其显著性，我们考虑以下两种假设衰退的收入损失情况：

● 在衰退A中，失业率上升到25%，平均失业期为20周或5个月；

● 在衰退B中，失业率最高仅为15%，但是平均失业期为40周或10个月。

如果平均薪水是每月2 000美元，劳动人数是150万人，在每个衰退中收入损失是多少？

2. 有一种说法认为如果大萧条在1931年被有效制止，那么它将成为比较严重的衰退，也不会产生那样严重的灾难。

a. 从表21-1中计算1929—1931年GNP下降的变化率。

b. 该变化率与1990—1991年实际GDP下降的变化率相比如何？

c. 你同意本题第一句话的内容吗？请解释。

操作题

1. 尽管大衰退非常糟糕，但还是不如大萧条糟糕。我们通过考察实际GDP来证实这一点。

a. 登录网站 http://fred.stlouisfed.org，并点击"Category"，在"National Income & Product Accounts"下选择"GDP/GNP"。找到并下载从1929年开始的年度实际GDP数据。

b. 计算GDP的年度变化率并作图。

c. 现在计算每年GDP的变化率并作图。

d. 计算两个时间段（1930—1933年和2008—2009年）总的GDP损失以及GDP损失百分比。哪一个看起来损失更严重，大萧条还是大衰退？

2. 大衰退对人口的一些亚群体影响更大吗？

a. 登录网站 www.bls.gov/data/# unemployment，在"Labor Force Statistics"下点击"Top Picks"。下载以下6个群体在2007—2013年的失业率数据：20岁以上男性，20岁以上女性，25岁以上没有高中毕业证书的白人、黑人和非洲裔美国人，以及25岁以上具有大学以上学历的人。

b. 制作三张图比较以下失业率情况：(1) 女人和男人；(2) 白人和黑人；(3) 受过大学教育的人和高中辍学者。

c. 如果有，在大衰退中哪个群体的情况更糟糕？

22 通货膨胀与恶性通货膨胀

本章要点

- 在高通货膨胀时期，货币与通货膨胀是紧密相连的。
- 在一般情况下，货币与通货膨胀的关系松散。
- 在通常情况以及恶性通货膨胀末期，政府政策的信誉对决定降低通货膨胀的成本具有重要作用。
- 较大的财政赤字通常推动扩张性货币创造，从而导致恶性通货膨胀。

恶性通货膨胀是指通货膨胀处于极端情况，价格上升过快导致支付系统受到破坏而近于瘫痪。简单来说，恶性通货膨胀易于理解，即印制了太多的货币。向外移动的总需求曲线主导了宏观经济模型中的所有其他变化。从更深层次来说，我们要问为什么政府会印制如此多的货币来制造恶性通货膨胀。大部分时候，答案是政府用新印制的货币偿付政府支出。相反，在通常情况下货币与通货膨胀的关系非常松散。我们首先考察货币与通货膨胀在正常时期的关系，为下一步研究恶性通货膨胀打好基础。最后，我们考察美国政府赤字与货币增长之间的联系。

22—1 常规经济周期中的货币与通货膨胀

有些人认为，货币增长和通货膨胀是以一种思路非常简单的方式紧密传递着。当货币增长在解释通货膨胀中非常重要时，就有了更多的话题。至少在通常情况下具有更多的话题。这是关于本节内容的一个信息。在本章的最后，我们考察恶性通货膨胀——在那里，货币增长就是支配性角色。

我们对货币需求和长期总供给曲线的研究，表明了下列观点：

● 在长期进行了所有的调整之后，货币增长率的持续上升将导致通货膨胀率相同幅度的提高。在长期，通货膨胀率等于对按实际收入的增长趋势做出调整后的货币增长率。

● 货币的持续增加对产出水平没有长期影响，在通货膨胀与产出之间也没有长期的权衡替代关系。

这同货币主义者关于通货膨胀是由长期内的货币增长引起的这一看法相一致。[①] 但是，随着人们将眼光从长期中是货币存量的扰动（例如供给冲击）而不是变化影响着通货膨胀这一观点移开，在短期，货币存量的变化具有实际的影响。

在检验通货膨胀与货币增长之间的联系时，运用**货币数量论**（quantity theory of money）是很方便的。应该记住，货币数量论将名义收入水平（PY）、货币存量（M）及货币流通速度（V）三者结合在一起：

$$MV=PY \tag{1}$$

回想一下，**货币流通速度**（velocity of money）是每年的货币存量在提供资金购买该经济的产出时的周转次数。

也可以根据方程（1）中四项变量各自变化的百分比将数量方程表示如下：

$$m+v=\pi+y \tag{2}$$

将方程移项，把通货膨胀率放在方程左边，则得到核心结论：

$$\pi=m-y+v \tag{3}$$

其中，m 是货币增长率，v 是货币流通速度的变化率，π 是通货膨胀率，y 是产出增长率。

方程（3）可以用来解释通货膨胀的来源，也就是说，它的哪一部分归因于货币流通速度的变化，哪一部分归因于货币增长或产出增长的变化。货币主义者声称通货膨胀主要是货币现象，这意味着货币流通速度和产出的变化很小。

现在我们转向实证数据。图 22－1 表示了美国 M2 的年增长和以 GDP 平减指数表示的年通货膨胀率情况。我们看到通货膨胀率和货币增长率大致是一起变动的，在 20 世纪 70 年代末以前，两者的趋势是向上的，20 世纪 80 年代到现在，两者的趋势有时向下。但这种关系是非常粗略的，增长线之间的大缺口可能持续好几年。正如方程（3）所表示的那样，这意味着产出增长的变化与（或者）流通速度的改变都影响通货膨胀。

在表 22－1 中，我们考察在长期中特别是在几十年间的货币增长和通货膨胀之间的联系，也对产出的增长进行了调整。正如方程（3）所暗示的那样，是从货币增长率中减去产出增长率进行调整。[②]

图 22－1　1960—2016 年货币增长率与通货膨胀率

货币增长率是基于 M2，通货膨胀率是基于 GDP 平减指数。

资料来源：Federal Reserve Economic Data [FRED].

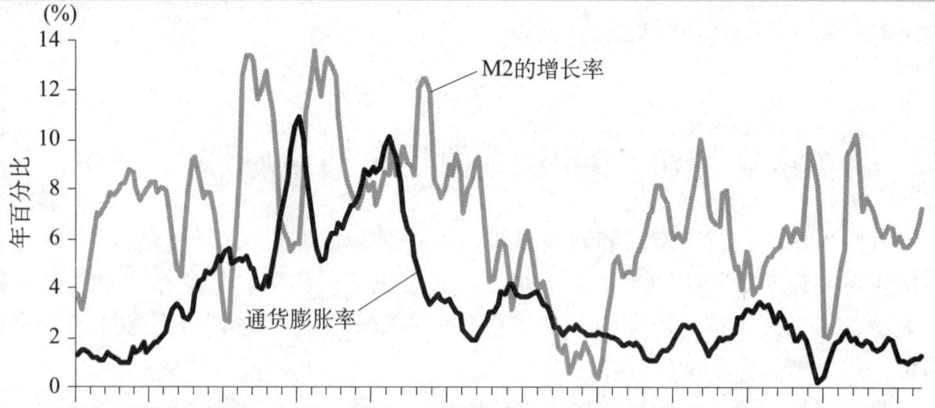

① 参见，例如，Milton Friedman，"Monetarism in Rhetoric and Practice，" Bank of Japan *Monetary and Economic Studies*，October 1983。

② 在对产出增长进行这种调整的时候，我们假定货币流通速度并不与收入系统相关。这意味着我们假定货币需求的单位收入弹性（参见第 16 章）。一般而言，通货膨胀率等于货币增长率减去货币需求的收入弹性与产出增长率之积。

表 22-1 货币、通货膨胀和产出增长

*以 GDP 平减指数为基础。

资料来源：Federal Reserve Economic Data [FRED] 以及作者的估算。

(%)

	M1	M2	GDP 增速	M2—GDP 增速	通货膨胀率*
1960—1969	3.7	7.0	4.5	2.6	2.3
1970—1979	6.4	9.5	3.4	6.1	6.5
1980—1989	7.8	7.9	3.2	4.7	4.7
1990—1999	3.6	4.0	3.4	0.6	2.2
2000—2009	4.1	6.4	1.7	4.7	2.3
2010—2016	10.3	6.3	2.1	4.2	1.6
1960—2016	5.7	6.9	3.1	3.8	3.4

在表 22-1 中，通货膨胀与 M2 的增长率紧密相关。① 例如，在 20 世纪 60 年代，货币增长率减去实际产出增长率后为 2.6%，与同期的实际平均通货膨胀率 2.3%相差不大。同样，在 20 世纪 70 年代，按方程（3）预测的通货膨胀率为 6.1%，而实际通货膨胀率为 6.5%。20 世纪 80 年代的预测也同样接近，预测的通货膨胀率和实际通货膨胀率都是 4.7%。但是，自 20 世纪 90 年代起，M2 与通货膨胀率的关系似乎就不存在了。

在大衰退时期，货币增速与通货膨胀几乎不相关。当货币增速非常高时，通货膨胀率也保持在低水平，原因是经济处于非常低迷的状态。图 22-2 显示了大衰退时期 M1、M2 的年增长率及通货膨胀率情况。

货币增长和通货膨胀之间的关系对于 M1 来说非常松散。这是 M1 的货币需求不稳定的反应，尤其是在 20 世纪 80 年代。要想获得货币增长和通货膨胀之间的稳定关系，需要一个稳定的实际货币需求，或同样稳定的货币流通速度。

图 22-2 M1 和 M2 的年增长率与通货膨胀率

资料来源：Federal Reserve Economic Data [FRED].

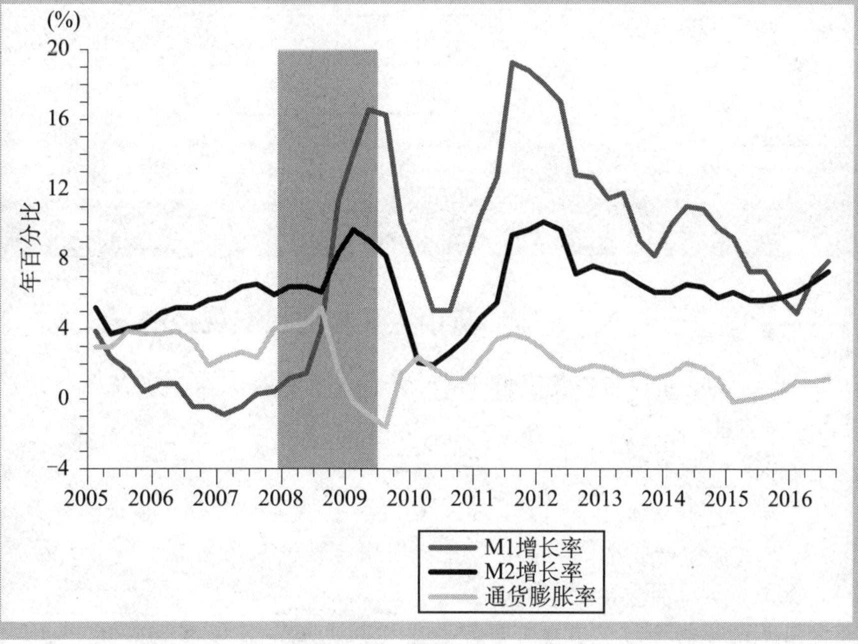

① 在第 16 章，我们发现实际货币余额需求（M2）的长期收入弹性大约为 1。如果货币流通速度与收入增长无关，那么 M2 与通货膨胀的长期关系应该大致为 1∶1。

历史趋势和国际趋势

在美国，M2 与通货膨胀的联系并不都像 1970—1995 年间那样紧密。在本章最后的习题中，我们提供了 1870—2009 年每个 10 年间的平均数据，要求你分析这段时期的货币-通货膨胀联系。显然存在一些例外，例如，在 19 世纪 90 年代，当货币增长（已根据实际收入增长进行了调整）很高时，价格却在下降。

表 22 - 2 中显示的国际数据表明了与美国数据相同的印象：一般而言，更高的货币增长率（根据产出增长进行了调整）与更高的通货膨胀率相联系，但这种关系不是 1∶1。对于一些国家，例如英国，通货膨胀率远远低于“预测”率（货币增长率与产出增长率之差），但对另外一些国家，如意大利，情况则正好相反。再次强调，货币与通货膨胀的关系并不那么精确的原因在于货币需求的变动，还可以由金融上的放松管制、影响货币流通速度的利率变化，以及货币需求的收入弹性不为 1 等诸多原因引起。①

表 22 - 2　1960—2011 年国际视角的货币和通货膨胀

（年百分比，%）

	货币增长率*	产出增长率	预测通货膨胀率	实际通货膨胀率
加拿大**	9.4	3.5	5.9	4.2
法国***	5.9	2.1	3.7	5.3
意大利***	11.8	2.6	9.2	9.6
日本	10.5	4.1	6.4	3.4
英国	11.4	2.4	9.0	5.8
美国	7.7	3.1	4.6	4.0

* M1 加准货币。

** 仅有 1960—2008 年数据，之后宽口径货币总量数据无法得到。

*** 仅有 1978—1998 年数据，之前或之后的宽口径货币总量数据无法得到。

资料来源：IMF，*International Financial Statistics*，2011.

[专栏 22 - 1]　我们还知道什么？

货币主义与现代宏观经济学

在 20 世纪 60 年代初，货币主义者开始对自大萧条以来一直统治经济学界的凯恩斯主义宏观经济学提出了有力的挑战。许多一流经济学家，尤其是诺贝尔经济学奖获得者米尔顿·弗里德曼*，都提出了货币主义的基本观点，即对宏观经济学而言，货币非常重要。

40 年后，最初与货币主义联系在一起的许多见解和主张，已成为一致认同的宏观经济学的核心组成部分，但其他的一些见解仍存在争议。它们与讨论它们的各章一并列在下面。

1. **货币**。货币至关重要（本章）。

2. **货币增长规则**。货币政策最好按照规则办事（即货币应以一个固定比率增长），而不是根据实

① 货币总量的定义在各国之间实际上是不同的。在表 22 - 2 中“货币”一词描述了与美国的 M2 相对应的最接近的总量。

际情况进行相机抉择（第 18 章）。

3. **货币目标**。在货币政策的执行中设定货币目标要比设定利率目标更好（第 18 章）。

4. **长的和可变的时滞**。货币政策对经济的影响存在长的和可变的时滞（第 18 章）。

还有其他两个应该注意的货币主义者的主张：

5. **私人部门的内在稳定性**。货币主义者认为，私人部门是内在稳定的，而经济的大部分扰动都是由错误的政策引起的。他们相信政府规模小一些比大一些更好，相信政府有内在增长倾向（其中的一些论题在本章中讨论）。

6. **浮动汇率**。在 20 世纪 50 年代，米尔顿·弗里德曼是以下观点的杰出倡议者，即汇率应该是浮动的而不是固定的。尽管这种观点并不必然属于货币主义者（从它独立于货币这一论点的意义来说至关重要），但大多数货币主义者（与许多其他宏观经济学家一起）接受这一观点，认为汇率也是应该让市场自由确定的另一种价格形式，而政府则可能会把事情搞糟。实际上，越来越多的国家采用了浮动汇率制（第 23 章）。

对这些问题经济学界有什么意见？正像已故的诺贝尔经济学奖获得者弗兰科·莫迪利亚尼（Franco Modigliani）所说的，“我们现在都是货币主义者了。”在某种意义上，我们都相信，某种货币存量对经济有重大影响，持续的快速货币增长导致通货膨胀，通货膨胀不可能维持在低水平，除非货币增长率是低的。尽管对其他一些货币主义者的见解一般存在较多争议，但货币主义却已经毫无疑问地获得了最大成功。在 20 世纪 80 年代，许多国家都采纳了货币增长的目标，不过，事实证明成功是暂时的，因为采纳了货币增长目标的一些国家，由于货币需求的不稳定，已经放弃了这些目标。

* 对弗里德曼观点的最新阐释，见其新作 *Money Mischief*（New York：Harcourt Brace Jovanovich，1992）。著名的货币主义者中，有国民经济研究局的安娜·施瓦茨（Anna J. Schwartz）［她是弗里德曼的权威性著作 *A Monetary History of the United States*，*1867—1960*（Princeton，NJ：Princeton University Press，1963）及其他一些著作和论文的合著者］，以及罗切斯特大学已故的卡尔·布伦纳（Karl Brunner），卡内基-梅隆大学的艾伦·梅尔泽（Allan Melzer）和贝内特·麦克卡洛姆（Bennett McCallum），哥伦比亚大学的菲利普·卡甘（Phillip Cagan），加拿大西安大略大学的戴维·莱德勒（David Laidler）和迈克尔·帕金（Michael Parkin），圣路易斯联邦储备银行的威廉·普尔（William Poole），以及世界各地的许多一流经济学家。

小结：通货膨胀是货币现象吗？

对长期中通货膨胀是不是货币现象问题的回答，是肯定的。没有快速的货币供给增长，较大范围的通货膨胀就不可能发生。快速的货币增长将导致快速的通货膨胀。更进一步讲，任何决定性地保持低货币增长率的政策，都必定导致低的通货膨胀率。

22—2 恶性通货膨胀

尽管不存在将恶性通货膨胀（hyperinflation）与“高通货膨胀”相区分的通货膨胀率的准确规定，但是，一个实际使用中的定义是：当一国的年通货膨胀率达到每年1 000%时，一国就处于恶性通货膨胀了。[①] 表 22－3 显示了最近几年来极高的通货

① 当通货膨胀变得非常高时，它是按照每月的速率计算的，而不是每年的通货膨胀。当我们看到每月的通货膨胀率以及与其相对应的年通货膨胀率的时候，就会发现复利计算的力量。例如，一个每月 20%的通货膨胀，其复利速率可换算成年 791%的通货膨胀率。

膨胀经验。[1] 注意在 20 世纪 90 年代，许多拉丁美洲国家已经成功地把通货膨胀率稳定在非恶性通货膨胀的水平。与此相反，前苏联地区的几个国家却有很高的通货膨胀率。

在一个正经历恶性通货膨胀的经济中，通货膨胀是如此深入和普遍，以至这一问题完全主宰了日常经济生活。人们耗费了相当多的资源来使通货膨胀的损失降低到最小的程度。他们不得不经常购物，抢在每次价格上涨之前到商店买东西；他们在储蓄或投资时的主要考虑，就是在反通货膨胀中如何保护自己；他们将实际货币余额持有量减少到惊人的程度，以便逃避通货膨胀税，但补救方式必然是更频繁地（例如，每天或每小时，而不是每周）到银行取钱。工资要经常支付——在德国恶性通货膨胀结束时，一天要支付数次工资。

表 22-3 高通货膨胀的经验

资料来源：IMF, *International Financial Statistics*, 2006.

（年百分比，%）

拉丁美洲国家和以色列													
	1985	1986	1987	1988	1989	1990	1991	1992	1993	1994	1995	2000	2005
阿根廷	672	90	131	343	3 080	2 314	172	25	11	4	3	−1	10
玻利维亚	11 750	276	15	16	15	17	21	12	9	8	10	5	5
巴西	226	147	228	629	1 431	2 948	433	952	1 928	2 076	66	7	7
以色列	305	48	20	16	20	17	19	12	11	12	10	1	1
墨西哥	58	86	132	114	20	27	23	16	10	7	35	9	4
尼加拉瓜	219	681	912	10 205	4 770	7 485	2 945	24	20	7	11	12	9
秘鲁	163	78	86	667	3 390	7 482	410	74	49	24	11	4	2
前苏联国家													
	1993	1994	1995	1996	1997	1998	1999	2000	2001	2002	2003	2004	2005
白俄罗斯	1 190	2 221	709	53	64	73	294	169	61	43	28	18	10
立陶宛	410	72	40	25	9	5	1	1	1	0	−1	1	3
罗马尼亚	255	137	32	39	155	59	46	46	34	23	15	12	9
俄罗斯	875	308	197	48	15	28	86	21	21	16	14	11	13
乌克兰	4 735	891	377	80	16	11	23	28	12	1	5	9	14

似乎很难相信，这些国家能够在高达百分之几百或者更高的通货膨胀率下，在任何时间长度内维持下去。事实上，它们当然无法正常运转，而且由于经济陷入混乱，它们迟早都将稳定在一个很高的通货膨胀水平上。因而，以色列在 1985 年成功地实现了稳定，就像

① 恶性通货膨胀并不是一种现代的发明。在历史上就可以找出通货膨胀的极端情况。参见 Edwin Seligman，*Currency Inflation and Public Debts：A Historical Sketch*（New York：Equitable Trust Company，1921）。20 世纪 20 年代，奥地利、匈牙利、德国和波兰都存在明显的经济波动，到 40 年代再次出现了经济波动。最著名的经验出现在 20 世纪 20 年代的德国。参见 Steven Webb，*Hyperinflation and Stabilization in Weimar Germany*（Oxford，England：Oxford University Press，1989）。

玻利维亚那样。然而，这样的经验看起来并不能防止其他国家避免恶性通货膨胀。[①] 尽管1947年以来，真正的恶性通货膨胀很少出现，但年通货膨胀率为100%的例子却有很多。（真够糟糕的！）这种高通货膨胀通常和高赤字同时出现。[②]

赤字和恶性通货膨胀

造成恶性通货膨胀的大体原因总是货币供给的大量增长。而且，这也会使经历恶性通货膨胀的经济遭受到巨额预算赤字的困扰。在几个例子中，预算赤字最初都是由战时支出引起的。战时支出产生大量的国债，也摧毁了那个国家的税收机构。

但是，预算赤字与通货膨胀之间是一种双向的互动关系。由于政府为弥补赤字被迫发行钞票，巨额预算赤字可以导致快速的通货膨胀。高通货膨胀反过来又增加了赤字。通货膨胀主要通过两条渠道导致预算赤字的增加：税收的征收效应和增加对国债的名义支付。

随着通货膨胀率上升，从税收下降中获得的实际收入增加了。原因是在税收的计税和纳税之间存在时滞。假设一个极端的例子，人们在4月15日根据他们上一年所挣的收入纳税。假设某人去年挣了5万美元，到4月15日，他必须支付1万美元的税单。如果同期价格上涨到原来的10倍，正如恶性通货膨胀中会出现的那样，税收的实际价值将仅仅是其应有价值的1/10。因此，预算赤字将迅速扩大，超出控制。[③]

实际测量到的预算赤字包括对国债的付息。由于当通货膨胀上升时名义利率也随之上升，所以通货膨胀的提高通常都会增加政府的名义付息，从而增加了赤字。相应地，高通货膨胀国家的经济学家经常计算**经通货膨胀调整的赤字**（inflation-adjusted deficit）。

$$\text{经通货膨胀调整的赤字} = \text{总赤字} - (\text{通货膨胀率} \times \text{国债数量}) \tag{4}$$

对通货膨胀的调整去掉了与通货膨胀直接有关的国债付息部分，给出了在很低的通货膨胀率下，比在实际赤字情况下更准确的预算状况的情景。

制止恶性通货膨胀

所有的恶性通货膨胀最终都会结束。经济的失控越来越严重，令公众难以承受，政

---

① 传统的恶性通货膨胀往往发生在战争或帝国崩溃之后。其中最有名的（虽然不是最快速的）是1922—1923年德国的恶性通货膨胀。这次恶性通货膨胀期间的平均通货膨胀率是每个月322%。最高的通货膨胀率出现在1923年10月，就在这次恶性通货膨胀结束之前，当时物价上涨超过29 000%。以美元计算，它意味着月初值1美元的东西，到月底时已值290美元了。最快速的恶性通货膨胀在第二次世界大战结束时发生在匈牙利：从1945年8月到1946年7月的平均通货膨胀率是每月19 800%，最大的月通货膨胀率是$41.9\times10^{15}\%$。（至少我们这样认为。1946年7月物价水平上升到$41.9\times10^{15}\%$。）数据来自Phillip Cagan，"The Monetary Dynamics of Hyperinflation，" in Milton Friedman（ed.），*Studies in the Quantity Theory of Money*（Chicago：University of Chicago Press，1956）。这篇经典论文包括了七次恶性通货膨胀的数据。从另外的历史观点来看，参见Forrest H. Capie（ed.），*Major Inflation in History*（Brookfield，VT：Edgar Elger，1991）。

在关于第二次世界大战后奥地利恶性通货膨胀过程的权威性描述中，凯恩斯描述了人们如何由于啤酒变得不新鲜的速度慢于价格上升的速度，而一次预订两瓶啤酒的情况。[参见John Mynard Keynes，*A Tract on Monetary Reform*（New York：Macmillan，1923），它保留了对通货膨胀最有阅读价值的说明之一。] 还有一个故事，说一位妇女用一只篮子装着她的（几乎毫无价值的）货币，当她将篮子放下一会儿的时候，她发现篮子被偷走了，但是货币却被留下来了。

② Stanley Fischer，Ratna Sahay，and Carlos A. Vegh，"Modern Hyper-and High Inflations，" *Journal of Economic Literature*，September 2002.

③ 通货膨胀对税收收入实际价值的影响被叫做**坦齐-奥利维拉效应**（Tanzi-Olivera effect），这是根据在文献中分别给出结论的两位经济学家，IMF的维托·坦齐（Vito Tanzi）和布伊诺斯艾利斯大学（University of Buenos Aires）的朱利奥·奥利维拉（Julio Olivera）的名字命名的。

府也会想办法来改革其预算程序。常见的办法是发行一种新货币，而税制也会进行改革。新货币的汇率通常会钉住外国货币汇率，以便为价格和预期提供一个稳定的依据。在最终胜利之前，稳定的尝试经常不会成功。

由于在通货膨胀中存在着那么多不稳定因素，特别是当通货膨胀持续时，税制的崩溃以及由通货膨胀造成的经济的极端失控，往往使得人们沉迷于某种可能性中，即以相对小的失业代价，借助于与其他措施协调一致地对通货膨胀实施打击，就有可能制止通货膨胀。在这种**非正统的稳定方法**（heterodox approach stabilization）中，货币政策、财政政策、汇率政策与收入政策共同使用。1985 年在阿根廷和以色列，1986 年在巴西，当政府冻结工资与物价时，就采用了这种方法，从而一击之下就制止了通货膨胀。

以色列人的非正统的稳定政策获得了成功，而阿根廷人和巴西人却没有成功。如我们在前面所看到的，差别在于财政政策。以色列人纠正了其财政赤字，其他两国却没这样做。如果财政政策与货币政策的基本原则和低通货膨胀不一致，那么单靠工资和价格控制就不可能使通货膨胀维持在较低的水平。[①]

通货膨胀、恶性通货膨胀和可信性

通货膨胀是由经济的基本面即总需求与总供给的相对变动决定的。在恶性通货膨胀中，货币的增长支配了所有的其他基本因素。但是，人们关于未来的预期也发挥作用。对政策已经改变的信念，本身就会驱动预期的通货膨胀率下降，并且因此而引起短期菲利普斯曲线向下移动。所以，在反通货膨胀的战斗中，一种**可信的政策**（credible policy）会赢得**信任奖励**（credibility bonus）。

从联储 1979 年 10 月改变其货币政策开始，在美国整个反通货膨胀时期，一直着重强调政策的可信性。理性预期的一些支持者甚至相信只要政策的制定可信，就有可能在抑制通货膨胀的同时不会产生任何经济衰退。[②]

这一论点是这样考虑的：我们知道附加预期的总供给曲线是

$$\pi = \pi^e + \lambda(Y - Y^*) \tag{5}$$

如果政策是可信的，当人们观察到一个新的较低水平的货币增长时，人们会随之调整他们的通货膨胀预期，从而短期总供给曲线立即下移。相应地，如果政策是可信的，预期是理性的，当政策发生变化时，经济就可以迅速移动到新的长期均衡。换言之，如果政策是可信的，π 就可以因 π^e 的下降而减少，经济则因较低的（$Y-Y^*$）而遭受较少的痛苦。

---

① 稳定性的一个更重要的特征应该被表述为：在稳定性要求下的货币增长率是很高的。为什么？因为当人们预期通货膨胀较低时，名义利率下降，而对实际货币余额的需求上升。由于对实际货币余额的需求增加，政府便能够在不会引发通货膨胀的情况下创造更多的货币。因此，在成功地实现稳定性的初期，也许对于政府有一种奖赏：它可以暂时性地通过印制货币来弥补部分赤字，而不会重新引发通货膨胀。但是，政府肯定不能在很长的时期内这么做而不触发通货膨胀。

② 参见 John Fender，*Inflation*（Ann Arbor：University of Michigan Press，1990）；and Dean Croushore，"What Are the Cost of Disinflation?" Federal Reserve Bank of Philadelphia *Business Review*，May - June 1992。对于中央银行的专家和宏观经济学家们可信性的看法，参见 Alan S. Blinder，"Central-Bank Credibility：Why Do We Care? How Do We Build It?" *American Economic Review* 90，no. 4（2000），pp. 1421 - 1431。

[资料 22-1]　*历史故事*

津巴布韦的恶性通货膨胀——21 世纪的例子

的确！即便是在现代，恶性通货膨胀也会发生。2006 年，津巴布韦的通货膨胀率超过了 1 000%（图 1）。在黑市上，1 000 000 津巴布韦元仅值大约 2 美元。货币供给的不断增加，部分受到印钞支持公共部门开支的决策的驱动，也成为推动价格水平上升的主要因素之一。2006 年 7 月，津巴布韦中央银行试图通过将津巴布韦元贬值超过一半，并砍去货币最后边三个零来给通货膨胀刹车。（用 10 亿"旧"津巴布韦元替换 100 万"新"津巴布韦元。）* 即使出现这个新的变化，对制止通货膨胀的预测仍很悲观，IMF 预测 2007 年津巴布韦的通货膨胀率仍然可能达到 4 000%。

要制止一场恶性通货膨胀，政府必须首先解决引起印制过多货币的潜在问题，并实际制止印钞。津巴布韦愿意这么做吗？所有的恶性通货膨胀最终都会结束。所以，津巴布韦的恶性通货膨胀也会结束——当政府在某一时刻决定处理它的财政问题并使其预算处于良好状态的时候。说比做容易得多。

图 1　津巴布韦的年通货膨胀率——CPI 的百分比变化

资料来源：Reserve Bank of Zimbabwe，www.rbz.co.zw.

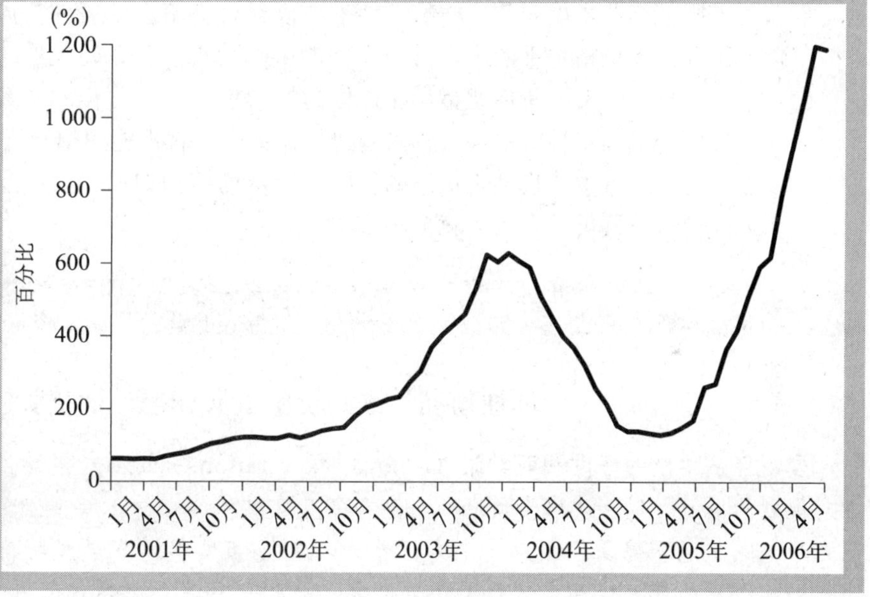

* "Hyperinflation in Zimbabwe: Bags of Bricks," *The Economist*, August 24, 2006.

[资料 22-2]　*历史故事*

恶性通货膨胀是轰然倒塌还是黯然消失?

在资料 22-1 中，我们说"政府必须首先解决引起印制过多货币的潜在问题，并实际制止印钞"。对于津巴布韦，这只对了一半。（为公平对待读者，我们未经修改地保留了第十版专栏。）2008 年 11 月，津巴布韦的通货膨胀率已达到一天上涨 100%！换言之，物价水平隔天翻倍。年通货膨胀率是 79 600 000 000%——这类数字通常出现在天文学里，而不是经济学中。*

直到 2009 年 4 月，津巴布韦的恶性通货膨胀才得到了全面遏制。津巴布韦停止印制货币，正如我们所说的，它需要这么做，津巴布韦采取非常规手段这样做了。它只是放弃了津巴布韦元，并允许美元和南非兰特使用的合法化。这与我们所预测的大相径庭，但是削弱货币政策对财政赤字的依赖的一个方法就是放弃持有国家货币的同时也放弃货币政策。

* Steve H. Hanke, "R. I. P Zimbabwe Dollar," www. cato. org/zimbabwe.

但是，美国在 20 世纪 80 年代早期（大萧条以来最严重的衰退）的经验，却对这一乐观的情景表示了怀疑。同时期的英国经验也是一样，当实行强硬路线的撒切尔政府执行坚定的反通货膨胀政策时，失业率仍达到 13%。

有两个可能的原因使得简单的可信性-理性预期论点不起作用：第一，可信性也许很难获得；第二，在任何时候，经济中都有未失效的过去的合约，它们体现了过去的预期，而重新谈判合约则需要时间。因此，由于**通货膨胀惯性**（inflationary inertia）的存在，一个正经受着 10%～20% 幅度通货膨胀打击的经济，不可能迅速回到较低的通货膨胀水平。

当经济中不存在体现当前通货膨胀的长期合同（例如，规定在未来几年中提高工资率）时，最容易改变通货膨胀率。如果通货膨胀很高，比如说是恶性通货膨胀，长期合同就会非常少。在这样的条件下，谈判者将不会签署任何以名义条件规定的合同，因为他们在价格水平的未来行为上冒的风险太大。于是，长期名义合同就会消失，而工资和价格则经常要重新调整。在这样的情形下，一个可信的政策将会迅速产生效果。但在合同结构尚未被极端通货膨胀摧毁的经济里，就不能期望有这样的成功。

这种说法仍然是正确的，即不论合约结构如何，旨在反对经济中通货膨胀的政策越让人感到可信，政策就会越成功。

［专栏 22-2］ 我们还知道什么？

理性预期学派、货币主义和恶性通货膨胀

宏观经济学中的**理性预期学派**（rational expectations school）接受了许多货币主义者的主张，包括对规则的偏好，以及政府干预通常会使情况变得更糟的信念。事实上，理性预期学派的许多领袖都出自米尔顿·弗里德曼门下。其中有一些人，包括诺贝尔经济学奖获得者罗伯特·卢卡斯（Robert Lucas），在芝加哥大学直接受教于弗里德曼；另外一些人，如罗伯特·巴罗（Robert Barro）和托马斯·萨金特（Thomas Sargent）等，在其他大学当研究生时，就研读了弗里德曼的著作。

理性预期的观点包括：

1. 对菲利普斯曲线的市场出清理性预期分析法（第 24 章）。
2. 作为预期理论的理性预期（第 6 章和第 24 章）。
3. 强调决策者的可信性（第 18 章和本章）。
4. 偏爱决策规则，排斥相机抉择（第 18 章）。

这些观点中的绝大多数都可被看作货币主义分析方法的延伸。但是，货币主义和理性预期学派在一个关键问题上的分歧是：货币主义者如同凯恩斯学派一样，把经济视作对扰动的反应，政策变化缓慢，而且有长期和易变的滞后，也愿意承认市场不能出清的可能性。而一般来说，理性预期学派坚持认为市场可以很快出清。（在最简单的情形下，货币学派认为货币政策的实际影响可以持续几个季度到几年，而理性预期学派却认为不是这样。）显然，我们不赞同后一种观点，许多经济学家也是一样。但

是，对预期的理性预期分析方法得到了广泛认同，对政策制定者可信性的强调也得到了广泛认同。

在20世纪70年代早期，当理性预期的分析法开始影响宏观经济理论的时候，在宏观经济政策争论中最具影响力的单篇论文是托马斯·萨金特的《四次大通货膨胀的结局》(The Ends of Four Big Inflations)。* 在该文写作之时，美国正遭受两位数通货膨胀的打击。萨金特在文中认为，作为货币政策和财政政策可信的改革结果，欧洲的恶性通货膨胀很快便结束了，而且从产量的损失角度看代价也相当小。他含蓄地建议美国也可以这么做。

这一观念的批评者认为，当经济崩溃时结束一场恶性通货膨胀是一回事，在通货膨胀恰好是两位数时结束通货膨胀又是另外一回事。无论如何，在1981—1982年的大幅经济衰退后，美国才结束了通货膨胀。进一步的研究表明，即使是欧洲的恶性通货膨胀也并不是无代价地结束的。**

所有的经验都表明，可信性很难获得，也很难保持，而在分析经济变化的影响时，需要考虑到经济中存在的合约结构。因而，尽管我们并不怀疑可信性是政策制定的一个重要方面，但我们相信它的作用被理性预期的支持者人为地夸大了，而且我们对那种把可信性作为执行政策的主要理由，否则就认为政策没有经济意义的政策观点深表怀疑。

* Robert E. Hall (ed.), *Inflation: Causes and Effects* (Chicago: University of Chicago Press, 1982). 对于20世纪恶性通货膨胀的一般概括，参见：Perre Siklos (ed.), *Great Inflations of the 20th Century* (Brookfield, VT: Edgar Elger, 1995)，特别是 Carlo Vegh, "Stopping High Inflation"。

** 参见 Elmus Wicker, "Terminating Hyperinflation in the Dismembered Habsburg Monarchy," *American Economic Review*, June 1986；关于适度高通货膨胀的文章，参见 Michael Bruno et al. (eds.), *Lessons of Economic Stabilization and Its Aftermath* (Cambridge, MA: MIT Press, 1991)。

反通货膨胀和牺牲率

通货膨胀的降低几乎总会以经济衰退为代价，但是这种取舍到底是多少呢？例如，冷火鸡式和渐进式反通货膨胀的不同方法各自引起的产出损失是多少？对反通货膨胀成本的讨论要广泛应用到**牺牲率**（sacrifice ratio）的概念。[①] **牺牲率是指（作为反通货膨胀政策结果的）GDP损失的累积百分比与实际得到的通货膨胀的降低量之间的比率。**

因此，假设一项政策在3年期间把通货膨胀率从10%降低至4%，其代价是第1年产出水平低于潜在水平10%，第2年低8%，第3年低6%。GDP的总损失是24%（=10%+8%+6%），通货膨胀降低6%（=10%−4%），所以牺牲率为4。

在反通货膨胀的20世纪80年代之前，经济学家们估计，一旦采取反通货膨胀政策，有效的牺牲率的估计值在5和10之间。里根-沃克尔（Reagan-Volcker）的反通货膨胀和衰退使经济遭受高失业的冲击，但成功地降低了通货膨胀。劳伦斯·鲍尔（Laurence Ball）估计牺牲率为1.83，远低于其后的估计值。[②] 牺牲率低这一事实意味着，经济受益于联储主席和总统作为反通货膨胀斗士的信誉。

在制止恶性通货膨胀的过程中，可信性总是发挥着一种作用。象征性的姿态可以发挥部分作用。例如，一些国家常常重新命名它们的通货和改变纸币的设计。通常也要求一些更实际的东西。政府常常不得不大幅削减开支。在一些贫穷国家，如果食品补贴被削

① 关于牺牲率的更多讨论，请参见第6章。

② Laurence Ball, "How Costly Is Disinflation? The Historical Evidence," Federal Reserve Bank of Philadelphia *Business Review*, November-December 1993.

减，是特别痛苦的事。有时，政府将它们的汇率钉住别国更稳定的货币（例如美元）。政府甚至有时候会控制货币供给过程，来保证自己将不会无节制地大量使用印制的纸币。

22—3 赤字、货币增长与通货膨胀税

我们已经看到货币增长的持续上升最终转化为通货膨胀的增加。但是，到底是什么决定了货币增长率，仍然是一个悬而未决的问题。一个常见的观点认为，货币供给增长是政府预算赤字的结果。在本节，我们将研究预算赤字与通货膨胀之间在正常时间里和在恶性通货膨胀期间的几种可能的关系。

政府的预算约束

联邦政府作为整体，包括财政部与联邦储备系统，可以通过两条渠道弥补预算赤字。它既可以发行债券，又可以“印制钞票”。**当联储增加其高能货币存量时，通常是通过公开市场购买财政部销售的部分债券，这时货币就被“印制”出来了。**

政府预算约束（government budget constraint）就是：

$$\text{政府预算赤字} = \text{债券的销售额} + \text{基础货币的增加} \tag{6}$$

在预算赤字和货币增长之间可能有两种联系。第一，在短期中，扩张性财政政策引起的赤字增加将趋向于提高名义利率和实际利率。如果联储的目标是以任何方式控制利率，它可能会提高货币增长率，试图以此来阻止利率上升。第二，政府会谨慎地增加货币存量，作为在长期中获得政府收入的一种手段。

我们首先考察由中央银行政策导致的货币与赤字之间的短期联系，接着研究利用印制钞票作为政府弥补赤字的手段。最后，我们将长短期联系起来加以考察。

联储的两难处境

每当联储购买财政部为弥补赤字而售出的部分债务时，它就被认为是在货币化（monetize）赤字。在美国，货币当局享有对财政部的独立性，因而，它可以自主选择是否对赤字货币化。①

联储在决定是否货币化赤字时面临着一个两难处境。如果它不弥补赤字，则财政扩张由于没有伴随着相应的货币政策，将导致利率的提高，从而挤出私人支出。因此，对联储而言，就存在着一种诱惑：通过买入债券来防止挤出效应的发生，由此增加货币供给，从而在利率没有上升的情况下导致收入的扩张。

但这样一种适应性或货币化政策也有风险。如果经济接近充分就业状态，货币化政策将助长通货膨胀。但是，如果经济处于严重的衰退中，就没有理由回避为适应财政扩张而采取的较高货币增长政策。

在任何特定情况下，联储都必须做出判断是采取适应性的货币政策，还是保持货币

① 在其他国家，中央银行也许很乐于更多地减少独立性，比如，它也许处于财政部的控制下，中央银行也许只是接受命令，通过创造高能货币，为部分或者全部赤字融资。值得注意的是，《马斯特里赫特条约》严格禁止新的欧洲中央银行为政府赤字融资。

目标不变，甚至运用紧缩性货币政策来抵消财政扩张。

美国的证据

很多研究都试图确定联储在实践中是如何对赤字做出反应的。这里的问题是，在货币政策与预算之间是否存在一种系统的联系。尤其是当预算赤字增加时，联储是否让货币增长也同时增加呢？

图 22 - 3 是一张散点图，它给出了基础货币增长率的变化和（以占 GDP 的百分比表示的）预算赤字的变化。[①] 它表明不存在明显的模式。显著的例外是大衰退时期，财政政策和货币政策都是很具有扩张性的。

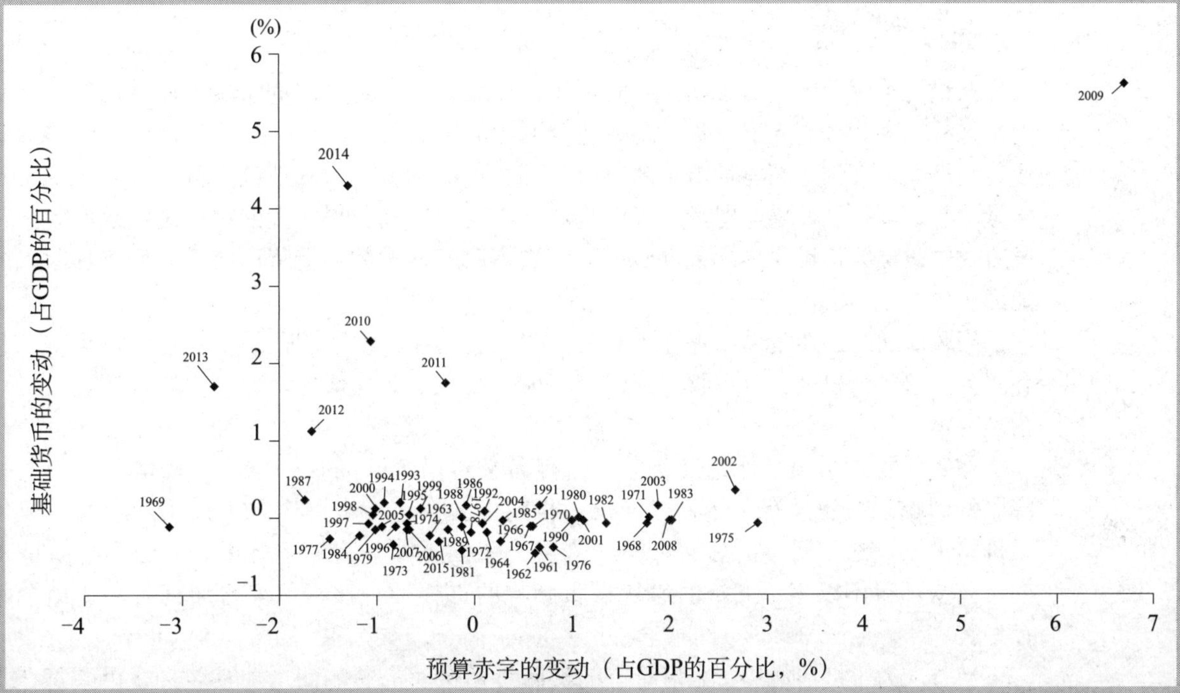

图 22 - 3　1960—2015 年基础货币的变动与预算赤字的变动

预算赤字以占 GDP 的百分比表示。

资料来源：Federal Reserve Economic Data [FRED].

[专栏 22 - 3]　我们还知道什么？

实际余额和通货膨胀

名义货币供给和通货膨胀的持续上升最终会导致实际货币存量的减少。

这个很重要的结论看起来似乎有些令人困惑。名义货币供给的上升减少了长期实际货币存量。反之，名义货币供给的减少增加了长期实际货币存量。原因在于，高通货膨胀提高了名义利率，并且因

① 基础货币是有关的总量，因为赤字可以通过出售债券或者通过创造高能货币（或基础货币）而被弥补。

此而增加了持有货币的机会成本。因此，货币持有者减少了他们持有的实际货币余额。实际货币余额的减少是名义货币供给增加的调整过程的一个重要部分。这意味着，**平均说来，在名义货币供给增加的调整时期，价格的上升必须快于名义货币供给。**

在长期，快速的货币增长意味着高通货膨胀，因此，导致高利率和低的实际货币余额 $\overline{M}/P$。如果要让 $\overline{M}/P$ 下降，P 就必须在某一时期快于 M 的上升。在这个过渡时期，通货膨胀率高于长期通货膨胀率。从经验上看，这个额外的"过渡"性通货膨胀可能是相当高的。

更为复杂的经验性工作提供的一些证据表明，联储确实按照适应的方向做出了反应，至少部分地对赤字进行了货币化。但这些证据并不是结论性的，因为很难知道联储是对赤字本身，还是其他宏观经济变量，特别是失业和通货膨胀率做出反应。[①]

通货膨胀税

在讨论美国的赤字货币化问题时，我们并没有注意到这样的事实：通过创造高能货币来弥补赤字为政府支出融资，是替代公开税收的另一种方法。对美国以及绝大多数工业化经济而言，创造高能货币是政府收入的相当小的来源。其他政府可以（有些确实这样做了）通过印制钞票，即增加高能货币，年复一年地获得大量财源。**这种政府收入来源有时候被称为铸币税（seigniorage），它是指政府通过其创造货币的权力而增加收入的能力。**

当政府通过创造货币以弥补赤字时，实际上它在持续印制钞票来支付它购买的产品和服务，这些钞票被公众吸收了。但是，为什么公众愿意选择增加他们持有的名义货币余额呢?

除实际收入增长以外，公众增加持有名义货币余额的唯一原因，就是要抵消通货膨胀的影响。假设没有实际收入增长，长期中公众将持有固定水平的实际余额。但如果价格上升，给定数量的名义余额的购买力就要下降。为保持货币余额的实际价值不变，公众不得不以正好能抵消通货膨胀影响的这样一种比率，来增加其名义货币余额存量。

当公众为了抵消通货膨胀对持有的实际货币余额的影响而增加其名义货币余额存量时，他们把部分收入用于增加名义货币的持有。假设某人为了保持其货币持有额的实际价值不变，而不得不在其银行账户上增加比如说 300 美元。那么，这 300 美元就不能用于消费支出。这个人看起来以货币持有的形式储蓄了 300 美元，但事实上，这个人所做的一切就是为了防止其财富因通货膨胀而遭受损失。

通货膨胀行为正像税收一样，因为人们被迫使支出少于收入，并把这一差额支付给政府以换取额外的货币。[②] 这样政府就可以花费更多的财源，而公众的花费更少，正好像

---

① 参见 Alan Blinder，"On the Monetization of Deficits，" in Laurence Mayer，*The Economic Consequences of Government Deficits* (Norwell，MA：Kluwer-Hijhoff，1983)；Gerald Dwyer，"Federal Deficits，Interest Rates and Monetary Policy，" *Journal of Money，Credit and Banking*，November 1985；and Douglas Joines，"Deficits and Money Growth in the United States：1872—1983，" *Journal of Monetary Economics*，November 1985。

② 这种分析存在一种复杂性。正如上面所注意到的，由政府所得到的高能货币数量增加了，因为联储以高能货币购买国债。不过，公众正在增加他们所持有的银行存款和通货，于是，公众持有的货币增加量并没有进入政府手中用于弥补赤字。这种复杂性无法改变分析的性质。

政府为弥补额外支出而提高税收一样。**当政府通过发行货币来弥补赤字时，公众为保持其货币余额的实际价值不变，便增加其持有的名义货币余额，我们就说，政府是以通货膨胀税（inflation tax）为自己融资。**①

政府能用通货膨胀税获得多少收入呢？由此产生的收入额，是税率（通货膨胀率）和纳税对象（实际基础货币）的乘积：

$$通货膨胀税收入 = 通货膨胀率 \times 实际基础货币 \tag{7}$$

表 22-4 显示了 1983—1988 年期间拉丁美洲各国通货膨胀税的数据。② 其数额显然是非常惊人的，按通货膨胀率计算的收入额归政府所得。

表 22-4　1983—1988 年的通货膨胀和通货膨胀税

资料来源：M. Selowsky, "Preconditions Necessary for the Recovery of Latin America's Growth," World Bank, June 1989 (mimeographed).

(%)

国家	1983—1988 年平均值		高峰年份的通货膨胀税，占 GDP 的百分比
	通货膨胀税，占 GDP 的百分比	年通货膨胀率	
阿根廷	3.7	359	5.2
玻利维亚	3.5	1 797	7.2
巴西	3.5	341	4.3
智利	0.9	21	1.1
哥伦比亚	1.9	22	2.0
墨西哥	2.6	87	3.5
秘鲁	4.7	382	4.5

图 22-4 中的 AA 曲线表示政府从通货膨胀税中获得的收入额。当通货膨胀率为零时，政府从通货膨胀中没有获得任何收入。③ 当通货膨胀率上升时，政府获得的通货膨胀税收入也随之上升。但随着通货膨胀率上升，人们当然减少其基础货币的实际持有额——因为基础货币的持有成本日益上涨。个人持有更少的现金，银行也尽可能减少其超额准备金。最终，实际基础货币下降得如此之多，以至政府获得的通货膨胀税收入总额反而下降。这一转变发生在 C 点，在该点政府从通货膨胀税中可以获得最大数额的收入，在图中这一最大数额表示为 IR^*，相应的通货膨胀率为 π^*：通货膨胀税最大时的通货膨胀率。④

假设在图 22-4 中，经济最初处于没有赤字也没有印制钞票的状态。通货膨胀为零，经济处于图中的 0 点。现在，政府减税并通过印制钞票来弥补赤字。我们假定赤字额等

① 通货膨胀往往涉及“无情的税收”。这并不是涉及上面对通货膨胀税的分析，而是涉及对那些具体由未预料到的通货膨胀所引起的财富和收入进行再分配。这在第 8 章中已经讨论过了。

② 恶性通货膨胀对于绝大多数拉丁美洲国家来说，一直是一种经常性的困扰。关于拉丁美洲经济在货币和实体层面的更多情况，可以参见 Eliana Cardoso and Ann Helwege, *Latin America's Economy: Diversity, Trends, and Conflicts* (Cambridge, MA: MIT Press, 1995)。

③ 当经济正在增长的时候，即使没有通货膨胀，政府也可以从铸币税中取得一些收入，这是因为当对实际基础货币的需求增长时，政府可以在不产生通货膨胀的情况下创造一些基础货币。

④ Miguel A. Keguel and Pablo Andres Neumeyer, "Seigniorage and Inflation: The Case of Argentina," *Journal of Money, Credit and Banking*, August 1995，考虑了阿根廷在 20 世纪 80 年代是否已经达到了税收的最高点的问题。他们估计，税收最大化的通货膨胀率是在每月上涨 20%～30%这一范围内。除去 1989 年春季以外，阿根廷的通货膨胀率通常是低于上述水平的。

于图 22-4 中的 IR'，并且它完全可以由通货膨胀税得以弥补。因此，货币增长持续增加，对应于通货膨胀税收入 IR'，长期中通货膨胀率将变动到 π'。

图 22-4　通货膨胀税

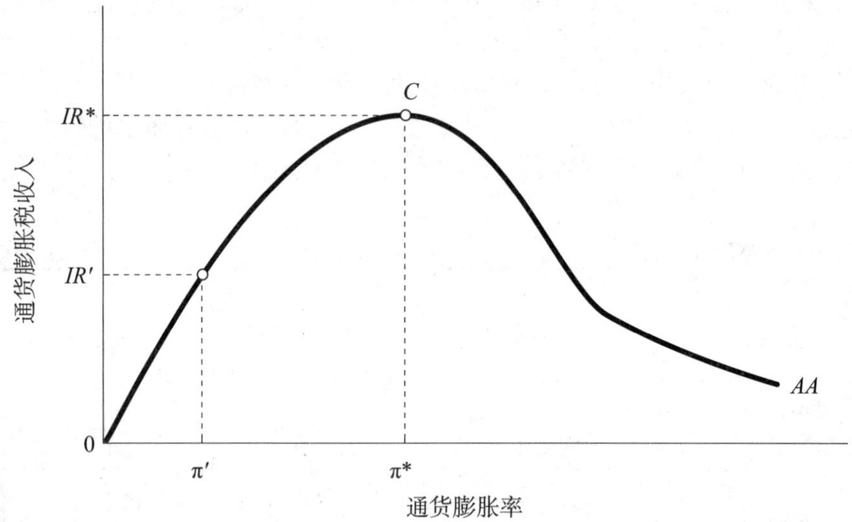

通货膨胀税收入

表 22-4 中的那些高通货膨胀的发展中国家获得的通货膨胀税收入额很大。而在那些与经济规模相比实际基础货币较小的工业化发达国家里，政府只能得到很少量的通货膨胀税收入。例如，在美国，基础货币约占 GDP 的 6%。当通货膨胀率为 5%时，从方程（7）可以得知，政府可以获得约占 GDP 0.3%的通货膨胀税收入。这并不是一个微小的数字，但也不是政府收入的主要来源。[①] 很难相信美国决定通货膨胀率的主要标准是从通货膨胀的收入方面进行考虑。与此相反，无论是联储还是政府，都是基于通货膨胀的成本收益分析，沿着第 8 章中给出的曲线选择能影响通货膨胀率的政策。

在那些银行体系不发达，从而人们手持大量现金的国家里，政府从通货膨胀中可获得更多收入，因而在制定政策时可能更着重于通货膨胀收入方面的考虑。在正常的税收体制崩溃的高通货膨胀条件下，通货膨胀税收入可能是政府赖以维持其账单付款的最后一项收入来源。但每当通货膨胀税被大规模使用时，通货膨胀总是走到极端。

本章提要

1. 在美国经济中，货币增长与通货膨胀的广泛趋势确实是重合的。货币增长的确影响了通货膨

① 有时，在美国使用的对铸币税的衡量，不同于对印制高能货币的估价。正是通过对利息支付的估价，联储从它的资产组合上获得了好处。由于联储的证券是通过公开市场购买获得的，所以，增加高能货币，就意味着财政部储蓄了多少利息（由于美联储向财政部支付利息）作为联储以前印制货币的结果。高能货币的印制，是对当前应得资源的一种衡量，它也是该时期货币印制的一个结果。

胀，但这些影响发生在很不准确的滞后时期。短期中，除货币冲击以外，通货膨胀还受到其他因素，如财政政策变化和供给冲击的影响。

2. 当财政政策变为扩张性的时候，联储不得不决定是货币化赤字，通过印制钞票来阻止利率上升和挤出效应，还是保持不变的货币增长率，甚至实行紧缩性货币政策。如果政府决定货币化其赤字，它就要冒提高通货膨胀率的风险。在美国关于赤字货币化的证据仍然不明确。

3. 通货膨胀是对实际货币余额课税。面对不断上升的价格，为保持其持有货币的购买力不变，人们不得不增加名义货币余额。资金便以这种方式从货币持有者手中转移到货币发行者手中，特别是政府手中。

4. 恶性通货膨胀一般发生在战争结束后的一段时期。恶性通货膨胀一般都伴随着大规模的预算赤字。政府可以运用通货膨胀税在有限程度上弥补赤字，但是，如果赤字规模太大，就会爆发通货膨胀。

5. 在通货膨胀和预算赤字之间存在双向互动关系。由于赤字通过货币发行得以部分弥补，更多的赤字便会引起更高的通货膨胀。同样，通过减少税收收入的实际价值，更高的通货膨胀也引起更多的赤字。通过增加预算中名义利息支付的价值，更高的名义利率增加了实测的赤字。受通货膨胀调整的赤字对此效应做出了调整。

6. 在成功地稳定通货膨胀之后，当人们增加其持有的实际货币余额时，货币增长率会变得非常高。

7. 中央银行的独立性是民主国家用来增加政策可信性，并有助于减轻动态不一致性问题的一条途径。

关键术语

信任奖励	恶性通货膨胀	货币数量论
可信的政策	通货膨胀税	牺牲率
政府预算约束	经通货膨胀调整的赤字	铸币税
非正统的稳定方法	通货膨胀惯性	货币流通速度
货币化		

习题

概念题

1. 通货膨胀是一种货币现象吗？你的回答必须区分短期和长期。

2. a. 请评价降低通货膨胀的渐进式和冷火鸡式战略的优点和缺点。

b. 为什么反通货膨胀政策的信誉是重要的？

3. 联储在什么时候应该或者不应该货币化赤字？

4. 通货膨胀怎样增加政府收入？

5. 在德国恶性通货膨胀的高峰期，政府的支出中仅有1%能通过税收予以弥补。

a. 解释德国政府怎样才能弥补剩余99%的支出。

b. 解释为什么在恶性通货膨胀结束后，德国的名义货币存量可以增加近20倍却没有再引发通货膨胀。

6*. 典型的恶性通货膨胀通常发生在战后时期或大的社会动荡之后的一个时期内。在20世纪90年代初导致俄罗斯高通货膨胀的因素是什么？

---

* 星号表示较难的习题。

技术题

1. 假定基础货币占 GDP 的 10%，并且政府正考虑把年通货膨胀率从目前的 0 提高到 10%的水平，并相信这样做会使政府的收入增加到占 GDP 的 1%。解释为什么这一计算高估了政府将会获得的通货膨胀税收入。

2. 如果债务- GDP 比率为 30%，年通货膨胀率为 7%，总预算赤字为 GDP 的 4%，请计算经通货膨胀调整的赤字。

3. 表 22-5 显示了美国自 19 世纪 70 年代以来 M2 的增长率、通货膨胀率和产量增长率每十年的平均数情况。讨论按产出增长调整过的货币增长在多大程度上有助于解释美国近几年的通货膨胀史。

操作题

1. 在本练习中，你将证实方程（1）：$MV=PY$ 中货币、流通速度和产出的关系。

a. 登录 http://fred.stlouisfed.org，点击 "Category"，在 "National Income & Product Accounts" 下选择 "GDP/GNP"。找到并下载 1959 年以来的名义 GDP 年度数据。

b. 返回 "Category"，点开 "Monetary Data"。找到并下载 1959 年以来的货币 M2 以及 M2 流通速度的年度数据。

c. 计算出方程（1）两边的差值，即 $MV-PY$。

d. 计算该时期内平均百分误差 $\left(\frac{MV-PY}{PY}\right)$。你的计算结果支持方程（1）吗？

表 22-5　货币、产出和通货膨胀　（%）

	货币增长*	产出增长**	通货膨胀**
1870—1879	2.3	5.5	−3.0
1880—1889	6.6	1.4	−1.1
1890—1899	5.0	3.7	−2.2
1900—1909	7.3	4.0	1.9
1910—1919	9.8	3.5	6.6
1920—1929	3.3	4.2	2.2
1930—1939	0.8	1.5	−1.9
1940—1949	11.5	3.4	5.6
1950—1959	3.8	3.3	2.5
1960—1969	7.0	4.4	2.3
1970—1979	9.5	3.3	6.6
1980—1989	8.0	3.2	4.8
1990—1999	4.0	3.2	2.2
2000—2009	6.5	1.9	2.4

* 货币指的是 M2。

** 通货膨胀则是指 GNP 平减指数。

资料来源：1870—1959 年的数据转引自 Friedman，Milton；Schwartz，Anna. *Monetary Trends in the United States and the United Kingdom*（Chicago：University of Chicago Press，1982）；1960—2009 年的数据来自 Federal Reserve Economic Data［FRED II］和作者的估算。

23 国际调整与相互依存

本章要点

- 各国经济之间是通过贸易流动、汇率和利率联系在一起的。
- 不能保持汇率与价格的一致，最终会导致贬值危机。
- 国际收支平衡的货币分析法强调改变国内货币供给和国际收支水平之间的联系。

国际经济问题在宏观经济领域日益重要起来。各国是相互依存的：一国的繁荣或者衰退会通过贸易流量溢出到其他国家；任何一个主要国家的利率变化会立即引起其他国家的汇率或者利率的变动。

例如，在1997年春季可以看到亚洲经济危机的开端，一个个国家和地区相继被迫使本国货币贬值。银行倒闭，失业高企。在中国香港的股票市场上，恒生指数在10月的4天时间里下跌了原有价值的几乎1/4。遭受麻烦的基础较好的亚洲经济像得了传染病一样摇摆不停。几个月以来，对世界性经济萧条的担忧不断上升。幸运的是，这场危机并未扩展到世界的其他地方，而且到20世纪90年代末，大多数亚洲国家和地区都得到了恢复。①

我们已经在第13章介绍了国际联系的基本事实和模型，现在，我们更加深入地探讨国际相互依存问题。在本章前三节中，我们讨论固定汇率制度下国家调节国际收支平衡的机制问题。这种讨论有助于澄清当前的国际经济问题，尽管1973年以来在美元、日元以及其他主要货币之间的汇率是浮动的，但固定汇率机制仍然具有现实意义，因为某些国家继续实行固定汇率制。此外，理解固定汇率制下调整机制的运作，有助于掌握浮动汇率制的运行。

在本章的其余部分，我们将着手研究当前浮动汇率制度运作的有关方面。②

---

① 亚洲危机的一份出色的大事记可以在下列网址中找到：http//faculty. Washington. edu/karyiu/Asia/manuscri. htm。

② 对于理论和证据方面的近期著作的广泛评论，参见 Mark Taylor，"The Economics of Exchange Rates;" *Journal of Economic Literature*，March 1995。

23—1 固定汇率制下的调整

对国际收支平衡问题的调整可以在两种方式上加以实现：一种方式是改变经济政策；另一种方式是通过**自动调节机制**（automatic adjustment mechanisms）进行。自动调节机制也有两种形式：收支不平衡影响货币供给，从而影响支出；失业影响工资和价格，进而影响竞争力。与之相反，政策措施包括货币政策和财政政策，以及关税或者货币贬值。

开放经济中价格的作用

通过将价格明确地引入我们对开放经济的研究，开始我们的分析。在第 13 章，我们假定价格水平是不变的。而在价格不变并且名义汇率给定的情况下，实际汇率也是不变的。回顾一下实际汇率的定义为：

$$R = \frac{eP_f}{P} \tag{1}$$

其中，e 是名义汇率，P_f 表示国外价格水平，P 表示国内价格水平。现在，我们放弃国内价格水平不变的假设，但是，暂时仍然假定汇率和国外价格水平是给定的。

经济的开放是怎样影响总需求曲线的呢？在封闭经济模型中，价格水平上涨时，总需求下降。较高的价格水平意味着较低的实际余额、较高的利率以及较低的支出。而在固定汇率制下的开放经济中，价格水平的上升会减少需求还有另外的原因：本国产品的价格上升使得我们的产品相对于外国生产的产品竞争力下降（即变得相对昂贵）。在给定汇率的条件下，当国内生产的产品价格上升时，我们的产品对外国购买者变得更加昂贵，而外国生产的产品对于本国购买者变得相对便宜。因此，我们的价格水平上升会使需求从本国产品转移到进口产品，从而也减少了出口。

在图 23-1 中，我们给出了对我们产品的向下倾斜的需求曲线 AD。需求等于国内居民的总支出加上净出口，或 $AD \equiv DS+NX$。现在，总需求曲线之所以向下倾斜就有两个原因。

对国内产品的需求 AD，是在既定的国外价格水平、既定的名义货币供应、既定的财政政策以及固定汇率的情况下绘制的。名义货币存量的增加使 AD 曲线向上移动，就像扩张性财政政策使需求曲线向上移动那样。我们也给出了短期总供给曲线 AS 与充分就业产出水平 Y^*，初始的均衡位于点 E，在该点存在失业。

接下来，我们考察贸易余额均衡曲线，$NX=0$。我们的收入提高会增加进口从而恶化贸易余额。为恢复贸易余额的均衡，国内价格必须下降，这会增强本国的竞争力，增加出口而减少进口。因此，我们给出了向下倾斜的贸易余额均衡曲线。[①] 我们假定它比国内产品需求曲线更为陡峭，该曲线是在国外价格水平给定的情况下绘制的。

① 我们假设国内价格的下降将改善贸易余额，这要求出口和进口对价格有足够的反应。存在这样的可能性，即我们降低价格水平（这将降低我们的出口价格）也可能降低我们的出口收入——因为销售的增加不足以补偿价格的下降，我们假设的这种可能性并未出现，还假设进口支出不取决于利率。

图 23-1 价格调整下的开放经济均衡

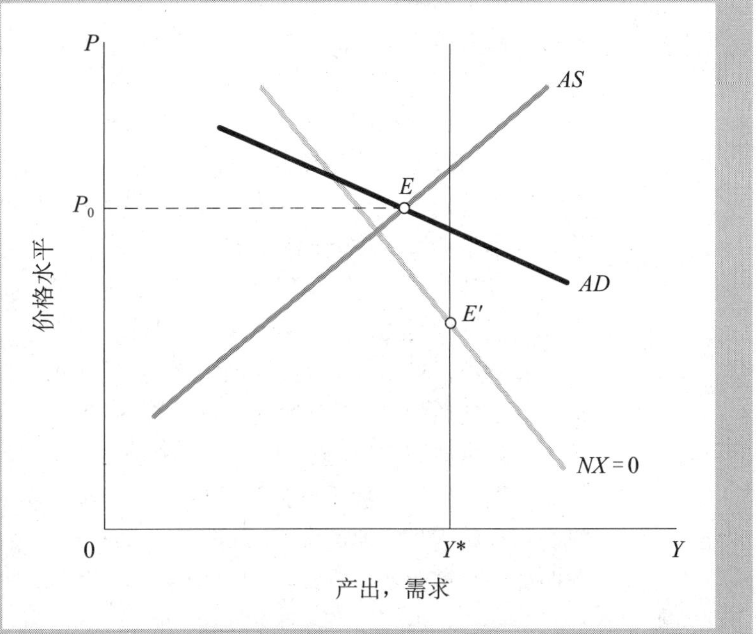

融资与调整

在点 E，本国存在贸易赤字。我们的价格太高或者收入太高，以致无法使得出口与进口平衡。为了实现贸易余额均衡，我们必须变得更有竞争力，从而增加出口和减少进口。另一种选择就是，我们可以降低收入水平，以减少进口支出。

出现经常项目赤字的国家，像处于点 E 那样的国家，该怎么办呢？在固定汇率制下，中央银行可能动用其储备，为暂时性收支不平衡融资，也就是在现有汇率下弥补由于**国际收支赤字**（balance-of-payments deficits）所产生的对外币的超额需求。另一种选择是，遭遇国际收支困难的国家从国外借入外国通货。

通过从国外借款来为经常项目赤字融资，不可能不产生如何偿还借款这类问题。如果外国贷款人确信该国能够偿还贷款，比如经常项目赤字是暂时性的，或者因为他们相信借款将被用于提高该国的出口能力，该国就可以得到贷款。然而，如果借款是为消费支出融资，那就极有可能在偿还外债时出现问题。

但是，一国不可能无限地或者在很长时期内维持经常项目赤字并且为其融资。该经济体必须找到某种调节赤字的方法，即消除或者至少减少赤字。而这种调节可以自动发生或者通过政策加以实现。我们首先来考察重要的自动调节机制。

自动调节

我们首先考察总需求方面。当一个国家出现国际收支赤字时，依据定义，对外汇的需求量会大于私人市场的供给量，而中央银行必须出售与两者差额相当的外汇。这就减少了国内的高能货币，从而减少了货币存量，除非在售出外汇时，通过购买债券来抵消其外汇干预的影响。（我们在本章后面讨论冲销。）如果排除了这种可能，点 E 的赤字就意味着，中央银行实行钉住汇率，出售外汇以阻止汇率贬值，并且减少国内货币存量，因此，总需求曲线会立刻随之（按给定的货币供应量）向左下方移动。

现在转向总供给方面，图 23－1 中的点 E 也是一个失业点。失业导致工资和成本的下降，这会反映在向下移动的总供给曲线上。因此，随着时间的流逝，短期均衡点 E 会由于需求曲线和供给曲线同时移动（未标明）而向下运动。短期均衡点向点 E' 的方向运动，这一过程将一直持续到达到那一点为止。（运动的途径也许是周期性变动的，但在这里，它不是关注的主要问题。）

一旦到达点 E'，该国已经自动地实现了长期均衡。由于贸易余额处于均衡状态，不存在对汇率的压力，所以不需要干预外汇市场，从而货币供应不再变动。在供给方面，工资和货币保持不变，因而供给曲线也不再移动。这样，在点 E' 处，该国成功地并自动地适应了初始的国际收支赤字：它同时实现了贸易余额均衡和充分就业。

这是**古典调整过程**（classical adjustment process），它依赖于价格调整，而货币供应的调整则以贸易余额为基础。该调整过程是“奏效”的，但可能花费很长时间，并且要求有一次相当长时期的经济衰退。① 等待自动调节机制完成全部工作的替代方法，就是做出明确的政策改变，推动经济更快地趋向均衡。

恢复均衡的政策：支出转换和支出削减

恢复外部均衡的政策，由于其副效应，一般必须与实现充分就业的政策结合起来：创造就业的政策通常会恶化外部均衡，而创造贸易顺差的政策会影响就业。一般说来，为了处理**内部均衡**（internal balance）和**外部均衡**（external balance）这两个目标，有必要将能够在国内产品和进口产品之间转换需求的**支出转换政策**（expenditure-switching policy）与**支出削减政策**（expenditure-reducing policy）［或者**支出增加政策**（expenditure-increasing policy）］结合起来。这一观点具有普遍重要性，而且当我们考虑到本节所忽略的资本流动以及其他现象时，能够继续适用。

调整经常项目赤字的一个办法就是征收**关税**（tariff），即对进口物品征税。不过，关税不可能被自由运用来调整贸易余额，部分原因是像**世界贸易组织**（World Trade Organization，WTO）和**国际货币基金组织**（International Monetary Fund，IMF）这样的国际性组织和协议禁止或者至少不赞成使用关税。第二次世界大战以后，随着工业化世界各国间采取了合乎意愿的自由贸易，关税已普遍下降了。

［资料 23－1］ *历史故事*

为什么经常推迟贬值？

实施固定汇率制的国家在别无选择之前，在面临政府要遭受重大失败之前，经常推迟贬值。这确实是墨西哥在 1994 年发生的情况，这也是英国和意大利在 1992 年被迫贬值时发生的情况。在 2001 年底阿根廷已经实行了 10 年比索与美元 1∶1 的固定汇率，但是，到 2002 年 2 月底，阿根廷比索仅值 33 美分了。

① Olivier Blanchard and Pierre-Alain Muet，in “Competitiveness through Disinflation：An Assessment of French Macro Policy，” *Economic Policy*，April 1993，说明法国从 1983 年起，花费了近十年时间才完成了这样的调整。

为什么这些国家等待这么长时间呢？首先是经济上的原因：要使贬值能够生效、能够减少国际收支赤字，它就必须使进口商品变得昂贵，从而使得国内居民减少对进口商品的购买。当墨西哥发生贬值时，美国的糖果（和许多更重要的进口商品）变得昂贵了，墨西哥的生活水平因此下降。但是，不仅是进口商品的价格上升了，使用进口原材料生产的商品的价格也上升了。

贬值不得人心，因为它降低了国内生活水平。此外，进口商品的价格上升有时会引起更普遍的价格上涨，即通货膨胀，这也是不得人心的。

政府长时间地推迟贬值还有另外一个原因。贬值本身可以通过许多方式造成自我实现的预言：关于一个国家会发生贬值的预言，会增加政府贬值的可能性。* 为什么？因为如果你预期通货要贬值（例如，如果你预期比索要从 3.5 比索兑换 1 美元下跌到 6 比索兑换 1 美元），你将尽可能快地仅用 3.5 比索购买美元，希望以后以更高的比索价格卖出美元，在比索上盈利。但是，当你购买美元时，你消耗了国家的比索储备，使得国家更难以保持汇率不变。因此，特别是当公众开始害怕有贬值的可能时，政府官员经常要发表积极的声明，表明决不会贬值。这可以使公众放心一段时间，因此有利于防止贬值。但是，当贬值势在必行的时候，政府官员看起来有些愚蠢而保守，而这就是他们把贬值推迟得太久的另一个原因。

* 参见 Paul Krugman，"Self-Fulfilling Currency Crises，" *NBER Macro Annual* 1996；and Norbert Funke，"Vulnerability of Fixed Exchange Rate Regimes：The Role of Fundamentals，" *OECD Economic Studies* 26（1996）。

调整经常项目赤字的另一种方式，是采用减少总需求的政策，即削减支出的政策。在这方面，值得重复的是贸易赤字反映支出超过了收入。第 2 章中的恒等式意味着：

$$NX \equiv Y-(C+I+G) \tag{2}$$

其中，NX 为贸易盈余，I 为投资。因此，减少贸易余额赤字可以通过紧缩性货币政策和（或者）财政政策，削减相对于收入（Y）的支出（$C+I+G$）得以实现。

方程（2a）表明了外部赤字与预算赤字之间的联系①：

$$NX \equiv (S-I)+[TA-(G+TR)] \tag{2a}$$

其中，S 表示私人储蓄，$TA-(G+TR)$ 为政府预算盈余。方程（2a）表示预算与外部均衡之间的直接关系。如果储蓄和投资保持不变，那么预算的变动就会一对一地转化为外部均衡的变动；削减预算将会导致外部赤字的等额变化。但是，削减预算会影响储蓄和投资，因此需要一个更为完整的模型来解释削减预算是如何影响外部均衡的。

贬 值

失业通常伴随着自动调整和反对征收关税的自由贸易意愿，后两者意味着需要其他政策来恢复内部和外部均衡。处理收支赤字的主要政策工具是**贬值**（devaluation），它通常必须配合以紧缩性货币政策或者财政政策，或同时使用两种政策。贬值就是相对于本国货币，外汇的价格上升。在两国名义价格给定的条件下，贬值提高了进口产品在贬值国家的相对价格，却降低了贬值国家出口产品的相对价格。贬值基本上是一种支出转换政策。

贬值是如何起作用的呢？首先考虑一个特殊的例子，一国原来处于充分就业与贸易余额均衡状态，即位于图 23－2 中的点 E。现在，假设发生出口收入的外生性下降，从而 $NX=0$ 曲线向左移动至 $NX'=0$。随着出口需求减少而汇率固定不变，产品将会下

① 为了推导方程（2a），我们将方程（2）与核算恒等式 $Y \equiv YD+(TA-TR)$，以及 $YD \equiv C+S$ 合并在一起。

降。作为出口下降的结果，AD 曲线向左移动。较低的收入水平减少了进口，但并不足以补偿出口收入的损失。因此，净效应就是失业和贸易赤字。

自动调节机制能够使经济缓慢地恢复均衡。替代方法是，国家将货币贬值。这种做法有明显的优势，即它不需要发生一场漫长的衰退来降低国内成本。相应的调整由大笔一挥而就——货币贬值。为什么贬值能够实现调整？已知外国产品用外国货币标价（例如日本产品用日元标价），贬值提高了外国产品的相对价格，所以，进口下降而出口上升。

不过，我们刚才考虑的情况在一个重要的方面具有特殊性。经济原先处于充分就业的贸易余额均衡状态，对经济的扰动发生在贸易项目上。因此，如果我们能够推动 $NX'=0$ 移向充分就业收入水平——正如我们通过贬值所做的那样，内部均衡和外部均衡就会同时实现。换一种说法就是，图 23－2 中产生失业的原因，是出口减少以及随之出现的外部均衡问题，于是这两方面的问题都可以通过贬值来解决。

图 23－2　出口收入发生损失的效应

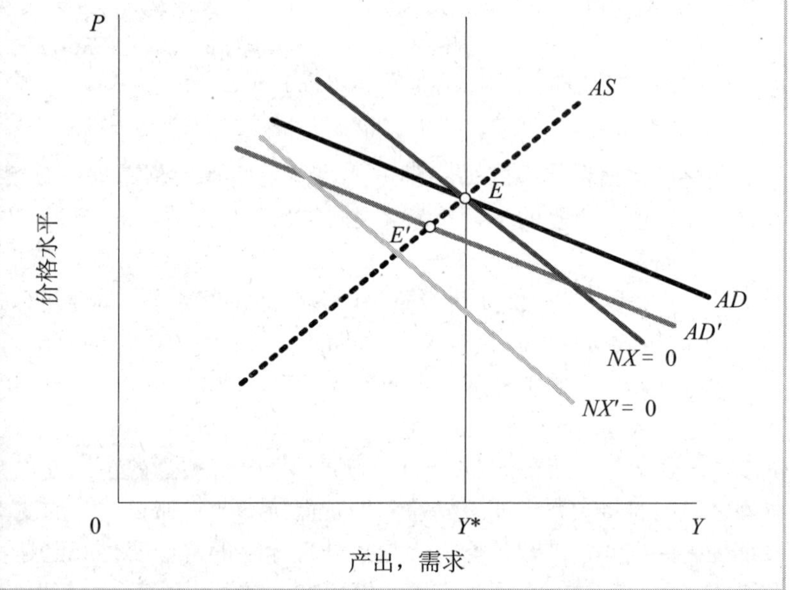

然而，总的来看，一国不可能在受到扰动后仅仅使用一种政策工具就能同时实现内部均衡和外部均衡。政策制定的一个普遍原则就是，我们需要使用与政策目标数量同样多的政策工具。

最后说明固定汇率制度下汇率的作用。在固定汇率制度下，汇率是一种**政策工具**（instrument of policy）。中央银行为实现政策目标可以改变汇率，比如，当经常项目似乎会出现长期赤字时实行贬值。与此相反，在清洁浮动制度下，汇率将自由变动以平衡国际收支，而在肮脏浮动制度下，中央银行不承诺任何给定的汇率，同时设法操纵汇率。可见，肮脏浮动制度介于固定汇率制度与清洁浮动汇率制度之间。

汇率与价格

当国内价格和外国价格保持不变时，所发生的贬值将会成功地降低一个国家产品的相对价格，从而将会改善贸易余额。不过，价格通常是和汇率一起变化的。一国进行贬值的关键问题在于它能否实现**实际贬值**（real devaluation）。而**当贬值降低了相对于国外产品价格而言的本国产品的价格时，它就实现了实际贬值。**

回想一下实际汇率的定义 eP_f/P，并且假定国外价格水平（P_f）是既定的，那么**当 e/P 上升时，或者当汇率比价格水平更快地上升时，就会出现实际贬值。**

我们利用图 23－3 以及墨西哥的实例来阐述实现实际贬值的问题。以 $P_{U.S.}$ 表示美国的价格水平，而以 P 表示墨西哥的价格水平，e 为墨西哥的汇率，即每美元兑换比索的数量。(因此，该分析将墨西哥看成是本国，而把美国看成是“外国”。) 这样，墨西哥的竞争力就是以相对于墨西哥价格的美国价格来度量的，两种价格都用美元标价：$P_{U.S.}/(P/e)=(eP_{U.S.}/P)$。我们假定美国的价格水平是给定的，图 23－3 的纵轴表示 P/e，即以美元标价的墨西哥价格水平。对于既定的美国价格水平，以美元表示的墨西哥价格 (P/e) 的上升会恶化墨西哥的净出口，因此，$NX=0$ 右侧的点相当于赤字。

现在考虑对外部冲击的调整问题。假设世界市场上石油价格的下降减少了墨西哥在每一价格水平上的出口收入，从而产生了赤字。(墨西哥是主要石油出口国。) 我们最初位于内部和外部均衡点 E，而现在外部均衡只有沿着 $NX'=0$ 曲线才普遍存在。

图 23－3　竞争力和调整

不利的外部冲击可以用 NX 曲线向左移动抵消。

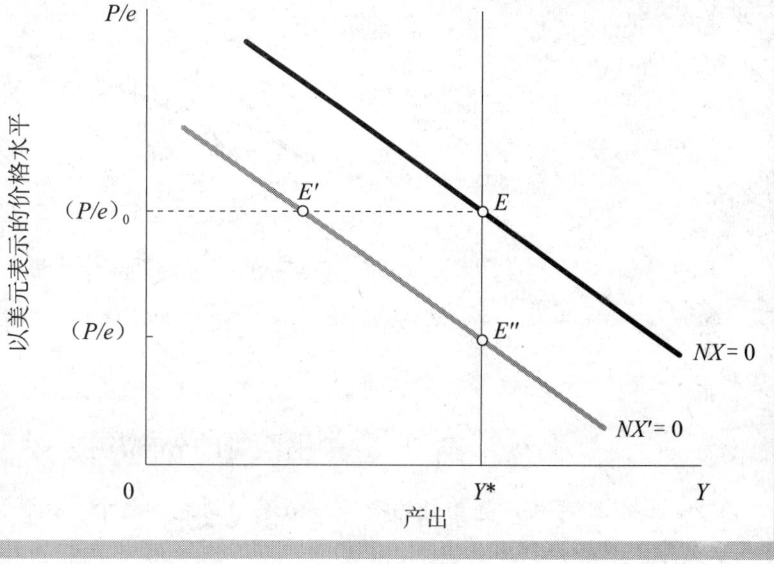

在短期内，一国通过向国外借款来弥补外部赤字，就有可能吸收外部冲击，仍然停留在点 E 上，但在长期内这种方法却难以为继，该国必须以某种方式返回到点 E''。它可以借助自动调节机制缓慢地完成调整过程，也可以贬值货币而直接移动到点 E''。

但是，如果贬值被国内价格的上升所抵消，贬值也可能无效。至关重要的是，出现外部赤字的国家（比如墨西哥）能够成功地降低其用美元标价的价格（即 P/e）。如果贬值导致国内价格上升，那就不会提高竞争力。

墨西哥在 1976 年、1982 年、1985—1986 年以及 1994 年间的汇率贬值急剧降低了墨西哥产品的美元价格，不过，这四次贬值中的前三次贬值所提升的竞争力都未能维持下来。墨西哥的通货膨胀不久就提高了相对于汇率的价格水平：到 1992 年实际汇率已经低于其 1987 年的水平。未能将汇率与价格保持一致，即未能维持竞争力，最终导致 1994

年 12 月贬值危机发生。[①] 我们在资料 23－1 和资料 23－2 中讨论墨西哥的调整。[②]

爬行钉住汇率

当一国经受高于其贸易伙伴的通货膨胀时，保持汇率不变就隐含着竞争力的持续损耗。为了避免赤字的日益扩大，许多国家采取了**爬行钉住**（crawling peg）汇率政策。在爬行钉住汇率政策下，汇率大致上按本国与其贸易伙伴间通货膨胀率差的比率贬值，而爬行钉住的理念就是按 P/P_f 上升的相同速率提高，以维持实际汇率 $R=P_f/(P/e)$ 固定不变。

从图 23－4 中可以清楚地看到，在相当长的时期内，例如在 1989—1992 年间，墨西哥没有能够抵消通货膨胀对竞争力的冲击，汇率没有被足够快速地贬值来维持实际汇率水平，最终导致竞争力下降，而外汇问题却仍然存在。

图 23－4　1976—2016 年美元价格水平：美国和墨西哥

资料来源：IMF，International Financial Statistics.

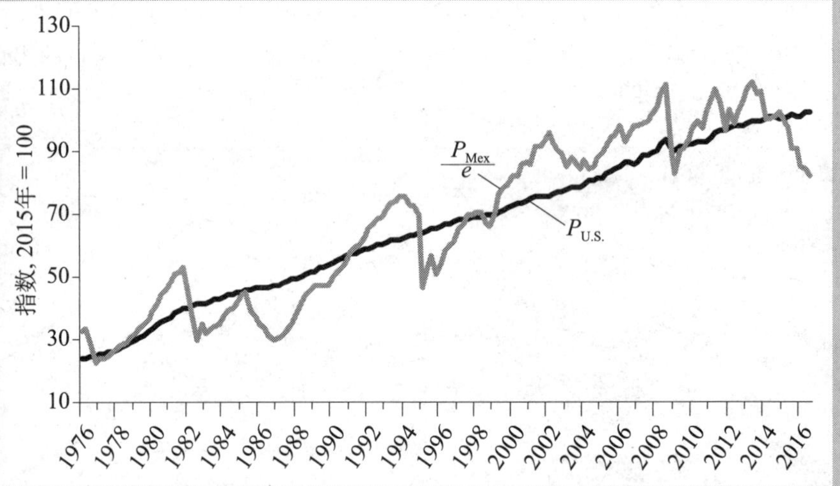

［资料 23－2］　*历史故事*

墨西哥的外部均衡

在 20 世纪 80 年代，墨西哥陷入了一场深刻的危机之中。该国在世界市场上借债过多，在 20 世纪 80 年代初期的世界高利率压力下，墨西哥发现已经不可能支付其外部债务的利息，而且从国外借入短期贷款也变得不可能了。所以，墨西哥必须重建其经济，从其货币贬值开始，减少进口关税和配额，将国有企业私有化，并减少政府对经济的管制。到 20 世纪 80 年代末，这些改革已经取得成效，墨西哥经济重新获得增长。*

随着经济增长的恢复，特别是随着国内投资的繁荣，经常项目急剧恶化。由于外国企业和投资者正在大量投资于墨西哥，为经常项目赤字融资并未遇到麻烦，但出现的问题是墨西哥政府是容许赤字

---

① 参见 Paul Krugman，*Currencies and Crises*（Cambridge，Mass：MIT Press，1992），and Pierre-Richard Agenor，Jagdeep Bhandari，and Robert Flood，"Speculative Attacks and Models of Balance of Payments Crises，" *IMF Staff Papers*，June 1992。延迟调整并非发展中国家特有的问题，像 1992 年的欧洲货币危机就涉及意大利、芬兰和英国等国的情况。

② 关于墨西哥比索危机的更多资料，参见 the January-February 1996 issue of the Federal Reserve Bank of Atlanta *Economic Review*。关于货币管理的更多资料，参见 Robert Bartley，"Mexico's Money Theorists Need a Tip from Hong Kong，" and David Malpass，"Currency Stability on the March，" both in *The Wall Street Journal*，December 20，1996。

持续甚至扩大，还是通过贬值与减少国内支出来削减赤字。表1显示了墨西哥的资本项目顺差是多么庞大。大量的顺差进入了墨西哥的私人部门，但是资本流入大大超过了墨西哥私人部门的借款，大部分资本流入是由墨西哥中央银行买入以增加其外汇储备的。如墨西哥的实例所表明的，当外部世界认定一国存在着突出的盈利机会，从而其他国家投资于该国的股票市场或者高收益的政府债券时，就有可能出现上述形势。墨西哥在1990—1992年间提供了强大的吸收力，因而顺利地吸引了大量资本流入。

当然，问题是当从世界市场上借款过分容易时，一个国家有可能借得过多——墨西哥在20世纪70年代确实出现过这种情况。面对1992年将近200亿美元的经常项目赤字时，墨西哥又出现了这样的问题：对外国投资者说不，通过收紧财政政策减少需求，甚至使比索贬值以便使墨西哥产品在世界贸易中更具竞争力，而进口商品在墨西哥更加昂贵，这不是更明智的政策选择吗？

由于紧缩性政策在变得不可避免以前，在政治上具有一定的困难，所以，各国很少能够尽早调整。这就是1982年发生的情况。当外国贷款人和投资者对墨西哥失去了信心而不再愿意购买墨西哥的资产，以及当墨西哥的私人部门向国外转移其资本时，危机就发生了。这时出现了巨大的融资缺口，中央银行暂时能够消耗储备来弥补融资缺口，但是，这一过程最后会以大幅度贬值和深刻的衰退而告终。许多观察家在1992年就已经意识到，再次经历同样的循环将会有什么样的危害。

表1　墨西哥的外部均衡

＊包括误差和遗漏项。

（单位：100万美元）

	1989	1990	1991
经常项目	−6 050	−7 114	−13 283
贸易余额	−404	−882	−6 930
资本项目	6 050	7 114	13 283
私人*	5 654	3 881	5 777
储备减少	396	3 233	7 506

反对贬值的论点是，贬值会破坏对资本市场的信心以及降低通货膨胀的努力。此外，这种论点还认为，经常项目的赤字主要反映了高水平的墨西哥投资，而这些投资将会产生能够用来偿还借款的收益。该论点认为，经常项目赤字在几年以后就会下降，与此同时可以得到融资，因而不会出现严重的风险。**一个动听的故事，但是能够讲多久呢？**

＊关于墨西哥在20世纪80年代的经验，参见Pedro Aspe，*Economic Transformation*：*The Mexican Way*（Cambridge，MA.：MIT Press，1993）。墨西哥年度账户可见 *The Mexican Economy*，published by Mexico's central bank，Banco de Mexico。

各国经常利用而且很容易试图利用汇率来减缓通货膨胀。当汇率保持固定不变时（同时假定外国价格没有上升），进口的价格就是固定的，某些进入消费价格指数的产品的价格因而不会增加。这会减缓通货膨胀。但是，通货膨胀的下降是通过稳步削弱竞争力换来的，这样的策略通常最终会引发一场外汇危机。最后，还必须用货币政策和财政政策制止通货膨胀；汇率政策充其量也不过是一种辅助性工具——有时是很有价值的[①]，但它无法承担抑制通货膨胀的主要任务。

① 例如，正如第22章所讨论的，当有必要制止极端通货膨胀的时候。

23—2 汇率变动与贸易调整：经验问题

在本节，我们继续讨论与通过汇率变化调整经常项目不平衡的可能性有关的两个重要经验问题。[①] 第一个问题是，名义贬值通常能否实现真正的贬值，或者如图 23－4 所认为的那样，即那是很少发生的。

[资料 23－3] *历史故事*

对国际收支危机的深入理解

我们有意保留第六版教材中的资料 23－2，只是用黑体字排印了最后一句话："一个动听的故事，但是能够讲多久呢？"根据我们的记录，自 1992 年 10 月 14 日以来，上述内容基本上没有改动过。

1994—1995 年，墨西哥所经历的汇率下跌，在前一版中已经预见到了。1994 年初，汇率开始下跌。从 1994 年 12 月开始，新总统在墨西哥城就职后不久，比索开始自由下跌。由于受到美国和 IMF 大笔贷款的资助，比索轻微地反弹了一下（由于偿还借款），随后在整个 1995 年，比索进一步下跌（见图 1）。*

预测汇率危机的准确时间甚至幅度是困难的，自愿的或是被市场驱动而改变政策的必要性是可预测的，并且是能够预测到的。

图 1　1992—1996 年墨西哥比索的价值

资料来源：DRI/McGraw-Hill Macroeconomic Database.

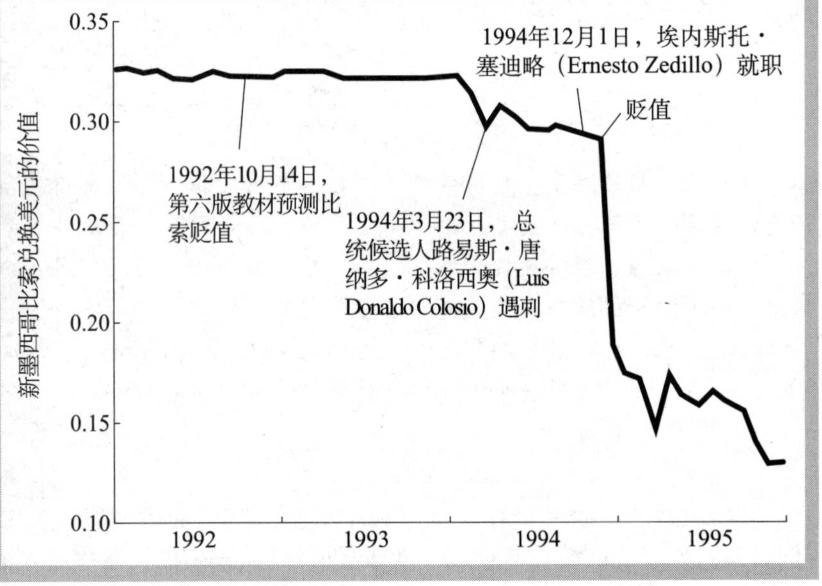

* 要详细了解墨西哥危机中发生了什么和为什么会发生，参见 Jeffrey Sachs，Aaron Tornell，and Andrés Velasco，"The Collapse of the Mexican Peso：What Have We Learned?" *Economic Policy*，April 1996。

① 对贸易流量反应的综合调查，参见 P. Hooper and J. Marquez，"Exchange Rates，Prices and External Adjustment in the United States and Japan，" in Peter Kenen（ed.），*Understanding Interdependence*：*The Macroeconomics of the Open Economy*（Princeton，NJ：Princeton University Press，1995）。

[资料 23－4]　**历史故事**

债务危机不是新现象

从债权国所借的贷款从一个最适当的数量开始，并且逐渐变大，达到顶点。在一个经济活跃和投机逐渐增加并且达到高峰的时期，贷款很可能变成出乎意料的庞大数量。在这个阶段，只要投机继续增加，贷款就会逐月变大。随着危机的来临，贷款迅速削减甚至完全停止……在债务的国际收支平衡表上发生突然的逆转；它立即感受到了借债增加的后果：需要增加对债权国的汇款；银根紧缩、贴现率提高和价格下降。这一系列事件会不止一次地发生。

——哈佛大学经济学家弗兰克·陶西格（Frank Taussig）

1927 年论投机和重复发生的债务危机的著作

资料来源：Frank Taussig，*International Trade*（New York：MacMillan，1927），p. 130.

第二个问题是，如果相对价格的变化已经发生，这是否会确实改善经常项目。我们曾经明确假定我们产品相对价格的下降将改善经常项目状况，但是不正常的反应也是可能的。当进口价格上升时，进口需求可能无法下降到足够补偿较高进口价格的程度，因此，进口总支出（价格乘以进口量）实际上有可能增加。我们现在将注意力转移到这两个问题上。

汇率和相对价格调整

在研究可变工资-价格模型时，我们假定工资和价格的调整是为了实现充分就业。但是，价格实际上是以劳动成本或工资为基础的。现在，由于劳动者想要维持工资的购买力，假定以实际标准衡量的工资是不可变更的。这一点有可能反映在以工资的正式指数化形式表现的消费价格指数上，或者可能是厂商与工人间讨价还价的结果。在这样的世界中，由贬值引发的生活费用变化将会导致货币工资的改变，而这又将反馈到价格上，并可能由此抵消名义贬值的效果。

价格变化反馈到工资上，进而由工资作用于价格的过程，是一种有可能导致价格水平相当易变的**工资-价格螺旋**（wage-price spiral）。较小的扰动就能够引发价格水平巨大的变化。首先假设实际工资是按照包括国内产品和进口产品在内的消费价格指数加以固定的，从而使得消费价格指数的变化完全转移到工资上。其次假定工资的变化会被完全传递过来使得国内价格上升。

现在假设国家为了恢复贸易平衡而不得不贬值，但贬值提高了进口价格从而提高了消费价格水平。为了维持实际工资不变，工人会要求更高的名义工资，厂商答应后，通过提高价格将其转嫁出去：在该过程结束后，我们将处于什么境地？实际工资固定不变，这意味着工资与价格（加权平均的国内产品和进口产品价格）已经同比例上升；工资的增加已经被完全转嫁出去，这意味着以国内产品表示的实际工资也没有变化。这两个结果意味着相对价格保持不变，从而**名义贬值对实际汇率没有任何影响**。

当然，这并非事情的全部，因为我们必须要问较高的价格水平是如何影响总需求的。如果政府没有增加货币供应，较高的价格就会减少实际余额和总需求；随着收入下降，经常项目将会改善。只有在工资上升时，政府为了避免产生失业而增加货币存量的情况下，才会形成螺旋。因此，在这种贬值的情况下，如果中央银行想要实现真正的贬值，关键是它对名义价格上升不要采取适应性调节措施。

在第二种情况下，**黏性实际工资**（sticky real wage，即难以变更的工资）的思想具有重要意义，这是实际扰动的情况。假设我们的出口需求由于国外采用了优越的技术而发生永久性下降。为了恢复充分就业，我们产品的相对价格必须下降以刺激国外需求。但是，相对价格怎样才能够下降呢？如果我们实行贬值，工人成功地恢复了他们的实际工资，价格又是通过以工资为基础进行加成来确定的，那么我们产品的相对价格就不会改变。于是，减少实际工资的唯一办法只能是持久的失业。

因此，有关的经验问题就是，实际工资是如何具有可变性的呢？在一定重要程度上来说，这是一种制度安排问题。在小型开放经济中，工资协议是按明确的生活费用指数安排的，通过汇率变化改变实际工资和相对价格的确可能是非常困难的。总之，贬值国家必须运用紧缩性总需求政策来确保所引致的价格上升不会完全抵消名义贬值的实际效果。

相对价格和贸易余额：J 曲线

我们现在开始讨论第二个问题，即相对价格变化对贸易余额的影响，以及贬值恶化贸易余额的可能性。为了清楚地说明这一点，我们写出以国内产品度量的贸易余额如下：

$$NX = X - \frac{eP_f}{P}Q \tag{3}$$

其中，X 表示国外对我们产品的需求，即出口，Q 表示我们自己的进口量。所以，$(eP_f/P)Q$ 项就是以国内产品度量的我们进口产品的价值。

假定我们现在实行汇率贬值，并且假定开始时国内价格和国外价格，即 P 和 P_f，保持不变。然后，进口的相对价格 eP_f/P 上升。这将导致两种后果。第一，如果进口的实物量没有变化，由于价格提高，以本国货币计量的进口产品的价值必然增加，这意味着提高了进口支出（以本国货币衡量），由此导致贸易余额的恶化：这是贸易余额有可能对汇率贬值反应失常的原因。

不过，存在作用方向相反的两种数量反应：由于我们的产品现在由国外购买者购买比较便宜，出口应该上升；由于进口品变得昂贵，进口量应该下降。

那么，问题就是，对进口和出口的数量效应是否充分强劲，足以超过价格效应，也就是说，贬值是增加还是降低了净出口。关于该问题的经验证据是相当有力的，得出以下结论[①]：**短期数量效应，比如一年之内，是很微弱的，因而难以超过价格效应。相对而言，长期数量效应是极其显著的，确实足以保证贸易余额按正常的方式对相对价格变化做出反应。**

为什么会出现这样的反应方式？首先，低的短期数量效应和高的长期数量效应，起因于消费者和生产者适应相对价格变化所需要的时间。某些调整有可能即刻完成，但是同样清楚的是，譬如，旅游格局的调整也许需要 6 个月到一年时间，而国际生产区位的再选择作为对相对成本和价格变化的反应，也许需要几年时间。一个恰当的例子是，外国在美国直接投资的增加——例如，丰田从日本转移到加利福尼亚。在长期内，这样的直接投资将导致美国进口的减少，从而改善贸易余额，但是这样的调整需要几年，而不

① 参见 Tamin Bayoumi, "Estimating Trade Equations from Aggregate Bilateral Data," International Monetary Fund working paper 1999/74, and Paul Krugman, "The J-Curve, the Fire Sale and the Hard Landing," *American Economic Review*, May 1989。

是几周或者几个月。

于是，贸易流量对相对价格变化的调整滞后似乎就是合理的，那么，这些滞后对相对价格变化对于贸易余额的影响有什么含义呢？设想在某一特定时刻，我们从赤字状态开始实行贬值，因此提高了进口的相对价格。主要来自进口价格上升的短期效应所具有的数量效应，只有微不足道的抵消作用。因此，贸易余额最初会恶化。随着时间的推移，由于贸易量对相对价格变化的调整，出口量增加而进口量逐渐下降，数量效应开始起主导作用，在长期内，贸易余额因而显示出改善的迹象。这一调整方式称作**J曲线效应**（J-curve effect），因为以图形表示的贸易余额的反应看起来像字母“J”。

在美国1985年后的经常项目行为中可以发现J曲线效应。尽管从1985年2月起，美元快速贬值，经常项目在下一年继续恶化，但在1987年经常项目开始改善，并且持续到1988年。

黏性实际工资的中期问题和J曲线效应为解释各国宏观经济的经验，特别是表明贬值为什么通常无法在短期内导致经常项目的改善，提供了重要的线索。

货币高估的滞后效应

美元在1980—1985年间持续大幅度高估的后果显示出一种更为复杂的情况，即**滞后效应**（hysteresis effect）。从汇率的例子来看，如果一种汇率变动后的确发生逆转，却给贸易项目留下了长期影响，这种滞后效应就会出现。在20世纪80年代初期，美元非常坚挺，这使美国企业在世界贸易中以及在美国市场上处于非常不利的地位。进口品的美元价格下降，而在国外市场上，美国企业由于其相对价格上升而遭受损失。

这些都是货币升值的正常效应，滞后效应的观点认为，当汇率变化的幅度很大并且持续的时间较长时，就会导致贸易类型发生相对的长久变化。[①] 一旦外国企业在美国建成，消费者也已经习惯于它们的产品，即使汇率逆转到初始的水平上，也难以使美国企业重新占有其市场份额。类似地，当美国企业已经丧失了国外市场份额，甚至已经完全离开国外市场时，回复到初始汇率也不足以使美国企业返回原状。为了恢复原来的贸易类型，汇率就必须在相反的方向过度调整，使得开展出口业务以及与国外进口供应厂商竞争所负担的费用变得有利可图。

关于滞后效应的根据仍然是推测性的，不过这一思想确实也有些道理。进口品在美国市场上长期保持较高的份额，而美国外部均衡无法充分自我校正。甚至在1985—1988年经济衰退后，贬值将实际汇率带回到接近其1980年的水平时也是如此，这就支持了认为货币过度升值的危害可能是长期的看法。

23—3 国际收支的货币分析法

经常有人提出，外部均衡问题本质上是货币问题，特别是，国际收支赤字只是过量

① 参见 Richard Baldwin and Paul Krugman，“Persistent Trade Effects of Large Exchange Rate Shocks，” *Quarterly Journal of Economics*，November 1989，and by the same authors，“The Persistence of the U. S. Trade Deficit，” *Brookings Papers on Economic Activity* (1987)。

货币供应的反映。

对于这一主张有一个最直接的回答。明显的事实是，对于任何给定的国际收支赤字，货币存量的充分紧缩显然能够恢复外部均衡，其理由是，通过提高利率和减少支出，货币紧缩降低了收入，从而减少了进口。同样真实的是，通过紧缩性财政政策也可以实现这样的结果，所以，在矫正外部不均衡的解释中并没有任何特殊的货币解释。

关于外部均衡问题更为复杂的解释，认识到了在固定汇率制度下国际收支赤字、外汇市场干预以及货币供应之间的联系。自动机制就是由于出售外汇（如在国际收支发生赤字时出现的情况）减少了高能货币存量，从而减少了货币存量。在国际收支盈余的国家，中央银行购买外汇增加了现有高能货币的存量，因此增加了货币供给。给定货币供给与外部均衡之间的这种联系，调整过程显然最终必定导致适度的货币供给，以保证外部收支处于均衡状态。这正是 23—1 节曾经讨论过的调整过程。

冲 销

中止自动调整过程的唯一途径是通过**冲销**（sterilization）操作来实现。中央银行经常通过公开市场业务来冲销外汇市场干预对货币供给的冲击。因此，出现赤字的国家，由于出售外汇相应地减少了货币供给，所以通过在公开市场上购买债券来恢复货币供给，从而抵消货币供给的减少。[①]

在冲销作用下，由于外部不均衡与货币供给均衡变化之间的联系被破坏，因而有可能出现持续的外部赤字。正是在这个意义上，持续的外部赤字才是一种货币现象：通过冲销操作，中央银行积极地将货币存量保持在外部均衡所需的过高水平上。

货币分析法与 IMF

国际收支的货币分析法（monetary approach to the balance of payments）在解释外部均衡问题时强调货币原因。[②] IMF 在为处于国际收支困境的国家分析和设计经济政策时，广泛运用了货币分析法，我们通过描述 IMF 在分析国际收支问题上的典型程序来说明这种方法的特点。

如表 23－1 所示，我们从货币当局，通常就是中央银行的资产负债表开始。货币当局的负债为高能货币，但是在资产方面，它可以持有国外资产（包括外汇储备、黄金以及对其他中央银行或者政府的债权）和国内资产即**国内信贷**（domestic credit）。**国内信贷由货币当局持有的对公共部门的债权（政府债务）和对私人部门的债权（通常为向银行提供的贷款）组成。**

---

① 像在立陶宛、保加利亚与爱沙尼亚建立的货币委员会，它们固定各自国家的汇率，并且只允许高能货币在得到所持有外国货币全额支持的情形下才能创造出来。一般情况下，货币委员会相当于不具有冲销行为的固定汇率制度。对实际问题的讨论，参见 Steve Hanke，“On Dollarization and Currency Boards：Error and Deception，” *Journal of Policy Reform*，December 2002。由于排除了冲销的规定，调整就成为自动的，而过程也是没有痛苦的。关于货币委员会的最好参考资料，可参见 Steve Hanke and K. Schuler，*Currency Boards for Developing Countries*（San Francisco：International Center for Economic Growth，1994），and Anna Schwartz，“Currency Boards：Their Past，Present，and Possible Future Role，” *Carnegie-Rochester Conference on Public Policy*，December 1993。

② 有关该论题的论文集，参见 Jacob Frenkel and Harry G. Johnson（eds.），*The Monetary Approach to the Balance of Payments*（London：Allen & Unwin，1976）。又见 IMF，*The Monetary Approach to the Balance of Payments*（Washington，DC：International Monetary Fund，1977），and Nadeem Haque，Kajal Lahiri，and Peter Montiel，“A Macroeconometric Model for Developing Countries，” *IMF Staff Papers*，September 1990。

表 23-1　货币当局的资产负债表

资产	负债
净国外资产（NFA） 国内信贷（DC）	高能货币（H）

由资产负债表的恒等式，我们可以得出：

$$\Delta NFA = \Delta H - \Delta DC \tag{4}$$

其中，ΔNFA 表示净国外资产的变化，ΔH 表示高能货币的变化，而 ΔDC 为中央银行国内信贷额的变化。用文字表述就是，中央银行所持有的国外资产的变化等于高能货币存量的变化减去国内信贷的变化。

方程（4）的重要之处是，ΔNFA 就是国际收支差额：官方储备交易，即 ΔNFA，等于国际收支差额。

阐述货币分析型稳定政策过程的第一步，就是要决定国际收支目标 ΔNFA^*。IMF 询问该国能够承受多大的赤字，然后提出政策建议，使规划的赤字不再扩大。目标的制定主要是依据国外贷款和信用的可获得性，以及消耗现有储备或者增加收入的可能性。

下一步要问该国的货币需求将增加多少。高能货币存量的计划变化量 ΔH^*，将通过货币乘数过程，必须恰好增加足够的适当货币存量，以满足需求的预期增加。那么给定 ΔNFA^* 和 ΔH^*，方程（4）就告诉货币当局，它要增加多少国内信贷才能够和其国际收支目标以及货币需求的预期增长保持一致。由 IMF 规划的稳定计划通常会包括限制国内信贷扩张的建议。

上述限制提供了**国内信贷上限**（domestic credit ceiling）。采用这样的上限，有助于中央银行面临利率上升或政府预算出现赤字时，避免向政府或者私人部门扩大贷款的诱惑。

它如何起作用？

方程（4）的简化产生了一个明显的问题。既然所有用来改善国际收支的措施，都是降低国内信贷扩张的速率，为什么不直接保持并永远保持国际收支平衡呢？要回答这个问题，我们需要理解削减国内信贷以改善国际收支所需的渠道。

控制国内信贷意味着实行紧缩性货币政策。考虑一个正在不断增长并存在一定程度通货膨胀的经济，它对名义货币余额的需求是持续上升的。如果国内信贷扩张减缓，就会形成超额货币需求。这会进一步导致利率上升而支出下降，而利率上升将导致国际收支的改善。这就是说，IMF 运用的货币分析法依赖于紧缩性货币政策来控制国际收支。然而，在国内信贷上限和普通的货币紧缩之间是有微妙区别的。在实行固定汇率制的开放经济中，货币存量是内生的。由于中央银行必须满足由外国货币所产生的任何需求，因此它不可能控制货币存量。但是，它可以通过降低国内信贷增长使得"货币"紧缩。这就意味着外汇储备的增加或者国外借款的增加成为货币增长的唯一来源。该经济必须经受足够的衰退或者利率上升，才能产生国际收支盈余。

国内信贷上限的运用是一种粗略但易于理解的改善国际收支的政策。理论框架的简明性及其所导出的政策建议表面上的明确性，常常使它成为可得到的最佳政策工具，特别是在需要采取引人注目的行动并且需要恢复政府政策可信度的情况下尤其如此。

货币分析法与贬值

货币分析法的支持者曾经认为，汇率贬值除了在短期内有效外，是无法改善国际收支的。该主张是说，贬值在短期内确实提高了国内的竞争地位，而且正是贬值产生了贸易盈余，因而增加了货币存量。随着时间的推移，不断增加的货币供给提高了总需求，也因此提高了价格，直到经济恢复充分就业和外部均衡为止。因此，贬值对经济只产生短暂的影响，一旦价格与货币存量已经增加到与较高的进口价格完全一致的程度，该影响就会消失。

从较长期的角度而言，货币分析法所坚决主张的看法是完全正确的，即在固定汇率制下，价格和货币存量进行调整，从而实现了经济的内部均衡和外部均衡。它认为货币约束或国内信贷限制会改善国际收支这一观点也是正确的。不过，由减缓国内信贷增长所形成的紧缩性货币政策通常会导致经济衰退。

当货币分析法认为，即使在短期中，汇率政策也不能够影响一国的竞争地位时，它就被引入了歧途。更为重要的是，汇率变化常常产生于赤字和失业状态。在这种情况下，可以通过贬值来加速调整过程。

现在，我们回到浮动汇率方面。①

23—4 弹性汇率、货币和价格

在第 13 章研究弹性汇率时，我们假定资本是完全流动的。与以前处理方法的唯一区别是现在允许价格变动。我们将考察产出、汇率和价格是如何对货币政策和财政政策做出反应的，以及这种反应在长期中是如何形成的。我们的出发点是探讨价格和汇率适应于经济状况所进行的调整。

调整过程

图 23-5 给出了利率和产出，其中充分就业水平位于点 Y^*。国际资本完全流动性的假设反映在水平的 BB 曲线上，只有当利率 $i=i_f$ 时，国际收支才处于均衡状态。如果利率水平较高，就会出现净资本流入。相反，如果利率水平较低，资本就会流出，国际收支将变动到赤字的位置。

我们给出两个策略性假设以描述调整过程：第一，只要产出超出充分就业水平，价格就会上升。第二，由于资本是高度流动的，图 23-5 中的利率总是向 BB 曲线移动——我们的利率不可能过分偏离世界其他地区的水平。

在经济向 BB 曲线移动的背后有一系列复杂的调整。例如，货币扩张引起利率下降，因而资本流出，这意味着人们试图卖出本国货币，以购买外国货币。本国货币贬值，出

① 参见 Ronald MacDonald and Mark Taylor, "Exchange Rate Economics: A Survey," *IMF Staff Papers*, March 1992，对于汇率决定模型和经验证据的广泛讨论。

图 23-5　汇率与价格的调整

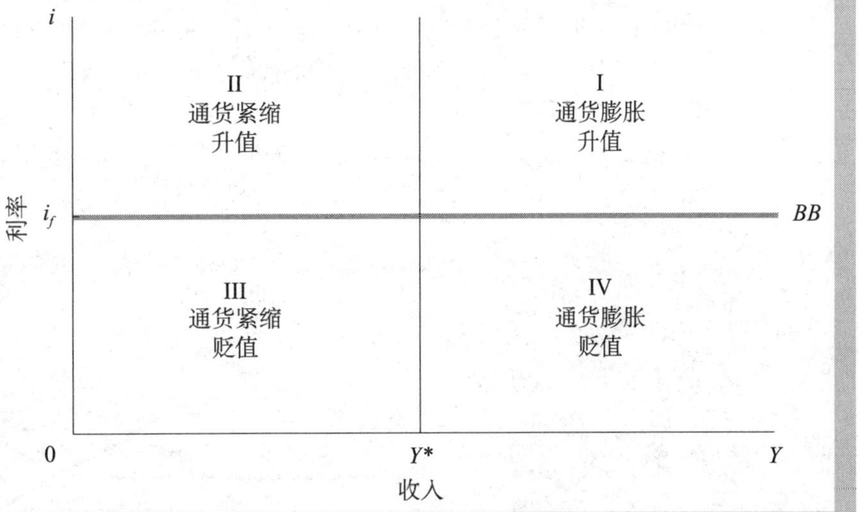

口和收入增加，货币需求上升，而利率也会上升，由此推动我们重新回到 BB 曲线。如果国内利率由于货币政策收缩或财政政策扩张而上升，这一机制就会以相反的方式发生作用。

在这些假定下，我们利用图 23-5 来研究调整过程。在 Y^* 右边的任何地方，价格都将上升，而在 Y^* 左边，价格将会下降。BB 曲线以上的点，会引起资本流入和货币升值；BB 曲线下方的各点将导致资本流出和货币贬值。此外，由于资本的高度流动性，汇率将会迅速地调整，从而使得我们总是接近或者位于 BB 曲线上。

货币扩张：短期和长期影响

给定价格，浮动汇率和资本完全流动情况下的货币扩张，会导致贬值和收入增加。我们要问，一旦考虑到价格调整，这一结论将如何修改呢？答案是，现在的产出调整只是暂时性的。货币扩张在长期会导致汇率贬值，而价格上升则不会引起竞争力的变化。

在图 23-6 中，我们从点 E 出发。点 E 具有充分就业、国际收支平衡、货币均衡以及国内产品市场均衡的性质。现在发生了货币扩张，从而推动 LM 曲线移动至 LM′ 的位置。点 E′具有新的产品市场和货币市场均衡，却具有低于世界水平的利率，因此，汇率会立即贬值，并提高了本国的竞争力，从而推动 IS 曲线移动至 IS′的位置。经济相应地迅速由点 E 经过点 E′运动到点 E″。产出实现增长，汇率贬值，经济因而在外部竞争力上有所收益。但是，事情并未结束。

在点 E″上，产出高于充分就业水平。所以，价格将不断上升，这就蕴含了实际余额的持续下降。当实际货币存量 M/P 因价格上升而下降时，LM 曲线开始向左移动。利率趋于上升，资本趋于流入，由此造成的升值现在会引起竞争力的下降，同时推动 IS 曲线返回初始均衡位置。因此，IS 曲线与 LM 曲线都向点 E 移动，并且一直持续到它们重新到达点 E 为止。

一旦经济重新回到点 E，曾经发生过的是什么样的调整呢？在点 E，利率已经恢复到它的初始水平，相对价格 eP_f/P 也是如此。在从点 E 到点 E' 的移动中，汇率在价格上升前立即贬值。但是，当价格上升而实际货币余额下降时，部分贬值已被逆转。在调整过程中，价格和汇率按同一比例上升使相对价格 eP_f/P 从而总需求保持不变。因此在长期，货币是完全中性的。表 23－2 概括了这些结论。到调整过程结束时，名义货币、价格和汇率都按同一比例上升，从而使得实际货币存量和实际相对价格（包括实际汇率）都不改变。

图 23－6　货币扩张的短期效应和长期效应

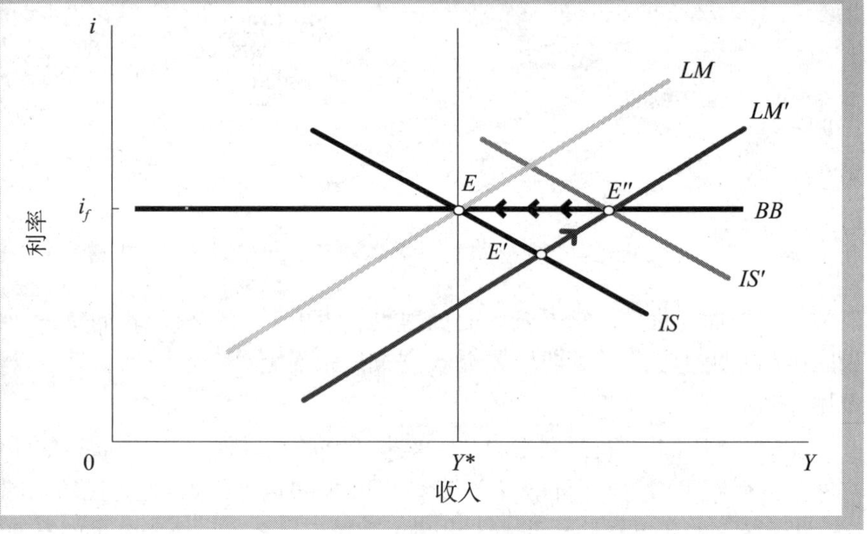

表 23－2　货币扩张的短期效应和长期效应

	M/P	e	P	eP_f/P	Y
短期	+	+	0	+	+
长期	0	+	+	0	0

汇率超调

给定上述有关情况，在浮动汇率制度下，货币政策的分析导致了对调整过程的一个重要认识。调整过程的重要特征就是，**汇率与价格并不是按同一比率变动的**。当货币扩张推动利率下降时，汇率立即做出调整，但是价格的调整却是逐渐进行的。所以，货币扩张在短期内会造成相对价格和竞争力直接而剧烈的变化。

图 23－7 说明了由图 23－6 的分析所蕴含的名义货币、汇率和价格水平的时间路径。对于这些变量中的每一个变量，我们都表明一个指数在开始时等于 100。经济从其长期均衡位置出发。在时间 T_0，货币存量增加了 50%，并且停留在这个较高的水平上，如灰色线所示。汇率立即贬值。事实上，汇率指数的上升要大于货币指数的上升，比如，从位于点 A 的初始水平 100，上升到位于点 A' 的新水平 170。相比之下，价格并未迅速移动。

在时间 T_0 的冲击效应之后，会发生进一步的调整。由于在时间 T_0 竞争力的增加已经把产量提高到潜在水平以上，现在出现了通货膨胀。价格持续上升，同时汇率也在不断上升，因此部分地抵消了起初的急剧贬值。随着时间的推移，价格上升到与货币增加相称的程度，汇率也将与较高水平的货币和价格相适应。长期中，实际变量没有改变。在图 23－7 中，我们看到的汇率调整形式涉及过度调整。**汇率超调（exchange rate overshoot）会超过其新的均衡水平，即当汇率对某一扰动做出反应时，它最初的变动会超过它最终将达到的均衡，之后逐渐恢复到长期均衡位置。**汇率超调意味着货币政策的改变会使汇率产生大幅度变化。

图 23－7　汇率超调

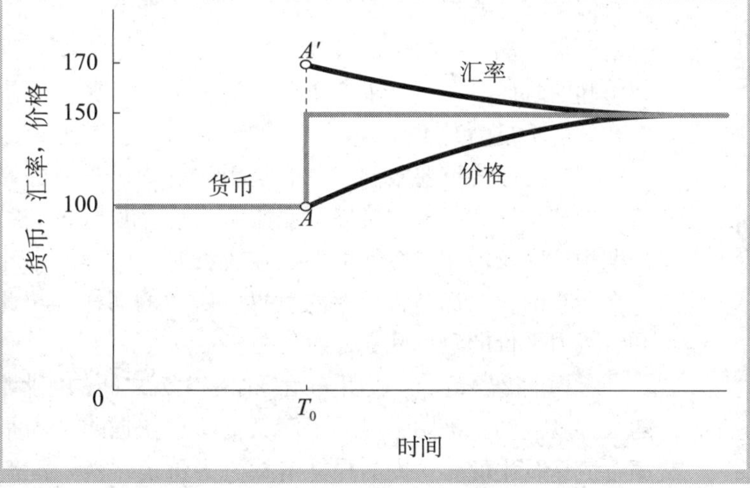

一些人相信，汇率超调给经济增加了不情愿的不稳定性，他们认为，政府应该干预外汇市场，以避免汇率发生过度的大幅度波动。在 1980—1985 年间，美元的急剧升值有力地强化了对干预的要求。在 1985 年，大多数国家原则上同意设法为防止汇率的不稳定而进行干预。不过，尽管有了这样的协议，大幅度的汇率波动仍然继续发生。例如 1995 年，日元的汇率达到 80 日元兑换 1 美元。主要工业化国家认为日元被高估了，应该贬值。这项宣告以及由日本银行干预而导致的贬值，在一年内使日元汇率下降到 110 日元兑换 1 美元。类似情况是，2002 年 3 月—2003 年 3 月，美元/欧元的汇率从 0.87 美元变为 1.10 美元（即一年内一美元相对于欧元的价值损失了将近 25%）。相应地，虽然现行的浮动汇率制度是由于固定汇率的布雷顿森林体系在 1973 年失败而出现的①，但是，这并未被看作最终的定论，国际货币制度的改革一直处在有关的议事日程上。

购买力平价

在我们的分析中，汇率会上升到恰好能够抵消国内通货膨胀对实际汇率的影响的水平。也就是说，外汇贬值在初始和最终均衡点之间维持了我们的产品以国外产品表示的购买力。

有关汇率决定因素的一种重要观点是：汇率的变动主要是作为两国之间价格水平行为差异的结果，并且在能够维持贸易条件不变的方式上变动。这就是**购买力平价**（pur-

① 这是在第二次世界大战结束到 1973 年期间盛行的固定汇率制度，之所以如此命名，是因为它是 1944 年在新罕布什尔州的布雷顿森林举行的一次重要国际会议中设计的。

chasing power parity，PPP）理论。**汇率的购买力平价理论认为，汇率变动主要反映了各国之间通货膨胀率的差异。**在考察实际汇率 eP_f/P 时，该理论坚持认为：当 P_f 或 P 发生变化时，e 会以维持 eP_f/P 固定不变的方式变动。[①]

PPP 似乎是对汇率趋势行为的合理描述，特别是当各国之间通货膨胀差异较大的时候更是这样。需要特别指出，我们已经在货币存量增加的情形下发现 PPP 关系是成立的。如果价格水平的变动是由货币变化引起的（就像在通货膨胀率较高的情形下可能存在的那样），我们期望 PPP 关系会在长期中成立。

但是有必要进行一定的限制。首先，甚至货币扰动也会影响短期实际汇率。相对于价格而言，汇率倾向于以极其迅速的方式发生变动。因此，甚至在汇率变动是由货币政策引起的时候，在一个季度或者一年这样的短期中，看到汇率严重偏离 PPP 所暗含的汇率就丝毫不足为奇了。

第二方面的重要限制涉及非货币的扰动对汇率的影响。例如，我们曾经了解到，出口的增加会导致在国内价格不变情形下的货币升值。这个例子表明，对实际扰动的调整，长期中将影响均衡的实际汇率。在较长时期内，汇率和价格并非必然一同变动，就像它们在所有的扰动都是货币性的世界中所做的那样。与此相反，相对价格可能改变，这就和购买力平价的汇率观点背道而驰。

考虑图 23－8，它表明美元与加拿大元之间的实际汇率（$eP_{Can}/P_{U.S.}$）在长期中发生的大幅度波动。该图也显示了名义汇率。依据购买力平价，当汇率指数变动时，实际汇率不应该发生变化，因为根据购买力平价的观点，汇率只应该由于相对价格的变化而变动。然而，实际汇率显然与名义汇率大致是同向变动的，这表明购买力平价对于 1976 年以来加拿大与美国的情况并不适用。购买力平价也不能很好地描述最近任何时期里主要货币间的汇率行为。

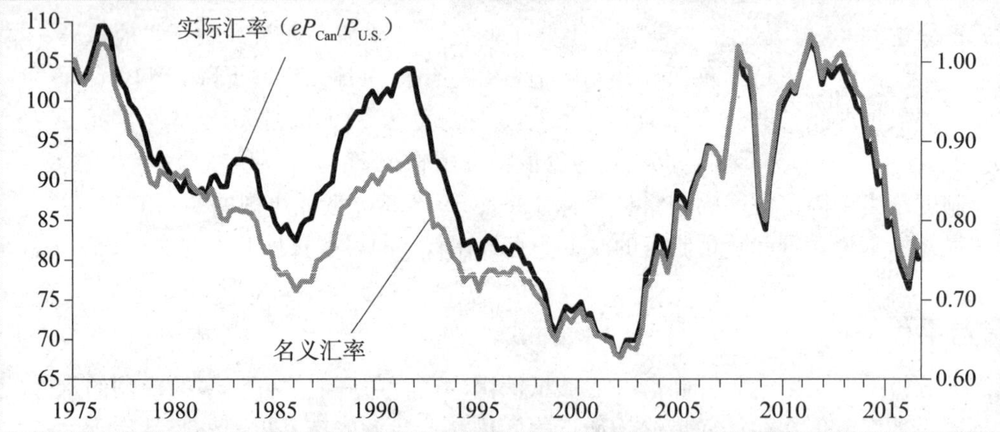

图 23－8　1975—2016 年加拿大与美国的实际汇率和名义汇率

注意两轴的不同刻度。左轴表示实际汇率，以 2010 年为基期，指数为 2010 年＝100。右轴表示一美元兑换的加拿大元数量。

资料来源：IMF，International Financial Statistics.

① 假设实际汇率的初始水平等于两个国家之间的购买力。

外部竞争力

购买力平价的衡量与一国对外贸易的竞争力行为存在密切的联系。一国相对价格水平的下降将使该国的产品变得相对便宜，因而更具有竞争力。在表 23-3 中，我们给出了几个国家以美元衡量的制造业的单位劳动成本指数。

数据清楚地表明，名义汇率影响以美元衡量的单位劳动成本。1985 年，当美元达到高峰时，比如，和 1990 年已经相当疲软的美元相比，德国和日本的美元成本是很低的。因此，名义汇率的变动对竞争力有明显的影响。

表 23-3　制造业的单位劳动成本

* 1990 年以前指联邦德国。

资料来源：Bureau of Labor Statistics，www.bls.gov.

（美元指数，2002 年=100）

	美国	德国*	日本	加拿大
1960	43.7	13.1	12.4	45.7
1970	51.4	21.4	17.4	49.7
1980	92.0	74.7	58.2	88.4
1985	102.9	52.3	57.0	94.4
1990	109.3	145.6	94.3	130.1
1995	107.5	145.6	147.7	112.1
2000	102.1	95.8	115.6	99.1
2005	97.7	120.8	93.0	138.7
2010	85.2	139.8	94.8	171.4

23—5　利率差异与汇率预期

我们的汇率决定理论模型的基础是国际资本的流动性。我们特别强调，由于资本市场变得足够一体化，我们预期各国间的利率将是相等的。这个假定如何经得起事实的考验？① 图 23-9 显示出美国的联邦基金利率和德国的货币市场利率。而这些利率显然是不相等的。我们如何使这一事实符合我们的理论呢？

图 23-9　1960—2015 年美国联邦基金利率和德国短期利率

资料来源：IMF，*International Financial Statistics*，*for U. S. rates and German money market rate*，*1960—2012*；Bundesbank *1-week EURIBOR rate*，*2013-15*.

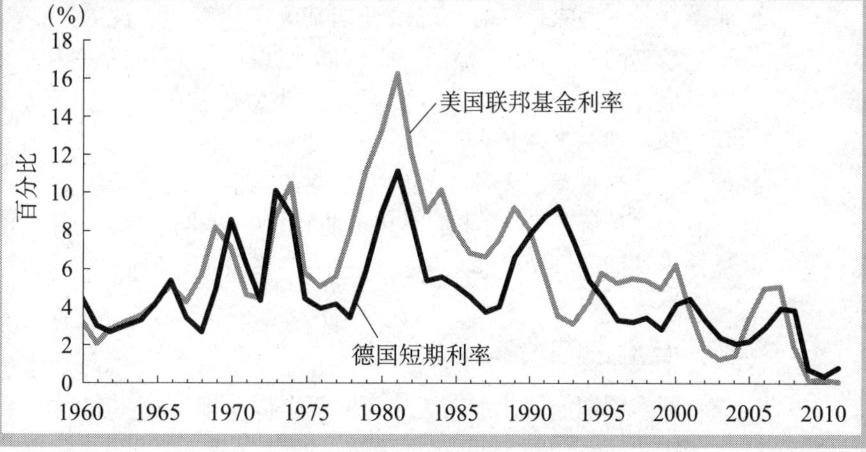

① 关于资本流动，参见 Jeffrey Frankel，"International Capital Mobility：A Review，" *American Economic Review*，May 1991。

汇率预期

我们的理论分析建立在资本的国际流动是对名义利率差别做出的反应这一假设基础上。例如，如果国内利率为6%，而德国利率为10%，我们根据以上各节的内容就会预期存在资本流出。

但是，在汇率可能、实际上能并预期会发生变动的世界，这样的理论是不完全的。[①] 例如，考虑欧元将在下一年相对于美元贬值5%的情况。由于欧元将要贬值5%，在欧洲投资所得的以美元度量的收益只有5%（=10%−5%）。尽管美国的利率低于欧洲的利率，但人们的自然偏好仍是投资于美国的债券。

因此，我们显然必须扩展我们关于利率相等化的讨论，将预期的汇率变化包含进来。任何人投资于国内债券都会赚取利率 i，而选择投资于国外债券，投资者可以赚取国外债券的利率 i_f 加上它从外国货币升值中得到的收入。这样，以本国货币衡量的国外债券的总收益就是：

$$\text{国外债券收益（以本国货币衡量）}=i_f+\Delta e/e \tag{5}$$

当然，由于投资者在进行决策时并不知道汇率将要发生多大的变化，方程（5）中的 $\Delta e/e$ 项应该解释为汇率的预期变化。

汇率预期的引入修改了我们的国际收支方程。现在，资本流动是受本国利率与经过预期贬值调整的国外利率之间的差别即 $i-i_f-\Delta e/e$ 所支配。给定本国利率，国外利率的上升或者预期贬值将会导致资本流出。反之，本国利率上升或者预期升值将会引起资本流入。因此，我们把国际收支写为：

$$BP = NX\left(Y,\frac{eP_f}{P}\right)+CF\left(i-i_f-\frac{\Delta e}{e}\right) \tag{6}$$

这样，汇率预期的调整解释了即便资本可以在各国自由流动，利率的国际差别仍然持续存在。**当资本是完全流动的时，在对预期贬值进行调整后，我们预期利率将是相等的，**即：

$$I = i_f + \Delta e/e \tag{6a}$$

预期贬值有助于解释低通货膨胀国家和高通货膨胀国家之间的利率差别。当通货膨胀率在某一国家较高时，可以预期其汇率将贬值。此外，费雪关系表明该国的名义利率也是较高的。[②] 所以，高通货膨胀国家往往引起高的利率和货币贬值。这是费雪方程的国际扩展，依据购买力平价，费雪方程认为通货膨胀的国际差异是与贬值相关的，那么，我们的长期关系就是：

$$\text{通货膨胀差异}\simeq\text{利率差异}\simeq\text{贬值率} \tag{7}$$

$\simeq$表示"约等于"。由于汇率有可能独立于价格而变动，并且由于资本流动的障碍，有可能产生长期的利率差异，因此，这一关系只是近似的。

投机性的资本流动

汇率预期的变化能够影响实际汇率以及国内利率和产出。这一观点可以在图 23-10

---

① 你也许愿意评论第19章中关于"金融市场和资产价格"的内容。

② 费雪关系表明，名义利率等于预期的实际利率加上预期的通货膨胀率，即 $i = r + \pi^e$。

的帮助下得出。该图如方程（6a）所规定的，假设资本是完全流动的，其中 BB 曲线是为给定的国外利率和给定的汇率预期变化率（比如零）所绘制的。

假设我们从位于点 E 的充分均衡状态出发，并且市场已经形成了本国货币将要升值的预期。这意味着，即便本国利率较低，国内资产也有吸引力，BB 曲线因而向下移动，其位移等于预期升值额。

在 BB 曲线移动至 BB' 位置的既定情形下，点 E 不再处于均衡状态，而是处于由升值预期引起的具有大规模资本流入的盈余状态。位于点 E 的盈余使得汇率升值，如箭头所示，我们向左下方运动。投机冲击导致货币升值、竞争力下降并最终造成产出和就业的下降。可见，汇率升值的预期是一种**自我实现的预期**（self-fulfilling expectation）。

这个分析进一步证实汇率预期通过其对资本流动，进而对实际汇率的冲击，构成了对宏观经济均衡扰动的一个潜在来源——这是那些试图在资本完全流动条件下固定汇率的政策制定者所必须时刻牢记的事。

图 23-10　对货币预期升值的反应

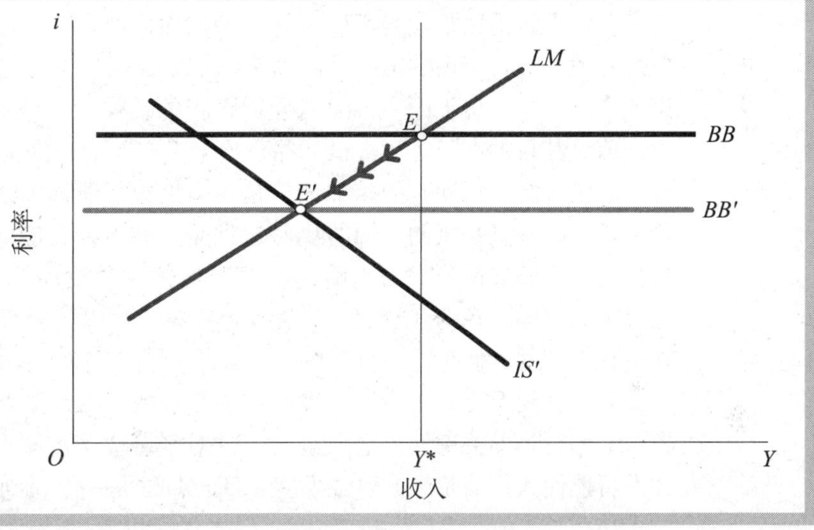

23—6　汇率波动与相互依存

20 世纪 60 年代，对固定汇率制度的不满日益增长。在第二次世界大战结束时创立的布雷顿森林体系被叫做“危机体系”，因为汇率会不时地超过波动限制，汇率变化的预期也会不时地引发大规模的资本流动，这又常常促使投机者所预期的汇率变动发生。自 1973 年以来，各主要货币间实行的浮动汇率制度是否表现较好？这种汇率制度是否不容易发生危机，是否为宏观经济稳定提供了一种更好的框架？在回答这些问题之前，让我们简要地考察一下该体系，看看事实上该体系是如何运作的。

外汇市场干预

汇率完全浮动时，政府不会在外汇市场上采取任何行动，无论汇率出现什么变动，政府都不进入外汇市场。但是，这样的制度几乎闻所未闻，尽管美国很少干预外汇市场。更常见的是，政府或多或少都在干预外汇市场。**当政府为了影响汇率而购买或出售外汇时，就出现了外汇市场干预（foreign exchange market intervention）**。

各国政府干预外汇市场的程度有很大的差别。它们也许只是试图抵消短期波动，通过买卖外汇以维持“有序的市场”，但是，它们也可能是在试图阻止高估的汇率贬值或者低估的汇率升值。（与清洁浮动相对的）**肮脏浮动**（dirty floating）就是使用大量的干预手段来抗衡市场力量的压力，从而维持汇率稳定的做法。

在1973年以来的几乎整个时期内，汇率浮动无疑是肮脏浮动的。政府进行了相当大规模的干预。这自然就引出一个问题：政府为什么试图抵制市场力量，以阻止货币的升值或者贬值？

政府为什么干预汇率

中央银行干预外汇市场以便影响汇率是由于以下几个原因。① 主要的原因也许是，相信许多资本流动只是代表不稳定的预期，而由此产生的汇率变化却造成了国内产量不必要的变动。进行干预的第二个原因是，中央银行为了影响贸易流量而试图变动实际汇率。第三个原因是，出于汇率对国内通货膨胀的影响。中央银行有时干预外汇市场以阻止汇率贬值，其目的在于防止进口产品价格上升，从而有助于减缓通货膨胀。

干预（肮脏浮动）的基本论点是，中央银行能够通过干预来熨平汇率的波动。对该论点唯一的并且是压倒一切的反对意见是，并不存在能够区别反常运动与趋势运动的简单方式。我们如何分辨出当前的汇率升值仅仅是扰动的结果，这种扰动不久就会逆转，还是汇率趋势运动的开端呢？尽管人们在事后可以比较清楚地看到汇率是否逆转，但是，在变化出现的时候是无法分辨的。

有一种情况要由中央银行进行合乎需要的干预。从我们前面的分析中可以清楚地知道，汇率行为的关键性决定因素之一是对经济政策的预期，有时只有通过干预外汇市场才有可能使人们清楚政策已经发生了变化。这是一个说到做到的事例。

冲销和未冲销的干预

在讨论干预时，问清楚干预是否起作用也很重要。例如，日本银行从其外汇储备中卖出10亿美元，是否会影响汇率呢？

为了判断干预的效果，我们必须区分**冲销的干预**（sterilized intervention）和**未冲销的干预**（nonsterilized intervention）。（在本章较早的时候，我们曾经讨论过冲销的操作。）在进行冲销干预的情形下，中央银行通过购买外汇等操作增加本国货币的供给，但是本国货币的增加随后就被公开市场出售所抵消。所以，在冲销的干预情形下，本国货币供给保持不变。与此相反，在未冲销的干预情形下，货币存量的变化与干预规模相等。

广泛一致的意见是，未冲销的干预会影响汇率，因为它改变了货币供给。但是，对于冲销干预的有效性普遍存在着怀疑；1978—1979年，尽管进行了大规模的干预，美元

---

① 某些学院派的批评反对干预，参见，例如，Milton Friedman，“Deja Vu in Currency Markets，” *The Wall Street Journal*，September 22，1992。关于干预双方的价值，参见 Paul Volcker and Toyoo Gyohten，*Changing Fortunes*：*The World's Money and the Threat to American Leadership*（New York：Random House，1992）。

在货币市场上还是不断地贬值，不过对这些干预进行了精心的冲销。到1979年后期，当美元贬值开始惊动联储时，才出现政策的变化。货币政策变为紧缩性的，美元贬值立即被中止了，并且随后发生了大幅度逆转。

这一插曲以及其他证据有力地显示了未冲销干预的有效性与得到可信政策支持的干预的有效性，早期冲销干预的失败也表明只有未冲销的干预才能够影响汇率。但是，新近发生的插曲成为对该问题要三思的理由。

资料23－6描述的1980—1985年的美元巨幅升值，成为美国、欧洲和日本的政策制定者主要关注的事。很多政策制定者认为，市场已经把美元抬得过高，并且只是投机力量在不断促使美元上扬。1985年9月，"五国集团"（美国、日本、联邦德国、法国和英国）的财政部长们声明美元汇率已经过高，各国中央银行要采取行动，出售美元，以压低其汇率。美元对此迅速做出了反应，表明一致的行动能够影响汇率，即使货币政策并没有发生明显的改变。这样的行动肯定不能保证发挥作用，但是，如果在市场上普遍存在着对政策未来取向的投机，并且如果声明和干预预示着未来政策将试图使汇率沿着某一特定方向运动，那么它就能够发挥作用。相对而言，如果政策制定者不愿意运用利率来保卫其货币，正如英国在1992年9月发生那样，即使300亿美元的干预对于汇率也于事无补。

相互依存

过去人们习惯认为，在浮动汇率制下，各国可以执行自己的国民经济政策（货币政策、财政政策，以及通货膨胀率）而无须担忧国际收支。这当然是正确的，但是，也会令人产生误解。**无论实行什么样的汇率制度**，在国家之间都存在着重要的联系。[①]

[资料23－5]　*历史故事*

难以持续的赤字与美元泡沫

在20世纪80年代初，人们很少关注美国的经常项目赤字。在1982年世界经济衰退之后，美国经济以大大快于其他国家的速度增长，经常项目赤字被视为经济强劲扩张的副产品，但是不断坚挺的美元通过侵蚀美国的竞争力，使赤字日益增加（见图1）。

到1985年时，空前庞大的赤字以及日益坚挺的美元开始出现问题：如果美元汇率保持在其1985年的水平上，赤字最终会消失吗？如果赤字不下降，将来美国是否会成为净对外债务国，从而不得不陷入逐年日益扩大的债务之中呢？而且，如果债务以及必须对其支付的利息预计要在长时期内增加，这与坚挺的美元一致吗？

美元泡沫

1985年，美元的过度上涨和巨大的赤字导致的结论是，美元已被高估了。为了削减赤字，从而放慢外债的增长速度，必须在某一时间使美元大幅度贬值。但是，如果美元的大幅度贬值是不可避免的，那么外汇市场为什么还在继续推动美元升值呢？如果外汇市场预期到美元的大幅度贬值，交易商就会尽快

① 关于相互依存，参见Ralph C. Bryant et al.，"Domestic and Cross-Border Consequences of U.S. Macroeconomic Policies，" International Finance discussion paper 344，Board of Governors of the Federal Reserve System，March 1989；Jeffrey Shaffer，"What the U.S. Current Account Deficit Has Meant for Other OECD Countries，" *OECD Studies*，Spring 1988；and Paul Masson et al.，"Multimod Mark II：A Revised and Extended Model，" IMF occasional paper 71，1990。

买进其他货币，设法避免在美元下降时被套牢，这样，每个人都企图抛售美元将会使美元迅速得到调整。

甚至在对难以支撑的美元开始进行讨论时，美元实际上已开始了它在1985年后的下跌。但是，留下了未能解答的问题，即美元为什么要上升到那么高的程度。关于美国紧缩性货币政策和扩张性财政政策的解释，对于解释美元的上升起到了一些作用，然而这并非事情的全部；由于货币政策在1982年秋季就已经开始放松了，所以，时间不匹配。

图1　1960—2016年美国经常项目占GDP的百分比

资料来源：Bureau of Economic Analysis.

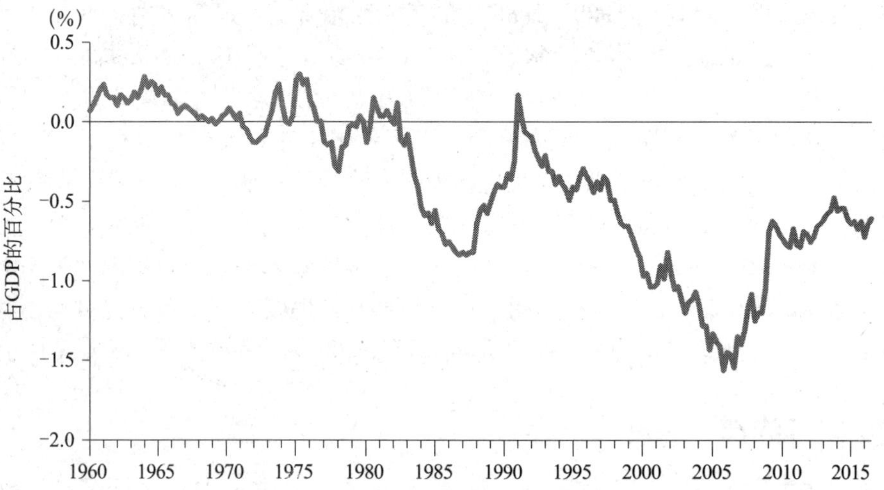

某些观察家断定，1985年的美元高峰是**投机泡沫**（speculative bubble），即美元偏离了那些已被决定其价值的基本因素所证明的正常水平。这些基本因素包括利率、经常项目以及预期的未来经常项目。而泡沫破裂的部分原因是中央银行在干预方面的合作，使美元连续两年下降到了较为现实的水平。对资产市场，特别是外汇市场，是不是理性的讨论，仍未得到解决。*

*参见 Jeffrey Frankel and Ken Froot，"Using Survey Data to Test Standard Propositions Regarding Exchange Rate Expectations，" *American Economic Review*，March 1987。关于汇率预期及其理性的评论，参见 Takatoshi Ito，"Foreign Exchange Rate Expectations：Micro Survey Data，" *American Economic Review*，June 1990；Shinji Takagi，"Exchange Rate Expectations，" *IMF Staff Papers*，March 1991；and Ken Froot and Richard Thaler，"Anomalies：Foreign Exchange，" *Journal of Economic Perspectives*，Summer 1990。

这些**溢出效应**（spillover effect）或**相互依存效应**（interdependence effect）已经成为讨论浮动汇率制度的中心议题。例如，假设美国紧缩其货币，正如前面讨论的那样，美国利率将上升，这会吸引国外资本流入，因此，美元升值而外国货币贬值。表23-4表明了对其他国家的影响。

美国的货币升值意味着竞争力的损失，世界需求将从美国产品向其竞争对手的产品转移。因此，本国产出和就业下降。在国外，美国的竞争对手从其货币贬值中获益，它们变得更有竞争力，国外的产出和就业因而会上升。因此，美国的货币紧缩倾向于促进国外就业的增加。当然，这是以美国的就业牺牲为代价实现的。

此外，还存在通过价格途径的溢出效应。当美国的货币升值时，进口产品的美元价格下降。因此，当美元急剧升值时，美国的通货膨胀将会极其迅速地下降。但在国外会出现相反的情况；外国货币贬值，以外国货币标价的价格因而趋于上升。于是，国外的通货膨胀将上升。外国人也许会欢迎作为美国货币政策副效应的就业增加，但是，他们肯定是在没有货币贬值所引发的通货膨胀下欢迎这种就业增加的。

美国的财政政策以同样的方式对国外产生影响。例如 1980—1985 年间的美国财政扩张，将导致美元升值和竞争力损失，美国支出的直接增加与竞争力的恶化正是美国的扩张为国外分享所经由的渠道。当美国进行财政扩张时，世界上其他地区通过出口的增加而分享到好处。

表 23－4 也说明了货币政策和财政政策对通货膨胀的影响。由于财政扩张导致美元升值，进口产品价格的下降有助于降低扩张国家的通货膨胀。但是，国外的进口价格将上升，这意味着通货膨胀将会加剧。汇率变动对通货膨胀的影响，是决定 1980—1985 年间工业化国家通货膨胀率变化的重要因素。

表 23－4　相互依存条件下的货币政策和财政政策效应

	美国货币紧缩		美国财政扩张	
	美国	世界其他地区	美国	世界其他地区
汇率	美元升值		美元升值	
产出	—	+	+	+
通货膨胀	—	+	—	+

所以，国外的政策制定者必须决定是否接受美国高就业-高通货膨胀政策的影响，或者他们是否应该改变自己的政策。如果国外的通货膨胀已经成为问题，或者如果世界上其他地区对通货膨胀特别反感，那么国外对这种**输入性通货膨胀**（imported inflation）的政策反应极有可能就是紧缩货币。如果美元升值是由美国货币政策的紧缩造成的，当外国决定与输入性通货膨胀作斗争时，它同样会引起国外货币紧缩。这意味着美国的货币紧缩触发了世界范围内的紧缩。这就是 1981—1982 年间世界性经济衰退出现的实际情况。

全球大衰退：2007—2009 年

大衰退打击了大部分国家，但并不是所有的国家。发生大衰退有两个原因：首先，许多国家直接被卷入美国的次级债崩盘带来的冲击，一些银行，特别是冰岛和爱尔兰的银行投资的是与击倒美国金融机构相同的证券；其次，甚至较少直接暴露于金融危机的国家也受困于股票市场下跌以及美国许多主要银行的衰弱，总需求也因贸易伙伴经济下滑而下降。例如，加拿大受到早期的金融冲击影响较小，但是 GDP 仍然下降了。

表 23－5 显示了此次衰退的世界影响。经济增速在 2008 年放缓，GDP 在 2009 年下降，增速在 2010 年得到恢复。中国和印度的经历与大多数国家不同，增速放慢但是没有停滞。

政策同步化

当各国之间的政策未能保持完全同步时，汇率的巨大变化成为自由贸易的严重威胁。当进口产品价格由于货币升值而下降 20%或者 30%时，需求就会出现大规模转移，国内工人将因此失业，而且他们很容易认为是外国人得到了他们刚刚失去的工作。于是，将出现要求实施贸易保护（关税或配额）的压力，以便挤出由于货币升值而“人为便宜”的进口。2001 年，美国的钢铁以及许多其他产业一再要求受到保护，部分反映了美元的高价值，以及相对应的进口产品的低价格。

过去30年的经验对浮动汇率制度能否使各国不受国外冲击这一问题提供了明确的答案。在浮动汇率制度下，存在与固定汇率制度下不相上下的相互依存。另外，由于汇率不断变化，而且是如此易于对政策（好的或者坏的）做出反应，宏观经济管理并未变得更容易。此外，就汇率超调的程度所引起的竞争力的剧烈变化而言，浮动汇率导致了保护主义情绪。

表23-5 实际GDP增长率

资料来源：*Economic Report of the President*，*2016*，Table B-4.

国家	2007	2008	2009	2010	2011	2012	2013	2014
美国	1.8	−0.3	−2.8	2.5	1.6	2.2	1.5	2.4
日本	2.2	−1.0	−5.5	4.7	−0.5	1.7	1.6	0.0
英国	2.6	−0.3	−4.3	1.9	1.6	0.7	1.7	2.9
加拿大	2.0	1.2	−2.7	3.4	3.0	1.9	2.0	2.5
德国	3.4	0.8	−5.6	3.9	3.7	0.6	0.4	1.6
俄罗斯	8.5	5.2	−7.8	4.5	4.3	3.4	1.3	0.6
中国	14.2	9.6	9.2	10.6	9.5	7.7	7.7	7.3
印度	9.8	3.9	8.5	10.3	6.6	5.1	6.9	7.3
墨西哥	3.1	1.4	−4.7	5.1	4.0	4.0	1.4	2.3

总之，浮动汇率制度还远不是一个完美的制度。但是，虽然布雷顿森林体系已经崩溃，但是还不存在更好的制度。因此，我们唯一的要求是，通过利益和政策的国际协调，我们能否使该制度比不久前运行得更好？虽然主要工业国家的领导人已经屡次认可彼此的相互依存，并且同意努力实现更加协调的政策，但是目前尚没有重大的制度变革来确保经济政策的协调。①

23—7 汇率制度的选择

在亚洲危机的余波中，什么是最好的汇率制度（固定汇率制度还是浮动汇率制度）这一问题再次出现了。直接问题是美元-日元汇率的大幅度波动对于这次危机的作用如何。许多亚洲国家的经济将其通货钉住美元。因此，当美元强劲升值时，这些通货也坚挺起来，同时造成经常项目和金融稳定性的灾难。而这种状况距离金融危机只差短短的一小步。主要通货（美元、日元、欧元）之间的汇率应该是固定的、自由浮动的，还是在目标区内以一种更加有限的方式波动呢？②

① 参见 Jacob A. Frenkel，Morris Goldstein，and Paul Masson，"Characteristics of a Successful Exchange Rate System，" IMF occasional paper 82，July 1991，and Morris Goldstein，Peter Isard，Paul Masson，and Mark Taylor，"Policy Issues in the Evolving International Monetary System，" IMF occasional paper 96，June 1992。

② 进一步的讨论参见 B. Eichengreen，*Toward a New International Financial Architecture*（Washington，DC：Institute of International Economics，1999）。关于新兴市场的问题，参见 International Monetary Fund，*Exchange Rate Regimes*（1999）。也可参见折中的一篇文章，J. Frankel，"No Single Exchange Rate Regime Is Right for All Countries or at All Times，" *Essays in International Finance* 215，International Finance section，Princeton University，1999。

新兴经济也必须询问，它们是否应该实行对美元、日元或欧元的固定汇率。如果是，其汇率应当是“另行通知之前固定的”呢，还是以一种真正严格的方式，通过货币委员会或者彻底运用一种关键性货币［例如，实行**美元化**（dollarization）］来实行的固定汇率呢？或许，它们的汇率应该自由浮动，以防止通货变成议事日程的常规部分？固定汇率必然会与如何避免危机的问题捆绑在一起；而管理浮动汇率则与如何先发制人地应对剧烈无常的变动性问题捆绑在一起。在本节，我们将给出这场广泛而公开的争论中正反两方面的看法。

目标区

目标区（target zone）允许汇率在有限的区间内浮动，并在汇率超出该区间界限时进行政府干预。目标区的命题认为，汇率的广泛波动距离基本的均衡汇率水平越远，就越是会扭曲贸易流量和增加发生金融危机的风险。要想避免不方便、恶化以及较大的风险，政府就会要求限制汇率的波动范围：政府应当着手建立汇率波动的界限，比如，在基本均衡汇率上下 10%或者 15%范围内，来保持汇率的偏离程度。该命题认为，这些限制应当给市场提供足够的发挥作用的余地，而任何更多的限制都是表明市场脱离现实的信号，最终将遭遇硬着陆问题。

反对者提出了两个论点：首先，到哪里去寻找市场汇率之外的均衡汇率？关于均衡汇率的观点与实际汇率值发生了尖锐的分歧；因此，并不存在一个讨论的出发点。表 23—6 表明了人们对 2000 年基本均衡汇率的估计值。注意，这个“均衡”的汇率估计值的范围本身就像目标区那么宽。

其次，人们如何按照目标区的要求行事呢？这与各国政府应该协作以确保汇率目标区的实现是一回事。但是，考虑到 2000 年初的经济形势，当时美元比表 23—6 中的均衡汇率更加坚挺。处在超级繁荣之中的美国应当降低利率以便减少美国资产的吸引力吗？或者，处于衰退边缘的日本应当提高利率吗？当然，两国都不会做出上述选择。尽管对于目标区的讨论仍很活跃，但是，并不期望各国政府向这个方向靠近。

表 23-6　实际汇率和基本均衡汇率（FEER）

资料来源：基本均衡汇率的估计值来自：Wren-Lewis, S.；Driver，R. *Real Exchange Rates for the Year 2000*；Institute for International Economics，Washington，DC，2000。

（外国通货/美元）

	FEER（2000 年）	实际汇率（2000 年初）
日本	77～95	109
德国	1.35～1.65	1.99
加拿大	1.40～1.72	1.44

特定的联合干预

限制汇率波动的一种很少被构造的方式，就是特定的联合干预。假设汇率远离了它们的历史平均水平，就像美元在 1985 年或者日元在 1996 年那样。于是，在一个最佳的时刻，人们所熟知的交易最清淡的时候（纽约星期五下午 4：00），各国政府可以进入市场，购买大量贬值的通货。它们也许会以这种方式成功地使价格回升，迫使短期卖家撤离使他们痛苦的头寸，并创造出一种巨大的反向推动力。这种情况能够实现，但是1996年春季日元的情况提出了一个严重的警告：政府干预进行了两次，但是两次都以失败告终，因为市场并不相信仅有干预就足够了。在1996年8月，随着汇率到达80日元兑换1美元的顶点，美国-日本的联合干预才最终发挥了作用。干预是一种工具，它在经济形势已经处在转折点的时候是有所帮助的；但是，对于坚信市场本身具有强大力量的人来说，它毫无用处。

美元化和货币委员会

19世纪末20世纪初绝大多数国家都采用了金本位制。中央银行的作用较为简单：在国际收支发生赤字的时期，中央银行减少黄金，从而自动地减少了国内的货币供给，提高利率，并引起了资本流动，与此同时，也就减少了支出和贸易赤字。相反，出现国际收支盈余的时候，利率将下降，这将引起资本外流，支出增加，因而也减少了贸易盈余。在这种情况下就存在一种自动调节机制，即不需要中央银行权衡取舍的机制。

一个国家为什么会选择放弃相机抉择的政策呢？考虑一下阿根廷的例子，多年来，阿根廷有过55位中央银行行长，连续使用过十多种货币，并且遭受过恶性通货膨胀的打击。毫不奇怪，在20世纪90年代阿根廷选择了**货币局制度**（currency board）。货币局提供有100%外汇储备支持的地方性通货。因此，中央银行就不能权衡干预，不能印制货币来弥补财政赤字，也不能进行货币贬值。在本质上，阿根廷的货币政策是由华盛顿的联储在20世纪90年代制定的。此外，作为一个主权国家，在其固定汇率遭受质疑时，阿根廷总是能够放弃货币局制度。而这恰恰就是阿根廷让其货币币值浮动时所做的（参见图23-11）。

图23-11　阿根廷的官方储备和汇率
资料来源：IMF，*International Financial Statistics*，2002.

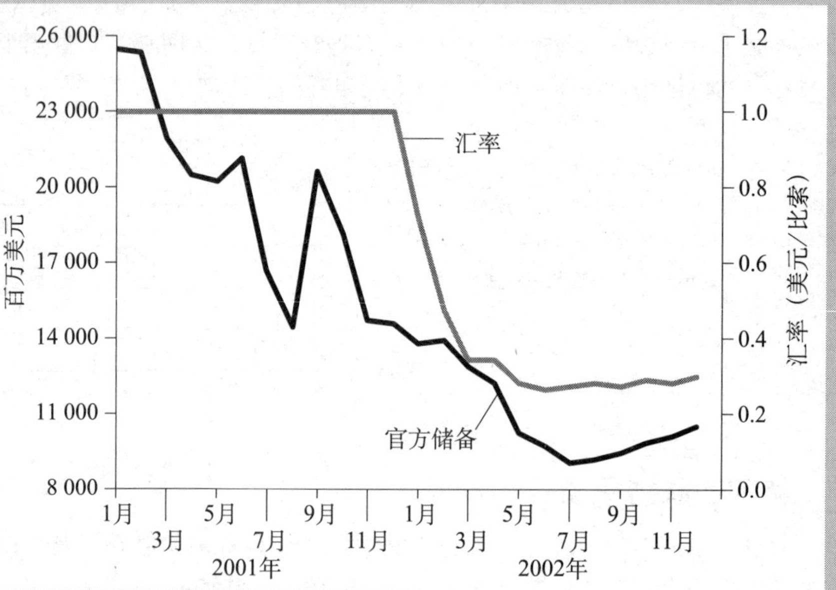

有一种多数情况下被停止使用的令货币坚挺的方式：美元化。与完全的国内货币不

同，它采用美元（或者欧元，或者日元）作为本国货币，如厄瓜多尔在2000年和萨尔瓦多在2001年所做的那样。在世界上多数国家的政府仍然看重其主权及其象征的时候，上述做法稀里糊涂地相信了外界的一切。不过，越来越多的国家完全明白，将中央银行的职能变得国家政治化，是要付出巨大代价的。

货币局制度并非屡试不爽的灵丹妙药（尤其是在那些从公共财政到产权各种制度的功能都多样化的国家里），但是，对于某些功能性经济来说，它可以是一种有较大作用的药丸。在大多数功能性经济中，货币局制度可以是一种增强政策的可信性，并因而提高它的世界经济一体化程度的强有力的额外力量。

[资料 23-6] *历史故事*

德拉克马的戏剧性

在2000年到2007年之间，希腊经济繁荣，GDP增长了三倍多。但是，希腊却遭受了大衰退特别沉重的打击。希腊政府已无法偿还其债务。到2013年，其GDP已经跌回到2000年的水平，并持续了几年。这场危机是希腊的灾难，也使欧元区面临分裂的威胁。

面对危机时，政府往往试图采取所有可以使用的工具……政府就像教科书里所说的那样。具体地讲，像希腊那样的国家通常会降低其通货的价值，以使其出口品对其他想要购买该产品的国家感到便宜。不过，当它采用欧元后，希腊放弃了这个工具。2001年，希腊以其传统货币德拉克马，按照2000年6月德拉克马对欧元的固定价值进行买卖，以换取欧元。

图1比较了德拉克马（希腊货币）对德国马克（德国货币）的价值。正如可以看到的，希腊货币的相对价值在那之后开始上下波动——多数情况下是下跌的。实际上，希腊货币的价值自此之后下跌了很多。这至少有助于使希腊的物价和工资与欧洲其他地方的物价和工资保持在同一水平线上。2000年初，由于希腊加入欧元区，希腊和德国货币的相对值就固定了。没有了独立货币，也就不必进行调整。相对于欧洲其他国家，希腊采用不可变动的固定汇率制。

采用欧元有助于希腊与欧洲更加一体化，也有助于希腊的经济。但是，当希腊遭受危机打击时，它就不得不放弃应对糟糕局面的最有力工具。

图1　希腊货币相对于德国货币的价值（德拉马克相对于德国马克，之后是欧元相对于欧元）

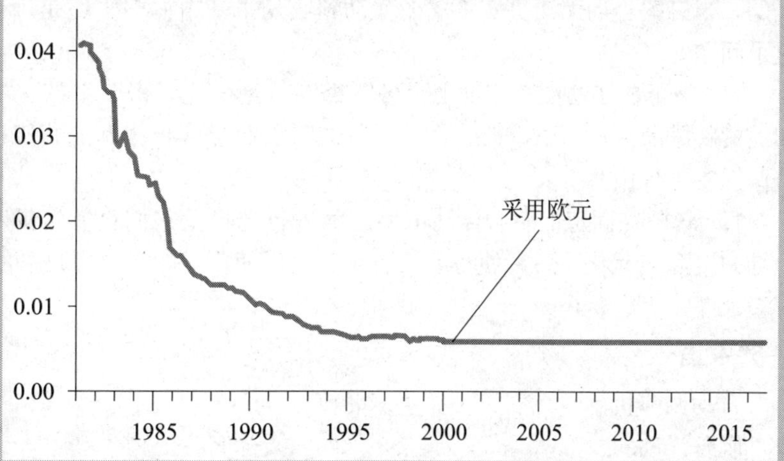

本章提要

1. 在长期中，货币扩张将提高价格水平与汇率，但保持实际货币余额和实际汇率固定不变。但在短期中，货币扩张会提高产出水平而降低利率，导致汇率贬值。汇率超调反而会超越其新的均衡水平。

2. 外部不均衡可以通过短期筹资加以弥补，在长期中，外部不均衡需要进行调整。外部均衡的调整要求实行支出削减政策和支出转换政策，前者改变支出水平，后者影响国内产品和进出口之间的支出构成。

3. 在固定汇率制度下，自动调节机制是通过价格和货币起作用的。失业导致价格下降、竞争力加强、净出口增加以及就业增加。而货币对贸易不平衡做出反应，影响到利率水平与支出，进而导致国际收支赤字。

4. 由于贸易流量只是逐渐地对实际汇率的变动做出反应，我们观察到J曲线效应：实际货币贬值将在短期内恶化贸易余额，之后随着数量效应占据优势而逐渐改善。

5. 国际收支的货币分析法引起了对以下事实的关注，即国际收支赤字总是反映了货币失衡，并且也总是能够自我纠正。但是，由于其纠正机制涉及失业，与例如贬值这样的政策行动相比，也许是极其痛苦的。

6. 汇率超调是由于汇率对货币政策的快速反应和价格调整的迟缓。货币扩张将立即导致贬值，然而只会使得价格逐渐上升。汇率超调意味着实际汇率的高度易变性。

7. 购买力平价（PPP）是指用来抵消国家价格水平差别趋向的汇率的长期趋势。通货膨胀率较高国家的货币，倾向于以等于通货膨胀差异的速度贬值。如果汇率遵循的是购买力平价模式，名义汇率的变动对竞争力将没有任何影响。但是，在短期，汇率确实不会遵循购买力平价模式。

8. 考虑到预期汇率的变动，资本的国际流动是对收益差异的反应。货币贬值国家的利率必须足够高才能补偿资产持有者因资产贬值而受到的损失。

9. 只有当工资和价格没有抵消性变动时，名义汇率的变化才能够影响相对价格。实际汇率，即 $R=eP_f/P$，只有当 P_f/P 不以完全抵消的方式变动时，才有可能因名义汇率变动而发生变化。在各工业化国家之间，工资和价格的黏性保证了在名义汇率变动时，实际汇率也相应发生变动。

10. 政府能够干预外汇市场，限制由资产市场扰动引起的汇率波动，以及对产出和价格的冲击。但是，当有关当局无法决定汇率的变动到底是由基本原因，还是由纯粹投机原因引起的时候，干预就成了问题。

11. 甚至在浮动汇率制度下，各国经济也是彼此紧密联系的。本国的货币扩张将在国外导致失业和通货膨胀减速。而财政扩张将在国外同时引起经济扩张和通货膨胀。这些相互依存效应为进行政策协调提供了理由。

12. 各国在固定汇率和浮动汇率之间进行选择。它们也能选择不同的制度安排，包括目标区、货币局制度和美元化，后者使得政策制定者可以使用的相机抉择政策的数量发生改变。

关键术语

自动调节机制	贬值	支出削减（增加）政策
肮脏浮动	国际收支赤字	美元化
支出转换政策	古典调整过程	国内信贷
外部均衡	爬行钉住	国内信贷上限

外汇市场干预	货币局制度	汇率超调
滞后效应	未冲销的干预	冲销
内部均衡	购买力平价（PPP）	冲销的干预
国际货币基金组织（IMF）	实际贬值	黏性实际工资
自我实现的预期	目标区	J 曲线效应
投机泡沫	关税	国际收支的货币分析法
溢出（相互依存）效应	工资-价格螺旋	世界贸易组织（WTO）

习题

概念题

1. 涉及外部不平衡时，常常要区分应当予以“调整”的和应当予以“融资”的不平衡。分别举出扰动引起需要调整的不平衡和应该更适当地融资的不平衡的例子。

2. 各国应该进行干预以稳定汇率吗？

3. 什么是工资-价格螺旋？贬值怎样引发工资-价格螺旋？它是不受欢迎的事物吗？请解释怎样才能避免工资-价格螺旋。

4. 什么是目标区安排？加入目标区的成本和收益是什么？

5. 我们的浮动汇率决定模型的结论是：当资本市场是充分一体化的时候，国与国之间的利率必然相等。但是，国与国之间显然存在利差。我们怎样使事实与理论相符？

6. 23—5 节中的方程（7）表明通货膨胀率的差异、利率的差异和贬值率三者近似相等，为什么它们只是近似相等而不是完全相等？

7. 在 20 世纪 70 年代初期，美国从固定汇率制度变为浮动汇率制度。现行的浮动汇率制度会较少地引发危机吗？或者它对宏观经济的稳定性提供了一个较好的框架吗？试讨论。

8. 讨论在浮动汇率的情况下，外汇市场干预的诱因和危险。你认为这种干预是好主意吗？

9. 与固定汇率制度相比，在浮动汇率制度下，溢出效应的重要性是大还是小？在某一制度下，相对于另一种制度，对宏观经济的管理变得容易了吗？

技术题

1. 假定资本是完全流动的，那么征收关税如何影响汇率、产出和经常账户？（提示：在汇率既定的条件下，关税减少了我们的进口需求。）

2. 利用中央银行的资产负债表说明，在固定汇率制下国际收支赤字如何影响高能货币存量，以及冲销操作如何反映在中央银行的资产负债表上。

3. 考虑一个世界，其资本具有一定的流动性；当国内利率相对于世界利率上升时，本国资本账户随之改善。最初，本国处于内部和外部均衡状态。（画出 *IS*、*LM* 以及 *BB* 曲线。）现在假定国外利率上升，

a. 说明国外利率上升对 *BB* 曲线的影响。

b. 采取什么政策可以立即恢复内部均衡和外部均衡？

c. 如果当局没有采取行动，按照国际收支的货币分析法所描述的方式，调整过程是如何发生的？

4. 假定你的国家出口商品永久性地增加。请解释收入、价格的调整以及对实际货币供给的调整如何相互影响以促使该国回到充分就业和外部均衡状态。

5. 什么是外汇贬值的短期数量效应和长期数量效应？经验证据表明，这些效应能够胜过价格效应从而改善贸易平衡吗？

6. 画图表示当汇率与价格两者都可变以及资本完全流动时，货币扩张的短期效应和长期效应。在从短期到长期的调整过程中发生了什么？

7*. 查阅《华尔街日报》或其他报纸财经版上登载的汇率行情表，你能够发现像英国和日本这些国家的期货价格表。期货价格就是为在未来得到一单位外币，今天所支付的价格，比如，英镑的 30 天期货价格，就是为得到从现在起 30 天后的 1 英镑今天所支付的价格。解释期货价格为什么一般并不等于现货价格——为在今天得到外币而在今天所支付的价格。看看你能否分别解释英镑和日元的现货价格与期货价格间关系的不同。

操作题

1. 图 23－8 给出了加拿大和美国的实际汇率和名义汇率的变化过程。请画出德国和美国实际汇率与名义汇率的类似图形。

---

* 星号表示较难的习题。

a. 登录 http://bls.gov 网站，下载 1982—1997 年间德国消费价格指数的月度数据：在“Subject Areas”下，点击“International”以及“International Labor Comparisons”，点击“One-Screen Data Search”。搜索德国并选择“Consumer Price Index，All Items”。找到“All Households Index”并点击“Get Data”。你需要将数据调整为 1982—1997 年。

美国的消费价格指数：按照上面得到德国 CPI 的同样步骤，但这次选择的国家为美国。

b. 使用下面的公式计算德国和美国的实际汇率：

$$R=\frac{XR_{\mathrm{DM/\$}}\times \mathrm{CPI}_{\mathrm{U.S.}}}{\mathrm{CPI}_{GER}}$$

c. 画一个包括实际汇率和名义汇率的图形。两种变量的变动是一致的吗？

24 前沿课题

本章要点

- 我们讨论五种使宏观经济学产生革命性变化的新思想。每种思想都改变了我们对宏观经济的思考方法，但每种思想仍然存在争议。
- 在理性预期模型中，人们会形成与宏观经济运行方式一致的预期。无论是在短期还是长期中，预期货币政策并没有实际效应。
- GDP 的随机游走理论认为，与暂时性的高涨和衰退相反，绝大多数产出变动都是永久性的，而与总供给的变动相比，总需求的变动则显得无足轻重。
- 实际经济周期理论认为，货币无足轻重，经济波动在很大程度上是由于技术变革产生的。
- 新凯恩斯主义的价格黏性模型提供了新的“微观基础”，解释了价格水平为什么并不总是随着货币供给的变化而迅速做出调整。
- 动态随机一般均衡模型提供了传统模型、实际经济周期模型和价格黏性模型诸多要素的整合。这些模型利用高端的计算技术求解。

本章提供的前沿性课题，显示了最近 40 年来在宏观经济学中所发生的革命。这些思想激动人心而又充满争议。在介绍时，每种思想都好像永远改变了宏观经济学的教学与实践。但是，其中一些引人注目的冲击并未成为事实，部分原因是对这些挑战性思想的经验性支持并不像其拥护者所希望的那样充分而有说服力。甚至这些思想还有某种程度的相互冲突，就像传统的总供给-总需求模型那样。尽管如此，这些概念对研究和政策的冲击，仍具有革命性。尽管这些思想仍然受到质疑，但它们都是宏观经济学研究日程上的积极要素。

在本章，我们介绍五种新理论：

- 理性预期理论。
- GDP 的随机游走理论。
- 实际经济周期理论。
- 新凯恩斯主义价格黏性模型。
- 动态随机一般均衡模型。

这些模型对于货币政策行为有着相互矛盾的结论，但是它们在强调宏观经济理论与微观经济理论的一致性的重要性上是相同的。

这些理论是研究的最前沿，对它们的阐述比前面大部分内容的技术性更强。由于这个原因，我们以非正式的概述开始。

24—1 新宏观经济学综述

理性预期均衡模型

在理性预期均衡（rational expectations equilibrium）中，市场出清，而货币政策不能对产出和就业产生系统性影响。理性预期分析法与芝加哥大学诺贝尔经济学奖得主罗伯特·卢卡斯有着最密切的联系。

“理性预期均衡”这一名词表明了这种方法的两个关键性特点。第一，它强调预期的作用，特别是理性预期的作用。经济当事人无法确知未来，因而不得不根据他们对未来的预测或预期制订计划，或者进行包括确定价格在内的决策。如果这些预期以理性方式做出，当事人就会尽可能好地利用可以得到的所有信息，得出可能是最好的预测。第二，理性预期模型坚持均衡：市场立即出清。像内部人-外部人效应之类的现象完全不起作用。

纯粹新古典的总供给理论断言：失业总是处于自然失业率之上，产出总是处在充分就业水平上，任何失业都是摩擦性失业。例如，货币存量增长引起的价格水平变化不会影响产出和就业。货币工资上升，但是由于实际工资不变，劳动的供给和需求不会发生变化。第 5 章中古典情况的分析在这里完全适用：无论是货币政策的改变还是财政政策的改变，对产出都不会有任何影响。最先表述在卢卡斯模型中的理性预期均衡分析法，对该结论有一定程度的偏离。

卢卡斯提出了一个改变其中一项假定的新古典模型：有些人不知道总价格水平，但是他们确实知道他们买卖时的名义（美元）工资或价格。例如，在给定的瞬息时间内，一个工人知道现行名义小时工资是 12 美元，但是不知道总价格水平，因而也就不知道实际工资（名义工资除以价格水平，等于工资所能购买到的产品数量）。假设所有的名义价格与名义工资同比例上涨。实际工资不变，但如果工人没有意识到价格已经上涨，就会以为实际工资已经上升，因而就会提供更多的劳动，于是，产出就会增加。

我们现在开始转而研究这一分析法的**理性预期**（rational expectations）方面。厂商和工人如何形成对价格水平的预期呢？**理性预期分析法假定，人们会使用所有相关的信息，来形成对经济变量的预期。**特别是，它假定厂商和工人会深入探究作为决定实际价格水平基础的经济机制，然后使用实际价格水平的内含价值作为预期的价格水平。

家庭和厂商最好的猜测就是，充分就业是普遍的，尽管他们认识到这个猜测是错误的。预期价格水平 P^e，将是与充分就业一致的价格水平，也就是使总需求与总供给相等（即 $AD=AS$）时的价格水平。理性预期分析法的中心含义在于：人们的预期不可能总是正确的，但他们也不会犯系统性错误。

我们现在很容易明白卢卡斯分析法的中心含义，即经济对预期到的和未预期到的货币供给变化有不同的反应。当事人对预期到的货币供给变化的反应是，他预期价格水平也以相同比例变动。P 和 P^e 都会随着货币供给的变动作同比例变动，实际货币供给保持不变，经济将保持在充分就业水平上。与此相反，未预期到的货币供给变化具有充分的 *AS-AD* 效应，准确地说，这是因为未预期到的变化不影响 P^e。当事人当然会相对迅速地发现货币供给的任何变化，所以就连未预期到的变化也只是在极短期内才会产生实际效应。

政策无关性

初看之下，卢卡斯模型与古典模型几乎是相同的：它们都预言了**政策无关性**（policy irrelevance），无论是货币政策还是财政政策在长期内都不能影响均衡的收入水平。但卢卡斯模型比古典模型更能引起人们的兴趣，因为它至少容许短暂地偏离充分就业。但是这些短暂的偏离是预期错误的结果，它们持续的时间和错误持续的时间一样长，而这些预期错误总不会持续太久。

此外，在理性预期和市场出清的世界里，货币政策没有立足之地。如果当事人认为价格水平比实际价格水平低，政府只需要公布正确的统计资料，市场就会立即自动地恢复到充分就业状态，无须实行适应性货币政策或财政政策来加快恢复充分就业。因此，政策是无关紧要的。事实上，在这种分析法的一些版本中，政策反应是会造成问题的，因为政策反应使得经济更加复杂，经济当事人难以准确地确定经济中发生了什么，以及如何最巧妙地适应它。这是一种与凯恩斯主义世界根本不同的观点。在凯恩斯的世界里，政策能缓解失业的痛苦。①

GDP 的随机游走

产出的波动主要是暂时性的，还是永久性的呢？如果波动主要是永久性的，那么总需求的变化（凯恩斯主义宏观经济学的核心）必然是无足轻重的。其逻辑如下：（1）根据 *AS-AD* 模型，总需求冲击的效应会随时间而逐渐消退，因为长期的总供给曲线是垂直的。（2）因此，如果冲击的效应是永久性的，那么，其根源必定是总需求之外的其他事物。

这个论点首先是由查尔斯·纳尔逊（Charles Nelson）和查尔斯·普洛瑟（Charles Plosser）提出的。他们提出了细致的统计证据，支持永久性冲击的主导作用。② 纳尔逊和普洛瑟的著作并未指出 *AS-AD* 模型在理论上的缺陷，但他们争辩道，总需求不太重要。他们的著作对于下面将要讨论的关于实际经济周期的大多数文献提供了启发。

产出的变化是永久性的这一思想有时被描述为：GDP 按照一种**随机游走**（radom walk）的方式变动。这意味着 GDP 经过随机变动之后并没有向趋势回归的倾向。这与前面几章中隐含的模型相反。我们认为，随着时间的推移，产出的轨迹将按增长趋势来发展，这在很大程度上是由技术进步与资本积累造成的，经济周期的暂时性波动可由 *AS-AD* 方程加以解释。由于波动是暂时性的，我们模型中的产出会恢复到增长趋势。

---

① 关于一位诺贝尔经济学奖获得者对“新古典”观点的重要引申，可以参见 George Akerlof, “Behavioral Macroeconomics and Macroeconomic Behavior,” *American Economic Review*, June 2002。

② Charles R. Nelson and Charles I. Plosser, “Trends and Random Walks in Macroeconomic Time Series: Some Evidence and Implications,” *Journal of Money Economics*, September 1982.

随机游走的论点不可避免地遭到抵制。证据清楚地表明，产出巨大的永久性变动是重要的，但许多经济学家争辩道，这些永久性的变化是罕见的，而处于这些变动之间的总需求变动才是波动的首要根源。

实际经济周期理论

均衡的实际经济周期理论（real business cycle theory，RBC）声称，产出和就业的波动是经济遭受各种实际冲击的结果，而市场的调整十分迅速，并且总是处于均衡状态。[①] 实际经济周期理论是理性预期分析法的理论含义自然发展的结果，即预料到的货币政策不具有实际的效果；这也源于随机游走理论的经验性内涵，即总需求冲击并非波动的重要来源。[②]

由于这种经济周期理论假定已经排除了货币原因，所以，实际经济周期理论就剩下了两个任务。第一个任务是要解释，正是使经济遭受打击的那些冲击或扰动首先引起了波动。第二个任务是要解释**传播机制**（propagation mechanisms）。**传播机制就是扰动赖以在整个经济中蔓延的机制。**具体来讲，其目的就是解释为什么对经济的冲击有长期效应。我们从传播机制开始讨论。

传播机制

与均衡的经济周期联系最紧密的传播机制是**闲暇的跨期替代**（intertemporal substitution of leisure）。任何经济周期理论都必须解释为什么人们在某些时候比其他时间工作得更多：在繁荣时期就业率高，而且工作容易找到；在衰退时期就业率低，工作难找。有一个简单但是不能令人满意的均衡解释是：相对于较高的工资，人们愿意提供更多的劳动。（要记住，均衡分析法要求人们任何时候都位于供求曲线上。）但经验证据并不支持这种解释。实际工资的劳动供给弹性很小，而在经济周期中，实际工资的变化也很小。

RBC 模型对于工资变化较小时产出出现的较大变化的解释是：工资暂时性变化的劳动供给弹性很高。或者，正如这个论点所表述的，人们非常愿意跨时期地进行闲暇替代工作。该论点认为，人们关心自己的整个工作成果，但是，并不太关心什么时候工作。假设他们在两年的时期内，计划以现行的工资工作 4 000 小时（每周 40 小时，每年 50 周）。如果两年中工资是相等的，他们每年会工作 2 000 小时。如果其中一年的工资比另一年高 2%，他们可能更愿意，比如说，在一年中工作 2 200 小时，放弃休假并加班加点工作，而在另一年中只工作 1 800 小时。通过这种在两年间的替代方式，他们的工作总

---

① 进一步阅读有关实际经济周期分析法的文献，可参见 Jordi Gali，“Technology，Employment，and the Business Cycle：Do Technology Shocks Explain Aggregate Fluctuations?” *American Economic Review*，March 1999；S. Rao Aiyagari，“On the Contribution of Technology Shocks to Business Cycles，” Federal Reserve Bank of Minneapolis *Quarterly Review*，Winter 1994；and Mark W. Watson，“Measures of Fit for Calibrated Models，” *Journal of Political Economy*，December 1993。对实际经济周期理论有力的反对意见，可参见 Lawrence Summers，“Some Skeptical Observations on Real Business Cycle Theory，” Federal Reserve Bank of Minneapolis *Quarterly Review*，Fall 1986。参见 Charles Plosser，“Understanding Real Business Cycles，” and N. Gregory Mankiw，“Real Business Cycles：A New Keynesian Perspective，” in *Journal of Economic Perspectives*，Summer 1989。

② 关于识别根本的经济参数的最好方法，实际经济周期理论与宏观经济学的其他领域也有一些方法论上的差异。对这些差异的方法论或者历史性观点，可参见 Robert G. King，“Quantitative Theory and Econometrics，” Federal Reserve Bank of Richmond *Economic Quarterly*，Summer 1995。有关经验性宏观经济学方法论的一些普遍观点，可参见 Christopher A. Sims，“Macroeconomics and Methodology，” *Journal of Economic Perspectives*，Winter 1996。

量不变，但得到了更多的总收入。要注意，闲暇的跨期替代并不意味着劳动供给对工资的永久性变动很敏感。如果工资上涨，并继续维持在较高的水平上，在这一时期比下一时期工作得更多并不能够多得到什么东西。因此，劳动供给对工资永久性变动的反应很可能是微弱的，尽管劳动供给对暂时性工资变动的反应是巨大的。

闲暇的跨期替代对工资少量变动的反应，显然能使完成的工作量发生较大变动，因此，可以说明在周期中，工资的少量变化会引发巨大的产量效应，但是这种观点并未得到有力的经验支持。

扰动

那些改变了单个市场以及整个经济的均衡产出水平和就业量的事件或扰动，决定了传播经济周期的机制。均衡经济周期的理论家们分离出的最重要的扰动，就是对生产效率的冲击或者叫做供给冲击，以及对政府支出的冲击。**生产效率冲击（productivity shock）会改变既定投入下生产的产量水平**。天气变化和新的生产方法就是这样的例子。假如该时期出现了一次暂时性有利的生产效率冲击，这时人们愿意更努力地工作，以充分利用这次较高的生产效率的优势。在该时期，他们更多地工作，提高了产量。他们也加大投资，因此，通过增加资本存量，这次生产效率冲击扩散到未来时期。如果闲暇的跨期替代效应强劲，即使是小规模的生产效率冲击对产出也会产生相对大的影响。

实际经济周期理论已经是并将继续作为许多宏观经济学家的主要研究领域。不过，这种观点的拥护者比起他们一度所希望的那样，很少能成功地说服其他同行改变看法和相信这个观点。这部分是因为有关货币重要性的证据似乎很有说服力。绝大多数政策制定者仍然依靠我们所学到的并贯穿全书的 *AS-AD* 模型。

新凯恩斯主义的价格黏性模型

上述模型均属于均衡-市场出清这一传统。这些模型之所以重要，部分是因为有其优点，部分是由于经济学家们已经发现理性决策与市场出清是正确的指导原则。然而，这些模型与总供给-总需求行为不一致，许多经济学家相信后者的行为是真实世界的特征。**新凯恩斯主义（New Keynesian）接受个人理性行为这一前提，并且发展了一种模型：在其中，市场并不是迅速地实现充分的古典均衡。价格并不总是随货币供给的变化而自行调整。**①

我们将眼光集中到格里高利·曼昆（Gregory Mankiw）提出的关于**价格黏性**（price stickiness）的特殊模型上，这一模型与乔治·阿克洛夫（George Akerlof）和珍妮·耶伦（Janet Yellen）的工作密切相关。假定货币供给增加。根据均衡理论，所有的厂商都会按比例提高价格。但假定实际改变价格时，成本很低，即**菜单成本**（menu cost）。厂商会让它们的价格停留在原来的（现在是"错的"）数值上吗？传统的回答是不会，因为

---

① 对这项文献的概述，可参见 Jean-Pascal Bénassy，"Classical and Keynesian Features in Macroeconomic Models with Imperfect Competition，" Huw D. Dixon and Neil Rankin，"Imperfect Competition and Macroeconomics：A Survey，" and Richard Startz，"Notes on Imperfect Competition and New Keynesian Economics，" all in Huw D. Dixon and Neil Rankin（eds.），*The New Macroeconomics：Imperfect Markets and Policy Effectiveness*（Cambridge，England：Cambridge University Press，1995）。参见 Robert J. Gordon，"What Is New Keynesian Economics?" *Journal of Economic Literature* 28（1990）；and Jacquim Silvestre，"The Market-Power Foundations of Macroeconomic Policy，" *Journal of Economic Literature* 31（1993）。更多的文献可参考第 468 页注释①。

使价格达到正常的好处肯定超过价格变动所产生的微小成本。

曼昆依据**不完全竞争**（imperfect competition）来证明，一家保留“错误”价格的厂商的损失，可能相当于有着正确价格的社会价值的极小部分。这意味着菜单成本与产出波动相比可能微不足道，但仍旧大得足以使任何单一厂商不愿承担这种成本，也不愿改变价格。因此名义货币供给的增加可能不会改变价格，由此引起的实际货币的增加提高了产量。

我们现在转而更详细地，并且在技术上更具挑战性地考虑这些思想。

动态随机一般均衡模型

自第二次世界大战以来，宏观经济学极富思想的发展趋势是强调经济决策行为最优化、市场出清以及重视前瞻性行为。你可以通过一个例子来发现这种趋势，如从第 10 章的简单的消费模型向第 14 章更为复杂的生命周期/持久收入假说模型的转变。**动态随机一般均衡**（dynamic stochastic general equilibrium，简称 DSGE）模型就是采用这种趋势得到逻辑结论。所有的经济人都是理性的，并基于不确定性条件下的跨期优化做出决策。经济人今天的决策依赖于他们对未来经济的预期。未来会发生什么依赖于今天的决策，同样，未知的冲击也会打击经济。要解出这些模型的均衡值是困难的，而且很难用代数方法解决。相反，DSGE 模型可以通过电脑模拟技术解决。

DSGE 模型主导了许多当前的宏观经济研究，但是它们也不是毫无争议的。一个批评是 DSGE 模型在理论上是合理的，但是模型所采用的微观经济基础的方程过于有限，难以反映差异化的经济。一个尖锐的批评是假设所有经济人能够基于未来远期的预期事件理性行事是不实际的。尽管如此，DSGE 模型已成为中央银行以及其他机构用来理解经济体对提议的经济政策变化的复杂反应的工具。

现在，我们转向讨论有关这些思想更细节、更具技术挑战的内容。

24—2 理性预期革命

本节中，我们分步骤来理解一个基本的理性预期模型。首先，我们给出一个 *AS-AD* 模型的简化形式，并用既定的外生价格预期求解。我们表明，除了巧合之外，模型预测的价格与人们预期的价格不同。然后，我们转向一个完全有预见的模型，在这个模型里，假定人们用模型本身的预测来形成他们的价格预期。最后，将完全有预见的假定改变成较弱的理性预期假定，在这一假定下，当事人确实使用该模型形成价格预期，但在形成价格预期时只拥有部分信息。无论是在完全有预见的模型中，还是在理性预期模型中，预料到的货币政策都没有实际效应。这是如下事实的直接结果，即实际价格与预期价格一致，以及附加预期的菲利普斯曲线认定，失业偏离自然失业率的程度取决于现实的和预期的通货膨胀之间的差别。

在模型发展的每一步，你都应该关注预期的特性与货币政策乘数之间的关系。在具有外生预期的简化的 *AS-AD* 模型中，货币政策乘数相对较大。在完全有预见的模型中，预期调整得十分完美，货币政策乘数为零。最后的理性预期模型结合了 *AS-AD* 模型和完全有预见模型的假定。相对于预料到的货币供给变化，预期调整得十分完美，但对未预料到的变化，则根本不是这样；对预料到的货币供给变化，货币政策乘数等于零，对未预料到的货币供给变化，货币政策乘数则比较大。

简单的总供给-总需求模型

我们从总供给-总需求模型的简化形式开始，并剔除在以前各章中发展起来的许多细节。我们先规定一个简单的总需求方程：

$$AD: m + v = p + y \tag{1}$$

方程（1）是**数量论方程**（quantity theory equation）；m 是货币供给（的对数）；v 是“流通速度”，假定其为常数；p 是价格水平；y 是 GDP。[①]

我们接下来规定一条简单的短期总供给曲线，它强调了价格预期的作用：

$$p = p^e + \lambda(y - y^*) \tag{2}$$

其中，p 是价格水平，p^e 是预期的价格水平，y 是 GDP，而 y^* 是潜在 GDP。参数 λ 给出了总供给曲线的斜率。如果 λ 比较大，产量增加超过潜在产出，则价格急剧上涨，高于预期水平。如果 λ 比较小，价格对产量的短期反应也是小的。

总需求方程和总供给方程可以联立在一起，解出以货币供给与其他变量表示的产出［方程（3）］和价格［方程（4）］[②]：

$$y = \frac{1}{1+\lambda}m + \frac{1}{1+\lambda}(v - p^e) + \frac{\lambda}{1+\lambda}y^* \tag{3}$$

$$p = \frac{\lambda}{1+\lambda}(m + v - y^*) + \frac{1}{1+\lambda}p^e \tag{4}$$

方程（3）与方程（4）结合在一起，告诉了我们这个模型的经济中的均衡产出和价格。如果货币供给增加 1%，则产出增加$\frac{1}{1+\lambda}$%，而价格上涨$\frac{\lambda}{1+\lambda}$%。具体地说，假定 λ 为 1/2，那么，货币供给增加 1%会引起产出增加$\frac{2}{3}$%，价格水平上升$\frac{1}{3}$%。

现在，我们利用方程（3）与方程（4）说明做出经济“预测”的标准方法。（请注意，这种预测将面临下面的卢卡斯批判。）对于我们构造的模型，假定 λ 等于 1/2，货币供给、流通速度和潜在 GDP 的值分别为：$m=2$，$v=3$，$y^*=4$。最为特别的是，我们假定经济中的当事人预期价格水平为 $p^e=5$。**你预计价格将是什么水平？**你预计产出将是什么水平？试着给出你自己的回答。我们的答案在下一段给出。

将给定的值代入方程（3），我们得到的产出是 $y=1\frac{1}{3}=\frac{2}{3}\times 2+\frac{2}{3}\times(3-5)+\frac{1}{3}\times 4$。由方程（4），我们预期价格将是 $p=3\frac{2}{3}=\frac{1}{3}\times(2+3-4)+\frac{2}{3}\times 5$。

---

① 我们在这里使用一个十分技术性的，但相当有用的“把戏”。方程（1）与其后的方程是利用所指明的变量的自然对数写下来的，数量方程通常被写作 $MV=PY$，其中，M 是货币供给，P 是价格水平，等等。我们用小写字母代表对数，即 $m=\ln(M)$ 等。于是，我们将方程（1）写成：$\ln(MV)=\ln(PY)\Rightarrow \ln M+\ln V=\ln P+\ln Y\Rightarrow m+v=p+y$。使用对数的好处在于 m 的变化可被解释为 M 的百分比变化。尽管如此，如果你对于对数感到不舒服，你把 m 看成货币供给也无大碍。请注意，我们在正文中不再把 m 称作“M 的对数”以证明其合乎定义，而是把它叫做“货币供给”。

② 如果你自己要用代数计算一遍，一个有用的最初步骤是，重写方程（1），将价格放在左边，即 $p=m+v-y$。利用这个方程替代方程（2）中的价格水平；得到一个两边都有 y 的方程，$m+v-y=p^e+\lambda(y-y^*)$。合并同类项并求解产出，得到方程（3）。将方程（3）代回到 $p=m+v-y$ 并解出价格水平，得到方程（4）。

这样，我们模型中计算的结果是：我们预计价格为 $3\frac{2}{3}$，而输入模型的预期价格则为 5！难道一个理性的当事人冒着巨大的风险，不应该做出与经济（在这里，以我们的简单模型作为代表）实际运行方式相一致的预测吗？**这就是卢卡斯批判（Lucas critique）的本质：标准的总供给-总需求模型假定经济当事人对经济做出的预测与模型本身做出的预测不一致。**

假定经济决策制定者接受了我们的预测，并将他们对价格水平的预期变为 $p^e=3\frac{2}{3}$。再解方程（3）与方程（4），将导致预测 $y=2\frac{2}{9}=\frac{2}{3}\times 2+\frac{2}{3}\times\left(3-3\frac{2}{3}\right)+\frac{1}{3}\times 4$ 和 $p=2\frac{7}{9}=\frac{1}{3}\times(2+3-4)+\frac{2}{3}\times 3\frac{2}{3}$。现在输入的预期价格和从模型中输出的预测价格较为接近，但它们仍然不相等。修正模型，使得 p 的预测值与输入值 p^e 相等，则导致完全有预见模型的构想。

完全有预见的模型

我们现在假定当事人的确在使用 *AS-AD* 模型预测价格，而且他们拥有进行预测所必需的所有信息。当事人被说成是**完全有预见的**（perfect foresight）。我们假定 p^e 并非来自模型之外，而是由当事人利用模型本身计算出 p^e。换句话说，当事人根据 m、v、p^e 等计算 p。然后，当事人设定他们的预测价格处于 $p^e=p$ 的条件下。既然 p 本身取决于 p^e，这两个变量必定被同时解出。

假定我们的模型正确地描述了该经济的情况，因此，经济决策者使用方程（4）来**预测价格并计算** p^e，于是 $p^e=p$：

$$p^e=p=\frac{\lambda}{1+\lambda}(m+v-y^*)+\frac{1}{1+\lambda}p^e \tag{5}$$

合并含有 p^e 的项[①]，我们就可以重新排列方程（5）以得出完全有预见的预测并求出价格水平的解，以及相应的产出解：

$$p^e=p=m+v-y^* \tag{6}$$

$$y=y^* \tag{7}$$

方程（6）和方程（7）中的完全有预见的预测与方程（3）和方程（4）所体现的最初的 *AS-AD* 预测存在很大的差别。后者假定价格预期是外生给定的，前者假定价格预期是内生形成的，特别地，预期形成与模型的预测相一致。

向这种一致形成的预期转变的方式，使货币政策的有效性具有了戏剧性的含义。根据方程（4），货币供给增加 1%使价格上涨 $\lambda/(1+\lambda)$%，**但在完全有预见的情况下，货币供给增加 1%，使得价格水平恰好上涨 1%。**根据方程（3），货币供给增加 1%，使得产出增加 $1/(1+\lambda)$%，**但在完全有预见的情况下，货币供给增加 1%，完全不会引起产出的增加。**请注意，这些完全有预见的短期结果与长期的 *AS-AD* 结果相同。在完全有预见的情况下，价格上涨不仅是货币供给增加的直接结果，而且是由价格预期

① 写出 $p^e\left(1-\frac{1}{1+\lambda}\right)=\frac{\lambda}{1+\lambda}(m+v-y^*)$，然后乘以 $1+\lambda$。

上升造成的。这种预期造成的额外的价格上升恰好足以抵消货币供给增加的效果。

在完全有预见的情况下，货币政策不仅在长期，即使在短期也是中性的。

完全有预见的模型有两个重要缺点。第一，它要求经济决策者对经济无所不知。第二，它暗示经济总是处于充分就业水平。① 这两个缺点都不是真正关键性的，就像我们在下一节讨论理性预期模型时所理解的那样。

理性预期模型

理性预期模型（rational expectations model）假定，当事人充分利用他们可以得到的信息，其预期的形成方式与经济实际运行的方式一致。理性预期模型酷似完全有预见的模型之处，在于某些关键变量是不确定的。为了说明情况，假定在知道货币供给量之前，经济决策者预期的货币供给量为 m^e。如果实际货币供给量为 m，我们可以将当事人预期的货币供给与实际货币供给之差定义为

$$\varepsilon_m = m - m^e$$

以作为当事人的货币预测误差。（与此相似，假定当事人预期的潜在产出是 y^{*e}。由于潜在产出实际上是 y^*，当事人的潜在产出预测误差就是 $\varepsilon_{y*} = y^* - y^{*e}$。）**下面我们证明对应于预期到的货币量 m^e，货币政策乘数为零，正如完全有预见的模型一样。对应于未预期到的货币量，货币政策乘数是正的，正如 *AS-AD* 模型一样。**

对于某一特定的人，预测误差可能是正的（例如，货币供给比预期的大），也可能是负的（货币供给比预期的小），**但理性预期的误差平均为零**。这个论断简单明了。假定 ε_m 平均为 7。在这种情况下，我们只要将每一个预测值 m^e 增加到 7，就可以改善预测的准确度。这样，尽管理性预测误差或大或小取决于可得信息的质量，但误差的均值将等于零。另一种表达方式就是 $(\varepsilon_m)e=0$。

下面我们要了解均衡状态中的价格将处于什么水平。我们仍然从方程（4）开始，但是以 $m^e+\varepsilon_m$ 替代 m，并以 $y^{*e}+\varepsilon_{y^*}$ 替代 y^*，则得到：

$$p = \frac{\lambda}{1+\lambda}[(m^e+\varepsilon_m)+v-(y^{*e}+\varepsilon_{y*})]+\frac{1}{1+\lambda}p^e \tag{8}$$

我们假定当事人以方程（8）中的价格预测为基础形成他们的预期。不过，我们认识到预测只能以当事人所掌握的信息为基础。②

$$p^e = \frac{\lambda}{1+\lambda}(m^e+v-y^{*e})+\frac{1}{1+\lambda}p^e \tag{9}$$

［专栏 24-1］　我们还知道什么？

理性预期预测的误差是无法预见的

理性预期与完全有预见的不同之处在于，理性预期的预测是不完全的。尽管理性预期的预测平均起来是对的，但它们可能太高或太低。理性预期的预测充分利用进行预测的当事人可以得到的信息。

① 你可以看到，在方程（2）中 $p^e=p$ 意味着 $y=y^*$。

② 例如对 ε_m 的期望是零，那么对 m^e 的期望就是 m^e。为了简化说明，我们假定能够确知 v 和 λ。

因此，根据进行预测时所能得到的信息，对预测误差最好的构想是零。

假定当事人预测 p 将是 p^e，预测误差 ε 是 p 已实现的价值和预测价值之间的差额：

$$\varepsilon=p-p^e$$

可以直接表明预测误差的期望值 ε^e 为零。期望预测误差是 p 的平均值与 p^e 的平均值之差。但是，这两个值平均来说是相等的，因为当事人调整 p^e 使它们平均起来相等。如果 p^e 平均来说高于 p，当事人就只能通过降低 p^e 来改进他们的猜想。

简化方程（9）则得出：

$$p^e=m^e+v-y^{*e} \tag{10}$$

注意在方程（10）中，理性预期下的预期价格与方程（6）中完全有预见情况下的预期价格除下面这一点之外完全相同：它只是以所能得到的有限信息为基础，比如，是 m^e 而不是 m。价格与产出的均衡解[①]是：

$$y=y^{*e}+\frac{1}{1+\lambda}\varepsilon_m+\frac{\lambda}{1+\lambda}\varepsilon_{y*} \tag{11}$$

$$p=m^e+v-y^{*e}+\frac{\lambda}{1+\lambda}(\varepsilon_m-\varepsilon_{y*}) \tag{12}$$

在理性预期情况下，货币供给的增加会产生什么效应？现在，这个问题必须分解成两个部分：预期到的货币供给的增加有什么效应？未预期到的货币供给的增加有什么效应？

通过对方程（11）的考察，我们看到，**在理性预期情况下，预期到的货币供给的增加对产出毫无影响，而未预期到的货币供给的增加会使产出增长 $1/(1-\lambda)$。**注意，预期到的变动正像上述完全有预见的模型所预期的那样运作，而未预期到的变动正像原先外生价格预期的 *AS-AD* 模型所预测的那样运作。事实上，预期到的货币政策是中性的，而未预期到的政策则有完全的 *AS-AD* 效应。

我们应该利用方程（11）和方程（12）来检验供给冲击（y^{*e} 和 ε_{y*}）以及对价格水平冲击的效应，以便了解当这些冲击被预期到时，其表现也像完全有预见的模型所表现的那样，当它们未被预期到时，其表现就类似于 *AS-AD* 模型。

理性预期的均衡分析方法：经验性证据

理性预期模型十分坚定地预言，预期到的货币政策对产出将没有任何影响。早期的研究似乎与这种观点一致，因为发现的证据表明，只有未被预期到的货币存量变动才会增加产出。[②] 但这些结果没有能够经受住进一步的检验。[③]

我们在这里提出经验性检验的特点。我们想问的是：预期到的货币增长是否像 *AS*-

---

① 如果你想自己运用代数方法做一遍，以方程（10）的值替代价格水平方程（8）中的 p^e，则得到 $p=\frac{\lambda}{1+\lambda}[(m^e+\varepsilon_m)+v-(y^{*e}+\varepsilon_{y*})]+\frac{1}{1+\lambda}(m^e+v-y^{*e})$。简化并通过替换方程（3）中的产出推导出方程（11）和方程（12）。

② 例如，参见 Robert Barro，"Unanticipated Money，Output，and the Price Level in the United States，" *Journal of Political Economy*，August 1978。

③ 如果读起来有困难，请读下面两篇有影响的文章：John Boschen and Herschel Grossman，"Tests of Equilibrium Macroeconomics with Contemporaneous Monetary Data，" *Journal of Monetary Economics*，November 1982，and Frederic Mishkin，"Does Anticipated Monetary Policy Matter? An Econometric Investigation，" *Journal of Political Economy*，February 1982。

AD 模型所预测的那样增加了产出，或者是否像理性预期模型所认为的那样毫无效应？检验包括两个步骤。首先，我们必须估计预期到的货币增长。第二，我们将预期到的货币增长与产出变动相比较。

图 24－1 以深灰色线显示 1960—2016 年 M2 的季度增长。实际增长率分为预期到的增长和未预期到的增长两部分。换言之，我们给出了三条线：$m=m^e+\varepsilon_m$。预期到的货币增长是以前四个季度货币增长为基础的统计预测。[①] 未预期到的增长是预期增长和实际增长之间的差额。

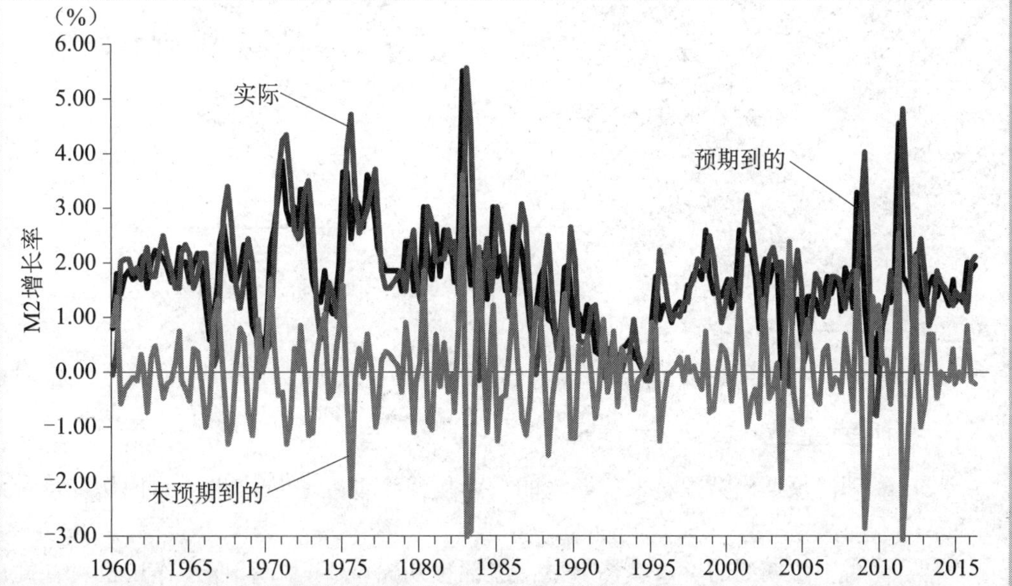

图 24－1　实际的、预期到的和未预期到的 M2 增长

资料来源：Federal Reserve Economic Data［FRED］以及作者的估算。

我们在图 24－2 中根据我们估计的预期货币增长画出产量增长，表明这条直线与数据最为吻合。图 24－2 有两点十分明显：(1) 预期到的货币增长绝不能解释所有的产出增长（因为许多数据点远离直线）；(2) 预期到的货币增长与产出增长之间有较强的正向关系（因为直线斜率为正），对产出增长与预期到的货币增长之间的关系估计为：

$$\Delta y=0.53+0.14\Delta m^e \tag{13}$$

这意味着货币增长 1％会导致产出增长约 0.14％。[②]

因此，统计证据不是很支持理性预期模型的严格解释。对联储记录进行的仔细的历史性研究支持了这个观点：克里斯蒂娜·罗默（Christina Romer）和戴维·罗默（David Romer）发现了 6 次试图抑制通货膨胀的货币政策转变，并发现每次在这样的紧缩性货币政策场合之后，都有衰退接踵而至。[③]

---

① 由于统计方法难懂，预测是在 4 个 M2 增长间隔后的 M2 增长的最小二乘法回归基础上做出的。

② 还是由于统计方法难以理解，方程（13）中参数的 t 统计量是 2.87。

③ Christina D. Romer and David H. Romer, "Does Monetary Policy Matter? A New Test in the Spirit of Friedman and Schwartz," *NBER Macroeconomics Annual*, 1989.

图 24-2 预期的货币增长和产出增长
资料来源：Federal Reserve Economic Data [FRED]；Bureau of Economic Analysis；以及作者的估算。

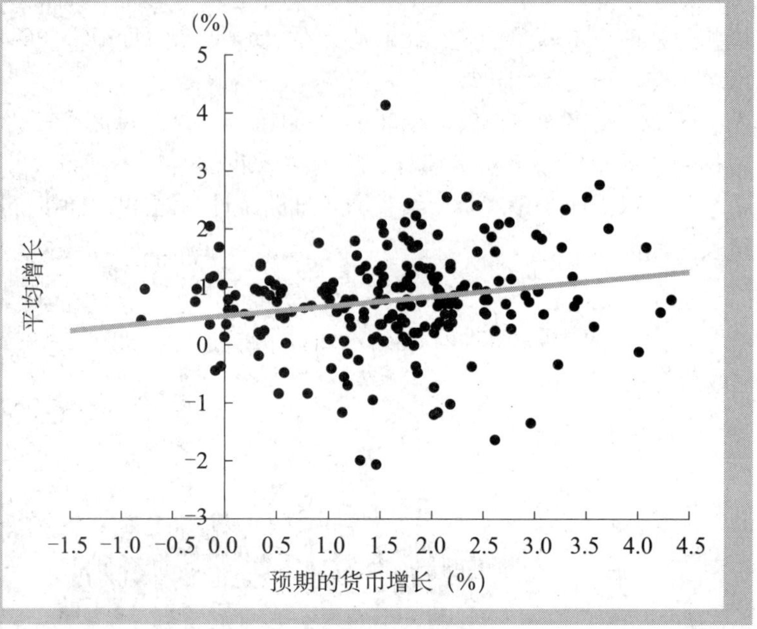

扼要重述

● 理性预期模型预示，预期到的货币供给变动使总价格水平同比例变动，而产出则不会变动。

● 对于预期到的货币增长来说，理性预期模型不只在长期运作，也可立即应用于长期总供给曲线。

● 尽管理性预期模型引起了人们的强烈兴趣，但很少得到经验性证据的支持。

【选读材料】

24—3 关于不完全信息下总供给曲线的微观经济学①

通货膨胀扩大预期的总供给曲线有一个重要特点：当名义价格水平高于预期水平（$p>p^e$）时，产出也较高（$y>y^*$）。这个特点在第 5 章中的总供给-总需求模型和刚刚介绍的理性预期模型中都发挥着重要的作用。在本节，我们分析卢卡斯的总供给曲线的**不完全信息模型**（imperfect-information model）。②

当总体价格水平上涨时，为什么产出有时会上升？卢卡斯的回答是：厂商通常只在

① 本节和 24—5 节是全书中技术上最难的部分。你可以略过不读。

② 参见 Robert E. Lucas，Jr.，"Expectations and the Neutrality of Money，" *Journal of Economic Theory*，April 1972。也可参见 Edmund S. Phelps，"Introduction，" in Edmund S. Phelps et al.，*Microeconomic Foundations of Employment and Inflation Theory*（New York：Norton，1970）。我们从卢卡斯最初的论文中去掉了许多细节。至于更详尽的论文，可参见 David Romer，*Advanced Macroeconomics*（New York：McGraw-Hill，1995），Chap. 6。

它们自己的市场中观察价格。高的价格可能归因于高的需求，或者也许只是反映了总体价格水平的上升。在前者的情况下，厂商乐于增加产量；在后者的情况下，价格的变化是中性的，产量也就不会改变。但信息是不完全的：当这家厂商看到其产品价格提高时，它不知道其是由于较高的需求还是由于总价格水平上升引起的。对于这家厂商来说合乎理性的行动似乎是两种原因都部分起作用因而少量地提高产出。对一次未预期到的总体价格水平的上升，每家厂商都会误认为是需求增加的信号，因此，总体价格上升导致产出增加。这种联系使我们从现实世界的数据中看到了菲利普斯曲线的关系。现在，从卢卡斯最初模型的一个简化形式开始分析。

假定经济由不同的市场组成，——卢卡斯最初讲述的是，每个市场各处于一个孤岛上。各个岛上的居民生产产品，然后集中到一个中心地点进行交易。当 i 岛的居民预期其产出的售价 p_i 比经济中总体价格水平 p 更高时，他们愿意工作更长的时间。如果该岛的居民知道总体价格水平 p，i 岛供给的产量就是①：

$$y_i = \alpha(p_i - p) \tag{14}$$

其他可选择的假定是，他们必须猜测总体价格水平。将这种猜测叫做在 i 岛可得信息既定情况下的预期价格水平，记作 $E(p\,|island\ i)$，因此，其供给是：

$$y_i = \alpha[p_i - E(p|island\ i)] \tag{15}$$

支付给 i 岛生产的产品的价格，取决于总体价格水平 p 和对 i 岛生产的特定产品的需求冲击 z_i。我们假定岛上居民知道当地的价格 p_i，但无法了解需求冲击与总体价格水平。因而，他们必须从 p_i 推导出总体价格水平。p_i 高也许意味着 z_i 高，或者 p 高。因此，当居民观察到高的 p_i 时，他们将提高对 p 的估计，但提高的幅度不会太大，因为有时高的 p_i 是由高的 z_i 与正常水平的 p 引起的。对 p 的最好猜测是：

$$E(p\,|\,p_i) = k_0 + \frac{1}{a}\beta p_i\,,\ 0<\beta<1 \tag{16}$$

其中，$E(p\,|p_i)$表示做猜想时使用的唯一信息是当地价格 p_i②，而 α 是常数，反映供给曲线与需求曲线的斜率。③ 如果当地价格 p_i 的大部分变动来源于总体价格水平 p 的变动，那么，β 接近 1；如果大部分变动来自当地的需求冲击 z_i，那么 z_i 接近零。④ β 的值是决定总供给曲线斜率的关键部分——下面，我们将看到，如果 $\beta=1$，那么总供给曲线将是垂直的。

[专栏 24-2]　我们还知道什么?

形成预期的直观例子

预期的形成对不完全信息的总供给曲线的推导起着关键性作用。方程（16）可用统计理论以代数方法推导出来，但我们在这里举出一种更直观的分析方法。图 1 表示在观察到的 p_i 和理性猜想 $E(p)$

---

① 同以前一样，小写的 y 和 p 代表产出与价格的对数，这一点无关紧要。

② 由于我们不允许岛上居民有任何总体信息，我们必须隐含地假定预期到的通货膨胀率为零。

③ 截距 k_0 没有任何特定意义。它的出现只是出于技术上的原因。

④ 工程师将视之为信号精选问题，其中 p 是信号，z_i 是噪音；如果信号-噪音比较高，β 就接近 1。

之间三种可能的关系。假定 p_i 的值不包括任何关于 p 的信息。如水平线所表示的，理性的人不依附于 p_i 的值而独立猜测 p（这是 $\beta=0$ 的情况）。如果所有 p_i 的移动也都是 p 的移动，最好的猜想将沿着 45°的黑线延伸。（即 $\beta=1$ 的情况。）在不完全信息下，正如虚线所表明的，最优的猜想处于无信息和完全信息情况之间。

图 1　形成预期的直观例子

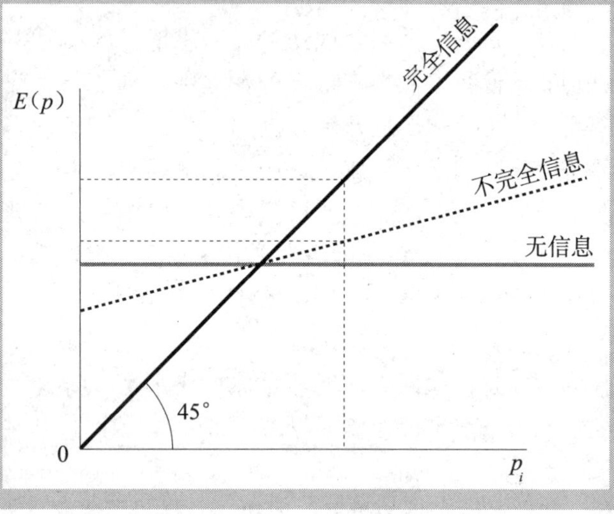

我们可利用方程（16）将供给表示为：

$$y_i=\alpha\left[p_i-\left(k_0+\frac{1}{a}\beta p_i\right)\right]=\alpha\left[\left(1-\frac{\beta}{a}\right)p_i-k_0\right] \tag{17}$$

对 i 岛产品的需求取决于总的 GDP，y，还取决于对该岛产品的需求冲击 z_i，以及 i 岛产品的相对价格 p_i-p，即：

$$y_i=y+z_i-\gamma(p_i-p) \tag{18}$$

使供给［方程（17）］与需求［方程（18）］相等，就可以得到一个岛上的均衡价格：

$$\alpha\left[\left(1-\frac{\beta}{a}\right)p_i-k_0\right]=y+z_i-\gamma(p_i-p) \tag{19}$$

方程（19）给出一个特定的岛上的冲击、价格与产出之间的均衡关系。但任何一个孤岛都是总体经济的代表。岛与岛之间的区别在于各自独有的冲击，而总体经济正是各个单独岛屿经济的平均情况。特别地，这表明总产出 y 是各个 y_i 的平均数，总体价格水平 p 是各个 p_i 的平均数，各个 z_i 的均值为零。如果我们对方程（19）两边进行平均，我们将得到：

$$y=\alpha\left[(1-\frac{\beta}{a})p-k_0\right] \tag{20}$$

方程（20）是经济的总供给曲线。利用更深的数学表达，我们可以表明 $a=1$①，所以，总供给曲线的最终表达是：

---

① 如果你想进行代数演算，用方程（20）替代方程（19）中的 y，合并同类项并化简后则得：$p_i=\frac{1}{\gamma+(1-\beta)\alpha}z_i+p$。$p_i$ 的一般性表达式是 $p_i=a_0+a_1z_i+ap$，表达式中 p 的隐含系数表明 $a=1$。

$$p=\frac{1}{\alpha(1-\beta)}\times(y+\alpha k_0) \tag{21}$$

总供给曲线的斜率取决于单个市场供给曲线的斜率 α，以及总体冲击与各自独有的冲击之间的相对重要性 β。如果对总价格水平的冲击起支配性作用，β 将接近 1，而总供给曲线相对陡峭。因此，如果绝大多数价格冲击是由总体价格水平变动引起的，价格冲击将在很大程度上是中性的，对产出没有多大的影响。

扼要重述

- 当事人根据不完全信息预测总体价格水平。当事人无法确知单个市场中的价格上涨是由于总需求的增加，还是由于特定市场的需求的增长。因此，特定市场的价格上涨部分归因于总体价格水平的上涨，部分归因于实际需求的增加。
- 未预期到的总体价格水平 p 的上涨，引起预期到的价格水平 p^e 的部分上涨和产出 y 的部分增长。p 与 y 之间的正向联系，构成我们从数据中了解到的菲利普斯曲线。

24—4 GDP 的随机游走：是总需求重要，还是总供给重要?

在正统的经济模型中，经济周期表示为 GDP 围绕一条平滑的趋势线上下波动。波动持续几个季度直至数年之久，总需求冲击被认定是这些暂时性波动的首要原因。1982 年，查尔斯·纳尔逊和查尔斯·普洛瑟针对这种论点提出一种异端的挑战：他们指出趋势并不是如此平滑，而是经常经受较大的冲击，这些冲击对 GDP 水平具有永久性影响。[①] 如果他们的观点是正确的，总需求冲击——本质上是暂时性的——就没有总供给冲击那样重要——它可能是永久性的。

可以将产出看作由一个**趋势**（trend），即**长期成分**（secular component），与一个**周期成分**（cyclical component）构成。它也许就是第 3 章与第 4 章所讨论的增长过程的结果，而周期成分大概代表经济周期。图 24 - 3 提供了一种趋势增长和围绕趋势波动的已经形成的观点。在研究经济周期时，我们的兴趣是在波动方面。因此，在大多数经济研究中的第一步，是创造一幅平稳的经济图像，即将数据**去趋势化**（detrend）。纳尔逊和普洛瑟表明的用于塑造趋势模型的方法，对识别冲击起到了关键性作用。

① Christian J. Murray and Charles R. Nelson, "The Uncertain Trend in U. S. GDP," *Journal of Monetary Economics*, August 2000; Charles R. Nelson and Charles I. Plosser, "Trends and Random Walks in Macroeconomic Time Series: Some Evidence and Implications," *Journal of Monetary Economics*, September 1982. 也可参见 Stephen Beveridge and Charles R. Nelson, "A New Approach to Decomposition of Economic Time Series into Permanent and Transitory Components with Particular Attention to Measurement of the Business Cycle," *Journal of Monetary Economics*, March 1981; and John H. Cochrane, "How Big Is the Random Walk in GNP?" *Journal of Political Economy*, October 1988。

图 24－3　经济周期

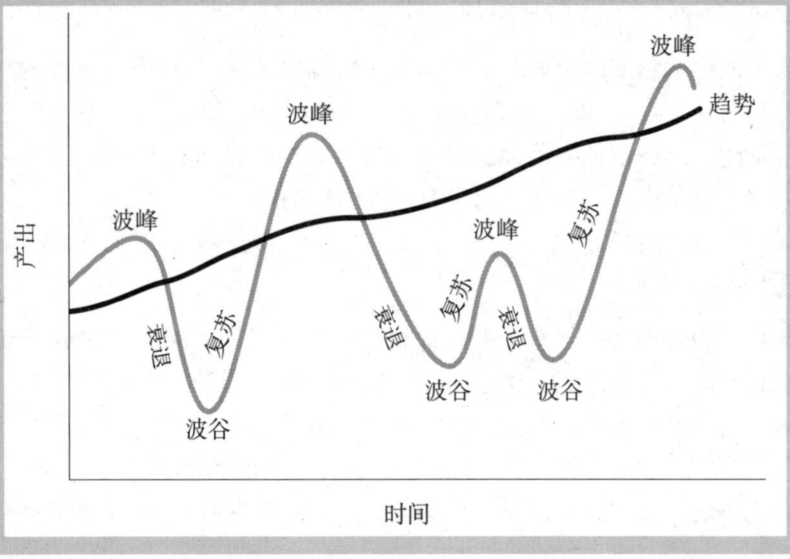

对趋势和冲击的两种相同的表述方式

假设 y 的趋势可由时间趋势的字母表示为：

$$y_t = \alpha + \beta t \tag{22}$$

方程（22）表明每个时期 y 的增长为 β。从方程（22）两边各减去 $y_{t-1} = \alpha + \beta(t-1)$，我们可以得到：

$$y_t - y_{t-1} = [\alpha + \beta t] - [\alpha + \beta(t-1)] \tag{23}$$

或者

$$y_t = y_{t-1} + \beta \quad 或者 \quad \Delta y_t = \beta \tag{24}$$

其中，Δy_t 被定义为 $y_t - y_{t-1}$。方程（24）也表明每个时期中 y 的增长为 β。

冲击的效应是永久性的还是暂时性的?

方程（22）与方程（24）完全相同。但如果我们将产出冲击 u_t 加入方程（22）或方程（24）中会怎样呢？如果我们把冲击加入方程（22）中，则得到：

$$y_t = \alpha + \beta t + u_t \quad 或者 \quad \Delta y_t = \beta + u_t - u_{t-1} \tag{25}$$

如果我们将冲击加入方程（24）中，则得到：

$$y_t = y_{t-1} + \beta + u_t \quad 或者 \quad y_t = \alpha + \beta t + u_t + u_{t-1} + u_{t-2} + \cdots + u_0 \tag{26}$$

按照方程（25），冲击的影响仅仅持续一个时期，换言之，对 y 变动的冲击在一个时期之后消退。与之形成强烈对比的是，根据方程（26），对 y 的冲击效应是永久性的，换句话说，对 y 的冲击随时间的推移而不断累积。如方程（25）所描述的一个变量，通过去掉时间趋势能使其平稳，就称为**趋势平稳**（trend stationary）。如方程（26）所描述的一个变量，通过差分能使其平稳，就称为**差分平稳**（difference stationary）。差分平稳过程由永久性冲击占支配地位；趋势平稳过程由暂时性冲击占主导地位。

方程（25）还是方程（26）能更好地描述 GDP，这初听起来好像只是神秘的统计学所关心的问题。但这个区别却切中了有关总需求理论的要害。根据 *AS-AD* 模型，由总需求波动引起的经济周期相对持续时间较短，往往只有几个季度，最长也不过几年。与此相反，对总供给的冲击如果来自永久性的生产率进步，这种冲击也可能是永久性的。

纳尔逊和普洛瑟指出，GDP 既包括永久性冲击，也包括暂时性冲击，但 GDP 过程则由永久性冲击起主导作用。在解释经济时，他们的证据反对总需求的重要性。

图 24－4 说明了永久性冲击的重要性。黑线是美国 1947 年以来的实际 GDP。灰线表示 1947—1972 年 GDP 的估计趋势以及对未来设想的趋势。图 24－4 的左边包括 1973 年以前的年份，表明与波动是围绕一个趋势发展的这一思想相一致。但如果我们将同样的趋势延伸到当前，某种事情显然已使产出发生向下的永久性变动。很难相信图 24－4 右边的产出与模拟的趋势之间的差距，代表了总需求的行动。

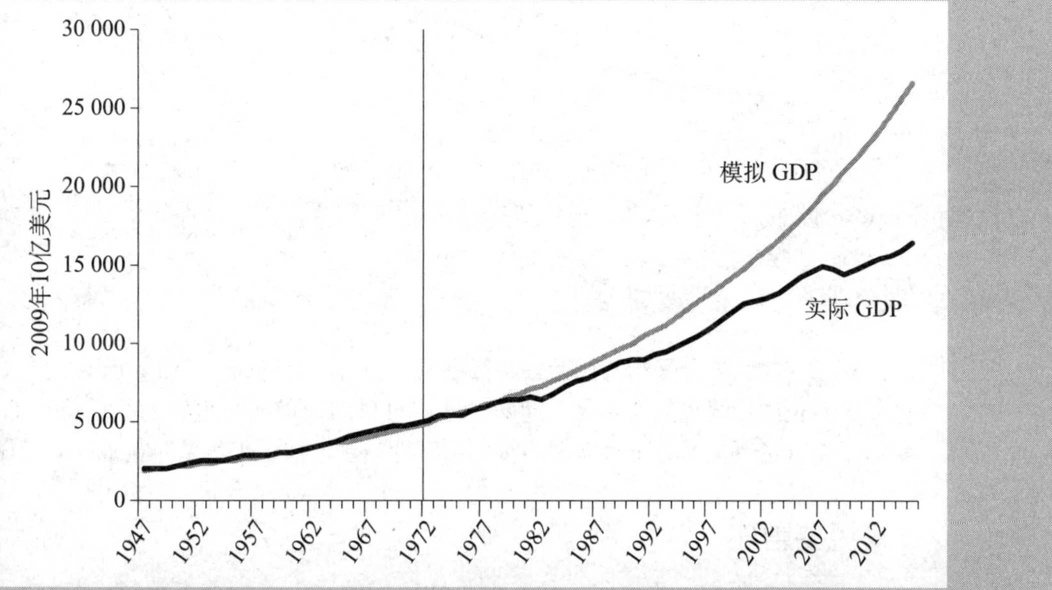

图 24－4　实际 GDP 和模拟 GDP

资料来源：Federal Reserve Economic Data [FRED] 以及作者的估算。

具有长期效应的冲击对经济产生重要作用的思想，现在得到了普遍的接受。但对于总需求相对不重要的推论依然存在争议。另一种观点认为，确实存在大的并具有相对永久性的总供给冲击，但它很少发生；在其发生的间隔里，总需求冲击占主导地位。皮埃尔·佩龙（Pierre Perron）是这种观点最早的倡导者。[①] 佩龙认为，尽管在趋势中存在偶然的永久性间断，但在为期 10 年的亚期间内，经济会出现围绕趋势的重要预期波动。在图 24－5 中，我们分别估计 1973 年以前与 1973 年以后的趋势。在每个亚期间内，产出很好地模型化为围绕趋势的暂时性波动。这种观点认为存在大而永久但极为罕见的总供给冲击，在总供给冲击的间隙，总需求冲击支配着年复一年的波动。

① 皮埃尔·佩龙在一篇有影响但很艰深的文章 "The Great Crash, the Oil Shock and the Unit Root Hypothesis," *Econometrica*, November 1989 中对这个观点提供了证据。

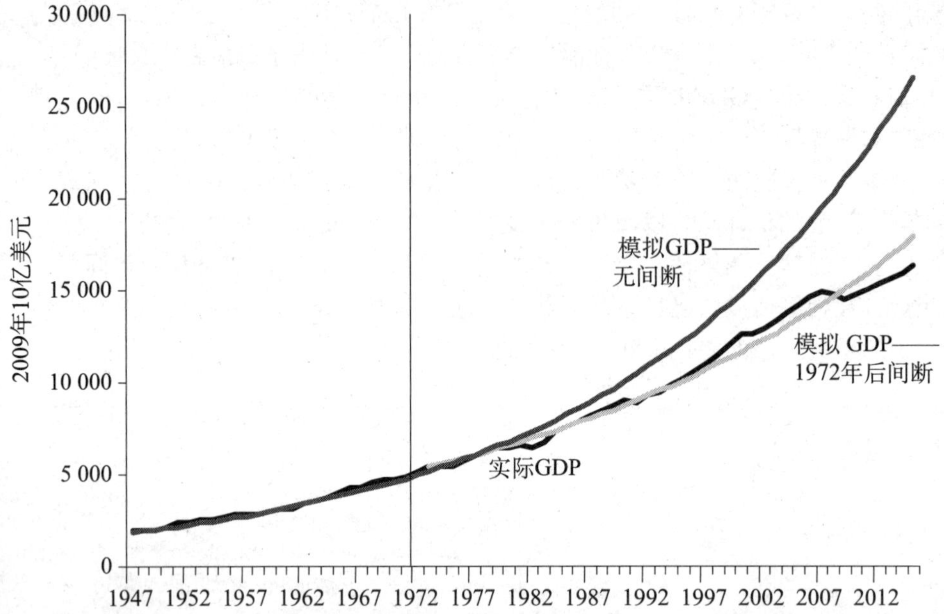

图 24-5　实际 GDP、模拟的间断 GDP 与无间断 GDP

1972 年后模拟的间断 GDP 比原先预测的无间断 GDP 更接近实际 GDP 的值。

资料来源：Federal Reserve Economic Data [FRED] 以及作者的估算。

由于在相信差分平稳与**间断性趋势平稳**（trend stationary with breaks）的人们之间的争论是由对长期持续现象的测度引起的，通过对目前期限相对短暂的、现有数据的统计分析难以平息这场争论。关于总需求冲击的重要性问题，似乎仍将是存在争议的领域。

扼要重述

- 重要的经验证据表明，具有永久性效应的冲击支配着宏观经济的波动。既然总需求冲击没有永久性效应，这种证据认为总需求的波动不如总供给的波动重要。由总供给冲击，特别是技术冲击引起的变动，很可能是永久性的。
- 对这种证据的另一种看法是，大而永久性的供给冲击事件是偶然发生的，但在这些事件之间的时期，占主导地位的还是需求冲击。

24—5　实际经济周期理论

理性预期为货币政策不应当对产出具有非常重要的效应这一观点提供了理论基础。纳尔逊和普洛瑟的著作怀疑总需求冲击以经验为依据的重要性。这些思想支持了**均衡实际经济周期理论**（equilibrium real business cycle theory，RBC）的发展。[①] RBC 理论断言，由于市场调节迅速并且经常保持均衡状态，产出与就业的波动是各种实际冲击打击

① 深入阅读，参见第 450 页注释①。

经济的结果。

对于支配模型行为的经济参数如何进行测度的问题，RBC 理论家也与许多传统宏观经济学家的看法不同。RBC 理论家一般愿意使用**校准理论**（calibration theory）技术或**定量理论**（quantitative theory）技术。在实践中，这意味着选择对模型行为起关键作用的少量参数，并从微观经济研究中而不是通过宏观经济数据本身来估计各参数值。我们在这里研究一个很简单的 RBC 模型，它关注一个参数，即**劳动的跨期替代弹性**（intertemporal elasticity of substitution of labor）。

简单的实际经济周期模型

在实际经济周期理论家创造的模型中，厂商选择最优的投资和雇用方案，个人做出最优的消费和劳动供给选择，所有选择都在动态的、不确定的环境中做出。得出的模型在技术上都很复杂。事实上，只有使用较为高深的数学方法，结合计算机模拟，才能对它们进行求解。我们在这里说明实际经济周期模型的特点，并关注劳动的跨期替代问题。在这个简单模型中，厂商在每一个时期购买劳动并生产产品。代表性工人在每个时期出售劳动并购买消费品。如果工人愿意，他可以将消费品节省下来留待下期使用。[①]

在每个时期，代表性厂商购买劳动 L_t，并用它生产产品 Y_t，其生产函数为：

$$Y_t = a_t L_t \tag{27}$$

其中，a_t 是 t 时期劳动的边际产量。（为以后着想，我们知道在竞争性市场中，实际工资率等于劳动的边际产量，因此实际工资率最终将等于 a_t。）劳动的边际产量的变动是这个简单模型中实际冲击的根源。

在每个时期，代表性工人可以出售多达 $\bar{L}$ 小时的时间。其闲暇时间为 $\bar{L}$ 小时减去他出售的小时数，因此等于 $\bar{L}-L_t$。每个时期，代表性工人从闲暇与消费 C_t 中获得效用。我们假定这个工人在给定时期中的效用函数为[②]：

$$U(C_t, \bar{L}-L_t) = C_t^{\gamma}(\bar{L}-L_t)^{\beta} \tag{28}$$

工人一生中的预算约束表示其一生中的消费总和必然等于他一生中的收入总和[③]：

$$C_t + C_{t+1} + C_{t+2} + \cdots = w_t L_t + w_{t+1} L_{t+1} + w_{t+2} L_{t+2} + \cdots \tag{29}$$

其中，w_t 是 t 时期的实际工资率。工人在每个时期选择的消费量和闲暇量，将是在方程（29）的预算约束下，使其一生的效用总和达到最大化的量。

注意，消费和闲暇的边际效用将证明是有用的：

$$MU_{消费} = \gamma C_t^{\gamma-1}(\bar{L}-L) = \frac{\gamma U_t}{C_t} \tag{30}$$

$$MU_{闲暇} = \beta C_t^{\gamma}(\bar{L}-L_t)^{\beta-1} = \frac{\beta U_t}{\bar{L}-L_t} \tag{31}$$

闲暇和消费之间的最优替代是：

$$MU_{闲暇} = w_t \times MU_{消费}$$

或者

① 资本投资模式与利率变动在实际经济周期中起着重要作用。为简化起见，我们将两者都略去了。

② 我们假定 γ 和 β 都为正。

③ 请再次注意我们隐含地假定了一个零利率。

$$\overline{L}-L_t=\frac{\beta C_t}{\gamma w_t} \tag{32}$$

我们怎样才能发现工人的最优化权衡方案，以界定其跨期的闲暇替代呢？如果工人在本期中减少 1 小时的闲暇，则多收入 w_t，这使得他在下一期可以增加 w_t/w_{t+1}小时的闲暇。由此可见，本期闲暇的边际效用必定等于 w_t/w_{t+1}乘以下期闲暇的边际效用。

$$MU_{闲暇_t}=(w_t/\ w_{t+1})\times MU_{闲暇_{t+1}} \tag{33}$$

在方程（33）中使用方程（30）至方程（32），使得现期闲暇和未来闲暇的边际效用值相等，则得到工人跨期的闲暇替代为：

$$\frac{\overline{L}-L_t}{\overline{L}-L_{t+1}}=\left(\frac{w_{t+1}}{w_t}\right)^{\frac{1-\gamma}{1-\gamma-\beta}} \tag{34}$$

方程（34）表明，如果 $t+1$ 期的工资增长 1%，而其他各期的工资保持不变，$t+1$ 期的闲暇会减少 $(1-\gamma)/(1-\gamma-\beta)$。闲暇对工资率暂时性变动的反应可能非常强烈，也可能毫无反应，这取决于 β 和 γ 的值。

我们的模型需要与这样的经验性观察结果相一致，即永久性的工资变动对劳动供给的影响很小。通过计算闲暇对永久性工资变动的长期反应，我们可以对此进行核对。假定在整个时间内工资保持不变，比如是 w^*。在这种情况下，消费和劳动供给也会在整个时间内保持不变，比如为 C^* 和 L^*。从［方程（29）的］预算约束看，$C^*=w^*L^*$ 必定是真实的。将它与方程（32）中工人的**消费-闲暇替代关系**（consumption-leisure tradeoff）结合在一起，以便导出长期劳动供给，我们得到：

$$\overline{L}-L^*=\frac{(\beta/\gamma)(w^*L^*)}{w^*} \quad 或者 \quad L^*=\frac{\gamma}{\beta+\gamma}\overline{L} \tag{35}$$

方程（35）表明劳动对工资率的长期反应为零，因为 w^* 已从方程（35）中被完全约去了。因此，我们的模型在这一方面是与事实相吻合的。①

现在把劳动的跨期替代看作一种**传播机制**（propagation mechanism）。假定在时期 t 有暂时性的技术冲击，从而使劳动的边际产量增加 $\Delta a\%$。我们知道工资率等于劳动的边际产量，因此工资率也会随着 a 的增加而增加。产出的总变动将是：

$$\Delta Y\%=\Delta a\%+\Delta L\% \tag{36}$$

传播机制是对产量的百分比 $\Delta L\%$的“额外冲击”。由方程（34）可知，闲暇将减少 $[(1-\gamma)/(1-\gamma-\beta)]\times\Delta a\%$。由于闲暇小时数约为劳动小时数的 3 倍②，劳动的增长率大约为 $\Delta L\%=3\times[(1-\gamma)/(1-\gamma-\beta)]\times\Delta a\%$。产出的总变动将是：

$$\Delta Y\%=\left(1+3\times\frac{1-\gamma}{1-\gamma-\beta}\right)\times\Delta a\% \tag{37}$$

参数 β 和 γ 就是实际经济周期文献中称为**深层参数**（deep parameter）的例子。实际经济周期理论家认为，我们的模型应该取决于能描述工人-消费者的偏好，并能描述企业生产函数的参数。这些参数可以通过微观经济研究加以识别。在我们十分简单的模型中，如果 $\beta+\gamma$ 接近 1，那么闲暇的跨期替代就会非常强，而方程（37）中的传播机制会将较小的技术冲击转变成大得多的产出冲击。相反，如果闲暇的跨期替代微弱，传播机制的

---

① 在经验上，长期劳动供给曲线轻微向后弯曲，在长期，人们宁愿花费较高工资以便增加闲暇，因此较高的工资略微减少了劳动供给。

② 假定一个工人在 8 760 小时（=24×365 小时）中，有 2 000 小时在工作。

这种作用就不那么重要了。以微观经济数据为基础的经验性证据支持这种跨期替代相对较弱的观点。①

扼要重述

- 实际经济周期理论通过个人对工作与消费的最优化决策，与厂商对生产的最优化决策来建立宏观经济模型。上述模型是实际经济周期理论家发展出来的非线性动态模型的一个简单形式。
- 实际经济周期理论极力贬低名义波动与货币的作用。
- 实际经济周期理论试图识别可在微观经济研究中测度的深层参数，闲暇的跨期替代弹性是一个重要的例子。测度这些参数得到的结论并非总是有利于实际经济周期模型。

24—6 新凯恩斯主义的黏性名义价格模型

理性预期理论与实际经济周期理论的引进，展开了一场针对凯恩斯主义的正统总供求模型的**新古典**（New Classical）革命。新古典理论以最大化的理性行为为基础，这是新古典理论经济学家经过培训而具有的偏好特征。与此同时，这些理论很少注意或者完全不注意呆滞的名义价格调整的作用，凯恩斯主义经济学家们相信在实际经济中看到了这种调整。从 20 世纪 80 年代中期开始一直到今天，出现了一场**新凯恩斯主义**（New Keynesian）的反革命。新凯恩斯主义模型企图利用新古典主义者反映最大化理性行为的认识法则，得出与 *AS-AD* 模型类似的结果。

新凯恩斯主义模型一般依赖于不完全竞争的假定。在完全竞争条件下，厂商和消费者的单独行动导致社会达到有效均衡。但在不完全竞争条件下，个体决策并不必然会导致有效率的社会结果。新凯恩斯主义模型解释了在完全竞争条件下，个体的理性决策如何导致社会不希望出现的经济高涨和衰败。在本节，我们将考察一个新凯恩斯主义模型，即曼昆的名义价格黏性模型。该模型解释了为什么不完全竞争条件下的各个厂商面临名义货币供给变动时会保持名义价格不变（“黏性”）。

曼昆面对的知识性问题是，根据经济理论，名义价格仅仅是按主观规定的计量单位进行量度。微观经济学理论明确表示，只有相对价格才是重要的。事实上，微观经济理论做出了一个与货币中性有关的明确预测。假定经济中初始的货币供给为 $\overline{M}$，并且通过供求调整过程使经济达到均衡，其价格为 p_1、p_2、p_3 等，其平均价格水平为 p。现在假定货币供给代之以 $2\overline{M}$。微观经济理论预言，各个市场将达到与先前相同的均衡，这时价格为 $2p_1$、$2p_2$、$2p_3$ 等，平均价格水平为 $2p$。实际情况没有变化。实际货币供给仍为 $2\overline{M}/2p=\overline{M}/p$。任何两个市场之间的价格比率，比如市场 1 和市场 3，仍然保持不变，为 $2p_1/2p_3=p_1/p_3$。因此，凯恩斯主义者面对的问题是，如何使理性的微观经济学中确认的经济理论与名义价格水平不能立刻反映名义货币供给变化这一思想协调一致。

开始的回答是承认价格的确定和变动本身是一项经济活动。由于改变价格要使用经

---

① 参见 Joseph Altonji，“Intertemporal Substitution in Labor Supply：Evidence from Micro Data，” *Journal of Political Economy*，June 1986；and David Card，“Intertemporal Labor Supply：An Assessment，” NBER working paper no. W3602，January 1991。

济资源，厂商只有在价格变动的利益大于成本时才会改变价格。从表面看来，这好像合理地解释了面临货币供给变动时价格未能变动的原因。但这种论断产生的问题是，价格变动的成本很小，而经济波动大约占 GDP 的几个百分点。看起来改动价格的利益几乎总是大于其成本。

1985 年，曼昆利用非常基本的微观经济理论解决了这一难题，证明在经济中垄断力量强大的情况下，改动价格的私人利益可能远小于社会利益。[①] 厂商只是把私人利益作为决策基础，因此，在面临需求变动时，即使改变价格的社会利益大于社会成本，各个厂商仍会决定维持价格不变。我们给出曼昆的一个简化分析。

假定经济中包含许多小厂商，在各自的市场中都存在一定的垄断力量因素。将市场指定为 i，我们可以将厂商 i 所面临的需求写成：

$$Y_i = \left(\frac{P_i}{P}\right)^{-\varepsilon} \frac{M}{P} \tag{38}$$

其中，P_i 是厂商 i 制定的价格，P 是总体价格水平，而 ε（$\varepsilon > 1$）是需求弹性。假定劳动是唯一的投入要素，劳动的边际产量为 a，名义工资为 W。垄断者采用成本加成方法定价。因此，边际成本为 W/a，厂商的定价将是[②]：

$$P_i = \left(\frac{\varepsilon}{\varepsilon - 1}\right)\frac{W}{a} \tag{39}$$

厂商的名义利润将是：

$$\left(P_i - \frac{W}{a}\right)Y_i \tag{40}$$

为了给观察黏性价格提供一个比较的基础，我们首先要了解当货币供给增加，比如 2%时，在新古典模型中会发生什么变化。由于在新古典模型中，价格是中性的，我们知道所有的名义价格和工资都会上升 2%。我们看到方程（39）左右两边都上升了 2%。因为 M、P 和所有的 P_i 都上升了 2%，方程（38）中的实际需求不变。由方程（40）可知，名义利润也上升了 2%，但由于总体价格水平已经上涨，实际利润不变。因此，我们模型中的一切都与货币中性一致。

现在假定各家厂商如果提高价格，必须承担叫做“菜单成本”的一笔小额费用 z。各家厂商将在维持其当前“过低”价格的损失与如果将价格提高 2%时的潜在利润增长之间做出比较。曼昆指出，在以下两个条件成立时，潜在利润可能很低——实际上是处于次要地位：

- 如果最优价格与现行价格之间偏差较小，则利润机会就是非常小的。
- 如果厂商的需求弹性较低，则利润相对于完全正确的价格不太敏感。

作为例子，图 24－6 给出了利润损失（用占最优产出的百分比衡量，用纵轴表示）以及价格偏离最优价格的百分比（用横轴表示）。黑线表示的是一个中等垄断程度厂商的

---

① N. Gregory Mankiw，“Small Menu Costs and Large Business Cycles：A Macroeconomic Model of Monopoly，” *Quarterly Journal of Economics*，May 1985；George A. Akerlof and Janet L. Yellen，“A Near Rational Model of the Business Cycle，with Wage and Price Inertia，” *Quarterly Journal of Economics*，Supplement，1985. 相关论文可参见 N. Gregory Mankiw and David Romer（eds.），*New Keynesian Economics*（Cambridge，Mass.：MIT Press，1991）。对于全局概览，可见 Laurence Ball and N. Gregory Mankiw，“A Sticky-Price Manifesto，” *Carnegie-Rochester Conference Series on Public Policy*，December 1994。

② 方程（37）可以通过求解垄断者利润最大化问题得出。如果你学过中级微观经济学课程，你可能已经在那里见到过该公式［如，$MR=MC$，其中 $MR = P(1-1/e)$］。

利润损失（当这种情况发生时，它的需求弹性为 20）。假定厂商的当前价格低于最优水平价格 2%。那么，在黑线与灰线的交点，我们看到厂商放弃了相当于产出 0.5%的潜在利润。如果菜单成本大于这个损失，厂商就不会改变价格。既然其他厂商面临的也是类似的选择，所以，它们也不会改变价格。其净效应就是所有的名义价格保持不变，总体价格水平固定不变，实际货币供给增加，总需求随实际货币供给增加而上升。根据方程(38)，我们看到实际货币供给（M/P）与产出均上升 2%。注意，社会产出 2%的收益，是厂商放弃的私人利润的 4 倍。

新凯恩斯主义的关键突破，是假定厂商面对一条向下倾斜的需求曲线。在完全竞争市场中，各家厂商面对着水平（弹性无穷大）的需求曲线，尽管整个市场需求曲线的斜率可以任意大。如果单独一家厂商面对的需求曲线是水平的，或者几乎是如此，价格相对于最优价格的微小偏差就会引起需求的巨大波动，以及相应的利润的巨大波动。因此，在竞争市场中，完全正确的价格产生私人利润，并总是大于小量的菜单成本。[①] 相对而言，各家厂商面对的是向下倾斜的需求曲线，小量的菜单成本很可能大于潜在利润的变动。

曼昆的著作为名义价格黏性提供了严格的微观经济学证明。由于新古典经济学家攻击凯恩斯主义模型理论基础的严密性，这一证明就成为凯恩斯主义者对理性预期模型和实际经济周期模型做出反应的关键。在经验意义上，不是每个人都同意曼昆的阐述，但他的著作肯定是新凯恩斯主义运动的里程碑。

图 24－6　曼昆的突破

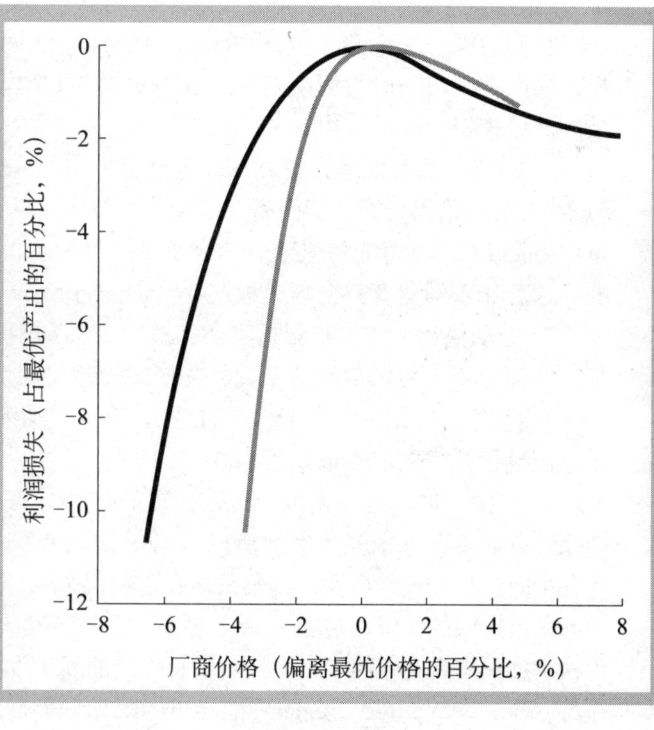

① 图 24－6 中的灰线表示一家竞争性相对较强的厂商的潜在利润。同样的 2%的错误定价使产出损失的增加超过 2%，大约是黑线代表的竞争性较弱厂商成本的 4 倍。通过调节弹性 ε，人们可以在黑线和灰线之间随意进行比较。

扼要重述

- 新凯恩斯主义者试图根据最大化行为建立模型，从而导致与总供给-总需求模型相似的行为。
- 绝大多数新凯恩斯主义模型依靠不完全竞争。
- 即使调整的菜单成本相当小，价格仍然是黏性的，因为重新定价增加的利润更小。

24—7 动态随机一般均衡模型

动态随机一般均衡模型沿用了我们在前面章节讨论过的内容。动态随机一般均衡模型不是考虑把我们研究过的单个方程汇集成总需求曲线或总供给曲线，而是直接将所有方程整合起来解出一般均衡。动态随机一般均衡模型强调单一方程会受到每季度的冲击干扰，即“随机”部分，并且决策者着眼未来情况决策今天的行为，即“动态”部分。特别地，经济人的决策依赖于对未来的预期，但是未来的情况则依赖于经济人今天的决策。在本书的大部分内容中，我们通过将方程线性化来简化它们，而动态随机一般均衡模型是基于非线性设定的，换言之，“曲线”是弯曲的。动态、随机和非线性的组合使得动态随机一般均衡模型难以用笔和纸解答。相反，这些模型要通过计算机的模拟技术给出答案。

我们勾画一个由弗兰克·斯梅茨（Frank Smets）和拉夫·沃特斯（Raf Wouters）提出的动态随机一般均衡模型的组成要素。[①] 这个模型为许多其他模型树立了标准，并且被欧洲中央银行广泛采用。

1. **消费**。消费者行为遵循一个基于效用最大化的生命周期/持久收入假说模型，类似第 14 章的最优选择。消费者在决定当前支出和为将来储蓄时会考虑利率因素，如第 14 章中专栏 14-4“消费和利息——微观理论”所述。此外，消费者行为受“习惯形成”影响，这意味着消费者只会渐进地改变他们的行为。

2. **劳动供给**。工人将根据真实工资在劳动和闲暇之间进行选择。该模型的假设之一是，一部分工人会每期改变工资。其他假设是，工资根据滞后的通货膨胀做部分调整。

3. **投资**。投资遵循第 15 章的描述，除了企业解决跨期利润最大化问题，主要考虑企业调整投资率的成本以及资本成本。

4. **产出**。产出是根据生产函数得出的，这与第 3 章介绍的相同。但是增加了三个复杂条件：企业是垄断竞争者，所以具有一定的市场影响力（相对于完全竞争市场而言）。存在中间产品和最终产品，企业只能在随机间隔时重新设定价格。企业有限的价格调整能力和工人有限的工资调整能力综合起来，导致价格对当前经济形势的调整缓慢。间接地，价格调整缓慢在决定第 6 章中倾斜的总供给曲线中发挥重要作用。实际上，斯梅茨-沃特斯模型（Smets-Wouters model）推导出的附加预期的菲利普斯曲线非常类似我们给出的总供给曲线。区别在于对下一期通货膨胀的预期会影响今天的通货膨胀水平，这是导致必

① Frank Smets and Raf Wouters, “An Estimated Dynamic Stochastic General Equilibrium Model of the Euro Area,” *Journal of the European Economic Association*, 2003, www.ecb.int/pub/pdf/scpwps/ecbwp171.pdf.

须采用计算机求解技术的动态因子之一。

5. **货币政策**。中央银行遵循第9章描述的泰勒规则，并且利率仅作渐进式调整。

将上述要素整合起来并经过大量的计算机运算可以得到一个宏观经济模型，该模型融合了本书前面章节所述的要素内容和实际经济周期的思想。每一个经济人都是理性的，市场也是出清的，尽管不是完全竞争市场。所有经济人的前瞻性行为都是基于理性预期革命的结果。将这些要素整合在一起，并编程来计算所有这些复杂模型堪称绝技。但这些模型是否给出了现实经济的准确情景仍是有争议的问题。

动态随机一般均衡模型是近十年来众多宏观经济学研究的核心所在。支持该模型的观点认为，这些模型是基于经济人较少的假设条件的理性行为。（尽管工资和价格的渐进调整机制保留了一些特殊主义的特点。）反对该模型的观点认为，每个人的跨期优化假设条件太过绝对而不现实。综合考虑这些观点，一些经济学家得出结论：动态随机一般均衡模型允许经济人的异质性行为假设，将变得更加复杂和更加细致，并成为未来模型的发展方向。而另一些经济学家认为理性行为的绝对假设看起来很有吸引力，但是过于绝对而不现实。

正如V. V. 沙立（V. V. Chari），一个动态随机一般均衡模型的支持者所述：

> 所有吸引人的政策问题都包括理解人们是如何随时间推移做出决策的，以及他们是如何应对不确定性的。所有模型都必须解决这些对整体经济的影响。所以，任何吸引人的模型必须是一个动态随机一般均衡模型。①

我们用对上述观点持怀疑态度的诺贝尔经济学奖得主罗伯特·索洛（Robert Solow）的观点来总结我们对动态随机一般均衡模型的介绍：

> 我不认为这些模型通过了检验。它们想当然地把整个经济体理解为一个单一、一致性的人或一代人在执行一个理性设计的长期计划，并不时经受意外冲击的扰动，但以理性和一致性的方式接受这些扰动。我不认为这些情景通过了检验。持这些观点的人声称模型的建立是基于我们所了解的微观经济行为。但是，我真的认为，这种观点是骗人的。毫无疑问，提出这些观点的倡导者相信上述说法，但是他们看起来已经停止深究，或同时已经失去了他们的嗅觉。②

24—8　各个方面的综合

在宏观经济学的前沿存在许多未有定论的问题。由均衡理论家和新凯恩斯主义者提出的理论是不可否认的，但是，这些理论所涉及的经验说明却不够明确。与此相似，许多实际经济周期理论的提倡者现在也承认黏性价格的重要性。本章在一定程度上已经开始出现理论研究的部分趋同。一套新的**动态随机一般均衡**（dynamic stochastic general equilibrium）模型已经发展起来。这些模型在保持理性预期的同时接受了实际经济周期模型，并增加了黏性价格。这些模型的结论有时会令凯恩斯主义者吃惊。

---

① V. V. Chari，Statement before the Committee on Science and Technology，111th Congress，July 2010.

② Robert M. Solow，Statement before the Committee on Science and Technology，111th Congress，July 2010.

作为科学的宏观经济学的美妙之处，部分原因就在于其理论、经验性工作和政策之间的相互作用。持有非常不同观点和经济哲学的宏观经济学家之间相互争论，并相当努力地相互倾听。因此，我们对实际宏观经济的理解就发生了变化和改进。

本章提要

1. 现代理论强调宏观经济理论和微观经济理论之间的一致性。

2. 理性预期分析法强调公众对经济行为预期的一致性。

3. 理性预测存在误差，但不是可预测的误差。

4. 理性预期分析法认为，即使在短期中，预期到的货币政策也是中性的。

5. 不完全信息分析法将解释向上倾斜的短期总供给曲线，但在其中，通过预期到的货币政策，得不出产出与通货膨胀之间的权衡关系。

6. 产出的随机游走模型认为，经济波动具有高度的持久性，因此，不能归因于总需求的变动。

7. 实际经济周期分析法建立了动态经济模型，在该模型中，实际冲击得以传播。这些模型将货币领域的作用降到了最低程度。

8. 新凯恩斯主义模型力图以坚实的微观经济基础，尤其是价格黏性，重建总需求理论。

关键术语

GDP 的周期成分	卢卡斯批判	GDP 的随机游走
菜单成本	理性预期	深层参数
新古典经济学	差分平稳	新凯恩斯主义经济学
实际经济周期理论	动态随机一般均衡	参数
理性预期均衡	完全有预见的	GDP 的趋势（长期）成分
不完全竞争	政策无关性	不完全信息模型
价格黏性	趋势平稳	闲暇的跨期替代
生产效率冲击	间断性趋势平稳	传播机制

习题

概念题

1. 本章覆盖四大类研究——理性预期理论、产出的随机游走理论、实际经济周期理论以及力图解释产出为什么在短期会偏离充分就业水平的模型。这些模型相互补充或相互矛盾到什么程度？试讨论。

2*. 什么是理性预期？理性预期与完全有预见有什么不同？在这两种假定下，货币政策都是中性的吗？

3. 描述一个用于实际经济周期理论的传播机制。简要解释它是如何发挥作用的。

4*. 曼昆的总供给菜单成本模型与卢卡斯的不完全信息模型有何相似之处？有何区别？按新凯恩斯主义或新古典主义对它们进行分类。

5*. 曼昆的总供给菜单成本模型的基本假定是什么？

6*. 什么是实际经济周期理论拥护者所使用的深层参数的意义？

7*. 在卢卡斯的总供给不完全信息模型中，总体冲击（即对整个经济而非一个特定区域或市场的冲击）何时对产出具有最强的效应？试解释。

8*. a. 趋势平稳过程和差分平稳过程之间有何区别？

b. 为什么这是一个重要的区别？我们对于哪一种过程最恰当地说明了产出的特征的看法，如何影响我们的预测策略？

---

* 星号表示较难的习题，** 两个星号表示难度更大。

c. 佩龙提出，产出最好被描述成间断性趋势平稳。这对解决冲击对总需求的重要性问题有何帮助？

技术题

1*. a. 使用方程（3）和方程（4）预测由 24—2 节的简单 *AS-AD* 模型决定的价格水平和产出水平。你可假定总供给曲线的斜率为 2/3，而货币供给、流通速度和潜在 GDP 的值分别是 9、8 和 7，预期价格水平是 5。

b. 从卢卡斯批判的角度，评价你的预测。

c. 这个预测与完全有预见模型的结果有何不同？

d. 这个预测更好还是更差？试解释。

2*. 用方程（11）和方程（12）检验预期到的和未预期到的供给冲击对产出水平的效应。当供给冲击是预期到的时候，它们将像是在完全有预见模型中那样起作用；当供给冲击是未预期到的时候，它们将像是在标准的 *AS-AD* 模型中那样起作用。

3. 经验证据支持理性预期理论关于预期到的货币政策对产出无效应这一结论吗？试解释。

4**. a. 假定在 24—5 节发展出的简单的 RBC 模型中，$\gamma=0.35$，$\beta=0.05$，给定这些参数的值，劳动的边际产量增加 10%将导致多大的产出增加？[提示：使用方程（37）。]

b. 使用问题 a 中给定的参数，是否存在闲暇的较强的跨期替代？为什么？

5*. a. 关于人们在一段时期内闲暇替代的程度，经验性证据暗示了什么？

b. 关于跨期替代在传播对整个经济的冲击中的作用的看法，以及关于小的技术冲击产生大的产出冲击的能力的看法是什么？

6*. 本问题涉及卢卡斯总供给不完全信息模型中的预期形成。

a. 如果 $\alpha=1$，$\beta=0.75$，当当地价格 p_i 上升为原有水平的 4 倍时，总价格水平的期望变动是什么？[提示：用方程（19）。]

b. 如果 α（即当地供给函数的斜率）在一个特定区域是 1/2，作为当地价格增加的结果，当地产出将增加多少？

c. 如果 β 是 0.25 而非 0.75，结果变动了多少？β 的值如此之小，意味着什么？

d. β 如果为 1，将会出现什么样的变动？

操作题

1**. “理性预期的均衡分析方法：经验性证据”一节考察了美国的理性预期假说。请对澳大利亚进行相同的分析。

a. 登录 www.rba.gov.au/statistics，点击“Search for Statistics”，找到并下载 M3 和实际 GDP 数据（以股票价格的产出表示）。

b. 按照 $[\ln(M3)-\ln(M3_{-1})]\times 100$ 来计算 M3 的增长率。以常数项和 M3 增长率滞后四期对 M3 的增长率进行回归，计算 M3 的预期增长率。画出一个包括实际的、预期到的（拟合的）和未预期到的（剩余的）M3 增长率在内的图形。对此加以评论。

c. 按照 $[\ln(RGDP)-\ln(RGDP_{-1})]\times 100$ 来计算实际 GDP 的季度增长率。

作一个散点图，以预期到的 M3 增长率为 X 轴，以产出增长率为 Y 轴，并加以评论。

术语汇集

A

绝对趋同（absolute convergence） 不同国家的产出水平和增长率随着时间的流逝会相互接近，并且其稳态值将达到相同的趋势。

加速数模型（accelerator model） 投资支出的资产同产出的变化是成比例的，但并不受资本成本的影响；它可以很好地描述存货投资的行为。

适应性政策（accommodation policy） 使用政策来抵消冲击。例如，增加货币供应量以防止利率的上升引起 *IS* 曲线向外移动。也可参见对供给冲击的适应。

对供给冲击的适应（accommodation of supply shocks） 使用需求政策防止对总供给暂时下降做出反应的 GDP 下降。

行动时滞（action lag） 从政策制定的时间到政策被执行的时间之间的时期。

积极性政策（activist policies） 对当前的经济状况做出反应，并且试图稳定产出的政策。

积极性规则（activist rules） 反周期性质的规则。

可调节利率抵押贷款（adjustable rate mortgage, ARM） 利率随当前市场利率变化而变化的住房贷款。

经过调整的 GNP（adjusted GNP） 试图对 GNP 中福利下降的“商品”内容以及不能反映质量改进的内容进行校正；这是对福利的衡量。

不利的供给冲击（adverse supply shock） 总供给曲线的向内移动。20 世纪 70 年代初期石油输出国组织的石油禁运所引起的石油价格上涨是一个经典的例子。

总需求（aggregate demand） 经济中所购买的全部最终产品的价值总和。

总需求曲线［aggregate demand（*AD*）curve］ 人们愿意购买的商品和服务的总量与价格水平之间的关系。

总需求表（aggregate demand schedule） 总需求曲线的同义词。

总供给曲线［aggregate supply（*AS*）curve］ 经济中所生产的最终商品和服务的总量与价格水平之间的关系。

总供求模型（aggregate supply-aggregate demand model） 商品市场和货币市场都处于均衡时所决定的唯一价格水平和产出水平。

预期通货膨胀（anticipated inflation） 人们预期到的通货膨胀。

预期性货币政策（anticipatory monetary policy） 为了对估计到的未来将会发生的问题（例如通货膨胀压力）做出反应而采取的货币政策。

升值（appreciation） 相对于其他国家货币的本国货币价值的增加。这是在汇率浮动情况下发生的。

套利（arbitrage） 买卖资产以利用价差获利。

附加预期的菲利普斯曲线（augmented Phillips curve） 将通货膨胀预期作为通货膨胀率的一个决定因素的菲利普斯曲线。

紧缩（austerity） 削减政府支出和增加税收，尤其在与试图减少国民债务相联系的情况下。

自动调节机制（automatic adjustment mechanism） 能够自动实现国际收支平衡的机制。

自动稳定器（automatic stabilizer） 不需要进行具体的干预就能减少经济冲击的影响的政策，例如比例所得税和失业救济金。

B

国际收支（balance of payments） 是对从国外流入某一国家的通货净流量的测量。

国际收支赤字（balance-of-payments deficit） 发生于当货币从一国流出比流入多的时候。

国际收支盈余（balance-of-payments surplus） 发生于当货币从一国流入比流出多的时候。

平衡预算乘数（balance budget multiplier） 在税收和政府购买等量增加的时候所引起的产出的增加。

基点（basis point） 一个基点等于利率年百分比的百分之一，例如，一个等于年百分比四分之一的利率，也叫做25个基点利率。

巴罗-李嘉图等价命题（Barro-Ricardo equivalence proposition） 参见“李嘉图等价”。

以邻为壑政策（beggar-thy-neighbor policy） 试图以牺牲别国的产出来增加本国的产出。

贝弗里奇曲线（Beveridge curve） 反映工作岗位空缺与失业率之间的关系。

联邦储备委员会（Board of Governors of the Federal Reserve） 监督地区联邦储备银行的政府机构。它也是可以改变准备金要求的唯一的权力机构，是公开市场委员会（FOMC）的一部分。联储主席在传统上拥有决定美国货币政策的权力。

泡沫（bubble） 见投机泡沫。

预算约束（budget constraint） 对于个人、企业或政府可以花费的货币数量的限制。个人的购买也许会受到他或她的收入（或财富）的约束。

预算赤字（budget deficit） 政府支出的货币数量大于政府以税收形式所获得的收入的数量。

预算盈余（budget surplus） 与预算赤字相对。

缓冲库存储蓄（buffer-stock saving） 当收入低于通常（未雨绸缪）水平时，消费者用来维持消费的多余的储蓄。

德意志联邦银行（Bundesbank） 德国的中央银行。现为欧洲中央银行体系的一部分。

债务负担（burden of the debt） 国家债务的人均分摊额。

经济周期（business cycle） 经济扩张和衰退的模式。

企业固定投资（business fixed investment） 每年增加的机器、设备以及用于生产的建筑。

企业储蓄（business saving） 企业的储蓄；为分配给所有者或股东的利润。

C

资本账户（capital account） 由外国人获得本国资产所导致的美元流入某国的净流量。

资本收益（capital gains） 一笔资产的价值随时间推移而增加的数量。

资本存量（capital stock） 经济中使用的可利用资本的数量。

资本-劳动比例（capital-labor-ratio） 每个工人使用的可利用资本的数量。资本存量除以劳动的供给量。

中央银行（central bank） 控制货币供给的银行。在美国是联储，在欧洲是欧洲中央银行。

确定性对等政策（certainty-equivalence policy） 假定不存在未来事件的不确定性时所采取的政策。

权重连锁指数（chained-weighted index） 该指数通常有助于纠正价格未按比例增长，消费者的购买由相对昂贵商品转向相对便宜商品的情况。

古典调整过程（classical adjustment process） 经济自动地向内外均衡运动的过程。

古典总供给曲线（classical aggregate supply curve） 垂直的 *AS* 曲线。产量等于潜在产量。

古典情况（classical case） 垂直的 *LM* 曲线。货币需求对于实际利率十分敏感。

古典数量论（classical quantity theory） 见货币数量论。

清洁浮动（clean floating） 中央银行对外汇市场不进行干预的浮动汇率制度。和肮脏浮动相对。

柯布-道格拉斯生产函数（Cobb-Douglas production function） 规模报酬不变、产出弹性不变和投入要素之间具有单位替代弹性的生产函数。

冷火鸡式策略（cold-turkey strategy） 立即向意愿目标移动，而不是试图随着时间来增加调整成本。

竞争性贬值（competitive depreciation） 发生于一国允许其通货贬值来改善其贸易余额，并会损害其他国家的情况。也指一系列报复性的贬值。

产出的构成（composition of output） 构成GDP的消费、投资和政府购买的相对数量。

条件趋同（conditional convergence） 不同国家产出增长率随时间的增加而相互接近的趋势，而且其稳定状态值是相同的。

永久债券（consol or perpetuity） 未来每个时期支付固定数量利息（息票）的资产。

耐用消费品（consumer durables） 能使用较长一段时期的消费品，如洗衣机。

消费价格指数（consumer price index） 衡量典型的城市家庭购买商品的费用的固定权数的价格指数。

消费支出（consumer spending） 消费者的花费。

消费函数（consumption function） 关于消费和可支配收入的等式。

不变美元（constant dollar） 对通货膨胀数字进行调整后，用相同的单位价值衡量的美元。

趋同（convergence） 见条件趋同和绝对趋同。

核心通货膨胀（core inflation） 对除食品和能源之外所有商品和服务价格变化的度量。

生活费用调整（cost-of-living adjustment，COLA） 工资对通货膨胀率进行指数化。

息票（coupon） 对一种债券持有者进行的周期性支付。

抛补利率平价（covered interest parity） 与国内外利率差相关的汇率。

协调分析法（coordination approach） 与企业价格调整同步的研究方法。

爬行钉住（crawling peg） 一种汇率制度。汇率以大致上等同于一国和其贸易伙伴之间的通货膨胀率差额的比例进行贬值。

可信度（credibility） 公众相信政府将履行其宣布的政策的程度。

信任奖励（credibility bonus） 公众对中央银行降低通货膨胀的信任所直接导致的通货膨胀的额外减少。

可信的政策（credible policy） 人们相信他们的政府将会执行的政策。

信用配给（credit rationing） 人们可以在现行利率下借款的数量限制。

信用目标（credit targeting） 使用货币政策以达到一个具体的债务水平。

挤出（crowding out） 由于政府支出的增加而引起的总需求中的某些部分（通常是投资）的减少。

通货升值，或贬值（currency appreciation，or depreciation） 参见升值和贬值。

货币局制度（currency board） 印制的每单位国内货币都必须有一定量的相应外汇作为支持的要求。

通货-存款比率（currency-deposit ratio） 通货对银行存款的比率。货币乘数的基本决定因素。

经常账户（current account） 由于国内商品和服务的销售，以及来自国外的净转移支付所引起的美元在某国的净流动。

美元现值（current dollar） 以当前价格水平，即不进行通货膨胀调整的价格水平衡量的美元价值。

GDP的周期性成分（cyclical component of GDP） 产出围绕其趋势的波动；产出缺口。

周期性赤字（cyclical deficit） 预算赤字中由经济周期性波动所引起的部分。与结构性赤字相对应。

周期性失业（cyclical unemployment） 由经济周期波动所引起的失业。

D

公众持有的债务（debt held by the public） 区别于其他政府机构或者联邦储备所持有的债务，是由投资者持有的政府债务。

债务-GDP比率（debt-to-GDP ratio） 国民债务与GDP的比率。

决策时滞（decision lag） 对宏观经济冲击做出适当反应的决策所需要的时间。

深层参数（deep parameters） 描述个人和生产企

业偏好的参数。它可以被微观经济学的研究所证明。

通货紧缩（deflation） 价格水平下降的百分比速率，与通货膨胀相对。

实际余额需求（demand for real balances） 人们愿意持有的实际货币余额的数量。

需求冲击（demand shock） 能够使 AD 曲线移动的冲击。

需求方面的政策（demand-side policy） 能够使 AD 曲线移动的政策。

贬值（depreciation） 本国货币的价值相对于其他国家货币价值的减少，这是在汇率浮动条件下发生的。

折旧（depreciation） 资本存量以一定速度进行的损耗。

合意的资本存货（desired capital stock） 能最大化利润的资本存量。

贬值（devaluation） 在汇率浮动的条件下，本国货币的价值相对于其他国家货币价值的减少。

差分平稳（difference stationary） 对于变量的暂时性冲击会长久性地影响到变量的水平，随机游走就是差分平稳过程的一个例子。

边际产量递减（diminishing marginal product） 生产函数的一种特点，即当其他所有要素保持不变时，一种生产要素的边际产量会随着该要素投入数量的增加而减少。

肮脏浮动（dirty floating） 中央银行对外汇市场进行干预，以便影响其货币的（短期）价值。与清洁浮动相对。

贴现率（discount rate） 联储对向它借款的银行要求的利率。

现金流量贴现分析（discounted cash flow analysis） 决定未来将得到的现金的现值的方法。

甄别时滞（discrete lag） 在一种影响被感觉到之前所经历的时间。与分布时滞相对。

相机抉择支出（discretionary outlays） 在国会的直接年度干预下的联邦预算部分。

去中介化（disintermediation） 当利率上升到高于定期存款的管制上限时，去金融中介机构提取储蓄。

可支配收入（disposable income） 家庭得到的可用于消费的收入，等于总收入减去税收再加上转移支付。

负储蓄（dissaving） 负的储蓄。超出累积财富的借款或支出。

分布时滞（distributed lag） 当一种影响逐渐积累时所经过的时间。它和甄别时滞相对应。

失业的分配后果（distributional consequence of unemployment） 失业（衰退）的代价被非常不公平地承担了，即由那些失去工作的人承担了。

政策工具的多样化（diversification of policy instrument） 同时使用不同的政策工具。

美元化（dollarization） 以其他国家的货币，例如，美元，代替本国货币。

国内信贷（domestic credit） 货币当局持有的对公共部门（政府部门）和通常向银行贷款的私人部门的债务索取权。

国内信贷上限（domestic credit ceiling） 国内信贷扩张的上限，往往是 IMF 作为稳定计划的一部分提出的。

耐用品（durable goods） 能够使用较长时间的商品。参见耐用消费品。

动态行为（dynamic behavior） 依赖于许多时期而非当前时期的经济变量值变化的行为。

动态不一致（dynamic inconsistency） 所选择的政策在不同时点上存在差异的趋势。

动态规划（dynamic programming） 解决一个随时间而不断变化的问题的方法；在以后需要做出选择的时点上做出的选择。

动态评价（dynamic scoring） 税收变化和对于政府收入估计的宏观经济影响不一致的过程。

动态随机一般均衡（dynamic stochastic general equilibrium，DSGE） 企业和消费者随时间变化而选择的宏观经济模型，尽管价格常常是黏滞的。DSGE 模型有时被认为是传统宏观经济模型与实际经济周期模型的结合。

E

计量经济模型（econometric model） 用来做出数量上的经济预测的模型。

经济和货币联盟（Economic and Monetary Union，EMU） 那些签署《马斯特里赫特条约》并且采取一种共同货币——欧元的欧洲国家。

效率工资理论（efficiency wage theory） 认为工资应该被设定得高于市场出清情况下的工资，以便给予工人激励的理论。对于工资刚性、劳动市场非均衡的一种可能的解释。

就业者（employed person） 有工作的人。劳工统计局将就业者定义为，在调查那周内（包括当月的 12 日那周），（a）做任何完全支付报酬的雇员的工作（至少 1 小时），在他或她的企业或农场内工作，或工作 15 个小时，或在其家庭成员开办的企业中做更多无报酬的工作；（b）有工作可做或有企业，但由于暂时休假、生病、天气恶劣、照顾孩子、休产假或者部分时间离职、劳动管理的争议、工作培训或其他家庭或个人的原因而不工作，不管他或她是否被给付报酬或在寻找其他工作。

就业稳定性（employment stability） 暂时解雇和工作转换的低频率。

内生增长（endogenous growth） 由内生变量，例如，储蓄率，所决定的稳定状态的产出增长。

内生变量（endogenous variable） 由具体的模型内部决定的变量（它的值受其他变量值的影响）。

补贴方案（entitlement programs） 将货币从政府手里转向个人手里的方案。例如，社会保障、失业保险和贫困家庭临时救助项目等。

均衡产出水平（equilibrium level of output） 在该产出水平上，总供给等于总需求。

股权（equity） 一家公司的产权份额。

欧元（euro） 欧洲货币联盟的共同货币。

欧洲汇率机制（European Exchange Rate Mechanism，ERM） 一些欧洲国家之间关于放松对固定汇率的限制，允许它们只在一个狭窄的范围内波动的协议。

欧元区（Eurozone） 那些使用欧元作为共同货币的国家。

超额准备金（excess reserves） 银行持有的超过并在联储要求的水平之上的准备金。

过度敏感性（excess sensitivity） 当一个变量对另一个变量的变化的反应比理论上预计的程度更大时的情况。例如，消费被说成是存在着过度敏感性，就是指它对可预期收入变化所产生的变化比生命周期-持久性收入理论所认为的更大。

过度平稳性（excess smoothness） 当一个变量对另一个变量的变化的反应比理论上预计的程度更小时的情况。例如，消费被说成是存在着过度平稳性，就是指它对未预期收入变化所产生的变化，比生命周期-持久性收入理论所认为的更小。

汇率（exchange rate） 每单位本国货币的外币价格。

汇率超调（exchange rate overshooting） 汇率的变动超过了它的目标。

外生变量（exogenous variable） 一个具体模型之外决定的变量（它的值独立于一个模型的其他变量）。

扩张（expansion） 参见复苏。

期限结构的预期理论（expectations theory of the term structure） 长期利率当前和预期的未来短期利率的平均值加上一个贴水。

附加预期的菲利普斯曲线（expectations-augmented Phillips curve） 参见上升的菲利普斯曲线。

预期通货膨胀率（expected inflation rate） 工人和企业预期的未来的通货膨胀率。

预期实际利率（expected real interest rate） 借款的实际成本，或者储蓄的实际回报。$r^e=i-\pi^e$。

支出削减（增加）政策［expenditure-reducing (increasing) policies］ 目的在于抵消支出转换政策的效应的政策。

支出转换政策（expenditure-switching policies） 目的在于增加对国内商品的购买并减少对国外商品的购买的政策。

经验评级（experience rating） 对那些雇员有较高失业率的企业设定较高的失业保险税。

外部均衡（external balance） 国际收支既无盈余又无赤字的时候，就达到了外部均衡。当经常项目和资本项目恰好相互抵消的时候，也是外部均衡。

对外赤字（external deficit） 国际收支赤字。

F

面值（face value） 到期支付其所有者的债券的数额。当市场利率等于债券的报酬率时，债券的市场价值将等于其面值。

要素支付（factor payments） 对生产要素所做的支付。例如，支付给劳动者的工资。

要素份额（factor shares） 国民收入中支付给每种生产投入的份额。

生产要素（factors of production） 对生产的投入。例如，资本、劳动和自然资源。

有利的供给冲击（favorable supply shock） 向外移动总供给曲线的一种经济干扰，它意味着企业在任何给出的价格上都愿意生产更多。

联储（Fed） 联邦储备的简称。

联储存款保险公司（Federal Deposit Insurance Corporation，FDIC） 为绝大多数商业银行和最高额达到100 000美元的互助储蓄银行的储蓄提供保险的政府机构。

联邦基金利率（federal funds rate） 一家银行从其他银行借款时的代价。

联邦公开市场委员会（Federal Open Market Committee，FOMC） 监督公开市场业务，设定政策目标。它由联邦储备委员会、纽约联储分行行长和四个其他地区性分行（轮流参加）行长组成。

联邦储备（Federal Reserve） 美国的中央银行。见联邦储备系统。

联邦储备系统（Federal Reserve System） 由12个联邦储备银行组成，每个银行代表它所在的地区，受联邦储备委员会的监督。

最终产品（final goods） 卖给企业、公众或政府的用于作为生产投入品之外用途的商品，不包括中间商品。

融资（finance） 资产的买卖。

微调（fine turning） 在面临微小的干扰时，试图不断地稳定经济。

财政适应（fiscal accommodation） 财政对于供给冲击的反应，防止它影响产出。

财政政策（fiscal policy） 关于政府购买、转移支付和税收结构的政府政策。

财政政策乘数（fiscal policy multiplier） 政府支出（或者其他自主性支出的变化）增加1美元所造成的总需求的增加量。

费雪方程（Fisher equation） $r^e=i+\pi^e$。

费雪关系（Fisher relationship） 通货膨胀和名义利率一起变动的倾向。

固定汇率制（fixed exchange rate system） 汇率由政府和中央银行而不是由自由市场决定，并且保持对外汇市场进行干预的制度。

可变加速数模型（flexible accelerator model） 企业计划进行投资以便弥补它们的实际资本存量和合意资本存量之间差额的资产。结果是，实际资本存量和合意资本存量之间具有较大缺口的企业会比其他企业更快地积累资本。

弹性（浮动）汇率制［flexible（floating）exchange rate system］ 允许汇率随着供求力量而波动的制度，又见清洁浮动和肮脏浮动。

货币外逃（flight out of money） 在高通货膨胀时期，人们持有商品而不是资产的倾向。

投资流量（flow of investment） 单位时间内，通常是一个季度或一年内所增加的物质资本存量的总和。

流量（flow variable） 以单位时间内的变化率而不是存量来衡量的一种变量，与存量相对应。

外汇市场干预（foreign exchange market intervention） 在外汇市场上进行的货币买卖，以便达到使本国通货的价值增加或者减少的目的。一般由国家的中央银行来实行。

部分准备金银行制度（fractional reserve banking） 银行只是被要求以现金或现金的等价物形式保持它们的部分储蓄。

远期汇率（forward exchange rate） 在未来具体日期有所保护的汇率。

部分银行准备金（fractional reserve banking） 法律规定的银行仅仅持有的其现金存款或现金存款等价物的一部分。

失业频率（frequency of unemployment） 在每个时期内，工人失业的次数。

摩擦性失业（frictional unemployment） 在一个“标准的”时期内，伴随着工人找到工作和失去工作的变动的失业。

充分就业预算盈余（full-employment budget surplus） 如果经济处于充分就业状态，现存的财政政策将产生的预算盈余。

充分就业产出（full-employment output） 见潜在产出。

终值（future value） 一笔当前投资在未来某个时间的价值（包含累积的利息）。

G

GDP 平减指数（GDP deflation） 以名义 GDP 除以实际 GDP 所得到的对于价格水平的衡量。

GDP 缺口（GDP gap） 潜在 GDP 和实际 GDP 之间的差额。参见产出缺口。

人均 GDP（GDP per capita） 每人的 GDP。

全球化（globalization） 认为世界正在朝着一种单一化全球经济变动的观点。

资本存量的黄金法则（golden-rule capital stock） 提供每个时期最大消费量的资本的稳定状态水平。当资本存量处在黄金法则水平上时，资本的边际产量等于折旧率加上人口增长率（并且，在技术进步条件下，还要加上技术进步率）。

商品市场均衡曲线（goods market equilibrium schedule） 参见 *IS* 曲线。

政府预算约束（government budget constraint） 这是指政府只能够通过出售债券（累积性债券）或者通过增加基础货币来为其赤字融资的限制。

政府预算赤字（government budget deficit） 政府支出超过政府收入的部分。

政府支出（government expenditure） 政府支出的总量，包含政府购买和转移支付。

政府采购（government purchases） 政府在商品和服务上的支出。与政府支出相对。

政府储蓄（government saving） 由政府进行的储蓄。取得的收入和使用或放弃的货币（例如，转移支付、对国债支付的利息）之间的差额。

渐进主义（gradualism） 朝着一个意愿的目标缓慢移动的政策策略。

大萧条（Great Depression） 1929—1941 年期间发生在美国的有非常低的产出和非常高的失业的一个历史时期。在这一时期，许多其他国家也经历了严重的萧条。

大停滞（Great Moderation） 1980 年初到 2007 年的经济活动相对呆滞时期。

大衰退（Great Recession） 2007—2009 年的经济衰退。

国内生产总值（gross domestic product，GDP） 对一年内，一个国家范围内所生产的全部商品和服务的衡量。实际 GDP 以不变的价值单位衡量，名义 GDP 以美元衡量。

总投资（gross investment） 全部投资量。进入资本存量的流量。

国民生产总值（gross national product，GNP） 对由国内拥有的生产要素生产的全部最终商品和服务的价值的衡量。

国内私人总投资（gross private domestic investment） 一国内企业和厂商所支出的全部投资量。

国民总收入（gross national income，GNI） 国民总产品的同义词。

增长核算（growth accounting） 对经济增长与源泉进行衡量的理论。

增长核算方程（growth accounting equation） 概括了投入增长和产出增长之间关系的方程。

增长率（growth rate） 变量增加值的比率；变量水平变化的百分比。

增长理论（growth theory） 试图解释产出为什么在一定时期内会增长，并且证实影响这种增长率的要素的理论。

H

非正统的稳定方法（heterodox approach to stabilization） 货币政策、财政政策和汇率政策伴随着对工资和物价的控制的协调使用。

高能货币（high-powered money） 联储的通货（钞票和硬币）和银行存款，也叫做基础货币。

人力资本（human capital） 为增加生产力而对个人进行的教育和培训。

恶性通货膨胀（hyperinflation） 非常迅速的价格上涨，通常被定义为每月超过 100%的价格上涨率。

呆滞/滞后（hysteresis） 当一个变量的暂时波动对另一个变量产生持久影响时的情况。参见失业呆滞。

I

不完全竞争（imperfect competition） 一种竞争的形式，在这种形式下，企业具有市场力量——可以在某种范围内进行选择，在一定的价格上出售它们生产的商品。

不完全信息（imperfect information） 不完备的信息。在不完全信息基础上进行预测，尽管不一定产生偏差，但将是不太准确的。

货币的收入弹性（income elasticity of money） 当收入增加 1%时，对实际货币余额的需求的变动百分比。

货币的收入速度（income velocity of money） 收入对货币存量的比率。

收入政策（income policy） 试图通过对工资和价格进行控制来降低通货膨胀的做法。

规模报酬递增（increasing returns to scale） 在生产函数中，当投入生产过程的所有生产要素都增加一倍时，产出增加大于一倍的情况。

指数化（indexation） 价格和工资相应于通货膨胀自动地进行调整。

指数化债务（indexed debt） 考虑到通货膨胀，利息支付逐年上调的债务。

指标（indicator） 给我们信号以便告诉我们是否正在接近我们的意愿目标的经济指标。

通货膨胀（inflation） 一般物价水平增加的百分比。

通货膨胀差异（inflation differential） 国内外通货膨胀率的差别。

通货膨胀目标（inflation target） 使用货币和财政政策来达到一个具体的实际 GDP 增长率。

通货膨胀税（inflation tax） 政府因为通货膨胀造成的持有的货币贬值而获得的收入。

经通货膨胀调整的赤字（inflation-adjusted deficit） 对于因通货膨胀影响而调整后的预算赤字的衡量。具体说来就是，正确的值减去以名义债券的资本收益衡量的预算赤字。

通货膨胀惯性（inflation inertia） 随着时间的流逝，通货膨胀率仅仅是缓慢降低的倾向。

内部时滞（inside lag） 从干扰产生到采取行动之间的时期。

内部人-外部人理论（insider-outsider theory） 该理论认为，工资会保留在高于市场出清的水平上，因为那些失业者不能借助于讨价还价的谈判来确定其工资水平。

工具（instrument） 政策制定者操纵直接影响经济的“工具”。

利差（interest differential） 在不同国家为相同资产支付的利率的差异，或者在同一国家为不同资产所支付的利率的差异。

货币的利率弹性（interest elasticity of money） 利率增加 1%时所引起的对实际货币余额需求变动的百分比。

代际核算（intergenerational accounting） 对社会上不同年龄组的人们的税收和支出的成本与收益的估价。

中间产品（intermediate goods） 用于生产其他商品和服务的商品，例如，面包师购买的面粉。

中间目标（intermediate target） 用于控制而不是由于其固有利益的政策目标。例如，货币供给也许是一个试图最终控制通货膨胀的中间目标。与最终目标相对应。

内部均衡（internal balance） 当产出等于潜在产出时的情况。

国际货币基金组织（International Monetary Fund, IMF） 为促进国际货币协调而建立起来的国际组织。在必须遵守的条件下，它运用暂时可得到的资源，提供给遇到国际收支问题的成员。

国际贸易（international trade） 国家之间的商品和服务的交换。

闲暇的跨期替代（intertemporal substitution of leisure） 暂时性的高实际工资会引起工人在当前更努力地工作，而在将来享受更多的闲暇。

干预（intervention） 中央银行买卖外汇以稳定汇率。

存货周期（inventory cycle） 存货投资对于那些引起总需求进一步变动的销售变动所做出的

反应。

存货投资（inventory investment） 手头商品存量的增加。

投资（investment） 基本上由企业部门进行的对新资本的购买。

投资补贴（investment subsidy） 私人投资成本中由政府支付的部分。

投资税减免（investment tax credit） 当企业将其所得进行再投资时，给予企业的税收减免。

***IS* 曲线（*IS* curve）** 商品市场均衡条件下实际利率和收入水平的所有结合点的集合表示（$Y \equiv C+I+G+NX$）。

***IS-LM* 模型（*IS-LM* model）** 在给定的价格水平上，*IS* 曲线和 *LM* 曲线的交点决定了实际利率和收入水平，在该点上，商品市场和货币市场都达到了均衡。

J

J 曲线效应（J-curve effect） 当货币贬值时，观察到的净出口暂时升高而后下降的轨迹。

适时存货管理（just-in-time inventory management） 存货管理策略。企业通过把生产出的产品尽快卖掉，并且只订购它们最需要的原料，尽可能地缩短持有存货的时间。

K

凯恩斯革命（Keynesian revolution） 总需求影响经济活动水平的现代认识。

凯恩斯主义总供给曲线（Keynesian aggregate supply curve） 水平的总供给曲线。

L

劳动增进型技术（Labor-augmenting technology） 和生产函数具体相关的技术，使每小时劳动更具生产力。

劳动力（labor force） 由那些正在工作的人和积极寻找工作的人组成。

劳动市场周转（labor market turnover） 在经济中工人变换工作的频率。

解雇（layoff） 雇主在不歧视工人的情况下，使工人在连续七个工作日或更长时间里脱离工作的情况。

生命周期假说（life-cycle hypotheses） 强调消费者的消费和储蓄基于其一生的收入，并为其退休做好提供收入的计划的消费理论。

一生的预算约束（lifetime budget constraint） 我们在一生中可以支出的货币数量的限制。在我们一生中我们挣到的、继承的和在路上拾到的货币的全部份额。

一生的效用（lifetime utility） 我们一生中从消费（和我们认为有价值的任何其他活动）中得到的总的好处。

流动资产（liquid assets） 可以被很容易和很迅速地转换成核算单位（在美国是美元）的资产。很容易用来交易的资产。

流动性（liquidity） 对于在通知后很短时间内可以得到资金的能力的衡量。

流动性约束（liquidity constraint） 对于为消费计划筹资而借款的能力的限制。

流动性陷阱（liquidity trap） 由于货币需求的极端利率敏感性而形成的水平的 *LM* 曲线。

***LM* 曲线（*LM* curve）** 所有实际利率和产出水平的一种表达，在该曲线上，对实际货币余额的需求等于实际货币余额的供给。这是给定价格水平时的走势。

长期（long run） 在 *AS-AD* 分析中，时间长到足以使所有市场价格出清，以至产出等于潜在产出的时期，而不是短到使潜在产出固定不变的时期。一般在几十年或者更长的时间里，可以期待潜在产出的增长。

损失函数（loss function） 用于评价政策成功与否的一种规则。它衡量政策未达到目标时所造成的损失。

卢卡斯（计量经济政策评价）批判［Lucas（econometric policy evaluation）critique］ 该观点指出，当函数可能变化时，许多宏观经济学模型却假设预期是由特定的函数给定的。

M

M1 通货加上活期存款。

M2 M1 加上短期的储蓄存款、隔夜拆借协议和欧洲美元，以及货币市场基金。

M3 M2 加上其他流动资产。

《马斯特里赫特条约》(Maastricht Treaty) 创造了一个共同的欧洲货币和中央银行的条约。

管理（肮脏）浮动［managed (dirty) floating］ 在这种汇率制度下，中央银行干预外汇市场以便缓解汇率的短期波动。

法定支出（mandatory outlays） 在授权计划下做出的支出。

边际损失函数（marginal loss function） 衡量一项政策工具的微小变化所导致的损失函数的变化。

资本的边际产量（marginal product of capital, *MPC*） 在其他要素投入保持不变的情况下，增加一单位资本所获得的产品的增量。

劳动的边际产量（marginal product of labor, *MPL*） 在其他要素投入保持不变的情况下，增加一单位劳动所获得的产品的增量。

边际消费倾向（marginal propensity to consume, *MPC*） 可支配收入每增加 1 美元时消费的增量。

边际进口倾向（marginal propensity to import） 本国收入增加一单位时所引起的进口需求的增量。

边际储蓄倾向（marginal propensity to save） 可支配收入每增加一美元时储蓄的增量。它等于 1 减去边际消费倾向。

消费的边际效用（marginal product of consumption） 由多消费一单位某种商品所引起的效用的增量。

市场份额（market share） 某个企业或者某国的企业所占的市场销售部分。

债券期限［maturity (or term) of bond］ 债券到期的时间期限。

交换媒介（medium of exchange） 货币的功能之一；用于支付的资产。

中期（medium run） 连接总需求和总供给的时期。

菜单成本（menu cost） 当一种商品的名义价格被更换时所发生的小额成本。例如，当餐馆降低或提高其价格时，重新印制菜单的成本。

痛苦指数（misery index） 由政治分析家所使用的指数。用来衡量通货膨胀和失业双重问题所带给消费者的不愉快。通货膨胀和失业的总和。

货币调节（money accommodation） 在积极的财政政策实施期间，使用货币政策来稳定利率。也指使用货币政策防止供给冲击影响产出。

国际收支的货币分析方法（monetary approach to the balance of payment） 强调国际收支问题的货币原因。

基础货币（monetary base） 参见高能货币。

基础货币目标（monetary-base targeting） 运用货币政策将基础货币保持在一个特定的水平。

货币政策乘数（monetary policy multiplier） 货币供给增加 1 美元时，总需求的增加量。

货币政策规则（monetary policy rule） 中央银行基于经济总体状况而用来决定利息率的公式（参见泰勒规则）。

预算赤字货币化（monetizing budget deficit） 由于联储借债支持政府购买，因而直接通过印制钞票来为政府赤字融资。

货币（货币存量）［money (money stock)］ 可以用来直接支付的资产。

货币幻觉（money illusion） 相信用来表示价格的货币数量具有重要意义——一种商品名义价格的变化具有实际意义和它们（商品）本身变化的意义。

货币市场均衡曲线（monetary market equilibrium schedule） 见 *LM* 曲线。

货币乘数（money multiplier） 货币存量对基础货币的比率。

乘数（multiplier） 外生变量每增加 1 美元引起的内生变量的增量，具体地说，政府支出每增加 1 美元所产生的 GDP 增量。

乘数的不确定性（multiplier uncertainty） 财政政策乘数、货币政策乘数等值的不确定性，引起了政策效应的不确定性。

蒙代尔-弗莱明模型（Mundell-Fleming model） 首先由罗伯特·蒙代尔和马库斯·弗莱明提出的模型，它探讨了实施浮动汇率和资本完全流动政策的经济体的情况。

缺乏远见（myopia） 家庭关于未来收入流的短视眼光。

N

国民收入核算恒等式（national income accounting identity） $Y \equiv C+I+G+NX$。

自然失业率（natural rate of unemployment） 在该失业率上，流入和流出失业大军的人数是平衡的。也是附加预期的菲利普斯曲线上的一点，在该点上，预期的通货膨胀率等于实际的通货膨胀率。

新古典增长理论（neoclassical growth theory） 认为产出增长率是由外生的技术增长所决定的理论。

国内生产净值（net domestic product，NDP） GDP减去允许的资本折旧量。

净出口（net exports） 出口减去进口。

净投资（net investment） 总投资减去折旧。对每一时期增加的资本存量的衡量。

净投资收入（net investment income） 本国居民持有的外国资产的利息和利润减去外国人拥有的本国资产所得到的收入。

净现值（net present value） 和现值相同。和未来支付额（即在市场利率下，投资的数量将产生的货币数量）相等的现在的数量。

货币中性（neutrality of money） 关于货币存量和价格水平同比例变化时，经济不受影响的命题。

新古典经济学（New Classical economics） 相信私人经济固有的有效性和政府不应当试图稳定产出和失业的理论。

新政（New Deal） 富兰克林·D. 罗斯福的经济改革政策的口号。

新经济学（New Economics） 肯尼迪-约翰逊时代的经济政策，它强调凯恩斯主义理论在维持充分就业方面的运用。

新凯恩斯主义经济学（New Keynesian economics） 以理性行为为基础，得出经济并不存在固有的有效性，有时政府应当稳定产出和失业的结论的模型。

名义汇率（nominal exchange rate） 以另一国的通货表示的一国通货的价格。

名义 GDP（nominal GDP） 经济中所生产的全部最终商品和服务的价值。未经通货膨胀调整的GDP。

名义 GDP 目标（nominal GDP targeting） 使用货币政策来达到一个确定的GDP水平，或者达到一个特定的GDP增长率。

名义利率（nominal interest rate） 以当前的美元并按照年度百分比表示的对一笔贷款或其他投资的支付（它超过或高于基本支付）。

名义货币供给（nominal money supply） 流通中钞票和硬币的名义价值，不涉及这些钞票和硬币所能购买到的数量。

未冲销的干预（nonsterilized intervention） 中央银行不实施货币政策抵消外汇市场干预对国内货币供给造成的影响。与此相反的情况是冲销的干预。

O

奥肯定律（Okun's law） 将经济增长同失业的变动联系在一起的经验“法则”。

石油输出国组织（OPEC） 一个国际石油卡特尔。

开放经济（open economy） 同其他国家进行商品、服务和资产贸易的经济。

公开市场柜台（open market desk） 纽约联邦储备银行的一个机构，联储通过它每日在二级市场上买卖一次政府证券。

公开市场业务（open market operation） 联储在货币市场上买卖国债。

公开市场购买（open market purchase） 联储在二级市场上购买国债的一种操作。与此相反的是公开市场销售。

公开市场销售（open market sale） 联储在二级市场上卖出国债的一种操作。

可操作的遗产动机（operational bequest motive） 一种储蓄的原因。把某人的一些货币留给后代或朋友或慈善事业的意愿。

机会成本（opportunity cost） 采取某种行动时所

放弃的东西。例如，上大学的机会成本是学生在从事全职工作时所能挣到的工资的损失。

最优（optimal） 最好。

产出缺口（output gap） 潜在产出和实际产出之间的差额。

外部时滞（outside lag） 一项政策变化产生效果所需要的时间。

自身的利率（own rate of interest） 对货币所支付的利率（往往是零）。

P

参数（parameter） 外生变量的类型。给出其特定形式的一个函数。例如，函数 $K^{\theta}L^{1-\theta}$ 中的参数 θ。

现收现付的社会保障制度（pay-as-you-go social security system） 退休金的支付基金不是来源于领取者缴纳的社会保障税，而是来源于当前正在工作的人群缴纳的社会保障税的一种制度。

波峰（peak） 经济周期的顶点。

钉住利率（pegging the interest rate） 运用货币政策来保持利率接近目标利率的方法。

资本完全流动（perfect capital mobility） 在资本完全流动的时候，资本有能力以最小的交易成本，在寻求最高收益的过程中跨国界立即流动。

完全有预见（perfect foresight） 假定人们知道所有相关变量的未来值，或者他们的预期总是正确的。

完全/不能完全预期到的通货膨胀（perfectly/imperfectly anticipated inflation） 人们对于有关通货膨胀率所能预见到的程度。

持久收入理论（permanent-income theory） 人们形成其未来收入的预期，并选择在该预期和他们当前收入的基础上进行消费的一种理论。

个人消费支出（personal consumption expenditure，PCE） 在国民收入账户的消费部门中衡量消费者购买的通货膨胀的指标。

个人储蓄（personal saving） 由个人和家庭进行的储蓄。

菲利普斯曲线（Phillips curve） 通货膨胀和失业之间的关系。在某种意义上，它是总供给曲线的一种动态形式。

政策无关性（policy irrelevance） 指货币政策或财政政策在理性预期均衡模型中没有能力影响产出。

政策组合（policy mix） 财政政策与货币政策结合起来达到内部均衡和外部均衡。

政策变量（policy variable） 其价值由政府的政策决定的外生变量。

政治性经济周期理论（political business cycle theory） 政治家精心构造的经济理论，在选举时期可以造成经济的繁荣。

资产组合（portfolio） 一些人所拥有的资产的结合。

资产组合失衡（portfolio disequilibrium） 当人们在现行的利率而不是他们意愿的利率上持有更多的某种资产（例如货币）时的情形。

政策工具组合（portfolio of policy instruments） 政策制定者可以运用的政策的范围。

潜在 GDP（potential GDP） 见潜在产出。

潜在产出（potential output） 当所有要素被充分使用时所生产的产量。

预防性动机（precautionary motive） 人们持有货币的一种原因；他们并不知道他们需要花费多少。

现值（present value） 见净现值。

价格黏性（price stickiness） 价格不能迅速调整以保持市场均衡。

基本或非利息预算赤字（primary or noninterest deficit） 除去利息支付外的预算赤字。

私人储蓄（private saving） 由个人、家庭和企业进行的储蓄。由个人而不是由政府进行的储蓄。

价格调整机制（price adjustment mechanism） 取决于 GDP 相对潜在产出水平的明天价格与今天价格之间的关系。

生产价格指数（producer price index，PPI） 建立在生产中使用的商品的市场篮子基础上的价格指数。PPI 代替了批发价格指数（wholesale price index，WPI）。

生产函数（production function） 表明给定的投入组合能够生产出多少产出的技术关系。

生产效率冲击（productivity shock） 影响工人生产力的技术变化。见供给冲击。

传播机制（propagation mechanism） 在这种机制下，当前经济的冲击会引起未来的波动，例如，闲暇的跨期替代。

购买力平价（purchasing power parity，PPP） 汇率决定的理论，它认为汇率的调整是为了维持外国通货和本国通货的相同购买力。

Q

投资的 *q* 理论（*q* theory of investment） 强调资产在相对于它们的再生产成本更有价值时，投资将会很高的投资理论。资产价值与其成本的比率叫做 q。

量化宽松（quantitative easing） 中央银行通过购买长期债券那样的金融资产来降低长期利率的政策。

数量论方程（quantity theory equation） 货币乘以流通速度等于价格乘以产出数量（$M \times V = P \times Y$）。

货币数量论（quantity theory of money） 强调名义收入与名义货币之间关系的货币需求理论。有时用来衡量垂直的 LM 曲线。

R

随机游走（random walk） 一种随着时间变动而发生并且无法预测的变动。

GDP 的随机游走（random walk of GDP） 认为大多数对产出的冲击都具有持久影响的理论。这种观点认为，供给方面的冲击在解释经济周期波动时，比需求方面的冲击具有更重要的意义。

消费的随机游走模型（random-walk model of consumption） 认为消费会随机游走的理论模型。因为消费被假定是以预期的未来收入和当前收入为基础的，所以，消费的变化是不可预测的。

理性预期（rational expectation） 一种预期形成的理论。在这种理论中，预期是以所考察经济变量的全部可以得到的信息为基础的。这种预期往往与新古典宏观经济学联系在一起。

理性预期均衡模型（rational expectation equilibrium model） 一种预期是理性地形成的，而且各种市场总是处于均衡状态的经济模型。

实际余额（real balance） 货币存量的实际值（美元的数量除以价格水平）。

实际经济周期理论（real business cycle theory，RBC） 经济的衰退和繁荣主要归因于实际经济活动的冲击，例如，供给冲击，而不是货币因素变化的理论。

实际贬值（real devaluation） 美元购买力相对于其他通货购买力的下降。

实际汇率（real exchange rate） 外国通货相对于美元的购买力。

实际 GDP（real GDP） 对产出的一种衡量；反映价格水平变动的最终商品和服务的调整值。

实际 GDP 目标（real GDP targeting） 运用货币政策和财政政策来达到一个实际 GDP 增长的具体比率。

实际利率（real interest rate） 以美元不变价值衡量的投资的报酬；大致上等于名义利率和通货膨胀率之间的差额。

实际货币余额（real money balance） 见实际余额。

实际货币供给（real money supply） 流通中纸币和硬币的实际价值。它等于名义货币供给量除以价格水平。

衰退（recession） 实际 GDP 在两个季度或更长时间里的下降所代表的通常（但不总是）经济活动下降的时期。

认识时滞（recognition lag） 干扰产生的时期和政策制定者发现这些干扰的时期之间的间隔。

复苏（recovery） 实际收入正在上升的一段持续时期。

资本的租金（使用者）成本［rental（user）cost of capital］ 在一个既定的时间单位里，通常是一年，使用价值 1 美元的资本的成本。

回响效应（repercussion effects） 国内经济变化对外国经济的反馈，而且会回到国内经济当中。

替代比率（replacement ratio） 失业时的税后收入与就业时的税后收入之比。

公告效应（reporting effects） 由于宣布特定一组

人群中人数的变化所引起的一些变量衡量值的变动。例如，当显示出更多的人登记申请失业救济金时，失业就会增加。

法定准备金比率（required-reserve ratio） 一家银行的储蓄的一部分，它被要求以准备金的形式保存起来。

法定准备金（required reserve） 一家银行被要求保存在中央银行的准备金数量。

保留工资（reservation wage） 个人愿意接受的最低工资。如果向你提供的工作所支付的工资低于保留工资，你将会予以拒绝。

准备金比率（reserve ratio） 银行准备金对银行存款的比率。这是货币乘数的一个基本决定因素。

准备金（reserves） 保存在联储或者它的金库中的银行存款的一部分。银行持有在手中而不是贷出的货币。

住宅投资（residential investment） 在建造房屋上的投资。

升值（revaluation） 相对于其他国家通货的本国通货价值的增加。在固定汇率制下使用。

李嘉图（或巴罗-李嘉图）等价［Ricardian（or Barro-Ricardo）equivalence］ 在巴罗-李嘉图等价下，税收和债务的积累之间没有差别；债务被认为和未来的税收是一样的。

风险资产（risky asset） 其未来的报酬不确定的资产。

规则与相机抉择（rules versus discretion） 货币和财政当局是否应该按照事先宣布的规则来实施政策的问题。

银行挤兑（run on a bank） 从银行迅速提出存款。这可能导致银行被迫以极低廉的价格卖出银行流动资产，从而引起银行破产——即便是健康的银行。

S

牺牲率（sacrifice rate） 在实行反通货膨胀政策时期，累积的 GDP 损失与通货膨胀率的降低之间的比率。

储蓄（saving） 未被支出的货币。

散点图（scatterplot） 由 X－Y 轴平面上互不联系的点所组成的图形。

搜寻性失业（search unemployment） 由于人们辞去一种工作而寻找另一种工作所形成的失业。

铸币税（seigniorage） 产生于政府印制货币的能力的收益。

自我实现的预期（self-fulfilling expectation） 可以引起一个变量以预期的方式变化的预期。如果足够多的人们预期一种通货将贬值，由他们的预期引起的资本流动将使该货币贬值。

下跌（slump） 经济周期的一个部分。这个阶段从失业上升到正常水平以上时开始，到失业回到正常水平时结束。

短期（short run） 短到使市场不能出清，以至产出可以偏离潜在产出的时期。

社会基础设施（social infrastructure） 决定经济环境的所有制度和政府政策。

索洛剩余（Solow residual） 对全要素生产率的一种衡量。不能以要素投入的变化解释的生产水平的变化。

主权债务（sovereign） 政府发行的债务。

投机泡沫（speculative bubble） 当变量的值脱离了决定其价值的要素水平时所出现的情况。当人们认为证券价值被高估或低估时，它们就被认为处于这种泡沫之下。

投机性动机（speculative motive） 人们持有货币的一种原因。尽管持有货币的报酬很少，但人们持有它是因为它降低了与资产组合相关的风险。

价格调整速度（speed of price adjustment） 使价格充分调整以至所有市场都处于均衡，而所有产出都等于潜在产出的时间长短。

失业期（spell of unemployment） 人们平均处于失业队伍中的时间长短。

溢出（相互依存）效应［spillover（interdependence）effects］ 当一国的政策变化或者供求冲击影响到其他国家的产出的时候所发生的情况。

即期汇率（spot exchange rate） 现期汇率。

稳定均衡（stable equilibrium） 将偏离的变量拉近到它本身的均衡。如果一个变量被稍稍从一种稳定的均衡移开，它将会再次接近该均衡。

滞胀（stagflation） 通货膨胀和衰退同时发生。

交错的价格调整（staggered price adjustment） 当企业在不同时期设定价格或谈判其合同时所发生的情况。

延期支付的标准（standard of deferred payment） 通常在到期后的某个时间支付的资产。

稳态均衡（steady-state equilibrium） 在这种情况下，实际（人均）经济变量是不变的。

冲销（sterilization） 联储进行公开市场买卖以便抵消外汇市场对基础货币进行干预的影响。

冲销的干预（sterilized intervention） 当中央银行使用货币政策去抵消外汇市场对本国货币供给的干预时所发生的情况。

黏性实际工资（sticky real wages） 见工资黏性。

资本存量（stock of capital） 见资本存量（capital stock）。

存量（stock variable） 以现有水平而不是以变化率衡量的变量。与流量相对应。

价值储藏（store of value） 在时间变动过程中能够保持其价值的资产。

结构性赤字（structural deficit） 如果经济处于充分就业状态，在当前的财政政策下存在的赤字。以前，它被叫做“高就业”的或者“充分就业”的赤字。与周期性赤字相对应。

供给冲击（supply shock） 最初的影响是总需求曲线的移动的一种经济干扰。

供给方面的政策（supply-side policy） 引起总供给曲线移动的政策。

T

目标区（target zone） 中央银行汇率波动的具体范围。

目标（targets） 政策制定的目标。

关税（tariff） 强加在进口商品上的税收。

泰勒规则（Taylor rule） 对货币当局如何设定利率以适应经济活动的概括总结。

债券期限（term of bond） 见债券期限（maturity of bond）。

期限贴水（term premium） 由于同具体到期日联系在一起的风险而支付给债券持有人的贴水。

利率的期限结构（term structure of interest） 不同期限的债券利率之间的关系。

全要素生产率（total factor productivity） 投入品增加所造成的生产力增加的比率；对技术进步的衡量。见索洛剩余。

贸易（trade） 见国际贸易。

贸易余额（trade balance） 商品销往海外所引起的美元流入本国的净数量。

贸易赤字（trade deficit） 进口大于出口。

贸易盈余（trade surplus） 出口大于进口。

交易动机（trade motive） 人们持有货币的一种原因——用来购买商品和服务。

转移支付（transfer payments） 政府给予个人的货币，不必以商品和服务相交换。福利支付就是一个例子。见补贴方案。

传递机制（transmission mechanism） 货币政策影响总需求的过程。

GDP 的趋势（长期）成分［trend（secular）component of GDP］ 潜在产出。

GDP 的趋势线（轨迹）（trend path of GDP） 参见产出的趋势线（轨迹）。

产出的趋势线（轨迹）（trend path of output） 随时间变化而出现的潜在产出所遵循的路线。

趋势平稳（trend stationary） 当暂时性冲击对变量的水平不具有持久性影响时，变量就趋于平稳。

间断性趋势平稳（trend stationary with breaks） 趋势有时可以变化的趋势平稳。

波谷（trough） 经济周期的低点（谷底）。

U

最终目标（ultimate targets） 固有利益的政策目标。例如，通货膨胀率也许是最终目标。与中间目标相对应。

非抛补利率平价（uncovered interest parity） 利率差额和预期货币升值之间的关系。

失业者（unemployed person） 没有工作但在积极寻找工作的人。

失业缺口（unemployment gap） 实际失业率和自然失业率之间的差距。

失业呆滞（unemployment hysteresis） 认为衰退也许会持久地影响自然失业率的理论。

失业后备军（unemployment pool） 正在变换工作的人群。

失业率（unemployment rate） 劳动力中没有工作和正在寻找工作，或期望被解雇单位召回的那部分人的比率。

核算单位（unit of accounting） 以价格标注的资产。

单位劳动成本（unit of labor cost） 企业支付给劳动者的总工资除以劳动者所生产出的产品数量。

不稳定均衡（unstable equilibrium） 将变量推离其本来位置的一种均衡。如果一个变量稍微离开不稳定均衡，一些力量甚至将进一步推动它离开。

V

增加值（value added） 在给定生产阶段上产出价值的增加。它等于产出价值减去投入的成本。

速度（velocity） 一美元每年的周转次数。

货币流通速度（velocity of money） 在一年内，货币的典型换手次数。

特长期（very long term） 在几十年或者更长的时间，潜在产出期望得到增长。

W

工资-价格螺旋（wage-price spiral） 价格的变化反馈回工资，再反馈回价格的过程。

工资黏性（wage stickiness） 不能迅速调整以出清劳动市场时的工资。

世界贸易组织（World Trade Organization） 制定其成员之间贸易规则的国际组织。它创立于1995年1月1日，是关税和贸易总协定（GATT）乌拉圭回合谈判的产物。

Y

收益率曲线（yield curve） 表明利率随债券到期时间的增加而变动的曲线。

Z

零利率约束（zero lower bound，ZLB） 中央银行可以推出的短期利率的最低值。

经济科学译丛						
序号	书名	作者	Author	单价	出版年份	ISBN
1	宏观经济学(第十三版)	鲁迪格·多恩布什等	Rudiger Dornbusch	89.00	2021	978-7-300-28853-6
2	曼昆版《宏观经济学》(第十版)课后题解答与题库	N. 格里高利·曼昆等	N. Gregory Mankiw	62.00	2021	978-7-300-28855-0
3	共谋理论和竞争政策	小约瑟夫·E. 哈林顿	Joseph E. Harrington, Jr.	39.00	2021	978-7-300-28804-8
4	国际经济学:理论与政策(第十一版)	保罗·R. 克鲁格曼等	Paul R. Krugman	98.00	2021	978-7-300-28805-5
5	微观经济学(第四版)	戴维·A. 贝赞可	David A. Besanko	125.00	2020	978-7-300-28647-1
6	经济建模:目的与局限	劳伦斯·A. 博兰德	Lawrence A. Boland	49.00	2020	978-7-300-28532-0
7	计量经济分析(第八版)(上下册)	威廉·H. 格林	William H. Greene	158.00	2020	978-7-300-27645-8
8	微观经济学(第四版)	保罗·克鲁格曼等	Paul Krugman	86.00	2020	978-7-300-28321-0
9	发展宏观经济学(第四版)	皮埃尔-理查德·阿根诺等	Pierre-Richard Agenor	79.00	2020	978-7-300-27425-6
10	平狄克《微观经济学》(第九版)学习指导	乔纳森·汉密尔顿等	Jonathan Hamilton	42.00	2020	978-7-300-28281-7
11	经济地理学:区域和国家一体化	皮埃尔-菲利普·库姆斯等	Pierre-Philippe Combes	56.00	2020	978-7-300-28276-3
12	公共部门经济学(第四版)	约瑟夫·E. 斯蒂格利茨等	Joseph E. Stiglitz	96.00	2020	978-7-300-28218-3
13	递归宏观经济理论(第三版)	拉尔斯·扬奎斯特等	Lars Ljungqvist	128.00	2020	978-7-300-28058-5
14	策略博弈(第四版)	阿维纳什·迪克西特等	Avinash Dixit	85.00	2020	978-7-300-28005-9
15	劳动关系(第10版)	小威廉·H. 霍利等	William H. Holley, Jr.	83.00	2020	978-7-300-25582-8
16	微观经济学(第九版)	罗伯特·S. 平狄克等	Robert S. Pindyck	93.00	2020	978-7-300-26640-4
17	宏观经济学(第十版)	N. 格里高利·曼昆	N. Gregory Mankiw	79.00	2020	978-7-300-27631-1
18	宏观经济学(第九版)	安德鲁·B. 亚伯等	Andrew B. Abel	95.00	2020	978-7-300-27382-2
19	商务经济学(第二版)	克里斯·马尔赫恩等	Chris Mulhearn	56.00	2019	978-7-300-24491-4
20	管理经济学:基于战略的视角(第二版)	蒂莫西·费希尔等	Timothy Fisher	58.00	2019	978-7-300-23886-9
21	投入产出分析:基础与扩展(第二版)	罗纳德·E. 米勒等	Ronald E. Miller	98.00	2019	978-7-300-26845-3
22	宏观经济学:政策与实践(第二版)	弗雷德里克·S. 米什金	Frederic S. Mishkin	89.00	2019	978-7-300-26809-5
23	国际商务:亚洲视角	查尔斯·W. L. 希尔等	Charles W. L. Hill	108.00	2019	978-7-300-26791-3
24	统计学:在经济和管理中的应用(第10版)	杰拉德·凯勒	Gerald Keller	158.00	2019	978-7-300-26771-5
25	经济学精要(第五版)	R. 格伦·哈伯德等	R. Glenn Hubbard	99.00	2019	978-7-300-26561-2
26	环境经济学(第七版)	埃班·古德斯坦等	Eban Goodstein	78.00	2019	978-7-300-23867-8
27	管理者微观经济学	戴维·M. 克雷普斯	David M. Kreps	88.00	2019	978-7-300-22914-0
28	税收与企业经营战略:筹划方法(第五版)	迈伦·S. 斯科尔斯等	Myron S. Scholes	78.00	2018	978-7-300-25999-4
29	美国经济史(第12版)	加里·M. 沃尔顿等	Gary M. Walton	98.00	2018	978-7-300-26473-8
30	组织经济学:经济学分析方法在组织管理上的应用(第五版)	塞特斯·杜玛等	Sytse Douma	62.00	2018	978-7-300-25545-3
31	经济理论的回顾(第五版)	马克·布劳格	Mark Blaug	88.00	2018	978-7-300-26252-9
32	实地实验:设计、分析与解释	艾伦·伯格等	Alan S. Gerber	69.80	2018	978-7-300-26319-9
33	金融学(第二版)	兹维·博迪等	Zvi Bodie	75.00	2018	978-7-300-26134-8
34	空间数据分析:模型、方法与技术	曼弗雷德·M. 费希尔等	Manfred M. Fischer	36.00	2018	978-7-300-25304-6
35	《宏观经济学》(第十二版)学习指导书	鲁迪格·多恩布什等	Rudiger Dornbusch	38.00	2018	978-7-300-26063-1
36	宏观经济学(第四版)	保罗·克鲁格曼等	Paul Krugman	68.00	2018	978-7-300-26068-6
37	计量经济学导论:现代观点(第六版)	杰弗里·M. 伍德里奇	Jeffrey M. Wooldridge	109.00	2018	978-7-300-25914-7
38	经济思想史:伦敦经济学院讲演录	莱昂内尔·罗宾斯	Lionel Robbins	59.80	2018	978-7-300-25258-2
39	空间计量经济学入门——在R中的应用	朱塞佩·阿尔比亚	Giuseppe Arbia	45.00	2018	978-7-300-25458-6
40	克鲁格曼经济学原理(第四版)	保罗·克鲁格曼等	Paul Krugman	88.00	2018	978-7-300-25639-9
41	发展经济学(第七版)	德怀特·H. 波金斯等	Dwight H. Perkins	98.00	2018	978-7-300-25506-4
42	线性与非线性规划(第四版)	戴维·G. 卢恩伯格等	David G. Luenberger	79.80	2018	978-7-300-25391-6
43	产业组织理论	让·梯若尔	Jean Tirole	110.00	2018	978-7-300-25170-7
44	经济学精要(第六版)	巴德,帕金	Bade, Parkin	89.00	2018	978-7-300-24749-6
45	空间计量经济学——空间数据的分位数回归	丹尼尔·P. 麦克米伦	Daniel P. McMillen	30.00	2018	978-7-300-23949-1
46	高级宏观经济学基础(第二版)	本·J. 海德拉	Ben J. Heijdra	88.00	2018	978-7-300-25147-9
47	税收经济学(第二版)	伯纳德·萨拉尼耶	Bernard Salanié	42.00	2018	978-7-300-23866-1
48	国际贸易(第三版)	罗伯特·C. 芬斯特拉	Robert C. Feenstra	73.00	2017	978-7-300-25327-5

经济科学译丛						
序号	书名	作者	Author	单价	出版年份	ISBN
49	国际宏观经济学(第三版)	罗伯特·C. 芬斯特拉	Robert C. Feenstra	79.00	2017	978-7-300-25326-8
50	公司治理(第五版)	罗伯特·A.G. 蒙克斯	Robert A.G. Monks	69.80	2017	978-7-300-24972-8
51	国际经济学(第15版)	罗伯特·J. 凯伯	Robert J. Carbaugh	78.00	2017	978-7-300-24844-8
52	经济理论和方法史(第五版)	小罗伯特·B. 埃克伦德等	Robert B. Ekelund. Jr.	88.00	2017	978-7-300-22497-8
53	经济地理学	威廉·P. 安德森	William P. Anderson	59.80	2017	978-7-300-24544-7
54	博弈与信息:博弈论概论(第四版)	艾里克·拉斯穆森	Eric Rasmusen	79.80	2017	978-7-300-24546-1
55	MBA 宏观经济学	莫里斯·A. 戴维斯	Morris A. Davis	38.00	2017	978-7-300-24268-2
56	经济学基础(第十六版)	弗兰克·V. 马斯切纳	Frank V. Mastrianna	42.00	2017	978-7-300-22607-1
57	高级微观经济学:选择与竞争性市场	戴维·M. 克雷普斯	David M. Kreps	79.80	2017	978-7-300-23674-2
58	博弈论与机制设计	Y. 内拉哈里	Y. Narahari	69.80	2017	978-7-300-24209-5
59	宏观经济学(第十二版)	鲁迪格·多恩布什等	Rudiger Dornbusch	69.00	2017	978-7-300-23772-5
60	国际金融与开放宏观经济学:理论、历史与政策	亨德里克·范登伯格	Hendrik Van den Berg	68.00	2016	978-7-300-23380-2
61	经济学(微观部分)	达龙·阿西莫格鲁等	Daron Acemoglu	59.00	2016	978-7-300-21786-4
62	经济学(宏观部分)	达龙·阿西莫格鲁等	Daron Acemoglu	45.00	2016	978-7-300-21886-1
63	中级微观经济学——直觉思维与数理方法(上下册)	托马斯·J. 内契巴	Thomas J. Nechyba	128.00	2016	978-7-300-22363-6
64	环境与自然资源经济学(第十版)	汤姆·蒂坦伯格等	Tom Tietenberg	72.00	2016	978-7-300-22900-3
65	货币金融学(第十一版)	弗雷德里克·S. 米什金	Frederic S. Mishkin	85.00	2016	978-7-300-23001-6
66	动态优化——经济学和管理学中的变分法和最优控制(第二版)	莫顿·I. 凯曼等	Morton I. Kamien	48.00	2016	978-7-300-23167-9
67	投资学精要(第九版)	兹维·博迪等	Zvi Bodie	108.00	2016	978-7-300-22236-3
68	环境经济学(第二版)	查尔斯·D. 科尔斯塔德	Charles D. Kolstad	68.00	2016	978-7-300-22255-4
69	MWG《微观经济理论》习题解答	原千晶等	Chiaki Hara	75.00	2016	978-7-300-22306-3
70	横截面与面板数据的计量经济分析(第二版)	杰弗里·M. 伍德里奇	Jeffrey M. Wooldridge	128.00	2016	978-7-300-21938-7
71	宏观经济学(第十二版)	罗伯特·J. 戈登	Robert J. Gordon	75.00	2016	978-7-300-21978-3
72	动态最优化基础	蒋中一	Alpha C. Chiang	42.00	2015	978-7-300-22068-0
73	管理经济学:理论、应用与案例(第八版)	布鲁斯·艾伦等	Bruce Allen	79.80	2015	978-7-300-21991-2
74	微观经济分析(第三版)	哈尔·R. 范里安	Hal R. Varian	68.00	2015	978-7-300-21536-5
75	财政学(第十版)	哈维·S. 罗森等	Harvey S. Rosen	68.00	2015	978-7-300-21754-3
76	经济数学(第三版)	迈克尔·霍伊等	Michael Hoy	88.00	2015	978-7-300-21674-4
77	发展经济学(第九版)	A.P. 瑟尔沃	A.P. Thirlwall	69.80	2015	978-7-300-21193-0
78	宏观经济学(第五版)	斯蒂芬·D. 威廉森	Stephen D. Williamson	69.00	2015	978-7-300-21169-5
79	现代时间序列分析导论(第二版)	约根·沃特斯等	Jürgen Wolters	39.80	2015	978-7-300-20625-7
80	空间计量经济学——从横截面数据到空间面板	J. 保罗·埃尔霍斯特	J. Paul Elhorst	32.00	2015	978-7-300-21024-7
81	战略经济学(第五版)	戴维·贝赞可等	David Besanko	78.00	2015	978-7-300-20679-0
82	博弈论导论	史蒂文·泰迪里斯	Steven Tadelis	58.00	2015	978-7-300-19993-1
83	社会问题经济学(第二十版)	安塞尔·M. 夏普等	Ansel M. Sharp	49.00	2015	978-7-300-20279-2
84	时间序列分析	詹姆斯·D. 汉密尔顿	James D. Hamilton	118.00	2015	978-7-300-20213-6
85	微观经济理论	安德鲁·马斯-克莱尔等	Andreu Mas-Collel	148.00	2014	978-7-300-19986-3
86	产业组织:理论与实践(第四版)	唐·E. 瓦尔德曼等	Don E. Waldman	75.00	2014	978-7-300-19722-7
87	公司金融理论	让·梯若尔	Jean Tirole	128.00	2014	978-7-300-20178-8
88	公共部门经济学	理查德·W. 特里西	Richard W. Tresch	49.00	2014	978-7-300-18442-5
89	计量经济学导论(第三版)	詹姆斯·H. 斯托克等	James H. Stock	69.00	2014	978-7-300-18467-8
90	中级微观经济学(第六版)	杰弗里·M. 佩罗夫	Jeffrey M. Perloff	89.00	2014	978-7-300-18441-8
91	计量经济学原理与实践	达摩达尔·N. 古扎拉蒂	Damodar N. Gujarati	49.80	2013	978-7-300-18169-1
92	经济学简史——处理沉闷科学的巧妙方法(第二版)	E. 雷·坎特伯里	E. Ray Canterbery	58.00	2013	978-7-300-17571-3

经济科学译丛						
序号	书名	作者	Author	单价	出版年份	ISBN
93	环境经济学	彼得·伯克等	Peter Berck	55.00	2013	978-7-300-16538-7
94	高级微观经济理论	杰弗里·杰里	Geoffrey A. Jehle	69.00	2012	978-7-300-16613-1
95	高级宏观经济学导论:增长与经济周期(第二版)	彼得·伯奇·索伦森等	Peter Birch Sørensen	95.00	2012	978-7-300-15871-6
96	卫生经济学(第六版)	舍曼·富兰德等	Sherman Folland	79.00	2011	978-7-300-14645-4
97	现代劳动经济学:理论与公共政策(第十版)	罗纳德·G. 伊兰伯格等	Ronald G. Ehrenberg	69.00	2011	978-7-300-14482-5
98	计量经济学基础(第五版)(上下册)	达摩达尔·N. 古扎拉蒂	Damodar N. Gujarati	99.00	2011	978-7-300-13693-6
99	《计量经济学基础》(第五版)学生习题解答手册	达摩达尔·N. 古扎拉蒂等	Damodar N. Gujarati	23.00	2012	978-7-300-15080-8

金融学译丛						
序号	书名	作者	Author	单价	出版年份	ISBN
1	金融工程学原理(第三版)	罗伯特·L. 科索斯基等	Robert L. Kosowski	109.00	2020	978-7-300-28541-2
2	金融市场与金融机构(第12版)	杰夫·马杜拉	Jeff Madura	99.00	2020	978-7-300-27836-0
3	个人理财(第11版)	E. 托马斯·加曼等	E. Thomas Garman	108.00	2020	978-7-300-25653-5
4	银行学(第二版)	芭芭拉·卡苏等	Barbara Casu	99.00	2020	978-7-300-28034-9
5	金融衍生工具与风险管理(第十版)	唐·M. 钱斯	Don M. Chance	98.00	2020	978-7-300-27651-9
6	投资学导论(第十二版)	赫伯特·B. 梅奥	Herbert B. Mayo	89.00	2020	978-7-300-27653-3
7	金融几何学	阿尔文·库鲁克	Alvin Kuruc	58.00	2020	978-7-300-14104-6
8	银行风险管理(第四版)	若埃尔·贝西	Joël Bessis	56.00	2019	978-7-300-26496-7
9	金融学原理(第八版)	阿瑟·J. 基翁等	Arthur J. Keown	79.00	2018	978-7-300-25638-2
10	财务管理基础(第七版)	劳伦斯·J. 吉特曼等	Lawrence J. Gitman	89.00	2018	978-7-300-25339-8
11	利率互换及其他衍生品	霍华德·科伯	Howard Corb	69.00	2018	978-7-300-25294-0
12	固定收益证券手册(第八版)	弗兰克·J. 法博齐	Frank J. Fabozzi	228.00	2017	978-7-300-24227-9
13	金融市场与金融机构(第8版)	弗雷德里克·S. 米什金等	Frederic S. Mishkin	86.00	2017	978-7-300-24731-1
14	兼并、收购和公司重组(第六版)	帕特里克·A. 高根	Patrick A. Gaughan	89.00	2017	978-7-300-24231-6
15	债券市场:分析与策略(第九版)	弗兰克·J. 法博齐	Frank J. Fabozzi	98.00	2016	978-7-300-23495-3
16	财务报表分析(第四版)	马丁·弗里德森	Martin Fridson	46.00	2016	978-7-300-23037-5
17	国际金融学	约瑟夫·P. 丹尼尔斯等	Joseph P. Daniels	65.00	2016	978-7-300-23037-1
18	国际金融	阿德里安·巴克利	Adrian Buckley	88.00	2016	978-7-300-22668-2
19	个人理财(第六版)	阿瑟·J. 基翁	Arthur J. Keown	85.00	2016	978-7-300-22711-5
20	投资学基础(第三版)	戈登·J. 亚历山大等	Gordon J. Alexander	79.00	2015	978-7-300-20274-7
21	金融风险管理(第二版)	彼德·F. 克里斯托弗森	Peter F. Christoffersen	46.00	2015	978-7-300-21210-4
22	风险管理与保险管理(第十二版)	乔治·E. 瑞达等	George E. Rejda	95.00	2015	978-7-300-21486-3
23	个人理财(第五版)	杰夫·马杜拉	Jeff Madura	69.00	2015	978-7-300-20583-0
24	企业价值评估	罗伯特·A.G. 蒙克斯等	Robert A. G. Monks	58.00	2015	978-7-300-20582-3
25	基于Excel的金融学原理(第二版)	西蒙·本尼卡	Simon Benninga	79.00	2014	978-7-300-18899-7
26	金融工程学原理(第二版)	萨利赫·N. 内夫特奇	Salih N. Neftci	88.00	2014	978-7-300-19348-9
27	国际金融市场导论(第六版)	斯蒂芬·瓦尔德斯等	Stephen Valdez	59.80	2014	978-7-300-18896-6
28	金融数学:金融工程引论(第二版)	马雷克·凯宾斯基等	Marek Capinski	42.00	2014	978-7-300-17650-5
29	财务管理(第二版)	雷蒙德·布鲁克斯	Raymond Brooks	69.00	2014	978-7-300-19085-3
30	期货与期权市场导论(第七版)	约翰·C. 赫尔	John C. Hull	69.00	2014	978-7-300-18994-2
31	国际金融:理论与实务	皮特·塞尔居	Piet Sercu	88.00	2014	978-7-300-18413-5
32	货币、银行和金融体系	R. 格伦·哈伯德等	R. Glenn Hubbard	75.00	2013	978-7-300-17856-1
33	并购创造价值(第二版)	萨德·苏达斯纳	Sudi Sudarsanam	89.00	2013	978-7-300-17473-0
34	个人理财——理财技能培养方法(第三版)	杰克·R. 卡普尔等	Jack R. Kapoor	66.00	2013	978-7-300-16687-2
35	国际财务管理	吉尔特·贝克特	Geert Bekaert	95.00	2012	978-7-300-16031-3
36	应用公司财务(第三版)	阿斯沃思·达摩达兰	Aswath Damodaran	88.00	2012	978-7-300-16034-4
37	资本市场:机构与工具(第四版)	弗兰克·J. 法博齐	Frank J. Fabozzi	85.00	2011	978-7-300-13828-2

Rudiger Dornbusch, Stanley Fischer, Richard Startz
Macroeconomics, Thirteenth Edition
9781259290633

北京市版权局著作权合同登记号：01-2018-4403

图书在版编目（CIP）数据

宏观经济学：第十三版/（美）鲁迪格·多恩布什，（美）斯坦利·费希尔，（美）理查德·斯塔兹著；王志伟译校．-- 北京：中国人民大学出版社，2021.1
（经济科学译丛）
ISBN 978-7-300-28853-6

Ⅰ.①宏… Ⅱ.①鲁… ②斯… ③理… ④王… Ⅲ.①宏观经济学 Ⅳ.①F015

中国版本图书馆 CIP 数据核字（2020）第 268289 号

"十三五"国家重点出版物出版规划项目
经济科学译丛
宏观经济学（第十三版）
鲁迪格·多恩布什
斯坦利·费希尔　著
理查德·斯塔兹
王志伟　译校
Hongguan Jingjixue

出版发行	中国人民大学出版社			
社　　址	北京中关村大街 31 号	**邮政编码**	100080	
电　　话	010－62511242（总编室）		010－62511770（质管部）	
	010－82501766（邮购部）		010－62514148（门市部）	
	010－62511173（发行公司）		010－62515275（盗版举报）	
网　　址	http://www.crup.com.cn			
经　　销	新华书店			
印　　刷	北京昌联印刷有限公司			
开　　本	890 mm×1240 mm　1/16	**版　　次**	2021 年 1 月第 1 版	
印　　张	32 插页 2	**印　　次**	2025 年 6 月第 6 次印刷	
字　　数	880 000	**定　　价**	89.00 元	

教师反馈表

麦格劳-希尔教育集团（McGraw-Hill Education）是全球领先的教育资源与数字化解决方案提供商。为了更好地提供教学服务，提升教学质量，麦格劳-希尔教师服务中心于2003年在京成立。在您确认将本书作为指定教材后，请填好以下表格并经系主任签字盖章后返回我们（或联系我们索要电子版），我们将免费向您提供相应的教学辅助资源。如果您需要订购或参阅本书的英文原版，我们也将竭诚为您服务。

★ 基本信息					
姓		名		性别	
学校		院系			
职称		职务			
办公电话		家庭电话			
手机		电子邮箱			
通信地址及邮编					
★ 课程信息					
主讲课程一1		课程性质		学生年级	
学生人数		授课语言		学时数	
开课日期		学期数		教材决策者	
教材名称、作者、出版社					
★ 教师需求及建议					
提供配套教学课件（请注明作者/书名/版次）					
推荐教材（请注明感兴趣领域或相关信息）					
其他需求					
意见和建议（图书和服务）					
是否需要最新图书信息	是、否	系主任签字/盖章			
是否有翻译意愿	是、否				

McGraw Hill | Higher Education

教师服务热线：800-810-1936

教师服务信箱：instructorchina@mheducation.com

网址：www.mheducation.com

麦格劳-希尔教育教师服务中心

地址：北京市东城区北三环东路36号环球贸易中心A座702室教师服务中心 100013

电话：010-57997600

传真：010-59575582